Der Autor

Dr. Thomas Cramer, Professor für ältere deutsche Philologie an der Technischen Universität Berlin. Forschungsschwerpunkte im Bereich der hoch- und spätmittelalterlichen deutschen Literatur. Übersetzungen (Hartmann von Aue), Texteditionen (Lohengrin, spätmittelalterliche Lieddichtung) und Untersuchungen zur Lyrik, Epik und Literarästhetik des 13.–16. Jahrhunderts.

Bumke/Cramer/Kartschoke:

Geschichte der deutschen Literatur im Mittelalter
3 Bände

Dieter Kartschoke:
Geschichte der deutschen Literatur im frühen Mittelalter
(dtv 4551)

Joachim Bumke:
Geschichte der deutschen Literatur im hohen Mittelalter
(dtv 4552)

Thomas Cramer:
Geschichte der deutschen Literatur im späten Mittelalter
(dtv 4553)

Thomas Cramer:
Geschichte der deutschen Literatur im späten Mittelalter

Deutscher
Taschenbuch
Verlag

dtv

Originalausgabe
Februar 1990

Umschlaggestaltung: Celestino Piatti
Vorlage: Frau Welt, aus der Liedersammlung Hugos von Montfort (Heidelberger Handschrift cpg 329 von 1414)
Karten: Kartographie Huber, München
Gesamtherstellung: C. H. Beck'sche Buchdruckerei, Nördlingen
Printed in Germany · ISBN 3-423-04553-3

Inhalt

Vorbemerkung zu Art und Methode der Darstellung

Die Klagen über die Schwierigkeit, einen Zeitraum literarhistorisch zu beschreiben, der so diffus, materialreich und noch immer so unzureichend aufgearbeitet ist wie das Spätmittelalter, bedürfen nicht der Wiederholung. Wohl aber müssen einige Konsequenzen benannt werden, die sich aus dem Gegenstand selbst, der Situation seiner Erforschung und den äußeren Bedingungen einer räumlichen Beschränkung für eine Literaturgeschichte ergeben.

Die Vielfalt der spätmittelalterlichen Literatur verbietet eine Darstellung unter einheitlichen Gesichtspunkten. Einzelne Gattungen – wie der höfische Roman oder das Fastnachtspiel – sind angemessen nur in ihrer jeweiligen sozialen Umgebung zu beschreiben, andere – wie große Teile der lehrhaften Dichtung – sind im Gegenteil gerade dadurch charakterisiert, daß sie abgrenzbaren sozialen Feldern nicht zugeordnet werden können. Manche literarischen Phänomene wie das geistliche Spiel oder der Meistersang sind funktionsgeschichtlich zu begreifen, während andere – etwa die Lyrik der Humanisten – zumindest im Selbstverständnis personengebunden sind. Die Inkonsistenz der Beschreibungskategorien – sozial-, funktions-, institutionen-, gattungs- und personalgeschichtliche –, die sich schon in den Kapitelüberschriften zeigt, ist daher keine methodische Beliebigkeit, sondern Reflex des Gegenstandes.

Vollständigkeit auch nur annähernd erreichen zu wollen, konnte nicht das Ziel der Darstellung sein. Sie mußte einen Kompromiß finden zwischen einer rudimentären Auswahl, die sich als exemplarisch rechtfertigt, und einer bloßen Aufzählung von Namen und Titeln, die wenigstens eine ungefähre Vorstellung vom Umfang des Überlieferten vermittelt. Schon daraus ergibt sich, daß die Proportionen der Beschreibung (wie in allen Literaturgeschichten, im Unterschied zu literarischen Lexika) nicht der statistischen Häufigkeit des Vorkommens einzelner Gattungen oder Themen entsprechen konnten; anderenfalls hätten 90 Prozent des Umfangs der geistlichen Literatur vorbehalten werden müssen. Daß durch solche quantitativen Umgewichtungen die historischen Proportionen verzeichnet werden, ist unvermeidlich.

Jede Geschichte der volkssprachigen Literaturen des Mittelalters steht vor der Frage, ob und in welchem Umfange sie die zeitgenössische lateinische Literatur einbeziehen will. Ich habe in der Regel lateinische Texte dann berücksichtigt, wenn sie im Spätmittelalter ins Deutsche übersetzt worden sind. Daß das Humanismuskapitel eine Ausnahme von dieser Regel bildet, versteht sich von selbst.

Jede Darstellung des Spätmittelalters schlägt sich mit der oft diskutierten, ungelösten und wohl unlösbaren Frage nach der Grenze zur Neuzeit herum. Gewöhnlich können solche Grenzen nur durch Verabsolutierung eines mehr oder minder willkürlich herausgegriffenen Paradigmas gezogen werden. Wer wollte darüber streiten, ob die Geschichte des neuzeitlichen naturwissenschaftlichen Denkens mit dem Falkenbuch Friedrichs II. oder mit den Kopernikanischen Schriften beginnt, ob das neuzeitliche Individuum schon durch Tristan oder erst durch Wilhelm Meister literarisch repräsentiert wird, und ob demzufolge die Neuzeit schon im 13., im 16. oder gar erst im 18. Jahrhundert angebrochen ist? Gerade die Geschichte der Literatur kann demonstrieren, daß eine exakte Grenzziehung dem prozessualen Verlauf der Geschichte widerspricht: einzelne Textsorten und literarische Muster haben ein ganz unterschiedlich zähes Leben, unterschiedlich lange Traditionen. Das Mittelalter dauert, um einen Extremfall zu nennen, im Meistersang mehrere hundert Jahre länger als in der Lieddichtung des Adels. Wenn die Beschreibung einzelne literarhistorische Prozeßstränge verfolgt, so die Literaturgeschichte ins 16. Jahrhundert gleichsam ausfransen läßt und damit auf eine definierte Grenze ebenso verzichtet wie auf eine systematische Darstellung des 16. Jahrhunderts, dann ist dies die Konsequenz eines historischen Befundes und nicht nur Ausdruck von Resignation.

Die Literaturangaben mußten sich auf das Notwendigste beschränken. Grundsätzlich angeführt sind Ausgaben und, soweit vorhanden, Übersetzungen und bibliographische Hilfsmittel. Die knappe Auswahl der Sekundärliteratur wurde nach den Gesichtspunkten möglichst umfassender Information und möglichst neueren Erscheinungsdatums getroffen. Ich bediene mich der abkürzenden Zitierweise des ›Verfasserlexikons der deutschen Literatur des Mittelalters‹, 2. Aufl. Berlin 1978 ff., auf dessen Artikel ich grundsätzlich verweise. Sie sind nur dann in den Literaturangaben erwähnt, wenn Informationen zu einem Autor oder Werk dort unter einem anderen Stichwort als dem hier gebrauchten erscheinen. Für Autoren und Werke des 16. Jahrhunderts gibt es bisher kein vergleichbares Lexikon.

Einleitung
Das Spätmittelalter

Ob das Spätmittelalter als Übergangsepoche oder als Zeitalter eigener Ausprägung zu beschreiben sei, ist eine ebensooft erörterte wie unergiebige Frage. Sie erspart es dem Literarhistoriker nicht, die verwirrende Vielfalt der literarischen Erscheinungen auf ihre zeitgenössischen Bedingungs- und Funktionszusammenhänge zu befragen, ganz unabhängig davon, ob sie genetisch auf das Hochmittelalter zurückgeführt oder als der Beginn neuzeitlicher Entwicklungen klassifiziert werden können. Rund 200 Jahre sind ein zu langer Zeitraum, als daß sie wesentlich durch ihre Beziehungen zu den vorausgehenden oder folgenden Epochen charakterisiert werden dürften. Das trifft auch für die während dieser Zeit entstehende Literatur zu. Das negative Frauenbild etwa in der Maerendichtung, um nur ein Beispiel zu nennen, als bloße Gegenreaktion auf die überhöhte Frauendarstellung in der Literatur des Hochmittelalters zu erklären, hieße die historischen Dimensionen unzulässig verkürzen.

Die fast unübersehbare Diversifizierung literarischer Themen und Formen entspricht der historischen Differenzierung der Gesellschaft und ihrer literarischen Bedürfnisse. Die Entstehung unterschiedlicher kultureller Bereiche, der reichen Handelsstädte, der großen Territorialhöfe oder der Universitäten, bringt Literatur jeweils eigener Charakteristik hervor bzw. führt zum Interesse an unterschiedlichen literarischen Gattungen. Ohne bedenkliche Verallgemeinerung läßt sich konstatieren, daß die Vorliebe der städtischen Bevölkerung den unaufwendigen, leicht handhabbaren literarischen Kleinformen – Lied, Spruch, Kurzerzählung – gilt, während der repräsentative Großroman zur höfischen Gattung schlechthin wird, die – außer der Historiographie – alle anderen Formen der Literatur am Hof gegen Ende des 15. Jahrhunderts in den Hintergrund drängt.

Nur scheinbar im Widerspruch zu solcher Aufsplitterung der literarischen Landschaft steht die intensive Neigung zum Sammeln: kaum eine literarische Gattung, von der nicht »Summen« erstellt worden wären in Form der kompendiösen Zusammenstellung von Liedern, Legenden, Sprüchen, Maeren und sogar Romanen. Diese oft aufwendigen Sammelunternehmen entspringen dem Bedürfnis, eine Einheit, die qualitativ nicht mehr besteht, wenigstens quantitativ in der Anhäufung zu retten.

Veränderte Erwartungen an Literatur sind nur Symptom einer veränderten Kunstauffassung überhaupt. Während im 15. Jahrhundert das Moment der Repräsentation am Hof immer stärker in den Vordergrund tritt, dient in der Stadt Kunst vornehmlich der Orientierung, Belehrung und Lebenshilfe. Demgemäß verschiebt sich der Rang der einzelnen Künste in den jeweiligen sozialen Umgebungen. Kunstformen, die der mehr oder weniger spektakulären Außendarstellung dienlich sind, gewinnen am Hof an Bedeutung; Malerei, besonders als Dekorations- und Wappenmalerei, und Musik, namentlich selbständige Instrumentalmusik, zusammenwirkend im höfischen Fest, Umzug oder Schaugepränge, drängen die Literatur zurück oder zwingen ihr Formen auf, in denen sie mit dem Repräsentationspotential anderer Künste konkurrieren kann. Demgegenüber festigt die Literatur als Medium der Wissensvermittlung und der unaufwendigen Unterhaltung ihre Stellung in der Stadt. Die Musik bleibt in der Stadt noch für lange Zeit ans Wort gebunden. Die Möglichkeit repräsentativer Selbstdarstellung findet die Stadtbevölkerung in der Architektur, in der sie wohl am ehesten ihr Bedürfnis nach Ordnung künstlerisch umgesetzt sieht (fast alle Städtelobtexte preisen die architektonische Ordnung als Ausdruck der Ordnung städtischer Gemeinschaft). Die Profanbauten der Stadt – Rathäuser, Spitäler, Zunfthäuser – übertreffen häufig die des Adels an repräsentativem Anspruch, und auch die gotische Kirchenarchitektur ist eine städtische Erscheinung.

Nicht zu trennen von der sich verändernden Rolle der Literatur sind die Formen ihrer Rezeption. In dem Maße wie sie als Bestandteil gesellschaftlich-zeremonieller Betätigung an Bedeutung verliert, werden zumindest die erzählenden und wissensvermittelnden Texte Gegenstand privater Lektüre, d. h. die Entwicklung von vorgetragener zu gelesener Literatur schreitet kontinuierlich fort. Die wachsende Zahl von Prosatexten ist ein Symptom für diesen Prozeß. Daß diese Entwicklungen einhergehen mit Veränderungen im Bildungswesen, also der Zunahme der Lesefähigkeit vergleichsweise breiterer Bevölkerungsschichten, und mit Veränderungen in den Verbreitungsformen von Literatur, liegt auf der Hand. Literatur als Lesetext, Vervielfältigung durch kommerzielle Schreibwerkstätten und seit Mitte des 15. Jahrhunderts durch die Druckerpresse und die Vermittlung von Lese- und Schreibfähigkeit durch ein ausgebautes Schulwesen sind wechselseitig sich bedingende Phänomene, die nicht in ein einfaches Verhältnis von Ursache und Wirkung gebracht werden können.

Die Verbreiterung der Leserschichten, d. h. die Auflösung der Einheit von akademischer Bildung und Lesefähigkeit, verändert die Bedeutung des volkssprachigen Textes. Literarizität und Lateinkenntnisse sind nicht unbedingt mehr identisch. Das führt zu einer großen Zahl von Eindeutschungen lateinischer theologischer, naturwissenschaftlicher und historiographischer Texte besonders im 14. Jahrhundert. Vor diesem Hintergrund bildet sich die neue akademische Elite derer heraus, die ihre Überlegenheit über das *profanum vulgus* durch ein neu kultiviertes Latein als Wissenschafts- und Dichtungssprache artikulieren. Es kommt so auch poetologisch zu einer Zweiteilung der literarischen Landschaft in hohe und niedere Literatur, die das Hochmittelalter so nicht gekannt hat.

Die gewandelte Rolle von Literatur verändert das Verhältnis von Autor und Publikum. Literatur wird anonymer: es gibt Gattungen wie unter anderm Maeren, Lieder, Reimpaarsprüche, die nicht mehr im persönlichen Auftrag für ein persönlich bekanntes Publikum geschrieben und vor ihm vorgetragen werden. Bei allen Einschränkungen durch Konvention, Tabus und Zensureingriffe öffnen sich dadurch Freiräume für die Autoren, Ansätze einer Autonomie, die seit der Mitte des 15. Jahrhunderts die Humanisten zumindest theoretisch ausdrücklich für sich in Anspruch nehmen. Die ersten Schritte in die Freiheit poetischer Subjektivität gehen einher mit neuen Problemen der Legitimation für den Autor, werfen die Sinnfrage auf für eine Literatur, die nicht in allen Fällen mehr sanktioniert ist durch festgelegte Formen gesellschaftlichen Gebrauchs. Diese Situation erzeugt das Bedürfnis nach Gruppenbildung – auch das als Kehrseite der Subjektivierung nur ein scheinbares Paradox –, nach Zusammenschlüssen poetisch Gleichgesinnter in Sodalitäten, Literaturzirkeln, Meistersingergesellschaften oder – im 17. Jahrhundert – Dichtergesellschaften, die Abhängigkeiten von Mäzen und Publikum durch die Bindung an ein mehr oder weniger explizit formuliertes System poetischer Regeln ersetzen.

LITERATUR: Literaturgeschichten und Nachschlagewerke: Geschichte der deutschen Literatur von den Anfängen bis zur Gegenwart von Helmut de Boor u. Richard Newald. Bd. 3,1: Helmut de Boor, Die deutsche Literatur im späten Mittelalter (1250–1350). 1962; Bd. 3,2: Ingeborg Glier (Hrsg.), Die deutsche Literatur im späten Mittelalter (1250–1370, Reimpaargedichte, Drama, Prosa). 1987; Bd. 4,1: Hans Rupprich, Die deutsche Literatur vom späten Mittelalter bis zum Barock (1370–1520, Das ausgehende Mittelalter, Humanismus und Renaissance), 1970; Bd. 4,2: Hans Rupprich, Die deutsche Literatur vom späten Mittelalter bis zum Barock (1520–1570, Das Zeitalter der Reformation), 1973. – Geschichte der deutschen Literatur, von den Anfängen bis zur Gegenwart. Hrsg. von Klaus Gysi, Kurt Böttcher u.a.; für das Spätmittelalter bisher nur erschienen: Bd. 4,1: Joachim G. Boeckh, Günter Albrecht u.a., Geschichte der deutschen Literatur von 1480–1600. 1961. – Max Wehrli, Geschichte der deutschen Literatur vom frühen Mittelalter bis zum Ende des 16. Jahrhunderts. 1980. – Neues Handbuch der Literaturwissenschaft. Hrsg. von Klaus von See. Bd. 8: Europäisches Spätmittelalter. Hrsg. von Willi Erzgräber. 1978. – Die deutsche Literatur des Mittelalters. Verfasserlexikon. 2. Aufl., hrsg. von Kurt Ruh. Bisher erschienen die Bde 1–6. 1978–1987. – Lexikon des Mittelalters. Bisher erschienen die Bde 1–4. 1977– 1989.

Für die bibliographische Orientierung nützlich: E. U. Crosby, C. J. Bishko u. R. L. Kellogg, Medieval Studies. A Bibliographical Guide. 1983. – W. Hoffmann u. F. Wetter, Bibliographie frühneuhochdeutscher Quellen. Ein kommentiertes Verzeichnis von Texten des 14. bis 17. Jahrhunderts (Bonner Korpus). 2. Aufl. 1987.

Kultur- und Sozialgeschichte: Alwin Schultz, Deutsches Leben im XIV. und XV. Jahrhundert. 1892. – Johan Huizinga, Herbst des Mittelalters. 11. Aufl. 1975. – Robert Delort, Le Moyen Age. Histoire illustrée de la vie quotidienne. 1972; Taschenbuchausgabe: La vie au Moyen Age. 1982. – Handbuch der Kulturgeschichte. Begründet von H. Kindermann, neu hrsg. von E. Thurnher: Deutsche Kultur im Spätmittelalter von H.-F. Rosenfeld u. H. Rosenfeld. 1978. – Literatur und Laienbildung im Spätmittelalter und in der Reformationszeit. Hrsg. von Ludger Grenzmann u. Karl Stackmann. 1984. – Johannes Bühler, Klosterleben im deutschen Mittelalter nach zeitgenössischen Aufzeichnungen. 1921; Taschenbuchausgabe 1989. – Harry Kühnel, Die materielle Kultur des Spätmittelalters im Spiegel der zeitgenössischen Ikonographie. In: Gotik in Österreich. Katalog 1967. – Rolf H. Foerster, Das Leben in der Gotik. 1969. – Heinrich Pleticha, Bürger – Bauer – Bettelmann. Stadt und Land im späten Mittelalter. 1971. – Frans van der Ven, Sozialgeschichte der Arbeit. Bd. 2: Hochmittelalter und Neuzeit. 1972. – Peter Gülke, Mönche – Bürger – Minnesänger. Musik in der Gesellschaft des europäischen Mittelalters. 1975. – Ernst Englisch u. Gerhard Jaritz, Das tägliche Leben im spätmittelalterlichen Niederösterreich. 1976. – Das Leben in der Stadt des Spätmittelalters. Österr.

AW, Phil.-hist. Klasse, SB, Bd. 325, 1977. – Adelige Sachkultur des Spätmittelalters. 1982. – Rolf Sprandel, Gesellschaft und Literatur im Mittelalter. 1982. – Jerome Blum, Die bäuerliche Welt. Geschichte und Kultur in sieben Jahrhunderten. 1982. – Fernand Braudel, Sozialgeschichte des 15.–18. Jahrhunderts. 3 Bde. 1985/86. – Bernd Herrmann (Hrsg.), Mensch und Umwelt im Mittelalter. 1986.

Geistes- und Wissenschaftsgeschichte: John. E. Murdoch u. Edith D. Sylla (Hrsg.), The Cultural Context of Medieval Learning. 1975. – Anders Piltz, Die gelehrte Welt des Mittelalters. 1982. – Alexander Murray, Reason and Society in the Middle Ages. 1986.

Textsammlungen: Spätmittelalter, Humanismus, Reformation. Texte und Zeugnisse, hrsg. von H. Heger. 2 Bde. 1975 (Die Deutsche Literatur, Texte und Zeugnisse II,1 und II,2). – Deutsche Dichtung des Mittelalters. Hrsg. von M. Curschmann u. I. Glier. Bd. 3: Spätmittelalter. 1981.

I. Adelsliteratur im 14. Jahrhundert

1. Historische Grundlagen

Kein charakterisierender Terminus wird von der Geschichtswissenschaft für das 14. Jahrhundert so beharrlich und einmütig gebraucht wie das Wort »Krise«. Krise der Wirtschaft: Hungersnöte und Teuerungen bestimmen das Bild des Jahrhunderts. Demographische Krise: Die großen Pestepidemien um die Jahrhundertmitte vernichten innerhalb weniger Jahre rund ein Drittel der westeuropäischen Bevölkerung. Krise der Kirche: Die Spaltung der Kirche in ein römisches und ein avignonesisches Papsttum gefährdet die Einheit des weströmischen Christentums wie kein historisches Ereignis zuvor. Krise des Adels: Landflucht und krankheitsbedingter Bevölkerungsschwund schmälern die landwirtschaftlichen Erträge und damit das Renteneinkommen vieler adliger Grundbesitzer. Die Gegensätze zwischen arm und reich, zwischen mächtiger werdendem Großadel und in Abhängigkeit geratendem Kleinadel verschärfen sich. Es ist gewiß nicht unproblematisch, einen über lange Zeit währenden Dauerzustand als »Krise« zu bezeichnen. Der Terminus ist aber dann gerechtfertigt, wenn mit ihm die Instabilität aller sozialen und historischen Verhältnisse gemeint ist. Die Entwicklungen des 14. Jahrhunderts verlaufen nicht einsinnig auf »neuzeitliche« Verhältnisse oder auch auf einen Bruch mit Überkommenem hin. Ebenso stark sind gegenläufige Prozesse, Rückorientierungen und restaurative Tendenzen. Die im 13. Jahrhundert angebahnte Entwicklung eines Denkens, das zunehmend vom Prinzip der Rationalität bestimmt ist, erfährt im 14. Jahrhundert entschiedene Rückschläge.

Fast jede historische Aussage über das 14. Jahrhundert impliziert auch ihr Gegenteil:

Mit der fortschreitenden wirtschaftlichen und politischen Konsolidierung der Städte entsteht die Grundlage für die Ausbildung einer städtisch-bürgerlichen Kultur eigener Prägung. Zugleich aber orientieren sich innerhalb der Städte immer größere Gruppen des wohlhabenden Patriziats an feudal-höfischen Mustern; sie kaufen Ländereien außerhalb der Stadtmauern, die sie wie adlige Großgrundbesitzer bewirtschaften; sie legen sich Wappenbriefe und Adelstitel zu. Solche Erscheinungen lassen sich schwerlich mit dem Gedanken einer kontinuierlichen Fortentwicklung von »Bürgerlichkeit« vereinbaren.

Die Agrarkrisen des 14. Jahrhunderts und der daraus folgende wirtschaftliche Ruin des niederen Adels haben das feudale System entschieden geschwächt. Aber eben dieser Vorgang trägt erheblich zur Stärkung der fürstlichen Territorialgewalten, zur Machtkonzentration auf die Zentralhöfe bei. Es wird damit ein Prozeß der Konsolidierung des Adels eingeleitet, der in die absolutistische Form der Adelsherrschaft im 16. und 17. Jahrhundert mündet.

Die Krise der kirchlichen Institutionen und die wachsende Kirchenfeindlichkeit besonders in den Städten bedeutet gleichzeitig eine Zunahme der religiösen Bedürfnisse bei den Laien, eine Volksfrömmigkeit, die nicht zuletzt durch eine Flut volkssprachlicher geistlicher Literatur befriedigt wird.

Die Katastrophe des Schwarzen Todes wirft die Entwicklung in den Städten mit hoher Bevölkerungsdichte weit zurück. Andererseits ist gerade das Massensterben oft die Ursache von Vermögenskonzentrationen – die Überlebenden erben den Besitz ganzer aussterbender Familien –, die den Grund für die überaus kapitalkräftigen Handelsunternehmen des Spätmittelalters legen.

Die relative Übersichtlichkeit und Stabilität der gesellschaftlichen, politischen und geistig-geistlichen Verhältnisse im Hochmittelalter ist einer für den Zeitgenossen nur noch schwer durchschaubaren Widersprüchlichkeit und Veränderlichkeit gewichen. Das Bedürfnis nach Orientierungshilfen in einer solchermaßen unübersichtlich gewordenen Welt ist größer als je zuvor. Es bestimmt auch die Erwartungen gegenüber der Literatur in um so stärkerem Maße, wie die kirchlichen Institutionen, sich in internen Auseinandersetzungen und Machtkämpfen erschöpfend, in ihren seelsorgerischen und wertvermittelnden Aufgaben versagen. Es ist ein Charakteristikum der Literatur des 14. Jahrhunderts, daß sie, gleich in welchem Zusammenhang sie entsteht, in weitestem Sinne der Lebenshilfe dient und in dieser Hinsicht als Zweck- und Gebrauchsliteratur gemeint ist. Die an den Höfen im 13. Jahrhundert ausgebildeten Ansprüche an literarische Ästhetik werden zurückgedrängt zugunsten der inhaltlichen Belehrung, Anweisung und Orientierung durch Literatur. Alle didaktischen Gattungen – Fabel, Spruch

Deutschland im 15. Jahrhundert

dichtung, Reimrede – gewinnen an Bedeutung. Der geistlichen Erbauung und Information dienliche Literatur – Traktate, Legenden, Heiligengeschichten – nimmt einen im Vergleich zur literarischen Produktion des 13. Jahrhunderts breiten Raum ein. Alle Arten von Sachliteratur suchen mehr oder minder kompetent Kenntnisse über die sich verändernde Welt zu vermitteln.

Ein grundsätzlich konservativer Zug, in dem sich die eigene historische Unsicherheit niederschlägt, ist in der Literatur des 14. Jahrhunderts unverkennbar. Er kann sich in bloßer oder zuweilen starrer Traditionsorientiertheit äußern, häufiger aber im Rückgriff auf Positionen, die in der (höfischen) Literatur des 13. Jahrhunderts schon überwunden schienen: in der Ablehnung einer als Selbstwert begriffenen Ästhetik, diesseitig orientierter Lebensformen und eines säkularisierten Menschenbildes. Der Literatur aus der Mitte des 12. Jahrhunderts stehen insofern viele Texte geistig näher als der im ersten Drittel des 13. Jahrhunderts. Die Vorstellung einer generellen und kontinuierlichen Weiterentwicklung literarisch-intellektueller Errungenschaften vom Hoch- über das Spätmittelalter zur Neuzeit ist falsch. Geistesgeschichtlich ist das 13. Jahrhundert in vieler Hinsicht »moderner« als das 14. Erst die Einflüsse des italienischen Frühhumanismus im letzten Jahrhundertdrittel entwickeln, ohne unmittelbar an sie anzuknüpfen, Positionen des 13. Jahrhunderts weiter.

Die Situation des Adels im 14. Jahrhundert ist gekennzeichnet durch zwei Faktoren: die Veränderung der politischen Struktur Europas und den Wandel der internen sozialen Struktur.

Die Veränderung der politischen Struktur Europas, ein Prozeß, der sich vom 12. bis zum Ausgang des 15. Jahrhunderts vollzieht, wird von der Geschichtswissenschaft beschrieben als der Wandel vom »Personenverbandsstaat« zum »institutionellen Flächenstaat«. Gemeint ist damit eine tiefgreifende Veränderung des Feudalsystems und damit des Staatsaufbaus, die im Prinzip die Existenz jedes einzelnen Angehörigen des Adels betrifft. Im Personenverbandsstaat des Hochmittelalters wird Herrschaft definiert und ausgeübt durch das persönliche und wechselseitige Treueverhältnis zwischen Lehnsherrn und Vasallen. Der Kaiser als Spitze der Feudalpyramide ist – zumindest theoretisch – die Verkörperung aller irdischen Gewalt. Mit der Verlagerung dieser Macht nach Sizilien und erst recht mit dem Ende der Stauferherrschaft setzt eine Entwicklung ein, die Herrschaft nicht mehr personal definiert, sondern institutionell und territorial, und die beim absolutistischen Territorialstaat des 17. Jahrhunderts endet. Seine Merkmale sind: der Abbau des Lehnswesens als einer staatstragenden und staatsdefinierenden Einrichtung und die Tendenz zum Zentralismus, d.h. der Konzentration von Macht an wenigen großen Höfen (wie z.B. München, Prag oder Heidelberg) und bei deren Fürsten, die insofern nicht mehr personale, sondern institutionelle Machtträger sind, als sich ihre Funktion ausschließlich durch die Zugehörigkeit zur Dynastie legitimiert – ein

Moment, das auch in der Literatur eine immer größere Rolle spielt. Nach außen beanspruchen diese Territorialstaaten volle Souveränität. Für die Entwicklung namentlich im 15. Jahrhundert ist es von wesentlicher Bedeutung, daß sich neben den fürstlichen Territorialstaaten Sonderformen des »institutionellen Flächenstaates« herausbilden: die Eidgenossenschaft, die Freien Reichsstädte und auch die italienischen Stadtstaaten. Hier erwächst der Adelsherrschaft eine, wenn auch nur vorübergehend mächtige politische Konkurrenz, die ihre tiefen Spuren im Bewußtsein und damit auch in der Literatur hinterläßt.

Für den einzelnen Adligen bedeuten solche Verschiebungen weniger einen Eingriff in seine materielle Existenz, als einen fundamentalen Wandel seiner Stellung im politischen und gesellschaftlichen Leben. War er innerhalb des Feudalsystems als Lehnsgeber und Lehnsnehmer eingebunden durch Dienstverpflichtung – etwa militärischer Natur –, und war er auf diese Weise für das Funktionieren des Herrschaftssystems notwendig und unersetzlich und damit auch in seinen Privilegien gerechtfertigt, so werden diese Funktionen mit der Ausbildung der zentralisierten Territorialstaaten immer unerheblicher. Der Adel spaltet sich in die wenigen Machtträger und den großen Rest der politisch mehr oder minder Bedeutungslosen, deren Funktion später im 17. Jahrhundert ausschließlich darin bestehen wird, die Repräsentationsstaffage am Zentralhof des absolutistischen Herrschers, den »verhoften« Adel, zu bilden.

Der Prozeß der Machtkonzentration auf einige wenige Adlige wird im 14. Jahrhundert beschleunigt durch Verfallserscheinungen in der Landwirtschaft. Diese ist trotz der neuen Wirtschaftsmacht Stadt und der Entwicklung von Handel und Handwerk nach wie vor (und bis zum Ende des 18. Jahrhunderts) der bedeutendste Wirtschaftsfaktor in Europa. Rückschläge im agrarischen Bereich sind daher besonders folgenreich.

Während die Landwirtschaft im 12. und 13. Jahrhundert aufblühte, macht sich seit Beginn des 14. Jahrhunderts ein Rückgang auf allen Gebieten bemerkbar, ohne daß die einzelnen Erscheinungen in ein klares System von Ursache und Wirkung zu bringen wären. Der Getreideertrag vermindert sich zur Jahrhundertmitte in manchen Gebieten um die Hälfte, der Viehbestand geht auf ein Drittel zurück. Entsprechend verringern sich die Renteneinkommen der Grundherren durch Verminderung der Abgaben bzw. die Notwendigkeit, den Grundzins für Pachtland herabzusetzen. Als Grund oder als Folge ist in vielen Gegenden eine spektakuläre Landflucht festzustellen. In Mitteldeutschland zählt man um die Jahrhundertmitte ca. 50 Prozent »verlassene Dörfer«, Ansiedlungen, die von der Bevölkerung aufgegeben und deren Bauern in die wachsenden Städte oder in die neukolonisierten Ostgebiete abgewandert sind.

So reichen vielfach die Arbeitskräfte nicht mehr aus, die vorhandene Agrarfläche zu bewirtschaften. Der adlige Grundherr kann auf diese Situation reagieren, indem er entweder sein Land mit Hilfe bezahlter Landarbeiter selbst bewirtschaftet oder es den Bauern zur Pacht überläßt. Beides schwächt die grundherrliche Gewalt und macht den Adligen von der Verfügung über Bargeld abhängig.

Diese Abhängigkeit verstärkt sich noch durch veränderte Lebensgewohnheiten und Ansprüche. Ausrüstungsgegenstände, Zaumzeug, Kleiderstoff werden nicht mehr vom Dorfschmied oder -sattler oder aus selbstproduzierter Wolle hergestellt, sondern vom spezialisierten Handwerker oder Kaufmann in der Stadt für teures Geld bezogen. Das agrarische Erzeugnis stellt keinen Tauschwert mehr dar, es muß erst in Bargeld umgesetzt werden. Viele kleinadlige Grundherren scheinen mental und intellektuell zur Anpassung an dergestalt veränderte wirtschaftliche Verkehrsformen nicht in der Lage gewesen zu sein. Die Folge ist oft genug eine hohe Verschuldung, die zum Verlust des Grundbesitzes an städtische, z.T. ebenfalls aus dem Kleinadel bzw. der Ministerialität stammende Patrizier, an kirchliche Institutionen oder an die Zentralgewalt führt. Der wirtschaftliche Niedergang des Kleinadels stärkt die Macht der Fürsten.

Solche Vorgänge haben tiefgreifende und teilweise widersprüchliche Folgen für die sozialen und kulturellen Bedürfnisse des Adels. Wenn Adligsein nicht mehr durch Funktion legitimiert ist und sich nicht mehr in allen Fällen durch Machtausübung und grundherrliche Gewalt bestimmt, dann kann es nur noch durch genealogische Zugehörigkeit definiert werden: der Adel schließt sich zur Kaste ab, die durch die bloße Herkunft elitären Status für sich in Anspruch nimmt. Die Tendenzen dazu lassen sich bis ins 13. Jahrhundert zurückverfolgen. Seit 1231 gilt das Gesetz *Ut admodo ad militarem honorem nullus accedat, qui non sit de genere militum*, niemand solle zur Ehre des Rittertums zugelassen werden – den Ritterschlag erhalten –, der nicht adliger Herkunft sei. Es war also der Ahnennachweis zu führen, eine Bestimmung, die erst durch Karl IV. (1346–1378) zum Zwecke des für die kaiserliche Kasse höchst profitablen Verkaufs von Adelsbriefen an Stadtbürger aufgehoben wurde. Im kirchlichen Bereich blieb für die Vergabe reicher Pfründen die Bestimmung noch lange erhalten; 1474 fordert ein päpstliches Breve für die Besetzung eines Kölner Domkapitelsitzes gar den Nachweis von 16 adligen Ahnengenerationen!

LITERATUR: Überblicke: R. Romano u. A. Tenenti, Die Grundlegung der modernen Welt. Spätmittelalter, Renaissance, Reformation. 1967. – E. Hassinger, Das Werden des neuzeitlichen Europa 1300–1600. 2. Aufl. 1964, Nachdr. 1976. – F. Lütge, Das 14./15. Jahrhundert in der Sozial- und Wirtschaftsgeschichte. Jahrbuch f. Nationalökonomie und Statistik 162 (1950), S. 161–213. – Robert Fossier, Le Moyen Age. Bd. 3: Le temps des crises, 1250–1520. 1983. – H. Boockmann, Stauferzeit und spätes Mittelalter. Deutschland 1125–1517. 1987.

Einzelaspekte: W. Abel, Die Wüstungen des ausgehenden Mittelalters. 2. Aufl. 1955. – J. M. W. Bean, Plague, Population and Economic Decline in England in the Later Middle Ages. The Economic History Review 15 (1963), S. 423–437. – G. G. Coulton (Hrsg.), Life in the Middle Ages. 4 Bde. 1928–1930.

2. Rezeption der Literatur des 13. Jahrhunderts
Liedersammlungen, Fortleben des höfischen Romans

Adligsein im 14. Jahrhundert ist eine Frage der Zugehörigkeit, und diese weist sich aus durch traditionell als klassenspezifisch empfundene Attribute. Für die Literatur bedeutet dies zunächst Traditionspflege, Sammlung und Bewahrung vornehmlich jener Literatur, die auf dem Höhepunkt feudaler Herrschaft zur Stauferzeit schmückender und repräsentativer Ausweis adliger Existenz war. Mit dem bewahrenden Rückgriff auf längst vergangene Literatur erbringt man gleichsam den literarischen Ahnennachweis.

Ausschließlich diesem Bedürfnis verdanken wir die Überlieferung und damit unsere Kenntnis der Lieddichtung der Stauferzeit, des sogenannten hohen Minnesangs. Heute populärstes Zeugnis der Überlieferung deutscher mittelalterlicher Literatur ist die Sammelhandschrift, die (nach ihrem Aufbewahrungsort) als »Große Heidelberger Liederhandschrift«, (nach ihrer Sigle) als »Liederhandschrift C«, (nach einem ihrer mutmaßlichen Auftraggeber) als »Manessische Handschrift« und in der älteren Forschung (nach ihrem Aufbewahrungsort vor 1888) als »Pariser Handschrift« bezeichnet wird.

Große Heidelberger Liederhandschrift

Die Handschrift enthält 140 Autoren von etwa der Mitte des 12. bis ins erste Drittel des 14. Jahrhunderts. Eine unmittelbare Auskunft über Zeit und Ort ihrer Entstehung gibt die Handschrift nicht, es wird jedoch heute nicht mehr ernsthaft bestritten, daß sie in Zürich entstanden ist. Die Niederschrift dürfte sich über einen längeren Zeitraum seit Beginn des 14. Jahrhunderts hingezogen haben. Ein früher behaupteter Terminus post quem 1314 gilt heute als nicht mehr haltbar. Gute Gründe sprechen dafür, daß der Züricher Autor Johannes Hadlaub (s.u.) mit der Redaktion betraut oder an ihr beteiligt war. (Seine Lieder werden in der Handschrift als einzige mit einem Doppelbild gewürdigt.) In einem zwischen 1297 und 1304 entstandenen Preislied rühmt Hadlaub die Sammeltätigkeit der Züricher Patrizierfamilie Manesse, die einen unvergleichlichen Schatz von *liederbuoch* zusammengebracht habe. Ob damit die Sammelhandschrift selbst oder eher selbständige Liederbücher oder -hefte gemeint sind, die das Material für das große Sammelunternehmen bereitgestellt haben, ist nicht klar. Es ist aber wahrscheinlich, daß Rüdiger Manesse († 1304) zusammen mit mehreren Angehörigen anderer Adelsgeschlechter aus Zürich und Umgebung, die Hadlaub ebenfalls in zwei Liedern nennt, zu den Auftraggebern gehört, unter ihnen auch der Konstanzer Bischof Heinrich von Klingenberg († 1306), in dem man den Veranlasser einer weiteren wichtigen Liedersammlung, der »Weingartner Handschrift« (s.u.) vermutet hat.

Die Anlage der Handschrift zeugt von einem von vornherein einkalkulierten längeren Entstehungsprozeß. An der sogenannten »Grundstock«-Sammlung haben mindestens zwei Schreiber und ein Maler gearbeitet, an den Nachträgen aus dem ersten Drittel des 14. Jahrhunderts mehrere weitere

Schreiber und wahrscheinlich drei Maler. Etwa ein Sechstel der Textseiten ist freigelassen, da man offensichtlich hoffte, noch weiteres Textmaterial zu bekommen. Die einzelnen Lagen der Handschrift müssen lange Zeit ungebunden, gewissermaßen als Einzelhefte gelegen haben, um neu gefundene Texte bequemer nachtragen zu können; das ist an den Schmutz- und Abriebspuren der jeweils äußeren Lagenseiten deutlich ablesbar.

Die Handschrift ordnet die Texte nach Autoren, ein für Anthologien heute gewohntes Anordnungsprinzip, das sich offenbar bei der Lieddichtung zuerst durchgesetzt hat. Das bedeutet, daß anonym überlieferte Texte entweder nicht aufgenommen oder aber vom Redaktor einzelnen Autoren zugeschrieben wurden. Die Reihenfolge der Autoren ist im Prinzip durch ihren Rang in der sozialen Hierarchie bestimmt: sie wird eröffnet von Kaiser Heinrich VI. (der diese exponierte Stellung mit einer besonders starken Beschädigung seines Autorenbildes bezahlt hat) und endet bei den titellosen (nichtadligen) *meistern*. Dazwischen gruppieren sich die Könige, Herzöge, Grafen und zahlreiche *herren*, von denen nicht wenige erst vom Redaktor nobilitiert worden sind.

Ihre heutige Popularität verdankt die Handschrift ihren Illustrationen. 137 Autorencorpora sind mit ganzseitigen Miniaturen versehen, typisierten Verfasserbildern (nicht Individualporträts!) mit teils deutlichen, teils versteckten Bezügen zu Namen oder zu Liedinhalten.

Die Große Heidelberger Liederhandschrift gibt, ganz abgesehen von ihrem unschätzbaren Wert als Überlieferungsträger, wichtige Auskünfte über das Verhältnis des zeitgenössischen Adels zur Literatur. Es ist sicher kein Zufall, daß der Anstoß zu solcher Traditionspflege nicht von einem Einzelmäzen, sondern aus einer Adelsgruppe kommt, die keinen Hof mehr bildet. Sie findet ihre soziale Gemeinsamkeit nicht mehr institutionell vor, sondern gewinnt sie durch ein gemeinsames kulturell-repräsentatives Unternehmen, das ein hohes Maß an Konsens und übrigens auch an materiellem Aufwand voraussetzt. Die funktionalen sozialen Bindungen des Feudalhofes werden ersetzt durch Gruppenbewußtsein, erzeugt aus gemeinsamem Engagement für einen literarischen Traditionszusammenhang, in den man sich eingebunden und durch den man sich definiert fühlt.

Hierin liegt der Sinn des repräsentativen Aufwandes, den die

Züricher mit ihrer Liedersammlung treiben. Keine andere weltliche Handschrift des deutschen Mittelalters versucht in solchem Maße mit der Prachtentfaltung geistlicher Handschriften zu konkurrieren. Das ist kein bloß äußerlicher Luxus, sondern signifikant für das Bedürfnis nach Selbstdarstellung: Die Pracht der Handschrift zeugt von der Herrlichkeit des Adels, so wie die Schönheit der geistlichen Handschrift Gott verherrlicht.

Auch die Anordnung (und die Fülle) der Autoren dient diesem Repräsentationsbedürfnis. Die Verfasser der Lieder sind Adlige aller Ränge, und soweit sie es nicht sind, werden sie entweder vom Redaktor geadelt oder haben doch für Adelshöfe in der Tradition adliger Literatur geschrieben. So wird im Medium der Literatur und ihrer Autoren eine Einheit adliger Existenz beschworen, die es in der historischen Wirklichkeit nicht mehr gibt.

Die Art und Weise der Präsentation weist aus, daß die bloße inhaltliche Vermittlung der Texte für solche Bedürfnisse offensichtlich nicht hinreicht. Literatur wird auch zum Schaugepränge: die Große Heidelberger Liederhandschrift dokumentiert den Hang der spätmittelalterlichen Adelskultur zur optischen Außendarstellung, wie sie sich auch in Festumzügen, Turnieren, Wappen- und Kleiderwesen manifestiert. Die Texte selbst dürften in ihrer Mehrzahl kaum noch Bestandteil kulturell-geselligen Lebens im Sinne öffentlichen und gemeinschaftlich als Spiel oder Ritual erlebten Vortrags gewesen sein. Schon das Fehlen jeglicher Melodieüberlieferung deutet darauf hin, daß es sich wohl um Leseliteratur gehandelt hat – ein Zeichen auch für die sich verändernden Rezeptionsgewohnheiten, die zunehmende Bindung der Literatur an die Schriftlichkeit.

Weitere Liedersammlungen

Die »Große Heidelberger Liederhandschrift« (C) ist zwar die bei weitem aufwendigste, aber nicht die einzige Lieder-Sammelhandschrift, die um die Wende zum 14. Jahrhundert entsteht.

Die »Kleine Heidelberger Liederhandschrift« (A) ist im letzten Drittel des 13. Jahrhunderts wahrscheinlich in Straßburg entstanden. Der Auftraggeber ist unbekannt. Die verhältnismäßig anspruchslose Handschrift enthält 29 Autoren, fünf von ihnen doppelt.

Die »Weingartner Handschrift« (B), heute in Stuttgart, ist in unmittelbarer zeitlicher und räumlicher Nachbarschaft zu C entstanden. Als Entstehungsort ist Konstanz wahrscheinlich. Auftraggeber könnte der Bischof Heinrich von Klingenberg sein. Die Handschrift enthält 31 Autoren mit 25 Autorenbildern, die enge Verwandtschaft mit den Züricher Miniaturen zeigen.

Eine gewisse Sonderstellung nimmt die »Jenaer Handschrift« ein. Durch großes Format und sorgfältige graphische Gestaltung wird auch sie repräsentativen Ansprüchen gerecht. Ihr Sammelinteresse gilt jedoch nicht dem höfischen Lied, sondern fast ausschließlich Sangspruchdichtern des ausgehenden 13. und beginnenden 14. Jahrhunderts, die nicht nach Text-, sondern nach Tonautoren geordnet sind, ein Anordnungsprinzip, dessen sich auch die späteren Meisterliederhandschriften (s.u. Kap. V) durchweg bedienen. Die Texte sind mit einer Quadratnotation versehen. Der ursprüngliche Umfang der heute 133 Blätter starken Handschrift ist nicht mehr bestimmbar, da Anfangs- und Schlußteil verloren sind. Geschrieben ist sie um die Mitte des 14. Jahrhunderts, möglicherweise im Auftrag Rudolfs I. von Sachsen-Wittenberg, und vielleicht ist sie eins der beiden *libri magni cum notis,* die ein Wittenberger Bibliothekskatalog 1437 erwähnt. Dann wäre ein weiterer Band verlorengegangen.

Die einstige Existenz einer Reihe weiterer zeitgenössischer Sammelhandschriften ist uns durch Fragmente oder sekundäre Zeugnisse bekannt.

Die konservative Traditionsbindung, gepaart mit repräsentativem Aufwand durch die Form der Aufzeichnung beschränkt sich nicht auf die Lieddichtung. Während es zur Zeit der Entstehung der großen höfischen Romane offenbar selten einem Auftraggeber in den Sinn gekommen ist, sich eine Prachtausgabe des Werks als Bibliotheksexemplar herstellen zu lassen, ist dies seit Beginn des 14. Jahrhunderts immer häufiger der Fall. Oft steht bei diesen Handschriften die Sorgfalt der Textwiedergabe in umgekehrtem Verhältnis zur Pracht der Ausstattung. Literatur wird zum Schau- und Dekorationsstück, an dem sich Macht und Reichtum des Herrschers manifestieren, der sich einen solchen Aufwand leisten kann. Wie wenig solche Aufzeichnungen noch zum Lesen oder gar zum Vortragen gedacht waren, ist an einzelnen Handschriftenexemplaren mit detektivischem Spürsinn nachgewiesen worden: an einer Handschrift des ›Willehalm‹ Wolframs von Eschenbach etwa, die Landgraf Heinrich II. von Hessen 1334 schreiben und illustrieren ließ, reichen die Fingerspuren der Benutzer nur so weit wie die Bilder des unvollendeten Miniaturenzyklus', d.h. die Bilder sind betrachtet, aber der Text ist nicht mehr gelesen worden.

AUSGABEN, LITERATUR: Große Heidelberger Liederhandschrift: Faksimile: Codex Manesse. Die Große Heidelberger Liederhandschrift. Bd. 1. Hrsg. von I. F. Walther. 1974–1979; Bd. 2 (Kommentar). Hrsg. von W. Koschorreck u. W. Werner. 1981. – Codex Manesse. Ausstellungskatalog. 2 Bde. Hrsg. von E. Mittler u. W. Werner, 1988 [Bd. 2 enthält die Reproduktion aller Miniaturen]. – Verkleinerte Schwarzweiß-Reproduktion: Die Große »Manessische« Heidelberger Liederhandschrift. Hrsg. von U. Müller. 1971 (Litterae 1). – E. Jammers, Das Königliche Liederbuch des deutschen Minnesangs. 1965. – H. Frühmorgen-Voss, Bildtypen in der Manessischen Liederhandschrift. In: Text und Illustration im Mittelalter. Hrsg. von N. H. Ott. 1975, S. 57–88.

Kleine Heidelberger Liederhandschrift: Faksimile: Die kleine Heidelberger Liederhandschrift Cod. Pal. Germ. 357 der Universitätsbibliothek Heidelberg. Einführung von W. Blank. 1972 (Facsimilia Heidelbergensia 2). – Eine monographische Beschreibung fehlt. – H. Kuhn, Die Voraussetzungen für die Entstehung der Manessischen Handschrift und ihre überlieferungsgeschichtliche Bedeutung. In: H. K., Liebe und Gesellschaft. 1980, S. 80–105; 188–192.

Weingartner Handschrift: Faksimile: Die Weingartner Liederhandschrift. Textband, Faksimileband, 1971. Im Textband: W. Irtenkauf, Die Handschrift HB XIII 1 der Württembergischen Landesbibliothek Stuttgart, S. 7–28; K. H. Halbach, Die Weingartner Liederhandschrift als Sammlung poetischer Texte, S. 29–132; R. Kroos, Die Bilder, S. 133–172; O. Ehrismann, Textübertragung und Kommentar, S. 173ff. – Abbildungen und Texte in Auswahl: Wolfgang Irtenkauf, Staufischer Minnesang. Die Konstanz-Weingartner Liederhandschrift. 1983. – G. Spahr, Die Weingartner Liederhandschrift, ihre Geschichte und ihre Miniaturen. 1968.

Jenaer Liederhandschrift: Schwarz-weiß-Reproduktion: Die Jenaer Liederhandschrift in Abbildungen. Mit einem Anhang: Die Basler und Wolfenbüttler Fragmente. Hrsg. von H. Tervooren u. U. Müller. 1972 (Litterae 10). – Die Jenaer Liederhandschrift. Bd. 1: Getreuer Abdruck des Textes. Hrsg. von G. Holz; Bd. 2: Übertragung, Rhythmik und Melodik. Bearbeitet von E. Bernoulli u. F. Saran. 1901, Nachdr. 1966. – C. G. Brandis, Zur Entstehung und Geschichte der Jenaer Liederhs. Zeitschrift für Bücherfreunde NF 21 (1929), S. 108–111. – E. Pickerodt-Uthleb, Die Jenaer Liederhandschrift. Metrische und musikalische Untersuchung. 1975.

Zur Rezeption: P. J. Becker, Handschriften und Frühdrucke mittelhochdeutscher Epen. 1977. – H. J. Koppitz. Studien zur Tradierung der weltlichen mittelhochdeutschen Epik im 15. und beginnenden 16. Jahrhundert. 1980.

3. Neue höfische Romane

Die veränderten literarischen Gewohnheiten und die gewandelten kulturellen Bedürfnisse des Hofes sind der aufwendigen literarischen Gattung Roman nicht günstig. Aus dem Jahre 1336 stammt die einzige exakte Angabe über die Kosten eines Romans, die wir für die deutsche Literatur des Mittelalters haben. Der Straßburger Autor Philipp Colin fordert für die Abfassung des ›Niuwen Parzefal‹, eines Romans mittlerer Länge, ein Honorar von 200 Pfund. Für eine solche Summe konnte man um diese Zeit in Straßburg drei bis vier ansehnliche Häuser kaufen. Ein Adliger, der bereit und überhaupt dazu in der Lage ist, einen derartigen Betrag in die schönen Künste zu investieren, wird zu Beginn des 14. Jahrhunderts eher geneigt sein, dies für vorzeigbare Stücke zu tun, eben die repräsentative Handschrift eines älteren Textes (s. o.), Ausstattungsgegenstände, Schaurüstungen, Schmuck. So ist es kein Zufall, wenn uns aus dem ganzen 14. Jahrhundert nur noch drei von Adligen in Auftrag gegebene Romane überliefert sind (gegenüber ca. 50 aus dem 13. Jahrhundert) und daß nach 1336 eine etwa 100 Jahre währende Pause in der Geschichte des deutschen höfischen Romans eintritt. Dieser Gattungsverfall ist ein deutliches Symptom für die literarische Geschmacksverschiebung beim Adel ebenso wie für dessen verminderte materielle Möglichkeiten.

Der älteste der drei Romane ist der ›Wilhelm von Österreich‹ des Johann von Würzburg. Über die Person des Autors und seine Auftraggeber wissen wir nur, was Johann, der sonst literarisch nicht hervorgetreten ist, in seinem Roman selbst äußert. Danach stammt er aus Würzburg und ist, wie mehrfach erwähnt, ein *schribaer,* gehört also dem Typus des gebildeten *clerc* an, der auch kaum eine Gelegenheit ausläßt, seine Gelehrsamkeit im Roman auszubreiten. In Beziehungen stand er zu Graf Albrecht II. von Hohenberg-Haigerloch († 1298). Ein Esslinger Bürger Dieprecht hat dem Autor mit seiner Bibliothek literarische Hilfe geleistet. Der Roman ist im Mai 1314 vollendet worden. Er ist den Herzögen Leopold und Friedrich von Österreich gewidmet; sie selbst oder ein dem österreichischen Hof nahestehender Adliger dürften die Auftraggeber gewesen sein.

Der ›Wilhelm von Österreich‹ greift das konventionelle Verlaufsschema des Minne- und Abenteuerromans auf, der die Schicksale seines Helden von der Geburt bis zum Tode schildert.

Der kinderlose Herzog Leopold von Österreich unternimmt eine Bittwallfahrt nach Ephesus. Unterwegs schließt sich ihm der gleichfalls nachkommenlose heidnische König Agrant von Zyzya an. Beider Gebete haben Erfolg. Leopold wird ein Sohn, Wilhelm, Agrant eine Tochter, Aglye, geboren. Die Kinder verbindet von klein auf eine geheime sympathetische Beziehung. Dem heranwachsenden Wilhelm erscheint Aglye im Traum, und er bricht heimlich auf, um sie zu suchen. Seine Ausfahrt in die Welt wird als Eintritt in einen allegorisierten Bereich des Abenteuers gekennzeichnet, in dem er den Namen Ryal – wohl abzuleiten von *regalis,* königlich, – trägt. Wilhelm gelangt nach Zyzya, Agrant versucht jedoch aus politischen Erwägungen, die Zuneigung der beiden Jugendlichen zu unterbinden. Ihre Neigung kann sich nur noch in gefühlvollen Minnebriefen äußern. Agrant sendet Wilhelm mit einer Kriegsansage zum König von Marokko, der solche Boten zu töten pflegt, hat jedoch mit seinem Anschlag keinen Erfolg. Wilhelm besteht zahlreiche, teils allegorisch signifikante Abenteuer und macht Intrigen zunichte. Zwei heidnische Königssöhne, mit denen Aglye verheiratet werden soll, tötet er im Kampf und erreicht durch List seine Verheiratung mit der Geliebten. Der racheschnaubende Schwiegervater führt ein großes Heidenheer zu einer Massenschlacht ins Feld. Auf der Gegenseite wird das Christenheer von den bedeutendsten Fürsten des christlichen Abendlandes angeführt: Leopold von Österreich, Friedrich von Schwaben, Philipp von Frankreich und Richard von England. Die Heiden werden besiegt und getauft. Wilhelm zieht mit seinem Vater nach Österreich, um seine Mutter zu besuchen; während seiner Abwesenheit wird ihm ein Sohn, Friedrich, der spätere Herzog von Österreich, geboren. Nach seiner Rückkehr wird er auf einer Jagd heimtückisch ermordet, Aglye stirbt über seiner Leiche. Die anwesenden Adligen schwören seinem unmündigen Nachkommen die Treue.

Die große Zahl von Handschriften bezeugt die Beliebtheit des Romans im Spätmittelalter. 1481 wird bei Anton Sorg in Augsburg eine Prosafassung gedruckt, die bis 1520 drei Auflagen erlebt. Das Paar Wilhelm und Aglye wurde Anfang des 15. Jahrhunderts zusammen mit Tristan und Isolt und mit Wilhelm von Orléans und Amelie (s. Bd. 2) in einem Fresko auf Burg Runkelstein in Tirol dargestellt.

Eine kritische Ausgabe ist in Vorbereitung. Bislang bildet die Textgrundlage: Johanns von Würzburg ›Wilhelm von Österreich‹. Aus der Gothaer Handschrift hrsg. von E. Regel. 1906. Nachdr. 1970 (DTM 3). – Literatur: E. Frenzel, Studien zur Persönlichkeit Johanns von Würzburg. 1930. Nachdr. 1967. – Th. Cramer, Aspekte des höfischen Romans im 14. Jahrhundert. In: Zur deutschen Literatur und Sprache des 14. Jahrhunderts. Hrsg. von W. Haug u.a. 1983, S. 208–220. – D. Huschenbett, Tradition und Theorie im Minneroman. Zum ›Wilhelm von Österreich‹ des Johann von Würzburg. Ebd., S. 238–261. –

M. Scholz, Zum Verhältnis von Mäzen, Autor und Publikum im 14. und 15. Jahrhundert: ›Wilhelm von Österreich‹ – ›Rappoltsteiner Parzifal‹ – Michel Beheim. 1987.

Im Vergleich mit den hundert Jahre älteren höfischen Romanen zeigen sich charakteristische Unterschiede. Abenteuer ist nicht mehr als Bestandteil einer ritterlichen (Märchen-)Welt akzeptabel, sondern nur noch als Allegorie. Es wird dadurch zum sinnbildlich verschlüsselten Exempel menschlichen Verhaltens schlechthin – spiegelbildlich das gleiche Verhältnis von Wirklichkeit und Fiktion, das später in Maximilians ›Theuerdank‹ die allegorische Darstellung der eigenen Biographie charakterisiert. Dadurch eignet der Erzählung etwas grundsätzlich Didaktisches, ein Zug, der noch verstärkt wird durch die Fülle von Wissen, die der Autor ausbreitet. Bereits nach der Lektüre von 500 Versen hat man etwas erfahren über die Natur des Quecksilbers und seine chemischen Eigenschaften, darüber, daß der Weg nach Ephesus am besten zu Schiff ab Marseille zurückgelegt wird, daß die Nordwinde im Mittelmeer am gefährlichsten sind, daß es einen Landweg von Kleinasien nach Deutschland gibt, der über Pannonien führt; dieses erstreckt sich bis an die Ostsee. Rumänien ist ein wüstes Land, die Russen sind unkultiviert, die Verhältnisse in Bulgarien sind etwas besser.

Die eigentliche Absicht des Romans erschließt sich von seinem Ende her: die romanhafte Mythologisierung einer Dynastie. Im Jahre der Entstehung des Romans, 1314, befindet sich einer der Widmungsadressaten, Friedrich der Schöne von Österreich, mit Ludwig dem Bayern nach einer Doppelwahl in Konkurrenz um die deutsche Königskrone. Glaubt man dem Romangeschehen, so kann sich Friedrich Nachfahre eines Geschlechts nennen, dessen Befehlsgewalt sich alle mächtigen Adligen des Imperiums im großen Heidenkampf unterordnen. Herrschaftsanspruch wird legitimiert durch den literarisch geführten Ahnennachweis, durch die Anbindung an eine als historisch wahr verstandene Tradition. Die Vermischung von Literatur und Geschichte, von Fiktion und Realität ist ein Charakteristikum der Adelskultur im späten Mittelalter.

In ganz analoger Weise erzählt der ›Friedrich von Schwaben‹ die fabelhafte Herkunft der schwäbischen Herzogsdynastie.

Der Autor des Romans ist unbekannt. Er arbeitet am Hofe und sicherlich im Auftrage der schwäbischen Herzöge von

Teck. Er beruft sich (v. 4827) auf den ›Wilhelm von Österreich‹, demnach ist der Roman nach 1314 entstanden.

Roter Faden der Erzählung ist die Liebesgeschichte Friedrichs von Schwaben, des jüngsten der drei Söhne Heinrichs von Schwaben, und der verzauberten Königstochter Angelburg. Friedrich besteht die Proben, durch die Angelburg aus ihrer Hirschgestalt erlöst werden kann. Beide ziehen in das Erbland der Angelburg ein. Eingeflochten in diese Haupthandlung sind zahlreiche, oft heterogene Abenteuer, in deren Verlauf der Held eine Scheinehe mit der Zwergenkönigin Jerome eingeht. Diese nimmt er zu sich, als Angelburg nach dem neunten Ehejahr stirbt. Die Erzählung schließt mit der Rückkehr Friedrichs in sein Königreich. Der Fortbestand der Dynastie ist durch männliche Nachkommenschaft gesichert. Wie Wilhelm von Österreich nimmt Friedrich von Schwaben auf seinem Abenteuerweg einen anderen, den literarischen Namen *Wieland* an. Auf diese Weise bekommt die unmittelbar offensichtlich ebenfalls nicht mehr akzeptable Märchenhaftigkeit des Abenteuers hinweisenden, sinnbildlichen Charakter.

Eine kritische Ausgabe fehlt. Textgrundlage ist bisher: Friedrich von Schwaben. Hrsg. von M. J. Jellinek. 1904 (DTM 1). – Literatur: D. Welz, Zeit als Formkategorie und Erzählproblem in ›Friedrich von Schwaben‹. ZfdA 104 (1975), S 157–169.

Klarstes Zeugnis für das Bedürfnis, durch Fortführen der Tradition eigene adlige Existenz zu legitimieren, ist durch die unmittelbare stoffliche Anknüpfung der sogenannte ›Rappoltsteiner Parzival‹, der ›Niuwe Parzival‹ der Autoren Claus Wisse und Philipp Colin. Auftraggeber ist ein *Volrich* (v. 857,30) aus dem elsässischen Adelsgeschlecht von Rappoltstein. In Frage kommen Ulrich V. (urkundlich 1310–1345), Ulrich VI. (urkundlich 1313–1333) oder Ulrich VII. (bezeugt 1337 als Domherr in Basel). Letzterer nannte seine Tochter nach der Mutter Parzivals Herzelaude – unabhängig von der Frage der Auftraggeberschaft ein weiteres Zeugnis für das Eindringen von Literatur in Realität. Der Straßburger Goldschmied Philipp Colin (und in der Anfangspartie der Goldschmied Claus Wisse) bringt in den Jahren 1331–1336 die französische Fortsetzung des unvollendeten ›Perceval‹ von Chrestien de Troyes in 36426 deutsche Verse, die als Ergänzung des ›Parzival‹ von Wolfram von Eschenbach (s. Bd. 2) gedacht sind und zwischen dessen Bücher 14 und 15 eingeschoben werden. Er bedient sich dabei der Hilfe des jüdischen Übersetzers Samson Pine.

Die literarhistorischen Darstellungen des ›Niuwen Parzival‹ versichern einhellig, das Ganze sei »ohne jede vernünftige Komposition«. Wenngleich sich über den hinter diesem Urteil stehenden Formbegriff streiten ließe, ist zuzugeben, daß die Handlung aus außerordentlich verschlungenen und heterogenen Abenteuern besteht, die sich um den Artushof zentrieren und die Gawan zum Haupthelden haben. In ihrem Verlauf gelangt er ebenso wie Parzival zum Gral, gegen Ende des Romans findet er seinen verlorenen Sohn wieder; gegenbildlich verflochten mit den Gawan-Abenteuern ist die ziemlich eigenständige Episode von Karados, der entdeckt, daß er nicht der Sohn des Königs Karade ist, auf Land und Herrschaft verzichtet und sich auf die Suche nach seinem wahren Vater begibt, den er in Elyafres findet.

AUSGABE: Parzifal von Claus Wisse und Philipp Colin. Hrsg. von K. Schorbach. 1888, Nachdr. 1974. – LITERATUR: D. Wittmann-Klemm, Studien zum ›Rappoltsteiner Parzifal‹. 1977. – Th. Cramer, Aspekte des höfischen Romans im 14. Jahrhundert. In: Zur deutschen Literatur und Sprache des 14. Jahrhunderts. Hrsg. von W. Haug u.a. 1983, S. 208–220.

Auch für den ›Niuwen Parzival‹ ist das Motiv der genealogischen und dynastischen Legitimation konstitutiv. Die Suche nach unbekannten Vätern und verlorenen Söhnen hält die heterogenen Abenteuer zusammen, und immer ist Verwandtschaft auch eine Frage von Machtübernahme und Herrschaft. Die Form der Herrschaftsausübung ist zum zentralen Punkt des Interesses geworden. Der Artushof hat sich von der wertsetzenden Instanz zum Machtzentrum gewandelt, an dem ein absolutistischer Herrscher unablässig mit der Unterwerfung aller widerstrebenden Mächte und Personen beschäftigt ist. Der einzelne Held kämpft im Dienste dieser Zentralgewalt und nicht mehr zum Zwecke persönlicher Bewährung. Der höfische Roman dokumentiert so literarisch zeitgenössische Vorstellungen von Herrschaft.

In ihnen dürfte ein weiterer Grund für sein Absterben liegen. Das Modell des Artushofs mit der prinzipiellen Gleichrangigkeit derer, die ihm angehören, verträgt sich nicht mehr mit der historischen Entwicklung von Höfen und Adel im 14. Jahrhundert. Sein prinzipiell auf der Idee persönlicher Bewährung beruhendes Menschen- und Elitebild hat keinen Platz mehr in einer Gesellschaftsvorstellung, die sozialen Rang durch Abkunft definiert und rechtfertigt und in der die Institution an die Stelle des persönlichen Herrschaftsträgers tritt.

So ist es kein Zufall, daß die Versuche zur Fortsetzung des

arthurischen Romanmusters im 15. Jahrhundert nur noch reproduzierend und weniger aus Interesse am unmittelbar gegenwartsrelevanten Inhalt als an der Tradition unternommen werden (s. u. Ulrich Fuetrer und Maximilian) und daß die Erneuerung höfischer Erzähldichtung an ein anderes literarisches Muster anknüpft, das der *chanson de geste* (s. u. Elisabeth von Nassau-Saarbrücken).

Durch das Interesse an Herkunft und Genealogie, nicht aber gattungsmäßig dem Roman zuzuordnen ist die Erzählung ›Peter von Staufenberg‹ des Autors Egenolf von Staufenberg. Der Autor wird identifiziert mit einem Angehörigen der elsässischen Adelsfamilie Staufenberg, der zwischen 1273 und 1320 urkundlich bezeugt und vor 1324 gestorben ist. Er war literarisch und rhetorisch gebildet. (Die Vermutung, Egenolf sei nur der Auftraggeber, nicht der Verfasser der Dichtung, gilt heute als unwahrscheinlich.) Egenolf von Staufenberg ist einer der letzten adligen Autoren, der sich nach einer zeitweiligen Blüte in der zweiten Hälfte des 13. Jahrhunderts (Herrand von Wildonie, Dietrich von der Glesse) noch mit der Gattung des höfischen *maere* befaßt. Die knapp 1200 Verse lange Erzählung ist in einer (1870 verbrannten) Straßburger Handschrift und drei Straßburger Drucken zwischen 1483 und 1500 überliefert, ein Zeugnis dafür, welchen erstaunlichen Aktualitätswert man der Lokalerzählung zum Ende des 15. Jahrhunderts noch immer beimaß.

Die Erzählung gehört zu den frühesten deutschen Bearbeitungen des Melusine-Stoffes. Peter Diemringer von Staufenberg trifft in der Nähe seiner Burg eine überirdisch schöne Frau, die ihm ihre Liebe gewährt unter der Bedingung, daß er niemals heirate, sonst müsse er binnen drei Tagen sterben. Peter schlägt in der Folgezeit alle vorteilhaften Partien aus, bis ihm der Kaiser die Hand seiner Nichte anträgt. In seiner Bedrängnis offenbart Peter sein Geheimnis. Die Priester erklären Peters Liebe zum Teufelswerk; die Hochzeit mit der Kaisernichte wird bestellt. Beim Hochzeitsmahl erscheint als Zeichen kommenden Unglücks der Fuß der feenhaften Geliebten durch die Saaldecke. Peter stirbt nach drei Tagen.

Ausgaben: E. Schröder, Zwei altdeutsche Rittermären. 1894, 4. Aufl. 1929. – Faksimile des Drucks von 1483: Egenolf von Staufenberg. Die Geschichte vom Ritter Peter. Faksimile der Inkunabel 317 der Fürstlich Fürstenbergischen Hofbibliothek Donaueschingen. 1975. – Teilfaksimiles: Egenolf von Staufenberg, Peter von Staufenberg. Abbildungen zur Text- und Illustrationsgeschichte. Hrsg. von E. Grunewald. 1978 (Litterae 53). – Literatur: R. E. Walker, Peter von Staufenberg. Its Origin, Development, and Later Adaptation. 1980.

Anlage und Personal der Erzählung deuten darauf hin, daß in Form einer Haussage der Familie Staufenberg ein fabelhafter Vorfahr oder Anverwandter präsentiert werden soll. Die damit verbundene Aufwertung ist um so bedeutungsvoller, als die Erzählung offensichtlich den historisch akuten Konflikt zwischen Kleinadel und kaiserlicher Zentralgewalt aufgreift und thematisiert.

4. Fortleben des Minnesangs

Als Hugo von Montfort (s.u.) im Jahre 1401 ein Nachwort zu einer von ihm selbst veranlaßten Sammlung seiner Lieder verfaßt, äußert er sein schlechtes Gewissen: er habe *geblüemte wehe wort getichtet von den wiben* und habe mit solchem weltlichen Tand fast sein Seelenheil aufs Spiel gesetzt, denn Minnedienst sei Götzendienst. Eine solche, an geistliche Positionen um die Mitte des 12. Jahrhunderts erinnernde Haltung ist charakteristisch für den Umgang mit literarischer Ästhetik im 14. Jahrhundert: Sie ist kein selbstverständlich akzeptierter Bestandteil höfischer Kultur mehr, weil sie ihre Funktion für die Adelsgesellschaft eingebüßt hat. Minnesang um die Wende zum 13. Jahrhundert war literarisches Gesellschaftsspiel des Hofes; er setzte die Verständigung aller Beteiligten auf Spielregeln voraus und diente so als »höfisches Zeremonialhandeln« (Kleinschmidt) der internen Bewußtseinsbildung einer sich gerade erst konsolidierenden Gruppe durch das Gefühl der Zugehörigkeit und Vereinbarung auf stilisierte und ritualisierte Verhaltensformen, deren wesentlicher Bestandteil eine als Selbstwert verstandene Ästhetik war. In dem Maße jedoch, wie sich Gruppenzugehörigkeit auf andere Weisen definiert, verliert der Minnesang seine gesellschaftliche Bindung an den Hof. Lieddichtung in der Tradition des Minnesangs sucht sich deshalb Ersatzformen, Ersatzrechtfertigungen oder gerät zur Privatbeschäftigung des adligen Dilettanten und dann nach altem geistlichen Muster in den Verdacht, *sünde* zu sein.

Unproblematisch ist der Umgang mit höfischen Liedmustern noch für den Züricher Autor Johannes Hadlaub. Das mag zum einen daran liegen, daß er im Züricher Adels-Patriziat mit seinen gemeinsamen literarischen Interessen (s. o.) eine Art Ersatzhof oder literarischen Salon vorfindet, zum andern daran, daß er, als bürgerlicher Autor sozial nicht in die Adelsgesellschaft eingebunden, Muster der Adelsliteratur aus der Distanz des literarhistorisch-antiquarischen Interesses handhaben kann.

Mitglieder der Familie Hadlaub sind in Zürich seit 1260 beurkundet. Der Bürger Johannes Hadeloube, den man mit dem Autor identifiziert, kauft am 4. 1. 1302 am Züricher Neumarkt ein Haus. Nach einem Eintrag im Jahreszeitenbuch des Züricher Großmünsters starb *Johannes dictus Hadloup* am 16. März – die Jahreszahl fehlt.

Die Forschung bringt mit guten Gründen Hadlaub in enge Verbindung mit der Redaktion der Großen Heidelberger Liederhandschrift (s.o.), möglicherweise sogar als den »Grundstock«-Schreiber. Ist dies richtig, so darf man den Titel *meister*, d.i. Magister, den ihm die Handschrift gibt, als authentisch ansehen; er verfügte also über eine akademische Ausbildung. Die Große Heidelberger Liederhandschrift überliefert von ihm – sicher mit großer Zuverlässigkeit und Vollständigkeit – 54 Lieder.

AUSGABE: SMS, S. 283–361. – Übersetzung: Johannes Hadlaub, Die Gedichte des Zürcher Minnesängers. Hrsg. von M. Schiendorfer. 1986. – LITERATUR: H. E. Renk, Der Manessekreis, seine Dichter und die Manessische Handschrift. 1974.

Hadlaub verfügt dank der Sammeltätigkeit der Züricher über genaueste Kenntnisse der literarischen Tradition. Sie schlagen sich nieder in den zahlreichen Liedern, die Muster des hohen Minnesangs mehr oder minder konventionell verarbeiten. Eigentlich interessant ist jedoch die Art, mit der die Lieder gesellschaftlich eingebunden werden. Die Rollenkonvention des Minnesängers, der dem Hof von seiner unerfüllten Liebe singt, kann Hadlaub mangels eines solchen Forums nicht mehr erfüllen. So spielt er seinem Publikum (literarisch) eine Minnehandlung vor. Die ästhetischen Spielelemente des Minnesangs werden ereignishaft umgesetzt, sein ästhetisches Rollenspiel wird zum Minnetheater vor einem literarisch informierten patrizischen Publikum als Zuschauer. Seiner Züricher Dame naht er sich als Pilger verkleidet während der Messe, um ihr ein Liebesbriefchen ans Gewand zu heften (Lied 1); auf Bitte der Züricher Patrizier, die – namentlich genannt – zugleich seine Auftraggeber und sein Publikum sind, empfängt ihn die Dame, die *hohen herren* legen beider Hände zusammen, vor Glück wird der Autor ohnmächtig. Als sie mitleidig duldet, daß *min arm uf ir schoz* lagen, ist er kühn genug, ihre Hand zu ergreifen, aber sie beißt ihn (Lied 2). Ein andermal schließt sie sich, als eine Abordnung der Patrizier ihr mit Fürsprache für den unglücklichen Liebenden auf den Leib rückt, in ihre Stube ein (Lied 5). Solche Schilderungen haben mit erlebter Realität sicherlich ebensowenig zu tun wie die Liebesklage des Minnesängers hundert Jahre vorher. Das Bedürfnis aber, für die alten Muster den fehlenden sozialen Komplex Hof durch einen Handlungsrahmen zu ersetzen, zeigt, wie wenig diese Literatur noch selbstverständlicher Bestandteil gesellig-kultureller Betätigung ist. Minnesang ist eine Kunstwelt voller Verkleidung und Staffage geworden, die man einem literarisch interessierten Adelspublikum vorführt.

Literarische Gegenstücke zur Züricher Sammeltätigkeit verfaßt Otto zum Turme in seinen Liedern, die sich gelegentlich fast wie Zitatcollagen des hohen Minnesangs ausnehmen. Lied 3 etwa kombiniert Anspielungen und Zitate aus Heinrich von Morungen, Reinmar von Hagenau und Walther von der Vogelweide. Otto zum Turme stammt aus einem Freiherrengeschlecht im Wallis. Zwischen 1312 und 1330 ist er in Luzerner Urkunden nachweisbar. Er ist vor 1339 gestorben. Die Große Heidelberger Liederhandschrift überliefert fünf Lieder von ihm.

Weitere Autoren im literarischen bzw. geographischen Umfeld von Zürich

Graf Wernher von Hohenberg, urkundl. nach 1300, gest. 1320; acht überlieferte Lieder;

Meister Heinrich Teschler, urkundl. 1286–1296 in Zürich; 13 überlieferte Lieder;

Rost, »Kirchherr« zu Sarnen, wohl Anfang 14. Jahrhundert; neun überlieferte Lieder;

Bruder Eberhard von Sax, ein Dominikaner aus der freiherrlichen Familie von Sax, urkundl. 1309 in Zürich; ein Marienlied;

Johannes von Ringgenberg im Thurgau, urkundl. 1291–1350; 17 überlieferte Spruchstrophen im gleichen Ton.

Ausgaben: Alle Autoren sind von Karl Bartsch in SMS herausgegeben, mit Ausnahme von Teschler auch von Thomas Cramer in CLD. – Literatur: H. E. Renk s.o. unter Hadlaub.

Der letzte Vertreter höfischer Liedkunst im 14. Jahrhundert als eines integralen Bestandteils von adliger Hofkultur verbirgt sich hinter einem Dichter-Pseudonym: der Mönch von Salzburg. Über die Identität des Autors hat die Forschung lange gerätselt. Schon die Handschriftenschreiber um die Mitte des 15. Jahrhunderts attribuieren ihm verschiedene Namen angeblicher Kleriker am Salzburger Bischofshof: Hermann, Martin und Hans. Heute vermutet man u.a. in dem »Mönch« den Herrn des Hofes selbst, Erzbischof Pilgrim II. von Salzburg (1365 bis 1396), der sich in einem gereimten Minnebrief von 1392 als Absender nennt (Mayer/Rietsch Nr. 18).

Pilgrim stammt aus dem mächtigen Geschlecht der Herren von Puchheim im österreichischen Waldviertel. Zeitlebens hat er enge Beziehungen zum Prager Hof gehabt, möglicherweise ist er dort erzogen worden. 1353 wird er als Salzburger Domherr erwähnt, 1354 in Venedig zum Priester geweiht. Mehrere Jahre hat er am päpstlichen Hof in Avignon studiert und dort den Grad eines Baccalaureus im Kirchenrecht erworben. 1363 wurde er zum päpstlichen Kaplan ernannt, 1365 zum Erzbischof von Salzburg. Der Salzburger Bischofshof wurde dank seiner Kunstinteressen zu einem bedeutenden kulturellen Zentrum.

Der Mönch von Salzburg ist, nimmt man die Zahl der Handschriften, die seine Gedichte überliefern, als Indikator, der erfolgreichste Liederdichter des deutschen Mittelalters: in über hundert Handschriften sind Lieder von ihm aufgezeichnet, das sind mehr als dreimal soviel wie bei dem berühmten Walther von der Vogelweide. Sein Einfluß ist noch im 17. Jahrhundert registrierbar.

Der »Mönch« wird als Verfasser von 57 weltlichen und 49 geistlichen Liedern genannt. Früher erwog man für beide Liedgruppen verschiedene Autoren, heute gilt die Verfassereinheit als jedenfalls nicht widerlegbar.

Das Corpus der geistlichen Lieder enthält zahlreiche kunstvolle Marien- und Heiligenlieder, Übersetzungen lateinischer Hymnen und Sequenzen und Lieder zu kirchlichen Festtagen, die teils so schlicht und volkstümlich gehalten sind, daß man Gemeindelieder in ihnen vermuten könnte; unter ihnen das bis heute (auch mit seiner Melodie) als Weihnachtslied lebendige ›Joseph lieber nefe mein, hilff mir wiegen mein kindelein‹.

In seinem weltlichen Œuvre verarbeitet der »Mönch« das gesamte Themenrepertoire tradierter höfischer Lieddichtung,

Minneklage, Tagelied, Pastourelle, ergänzt es aber durch zu Ende des 14. Jahrhunderts allerdings auch schon traditionelle Sujets: Parodien, Didaktisches, Neujahrsgrüße und Freß- und Sauflieder, darunter der erste überlieferte deutsche Kanon, ein dreistimmiges *radel,* in dem der heilige Martin um Gänse und Wein angerufen wird, die *all herein* müssen.

Als Komponist ist der »Mönch« ein bedeutender Neuerer, denn als erster in Deutschland greift er die moderne französische Mehrstimmigkeit auf. Hier dürfte der Aufenthalt Pilgrims am Hof von Avignon mit seiner hohen Musikkultur ebenso folgenreich gewesen sein wie die nachgewiesene Bekanntschaft des Autors mit Kompositionen von Guillaume de Machaut (1300 bis 1377), der sich mehrere Jahre am Prager Hof aufgehalten hat.

Eine zulängliche Ausgabe liegt bisher nur für die geistlichen Lieder des »Mönchs« vor: Die geistlichen Lieder des Mönchs von Salzburg. Hrsg. von F. V. Spechtler. 1972. – Für die übrigen Texte ist man angewiesen auf: F. A. Mayer u. H. Rietsch, Die Mondsee-Wiener Liederhandschrift und der Mönch von Salzburg. 1894/96. – Auswahl mit Übersetzungen und Melodien: Der Mönch von Salzburg, ich bin du und du bist ich. Hrsg. von F. V. Spechtler, Übersetzungen von M. Korth, Übertragung der Melodien von J. Heimrath und M. Korth. 1980. – Faksimile der Mondsee-Wiener Liederhandschrift, hrsg. und kommentiert von H. Heger. 1969 (Codices selecti 19). – Literatur: Eine monographische Darstellung des Autors fehlt. Zu Pilgrim von Salzburg: H. Klein, Erzbischof Pilgrim von Puchheim (1365–1396). In: Mitteilungen der Gesellschaft für Salzburger Landeskunde 112/113 (1972/1973), S. 13 bis 71.

Die Lieder des »Mönchs« rechnen in ihrer Vielzahl von inhaltlichen und motivischen Anspielungen mit literarischer Kennerschaft. Man findet sinnbildliche Weiterentwicklungen von Kürenbergers Falkenlied (s. Bd. 2; Mayer/Rietsch Nr. 83) ebenso wie scheinbar volksliedhafte Umdeutungen der höfischen Rosenmetapher (Mayer/Rietsch Nr. 49). Hohe, teils manierierte Virtuosität bezieht auch noch das Volkstümliche als artistisches Element mit ein. Alle vorfindlichen Bestandteile der Tradition stehen für das literarische Kalkül zur Verfügung, ein künstlerisches Spiel zum Vergnügen der Eingeweihten. Das macht viele Lieder für den heutigen Leser außerordentlich schwer verständlich. Anspielungen (beispielsweise auf die Anfangsbuchstaben des Namens der Geliebten), Verschlüsselungen und Mehrdeutigkeiten schließen den Außenstehenden von der Teilhabe am höfisch-literarischen Spiel aus.

Ein unmittelbares Zeugnis für den artistischen Spielcharakter der Literatur am Salzburger Hof ist ein lateinisches Antwortgedicht, das der »Mönch« einem nicht identifizierbaren Peter von Sachsen auf ein ihm dediziertes deutsches Marienlied schickte, das in einem äußerst komplizierten Ton abgefaßt ist. Das lateinische Antwortgedicht bedient sich des gleichen Tones und überbietet so als sprachliches Kunststück ersten Ranges das deutsche an Artistik.

Ausgabe: CLD Bd. 2, S. 480–487.

Insofern diese Dichtung nur dem Eingeweihten zugänglich ist, ist sie literarisches Mittel der Abgrenzung, der Kastenbildung. Die Gedichte des »Mönchs« rechnen noch einmal mit der geschlossenen Gesellschaft des Hofes als einer durch gleichartigen Geschmack und durch auserlesene Kennerschaft sich definierenden Gruppe. Dies dokumentiert besonders deutlich ein vorgeblich kollektiver Minnebrief (Mayer/Rietsch Nr. 30), in dem im Jahre 1387 *fünfczehent an der schar des hofgesind gar des hofs czu Salezburgk* vom Kaiserhof aus die zurückgebliebenen Salzburger Damen ihrer unverbrüchlichen Treue versichern, wobei gleichzeitig hinter vorgehaltener Hand angedeutet wird, daß die Herren auf ihrer Reise *der liebsten sach* keineswegs entbehren.

Auf die gesellschaftliche Funktion der Lieder, auf ihre Konzeption unter dem Gesichtspunkt der öffentlichen Aufführung, deutet auch die Rolle der Musik hin. War für den hohen Minnesang die Melodie eher das Vehikel für das Wort (was für Deutschland mangels Melodieüberlieferung nur zu vermuten, für den französisch-provenzalischen Sprachraum aber nachweisbar ist), so deutet sich beim »Mönch« das umgekehrte Verhältnis an. Indizien dafür sind die Mehrstimmigkeit einzelner Lieder, die Verwendung der Kanon- und der Duettform, in der durch das gleichzeitige Singen verschiedener Texte das Wort als Sinnträger völlig zurücktritt, Gedichtüberschriften wie *dy trumpet* (Mayer/Rietsch Nr. 15) mit dem Zusatz *und ist auch gut zu blasen* und schließlich Noten ohne Textunterlegung, die als instrumentale Vor- und Nachspiele zu deuten sind. Höfische Lieddichtung tritt uns in dieser die Hofkultur des Hochmittelalters – wenn auch in abgewandelter Form – entscheidend mitbestimmenden Weise am Salzburger Hof zum letztenmal entgegen.

So steht als höfische Gesellschaftskunst diese Lieddichtung in unmittelbarem Gegensatz zur Privatdichtung des Zeitgenossen Hugo von Montfort. Graf Hugo V. von Montfort-Bregenz ist 1357 geboren. Welche Ausbildung er erhalten hat, wissen wir nicht. Er konnte lesen und schreiben und verstand wohl etwas Latein. Punktuelle Kenntnisse der Theologie, der Jura und der Astronomie dürfte er sich autodidaktisch angeeignet haben. Das Heiratsgut seiner drei Ehefrauen vermehrte seinen Besitz nicht unbeträchtlich. Seine diplomatischen und militärischen Dienste wurden von den habsburgischen Landesherren geschätzt. 1413–1415 fungierte er als Landeshauptmann der Steiermark. Am 5. 4. 1423 starb er und wurde im Minoritenkloster Bruck an der Mur begraben. Ein nach seinem Tode gemaltes Bild einer Marienkrönung (heute im Johanneum in Graz) zeigt ihn als Stifterfigur.

Hugo von Montfort hat 38 Gedichte hinterlassen, die in einer von ihm selbst in Auftrag gegebenen, prächtigen Pergamenthandschrift (heute in Heidelberg) gesammelt sind. Sechs von ihnen sind zwischen 1396–1414 datiert. In einem Nachwort-Gedicht (Nr. 31, s. u.), das eine ursprüngliche und vielleicht fragmentarisch erhaltene Sammlung von 1401 beschloß, teilt er sein Werk selbst ein in 17 Reden (das sind meist paar- oder kreuzweise gereimte Gedichte lehrhaften Inhalts), zehn Lieder (das sind strophische, mit Melodie versehene Gedichte, teils in der Tagelied- und Minneliedtradition, teils geistlichen Inhalts) und drei Briefe (das sind Minnegrüße, die durch entsprechende Eingangs- und Schlußformeln als Briefe gekennzeichnet sind). Nach der ersten Sammlung von 1401 (Gedicht Nr. 32 beginnt *Hinwider heb ich tichten an*) folgen noch drei Reden, ein Lied und drei Briefe.

Ausgabe: Hugo von Montfort. Hrsg. von K. Bartsch. 1879 (StLV 143; veraltet). – Schwarz-weiß-Reproduktion der Handschrift und Transkription: Hugo von Montfort in Abbildungen. Hrsg. von E. Thurnher, F. V. Spechtler, G. F. Jones u. U. Müller. 2 Bde, 1978 (Litterae 56 u. 57). – Literatur: G. Moczygemba, Hugo von Montfort. 1967.

In seinem Nachwortgedicht gibt Hugo von Montfort mit für mittelalterliche Verhältnisse einmaliger Ausführlichkeit und Genauigkeit Auskunft über Sinn und Zweck seines Dichtens. Nichts deutet darauf hin, daß seine Lieder für den öffentlichen Vortrag bestimmt waren oder in den Augen des Autors gar gesellschaftsdefinierende oder bewußtseinsbildende Funktion hatten. Auch seine belehrenden »Reden« rechnen trotz gelegentlicher Publikumsadressen kaum mit einem größeren Zuhörerkreis. Gedichtet habe er aus persönlichem Bedürfnis, ohne Konzept *(als mir do was zu muot)* und ohne ästhetischen Anspruch *(Han ich mich mit minem tichten in den rimen iendert vergessen, das tuo ein ander slichten)*, der sechste Teil seiner Gedichte sei ihm im Pferdesattel *in welden und in owen* eingefallen. Auch wenn dies poetische Stilisierung sein mag, offenbart sie doch den ganz und gar privaten Charakter dieser Dichtung. Hier schreibt ein Autor, für den der produktive Umgang mit Literatur sicher noch Bestandteil adliger Kulturtradition und insofern auch Statusmerkmal ist, für den aber der daraus entstehende Text über die Befriedigung eines persönlichen literarischen Bedürfnisses hinaus keine gesellschaftliche Funktion mehr hat.

Zu diesem Befund stimmt auch, daß Hugo von Montfort nach unserer Kenntnis der erste Autor deutscher Sprache ist, für den die Einheit von Text und Melodie (als dem Medium des öffentlichen Vortrages) keine Selbstverständlichkeit mehr bedeutet. Hugo ist nicht mehr wie alle seine Vorgänger Dichterkomponist, sondern nur noch Textdichter. Seine Lieder hat er nach eigener Aussage von Bürk Mangolt aus Bregenz vertonen lassen: *die wisen zuo den lieden der han ich nicht gemachen, ... die wisen hat gemachen Bürk Mangolt unser getrüwer knecht.*

Für den privaten Charakter dieser Dichtung und das Fehlen der öffentlichen Resonanz spricht schließlich auch die Art der Überlieferung: der Autor muß für die Sammlung und die Niederschrift seiner Gedichte selbst sorgen. Außerhalb dieser Sammlungen sind, in krassem Gegensatz zum Mönch von Salzburg, nur ganz wenige Gedichte Hugos verstreut überliefert. (Ganz ähnlich liegen die Verhältnisse bei Hugos etwas jüngerem Zeitgenossen Oswald von Wolkenstein.)

Noch treten bei Hugo von Montfort nicht wie bei Oswald von Wolkenstein mit dieser Privatheit des Dichtens subjektive oder gar individuelle Züge in den Vordergrund, wohl aber stellt sich die Frage nach Sinn und Berechtigung einer Dichtung, die nicht mehr durch gesellschaftlichen Gebrauch sanktioniert ist. Hugo beantwortet diese Frage negativ: *also wil ich von tichten lan* – eine Ankündigung, die er ebensowenig eingehalten hat wie viele andere Autoren nach ihm, die das Ende der Literatur verkündet haben. Als Begründung führt Hugo die historische »Krise« an: *hert lof sind in den landen,* die Zeitläufte sind schwer. Was die Gedanken von Gott ablenkt, ist deshalb verderblich, und nur das Gotteslob als Inhalt der Dichtung ist zulässig: *könd ich got loben, das hett ich recht.* Damit ist Hugo unversehens auf den Stand der geistlichen Dichtungstheorie des 12. Jahrhunderts zurückgefallen, für die Dichtung nur insoweit gerechtfertigt ist, als sie der Verkündigung dient. Alles, was die Entwicklung der Adelsliteratur seit dem 12. Jahrhundert für die Emanzipation einer säkularisierten Ästhetik und Kultur bedeutet hat, wird damit negiert.

Die innere Widersprüchlichkeit einer solchen Äußerung zeigt sich allerdings daran, daß sie aus Anlaß der prachtvollen Präsentation der eigenen Gedichte getan wird, mit der man dafür sorgt, daß die vorgeblich so verderbliche Dichtung, die nach den Worten des im Traum auftretenden Priesters besser *vermitten* wäre, der Nachwelt erhalten bleibt.

In besonderem Maße charakteristisch für die sich wandelnden Strukturen höfischer Lieddichtung und den veränderten literarischen Geschmack des Hofes ist der am bayrischen Herzogshof in München im letzten Jahrzehnt des 14. Jahrhunderts tätige Autor Suchensinn. Der Name dürfte das Autorenpseudonym eines nichtadligen Berufsdichters sein. Die einzigen historischen Zeugnisse, die wir über ihn besitzen, sind zwei Ausgabenvermerke in den Rechnungsbüchern des bayerischen Herzogshofs von 1390 und 1392. In der ersten Notiz wird er zusammen mit einem Musiker entlohnt, in der zweiten taucht er in der Rubrik *Varendläut* (Fahrende) auf. Demnach wäre er ein von Hof zu Hof ziehender Berufsdichter gewesen, der sich für längere Zeit am Hofe Herzog Albrechts II. in München aufgehalten hat.

Von Suchensinn sind 23 Lieder – alle im gleichen Ton – und ein Reimpaargedicht überliefert, die er in der jeweils letzten Strophe durch (gelegentlich leicht verschlüsselte) Nennung seines Namens signiert hat. Ob weitere Lieder in seinem Ton ohne Autorensignatur von ihm stammen, ist nicht zu sichern.

AUSGABE: CLD Bd. 3, S. 292–339.

Der überwiegende Teil von Suchensinns Liedern ist dem Frauenpreis gewidmet, einem konventionellen Thema aus der Tradition des hohen Minnesangs. Im Gegensatz aber zu der dort vorzufindenden Rühmung innerer und äußerer Schönheit der Dame geraten Suchensinns Lieder zu moralisch-didaktischen Abhandlungen über Sittsamkeit und Tugend der *reinen wib.* Er knüpft dabei unmittelbar an die literarischen Muster des Minnesangs an. Lied V, wie mehrere andere Lieder, beginnt mit dem traditionellen Natureingang, in dem das Vergehen des Sonnenscheins, der Blumen und des Gesangs der Vögel beklagt wird – genau das, was ein höfisches Publikum vom Anfang eines Minneliedes erwarten durfte. Statt nun aber das Leid des Winters mit dem Leid des vergeblich werbenden Minnesängers zu überbieten, beklagt der Autor ein *großer liden:* wenn eine Frau aus Schwachheit *verlust ir er,* ihre Ehre verliert, das gerade Gegenteil des minnesängerischen Werbens also. Während nämlich der Sommer mit seinen Freuden bald wiederkommen wird, ziehen *unkuscheit und valsche lieb* die ewige Verdammnis nach sich; daher ergeht die Botschaft an die Frauen: *hab got lieb und dinen eeman, laß dich in eren schawen.*

Man darf voraussetzen, daß Suchensinn mit solchen Liedern auf die Erwartungen des Hofes eingeht, der ihn bezahlt. Der Autor knüpft äußerlich an bekannte, als Ausweis adliger Repräsentation sanktionierte Muster an und kann insofern seinem höfischen Publikum das Gefühl der Traditionsbindung vermitteln. Die traditionellen Inhalte aber sind weder für ihn, der aus einem ganz anderen Sozialisationsbereich kommt, noch für den Hof mehr interessant. Sie werden ersetzt durch die Vermittlung eines weitgehend von kirchlichen Normen bestimmten Wertekanons. Die ästhetische Selbststilisierung des höfischen Publikums im Minnesang hat dem Bedürfnis nach unmittelbarer Belehrung Platz gemacht. Als repräsentativ für den Geschmack am Münchner Hof und im Vergleich mit den Gedichten des »Mönchs« am eine Tagereise weiter südlich gelegenen Salzburger Bischofshof, ist Suchensinns Dichtung auch ein Dokument für die Ungleichzeitigkeit literarischer Interessen an verschiedenen Höfen.

Weitere Liederdichter in der Tradition des Minnesangs

Nicht lokalisierbar und datierbar ist ein Autor Mülich von Prag. Das einzige unter seinem Namen überlieferte Lied steht mit einem allgemeinen Lobpreis der *wip,* eingeleitet durch einen langen Natureingang, dem Muster von Suchensinns Liedern sehr nahe.

Ausgabe: CLD Bd. 2, S. 337–339.

Drei Lieder mit konventioneller Minnethematik, die sich nur durch die Neigung zum Sentenziösen als Erzeugnisse des

14. Jahrhunderts ausweisen, sind von Heinrich von Beringen (s. u. S. 107) überliefert zusammen mit einer paarweise gereimten, parodistischen Scheltrede, die einer Frau in den Mund gelegt wird.

AUSGABE: CLD Bd. 1, S. 365–370.

Zwei ebenfalls der Tradition des Minnesangs verpflichtete Lieder überliefert die »Sterzinger Miscellaneen-Handschrift« unter dem Namen des Südtiroler Geistlichen Johann von Bopfingen (bezeugt zwischen 1343–1376). Ob weitere Lieder der Handschrift von ihm stammen, ist unsicher.

AUSGABE: CLD Bd. 2, S. 83–86.

5. Höfische Dichtung als Didaxe

Es ist kaum unzulässig vereinfacht, wenn man konstatiert, daß neue Textsorten und neue Inhalte in der höfischen Dichtung seit dem letzten Drittel des 13. Jahrhunderts fast durchweg aus der zunehmend lehrhaften Funktion der Literatur entstehen. Man kann das Interesse an Belehrung, nicht nur am Hof (s. u. Kap. III), aus einem Orientierungsbedürfnis erklären, das zunimmt, je labiler das bisher gültige Wert- und Gesellschaftsgefüge wird. In dem Maße wie die Kirche als normsetzende Instanz an Autorität verliert, übernimmt die Literatur die Rolle der Wertvermittlung.

Die Verlagerung des höfischen Literaturinteresses aufs Didaktische markiert vielleicht am deutlichsten die weitgehende Ersetzung des Minnesangs durch die Minne*rede*, die aktive und einbezogene Beteiligung der Hofgesellschaft am Rollenspiel des Minnesangs durch den belehrenden Diskurs über Werte und Eigenschaften der Minne.

Theoretische Abhandlungen über Probleme des Minnewerbens sind fast so alt wie das Phänomen des Minnesangs selbst; zu nennen wären das Standardwerk des *amour courtois*, ›De Amore‹ von Andreas Capellanus (erst 1402 von Eberhard von Cersne ins Deutsche übersetzt), oder für den deutschen Sprachraum die ›Klage‹ Hartmanns von Aue. Bildeten solche Traktate im 13. Jahrhundert den Hintergrund höfisch-literarischen Spiels, so gewinnen sie jetzt Autonomie nicht zuletzt auch im Sinne unmittelbarer lebenspraktischer Anweisung.

SAMMELAUSGABEN: K. Matthei, Mittelhochdeutsche Minnereden 1, und W. Brauns u. G. Thiele, Minnereden 2. 2. Aufl. 1962 (DTM 24 u. 41). – Auf insgesamt 19 Bände geplant ist eine Gesamtausgabe der Mittelhochdeutsche(n) Minnereden und Minneallegorien der Wiener Handschrift 2796 und der Heidelberger Handschrift Pal.germ. 348. Hrsg., übersetzt und untersucht von M. Mareiner. Bisher erschienen: Bd. 1, 1988; Bd. 10, 1986; Bd. 13, 1985; Bd. 16, 2 Teile, 1984. – Gesamtverzeichnis: T. Brandis, Mittelhochdeutsche, mittelniederdeutsche und mittelniederländische Minnereden. 1968. – LITERATUR: I. Glier, Artes amandi. Untersuchung zu Geschichte, Überlieferung und Typologie der deutschen Minnereden. 1971. – R. M. Schmidt, Studien zur deutschen Minnerede. 1982.

Das erste Beispiel einer systematisierten Minnerede, der bis zur Mitte des 15. Jahrhunderts über 500 meist anonym überlieferte Texte folgen, ist die ›Minnelehre‹ des Johann von Konstanz, der zwischen 1281 und 1312 in Zürich beurkundet ist. Da er zusammen mit Angehörigen des Züricher »Manesse-Kreises« und dem Bruder des Konstanzer Bischofs Heinrich von Klingenberg urkundet und da überdies die ›Minnelehre‹ u.a. in der Weingartner Liederhandschrift (s.o.) überliefert ist, hat die Annahme eines engen Kontakts zum Züricher Literaturzirkel viel Plausibilität für sich.

Die ›Minnelehre‹ erzählt in zweieinhalbtausend Versen die erfolgreiche Werbung um ein Mädchen vom ersten Anblick bis zum *umbevanc.* Die Werbungsgeschichte bietet Gelegenheit zu vielfältigen Reflexionen, der Darstellung typischer Minne- und Werbungssituationen, Briefwechsel und Rendezvous, Widerstand und Ergebung, Leid und Glück einer mit allegorischen Elementen versetzten Traumerzählung von Venus und Cupido.

AUSGABE: Johann von Konstanz, Die ›Minnelehre‹. Hrsg. v. F. E. Sweet. 1934. – LITERATUR: Glier, Artes amandi, S. 84–94. – Schmidt, Studien, S. 77–91.

Schon bei Johann von Konstanz deutet sich an, was für die Folgezeit die Minnerede attraktiv macht und am Leben erhält: wie in anderer Weise bei Suchensinn wird sie unter dem Etikett und im Gefolge einer höfisch akzeptierten und sanktionierten Literaturform das Vehikel zum Transport vielfältiger allgemeiner Lebensregeln in allerlei Spielarten der Aussage und der literarischen Darbietung. Sie reichen von wenigen Grußversen bis zur anspruchsvollen Disputationsdichtung. Die Textsortenbezeichnung ›Minnerede‹ ist in der Literaturwissenschaft Sammelbecken für alles, was ein erotisches Verhältnis thematisiert und nicht Minnelied ist.

Weitere Verfasser von Minnereden im 14. Jahrhundert
Ein urkundlich nicht bezeugter Meister Egen von Bamberg verfaßt um 1330 zwei *reden*: ›Die Klage der Minne‹ und ›Das Herz‹, eine Klage über Verfallserscheinungen der Minne und einen Frauenpreis in Form einer Zwiesprache des Dichters mit seinem Herzen. Diese konventionellen Themen werden befrachtet mit Bildungsgut und dargeboten in einem auf die Spitze getriebenen sprachlichen Manierismus, der als Ausweis von Gelehrsamkeit die Zeitgenossen beeindruckt haben muß. Qualität von Dichtung erweist sich jetzt nicht zuletzt daran, wieweit sie den didaktischen Anspruch einzulösen vermag.

AUSGABE: O. Mordhorst, Egen von Bamberg und »die geblümte Rede«. 1911. – LITERATUR: Glier, Artes amandi, S. 121–127.

In den Bahnen der Konvention von Minneklage und Frauenpreis bewegt sich mit vier Minnereden Meister Altswert, ein Pseudonym nach dem Titel der ersten Rede. Er hat wohl in der zweiten Hälfte des 14. Jahrhunderts im Oberrheingebiet gedichtet. Wie Johann von Konstanz nähert er sich der allegorischen Darstellung durch die Einbeziehung von Traumerzählungen und Personifikationen.

AUSGABE: W. Holland u. A. Keller, Meister Altswert. 1850 (StLV 21). – LITERATUR: Glier, Artes amandi, S. 216–225.

Eine Spielart der Minnerede, die aber durchaus nicht nur eine Variation der Darbietungsform darstellt, ist die Minneallegorie. Ihren Höhepunkt und ihr normatives Vorbild hat sie schon im 13. Jahrhundert mit dem ›Rosenroman‹ des Guillaume de Lorris und seines Fortsetzers Jean de Meung erreicht. In Deutschland entstehen größere Minneallegorien erst rund hundert Jahre später, die literarisch bedeutendste von ihnen ist die ›Minneburg‹.

LITERATUR: Zur Minneallegorie: C. S. Lewis, The Allegory of Love. A Study in Medieval Tradition. 1936, 8. Aufl. 1965. – W. Blank, Die deutsche Minneallegorie. Gestaltung und Funktion einer spätmittelalterlichen Dichtungsform. 1970. – Th. Cramer, Allegorie und Zeitgeschichte. Thesen zur Begründung des Interesses an der Allegorie im Spätmittelalter. In: Formen und Funktionen der Allegorie. Hrsg. von W. Haug. 1979, S. 265–276.

Der Verfasser der ›Minneburg‹ bleibt anonym, vermutlich schreibt er im fränkischen Raum um 1340. Er ist vielfältig gebildet und mit der geistlichen Technik allegorischer Auslegung wohlvertraut. Die Dichtung muß recht erfolgreich gewesen sein, sie liegt uns in zwei Versfassungen und einer Prosabearbeitung des 15. Jahrhunderts vor.

In einer idyllischen Landschaft findet der Dichter die von Löwen und Riesen bewachte Minneburg, die an Pracht selbst den Tempel Salomos, Troja und die Gralsburg übertrifft. Eine Säule im Burghof birgt die gläserne Figur eines Mannes und die stählerne einer Frau, die Vernunft und freien Willen verbildlichen. Ihre Blicke erzeugen das Kind »Minne«. Die Erziehung des Kindes durch den Meister Neptanus aus Alexandrien ist Anlaß, das Wesen der Minne zu explizieren. Mit einem Gesinde von Untugenden, allen voran die Jungfrau Cupido, – *begirde* –, belagert Minne die Burg Freudenberg, die von den Tugenden *maze, staete, wisheit* verteidigt wird. Nach der Eroberung wird Hochzeit mit der Burgherrin gefeiert; das Glück der Liebenden wird nur gefährdet durch die *klaffer*, die indessen die Burg vergeblich belagern. Ein Minnegericht unter Vorsitz von Weisheit, Treue und Gerechtigkeit nimmt die Klagen betrogener oder unglücklicher Liebender entgegen.

Ausgabe: Die Minneburg. Hrsg. von H. Pyritz. 1950 (DTM 43). – Literatur: H. Kreisselmeier, Der Sturm der Minne auf die Burg. Beiträge zur Interpretation der mittelhochdeutschen Allegorie ›Die Minneburg‹. 1957.

Ungefähr zur gleichen Zeit entsteht die wohl einflußreichste Minneallegorie, die ›Jagd‹ von Hadamar von Laber. Der Autor entstammt dem oberpfälzischen Adelsgeschlecht von Laber. Wahrscheinlich ist er identisch mit Hadamar III., der zwischen 1317 und 1354 urkundlich häufig bezeugt ist. Er steht in engen Beziehungen zum Hof Ludwigs des Bayern und zu dessen Sohn, Markgraf Ludwig von Brandenburg.

Das allegorische Gedicht ist in 565 Strophen verfaßt, für die der Autor die Form des ›Jüngeren Titurel‹ (s. Bd. 2) benutzt und sich damit bewußt in eine Tradition der Adelsliteratur stellt; der ›Jüngere Titurel‹ gilt im 14. und 15. Jahrhundert als die adlige Standesdichtung schlechthin (s. u.).

Die ›Jagd‹ ist in neun vollständigen Handschriften des 14. und

15. Jahrhunderts sowie acht Fragmenten überliefert; viele spätere Autoren zitieren und imitieren sie. Sie war also wohl die verbreitetste Minneallegorie überhaupt.

Angeführt vom Leithund *herze* begibt sich der Autor auf die Jagd nach einem edlen Wild, begleitet von der Meute der canifizierten *gelücke, lust, liebe, genâde, froide, wille, wunne, trost, staete, triuwe, harre.* Nach allerlei Jagdabenteuern gelingt es, das scheue Wild zu stellen, aber *herze* entrinnt dem Dichter und wird verwundet. Trotz des Rates erfahrener Jäger bleiben dem Autor nach dreimaligem Mißerfolg nur die Klage und die Hoffnung auf *harre.*

AUSGABE: K. Stejskal, Hadamars von Laber Jagd. 1880. – LITERATUR: E. E. Hese, Die Jagd Hadamars von Laber. Beiträge zu ihrer Erklärung. 1936.

Abstrakte Begriffe des Minnesangs werden verbildlicht und personifiziert und damit zu Trägern eines oft komplexen Handlungsgefüges. Das intellektuelle Spiel des Minnesangs ist zu einer Interaktion von Bildern und Figuren geworden. Es ist nicht nur visuell verdeutlicht und versinnlicht, sondern gleichsam theatralisiert worden. In diesem Punkte berühren sich die Minneallegorien mit den sonst ganz anders gearteten Gedichten Johannes Hadlaubs (s. o.). Es gibt Zeugnisse dafür, daß Minneallegorien beispielsweise in Form der Erstürmung von Minneburgen – in romanischen Ländern – tatsächlich von Adelsgesellschaften aufgeführt worden sind. Darüber hinaus hat die Minneallegorie vielfache Motive für die bildende Kunst geliefert. Insofern ist auch sie ein Zeugnis für das sich auf die visuelle Präsentation verlagernde Kulturinteresse.

Man ist so weit gegangen, die Personifizierungen der Minneallegorie in Parallele zu mythologischen Figuren zu setzen und damit diese Werke zu Entwürfen einer Art Adelsmythologie zu machen. Mag eine solche Interpretation auch zu weit gehen, so kann es doch keinen Zweifel darüber geben, daß die Minneallegorie für den spätmittelalterlichen Adel zu den wichtigsten Mitteln literarischer Selbstdarstellung gehört: Normen der höfischen Liebe, die man für die eigene Gruppe als bestimmend und auszeichnend empfindet, werden, nachdem sie unmittelbar nicht mehr lebensfähig sind, in die Kunstfigur der Allegorie gerettet und so nach außen vorzeigbar gemacht. Der äußere Handlungsrahmen bietet dabei Gesetzmäßigkeiten und Ordnungssysteme an, die der *amour courtois* nicht mehr aus sich selbst hervorbringen kann.

Einige weitere Minneallegorien
Das ›Kloster der Minne‹, unbekannter Verfasser, etwa Mitte des 14. Jahrhunderts, ca. 1500 Verse.

›Des Kranichhalses neun Grade‹, unbekannter Verfasser, 14. Jahrhundert, besonders gekünstelte Ausdeutung der Wirbel des Kranichhalses als Allegorie der Minne.

›Der Bergfrit der Minne‹, unbekannter Verfasser. Mitte des 14. Jahrhunderts, 69 Strophen zu je vier kreuzweise gereimten Versen.

AUSGABEN: M. Schierling, Das ›Kloster der Minne‹. Edition und Untersuchung. 1980 (mit vier weiteren Minnereden im Anhang). – ›Kranichhals‹: eine zulängliche Ausgabe fehlt. – L. Ettmüller, Wizlaw's des Vierten Sprüche und Lieder. 1852, S. 56–63. – ›Bergfrit der Minne‹: F. Pfeiffer, Altdeutsches Übungsbuch. 1866, S. 165–168.

Eine charakteristische Verbindung von höfischer Repräsentation und Didaktik stellt die Wappen- oder Heroldsdichtung dar; ihr profiliertester Vertreter ist Peter Suchenwirt. Biographische Daten müssen im wesentlichen aus seinen Werken erschlossen werden. Er dürfte um 1330 geboren und nach 1395 gestorben sein. Er war fahrender Berufsdichter mit enger Bindung an den Wiener Hof. In Wien hat er offenbar ein Haus besessen; er war mit dem Teichner (s. u. Kap. III) bekannt, auf den er einen Nachruf verfaßt hat. Seine frühesten datierbaren Gedichte stammen von etwa 1353, seine letzten von 1395.

Von Suchenwirt sind mehr als 50 Dichtungen überliefert. Etwa die Hälfte von ihnen sind ›Ehrenreden‹, panegyrische Gedichte. Minnereden und Minneallegorien sind u. a. ›Die Rede von der Minne‹, ›Minne vor Gericht‹, ›Der Minne Schlaf‹ und ›Die Jagd‹.

Seine Lehrgedichte sind teils an Hof und Fürsten gerichtet (etwa ›Der Rat von Ungeld‹, ein Protest gegen die von den Herzögen Leopold und Albrecht eingeführte Getränkesteuer in Form eines rudimentären Fürstenspiegels), teils ständeübergreifend ohne spezifischen Adressaten (u. a. ›Der Würfel‹, eine Mahnung gegen die Spielleidenschaft, religiöse Abhandlungen über ›Die zehn Gebote‹ oder ›Die sieben Todsünden‹).

Etwa seit Mitte der siebziger Jahre dominieren bei Suchenwirt die politisch-historischen Lieder oder Sprüche über aktuelle Themen: ›Von zwei Päpsten‹, den Beginn des Schismas 1378, ›Der umgekehrte Wagen‹, vom Konflikt Paduas mit Mailand, ›Von den Kriegen der Fürsten und Reichsstädte‹.

Eine zulängliche Ausgabe fehlt. Man ist noch immer auf die unvollständige und unzuverlässige Ausgabe angewiesen: A. Primisser, Peter Suchenwirts Werke aus dem vierzehnten Jahrhunderte. 1827, Nachdruck 1961. – Ergänzend: G. E. Friess, Fünf unedierte Ehrenreden Peter Suchenwirts. In: Österr. AW, Phil.-hist. Klasse 88, 1878, S. 99ff. – Literatur: O. Weber, Peter Suchenwirt, Studien über sein Wesen und Werk, 1937. – S. Cain Van d'Elden, Peter Suchenwirt and Heraldic Poetry. 1976. – C. Brinker, Von manigen helden gute tat. Geschichte als Exempel bei Peter Suchenwirt. 1987.

Die meisten ›Ehrenreden‹ Suchenwirts sind Nachrufe auf verstorbene Adlige. Die traditionelle Verbindung von Klage und Panegyrik baut er aus zu oft recht umfänglichen biographischen Skizzen, die, obwohl zumindest dem Anschein nach authentisch, deutlich nach den Mustern adlig-repräsentativen Verhaltens stilisiert sind. Militärische Weltläufigkeit zeichnet die verstorbenen Helden gleichermaßen aus wie vorbildliches aristokratisches Auftreten. Die ›Ehrenreden‹ münden jeweils ein in eine genaue Schilderung der Wappen. In ihnen konzentrieren sich bildhaft-symbolisch Wert und Würde ihrer Träger. Sie sind Ausweis nicht nur der standesgemäßen, sondern auch der genealogischen Zugehörigkeit. Ihre detaillierte Beschreibung kann als der Versuch verstanden werden, die Bedeutung der visuellen Repräsentation für die Hofkultur in die Dichtung heimzuholen.

Alle bisher beschriebenen Spielarten von Adelsliteratur stehen im Zeichen der Traditionsbewahrung oder -anverwandlung. Das allein reicht jedoch nicht aus, um das Bedürfnis nach Orientierung in den als chaotisch empfundenen Zeitläuften zu stillen. Gefragt ist der Autor, der seine Autorität nicht so sehr aus literarisch-ästhetischer Kompetenz, als vielmehr aus der Fülle seiner wissenschaftlich fundierten Kenntnisse bezieht. Solchen Dichter-Wissenschaftlern meist nichtadliger Herkunft im Hofdienst verdanken wir die interessantesten literarischen Hervorbringungen des 14. Jahrhunderts.

Der für die spätere (städtische) Literatur einflußreichste von ihnen, Heinrich von Meißen, genannt Frauenlob, hat diesen Tatbestand mit einer bemerkenswerten Mischung von historischer Einsicht und Selbstbewußtsein formuliert: was die berühmten alten Dichter Reinmar, Wolfram von Eschenbach und Walther von der Vogelweide gesungen haben *mit vergoltem kleide,* also mit dem äußeren Glanz ästhetischen Anspruchs, das werde von ihm, Frauenlob, übertroffen, denn er besitze *ars,*

Kunst als Wissenschaft oder Wissenschaft als Kunst, und *rechten sin* und habe deshalb inhaltlich etwas zu verkündigen. Sie hätten nur den Schaum vom Kessel abgeschöpft, er aber schöpfe aus dem Grund (Spruch V,115). In solchen Aussagen artikuliert sich ein grundsätzlich gewandeltes Literaturverständnis, eine Bewertung der Literatur nach ihrem Informationsgehalt und nicht nach ihren ästhetischen Qualitäten.

Der Name des Autors ist Heinrich, Meißen seine Herkunftsbezeichnung und »Frauenlob« ein Autorenname, mit dem ihn Zeitgenossen und Nachfahren generell belegen. Sein Geburtsdatum ist unbekannt; da er aber vermutlich schon 1278 in der Umgebung Rudolfs von Habsburg ist, dürfte er nicht lange nach der Mitte des 13. Jahrhunderts geboren sein. Anspielungen, direkte Erwähnungen und Huldigungsgedichte belegen seinen Kontakt mit einer Vielzahl hoher Adliger meist aus dem nord- und ostdeutschen Raum, aber auch bei Innsbruck wird er 1299 urkundlich erwähnt, wo er auf Befehl Herzog Heinrichs von Kärnten 15 Mark für den Kauf eines Pferdes erhielt. Man vermutet, daß Frauenlob am Prager Hof mit dem Kanzler König Wenzels II., Peter von Aspelt, in Kontakt gekommen ist, der 1306 Erzbischof von Mainz wurde. Jedenfalls hat Frauenlob wohl die letzten Jahre seines Lebens in Mainz verbracht und ist dort am 29. November 1318 gestorben. Er erhielt ein Grab im Kreuzgang des Mainzer Doms – eine hohe Auszeichnung. Sein Grabstein war dort bis 1774 erhalten, der heute noch zu sehende Grabstein ist eine ungenaue Nachbildung von 1783. Einem chronikalischen Bericht des Matthias von Neuenburg zufolge, der sich allerdings im Todesjahr irrt, sei Frauenlob mit großem Gepränge von Mainzer Frauen zu Grabe getragen und beweint worden wegen des unendlichen Lobs, das er dem weiblichen Geschlecht in seinen Gedichten habe zuteil werden lassen.

In seinen Spruchdichtungen, die sich durchweg an ein höfisches Publikum richten, schreitet Frauenlob den Horizont der zeitgenössischen Ethik und Theologie ab. (Die Literaturwissenschaft pflegt seit einiger Zeit strophische Spruchdichtungen als »Sangsprüche« zu bezeichnen zur Unterscheidung der im 14. Jahrhundert aufkommenden paarweise gereimten Spruchgedichte, der »Reimrede«.) Seine Haltung ist durchaus konservativ, Richtschnur des Handelns sind die alten höfischen Werte *ere, zucht* und *maze*.

18 Spruchstrophen, die zum Teil Bestandteil einer Kontroverse mit anderen Dichtern sind, behandeln das alte literarische

Thema, ob *wib* oder *vrouwe,* die Frau als Femininum oder die Frau als Angehörige hohen Standes höher zu bewerten sei. Im Gegensatz zu Walther von der Vogelweide entscheidet sich Frauenlob für die *vrouwe* und bekundet auch damit seine konservative Grundhaltung. Seine – verhältnismäßig wenigen – Minnelieder sind demgemäß thematisch eher konventionell. In drei großen Leichdichtungen besingt er Maria (dieses Gedicht ist in den folgenden Jahrhunderten in Aussagen, Bildlichkeit und Aufbau vielfach nachgeahmt worden), die Erlösungstat Christi und entwirft eine Form des Frauenpreises als allgemeine ethische Lebenslehre. In Gedichten über die Trinität, das Wesen Gottes und die Jungfrauengeburt verarbeitet er gängiges theologisches Wissen.

Frauenlobs erheblicher Einfluß auf viele Autoren des 14. und 15. Jahrhunderts ist noch nicht systematisch untersucht. Fraglos aber war er für die Dichter der sogenannten »meisterlichen Lieddichtung« die literarische Autorität schlechthin. Das erhellt schon allein daraus, daß die wichtigste Sammlung dieser Lieder, die ›Kolmarer Handschrift‹ von ca. 1462 (s. u.) neben 32 echten Frauenlob-Strophen mehr als 1000 weitere unter seinem Namen überliefert.

AUSGABE: Frauenlob (Heinrich von Meißen), Leichs, Sangsprüche, Lieder. Hrsg. von K. Stackmann u. K. Bertau. 2 Bde. 1981. – LITERATUR: K. Bertau, Untersuchungen zur geistlichen Dichtung Frauenlobs. 1954. – K. Stackmann, Bild und Bedeutung bei Frauenlob. Frühmittelalterliche Studien 6 (1972), S. 441–460. – Ch. Huber, Wort sint der dinge zeichen. Untersuchungen zum Sprachdenken der mittelhochdeutschen Spruchdichtung bis Frauenlob. 1977. – Eine monographische Darstellung fehlt.

Frauenlobs Dichtung bezieht ihren Anspruch aus ihrer »Wissenschaftlichkeit«. Es kann jedoch keine Rede davon sein, daß sie ein zureichender poetischer Reflex der zeitgenössischen Theologie und Naturwissenschaft wäre. Auch der Wandel von Geschichte und Gesellschaft wird nicht analytisch begriffen und verarbeitet. Es wäre auch falsch, dergleichen von seiner Dichtung zu erwarten. Frauenlob sieht es nicht als seine Aufgabe an, dem Hof die akademische Vorlesung zu ersetzen. Nicht so sehr auf den einzelnen »wissenschaftlichen« Tatbestand kommt es an, sondern auf die unangefochtene Sicherheit des Buchwissens selbst und die Behauptung ihrer Autorität, die historisch-gesellschaftliche Unsicherheiten abfängt. Es geht darum, dieses gesicherte Wissen in ein traditionelles Sinngefüge zu integrieren und damit dem Hof Orientierungen zu geben, die mit der ihn legitimierenden Tradition harmonisierbar sind.

Ohne Zweifel entsteht mit einer solchen Konzeption ein innerer Widerspruch, der die Dichtung Frauenlobs und vieler seiner literarischen Nachfahren charakterisiert: das Postulat einer vom historischen Wandel unberührten wissenschaftlichen Wahrheit, deren Medium die Dichtung ist, macht es dieser Dichtung im Grunde unmöglich, auf die historische Veränderung adäquat zu reagieren, ja sie überhaupt angemessen wahrzunehmen. Das zwingt sie zu so unspezifischen Aussagen, daß der eigene Anspruch auf Verkündigung von Normen menschlichen Verhaltens schwerlich der genauen Nachprüfung standhalten würde. Aber eben ihre Allgemeinheit sichert dieser Dichtung ihre integrative Kraft, ihre Aussage kann über zwei Jahrhunderte und über die sozialen Grenzen hinweg als gültig empfunden werden: mit der belehrenden Spruchdichtung öffnet sich die Standesdichtung.

Frauenlob artikuliert sich in einer Sprache, in der sich der hohe Anspruch an Dichtung in gleichermaßen hohe Anforderungen an die Verständnisfähigkeit des Hörers oder Lesers umsetzt. Wie kein anderer Autor vor ihm bedient sich Frauenlob einer durch Bildhäufungen und Neologismen verrätselten Ausdrucksweise. Daß hier Wissensvermittlung in einer Sprache geschieht, die auch den Zeitgenossen sicher nur mit Mühe verständlich war, ist nur teilweise ein innerer Widerspruch. Mit guten Gründen hat man argumentiert, daß hier die Dichtung auf dem Weg über die Sprache Autonomie gewinnt, daß Sprache das Mittel ist, den hohen Anspruch zu sichern, der den Dichter zum Rivalen des Theologen macht.

Auf dem soliden Fundament einer umfassenden Bildung baut die Dichtung Heinrichs von Mügeln auf, der als Dichter-Wissenschaftler in der zweiten Hälfte des 14. Jahrhunderts in der Art und Weise seiner Existenz und seines Dichtens in vielen Punkten Frauenlob vergleichbar ist, diesen aber an Systematik, Genauigkeit der Argumentation und Fülle des Wissens weit übertrifft.

Der Dichter nennt sich in der Widmung seiner ›Valerius Maximus‹-Übersetzung: *ich Hainreich von Müglein, gesessen pey der Elbe in dem land zü Meissen.* Vorausgesetzt, die Herkunftsbezeichnung *(von Müglein)* und die Aufenthaltsangabe *(gesessen zü Meissen)* meinen denselben Ort, kämen die Stadt Mügeln bei Oslatz oder das Dorf Mügeln bei Pirna in Frage. Die Widmung ist auf 1369 datiert. Der Autor dürfte sich längere Zeit am

Prager Hof Karls IV. aufgehalten haben. Weitere Widmungen richten sich an zwei Schwiegersöhne des Kaisers, Herzog Rudolf IV. von Österreich und König Ludwig I. von Ungarn. Seine Schaffenszeit dürfte ungefähr mit der Regierungszeit Karls IV. (1346–1378) zusammenfallen.

Obwohl sich Heinrich von Mügeln zweimal selbst ausdrücklich als *leie* bezeichnet, hat man aus seiner hohen Bildung gefolgert, er müsse eine geistliche Ausbildung durchlaufen haben, was jedoch nicht zur Ausübung eines geistlichen Amtes geführt haben muß. Die Handschriften bezeichnen Heinrich gelegentlich als *magister.* Ob damit wirklich ein akademischer Grad gemeint ist, bleibt unsicher.

Die Werke

›Der meide kranz‹, ein dreiteiliges allegorisches Gedicht (ca. 2500 Verse) über die Wissenschaften und das Verhältnis von »Natur« zu Ethik. Bemerkenswert ist, daß der traditionelle Kanon der sieben freien Künste um fünf Wissenschaften erweitert wird: Philosophi, Phisica, Alchimia, Metaphisica, Theologia.

›Psalmenkommentar‹, eine deutsche Bearbeitung des lateinischen Psalmenkommentars von Nikolaus von Lyra († 1340). Das Werk ist in 40 Handschriften überliefert und noch 1475 und 1504 gedruckt worden.

›Valerius Maximus‹, eine kommentierende Übersetzung der dem Kaiser Tiberius gewidmeten Schrift ›Factorum et dictorum libri novem‹, einer der beliebtesten Exempelsammlungen des späten Mittelalters. Überliefert sind 21 Handschriften und ein Druck von 1489.

›Ungarnchronik‹, eine deutsche Prosachronik der ungarischen Geschichte von der Sündflut bis zum Jahre 1333. Eine spätere lateinische Version bringt den Text in Versform unter Verwendung zahlreicher Meistertöne.

Die ›Artes liberales‹, eine Beschreibung der Wissenschaften, die deren Kanon auf 15 erweitert.

›Libri tocius biblie‹, eine zweisprachige (getrennt überlieferte) Beschreibung der Bücher des Alten Testaments.

Die Spruchdichtung; insgesamt 383 Spruchstrophen und acht dreistrophige Minnelieder ordnet die Überlieferung thematisch in 16 »Büchern« an. Behandelt werden Fragen der Kosmologie, der Astronomie, des Wissenschaftssystems, der Theologie, biblische Themen und Marienpreis. In den einzelnen »Spruchketten« werden die jeweiligen Gegenstände außerordentlich systematisch und an der scholastischen Denkmethode geschult abgehandelt.

Ausgaben: Heinrich von Mügeln, Der Meide Kranz. Hrsg. von W. Jahr. 1908. – ›Psalmenkommentar‹: Ausgabe fehlt. – ›Valerius Maximus‹: Ausgabe fehlt. – Chronicon Henrici de Mügeln Germanice Conscriptum. Hrsg. von E. Travnik. 1938. – Chronicon Rhythmicum Henrici de Mügeln. Hrsg. von A. Domanovszky. 1938 (SS rerum Hungaricarum, Bd. II, Nr. III, S. 89–223). – ›Artes liberales‹: Ausgabe fehlt. Nr. 3 ist ediert bei Stackmann, Der Spruchdichter, S. 22, Nr. 9 bei Kibelka, Der ware meister, S. 40. – ›Libri tocius biblie‹: Ausgabe fehlt. Abdruck des lateinischen Teils bei H. Ludwig, Heinrichs von Mügeln Altes Testament. 1966, S. 20–41. – Sprüche: Die kleineren Dichtungen Heinrichs von Mügeln. 1. Abt. Die Spruchsammlung des Göttinger Cod. philos. 21. Hrsg. von K. Stackmann. 3 Bde, 1959 (DTM 50–52). – Literatur: K. Stackmann, Der Spruchdichter Heinrich von Mügeln. 1958. – J. Kibelka, Der ware meister. 1963. – Eine monographische Darstellung fehlt.

Nur die Spruchdichtungen Heinrichs von Mügeln sind bisher zureichend ediert und untersucht worden. Aber auch dem oberflächlichen Blick zeigt sich, daß die Spannbreite der literarischen Betätigung ebenso wie der Wissenshorizont diesen Autor in die Nähe des humanistischen Literaturanspruchs rückt, wie er in der zweiten Hälfte des 14. Jahrhunderts nördlich der Alpen und nicht zuletzt durch Vermittlung des Prager Hofs (s. u. Kap. VI) heimisch wird. Ungeklärt ist das Problem, warum sich ein notorisch lateinisch gebildeter Dichter der aus humanistischer Sicht altmodischen Form des deutschen Sangspruchs als literarischen Mediums bedient. In dieser Hinsicht ist Heinrich von Mügeln noch ganz traditionsgebunden, nicht aber in seinem säkularisierten Anspruch auf Verkündigung: Mit Teilhabe an der Wahrheit der göttlich begründeten Wissenschaft verfügt auch der *leie,* der *wâre meister,* über die Einsicht in die Wahrheit schlechthin. Ihre Vermittlung ist nicht mehr nur dem Kleriker vorbehalten, sondern wird Aufgabe und Privileg des Dichters. Die humanistische Hochschätzung und Überschätzung des *poeta* deutet sich hier im Prinzip schon an. Würde und Besonderheit solcher Vermittlung weisen sich, wie bei Frauenlob, aus durch die Schwierigkeit der Sprache. Ihre Funktion wird mißverstanden, wenn man in ihr nur von außen aufgesetzten »ornamentalen Pomp«, Bedeutung vorspiegelnde Fassade für einen scheinbar banalen Inhalt sieht.

Weitere Dichter von Sangsprüchen und lehrhaften Liedern im 14. Jahrhundert

Barthel Regenbogen, ein Schmied, der sein Handwerk im Stich läßt, da er – nach eigener Aussage – hofft, durch Dichten sein Brot leichter zu verdienen. Er ist Zeitgenosse Frauenlobs. In einem Gedicht äußert er die Hoffnung, diesen im Himmel wiederzusehen, er hat also nach 1318 noch gelebt. Von ihm sind 35 Sprüche überliefert, zehn davon in Tönen Frauenlobs.

Der Harder, ein urkundlich nirgendwo bezeugter Autor wohl aus der zweiten Hälfte des 14. Jahrhunderts. Von ihm stammen zwei Reimpaargedichte, der ›Frauenkranz‹, ein Marienpreis, und ›Der Minne Lehen‹, eine Minnerede, ferner ein Weihnachtslied und ein weltlicher Frauenpreis. Die Meisterliederhandschriften des 15. und 16. Jahrhunderts überliefern noch ca. 30 Lieder bzw. Sangsprüche unter seinem Namen, deren Echtheit jedoch größtenteils zweifelhaft ist.

Albrecht Lesch ist wahrscheinlich identisch mit einem Bürger Münchens, der nach 1372 mehrfach bezeugt und 1393/94 gestorben ist. Er bewohnte das Haus des Bäckers Konrad Harder (des Dichters?). Von Lesch sind 13 wahrscheinlich echte Lieder meist religiösen Inhalts überliefert.

Meister Meffrid, wahrscheinlich um die Mitte des 14. Jahrhunderts, sechs überlieferte Lieder.

Zwinger, wahrscheinlich in der zweiten Hälfte des 14. Jahrhunderts, sieben überlieferte Lieder, darunter eins über die Verhältnisse in einer »Singschule« (s. u. S. 325).

Ausgaben, Literatur: Regenbogen: eine zuverlässige Ausgabe fehlt, man ist angewiesen auf die Texte in HMS 2, S. 309; 3, S. 344–354, 468. – Lit.: H. Niewöhner, Barthel Regenbogen. Beiträge (Halle) 78 (1956), S. 485–489. – Harder: Eine Gesamtausgabe fehlt; Auswahl: T. Brandis, Der Harder. Texte und Studien. 1964 (Quellen und Forschungen NF 13). Einige Lieder bei K. Bartsch, Meisterlieder der Kolmarer Handschrift. 1862, Nachdr. 1962, Nr. 184–187. – Der ›Frauenkranz‹ und der ›Goldene Schilling‹ bei T. Brandis, Der Harder. – ›Der Minne Lehen‹: Ausgabe fehlt. – Der ›Goldene Reien‹: kritische Ausgabe fehlt; Abdruck von drei Versionen bei K. J. Seidel, Der cgm 379 der Bayer. Staatsbibliothek und das ›Augsburger Liederbuch‹ von 1454. 1972. – Lesch: CLD Bd. 2, S. 178–265. – Meffrid: CLD Bd. 2, S. 286–295. – Zwinger: CLD Bd. 3, S. 514–535.

II. Adelsliteratur im 15. Jahrhundert

1. Historische Grundlagen

Kann man das 14. Jahrhundert mit den Stichworten Umbruch und Krise charakterisieren, so zeigt sich das 15. Jahrhundert dem Auge des Historikers vergleichsweise als eine Phase der Konsolidierung. Das bedeutet nicht, daß die im 14. Jahrhundert aufbrechenden Konflikte ausgetragen, die Entwicklungen zu Ende gekommen wären. Aber die Bewegungen und Gegensätze organisieren sich besser und werden damit überschaubarer, die Reaktion auf die krisenhaften Zustände des 14. Jahrhunderts erstarkt und stabilisiert die Verhältnisse – politische, soziale und geistige Gegensätze werden gewissermaßen in ordentlicheren Formen ausgetragen. Solche Tendenzen zur Konsolidierung und Neuordnung werden in den drei Politik und Kultur bestimmenden Größen, Adel, Städte und Kirche, gleichermaßen sichtbar.

Das spätestens seit dem Ende der Stauferherrschaft im 13. Jahrhundert zu beobachtende Erstarken der territorialfürstlichen Gewalt kommt im 15. Jahrhundert zu einem gewissen Höhepunkt und Abschluß. Die zunehmende Autonomie der Fürsten konnte von den schwachen Königen im 14. Jahrhundert nicht mehr zurückgeschnitten werden und wurde gegenüber den Kurfürsten sogar ausdrücklich anerkannt. Die Fürsten werden innerhalb ihrer Territorien (wie z. B. in Bayern, Württemberg, der Kurpfalz, dem Erzherzogtum Österreich, Brandenburg und Sachsen) zu starken Zentralgewalten. Es kommt, im Gegensatz zu Frankreich, zur Zentralisierung innerhalb kleinerer territorialer Einheiten. Der dort ansässige reichsunmittelbare Kleinadel versucht sich gegen die immer stärker werdende Abhängigkeit vom Territorialherrn durch Zusammenschlüsse zu wehren, deren bedeutendste die »Gesellschaft vom St. Jörgenschild« und die »Gesellschaft vom Löwen« sind. Ihr Ziel ist die Wahrung überkommener Privilegien und die Sicherung der reichsunmittelbaren Stellung. Fast nie sind diese politischen Ziele auf Dauer erreicht worden: in der zweiten Hälfte des 15. Jahrhunderts werden die Rittergesellschaften mehr und mehr zu Vereinen für adlige Traditionspflege und zum Ausweis ständischer Zugehörigkeit.

Eigentliche Adelszentren, politisch und sozial, werden die großen Territorialhöfe wie Heidelberg, München, Prag oder Wien mit ihrem Hofstaat und ihrem zumindest teilweise adligen Beamten- und Verwaltungsapparat. Die Territorialhöfe als Zentren von Verwaltung und Rechtsprechung differenzieren und strukturieren sich personell. Die Regierungsgeschäfte obliegen einem Kollegium fest besoldeter »Räte«, das sich überwiegend aus dem Landesadel rekrutiert. Die mit den Verwaltungs- und Finanzaufgaben betraute Hofkanzlei gewinnt als zentrale Behörde immer größere Bedeutung. Das Hofgericht unter Vorsitz eines Hofrichters zieht die Rechtsprechung über Adel und höhere Geistlichkeit an sich. Aus dem adligen Beamtentum entsteht der »verhofte Adel«, dem in seinen Funktionen zunehmend Konkurrenz durch akademisch ausgebildete (nichtadelige) Juristen erwächst.

Mit der Konsolidierung der territorialen Zentralgewalten geht merkwürdigerweise die Tatsache einher, daß auch das deutsche Königtum neue Bedeutung als zentrale Instanz gewinnt, was sich zu Beginn des 15. Jahrhunderts ausgeprägt in der Gestalt Sigmunds (1410–1437) zeigt.

Die historischen Begründungen für diesen scheinbar paradoxen Tatbestand sind komplex; sie lassen sich etwa zu folgender Formel vereinfachen: Zu Beginn des 15. Jahrhunderts sind die Territorialmächte so stark, daß der deutsche König auch politisch keine ernsthaft konkurrierende Macht mehr darstellt. Spektakuläres Zeichen für diesen Zustand ist die sogenannte kurfürstliche Revolution: am 20. August 1396 erfolgte die Absetzung König Wenzels IV. (seit 1378 deutscher König) als eines *unnützen versumlichen unachtbaren ... hanthaber des heiligen Romischen riches.* Eben die Tatsache, daß die Fürsten nicht mehr in Machtkonkurrenz zum König stehen, macht den Weg frei für eine neue Funktion des Königtums: es wird zu einer Art zentraler Koordinierungsinstanz für die Fürsten und deren Interessen, ohne eigentliche Durchsetzungsbefugnisse. Wir haben es weniger mit einer machtpolitischen als mit einer diplomatischen Zentralisierung zu tun. Auch sie führt zur Bildung eines Hofes, der indessen nicht territorial definiert ist. Er ist verwaltungstechnisches und diplomatisches Zentrum mit einem Beamten- und Beraterstab, einer Ansammlung von Experten und Diplomaten, die sich nicht selten – wie Oswald von Wolkenstein – auch literarisch betätigen.

Territorialhöfe und Königshof bilden neue literarische Kristallisationspunkte für die Betätigung adliger Autoren oder von außen herangezogener Nichtadliger.

Für die literarischen Interessen des Adels haben die skizzierten historischen Vorgänge tiefgreifende Konsequenzen, zum Teil in Weiterentwicklung von Tendenzen des 14. Jahrhunderts. Die Kulturinteressen des niederen Adels verlagern sich vollends weg von der Literatur auf Selbstdarstellungsformen von höherem Demonstrationswert: Turniergesellschaften bedeuten dem Kleinadel mehr als die schönen Künste. Welche geringe Rolle das Buch im Leben des Kleinadels noch spielt, zeigen beispielhaft die Inventarlisten von 58 fränkischen Adelssitzen, in denen nach den Bauernkriegen Entschädigungsansprüche angemeldet wurden: nur in sechs Fällen werden überhaupt einige wenige Bücher erwähnt, religiöses Schrifttum, Sachtexte und selten ein vereinzeltes Werk der deutschen weltlichen Literatur.

Kleinadlige betätigen sich als Autoren fast ausschließlich an großen Höfen, wo sie als Beamte oder in diplomatischen Diensten fungieren, so etwa Oswald von Wolkenstein und Hermann von Sachsenheim. Für die Zentralhöfe gewinnt die Literatur neue Bedeutung, ändert dabei aber zugleich ihren Stellenwert: Während sie die Funktionen der Selbstdarstellung und Repräsentation immer mehr an die Musik und vor allem die bildenden Künste abtritt, wird sie zum Bestandteil historisch verstandener Selbst- und Herrschaftslegitimation, Ausdruck eines Konservatismus und Historismus. Dieser Funktionswandel ist ablesbar an der Gewichtsverschiebung im literarischen Gattungsgefüge. Der Roman, im 14. Jahrhundert fast aus der literarischen Landschaft verschwunden, erlebt eine neue Blüte, teils in Neuschöpfung, teils in adaptierender Bearbeitung oder Sammlung älterer Texte. Seine prinzipielle Bindung an Historie oder Pseudo-Historie macht den Roman im 15. Jahrhundert zur wichtigsten höfischen Literaturgattung, während die Formen literarischer Selbstdarstellung des Hofes, also vor allem Lieddichtung in der Tradition des Minnesangs, gegen Ende des Jahrhunderts zu völliger Bedeutungslosigkeit verkümmern.

Literatur: Historische Überblicke s.o. Kap. I. Einzelaspekte: Aus deutschen Reichstagen des 15. und 16. Jahrhunderts. Festgabe dargebracht der Historischen Kommission (bei der Bayer. Akademie der Wissenschaften) zur Feier ihres hundertjährigen Bestehens. 1958. – O. Brunner, Land und Herrschaft. 5. Aufl. 1973. – Ders., Neue Wege der Sozialgeschichte. 3. Aufl. 1980. – J. Bücking, Das Geschlecht der

Stürtzel von Buchheim (1491–1790). Ein Versuch zur Sozial- und Wirtschaftsgeschichte des Breisgauer Adels in der frühen Neuzeit. ZGO 118 (1970), S. 239–279. – Deutscher Adel 1430–1740. Büdinger Vorträge 1965. Hrsg. von H. Rössler. 1968. – N. Elias, Die höfische Gesellschaft. 1969. – J. Fleckenstein (Hrsg.), Das ritterliche Turnier im Mittelalter. 1985. – Friedrich III. Ausstellungskatalog der Kaiserresidenz Wiener Neustadt. 1966. – B. Heydenreich, Ritterorden und Rittergesellschaft. Ihre Entwicklung vom späten Mittelalter bis zur Neuzeit. Diss. 1960. – H. Lieberich, Landherren und Landleute. Zur politischen Führungsschicht Bayerns im Spätmittelalter. 1964. – H. Mau, Die Rittergesellschaften mit St. Jörgenschild in Schwaben. Ein Beitrag zur Geschichte der deutschen Einigungsbewegung im 15. Jahrhundert. 1941. – K. O. Müller. Zur wirtschaftlichen Lage des schwäbischen Adels am Ausgang des Mittelalters. Zeitschrift für württ. Landesgeschichte 3 (1939), S. 285–328. – H. Obenaus, Recht und Verfassung der Gesellschaften mit dem Jörgenschild in Schwaben. Untersuchungen über Adel, Einung, Schiedsgericht und Fehde im 15. Jahrhundert. 1961.

2. Tradition und Erneuerung von Lieddichtung und Minnerede

Die Befreiung von der Bindung an das Zeremoniell höfisch-kultureller Selbstdarstellung macht plausibel, warum Lieddichtung Impulse zur Erneuerung nicht aus den gewandelten Bedürfnissen des Publikums empfängt, sondern im Gegenteil aus einer Vereinzelung der Autoren und damit einer gewissen Autonomie. Hatte bei Hugo von Montfort die neue Privatheit Konsequenzen nur für die Art der Entstehung und Tradierung, so zeigen sich bei seinem nur wenige Jahre jüngeren Zeitgenossen Eberhard von Cersne Veränderungen und Neuansätze in der thematischen Behandlung und vor allem in der Sprache.

Eberhard von Cersne entstammt einer Adelsfamilie aus dem Dorf Zersen bei Rinteln. Wahrscheinlich ist er identisch mit einem gleichnamigen Studenten in der Erfurter Matrikel von 1395. Demnach dürfte er kurz vor 1380 geboren sein. 1408 ist er als Kanonikus in Minden bezeugt. Sein Todesdatum ist unbekannt.

Sein Hauptwerk ist ›Der Minne Regel‹, ein minnedidaktischer Traktat, der im zweiten Teil (als erstes deutsches Werk) Partien von ›De amore‹ des Andreas Capellanus (s. Bd. 2) bearbeitet.

Für wen oder in wessen Auftrag Eberhard dieses zu Beginn des 15. Jahrhunderts recht anachronistische Werk geschrieben hat, ist unbekannt. Das Register nennt vierzehn deutsche und zehn lateinische Lieder des Verfassers, die verloren sind. Im Anhang der einzigen Handschrift (heute in Wien) finden sich jedoch zwanzig ziemlich flüchtig nachgetragene Lieder, die mit großer Sicherheit von Eberhard von Cersne stammen, was allein schon durch wörtliche Anklänge an Formulierungen aus ›Der Minne Regel‹ belegt wird.

AUSGABEN: ›Der Minne Regel‹ von Eberhardus Cersne aus Minden. Hrsg. von F. X. Wöber. 1861; Der Minne Regel, Lieder. Edition du manuscrit avec introduction et index par Danielle Buschinger. 1981; Lieder: CLD Bd. 1, S. 164–187. – LITERATUR: H. Brunner, Das deutsche Liebeslied um 1400. In: Gesammelte Vorträge der 600-Jahr-Feier Oswalds von Wolkenstein. 1978. S. 105–146. – H. P. Niewerth, Allegorische Schilderung und allegorische Handlung. Zum Rahmen von Eberhards von Cersne ›Der Minne Regel‹. 1973. – R. M. Schmidt, Studien zur deutschen Minnerede. Untersuchungen zu Zilies von Sayn, Johann von Konstanz und Eberhard von Cersne. 1982. – Eine genauere Untersuchung der Lieder fehlt.

Wir wissen nicht, ob Eberhards Lieder, die teilweise mit einer merkwürdigen Buchstabennotation überliefert sind, zum öffentlichen Vortrag bestimmt waren. Daß ein größerer Hof sein Forum war, ist unwahrscheinlich; allenfalls kommt ein Zirkel literarisch Interessierter in Frage. Entsprechend frei geht der Autor mit der Tradition höfischen Minnesangs um: er nimmt ihn zum Anlaß artistisch-literarischen Spiels, in dem das Liebesleid des Autors sich teils in scheinbar volkstümlicher Naivität, teils in ironischer Brechung äußert. Sechs der überlieferten Lieder sind Dialoge, in denen der soziale Gegensatz zwischen werbendem Adligen und Mädchen niederen Standes zum sprachlichen Spiel mit Kontrasten literarisiert wird: die Umworbene hält die Metaphern des Minnesängers für bare Münze und entlarvt sie mit ihren realitätsbezogenen Antworten als leere Klischees; etwa wenn sie rät, das brennende Herz mit Wasser zu löschen, versichert, kein Messer zu besitzen, mit dem sie das Herz verwundet hätte, oder den Gruß des Minnesängers für das Grunzen des Schweines hält – eine Verwechslung, die nur auf Niederdeutsch möglich ist (Lied VIII). Die Rede des Werbenden kann formal so auf die Strophen verteilt und durch Reime gebunden werden, daß sie als konventionelle Minnestrophe herauslösbar ist (Lied IV). Die Vermittlungsfunktion von Sprache wird überlagert vom Spiel mit Bedeutungsebenen, der Freude am Klang und einer gelegentlich fast expressionistischen Bildhaftigkeit (Lied III). Im Gegensatz zur Subjektivität seiner Sprache bleibt Eberhard von Cersne thematisch und vor allem in seiner Autorenrolle ganz traditionsverhaftet. In seinen Liedern erscheint er nur als das konventionelle Rollen-Ich und wird als Person nirgends greifbar.

Das unterscheidet ihn grundsätzlich von seinem großen Zeitgenossen Oswald von Wolkenstein. Von keinem andern mittelalterlichen Autor besitzen wir so viele und vielfältige Zeugnisse und Selbstzeugnisse – geschrieben, gemalt, in Stein gehauen – wie von Oswald. Eine Fülle von Urkunden dokumentiert sein Leben – nicht zuletzt wegen der zahlreichen Prozesse und Rechtshändel, in die er zeit seines Lebens verwickelt war –, und kein anderer deutscher Autor des Mittelalters hat sich selbst und seine Lebensumstände so sehr zum Gegenstand seiner Dichtung gemacht. Dennoch ist es nicht möglich, ein lückenloses und von Unsicherheiten freies biographisches Bild zu entwerfen. Schon sein Geburtsjahr steht nicht genau fest, er selbst scheint es nicht sicher gekannt zu haben: zwischen 1376 und 1378 ist Oswald geboren. Er entstammt dem Zweig der Südtiroler Adelsfamilie Vilanders, die sich nach ihrer Burg im Grödner Tal »von Wolkenstein« nannte. Mit zehn Jahren wurde er einem Adligen als Knappe auf Reisen mitgegeben – eine seinerzeit nicht ungewöhnliche Erziehungsmaßnahme, die jedoch von Oswald selbst zum Aufbruch ins Abenteuer stilisiert wird (Lied 18). Um 1400, nach dem Tode seines Vaters, kehrt er nach Tirol zurück. Bei der Erbteilung 1407 fällt ihm die Burg Hauenstein oberhalb von Seis am Schlern zu, wodurch er Lehnsträger des Bischofs von Brixen wurde. Die komplizierten Besitzverhältnisse – zwei Drittel von Hauenstein gehören der adligen Familie Jäger – und die daraus resultierenden juristischen und gewaltsamen Auseinandersetzungen bestimmen viele Jahre von Oswalds Leben und werden noch erschwert durch sein Verhältnis zur Tochter des Martin Jäger. Ob Oswald zu dieser Frau, die er nur einmal in einem späten Gedicht namentlich nennt (die »Hausmannin« nach ihrem Ehemann, dem Brixener Bürger Hans Hausmann), je ein wirkliches Liebesverhältnis hatte, ist unsicher. Aber noch 1421 ist ihre Attraktion für ihn so groß, daß die Jägersche Partei sie als Lockvogel benutzen kann, um Oswald in einen Hinterhalt zu lokken. Er wird auf der Burg Forst bei Meran gefangengesetzt, gibt aber trotz schwerer Folterungen (u.a. Lied 59) seine Besitzansprüche nicht auf.

Nach einer Pilgerfahrt ins Heilige Land (wahrscheinlich 1409/10) tritt Oswald mit dem Konstanzer Konzil (1414–1418) in die Reichspolitik ein. Am 16. Februar 1415 wurde er von König Sigmund gegen festes Gehalt in das *hofgesinde* aufgenommen. Unmittelbar darauf begibt er sich auf eine diplomatische Mission nach Portugal. Am 18. September 1415 trifft er in Perpignan mit Sigmund zusammen und hält sich dort bis ins Frühjahr 1416 auf. Die Auseinandersetzungen des Tiroler Adelsbundes mit Herzog Friedrich IV. von Österreich rufen Oswald nach Tirol zurück. 1417 heiratet er Margarete von Schwangau, die als ›Gret‹ in vielen seiner Lieder auftaucht. 1418 söhnt sich Sigmund mit Friedrich aus; das Verhältnis Oswalds zu seinem Landesherrn aber bleibt gespannt. Seine Erbstreitigkeiten und seine Verwicklungen in regionale Auseinandersetzungen führen immer wieder zu Konflikten, einbehaltenen Bürgschaften und Gefangennahmen. Erst 1427 schließen die streitenden Parteien Waffenstillstand. 1432 zieht Oswald im Gefolge König Sigmunds nach Italien. Während des Zwangsaufenthaltes in Piacenza, Parma und Siena, verursacht durch Geldmangel und die langwierigen Verhandlungen des Königs mit der Kurie wegen der Kaiserkrönung, dürfte Oswalds berühmtes Portrait von einem italienischen Meister gemalt worden sein – das erste authentische Bild eines deutschen Dichters, das wir besitzen. Oswald ließ es der zweiten Handschrift vorheften, in der er seine Lieder hat aufschreiben lassen. Das letzte Jahrzehnt seines Lebens hat Oswald in Tirol mit vielfältigen grundherrlichen und landespolitischen Aktivitäten verbracht. 1439 wurde er zusammen mit vier Tiroler Adligen zum Vermögensverwalter für Friedrichs unmündigen Sohn Sigmund eingesetzt. In Meran ist er am 2. August 1445 gestorben und im Kloster Neustift bei Brixen begraben.

Oswalds rund 130 Lieder sind uns in zwei von ihm selbst 1424 und 1432 in Auftrag gegebenen Sammelhandschriften überliefert. Nur von 20 Liedern gibt es parallele Überlieferungszeugen außerhalb dieser Sammlungen (»Streuüberlieferung«).

Ausgaben: Die Lieder Oswalds von Wolkenstein. Hrsg. von K. K. Klein. 3. neubearbeitete und erweiterte Aufl. von H. Moser, N. R. Wolf u. N. Wolf. 1987 (ATB 55). – Übersetzungen: Oswald von Wolkenstein. Eine Auswahl aus seinen Liedern. Mittelhochdeutsch und Neuhochdeutsch. Hrsg., übers. und erläutert von Burghart Wachinger. 2. Aufl. 1972 (Reclam). – Oswald von Wolkenstein: Frölich geschray so well wir machen. Melodien und Texte, ausgew., übertragen und erprobt von J. Heimrath und M. Korth, erläutert von U. Müller und L. Okken. 1975. – Bibliographie: Die Oswald-von-Wolkenstein-Forschung 1798–1978. Teil I: Bibliographie. Zusammengestellt von H.-D. Mück. Mit einer Stellenbibliographie von H.-D. Mück und L. Okken. 1980. – LITERATUR: A. Schwob, Oswald von Wolkenstein. Eine Biographie. 3. Aufl. 1982. – D. Kühn, Ich Wolkenstein. Eine Biographie. Neue erw. Ausg. 1980. Darin viele Übersetzungen. – Gesammelte Vorträge der 600-Jahr-Feier Oswalds von Wolkenstein. Hrsg. von H.-D. Mück u. U. Müller. 1978.

Die Lieder Oswalds von Wolkenstein markieren einen Wandel und gleichzeitig einen Endpunkt höfischer Adelslyrik. Die wenigsten seiner Lieder entstehen wohl im Auftrag oder für ein größeres Publikum. Zwar wissen wir von Oswald selbst, daß er bei bestimmten Gelegenheiten zum Singen vor der Hofgesellschaft aufgefordert worden ist, so etwa am Heidelberger Hof (Lied 41), aber hier dürfte mehr das Interesse an der Person des Autors und Sängers und an der musikalischen Darbietung ausschlaggebend gewesen sein als das Bedürfnis nach Vermittlung spezifischer, verbindlicher Inhalte. Losgelöst von den Erwartungen der Adelsgesellschaft wird bei Oswald wie bei keinem andern Liederdichter zuvor das eigene Leben und Erleben zum Gegenstand des Dichtens. Wie zwiespältig solche Subjektivierung empfunden wird, wie sehr sie nicht nur Ausdruck des Gefühles von Wichtigkeit der eigenen Person ist, sondern auch Ergebnis von Isolation und Nicht-Identität und damit von Beängstigung, das zeigt exemplarisch das Lied ›Durch Barbarei, Arabia‹ (Nr. 44), in dem die Vereinsamung, die winterliche Abgeschlossenheit auf Hauenstein, dem *kofel smal,* und die politisch gesellschaftliche Isolierung Anlaß zu einem der dichtesten und genauesten Auto-Psychogramme der deutschen mittelalterlichen Literatur wird.

Allenthalben spürt man bei Oswald das Bedürfnis, persönliches Erleben durch die Hinstilisierung auf übersubjektive Ordnungsmuster aus seiner Vereinzelung und Zufälligkeit zu erlösen. Sein erster großer autobiographischer Bericht *»Es fügt sich, do ich was von zehen jaren alt, ich wolt besehen, wie die werlt wer gestalt«* (Lied 18) gliedert sich in sieben Strophen, die signifikante Zahl für geordnete zeitlich-historische Abläufe: die Schöpfungstage, die Weltzeitalter. Die sechs Handlungsstrophen sind nach einem doppelten Prinzip gegliedert: Strophen 1 und 2 schildern Nöte, Gefahren und Fertigkeiten; Strophen 3 und 4 – in Umkehrung der realen Chronologie! – die (weltliche) Reise nach Spanien und die (geistliche) Pilgerreise; Strophen 5 und 6 sind eine Liebesklage. Diese Dreigliederung wird überlagert durch eine Zweigliederung: Strophen 1–3 schildern die Welterfahrung; Strophen 4–6 Liebeserfahrung; Strophe 7 zieht das Fazit im alten asketisch-geistlichen Sinne: Alle diese Erfahrungen münden in die Erkenntnis der Nichtigkeit vor Gott (Wachinger). Das subjektive Erleben des *ich, wolkenstein* (Str. 7, v. 11) wird auf diese Weise exemplarisch, wird aufgehoben in überpersönlichen Ordnungen.

Dem gleichen Zweck dient die Rückbindung persönlichen Erlebens in traditionelle literarische Muster. Was vordergründig die qualvollen nächtlichen Entbehrungen des Ehemanns Oswald fern von seiner Gret schildert (Lied 33), stellt sich bei näherem Zusehen als ein bis in die Einzelheiten kunstvoll ins Negative gewendetes Tagelied heraus. Die unerfreulichen Erlebnisse in einem Überlinger Wirtshaus werden im Muster der »verkehrten Welt«, also als exemplarischer Fall gestörter Ordnung dargestellt (Lied 45). Oswalds Lieder sind mithin weder eindeutig als neuzeitlich-individualistische »Erlebnislyrik« zu klassifizieren noch als mittelalterlich-überpersönliche exemplarische Dichtung. Die Loslösung der Dichtung von den engen Bindungen an ein höfisches Publikum führt zu neuen, subjektiv geprägten Formen literarischer Äußerung, die aber nicht als Hervorbringungen des autonomen Schöpfer-Genies mißverstanden werden dürfen.

Thematisch greift Oswald auf den inzwischen reichen Fundus einer über zweihundertjährigen Dichtungstradition zurück. Geistliche und didaktische Lieder finden sich ebenso wie Lieder in der Tradition des Minnesangs, die allerdings stets die Muster zum persönlichen Liebeslied variieren, und Lieder des *genre objectif*, also Tagelieder und Pastourellen. Unmittelbar zu greifen, auch musikalisch, ist der Einfluß des Mönchs von Salzburg; Oswalds Bekanntschaft mit einer Sammlung deutscher und lateinischer Lieder aus dem ausgehenden 14. Jahrhundert, der ›Sterzinger Miscellaneenhandschrift‹, die solche vorbildlichen Texte enthält, glaubt man nachweisen zu können. Ohne Vorbild sind hingegen die Lieder, in denen Autobiographisches verarbeitet wird, vor allem die Reiselieder.

Gerade dort, wo Oswald traditionelle literarische Muster aufnimmt und verändert, wird seine eigene poetische Leistung deutlich. Wuchernde Bildlichkeit und Metaphorik, Worthäufungen, lautmalerische Veränderungen und Neologismen machen die Sprache selbstbedeutend als artistisches Ausdrucksmittel und markieren so in der Tat einen entscheidenden Schritt in die neuzeitliche Autonomie der Dichtung.

Als musikalischer Neuerer ist Oswald eine Zeitlang überschätzt worden. Seine Anregungen für die mehrstimmige Komposition stammen aus Frankreich und Italien. Einige Sätze hat er nahezu unverändert übernommen und mit eigenen Texten unterlegt. Immerhin weist er sich in seinen eigenen Kompositionen als musikalisch hochbegabt, wenn auch nicht als Neutöner aus. Die meisten seiner mehrstimmigen Sätze sind zwischen 1410 und 1420 entstanden, also der Zeit seiner engsten Bindung an den Königshof. Hier sind diese Stücke wohl auch vorgetragen worden, denn hier stand die notwendige Anzahl von qualifizierten Sängern und Musikern zur Verfügung. Die nach 1421 vorherrschende Einstimmigkeit der Kompositionen ist Symptom für den zunehmend privaten Charakter der Dichtung.

Oswald von Wolkenstein gehört zu den Dichtern, deren Kunst zugleich einen Höhepunkt und ein Ende darstellt. Nennenswerten Einfluß auf nachfolgende Autoren hat seine Dichtung nicht ausgeübt: Lieddichtung als Hofkunst verliert im 15. Jahrhundert ihre Bedeutung, und die städtische Lieddichtung orientiert sich an anderen Mustern. Die Tatsache, daß uns Oswalds Lieder im wesentlichen nur durch die beiden Autorensammlungen erhalten sind, ist ein Kennzeichen dieses Wandels.

Charakteristisch für die Lieddichtung Oswalds ist das Vorherrschen des erzählenden Elements; fast alle Lieder entwerfen eine anschauliche, vorstellbare Szenerie. Auch dies mag man als Symptom für die Verlagerung des kulturellen Interesses auf das Visuelle (s.o. Kap. 1) interpretieren. Es ist in diesem Zusammenhang bezeichnend, daß sich die literarischen Modelle desjenigen Autors noch am lebenskräftigsten erweisen, der im 13. Jahrhundert seine Lieder am konsequentesten als Entwurf eines Handlungsvorganges konzipiert hatte: Neidhart von Reuenthal. Häufig werden seine Lieder anonym unter seinem Namen nachgeahmt (»Pseudo-Neidharte«). In der zweiten Hälfte des 15. Jahrhunderts übernimmt der bayrische Adlige Hans Heselloher das Neidhartsche Liedmuster und die Neidhart-Rolle und wird damit zum letzten namentlich identifizierbaren deutschen Adelslyriker des ausgehenden Mittelalters.

Hans Heselloher ist zwischen 1451 und 1483 häufig urkundlich bezeugt. Seit 1453 ist er »Pfleger«, d.h. oberster Verwaltungsbeamter des oberbayerischen Pähl und seit 1465 Stadt- und Landrichter von Weilheim. Zwischen 1483 und 1486 ist er gestorben und im Kloster Andechs begraben. Nach dem Zeugnis des Genealogen Wiguläus Hundt aus dem ausgehenden 16. Jahrhundert hat er zahlreiche Lieder verfaßt, von denen jedoch nur vier erhalten sind.

AUSGABEN und LITERATUR: Neidhart-Rezeption im Spätmittelalter: O. Boueke, Materialien zur Neidhart-Überlieferung. 1967. – E. Simon, Neidhart von Reuenthal. 1975. – Heselloher: Ausgabe: CLD 2, S. 9–41. – Zur Rezeption von Lied IV: M. Curschmann, Texte und Melodien zur Wirkungsgeschichte eines spätmittelalterlichen Liedes: Hans Heselloher, ›von üppiglichen Dingen‹. 1970 (Altdt. Übungstexte 20).

Alle vier Lieder Hesellohers greifen das Neidhartsche Motiv der tölpelhaften, anmaßenden, »üppigen« und raufluѕtigen Bauern auf. Aber der Autor ist nicht wie bei Neidhart in die Handlung involviert, sondern steht am Rande als überlegener Beobachter, der das Geschehen *selbs besichtet* hat (Lied IV). Sein Lied ›*von üppiglichen dingen*‹ (IV) kann als eins der erfolgreichsten weltlichen Lieder des Spätmittelalters gelten. Dafür sprechen nicht nur die breite Drucküberlieferung, sondern vor allem die zahlreichen geistlichen und weltlichen Kontrafakturen aus dem 16. Jahrhundert.

Zu einer Art Liedroman kompiliert der ›Neidhart Fuchs‹ echte Neidhart-Lieder und Pseudo-Neidharte. Auch ein Lied Oswalds von Wolkenstein wird integriert (Nr. 23 = 25 ›Neidhart Fuchs‹), an ein weiteres (Nr. 76) finden sich vage Anklänge (›N. F.‹ Nr. 26). Nach allgemeiner Ansicht ist auch ein Lied Hesellohers (Nr. 3) aufgenommen (›N. F.‹ Nr. 20), aber auch hier beschränken sich bei näherem Zusehen die Ähnlichkeiten auf wenige Formulierungen. Ob der Ritter Neidhart Fuchs, der durch die geschickte Zusammenstellung der Lieder zum konsequenten, bauernfeindlichen Helden einer schwankhaften Handlung wird, auf eine historische Figur zurückgeht, ist unsicher; möglicherweise ist er mit einem Ritter aus der *familia* Herzog Ottos des Fröhlichen († 1339) in Wien zu identifizieren. Unsicher ist auch, wann die Zusammenstellung der Lieder zu einem Schwankroman vorgenommen worden ist. Wir kennen erst die Fassung eines Augsburger Drucks von ca. 1491. Aber unabhängig davon bezeugt die Verwandlung des Rollen-Ich Neidhart von Reuenthal in den Helden einer Episodenerzählung die Tendenz zur Episierung der Literatur. Darüber hinaus ist der ›Neidhart Fuchs‹ zusammen mit der Errichtung des Neidhart-Grabes am Wiener Stephansdom in der zweiten Hälfte des 14. Jahrhunderts Zeugnis für die spezifische Anverwandlung des Traditionsguts an aktuelle kulturelle Bedürfnisse.

AUSGABE: ›Neidhart Fuchs‹ in: Narrenbuch. Hrsg. von F. Bobertag. 1884, Nachdr. 1964, S. 149–292. – Faksimile: Die Historien des Neidhart Fuchs. Nach dem Frankfurter Druck von 1566 hrsg. von E. Jöst. 1980 (Litterae 49). – LITERATUR: E. Jöst, Bauernfeindlichkeit. Die Historien des Ritters Neithart Fuchs. 1976.

Die Tendenz zur Episierung traditioneller höfischer Gattungen, zur Veranschaulichung durch Erzählen bestimmt auch das gesamte Werk Hermanns von Sachsenheim. Der Autor entstammt einem württembergischen Adelsgeschlecht; er ist zwischen 1366 und 1369 geboren. Aus seinen guten juristischen Kenntnissen schließt man auf ein akademisches Studium. Von 1419 bis 1442 steht er als Rat in den Diensten der württembergischen Grafen. Hermann besaß mehrere Grundstücke und ein Haus in Stuttgart. Dort starb er am 5. 6. 1458. Er wurde in der Stiftskirche begraben; sein Grabstein mit der von ihm selbst verfaßten Inschrift wurde 1886 freigelegt.

Hermann von Sachsenheim nennt sich in keinem seiner Werke als Autor; für sieben Schriften gilt seine Verfasserschaft jedoch als gesichert. Alle seine Werke scheinen erst in seinem letzten Lebensjahrzehnt entstanden zu sein. Vier von ihnen können dem Genre ›Minnerede‹ bzw. ›Minneallegorie‹ zugerechnet werden.

›Der Spiegel‹, ca. 1452, eine Minneallegorie, die Abenteuerreise und Prozeßmotiv verbindet und das traditionelle Minnethema in ein interessantes Spiel von Reflexion und Selbstreflexion, von Ganzheit und Perspektivik auflöst.

›Die Mörin‹, datiert auf 1453, ebenfalls eine breit angelegte Prozeßdichtung vor dem Hof der Venus und des Tannhäusers. Eine Fülle literarischer, historischer und aktueller Anspielungen machen die Dichtung zu einer Art Musterbuch höfischen Wissens und Verhaltens.

›Das Schleiertüchlein‹, die Erzählung einer Pilgerfahrt ins Heilige Land, die in den Rahmen einer unglücklichen Liebesgeschichte gestellt wird. Die Einleitung mit dem traditionellen Spaziergangsmotiv der Minneallegorie hebt die auf weite Strekken realistische Erzählung auf die Ebene der exemplarischen Minnerede.

›Die Unminne‹, eine aus der Minnerede entwickelte »Staatslehre« (Glier).

Den Motivbestand der Pastourelle verarbeitet die ›Grasmetze‹ zur Erzählung. Die Begegnung des alten, geilen aber impotenten Ich-Erzählers mit der jungen Bauernmagd gerät zur ausnehmend obszönen Selbstparodie.

Hermann von Sachsenheim ist der Autor zweier religiöser Werke: ›Der goldene Tempel‹, datiert 1455, eine geistliche Architekturallegorese, und ›Jesus der Arzt‹, eine strophische Allegorese der Krankheit.

AUSGABEN: Eine kritische Gesamtausgabe fehlt. – E. Martin, Hermann von Sachsenheim. 1878 (StLV 137): Die ›Mörin‹, ›Goldener Tempel‹, ›Jesus der Arzt‹. – H. D. Schlosser, Hermann von Sachsenheim. Die Mörin. 1974. (Deutsche Klassiker des Mittelalters NF 3). – W. Holland u. A. Keller. Meister Altswert (s. S. 45). 1850, S. 117–255 (StLV 21): ›Spiegel‹, ›Schleiertüchlein‹. – C. Haltaus, Liederbuch der Clara Hätzlerin (s. S. 314). 1840, Nachdr. 1966, S. 279–283: ›Grasmetze‹. – W. Brauns u. G. Thiele, Mittelhochdeutsche Minnereden II. 1938 (DTM 41), Nachdr. 1967: ›Grasmetze‹, ›Unminne‹. – D. K. Rosenberg, The Schleiertüchlein of Hermann von Sachsenheim. A Critical Edition with Introduction and Notes. 1980. – Hermann von Sachsenheim, Des Spiegels Abenteuer. Hrsg. von Th. Kerth. 1986. – LITERATUR: D. Huschenbett, Hermann von Sachsenheim. 1962. – M. Wis, Zum ›Schleiertüchlein‹ Hermanns von Sachsenheim. Neuphilologische Mitteilungen 66 (1965), S. 1–28. – W. Blank, Kultische Ästhetisierung. Zu Hermanns von Sachsenheim Architektur-Allegorese im ›Goldnen Tempel‹. In: Verbum et Signum, FS F. Ohly, Bd. 1. 1975, S. 355–383. – L. Wailes, The Character of Love in Hermann von Sachsenheim's ›Mörin‹. In: Colloquia Germanica 1975, S. 205–222. – W. Haug, Gebet und Hieroglyphe. Zur Bild- und Architekturbeschreibung in der mittelalterlichen Dichtung. ZfdA 106 (1977), S. 163–183. – D. Welz, Witz, Komik und Humor in der ›Mörin‹ des Hermann von Sachsenheim. ZfdA 109 (1980), S. 337–361. – P. Strohschneider, Ritterromantische Versepik im ausgehenden Mittelalter. 1986.

Hermann von Sachsenheim hat seine drei Minnereden, die ›Mörin‹, den ›Spiegel‹ und die ›Unminne‹, der Pfalzgräfin Mechthild (s. u. S. 88) gewidmet. Man darf davon ausgehen, daß auch seine übrigen Werke mit Blick auf ihre und ihres Umkreises literarische Interessen entstanden sind. Die Fähigkeit zum intellektuell selbständigen Umgang mit dem literarischen Traditionsgut, die Möglichkeiten, es als Rohmaterial umzuformen und umzudeuten, machen den Reiz dieser Literatur aus. Das Interesse ist also ein im weitesten Sinne artistisches, das gleichwohl die Tradition im produktiven Umgang mit ihr bestätigt und befestigt.

Wäre die Zuschreibung der Handschrift verläßlich, so wäre Graf Heinrich von Württemberg (1448–1519) der letzte Adelslyriker des Mittelalters. Drei Lieder sind unter seinem Namen überliefert. Auch wenn mit der Berufung auf *freude und leidt*, der Versicherung, *an underlaiß dienen* zu wollen, der Bitte um *gnade* (Lied III), der Furcht von den *falschen kleffern* (Lied I) noch einmal das Instrumentarium des Minnesangs aufgeboten wird, unterscheiden die Lieder sich doch kaum von Hunderten von Liebesliedern, die in der zweiten Hälfte des 15. Jahrhunderts verbreitet sind (s. u. Kap. V). Zweifel an Heinrichs Autorschaft sind daher nicht grundlos.

AUSGABEN: P. Sappler, Das Königsteiner Liederbuch. Ms.germ.qu. 719 Berlin. 1970, S. 56, 101 f., 213 f. (mit Erörterung der Autorenfrage) – CLD Bd. 1, S. 371–374.

3. Erneuerung des höfischen Romans

Das Wiederaufleben des Romans im 15. Jahrhundert ist ein deutliches Indiz sowohl für die Konsolidierung der Territorialhöfe wie für den Wandel ihrer literarischen Bedürfnisse. In dem Maße, wie Literatur an Bedeutung für das höfische Zeremoniell verliert, wird sie zum Lesestoff, was allein schon die erzählenden Gattungen gegenüber der Lieddichtung begünstigt. Formal bedeutet dies die endgültige Durchsetzung der Prosa überall dort, wo nicht die Verwendung des Verses oder gar bestimmter Strophenformen (besonders der Titurel-Strophe) spezifische Weisen der Traditionsorientierung signalisieren sollen wie bei Ulrich Fuetrer oder Maximilian. Es wächst das Interesse an inhaltlich vermittelten Identifikationsmustern, die als Historien, geschichtlich legitimierte Denkwürdigkeiten, der eigenen Existenz Bedeutung, Rechtfertigung und Orientierung geben. Die alten Muster des arthurischen Romans sind dafür nur bedingt geeignet: das Modell des Artushofs mit der prinzipiellen Gleichrangigkeit seiner Mitglieder, die ihren herausgehobenen

Status durch Verdienst und nicht durch Abstammung behaupten, und dem passiven König entspricht nicht dem zeitgenössischen Bild des vorabsolutistischen Zentralhofs mit dem dynastisch legitimierten Herrscher. Die in der Stauferzeit nur selten aufgegriffenen Erzählmuster der französischen *chanson de geste* hingegen bieten weit bessere Anknüpfungspunkte für Aktualisierung und Identifikation; bei ihnen steht im Mittelpunkt die starke, agierende Herrschergestalt, die Herrschaft durch Abkunft begründet oder sie verteidigt gegen die Rebellion der Vasallen. Hier konnte man die aktuellen Konflikte zwischen Landadel und Territorialherren unmittelbar abgebildet und literarisch zugunsten des Zentralherrschers bewältigt finden. Die Identifizierbarkeit der Figuren und des Handlungsraums verleihen der Erzählung den Charakter historischer Beglaubigung.

Die neue Intensivierung des französischen Einflusses auf die deutsche Literatur, die jetzt nach der Stauferzeit zu einer zweiten Welle der Übernahme französischer Erzählstoffe führt, ist nur ein Teil der dominierenden Ausstrahlung französischer und vor allem burgundischer Hofkultur. Hier ist der Zentralisierungsprozeß schon sehr viel weiter fortgeschritten als in Deutschland, und am burgundischen Hof hat sich die größte Pracht ritterlich-höfischer Kultur des europäischen Mittelalters entfaltet. Deshalb werden die von dorther importierten literarischen Stoffe als besonders exemplarisch, standesgemäß und aristokratisch angesehen; man übernimmt sie ebenso wie man sich nach burgundischer Mode kleidet oder in burgundischer Manier Turniere ausstattet.

Vermittlerin der *gesten*-Erzählung in Prosa und damit Begründerin einer lang anhaltenden Erzähltradition in Form der sogenannten ›Prosahistorie‹ ist die Gräfin Elisabeth von Nassau-Saarbrücken. Elisabeth ist als Tochter Herzog Friedrichs V. von Lothringen nach 1393 geboren. 1412 heiratete sie den Grafen Philipp I. von Nassau-Saarbrücken. Nach dessen Tod, 1429, übernahm sie die Regentschaft bis zur Volljährigkeit ihrer Söhne Philipp II. (1438) und Johann III. (1442). Verwandtschaftliche Beziehungen verbanden sie mit französischen und deutschen literarischen Zentren, mit Nancy, Heidelberg und Rottenburg. Gestorben ist Elisabeth am 17. 1. 1456; ihr Grabmal befindet sich in St. Arnual in Saarbrücken.

Elisabeth gilt als Autorin von vier Prosahistorien (nur zwei von ihnen nennen sie als Verfasserin), deren *gesten*-Vorlagen durch genealogische Verknüpfungen eine Art Zyklus bilden:

›Herpin‹, ein Generationenroman vom Ritter Löw, seinen Söhnen und seinem Vater Herpin;

›Sibille‹, die Geschichte von der verstoßenen Gemahlin Karls des Großen, der Geburt ihres Sohnes Ludwig (und damit der Begründung der karolingischen Dynastie) und ihrer Wiederaufnahme am Hof;

›Loher und Maller‹, die Geschichte eines Thronfolgestreits, des vergeblichen Versuchs Lothars, des Sohns Karls des Großen, sich gegen seinen Bruder Ludwig aufzulehnen;

›Huge Scheppel‹, die (fabulöse) Geschichte des Wechsels von der karolingischen zur capetingischen Dynastie (Inhalt s. u.).

Die vier Historien sind offenbar in den dreißiger Jahren des 15. Jahrhunderts, also während der Regentschaft Elisabeths entstanden; der ›Loher‹ ist auf 1437 datiert.

AUSGABEN: Eine Edition der vier Romane ist seit längerem von H. G. Roloff angekündigt. Bislang muß man sich mit unzulänglichen Ausgaben begnügen: ›Herpin‹: Die Bearbeitung K. Simrocks in den ›Deutschen Volksbüchern‹, Bd. 11. 1865, S. 213–445. – ›Sibille‹: Der Roman von der Königin Sibille in drei Prosafassungen des 14. und 15. Jahrhunderts. Hrsg. von H. Tiemann. 1977 [Abdruck der Handschrift zusammen mit einer spanischen und einer französischen Fassung]. – ›Loher und Maller‹: Bearbeitung von K. Simrock, 1868 [nach einem Druck von 1514]. – ›Huge Schepel‹: H. Urtel, Veröffentlichungen aus der Hamburger Staatsbibliothek 1. 1905 [Abdruck der Handschrift]. – H. Kindermann, Volksbücher vom sterbenden Rittertum. 2. Aufl. 1942, S. 57–151 (DLE, Reihe XII, Bd. 1, nach dem Straßburger Druck von 1500). – M. L. Linn, Hug Schapler. Ein lieplichs lesen und ein warhafftige Hystorii. Deutsche Volksbücher in Faksimile-Drucken A 5. 1974 [Faksimile des gleichen Drucks]. – LITERATUR: W. Liepe, Elisabeth von Nassau-Saarbrücken. 1920. – J.-D. Müller, Held und Gemeinschaftserfahrung. Aspekte der Gattungstransformation im frühen deutschen Prosaroman am Beispiel des ›Hug Schapler‹. Daphnis 9 (1980), S. 393–426. – B. Burchert, Die Anfänge des Prosaromans in Deutschland. Die Prosaerzählungen Elisabeths von Nassau-Saarbrükken. 1987.

Die von Elisabeth ins Deutsche eingeführte neue Form des höfischen Romans scheint unmittelbaren Erfolg an den Territorialhöfen Heidelberg, Rottenburg und Wien gehabt zu haben. Mechthild von Rottenburg besaß ein Exemplar des ›Herpin‹ (s. u.). Die Gründe für diese Beliebtheit lassen sich am leichtesten an Elisabeths erfolgreichstem Roman ›Huge Scheppel‹ ablesen.

Hug ist der Sohn eines angesehenen Ritters und einer Metzgerstochter. Nach dem Tode seines Vaters bringt er sein Vermögen in wenigen Jahren durch. Hochverschuldet besucht er seinen reichen Onkel, den Metzger Symon, der gern zweihundert Gulden opfert, um den verschwenderischen Neffen möglichst schnell wieder loszuwerden. In der Folgezeit hat Hug unzählige Liebesabenteuer, in deren Verlauf er zehn Söhne zeugt, *dann er was so schone wol geschaffet allenthalben, ... das er den jungfrouwen und den megden ire hertze benam.* Die Handlung wendet sich der großen Politik zu: König Ludwig von Frankreich wird das Opfer eines Giftanschlages. Der mutmaßliche Mörder Graf Savary hält um die Hand der Königstochter Merie an, um Thronfolger zu werden. Der zur Hilfe herbeigerufene Hug erschlägt ihn und seine Anhänger, sein Bruder Friedrich entkommt jedoch und sammelt ein Heer. In den folgenden kriegerischen Auseinandersetzungen wird Hug von den unerschöpflichen Geldmitteln seines Metzger-Onkels finanziert. Seine Gegner erschlägt er, als befände er sich *vnder den fleischbencken.* Daher verbreitet sich sein Kriegsruhm so weit, daß die zehn Mütter seiner Söhne ihm diese zu Hilfe schicken. Gestützt auf diese Hausmacht gelingt es ihm, die Gegner zu besiegen. Er erhält die Hand von Merie und damit die französische Königswürde. Noch einmal muß er seine Herrschaft unter größtem persönlichen Einsatz verteidigen, bis die Gegner endgültig besiegt und hingerichtet sind. Seine Macht ist gefestigt, er regiert noch neun Jahre in Frieden und zeugt *vil sün.* Nach seinem Tod tritt sein ältester Sohn Ruprecht die Thronfolge an.

Geschichte wird hier reduziert auf die Taten eines großen Einzelnen, wird Familiengeschichte. Nicht mehr das funktionierende System einer feudalen Ordnung bestimmt das Geschehen, sondern allein Macht, Gewalt und Durchsetzungsfähigkeit einer Einzelperson, die, völlig alleinstehend, die Geschicke eines ganzen Königreichs in der Hand hat. Politik ist eine Frage der persönlichen Auseinandersetzung zwischen Standespersonen. Die den Roman eröffnende Abenteuerreihe dient nicht so sehr der Bewährung des Protagonisten; vielmehr schafft sie die Voraussetzungen für den Machterwerb. Verlaß ist allein auf die familiäre und verwandtschaftliche Bindung. Blutsbande haben die Vertragsbande ersetzt. Dynastische Legitimation wird hier handgreiflich materialisiert in dem Machtpotential, das die gezeugte Nachkommenschaft darstellt. Alle diese Charakteristika lassen durchaus Parallelisierungen zur zeitgenössischen Vorstellung von Herrschaft zu.

Seiner Herkunft wegen ist Hug Scheppel schon von Gervinus als Protagonist eines aufstiegswilligen Bürgertums angesehen worden. Eine solche Interpretation übersieht jedoch, daß alles

Handeln an den Normen adlig-dynastischer Machtausübung orientiert ist. Auch der Reichtum des Metzgers ist ausschließlich Mittel zu diesem Zweck, für den alles Geld bedenkenlos geopfert wird. Gleichwohl ist der ›Huge Scheppel‹ in seiner Anlage ambivalent; auch wenn er nichts mit bürgerlichen Denkkategorien zu tun hat, bleibt er eine Aufsteigergeschichte. Dies scheint unter anderm der Historie ihr Fortleben im 16. Jahrhundert auch in städtischer Umgebung gesichert zu haben. 1500 erscheint die kürzende Bearbeitung eines nichtidentifizierbaren Conrad Heyndörffer unter dem Titel ›Hug Schapler‹ im Druck (1508 neu aufgelegt); 1537 eine wieder erweiternde Druckfassung. Sieben weitere Druckauflagen bis 1794 sind registriert.

Trotz des offensichtlichen Erfolgs der Romane Elisabeths dauert es noch rund zwanzig Jahre, bis die neuen Stoff- und Formmuster sich breiter durchsetzen. Zwei bis zur Jahrhundertmitte entstehende Versromane sind formal und inhaltlich deutliche Überhänge aus dem 14. Jahrhundert: ›Johann uz dem virgiere‹ und Hans von Bühels ›Königstochter von Frankreich‹.

›Johann uz dem Virgiere‹ ist in einer Handschrift von etwa 1450 überliefert. Wann das flämische Original und wann die deutsche Bearbeitung entstanden sind, ist unsicher. Möglicherweise gehören beide ins 14. Jahrhundert. Thematisch jedenfalls ist die Erzählung eng verwandt mit den höfischen Romanen jener Zeit: Vatersuche und mit ihr Legitimation von Herrschaft ist auch hier das zentrale Thema. Die Abenteuer des als Findelkind am Kaiserhof aufgewachsenen Helden gestalten sich als Spurensuche nach der eigenen Familie, in deren Verlauf sich die königliche Abkunft herausstellt. Das sichert ihm die Hand der Kaisertochter und die Anwartschaft auf die Thronfolge.

AUSGABE: R. Priebsch, Johan uz dem Virgiere. Eine spätmittelhochdeutsche Ritterdichtung ... nebst dem Faksimileabdruck des flämischen Volksbuchs ›Joncker Jan wt den vergiere‹. 1931 (Germanist. Bibl. Abt. II, 32). – LITERATUR: A. van der Lee, Zum literarischen Motiv der Vatersuche. 1957, S. 208–212.

Thematisch ähnlich, in seiner Verbindung von Fiktion und Geschichte noch stärker dem Roman des 14. Jahrhunderts verpflichtet ist die ›Königstochter von Frankreich‹ des Hans von Bühel. In dem Verfasser vermutet man einen Hans aus der badischen Familie von Bühl, der seit 1414 urkundlich bezeugt ist. Nach eigener Aussage war er *diener* des Erzbischofs

Friedrich III. von Köln, in dessen Auftrag er 1412 den ›Diocletianus‹ geschrieben hat, eine Versfassung der ›Sieben weisen Meister‹. Die ›Königstochter von Frankreich‹ datiert er auf 1400.

Die Königstochter von Frankreich flieht vor den inzestuösen Anträgen ihres Vaters nach England und wird Gemahlin des englischen Königs. Wegen einer Intrige der Schwiegermutter muß die Königin mit ihrem neugeborenen Sohn erneut fliehen. Nach langen Irrfahrten treffen die Königin, ihr Gemahl und ihr Vater in Rom zusammen. Es kommt zur Aussöhnung, Frankreich fällt durch die Erbfolge an die englische Krone. Da dieser Anspruch jedoch bestritten wird, kommt es zu einer generationenlangen Auseinandersetzung: hier mündet die Erzählung, für England Partei ergreifend, in die zeitgeschichtlichen Ereignisse des hundertjährigen Krieges ein.

AUSGABEN: ›Diocletianus leben‹ von Hans von Bühel. Hrsg. von A. Keller. 1841 (Bibliothek der gesamten deutschen National-Literatur 22). – Des Bühelers ›Königstochter von Frankreich‹ mit Erzählungen ähnlichen Inhalts verglichen und hrsg. von J. F. L. Th. Merzdorf. 1867.

Der Roman verdiente in seiner merkwürdigen Mischung von traditioneller Darstellung, hochhöfischen Romanmustern und Gegenwartspolitik eine genauere Untersuchung. Daß er dem zeitgenössischen Literaturinteresse trotz seiner politischen Aktualität nicht mehr recht entsprach, zeigt seine geringe Verbreitung.

Das moderne Muster des Prosaromans setzt sich erst um die Mitte des 15. Jahrhunderts breiter durch. Etwa 1455 übersetzt die Herzogin Eleonore von Österreich *Sigmunden . . . jrem eelichen Gemahel zu lieb vnd wolgevallen* und das heißt vor allem für den Innsbrucker Hof den französischen Roman von ›Pontus und Sidonia‹ ins Deutsche. Unter dem Einfluß von Enea Silvio Piccolomini (s. u. Kap. VI) suchte Siegmund nach dem Vorbild oberitalienischer Höfe Literaten an sich zu binden. Eleonore greift dieses Interesse auf; 1473 widmet ihr Heinrich Steinhöwel seine Übersetzung von Boccaccios ›De claris mulieribus‹ und reiht sie unter die *erlüchten frouwen* ein.

Eleonore von Österreich (E. Stuart, E. von Schottland, E. von Tirol) ist etwa 1433 als Tochter Jacobs I. von Schottland geboren. Seit 1445 lebte sie am französischen Königshof, 1448 heiratete sie Erzherzog Siegmund von Tirol. Am 20. 11. 1480 ist sie in Innsbruck gestorben.

Eleonore übersetzt ziemlich quellengetreu die aus dem Ende

des 14. Jahrhunderts stammende französische Prosabearbeitung einer *chanson de geste* ›Horn et Rimenhild‹. Vermutlich hat sich die Herzogin, die wohl besser Französisch als Deutsch konnte, der Hilfe eines Schreibers oder Literaten bedient.

Pontus, Sohn des Königs von Galicia, wird von den Heiden aus seinem Land vertrieben. Seine Frömmigkeit und Tugend retten ihn vor dem Tod; mit seinen Gefährten findet er Zuflucht am Hof des Königs der kleinen Bretagne. Seine Schönheit und seine Heldentaten erwerben ihm die Liebe der Königstochter Sidonia. Eine Intrige des Verräters Gendolet jedoch vertreibt ihn. Nach einem Aufenthalt im Kloster, verkleidet als Ritter von den schwarzen Zähren, einem Exil am englischen Königshof und vielen Heldentaten söhnt er sich mit Sidonia aus, und den Intriganten ereilt die fürchterliche Strafe: *Pontus hett ein kleines Schwert, das wol schneident waz. Damit schlug er in jn sölcher maß, das er in von eynander schluge piß auf sein Prust. Darnach schlug er im ab sein Haubt vnd hieß mit im thun als mit einem verräter vnd ließ in schlaifen vor yederman.* Hochzeit und Rückeroberung von Galicia folgen und *der Künig Pontus vnnd die Künigin Sydonia regnierten eyn gut vnd gar ein lange Zeit nach irer Landtschaft Gefallen.*

AUSGABEN: Eine kritische Edition fehlt. – H. Kindermann, Volksbücher vom sterbenden Rittertum. 2. Aufl. 1942, S. 152–277 (DLE, Reihe XII, Bd. 1, nach dem Augsburger Druck von 1485). – Die anonyme Fassung des Romans ist hrsg. von K. Schneider, Pontus und Sidonia in der Verdeutschung eines Ungenannten aus dem 15. Jahrhundert. 1961 (Texte des späten Mittelalters 14). – LITERATUR: M. Köfler, Eleonore von Schottland. Diss. masch. Innsbruck 1968. – H. Kästner, Pontus und Sidonia in Innsbruck. Appell und Apologie im Hofroman des 15. Jahrhunderts. Jahrbuch der Oswald-von-Wolkenstein-Gesellschaft 2 (1982/83), S. 99–128.

In ›Pontus und Sidonia‹ treten Erzählelemente in den Vordergrund, die für den Adelsroman im 16. Jahrhundert bestimmend werden. Zwar konstituieren noch immer Erwerb und Bewahrung von Herrschaft die Handlung, aber das eigentliche Erzählinteresse konzentriert sich auf die Formen des sozialen Zusammenlebens am Hof. Zeremoniöse Verhaltensweisen in Anredeformen und Gestik, Höflichkeitsrituale, diplomatische Vorgänge, Gesandtschaften und Festveranstaltungen spielen eine ebenso wesentliche Rolle wie die Darstellung der möglichen Störungen des labilen sozialen Gefüges durch Einflüsterungen, Gerüchte, falsche Ratgeber und ungetreue Freunde. Höfisches Zeremoniell, dessen Bestandteil die Literatur einmal gebildet hatte, ist selbst zum literarischen Gegenstand geworden. Die seit je vorausgesetzten Qualitäten des adligen Helden, Schönheit und

Kampfkraft, werden ergänzt durch Tugenden, die allesamt auf teilweise triviale Regulierungen des Zusammenlebens hinauslaufen. Pontus zeichnet sich aus durch vorbildliche Reinlichkeit, vornehme Eßgewohnheiten, Zurückhaltung, unerschütterliche Ehrbarkeit gegenüber den Frauen und eine fast penetrante Frömmigkeit. Hier wird das Bild eines Hofes entworfen, dessen Angehörige sich vom Schwertadel zur höfischen Aristokratie entwickeln. Daß es sich dabei um spezifisch adlig-repräsentative Verhaltensweisen, nicht um die Überformung durch ein humanistisches Menschenideal handelt, zeigt die ungehemmte Brutalität in den kämpferischen Auseinandersetzungen. Ohnehin ist die Schilderung einer zeremoniell regulierten Harmonie ein Idealentwurf des Zusammenlebens am Hof, der in vielen Einzelheiten das gerade Gegenteil der historischen Zustände darstellen dürfte. Enea Silvio Piccolomini jedenfalls klagt 1444 in einer Schilderung der deutschen Höfe, die Adligen seien so schmutzig, daß es appetitlicher sei, in einem Schweinestall als mit Hofleuten zu speisen. Man höre nur die unflätigsten Ausdrücke, Witzereißer und Brüller gäben den Ton an. Nicht einmal die eigene Frau kann man bei Hofe keusch erhalten, denn von allen Seiten kommen so viele Verführer und Kupplerinnen, daß selbst die Tugendhafteste nicht zu widerstehen vermag. Gott und die Heiligen werden gelästert. Kurzum, es herrschen am Hof nur Geiz, Begierde, Grausamkeit, Trunkenheit, Neid und Ehrgeiz. Wenn ein Prosaroman wie ›Pontus und Sidonia‹ auch ohne Zweifel auf die gewandelte Sozialstruktur des Hofes reagiert, so darf man in ihm dennoch ebensowenig ein Abbild zeitgenössischer Wirklichkeit sehen wie im höfischen Versroman der Stauferzeit.

Als Modelle aristokratischer Lebensweise sind die aus Frankreich übernommenen neuen Erzählstoffe nicht nur für den Adel der großen Höfe attraktiv, sondern schon im 15. und zunehmend im 16. Jahrhundert auch für die städtischen Oberschichten, die sich in den Adel einkaufen oder aristokratischen Habitus für sich in Anspruch nehmen. Das sichert dem neuen höfischen Roman sein Fortleben in der Drucküberlieferung in vornehmlich städtischer Umgebung. Als bezeichnend für solches städtisch-adliges Interesse kann der Berner Stadtadelige Thüring von Ringoltingen gelten, der 1456 den französischen gereimten ›Melusine‹-Roman *one rymen translatiert.*

Die Vorfahren Thürings von Ringoltingen sind Bauern aus dem Simmental namens Zigerli. Seit der Mitte des 14. Jahrhunderts ist die Familie in Bern nachweisbar und steigt innerhalb zweier Generationen zu einem der reichsten Geschlechter der Stadt auf. Thürings Vater kaufte um 1400 die verwaiste Herrschaft Ringoltingen und damit das Adelsprädikat. Thüring von Ringoltingen ist zwischen 1410 und 1415 geboren. Seit 1435 bekleidete er wichtige städtische Ämter. Seine Ehe mit Verena von Hunwyl aus einer Luzerner Patrizierfamilie blieb kinderlos. Im März 1483 ist er gestorben.

Wie viele seiner Berner Standesgenossen steht Thüring von Ringoltingen unter dem starken Einfluß der burgundischen Hofkultur. Am Schluß der ›Melusine‹ beweist er eine ausgedehnte Kenntnis des klassischen höfischen Romans, den *hystorien ... von künig Artus und von vil syner ritter von der tavelrond.* Auch Französisch scheint er gelesen zu haben, jedenfalls kann der von ihm erwähnte ›Pontus‹ noch kaum die Übersetzung von Eleonore von Österreich meinen. Die kulturelle Orientierung des stadtadeligen Aufsteigers an der ritterlich-höfischen Kultur der Vergangenheit wird im Kanon seiner Lektüre überdeutlich. Der ›Melusine‹-Roman scheint Thürings einziges literarisches Werk zu sein. Einen besonderen Anlaß für die Abfassung nennt er nicht. Gewidmet ist die am 28. Januar 1456 abgeschlossene Erzählung dem Markgrafen Rudolf von Hochberg.

Raimund von Poitiers begegnet Melusine, *und wart düsse merfaye alle samstag vom nabel hinunder ein großer langer wurm, dan sü ein halb gespönste was.* Unter der Bedingung, er dürfe nie nach ihrer Herkunft fragen und müsse sie stets samstags allein lassen, heiratet Melusine Raimund. Der glücklichen Ehe entstammen zehn Söhne. Raimund bricht sein Versprechen und belauscht seine Frau, die daraufhin unerlöst ins Feenreich zurückkehren muß. Aus der ausführlich erzählten Geschichte der Söhne ragen die Abenteuer Geffroys heraus, der durch die Besiegung eines Riesen auf die Spur seiner Vorfahren gerät und durch ein *epitaphium* die Geschichte seines Geschlechtes erfährt.

AUSGABEN: K. Schneider, Thüring von Ringoltingen, Melusine. 1958 (Texte d. späten Mittelalters 9). – H.-G. Roloff, Thüring von Ringoltingen, Melusine. In der Fassung des Buchs der Liebe (1587). 1969 (Reclam). – LITERATUR: H.-G. Roloff, Stilstudien zur Prosa des 15. Jahrhunderts. Die Melusine des Thüring von Ringoltingen. 1970. – J.-D. Müller. Melusine in Bern. Zum Problem der »Verbürgerlichung« höfischer Epik im Spätmittelalter. In: Literatur – Publikum – Historischer Kontext. Hrsg. von Gert Kaiser. 1977, S. 29–77.

Diese märchenhaften Geschehnisse werden mit dem Anspruch auf historische Wahrheit erzählt. Das Wunderbare, als historisches Faktum ausgegeben, verklärt die Ursprünge der Feudalgesellschaft und entzieht so von vornherein diese selbst wie die erzählten Vorgänge kritischer Nachprüfung. Die Nachkommen der Melusine sind *noch hüt by tage ernampte künige, fürsten, graffen, ritter und knechte ...; daby man prüfen mag, das düse materie durch ir experyentz bewiset, das die hystorien war und an ir selbs also ist.* Im Dienste genealogischer Beglaubigung wird das Märchenmotiv zum Mythologem, von dem der Neuadlige um so mehr fasziniert ist, je kürzer seine eigene adlige Ahnenreihe zurückreicht.

Thüring von Ringoltingens ›Melusine‹ war ein großer Erfolg. 15 Handschriften aus dem 15. Jahrhundert sind erhalten. 1474 wurde das Buch in Augsburg, prächtig mit vielen Holzschnitten illustriert, gedruckt. Weitere 13 Druckauflagen folgten bis 1500.

4. Tradition des höfischen Prosaromans im 15. und 16. Jahrhundert

Die lebendige Tradition des höfischen Prosaromans im 16. Jahrhundert, die ständige Veränderung und Überarbeitung der Texte durch Drucker und Herausgeber in Anpassung an die jeweiligen sprachlichen und geschmacklichen Publikumsbedürfnisse stellt die Philologie vor bis heute ungelöste Aufgaben. Viele Romane sind unediert und nur wenige liegen in Ausgaben vor, die nicht nur einen Textzustand, sondern einen Textprozeß dokumentieren. Zudem hat die literarhistorische Einschätzung bis in die jüngste Zeit hinein unter dem romantischen Begriff des »Volksbuchs« gelitten, unter dem unterschiedslos Texte der verschiedensten Orientierung und Tradition versammelt wurden. Nicht selten ging das Bedürfnis, Texte dem »Volksbuch« zuzuschlagen, mit dem sich die Vorstellung der Anonymität verbindet, so weit, daß die überlieferten Namen der Verfasser unterdrückt wurden.

Heute hat man von dem in jeder Hinsicht problematischen Begriff Abschied genommen. Bei aller Schwierigkeit der genauen Abgrenzung zeigt sich, daß die höfischen Prosahistorien des

15. Jahrhunderts eine stofflich definierte, konsistente Tradition der Heldenerzählung für das 16. Jahrhundert begründen, die sich inhaltlich und strukturell deutlich vom »frühbürgerlichen Roman« (s. u. Kap. V) abhebt, und deren Publikum vorwiegend der Hofadel, der Landadel und die städtischen Oberschichten gewesen sein dürften – eine Vermutung, die noch durch genaue publikumssoziologische Untersuchungen für das 16. Jahrhundert bestätigt werden müßte.

Aufgrund der verschiedenen Stofftraditionen lassen sich dabei zwei große Komplexe unterscheiden: 1. Bearbeitungen hochmittelalterlicher höfischer Romane und (vereinzelt) Heldenepen in Prosa, die damit den seit dem 15. Jahrhundert gängigen Erzählmustern angepaßt werden. Durchweg bleiben die Namen der Verfasser ebenso wie die der Bearbeiter ungenannt. 2. Neubearbeitungen bzw. Neuübersetzungen französischer Texte meist aus dem Bereich der *gesten*-Stoffe. In der Mehrzahl der Fälle nennen sich die Verfasser.

LITERATUR: Zum Problem des »Volksbuch«-Begriffs, zur Forschungssituation und den unerledigten Forschungs- und Editionsaufgaben grundlegend: J.-D. Müller, Volksbuch/Prosaroman im 15./16. Jahrhundert – Perspektiven der Forschung. In: IASL, 1. Sonderheft Forschungsreferate. 1985, S. 1–128. – H. J. Kreutzer, Der Mythos vom Volksbuch. 1977. – A. Brandstetter, Zur Edition gedruckt überlieferter Prosaromane und Volksbücher. In: Kolloquium über Probleme altgermanistischer Editionen. Hrsg. von H. Kuhn u. a. 1968, S. 97–105. – Ders., Prosaauflösung. Studien zur Rezeption der höfischen Epik im frühneuhochdeutschen Prosaroman. 1971. – H. J. Koppitz, Studien zur Tradierung der weltlichen mittelhochdeutschen Epik im 15. und beginnenden 16. Jahrhundert. 1980. – X. v. Ertzdorff, Romane und Novellen des 15. und 16. Jahrhunderts in Deutschland. 1989.

Prosabearbeitungen hochmittelalterlicher höfischer Romane und Heldenepen

›Wigoleis vom Rade‹: Bearbeitung des Romans von Wirnt von Grafenberg (Bd. 2); erster Druck 1472, zehn weitere Auflagen bis 1664;

›Histori ... von herczog Leuppold vnd seinem sun Wilhalm‹: Bearbeitung des ›Wilhelm von Österreich‹ von Johann von Würzburg (S. 27); Druck 1481, zwei weitere Auflagen im 15. Jahrhundert;

›Hystori von herczog Wilhalm von Orlens‹, Bearbeitung des Romans von Rudolf von Ems (Bd. 2); Druck 1491;

›Histori von Herren Tristrant vnd der schönen Isalde...‹: Bearbeitung des ›Tristanromans‹ von Eilhart von Oberg (Bd. 2); Druck 1484, elf weitere Auflagen bis 1664, Aufnahme ins ›Buch der Liebe‹ (s.u.);

›Herzog Ernst‹: Prosabearbeitung von Teilen des »Spielmannsepos«; Druck 1493, 17 weitere Auflagen bis 1700;

›Sigenot‹: Bearbeitung des Heldenepos aus dem 13. Jahrhundert; Druck 1490, 17 weitere Drucke bis 1661.

›Das Lied vom Hürnen Seyfrid‹: freie Bearbeitung der Geschichte Siegfrieds bis zu seiner Ermordung, vielleicht aus dem 15. Jahrhundert; überliefert ausschließlich in Drucken des 16. und 17. Jahrhunderts; frühester erhaltener Druck Nürnberg 1530.

Ausgaben: Die meisten »Volksbuch«-Sammlungen bieten Nacherzählungen oder Modernisierungen: G. Schwab, Buch der schönsten Geschichten und Sagen. 2 Bde, 1836/37 [Nacherzählungen]. Nachdruck der illustrierten Ausgabe von 1859. 3 Bde, 1978. [Im Nachwort von K. Riha u. G. Bollenbeck ein Abriß der Volksbucheditionen im 19. Jahrhundert]. – K. Simrock, Die deutschen Volksbücher, gesammelt und in ihrer ursprünglichen Echtheit wiederhergestellt. 13 Bde, 1845 bis 1867, Nachdr. 1974 [entgegen dem Untertitel mit starken Eingriffen in den überlieferten Text]. – R. Benz, Die deutschen Volksbücher. 1911 u.ö. [modernisierend]. – Deutsche Volksbücher. Ausgewählt u. eingeleitet von P. Suchsland, Textrevision von E. Weber. 3 Bde, 1975 [modernisierend]. – Philologisch zuverlässige Wiedergaben meist der frühesten Drucke in DLE, Reihe Volks- und Schwankbücher, Bde 1, 2 u. 7. 2. Aufl. 1942. – K. O. Conrady, Deutsche Volksbücher. 1968 (Rowohlts Klassiker 24, 24 Texte von 1500–1800). – ›Wigalois‹ Faksimile des Drucks von Johann Knoblauch, Straßburg 1519. 1973 (Dt. Volksbücher in Faksimiledrucken Reihe A, 10). – ›Tristrant und Isalde‹: Nach dem ältesten Druck aus Augsburg vom Jahre 1484 hrsg. von A. Brandstetter. 1966. – ›Herzog Ernst‹: Faksimile des Drucks von Anton Sorg. Augsburg 1476. Hrsg. von E. Geck. 1969. – ›Der jüngere Sigenot‹: Nach sämtlichen Handschriften und Drucken hrsg. von A. C. Schoener. 1928 (Germanische Bibliothek III,6). – Der ältere und der jüngere ›Sigenot‹: Aus der Donaueschinger Hs. 74 und dem Straßburger Druck von 1577 hrsg. von J. Heinzle. 1978 (Litterae 63). – ›Das Lied vom Hürnen Seyfrid‹: Nach der Druckredaktion des 16. Jahrhunderts hrsg. von W. Golther. 1911 (Neudrucke deutscher Literaturwerke des XVI. und XVII. Jhs. 81/82). – Das Lied vom Hürnen Seyfrid. Critical Edition by K. C. King, 1958. – Lit.: V.-J. Kreyher, Der Hürnen Seyfrid. Die Deutung der Siegfriedgestalt im Spätmittelalter. 1986. – Bibliographie: P. Heitz und F. J. Ritter, Versuch einer Zusammenstellung der Deutschen Volksbücher des 15. und 16. Jahrhunderts nebst deren späteren Ausgaben, 1924 [veraltet]. – R. Schenda, Tausend deutsche populäre Drucke aus dem 19. Jahrhundert. In: Archiv für die Geschichte des Buchwesens 11 (1970/71), Sp. 1465–1652.

Neubearbeitungen

Mit der zunehmenden Verbreitung in nichthöfischen Publikumsschichten im 16. Jahrhundert gerät der Adelsroman sichtbar in eine Zwitterstellung. Als Musterbilder aristokratischer Lebensweise bleiben sein Personal und seine Handlungsräume attraktiv, das Heldenideal und seine Handlungsnormen und -ziele, Gewaltanwendung und Machterwerb, bedürfen mehr und mehr der Modifizierung oder doch zumindest der Rechtfertigung durch einen moralischen Überbau.

Daß es sich dabei um bloße Umetikettierung handeln kann, zeigt der Titel des ›Buchs der Liebe‹, in dem 1587 der Frankfurter Drucker-Verleger Siegmund Feyerabend (1528–1590) 13 ältere und neuere Ritterromane, unter anderm ›Tristrant und Isalde‹, ›Melusina‹, ›Wigoleis‹, ›Herpin‹, ›Pontus und Sidonia‹ und zwei Ritterromane Jörg Wickrams (s. u.), ›Galmy‹ und ›Gabriotto und Reinhard‹, zu einer Anthologie vereinigte. Der Titel erklärt diese Historien schlicht zu »Exempeln«, also einer moralisch-didaktischen Literaturgattung, aus denen man lernen könne *beyde was recht ehrliche, dargegen auch was vnordentliche Bulerische lieb sey* und *wie in solchen Fällen Tugendt vnd Frömbkeit jre Nachfolger und Liebhaber vngehindert allerhand anstöß vnd widerwertigkeit allwegen herauß zureißen vnd endlich mit großen Freuden in Ehrenstandt zu bringen und setzen pflegen.* Solche Umdeutung zum moralischen Exempel hindert nicht die Attraktion der Darstellung aristokratischen Verhaltens, der *vnzehlich viel ... hohen stands Personen* und einer Handlung, die unverändert schildert *welcher gestallt die vom Adel vnd andere, so zu Hof seyn, Ritterschafft vben oder sonst nach hohen Ehren streben, sich zu verhalten, damit sie bey großen Potentaten gnad vnd gunst erwerben.*

Eine neue Ausgabe fehlt.

Mit der bloßen Behauptung von *frucht vnd nutzbarkeit* rechtfertigt auch ein bisher nicht identifizierter Wilhelm Saltzmann seine Übersetzung des ›Octavianus‹ von 1535.

Durch eine Intrige der Schwiegermutter wird die *hußfraw* des Kaisers Octavian mit ihren zwei Kindern in die Verbannung geschickt. König Dagobert von Frankreich wird von den Heiden bedrängt. Nach blutigen Kämpfen und vielen Abenteuern bleibt er siegreich *vnnd kame die gut zeit wider.* Am französischen Hof kommt es zu einer wundersamen Zusammenführung und Versöhnung Octavians mit seiner Familie.

Ausgabe fehlt.

Abenteuerstruktur und adliges Personal werden durch den Familienkonflikt reduziert auf das alltäglich Erfahrbare. Kampfgeschehen und Gewaltausübung werden in seltsamem Anachronismus gerechtfertigt durch die Heidenkampfthematik und erweisen darin ihren didaktischen Wert.

Am vollkommensten gelingt wohl die Überformung des ritterlich-abenteuerlichen Stoffes durch die Normen christlicher Moral in Veit Warbecks ›Magelone‹. Veit Warbeck ist 1490 als zweiter Sohn eines vermögenden Patriziers in Schwäbisch Gmünd geboren. Die Familie hatte enge geschäftliche und verwandtschaftliche Verbindungen zum regionalen Adel. 1505 nahm Veit Warbeck ein Studium an der Sorbonne auf, wo er 1508 sein Magisterexamen ablegte. 1514 schreibt er sich als Jurastudent in Wittenberg ein. Dort wechselt er zur Theologie über und wird Schüler Luthers. Über den Hofbibliothekar Georg Spalatin tritt er in Beziehungen zum sächsischen Hof. Als Geistlicher in Altenberg begleitet er den Kurfürsten häufig auf Reisen, unter anderm zum Wormser Reichstag. Seit 1523 ist er Sekretär des Kurfürsten und Prinzenerzieher. Zur Hochzeit seines Zöglings, des Prinzen Johann Friedrich, mit Sibylla von Cleve, 1527, ist die ›Magelone‹ aus dem Französischen übersetzt. Nach der Regierungsübernahme Johann Friedrichs, 1532, wurde Warbeck Rat und Vizekanzler. 1534 ist er gestorben. Seine Tochter Anna heiratete 1554 einen Sohn Luthers.

›Magelone‹: Peter, der Sohn des Grafen von Provence, reist incognito nach Neapel, um *der Welt lauff zu erfahren.* Dank seiner ritterlichen Tugenden erringt er die Liebe der Prinzessin Magelone, und das Paar beschließt aus Furcht vor einem Nebenbuhler, heimlich zu fliehen. Während einer Rast kann sich Peter nicht zurückhalten, der schlafenden Magelone das Kleid aufzuschnüren. Die Strafe für solch unmoralisches Verhalten folgt alsbald: ein Vogel raubt das Tuch, in dem Magelone drei von Peter geschenkte Ringe eingebunden hat. Die Verfolgung des Vogels trennt die Liebenden. Peter gerät in Gefangenschaft von Seeräubern und wird Diener des Sultans von Alexandria. Magelone pilgert in das Land von Peters Eltern. Am Strand des Meeres läßt sie die Kirche St. Peter von Magelon und ein Spital bauen. Nach vielen Jahren erhält Peter Urlaub vom Sultan, auf der Heimreise wird er versehentlich auf einer einsamen Insel zurückgelassen. Fischer finden ihn krank und elend auf. Nachdem Peter einigermaßen wieder bei Kräften ist, setzt er seine Reise in die Provence fort. Unterwegs hört er von dem inzwischen berühmten Spital von Magelon und läßt sich dort absetzen, um endgültig geheilt zu werden. In einer rührenden Szene erkennt das getrennte Paar sich wieder. Peters überglückliche Eltern richten ein prächtiges Hochzeitsfest aus.

Ausgaben: J. Bolte, Die schöne Magelone, aus dem Französischen übersetzt von Veit Warbeck 1527. 1894 (Bibliothek älterer deutscher Übersetzungen 1). – Faksimile des Drucks von 1535: R. Wiemann, Magelone. 1971 (Deutsche Volksbücher in Faksimile-Drucken 6). – Literatur: W. Theiß, Die ›Schöne Magelona‹ und ihre Leser. – Erzählstrategie und Publikumswechsel im 16. Jahrhundert. In: Euphorion 23, 1979, S. 132–148.

Die Abenteuerfahrt des jungen Ritters, mit der die Erzählung nach klassischem Muster beginnt, ist hier transformiert in eine Bildungsreise. Konsequent wird im ganzen Roman die Heldentat ersetzt durch Tugend und sittliches Verhalten. Die traurigen Schicksale des Helden stellen sich als Strafe für moralische Verfehlungen, mangelnde Sittsamkeit und kindlichen Ungehorsam dar, ebenso wie das glückliche Ende der irdische Lohn für Wohlverhalten ist. Die Erotik des höfischen Romans wird kanalisiert in Empfindsamkeit. Das Vorwort Spalatins für die Druckausgabe von 1535 unterstreicht solche Umdeutungen ausdrücklich. Es ist eine der frühesten expliziten Auseinandersetzungen mit dem Problem der Sittlichkeit des höfischen Romans. Die ›Magelone‹ allerdings sei ein Buch, das *fast züchtig geet*. Sein didaktischer Nutzen bestehe darin, *das die Eltern auch ein fleyssiges aug vnnd achtung auff die Kinder, bevor auff die töchtern haben,* und *das man darauß lernen mag, das kein lust noch freude auff erden ewig ist.*

Damit setzt Spalatin die ›Magelone‹ nicht nur ab von der Tradition des feudal-höfischen Romans, sondern auch von der Erscheinungsform, die dem moralisierenden Ritterroman im 16. Jahrhundert in der Gegenreaktion erwächst: dem galanten Abenteuerroman.

Sein gattungsprägender Vertreter, wohl der erfolgreichste Ritterroman aller Zeiten, ist der ›Amadis‹. Er erneuert das alte Muster vom ritterlichen Abenteuer im Dienste der Erotik. Die Affinität zum Artusroman zeigen schon die Herkunftsbezeichnung des Helden Amadis *de Gaula* und die märchenhafte Geschichtsferne des Romangeschehens. Die Handlung ist eingebettet in einen ungeheuren Aufwand an zeremoniöser Rede.

Streckenweise liest sich der Roman wie ein Musterbuch für formgerechte Gesuche, Anreden, Briefe und Verhaltensweisen. Die Etikette des frühabsolutistischen spanischen und französischen Hofs wird so in den Ritterroman integriert und für Deutschland im folgenden Jahrhundert zum Modell.

1. Buch: Amadis ist der illegitime Sohn des Königs Perion und der Fürstin Elisena, die *jre fleischliche lüste nicht durch jhr Gebet vnd anruffung des heiligen Geists abgewendet vnd getödtet* hat. Wie Moses wird das Kind in einer Kiste den Fluten übergeben, aber an der Küste Schottlands aufgefischt und am Hof des Königs Gandales erzogen. Am englischen Hof lernt der herangewachsene Amadis Oriana, die Tochter des Königs Lisuartes kennen. Im Dienste dieser Dame zieht er auf Abenteuer aus, in deren Verlauf er seine inzwischen verheirateten Eltern und seinen jüngeren Bruder Galaor wiederfindet. Mit ihm zusammen befreit er Oriana aus der Gewalt des Zauberers Arcalaus; zum Dank erhört sie seine Werbung. 2. Buch: Amadis hat der Königin Briolania von Sobradisa ihren Thron zurückerobert. Oriana wähnt Amadis untreu und weigert sich, ihn zu sehen; verzweifelt zieht sich der Ritter unter dem Namen Beltenebros (schöne Düsternis) in die Einsamkeit zurück, um jedoch bald wieder zu neuen, phantastischen Abenteuern aufzubrechen. Als »Ritter vom grünen Schwert« kämpft er für Lisuartes; Hofintrigen treiben ihn in seine alte Einsiedelei zurück. Das 3. Buch offenbart unerwartet, daß Amadis und Oriana insgeheim einen Sohn, Esplandians, haben. Amadis ist weiterhin unter wechselndem Namen auf *aventiure*-Fahrt durch alle Länder Europas. Endlich besiegt er den Kaiser von Rom, der Oriana zur Ehe zwingen will. Das Paar versöhnt sich und sucht gemeinsam die Idylle in der Einsiedelei auf. Das 4. Buch zieht als Adels- und Ritterlehre das didaktische Fazit. Buch 5 schildert die Abenteuer des herangewachsenen Esplandians und eröffnet damit die Reihe der Fortsetzungen.

Ob der ›Amadis‹-Roman auf portugiesische oder spanische Quellen zurückgeht, ist umstritten. Die erste erhaltene Fassung in vier Büchern stammt von dem Spanier Garci Rodriguez de Montalvo, ca. 1492, gedruckt 1508. 1540 wurde das Werk ins Französische übersetzt, 1569 ins Deutsche. Bis 1594 erschienen 24 Bände Fortsetzungen, deren sechster wahrscheinlich von Fischart übersetzt ist. Die 1583 gedruckte Ausgabe begründet Feyerabend damit, daß die bisherigen Ausgaben »dermassen aufgekaufft und gelesen worden, das alle derselben Exemplaria in kurtz abgangen, verkaufft worden vnd in grosse nachfrag gerahten«.

Für das 17. Jahrhundert wurde der ›Amadis‹ synonym mit dem höfischen Roman schlechthin, ja mit weltlicher Literatur überhaupt, so daß alle einschlägige Kritik und Polemik sich am ›Amadis‹ entzündete.

Ausgabe: Nur das 1. Buch des deutschen Amadis liegt in einer neueren Edition vor: A. v. Keller, Amadis. Erstes Buch. Nach der ältesten deutschen Bearbeitung. 1857, Nachdr. 1963 (StLV 40). Faksimile: Newe Historia von Amadis auß Franckreich. Nachdruck der Ausgabe von Hieronymus Feyerabend, Frankfurt 1569. 6 Bde 1988. – Literatur: H. Thomas, The Romance of Amadis of Galle. 2. Aufl. 1916. – H. Weddige, Die ›Historien vom Amadis aus Franckreich‹. 1975. – Zur Wirkungsgeschichte: W. E. Schäfer, Hinweg nun Amadis und deinesgleichen Grillen. In: GRM NF 15 (1965), S. 366–384.

Weitere Romane in der Tradition des französischen höfischen Romans des 15. Jahrhunderts

Offenbar eng mit den literarischen Interessen des kurpfälzischen Hofs in Heidelberg verknüpft sind zwei (Vers-)Romane des 15. Jahrhunderts: Johannes von Soest (s. u.): ›Die Kinder von Limburg‹ 1480; die einzige erhaltene Handschrift ist das Widmungsexemplar für Kurfürst Philipp den Aufrichtigen; ›Reinolt von Montelban‹ (›Haimonskinder‹), die älteste Heidelberger Handschrift 1474.

Marquart von Stein (1425/30–1495/96): Übersetzung des ›Livre du Chevalier de la Tour‹: ›Der Ritter vom Turn von den Exempeln der gotsforcht und erberkeit‹, ältester Druck Basel 1493 mit bedeutenden Illustrationen (unter Beteiligung Dürers).

Wilhelm Ziely (gest. 1541/42): Übersetzung zweier französischer Prosaromane aus dem ausgehenden 15. Jahrhundert: ›Olwyer und Artus‹ und ›Valentin und Orso‹; beide Basel 1521.

Hieronymus Rodler: ›Fierabras ... eyn schöne kurtzweilige Histori von eym mächtigen Riesen aus Hispanien‹; gedruckt 1532; neue Übersetzung der ›Haimonskinder‹, 1535.

Konrad Egenberger: ›Olger‹, ›Dennemarkische Historien von eines trefflichen Königs Sohn‹, 1571, französischer Prosaroman des ausgehenden 15. Jahrhunderts; Egenberger übersetzt eine dänische Vorlage.

Georg Messerschmid: ›Vom edlen Ritter Brissoneto‹, Straßburg 1569.

Zweimal hat Jörg Wickram (s. u.) das französische Romanmuster aufgegriffen: ›Ritter Galmy aus Schottland‹, anonym erschienen 1539; ›Gabriotto und Reinhard‹, 1551.

Ausgaben: Johannes von Soest. Die Kinder von Limburg. Hrsg. von M. Klett. 1975 (Wiener Arbeiten zur germanischen Altertumskunde und Philologie 4). – Reinolt von Montelban oder die Heimonskinder. Hrsg. von F. Pfaff. 1885, Nachdr. 1969 [Versfassung]. – Die Haimonskinder in deutscher Übersetzung des 16. Jahrhunderts. Hrsg. von A. Bachmann. 1895, Nachdr. 1979. – Marquard von Stein, Der Ritter vom Turn. Hrsg. von R. Harvey. 1988. – Faksimile des Drucks von 1493: Der Ritter vom Turn. 1970. – Von Wilhelm Ziely, Hieronymus Rodler, Konrad Egenberger, Georg Messerschmid fehlen Ausgaben, Jörg Wickram s. u. S. 305.

5. Literarische Traditionspflege

War im 14. Jahrhundert die Lieddichtung der beiden vorausgehenden Jahrhunderte Gegenstand kompendiöser Sammelunternehmen, so werden im 15. an einzelnen Höfen die Erzählwerke der Stauferzeit zusammengestellt. Wie sehr dabei die alten Geschichten als Geschichte, als Darstellung einer als normativ verstandenen Vergangenheit angesehen wurden, ohne daß doch das Bewußtsein von ihrer Fiktionalität ganz abhanden gekommen wäre, zeigt sich besonders klar an den Bearbeitungstendenzen im ›Buch der Abenteuer‹ von Ulrich Fuetrer.

Ulrich Fuetrer ist um 1420 in Landshut geboren. Er muß eine zumindest rudimentäre Schulausbildung genossen haben, denn er konnte Latein. Seit 1453 ist er in Münchner Rechnungsbüchern als Dekorationsmaler belegt. Zwischen 1476 und 1478 ist er mit einem Großauftrag am Erweiterungsbau des Münchner Rathauses beteiligt. Ab 1482 ist er als Hausbesitzer in der heutigen Residenzstraße nachgewiesen. Man vermutet, daß er vor 1496 gestorben ist. In diesem Jahr spielen sich in seinem Haus merkwürdige Dinge ab: ein *diernlein* wird erhängt aufgefunden, seine Frau an den Pranger gestellt und aus der Stadt gewiesen. Außer dem ›Buch der Abenteuer‹ hat Fuetrer eine ›Bayerische Chronik‹ (1478–1481), einen Prosa-›Lanzelot‹ (ca. 1467) und eine strophische Fassung der gleichen Erzählung geschrieben (zwischen 1484 und 1487).

Ausgaben und Literatur: ›Prosa-Lanzelot‹: A. Peter, Ulrich Fuetrers Prosaroman von Lanzelot. 1885 (StLV 175). – Aus dem ›Buch der

Abenteuer‹: F. Panzer, Merlin und Seifried de Ardemont von Albrecht von Scharfenberg. 1902 (StLV 227). – A. Carlson, Ulrich Füetrer und sein ›Iban‹. 1927. – F. Hofmann, Der Meleranz von dem Pleier in der Bearbeitung Ulrich Füetrers. Diss. (masch.) Wien 1933. – A. Mört, Ulrich Füetrers ›Wigelois‹. Diss. (masch.) Wien 1938. – F. Weber, Poytislier aus dem ›Buch der Abenteuer‹ von Ulrich Füetrer. 1960 (ATB 52). – R. Munz, Persibein aus dem ›Buch der Abenteuer‹. 1964 (ATB 62). – K. Nyholm, Die Gralepen in Ulrich Füetrers Bearbeitung. 1964 (DTM 57). – E. G. Fichtner, Ulrich Fuetrer, Der Trojanerkrieg. 1968. – H. A. Hilgers, Ulrich Fuetrer, Wigoleis. 1975 (ATB 79). – ›Bayerische Chronik‹: R. Spiller, Ulrich Fuetrers Bayerische Chronik, 1909. – H. Wenzel, Alls in ain summ zu pringen. Füetrers ›Bayerische Chronik‹ und sein ›Buch der Abenteuer‹ am Hof Albrechts IV. In: Mittelalter-Rezeption. Ein Symposion. Hrsg. von P. Wapnewski. 1986, S. 10 bis 31. – G. Scholz-Williams, Historiam narrare. Geschichte und Mittelalter-Rezeption im spätmittelalterlichen Deutschland. Ebd., S. 32–45.

Wie Fuetrer in literarische Beziehung zum Münchener Hof getreten ist, wissen wir nicht. Er kannte den berühmten Hoforganisten Conrad Paumann und den Literatursammler Jacob Püterich von Reichertshausen (s. u.). Letzterer war 1442 in Landshut Stadtrichter. Es ist deshalb nicht abwegig anzunehmen, Fuetrer sei durch ihn für die alten Ritterromane interessiert und dem Münchener Hof empfohlen worden. Das ›Buch der Abenteuer‹ (1473–1481) ist von Albrecht IV. in Auftrag gegeben und für ihn in einer großformatigen Prachthandschrift niedergeschrieben worden. Es ist eine bearbeitende Zusammenstellung von 13 höfischen Romanen des 13. Jahrhunderts. Mit dem ›Trojanerkrieg‹ (Konrad von Würzburg) beginnend werden die Geschichten von ›Merlin‹ (Albrecht von Scharfenberg, Vorlage verloren) und dem Gralsgeschlecht (›Jüngerer Titurel‹, ›Parzival‹, ›Crône‹, ›Lohengrin‹) ineinander verwoben. Der zweite Teil stellt weitere sieben Romane zusammen, deren Verknüpfung noch nicht näher untersucht ist. Fuetrer konzipiert auf diese Weise eine romanhafte Geschichte des abendländischen Rittertums, das ausdrücklich in der genealogischen Abfolge eine Einheit bildet – ein Zusammenhang, der leider durch die auswählenden neueren Teileditionen des ›Buchs der Abenteuer‹ zerstört wird. Mehrfach spricht Fuetrer von seinem Werk als einem Stammbaum: *ich will den grund hie rueren, frucht, äst und auch den stammen will ich mit alle auss der wurtzel fueren* (cgm 1,3[va]); und: *Ain stam ist auf gerichtet noch mangelend maniger zier. das er bleib unvernichtet, darumb hat ein edler fürst gepoten mir, das ich mit frucht und leubern in behenke* (cgm 1,75[ra]). Nicht romantisch-antiquarische Sammelleidenschaft bewegt den fürstlichen Mäzen und seinen Autor, sondern ein historiographisches Interesse an Herkunft und Taten des Rittertums. Literatur zum Medium der Geschichtsschreibung zu machen, bestimmt die Konzeption Fuetrers von der Tendenz zur genealogischen Systematisierung bis hin zur regestenartigen Verkürzung der Handlung aus den vorgefundenen Vorlagen. So entsteht eine Art »Summa militiae«, ein Kompendium adlig-ritterlicher Geschichte. Gleichwohl scheint die Prachthandschrift, die 1487 zur Hochzeit Albrechts mit der Schwester Maximilians I. in Innsbruck angefertigt wurde, Dekorations- und Schaustück geblieben zu sein: sie weist keinerlei Benutzerspuren auf. Dennoch deutet ein solches Werk, schon der langen Bearbeitungszeit wegen, auf ein intensives und langanhaltendes Interesse des Auftraggebers. Das literarhistorische Urteil »das Ungetüm ersetzte ... eine ganze Bibliothek« (Goedeke) wäre eher umzukehren: es setzte eine ganze Bibliothek voraus. Auch hier wäre an die Büchersammlung Jacob Püterichs zu denken.

Jacob Püterich von Reichertshausen (ca. 1390–1469) stammt aus dem Münchener Stadtadel. Als Hofbeamter stand er im Dienst der bayrischen Herzöge. Ihm verdanken wir das ausführlichste Zeugnis für adlige Literaturinteressen im 15. Jahrhundert: 1462 zählt er in einem Huldigungsgedicht, dem »Ehrenbrief«, für die in Rottenburg am Neckar residierende Pfalzgräfin Mechthild die Bibliotheksbestände der Adressatin und seine eigenen auf. Aus einem Verzeichnis von 94 Titeln, das Mechthild ihm übersandt hat, sind ihm 23 unbekannt, fast ausschließlich Werke der neueren und neuesten Literatur wie die ›Melusine‹, ›Pontus und Sidonia‹, ›Herpin‹ und die ›Mörin‹ Hermanns von Sachsenheim. Seine eigene Bibliothek von 164 Bänden hat Püterich in mehr als vierzig Jahren *in Brabant, Ungern, zwischen beider landen* zusammengebracht, gelegentlich offenbar auf bedenkliche Weise *mit stellen, rauben, auch darzue mit lehen, geschenkt, geschribn, khauft und darzue funden* (Str. 122). Er interessiert sich ausdrücklich für die *alten puecher, der neuen acht ich nit zue kheiner stunden.* Entsprechend sind die aufgezählten Titel fast ausschließlich höfische Romane des 13. Jahrhunderts, wobei ihm der ›Titurel‹, d.h. der ›Jüngere Titurel‹ Albrechts von Scharfenberg, den er für ein Werk Wolframs von Eschenbach hält, als *das haubt ab teutschen puechen* gilt. Die Faszination der Literaturgeschichtsschreibung von diesem in der Tat einzigartigen Rezeptionszeugnis hat allerdings die Tatsache in den Hintergrund gedrängt, daß diese reichhaltige Sammlung alter höfischer Romane nicht einmal ein Sechstel von Püterichs Bibliothek ausmacht: der Rest ist geistliche Literatur. Wenn dies schon bei einem notorischen Verehrer von Romanen der Fall ist, läßt das Schlüsse über die vergleichsweise geringe Bedeutung dieser Literaturgattung überhaupt zu.

Püterichs Bibliotheksbericht steht neben einer viel umfangreicheren Aufzählung der turnierfähigen Geschlechter des bayerischen Adels. Das ist nur scheinbar zusammenhanglos. Der Adel der Familie Püterich ist zur Zeit des eifrigen Turnierteilnehmers Jacob kaum hundert Jahre alt. Was ihm an genealogischer Würde abgeht, kompensiert er durch literarische Vergangenheitsbeschwörung. Eine Bibliothek alter höfischer Romane ist ihm in ähnlicher Weise Ausweis der Zugehörigkeit zur Elite wie ein altadeliges Wappen. Solches Bedürfnis nach Statusbestätigung durch Aneignung der Vergangenheit manifestiert sich auch in Jacob Püterichs Suche nach den Gräbern von Wolfram von Eschenbach und John Mandeville; es sind gleichsam Pilgerfahrten zu den Andachtsstätten ritterlicher Vergangenheit.

Wenn Jacob Püterich als Büchersammler auch sicherlich eine Ausnahmeerscheinung ist, sind die Beweggründe für sein Interesse am höfischen Roman doch nicht untypisch für den verhofften Beamtenadel. Gewiß bot der Abenteuerroman keine unmittelbaren Identifikationsmuster mehr. Aber in einer unabgeklärten Mischung von historischer Legitimation, rückwärtsgewandter Utopie und adlig-ritterlicher Mythologeme ist das Handeln der Romanhelden bedeutend, sind der Besitz und die Lektüre solcher Bücher Ausweis aristokratischen Rangs.

Ausgabe: Der Ehrenbrief des Püterich von Reichertshausen. Hrsg. von F. Behrend u. R. Wolkan, 1920 [Textausgabe und Faksimile]. – Literatur: Ch. Rischer, Literarische Rezeption und kulturelles Selbstverständnis in der deutschen Literatur der »Ritterrenaissance« des 15. Jahrhunderts. Untersuchungen zu Ulrich Füetrers ›Buch der Abenteuer‹ und dem ›Ehrenbrief‹ des Jacob Püterich von Reichertshausen. 1973.

Solchen Erwartungen wird der ›Jüngere Titurel‹ besser gerecht als jeder andere Roman des 13. Jahrhunderts. Seine Tendenz zur Allegorie und seine konsequente Entfernung aus der erfahrbaren Wirklichkeit machen ihn zu einer Art Grundlegung von

Adelsmythologie. Viele Indizien deuten darauf hin, daß der Roman im 15. Jahrhundert in dieser Weise verstanden worden ist. Eine Handschrift gibt ihm die Überschrift *ain lied von der götleichen weißhait vnd der werlte.* Graf Eberhardt von Sayn bezeichnet ihn in seinem Testament 1491 als *die gotlichste lere die man in dutschen Boichern fynden magh.*

Über die Verbreitung dieses Romans gibt Jacob Püterich Auskunft, wenn er sagt, er habe mehr als dreißig ›Titurel‹-Versionen gesehen, die aber alle nicht *rehte* seien. Wolfram von Eschenbachs ›Parzival‹ und der ›Jüngere Titurel‹ sind die beiden einzigen höfischen Romane des 13. Jahrhunderts, die (als zusammengehörige) gedruckt worden sind. 1477 brachte sie der Straßburger Drucker Johannes Mentelin (s. u. S. 248) als letzte Erzeugnisse seiner sonst fast ausschließlich mit lateinischen Büchern beschäftigten Offizin heraus. Die Ausstattung des Drucks läßt Schlüsse über die Erwartungen der Käufer zu: Raum für die individuelle Ausschmückung mit Initialen und Illustrationen ist frei gelassen. So konnte jedes Exemplar wie eine Handschrift als repräsentatives Schaustück gestaltet werden. Keinerlei Versuch ist unternommen, den mittelhochdeutschen Text zu modernisieren; er bewahrt die Würde des Alters auch auf Kosten der Verständlichkeit (Eintragungen in erhaltenen Exemplaren des Drucks von gequälten Lesern aus dem 16. Jahrhundert beklagen in der Tat die Unverständlichkeit, etwa: *wer was darin verstehen will vndt hofft der mus haben einen andern kopff.*) Mehr noch: die Altertümlichkeit der Sprache unterstreicht den Charakter als Kultbuch, und die schwere Zugänglichkeit erhöht die quasi-mythologische Aura, die dem Auserwählten vorbehalten ist. Verschlüsselung wird zum elitären Merkmal der Dichtung, ein Charakteristikum, das auch das Verhältnis Maximilians I. zur Literatur bestimmt.

LITERATUR: H. Ragotzky, Studien zur Wolfram-Rezeption. 1971, S. 93–141. – R. Krüger, Studien zur Rezeption des sogenannten ›Jüngeren Titurel‹. 1986.

Unter dem Leitbegriff *gedächtnus (memoria)* stehen Maximilians vielfältige literarische und kulturell-wissenschaftliche Aktivitäten. Der Terminus meint Einbindung der eigenen Person in ein historisches Kontinuum, in dem Vergangenheit auf die eigene Person bezogen und eigenes Verhalten, als überpersönlich-normativ verstanden, für die Zukunft verbindlich wird.

Wenn Maximilian unter die Ahnenfiguren seines monströsen Innsbrucker Grabmals den König Artus einreihen läßt, so ist das sinnfälliger Ausdruck dafür, wie literarische Muster unter der Perspektive von Herrschafts- und Adelsideologie historisch konkretisiert werden.

Maximilian I. ist am 22. 3. 1459 geboren. 1477 heiratet er Maria von Burgund, deren Erbe den Grundstock habsburgischer Weltmacht legt und zugleich Maximilian lebenslange kriegerische Auseinandersetzungen einbringt. 1486 wird er zum König gewählt, 1493 übernimmt er die Regentschaft als Nachfolger seines Vaters, Friedrichs III. Am 12. Januar 1519 ist er gestorben.

Maximilians literarische Werke machen die eigene politische Biographie zum Thema. Sein unmittelbarer Anteil an den Schriftwerken ist nicht genau zu sichern. Vermutlich beschränkt er sich auf mehr oder minder detaillierte Entwürfe, deren Ausarbeitung und Redaktion Sekretären der Hofkanzlei und Literaten in seiner Umgebung überlassen wurde (Marx Treitzsaurwein, Melchior Pfinzing, Johann Stabius, Konrad Peutinger).

Das am breitesten angelegte Werk ist der ›Weißkunig‹ (seit Anfang des 16. Jahrhunderts, unvollendet), dem der Entwurf einer lateinischen Autobiographie vorausging. Das einzige vollendete Werk ist der ›Theuerdank‹, erstmals erwähnt 1505, endgültige Fassung gedruckt 1517. Der als Gegenstück zum ›Theuerdank‹ gedachte ›Freydal‹ ist über das Entwurfsstadium nicht hinausgekommen. Maximilians ›Gedenkbücher‹ verzeichnen etwa 130 Buchprojekte, die alle Bereiche höfisch-adligen Lebens normativ beschreiben sollten.

Ausgaben: Eine kritische Ausgabe fehlt. – Th. Musper, Kaiser Maximilians ›Weißkunig‹. 2 Bde, 1956 (Text- und Tafelband). – Faksimile des Drucks von 1775. Hrsg. von Ch. M. Dreissinger. 1985. – Qu. v. Leitner, Freydal. Des Kaisers Maximilian I. Turniere und Mummereien. 1880–1882. – H. Appuhn, Maximilians I. ›Theuerdank‹. 1517, 1979. – Faksimile: Kaiser Maximilians ›Theuerdank‹. Mit Beiträgen von H. Engels, E. Geck u. Th. Musper. 1968. – H. Appuhn, Triumphzug Kaiser Maximilians I. 1516–1518. 1979. – E. Chemalarz, Die Ehrenpforte des Kaiser Maximilians I. Jahrbuch der kunsthistorischen Sammlungen des Allerhöchsten Kaiserhauses 4 (1886), S. 289–319 und Tafelband, Nachdr. 1972. – A. Primisser, Über des Kaisers Maximilian I. Gedenkbücher in der Ambraser Sammlung. Taschenbuch für die vaterländische Geschichte 4 (1823), S. 163–176; 5 (1824), S. 39–81; 8 (1827), S. 186–216. – M. Mayr, Das Jagdbuch Kaiser Maximilians I.

1901. – Ders., Das Fischereibuch Kaiser Maximilians I., 1901. – Faksimile: F. Unterkircher, Das Tiroler Fischerei-Buch Maximilians I. 1967. – W. Boeheim, Die Zeugbücher des Kaisers Maximilian I. Jahrbuch der kunsthistorischen Sammlungen des Allerhöchsten Kaiserhauses 13 (1892), S. 94–201; 15 (1894), S. 295–391. – Kaiser Maximilians Gebetbuch mit Zeichnungen von Albrecht Dürer und anderen Künstlern. Hrsg. von K. Giehlow. 1907. – LITERATUR: J.-D. Müller, Gedechtnus. Literatur und Hofgesellschaft um Maximilian I. 1982. – F. Unterkircher, Maximilian I. Ein kaiserlicher Auftraggeber illustrierter Handschriften. 1983. – H. J. Ziegeler, Der betrachtende Leser. Zum Verhältnis von Text und Illustration in Kaiser Maximilians I. ›Theuerdank‹. In: Literatur und bildende Kunst im Mittelalter. Hrsg. von E. Kühebacher. 1982, S. 67–110. – K. Schmid, ›Andacht und Stift‹. Zur Grabmalplanung Kaiser Maximilians I. In: Memoria. Der geschichtliche Zeugniswert des liturgischen Geschehens im Mittelalter. 1984, S. 750–786.

Obwohl unvollendet, steht der ›Weißkunig‹ als lebensbegleitendes und -überhöhendes literarisches Monument im Mittelpunkt von Maximilians literarischen Ambitionen. In allegorischer Einkleidung, die dem subjektiv Erlebten die Würde des Allgemeinverbindlichen und gleichzeitig durch erschwerten Zugang dem Text seinen elitären Charakter verleiht, werden die Stationen des eigenen Lebens literarisch zu einer unauflöslichen Mischung von Autobiographie, Heldenroman, Chronik und Fürstenspiegel.

Das Werk gliedert sich in drei Teile. Der erste (Kap. 1–12) schildert, dem Muster des ›Parzival‹ und ›Tristan‹ folgend, die Geschichte der Eltern des Helden: die Brautwerbung des *alten weißkunig* (Friedrichs III.) und seine Kaiserkrönung in Rom. Mit Teil 2 (Kap. 13–69) beginnt der autobiographische Hauptteil: Geburt, Kindheit und Jugend des Weißkunig (= Maximilian) werden erzählt, wobei seine Ausbildung in allen Fertigkeiten und Wissenschaften breiten Raum einnimmt. Teil 3 (Kap. 70–221) sollte die Herrschaft und die Kriegstaten des Helden enthalten. Er bricht mit der Schlacht bei Vicenza 1513 ab.

Seine Ordnung erhält das Geschehen durch die Repräsentationsmuster des Turniers, in dem die heraldisch gekennzeichneten Parteien und ihre Anführer gegeneinander antreten: der *weiß kunig* gegen den blauen (König von Frankreich) oder den König vom Fisch (Doge von Venedig). So erhält auch die kriegerische Auseinandersetzung noch den Charakter des Zeremoniellen und wird in dieser Überhöhung, unabhängig vom faktischen Ausgang, zur Denkwürdigkeit und damit zur Rechtfertigung für die Gegenwart und zum Vorbild für die Zukunft. In dem auf die eigene Person bezogenen und aus der Perspektive der Zukunft als bereits geschichtliches Faktum formulierten Satz *wie wunderperlichen diser kunig gewest ist* artikuliert sich weniger distanzlose Ruhmsucht als das Bedürfnis, das eigene Handeln als historisch-exemplarisch zu erweisen.

Dem Zweck der Repräsentation von Herrschaft dient auch die äußere Ausstattung. Ein Bildprogramm war von vornherein mitgeplant, mit dessen Realisierung hervorragende Künstler, unter anderm Hans Burgkmair und Hans Schäufelein beauftragt waren. Beim Tode Maximilians waren 251 Holzstöcke geschnitten. Nur deren Abdrucke ohne Text wurden im 16. Jahrhundert reproduziert. Die heutigen Ausgaben des Textes beruhen auf einer (nicht abgeschlossenen) Redaktion, die Treitzsaurwein 1517 herstellte.

Als episodische Seitenerzählung zum ›Weißkunig‹ ist der ›Theuerdank‹ anzusehen, der die Brautfahrt Maximilians von 1477 zum allegorischen Heldenroman stilisiert.

Der Held Theuerdank begibt sich auf Werbungsfahrt zur Dame Erenreich. An drei Pässen, die drei verschiedene Lebensabschnitte des Helden bedeuten, lauern ihm die Widersacher Fürwittig, Unfalo und Neidelhart auf. Sie konfrontieren ihn mit 88 *gferlichkeiten*, die Theuerdank mit der Hilfe göttlicher Gnade und durch persönliche Tugend übersteht. Am Hof der Dame angelangt, besiegt er sechs Ritter im Turnier; die drei Widersacher werden hingerichtet. Das 117. Kapitel, zu dem der Holzschnitt vorhanden ist und das den Kampf gegen die Türken als Vorleistung für die Hochzeit schildern sollte, blieb unausgeführt.

Wenn für Johann von Würzburg (s. o. S. 27) ritterliches Abenteuer nur noch in der Allegorie akzeptabel war und wenn hier eigenes Erleben durch die Allegorie als ritterliches Abenteuer dargestellt wird, sind dies komplementäre Aspekte des gleichen Wirklichkeitsverständnisses. Mittels der Allegorie wird Realität ins literarische Muster übersetzt und umgekehrt. Und wie beim ›Weißkunig‹ gilt auch hier: diese Art der Vermittlung enthebt das einzelne Realitätsereignis der Banalität; Jagdunfälle, zerbrochene Treppen und herabstürzende Gerüstbalken bekommen durch die Allegorisierung die Bedeutsamkeit der *aventiure*, werden so würdiger und exemplarischer Gegenstand von *gedächtnus*. Wenn Melchior Pfinzing für den (dem Privatgebrauch vorbehaltenen) Prachtdruck von 1517 eine »clavis«, eine Aufschlüsselung der Allegorien, verfaßt, erhöht dies noch die Exklusivität des Textes, dem so gleichsam sakrale Bedeutsamkeit zugeschrieben wird.

Pfinzing vermerkt ausdrücklich, der ›Theuerdank‹ sei als Nachahmung der *alten heldenpuoch*, also des alten höfischen Romans konzipiert. Wenn daher Maximilian den Auftrag gibt, solche Romane zu sammeln, ist dies keineswegs nur romantisch-antiquarisches Interesse, sondern bedeutet die Bereitstellung von Orientierungsmustern, die, in die Gegenwart fortgesetzt, der Stilisierung eigener Existenz und ihrer historischen Absicherung dienen. 1504 ergeht an den Bozener Zollschreiber Hans Ried der Auftrag, eine Sammelhandschrift anzulegen, die nach ihrem Fundort heute ›Ambraser Heldenbuch‹ heißt, wobei »Heldenbuch« eine irreführende Bezeichnung ist, weil damit sonst Sammlungen von Heldenepik gemeint sind (s. u.). Ried war wegen dieser Aufgabe zeitweise vom Zolldienst befreit. Ob er dieser Annehmlichkeit halber die Arbeit verzögerte oder ob die ungewöhnlich lange Abfassungszeit auf anderen Ursachen (Schwierigkeiten bei der Quellenbeschaffung, eine 1514 bezeugte Sehschwäche Rieds) beruht, ist unsicher; jedenfalls arbeitete er bis zu seinem Tode 1516 an der Handschrift. Das ›Ambraser Heldenbuch‹ überliefert 25 Erzählwerke des 13. Jahrhunderts, davon mehr als die Hälfte als Unikate.

Ausgabe: Ambraser Heldenbuch. Vollständige Faksimile-Ausgabe im Originalformat. Kommentar F. Unterkircher. 1973 (Codices selecti 43).

Ein dem ›Theuerdank‹ vergleichbarer allegorischer Schlüsselroman ist die 1496 von Augustin von Hammerstetten, Cancellarius Friedrichs des Weisen von Sachsen, verfaßte Prosaerzählung ›Hystori vom Hirs mit den guldin ghurn vnd der Furstin vom pronnen‹, der vermutlich ein Liebesverhältnis des Kurfürsten mit Gräfin Amelie von Schwarzburg zugrundeliegt.

Ausgabe, Literatur: E. Busse, Augustin von Hammerstetten. Diss. Marburg 1902.

Auch Sammlungen von Heldenepik sind als schon zeitgenössisch so genannte ›Heldenbücher‹ im 15. Jahrhundert angelegt worden. Nur in einem Fall allerdings ist wahrscheinlich ein Adliger, Herzog Balthasar von Mecklenburg, der Auftraggeber. Heldendichtung wird – mit Ausnahme des Nibelungenliedes – nicht in gleichem Maße als standesgemäß empfunden wie der höfische Roman. Schon aus dem ausgehenden 13. Jahrhundert haben wir Zeugnisse, daß Stoffe der Heldenepik als Trivialliteratur galten. Sie sind daher kein geeigneter Gegenstand für adlige Traditionspflege.

»Heldenbücher« des 15. Jahrhunderts

›Dresdner Heldenbuch‹ (›Heldenbuch des Kaspar von der Rhön‹). Kaspar von der Rhön, der Hauptschreiber, nennt sich in der Handschrift Bürger aus Münnerstadt in Unterfranken. Den Abschluß des letzten von ihm geschriebenen Stückes, ›Laurin‹, datiert er auf Ostern 1472. 1474 ist der Name in der Leipziger Universitätsmatrikel nachweisbar. Aus einem Blatt mit dem mecklenburgischen Wappen und dem Namen Herzog Balthasars (1442–1507) schließt man, daß die Sammlung für ihn bestimmt war. Sie enthält elf Texte, in der Mehrzahl (teils stark gekürzte) Dietrichepen. Die Handschrift ist illustriert, hält aber an repräsentativem Aufwand mit den Sammelwerken Füetrers oder Rieds keinen Vergleich aus.

›Linhard Scheubels Heldenbuch‹ (›Wiener Piaristenhandschrift‹). Bei Scheubel, der sich als Besitzer in die Handschrift eingetragen hat, handelt es sich mit großer Wahrscheinlichkeit um einen Nürnberger Bürger. Die Sammlung ist etwa 1480 bis 1490 angelegt, sie enthält neben dem ›Nibelungenlied‹ fünf weitere Stücke, die teilweise nicht der Heldenepik zuzurechnen sind. Der nur hier vollständig (?) überlieferte ›Lorengel‹ ist eine merkwürdige stadtbürgerliche Fassung der ›Lohengrin‹-Geschichte.

›Straßburger Heldenbuch‹. Die (1870 verbrannte) Handschrift ist etwa 1480 von dem Straßburger Goldschmied Diebold von Hanowe geschrieben. Sie enthielt neben einer Vorrede mit einem Überblick über Helden und Themen der Gattung fünf Stücke. Der Bestand entspricht weitgehend dem des etwa 1483 von Johann Prüss in Straßburg gedruckten Heldenbuchs (fünf weitere Ausgaben bis 1590); vermutlich gehen beide auf eine ältere Straßburger Sammlung zurück.

Ausgaben: Nur der Text des ›Dresdner Heldenbuchs‹ ist im ganzen abgedruckt bei: F. H. von der Hagen u. A. Primisser, Der Helden Buch in der Ursprache. 2 Bde, 1820/1825. – Die übrigen Handschriften sind bei der Edition der einzelnen Texte berücksichtigt (s. Bd. 2). – Faksimile des Straßburger Drucks: Heldenbuch, nach dem ältesten Druck in Abbildung. Hrsg. von J. Heinzle. 1981, Kommentar 1987 (Litterae 75). – Ausgabe des Drucks: Das Deutsche Heldenbuch. Nach dem muthmaßlich ältesten Drucke neu hrsg. von A. von Keller. 1867. – Literatur: Grundlegende Zusammenfassung: J. Heinzle, Mittelhochdeutsche Dietrichepik. 1978 (MTU 62). – R. Wisniewski, Mittelalterliche Dietrich-Dichtung. 1986. – E. A. H. Fuchs, Studies in the Dresdner Heldenbuch. An Edition of ›Wolfdietrich‹ K. Diss. Univ. of Chicago,

1934. – X. von Ertzdorff, Linhart Scheubels Heldenbuch. In: FS S. Gutenbrunner. 1972, S. 33–46. – K. Ruh, Verständnisperspektiven von Heldendichtung im Spätmittelalter und heute. In: Deutsche Heldenepik in Tirol. Hrsg. von E. Kühebacher. 1979, S. 15–31. – Artikel ›Heldenbücher‹, VL Bd. 3, 1981, Sp. 947–956.

6. Höfische Dichtung als Didaxe

Der nie fehlende Hinweis auf die exemplarische Bedeutsamkeit verleiht Maximilians Werken einen ständisch-didaktischen Anspruch, macht sie gleichsam zu erzählten Fürstenspiegeln. Während der 1415/16 entstandene ›Ritterspiegel‹ des Erfurters Johannes Rothe (s. u. S. 146) noch eine allgemeine und kritische adlige Standeslehre aus der Sicht des Stadtbürgers darstellt, die mit dem feudalen Lehnsgedanken die alten ritterlich-literarischen Wertvorstellungen zu restituieren versucht, sind die im weiteren Verlauf des 15. Jahrhunderts verbreiteten Fürstenspiegel ausgesprochene Herrscherlehren.

Die meist anonym überlieferten Fürstenspiegel werden in der Regel nach ihren Incipits zitiert.

Der umfangreichste ist *wiewol all menschen erstlich entsprungen aus ainer wurczel Adam.* Der Text wurde um die Mitte des 15. Jahrhunderts wahrscheinlich für Ludwig IX. von Bayern-Landshut kompiliert. Er besteht aus drei Hauptteilen, einer Bearbeitung der Regierungslehren aus den pseudo-aristotelischen ›Secreta secretorum‹ (s. u. Kap. III), die wahrscheinlich schon um 1390 für Wilhelm von Österreich verfaßt wurde, einer religiösen Standesunterweisung, die ihrerseits aus mehreren Quellen zusammengestellt ist, und dem ›Buch von den vier Angeltugenden‹, einer Abhandlung über die vier Kardinaltugenden *weisheit, gerechtigkeit, stärck* und *mässigkait.*

Fürstenspiegel *Wye ein werltleich fürst mit got vnd der werlt salikleich mit eren vnd reichtum vnd gutem leunt* (Leumund) *wol auf erd geleben mag ...*

Fürstenspiegel *Zwelf räte, die nucz sind ainem yeglichen fürsten oder herren,* erste Hälfte 15. Jahrhundert.

Ein negativer bzw. satirischer Fürstenspiegel ist der ›Spiegel des Regiments‹ des pfälzischen Adligen Johann von Morschheim (ca. 1445–1516). Der Autor, der viele Jahre in kurpfälzischen Diensten verbracht hat und mithin wohl biographische Erfahrungen verarbeitet, schildert in allegorischer Einkleidung Niedertracht und Intrigantentum am Hof. Die 1497 verfaßte Versdichtung endet mit einem Aufruf an die Fürsten, für rechtmäßige und ehrenhafte Zustände zu sorgen. Die Dichtung blieb offenbar durch das ganze 16. Jahrhundert aktuell: bis 1617 wurde sie achtmal gedruckt.

AUSGABEN: Nur der Fürstenspiegel ›Wiewol all menschen‹ ist ediert: G. Brinkhus, Eine bayrische Fürstenspiegelkompilation des 15. Jahrhunderts. 1978 (MTU 66). – Für alle anderen anonym überlieferten Texte fehlt eine Ausgabe. – K. Goedeke, Spiegel des Regiments von Johann von Morschheim, 1856 (StLV 37, nach dem Druck von 1515). – Faksimile eines Drucks Erfurt 1516. Hrsg. und kommentiert von H. Zirnbauer. 1966. – LITERATUR: W. Berges, Die Fürstenspiegel des hohen und späten Mittelalters. 1938, Nachdr. 1952. – Artikel ›Fürstenspiegel‹, VL Bd. 2, 1980, Sp. 1023–1030.

Abgesehen von solchen, die zeitgenössischen Herrschaftsverhältnisse unmittelbar ansprechenden Lehrdichtungen ist es bezeichnend für die machtpolitische und ideologische Konsolidierung der Höfe im 15. Jahrhundert, daß Literatur als bloße Vermittlerin allgemeiner Lebensorientierung, als Lieferantin von ethisch-moralischen Informationen dort offenbar kaum noch gefragt ist. Als an Höfen tätige Verfasser von Sangsprüchen in der Tradition Frauenlobs und Heinrichs von Mügeln sind für das 15. Jahrhundert nur noch zwei bedeutende Namen zu nennen: Muskatblüt und Michael Beheim. Im 16. Jahrhundert stirbt die Gattung am Hof gänzlich aus.

Muskatblüt ist vermutlich im letzten Viertel des 14. Jahrhunderts geboren. Nachweisbar ist ein Konrad Muskatblüt unter anderm im Dienste des Reichskämmerers Konrad von Weinsberg und des Mainzer Erzbischofs Dietrich. Das Konstanzer Konzil (1414–1418) hat er wenigstens teilweise miterlebt. 1441 taucht er in den städtischen Rechnungen von Nürnberg auf, wo er als *varend man* bezeichnet wird. Seine datierbaren Lieder und Sangsprüche reichen von 1415 bis 1438.

AUSGABE: Lieder Muskatblüt's. 1. Druck, besorgt von Groote. 1852. – Faksimile: Muskatblüt. Abbildungen zur Überlieferung: Die Kölner Handschrift und die Melodie-Überlieferung. Hrsg. von E. Kiepe-Wilms. Melodie-Teil bearb. von H. Brunner. 1987 (Litterae 98). – LITERATUR: E. Kiepe-Wilms, Die Spruchdichtungen Muskatblüts. Vorstudien zu einer kritischen Ausgabe. 1976.

Die 104 Muskatblüt zugeschriebenen Lieder und Sangsprüche behandeln überwiegend die traditionellen Themen dieser Gattung: Moral, Lebenslehre, religiöse Themen, gelegentlich Frauenpreis. Muskatblüt scheint jedoch Schwierigkeiten zu haben, die Hofgesellschaft noch für solche Dichtung zu interessieren. Das jedenfalls ergibt sich aus seiner Klage, daß *myn gesang dem adel ist worden vnwerde,* die als bloße Floskel abzutun man keinen Grund hat. Seine Entlohnung auch durch einen städtischen Rat mag man als symptomatisch dafür interpretieren, daß die Zukunft der Gattung und ihrer Themen in der Stadt, nicht am Hofe liegt.

Erweitert wird dieser traditionelle Kanon jedoch durch Muskatblüts Tätigkeit als politischer Berichterstatter und Publizist. Er berichtet vom Konstanzer Konzil und ruft in mehreren Liedern zum Kampf gegen die Hussiten auf. Eins davon (Groote Nr. 72) ist nach eigener Aussage aus Anlaß des Reichstags in Nürnberg 1422 gesungen worden. Indem er aktuelle Politik in sein Themenrepertoire einbezieht, kann er Bedürfnisse seiner Zuhörerschaft nach Information und politischer Meinungsbildung befriedigen.

Hier scheint sich dem Spruchdichter beim Adel noch einmal ein wirksames Betätigungsfeld zu eröffnen. Jedenfalls könnte die thematische Schwerpunktverlagerung bei seinem jüngeren Zeitgenossen Michael Beheim so zu erklären sein, der sich auf Muskatblüt als sein Vorbild beruft.

Kenntnis über Geburtsjahr und Herkunft Michael Beheims haben wir durch autobiographische Angaben in seinen Dichtungen. Danach ist er 1416 oder 1421 in Sülzbach bei Weinsberg geboren, wohin seine Vorfahren aus Böhmen eingewandert waren. Er erlernte wie sein Vater das Weberhandwerk, trat dann aber als Sänger und Dichter in den Dienst Konrads von Weinsberg, der auch Muskatblüt gefördert hatte. Nach dessen Tod (1448) finden wir Beheim an fast allen großen Höfen des Reichsgebiets als Berufsdichter. Gegen Ende seines Lebens scheint Beheim nach Auskunft eines erhaltenen Gedenksteins in Sülzbach Schultheiß gewesen und dort 1474 oder 1478 ermordet worden zu sein.

Von Beheim sind 452 eigenhändig gesammelte Lieder überliefert, die zwischen 1449 und ca. 1474 datierbar sind. Beheim ist zudem Verfasser dreier strophischer Chroniken:

Das ›Buch von den Wienern‹ (ca. 1462/66) berichtet aus kaisertreuer Perspektive von der Belagerung Friedrichs III. in der Wiener Burg durch die Bürger Wiens.

Das ›Buch von der Stadt Triest‹ (1464/66) erzählt aufgrund eines Augenzeugenberichts von der Belagerung Triests durch die Venezianer 1463.

Die ›Pfälzische Reimchronik‹ (nach 1471) versifiziert im Auftrage des Pfalzgrafen Friedrich I. Prosachroniken von Andreas von Regensburg und Matthias von Kemnat.

AUSGABEN: H. Gille u. I. Spriewald, Die Gedichte des Michel Beheim. 3 Bde, 1968–1972 (DTM 60, 64, 65). – Th. G. v. Karajan. Michel Beheims ›Buch von den Wienern‹. 1843. – ›Buch von der Stadt Triest‹: in Gille/Spriewald, Bd. 3, S. 353–450. – ›Pfälzische Reimchronik‹: vollständige Ausgabe fehlt.

Auch bei Beheim überwiegen die traditionellen Themen der Sangspruchdichtung, die er mit einem beachtlichen Maß an autodidaktisch erworbener Bildung behandelt. Mehr als ein Zehntel jedoch befaßt sich mit aktueller Politik, und zusammen mit den in Liedstrophen abgefaßten Chroniken, die man zumindest formal als zur Großform erweiterte Lieder ansehen kann, ist der überwiegende Teil der Dichtung Beheims politische Publizistik. Solche thematische Orientierung verstärkt die Abhängigkeit des Autors vom jeweiligen Auftraggeber und Publikum erheblich. Es ist deshalb nicht verwunderlich, wenn Beheim wechselnde und oft widersprüchliche Standpunkte vertritt. Ihn dafür als charakterlos zu tadeln, hieße einen historisch falschen Begriff von Autonomie auf seine Dichtungen anwenden. Das hindert nicht, daß er eine hohe Einschätzung von seiner Kunst und seiner Aufgabe hat, aber auch nicht, daß er wie Muskatblüt *dy edel singens kunst* klagen lassen muß: *Jez wellen fursten unde hern mein numer ahten und pegern in kainer handlei weise* (Nr. 115). In der Tat: auch die Wendung zur politischen Publizistik konnte der belehrenden Sangspruchdichtung ihre Existenz am Hof nicht sichern.

Das Interesse, sich durch Literatur über Gott und die Welt belehren zu lassen, ist nicht ständisch begrenzt. Belehrende Literatur findet ihr Publikum am Hof ebenso wie in allen Schichten der städtischen Bevölkerung. Es ist deshalb in vielen Fällen nicht sinnvoll, soziologische Zuordnungen der Texte vorzunehmen, auch dann nicht, wenn die Autoren überwiegend einer höfischen oder einer städtischen Umgebung zuzurechnen und wenn im Einzelfall bestimmte soziale Gruppen als Adressaten auszumachen sind. Thematische Einschränkungen gibt es kaum: Von der Trinitätslehre bis zum Kochrezept kann schlechthin alles zum Gegenstand belehrender Dichtung werden. Die häufig anzutreffende Banalität der vermittelten Inhalte hat in der Literaturgeschichtsschreibung nicht selten zu abwertenden Urteilen geführt, zumal unter den Prämissen einer idealistischen Ästhetik lehrhafte Dichtung ohnehin als Dichtung zweiten Ranges gilt. Solche Urteile übersehen, daß der Sinn dieser Texte keineswegs ausschließlich Information ist, daß es oft ebensosehr darauf ankommt, zu »konstatieren« (Lämmert): durch die literarische Formulierung – und dies ist nicht zuletzt die Funktion von Vers und Reim – wird Alltagswissen und Alltagserleben aus dem Stande der Zufälligkeit erlöst und nimmt den Charakter gültiger Verkündigung, des Bedeutenden an. Es erhält durch die bloße Tatsache seiner Verschriftlichung und Literarisierung eine Ordnung, die vom Autor als kompetenter Instanz festgestellt, als verbindlich formuliert und mitgeteilt wird. Auch in dieser Hinsicht hat der Priester einen Teil seiner Autorität an den Dichter abgetreten.

Literatur: B. Sowinski, Lehrhafte Dichtung des Mittelalters. 1971. – I. Glier, Allegorische, didaktische und satirische Literatur. In: Neues Handbuch der Literaturwissenschaft, Bd. 8: Europäisches Spätmittelalter. Hrsg. von W. Erzgräber. 1978, S. 427–454. – B. Boesch, Lehrhafte Literatur. Lehre in der Dichtung und Lehrdichtung im deutschen Mittelalter. 1977. – J. Suchomski, »Delectatio« und »utilitas«. 1975.

1. Reimreden

Das verbreitetste, im 14. Jahrhundert aufblühende und den strophischen Spruch ablösende Genre lehrhafter Literatur ist die sogenannte Reimrede: paarweise gereimte Texte unterschiedlicher Länge, gemeinhin zwischen 80 und 200 Versen, aber auch Kurztexte von 40 bis 50 Versen und längere Abhandlungen von ca. 600 Versen kommen vor. So breit wie das soziale Spektrum der Rezipienten ist das der Autoren: es reicht vom umherziehenden Berufsdichter mit bescheidenem Wissen bis zum wohlsituierten Stadtbürger mit hohem Bildungs- und Literaturanspruch. Eine große Zahl von Texten ist anonym überliefert. Ihre systematische Erfassung und Auswertung steht noch aus. Wie verbreitet das Genre der Reimrede war und wie sehr es als eine der wichtigsten Literaturformen angesehen wurde, zeigt die Ausbildung des neuen Berufes der »Spruchsprecher«, die jetzt häufiger in Besoldungslisten hoher Adliger auftauchen und deren Aufgabe es war, Reimreden vorzutragen. Die Berufsbezeichnung scheint darauf hinzudeuten, daß der Vortrag nicht mehr an eine (rezitativische) Melodie gebunden ist.

Einer der thematisch originellsten Verfasser von Reimreden ist ein Autor, der sich König vom Odenwald nennt. Es ist unsicher, ob der Name Dichterpseudonym oder ein Familienname mit Herkunftsbezeichnung ist. Aus der Tatsache, daß alle seine signierten Reden im Hausbuch des Würzburger bischöflichen Protonotars Michael de Leone (um 1350) überliefert sind, schließt man, daß er zum literarischen Umkreis dieses literaturinteressierten bischöflichen Beamten gehört hat. Ob er Berufsdichter war, dessen Werk dann fragmentarisch überliefert wäre, oder dilettierender Literaturliebhaber, ist offen (wegen seiner Vorliebe für kulinarische Themen hat man ihn zum Koch des Würzburger Bischofs machen wollen). Die Beantwortung der Frage hängt auch von der interpretatorischen Einschätzung seiner Gedichte ab.

Vom König vom Odenwald sind zwölf signierte Reimreden überliefert; die Zuschreibung einer Reihe weiterer anonymer Texte ist unsicher. Die meisten von ihnen bedienen sich der traditionellen Muster des Lobspruchs, äußerst unkonventionell sind jedoch die Gegenstände der Lobpreisung: nicht die Schönheit der Damen, die Güte des Schöpfers, sondern banale Gegenstände des Gebrauchs und Verzehrs, Eier, Schafe, Schweine,

Stroh. Gedicht II etwa beschreibt zwanzig verschiedene kulinarische Verwendungsmöglichkeiten der Eier, Gedicht VI in 52 Versen zwanzig Nutzeffekte des Badens. Die Häufung erregt den Verdacht, daß es sich hier bereits um Parodien der Lehrdichtung handeln könnte, mit sicherem Gespür für den literarischen Kontrast verfaßt für eine Umgebung, deren Interesse in der Pflege der Dichtung des 13. Jahrhunderts liegt.

Das literarische Sammelwerk des Michael de Leone, das um die Mitte des 14. Jahrhunderts zusammengetragene sogenannte ›Hausbuch‹ (heute in der Universitätsbibliothek München), gibt im Vergleich mit der an Umfang ähnlichen Manessischen Sammlung ein charakteristisches Bild von der Veränderung des literarischen Geschmacks (vom ersten Teil der zweiteiligen Sammlung ist nur das Inhaltsverzeichnis erhalten). Abgesehen von Liedern Walthers von der Vogelweide und Reinmars von Hagenau, die wohl aus Würzburger Lokalinteresse aufgenommen sind, wird von den Werken des 13. Jahrhunderts fast ausschließlich lehrhafte Dichtung ausgewählt, Freidank, Bispels und Maeren des Stricker, Minnereden, Historisches, medizinische Abhandlungen, Kochrezepte. Dies alles läßt sich bruchlos mit der gleichfalls gesammelten zeitgenössischen Literatur verbinden und stellt so eine lebendige literarische Tradition her.

Von diesem Interesse legt ein weiterer Reimredendichter aus dem Umkreis des Michael de Leone Zeugnis ab: Lupold Hornburg. In einem Lied, dem einzigen von ihm überlieferten, in einem Ton des Marners (s. Bd. 2), rühmt er zwölf Autoren des 13. Jahrhunderts, allen voran Reinmar von Zweter (den er offensichtlich mit Reinmar von Hagenau verwechselt). Reinmar habe den besten *sin* gehabt, aber Walther von der Vogelweide habe die besseren Melodien komponiert; Wolfram von Eschenbach habe *daz allermeist getichtet.* Es handelt sich um das erste Beispiel eines Autorenkatalogs, wie er im 15. Jahrhundert im Meistersang (s. u.) als literarhistorische Selbstlegitimation häufiger anzutreffen ist.

Das Hausbuch des Michael de Leone, das sein Werk überliefert, nennt als Herkunftsort Lupold Hornburgs Rothenburg. Dort ist ein Bürger gleichen Namens 1316 bezeugt. Ob er mit diesem identisch ist, bleibt fraglich, da seine überlieferten Reimreden auf 1347 und 1348 zu datieren sind. Alle vier Gedichte sind sehr dezidierte und kritische Stellungnahmen zu aktuellen politischen Ereignissen. Das zweite von ihnen, ›Des Reiches Klage‹, bearbeitet eine Reimrede des offenbar ebenfalls mit dem

Würzburger Kreis in Verbindung stehenden Otto Baldemann, nach einem Vermerk der Handschrift *clericus plebanus* in Astheim bei Aschaffenburg. Dieses Gedicht wiederum ist eine Übersetzung eines lateinischen Anklagegedichts des Würzburger Domherrn Lupold von Bebenburg, der 1353–1363 Bischof von Bamberg war.

Ebenfalls im Hausbuch des Michael de Leone überliefert sind zwei Lehrgedichte eines Heinzelin von Konstanz. Nach Angabe einer Berner Handschrift war er Hofbeamter des Grafen Albrecht von Hohenberg. Wahrscheinlich handelt es sich um den Konstanzer Domherrn Albrecht V. Demnach müßten die Gedichte zwischen 1320 und 1340 entstanden sein. In beiden Fällen handelt es sich um dialogische Streitgedichte. In ›Von zwein Sanct Johansen‹, einem strophischen Gedicht, diskutieren zwei Nonnen über die Vorzüge ihres jeweiligen Favoriten, Johannes Baptista und Johannes Evangelista. Während es sich dabei um einen des didaktischen Effekts wegen aufgezäumten Scheinstreit handelt, stehen im Gedicht ›Von dem Ritter und dem Pfaffen‹ wirklich kontroverse Argumente einander gegenüber. Der alte Streit, ob *miles* oder *clericus* der bessere Liebhaber sei, bleibt unentschieden.

AUSGABEN und LITERATUR: Die Gedichte des Königs vom Odenwalde. Zum ersten Male vollständig hrsg. und mit einer Einleitung versehen von E. Schröder. Archiv für Hessische Geschichte und Altertumskunde NF 3 (1904), S. 1–92. – E. Schröder, Ein Nachtrag zu den Gedichten des Königs vom Odenwalde. Ebd. NF 18 (1934), S. 327–334. – König vom Odenwald. Gedichte. Mittelhochdeutsch – Neuhochdeutsch. Hrsg. u. übertragen von R. Olt. 1988. – ›Hausbuch‹: Faksimile: Das Hausbuch des Michael de Leone. In Abbildungen hrsg. von H. Brunner. 1983. – P. Keyser, Michael de Leone und seine literarische Sammlung. 1966. – Lupold Hornburg: C. H. Bell u. E. G. Gudde, The Poems of Lupold Hornburg. 1945; enthält auch die Gedichte von Otto Baldemann und Lupold von Bebenburg. – E. Valli, Untersuchungen über Lupold Hornburgs Gedichte. Neuphil. Mitteilungen 59 (1958), S. 69–99. – Otto Baldemann: E. Valli, Otto Baldemann, Von dem romschen riche eyn clage. Annales Academiae scientiarum Fennicae Ser. B. Tom. III,1 (1957), S. 77–93.– Heinzelin von Konstanz: CLD Bd. 1, S. 375–403. – I. Kasten, Studien zu Thematik und Form des mittelhochdeutschen Streitgedichts. Diss. Hamburg 1973 (S. 86–90).

Der durch den Umfang seines überlieferten Œuvres, die Vielfalt seiner Themen und das Niveau seiner Dichtung bedeutendste Vertreter der Reimrede im ganzen späten Mittelalter ist Heinrich der Teichner. 798 Reimreden mit der (vielleicht nicht immer echten) Verfassersignatur *also sprach der Teichnaer* o.ä. sind überliefert. Der Autor stammt wohl aus Oberösterreich. In seinen Gedichten spricht er davon, daß er in Wien gelebt habe, aber ob dies sein dauernder Wohnsitz war, ist unsicher. Ein Zeugnis vom Anfang des 16. Jahrhunderts gibt an, er sei in St. Colman in Wien begraben. Seine durch aktuelle Anspielungen datierbaren Gedichte stammen aus der Zeit zwischen 1350 und 1365. Auch eine kuriose Anekdote, die er im Gedicht 632 berichtet, wirft kein näheres Licht auf seine Lebensumstände: Nach einem Beinbruch war er in Wien einer Pflegerin ausgeliefert, die sich seinen wehrlosen Zustand zunutze machte, um ihm ein Heiratsversprechen zu unterstellen und so zur Ehe zu bewegen. Durch einen erfolgreichen Prozeß ist er diesem Schicksal entgangen. Der Teichner war, ungeachtet seiner hohen Bildung, weder Kleriker noch scheint er in Hofdiensten gestanden zu haben. Vielleicht war er ein Privatier, der hinreichend wohlhabend war, um sich hauptsächlich seinen literarischen Interessen zu widmen. Die unvergleichliche Freimütigkeit seiner Anschauungen spricht jedenfalls für seine Unabhängigkeit von Auftraggebern.

AUSGABE: Die Gedichte Heinrichs des Teichners. Hrsg. von H. Niewöhner. 3 Bde, 1953–1956 (DTM 44, 46, 48). – LITERATUR: E. Lämmert, Reimsprecherkunst im Spätmittelalter. Eine Untersuchung der Teichnerreden. 1970 (grundlegend für die Beurteilung der lehrhaften Dichtung im Spätmittelalter). – K. O. Seidel, »Wandel« als Welterfahrung des Spätmittelalters im didaktischen Werk Heinrichs des Teichners. 1973. – H. Bögl, Soziale Anschauungen bei Heinrich dem Teichner. 1975.

Der Teichner behandelt in seinen Reimreden im weitesten Sinne ethisch-moralische und theologische Themen. Die Stände und ihre Ordnung sind ebenso Gegenstand seiner Reflexionen und seiner Kritik wie einzelne Berufsgruppen, Richter, Kleriker oder Hofbeamte. Alle Zustände menschlichen Lebens werden behandelt, Ehe, Liebe, Krankheit, Tod. Seine Reimreden sind ein Kompendium der Lebensweisheit, die mit dem Anspruch des Predigers vermittelt wird; und wie die Predigt auf unnötigen Schmuck verzichtet, lehnt auch der Teichner jegliche ästhetische Überformung auf Kosten des Inhalts ausdrücklich ab. Dazu gehört auch der gesangliche Vortrag. Seine besonders kritische Aufmerksamkeit gilt dem Klerus: kaum eine Verfehlung, die ihm nicht angelastet würde; wo der Arm eines Bischofs hinreicht, *hebt sich aller ungemach* (Nr. 165). Im Tenor unterscheidet sich zwar der Teichner damit nicht von vielen Zeitgenossen, wohl aber in der Schärfe und Radikalität seiner Aussagen – ein Zeugnis für seine geistige und materielle Unabhängigkeit.

Nicht systematisch registriert ist bisher eine Unzahl meist ohne Verfassernamen überlieferter kleinerer Lehrgedichte unterschiedlichsten Umfangs und Inhalts. Als einige Beispiele seien herausgegriffen:

›Die Mâze‹, 220 Verse, zusammen mit vielen ähnlichen Gedichten in der Heidelberger Handschrift cpg 341 überliefert.

AUSGABE: In: Mittelhochdeutsche Übungsstücke. Hrsg. von A. Meyer-Benfey. 2. Aufl. 1920, S. 24–30.

›Der kindere hovescheit‹ (156 Verse).

AUSGABE: Hrsg. von E. Sievers. ZfdA 21 (1877), S. 60–65.

›Das Spiegelbuch‹, eine moralische Lehrdichtung, die Elemente der Jenseitsvisionen und der Totentänze verarbeitet (ca. 730 Verse).

AUSGABE: Hrsg. von M. Rieger. Germania 16 (1871), S. 185–211 (zwei Versionen).

Mehr als 1000 kleinere didaktische Gedichte vom Merkvers bis zur kurzen Reimrede sammelt eine wohl aus Nürnberg stammende Handschrift. Die Texte sind teils Auszüge aus älteren didaktischen Großwerken (Freidanks ›Bescheidenheit‹ – s. Bd. 2 –, dem ›Renner‹ Hugos von Trimberg), teils stammen sie von Nürnberger Autoren (Rosenplüt, Folz), teils sind sie anonym.

AUSGABEN: Kleinere mittelhochdeutsche Erzählungen, Fabeln und Lehrgedichte II. Die Wolfenbüttler Handschrift 2. 4. Aug. 2°. Hrsg. von K. Euling. 1908, Nachdr. 1970 (DTM 14). – Weitere Sammelhandschriften: Kleinere mittelhochdeutsche Erzählungen, Fabeln und Lehrgedichte I. Die Melker Handschrift. Hrsg. von A. Leitzmann. 1904, Nachdr. 1970 (DTM 4). – Kleinere mittelhochdeutsche Erzählungen, Fabeln und Lehrgedichte III. Die Heidelberger Handschrift cod.pal.-germ. 341. Hrsg. von G. Rosenhagen. 1909, Nachdr. 1970 (DTM 17).

Wie die Minneallegorie als Sonderform sich aus der Minnerede entwickelt, so entstehen als Seitenzweige der Reimrede allegorische Lehrdichtungen, unter denen als Großformen die Schachallegorien besondere Bedeutung erlangen. Wie bei der Minneallegorie ist hier die allegorische Form nicht einfach nur bildhaft-didaktische Einkleidung eines abstrakten Tatbestandes. Die Schachallegorie beschreibt die Figuren des Schachspiels als Vertreter der Stände oder einzelner Berufsgruppen, setzt sie in Hierarchien gemäß den Regeln des Spiels und bringt sie in geordnete Interaktion.

Unter den weltlichen Herrschern, dem Königspaar, steht die Herrschafts- und Verwaltungshierarchie von den Richtern (Läufer) bis zu den Landvögten (*rochen* = Türme). Die acht *venden*, die Bauern, repräsentieren (bei Konrad von Ammenhausen) die Bauern, die Bauhandwerker, alle Handwerker, die mit Haut und Haaren zu tun haben (Metzger, Weber, Barbiere und sogar die Schreiber, weil sie auf Pergament schreiben), die Kaufleute und Bankiers, die Heilberufe, die Gastwirte, die Stadthüter und Amtleute und schließlich die Taugenichtse: Spieler und Verschwender, denen eigentümlicherweise auch die Botenläufer zugerechnet werden. Der Klerus mit seiner Hierarchie fehlt gänzlich.

Die Schachallegorie entwirft so weder ein Abbild der bestehenden noch die Utopie einer wünschbaren Gesellschaft. Das Schachspiel hat seine Attraktion vielmehr als literarisches Ordnungsangebot: es vermittelt das Bild einer Gesellschaft, deren einzelne Mitglieder in ihrem Rang und in ihren Beziehungen untereinander festgelegten und überschaubaren Regeln unterliegen. So wird es zum Gegenbild einer Gesellschaft in der »Krise«, deren Verhaltensnormen und Hierarchien an Verbindlichkeit verlieren und unübersichtlich werden, es wird ein Modell der Ordnung in einer unordentlich gewordenen Welt.

Die deutschen Schachallegorien gehen allesamt zurück auf eine lateinische Prosaschrift des italienischen Dominikaners Jacobus de Cessolis (nachgewiesen zwischen 1288 und 1322) ›De moribus hominum et de officiis nobilium super ludo scaccorum‹ (Über das Verhalten der Menschen und über die Pflichten der Adligen anhand des Schachspiels) um 1300, die im 14. Jahrhundert auch in deutsche Prosa übersetzt wurde und in zahlreichen Handschriften überliefert ist.

Wohl der älteste Verfasser einer der fünf gereimten deutschen Schachallegorien ist Heinrich von Beringen. Der Verfasser entstammt einem schwäbischen Adelsgeschlecht, seine Identität ist nicht ganz sicher. Am ehesten in Frage kommt ein Heinrich, der 1323 in Bologna (wo er vielleicht den Schachtraktat des Jacobus kennengelernt hat), bis 1350 als Kanonikus in Augsburg und bis 1354 als Domprobst in Brixen bezeugt ist. Außer seinem rund 11000 Verse langen Schachgedicht sind von ihm eine Reimrede und drei Lieder in der Tradition des Minnesangs überliefert.

Fast den doppelten Umfang hat das 1337 abgeschlossene Schachbuch von Konrad von Ammenhausen. Im Epilog gibt Konrad Auskunft über sich: er ist Leutpriester in Stein am Rhein, aus dessen Umgebung er stammt. Er ist wahrscheinlich bäuerlicher Herkunft und ist als Jugendlicher in ein Kloster eingetreten. Zur Zeit der Abfassung seines Schachbuches ist er noch *niht gar alt.*

Weitere Verfasser von Schachallegorien
Der Pfarrer zu dem Hechte, mitteldeutsch, abgeschlossen 1355, ca. 6700 Verse.

Stephan von Dorpat; er war Schulmeister und widmet sein Werk dem Dorpater Bischof Johannes von Fyffhusen (1357 bis 1375); knapp 6000 Verse. Er ist außerdem einer der zahlreichen deutschen Bearbeiter des ›Cato‹, der Disticha Catonis (s. u.).

Jakob Mennel, ein Konstanzer Jurist, gibt 1507 eine Art Auszug aus dem Schachbuch Konrads von Ammenhausen unter seinem Namen heraus (586 Verse). Mennel ist auch Verfasser einer im gleichen Jahr erschienenen kurzen ›Chronica Habspurgensis‹.

Ausgaben und Literatur: H. J. Kliewer, Die mittelalterliche Schachallegorie und die deutschen Schachzabelbücher in der Nachfolge des Jacobus de Cessolis. 1966. – Th. Cramer, Allegorie und Zeitgeschichte. Thesen zur Begründung des Interesses an der Allegorie im Spätmittelalter. In: Formen und Funktionen der Allegorie. Hrsg. von Walter Haug. 1979, S. 265–276. – Mhd. Übersetzung: Das Schachzabelbuch des Jacobus de Cessolis in mittelhochdeutscher Prosaübersetzung. Hrsg. von G. F. Schmidt. 1961 (Texte des späten Mittelalters 13). – Heinrich von Beringen, Das Schachgedicht. Hrsg. von P. Zimmermann. 1883 (StLV 166). – Die Gedichte Heinrichs von Beringen: ebd., S. 356–362 und CLD Bd. 1, S. 365–370. – F. Vetter, Das Schachzabelbuch Kunrats von Ammenhausen. Nebst den Schachbüchern des Jakob von Cessole und des Jakob Mennel. 1892. – Faksimile: Konrad von Ammenhausen, Das Schachzabelbuch. Die Illustrationen der Stuttgarter Handschrift. In Abbildungen hrsg. und erläutert von C. Bosch-Schairer. 1981 (Litterae 65). – Pfarrer zum Hechte: E. Sievers, Mitteldeutsches Schachbuch. ZfdA 17 (1874), S. 162–389. – W. Schlüter, Meister Stephans Schachbuch. Ein mittelniederdeutsches Gedicht des 14. Jahrhunderts. Verhandlungen der gelehrten Estnischen Gesellschaft zu Dorpat 11 (1883) Text und 14 (1889) Glossar. – Die ›Cato‹-Übersetzung: P. Graffunder, Meister Stephans mittelniederdeutscher Cato. NdJb 23 (1897), S. 1–50, und 25 (1899), S. 1–33.

3. Moralisch-didaktische Großformen

Lehrhafte Großdichtungen gehören, besonders dann, wenn sie in Gestalt gnomischer Sammlungen Material für den Schulunterricht geliefert haben, zu den von der Spätantike bis in die Neuzeit am kontinuierlichsten rezipierten und am breitesten überlieferten Texten überhaupt; sie sind europäisches Gebrauchs-, Bildungs- und Wissensgut. Das 14. Jahrhundert hat einen besonderen Anteil an ihrer Übersetzung und Verbreitung.

Literatur: N. Henkel, Deutsche Übersetzungen lateinischer Schultexte. Ihre Verbreitung und Funktion im Mittelalter und in der frühen Neuzeit. Mit einem Verzeichnis der Texte. 1988.

Das für viele Jahrhunderte beliebteste Werk dieser Art ist der ›Cato‹, ein Lehrgespräch zwischen Vater und Sohn, in dem diesem Verhaltensregeln und Tugendbegriffe vermittelt werden. Das Werk geht zurück auf die wohl im 4. nachchristlichen Jahrhundert entstandenen ›Disticha Catonis‹. Schon Notker III. von St. Gallen hatte eine althochdeutsche Übersetzung davon angefertigt oder geplant. Um die Mitte des 13. Jahrhunderts erscheint eine deutsche Übersetzung, die, in verschiedenen Redaktionen, in zahllosen Handschriften und etwa 30 Frühdrukken überliefert ist. Immer wieder wurden Überarbeitungen, Ergänzungen und Neuübersetzungen vorgenommen, die vom lebendigen Gebrauch des Werkes zeugen. Bis heute konnten diese Texte nicht systematisch erfaßt werden. 1498 erschien eine Neuübersetzung von Sebastian Brant im Druck, die bis 1517 siebzehnmal aufgelegt wurde. Eine weitere Übersetzung stammt von Martin Opitz; noch zu Beginn des 19. Jahrhunderts erschienen drei Neuübersetzungen.

Mitte bis Ende des 15. Jahrhunderts entstand eine ziemlich geistlose Parodie des ›Cato‹ (›Wie der meister sein sun lernet‹), die alle Tugendlehren in ihr Gegenteil verkehrt und damit zum Vorläufer der grobianischen Dichtung des 16. Jahrhunderts wird. Als Autoren kommen die Augsburger Hans Krug oder Hans Kemnater in Frage; neuerdings ist als Titel ›Der liederliche Tag‹ vorgeschlagen worden.

Im Kielwasser des ›Cato‹ schwimmt der ›Facetus‹, er ist häufig mit ersterem zusammen überliefert und gelegentlich ›Supplementum Catonis‹ betitelt. Die lateinische Lehrdichtung ist wohl in der zweiten Hälfte des 12. Jahrhunderts entstanden; manche Handschriften schreiben sie einem nicht greifbaren Magister Johannes zu. Das Werk verzichtet auf die Einkleidung in Gesprächsform, es ist eine lockere (daher auch leicht veränderbare) Reihung von Sentenzen, Merk- und Lehrsätzen. Der lateinische Text ist um die Mitte des 14. Jahrhunderts erstmals ins Deutsche übersetzt worden. Bis zum Ende des 15. Jahrhunderts zählt man etwa 20 verschiedene Bearbeitungen. Auch dieses Werk wurde 1508 von Sebastian Brant *getütschet* in den Druck gegeben.

AUSGABEN, LITERATUR: F. Zarncke, Der deutsche Cato. 1852, Neudruck 1966. – Zwei weitere Fassungen: D. Harmening, Neue Beiträge zum deutschen Cato. ZfdPh 89 (1970), S. 346–368. – ›Cato‹ und ›Facetus‹, lateinische und mittelhochdeutsche Texte: L. Zatočil, Cato a Facetus. 1952. – I. A. Brunner, On Some of the Vernacular Translations of Cato's Distichs. In: FS H. Adolf. 1968, S. 99–125. – ›Facetus‹: Zahlreiche Fassungen bei: C. Schroeder, Der deutsche Facetus. 1911 (Palaestra 86). – Ausgabe der ›Cato‹-Parodie bei Zarncke, Der deutsche Cato, S. 143–153.

Von vornherein als Schulbuch geplant ist der ›Cornutus‹ des Johannes de Garlandia. Der Autor (ca. 1195 – ca. 1271) ist in England geboren, in Oxford ausgebildet und war seit 1232 bis zu seinem Tode – mit Unterbrechungen – Rhetoriklehrer an der Universität Paris. Der ›Cornutus‹ will mit Hilfe von moralischen Sentenzen dem fortgeschrittenen Schüler einen schwierigen lateinischen Wortschatz vermitteln. Mit den deutschen Übersetzungen seit der zweiten Hälfte des 14. Jahrhunderts wird naturgemäß das Werk vom Sprachlehrbuch zu einer moralisch-didaktischen Dichtung.

Ausgabe: E. Habel, Der deutsche Cornutus. 1. Teil: Der Cornutus des Johannes de Garlandia in den deutschen Übersetzungen des Mittelalters. 1908. – Von den offenbar noch weiter verbreiteten deutschen Übersetzungen des ›Poenitentiarius‹ von Johannes de Garlandia fehlen systematische Zusammenstellungen und Ausgaben.

Als didaktisches Kompendium in Form der Exempelsammlung versteht sich eine der beliebtesten Erzählsammlungen des Mittelalters, die ›Gesta Romanorum‹. Die ›Gesta Romanorum‹ sind wahrscheinlich in der ersten Hälfte des 14. Jahrhunderts entstanden, jedenfalls stammt die früheste datierbare Handschrift von 1341. Über den Autor oder Kompilator ist nichts bekannt. Die Überlieferung ist fast unüberschaubar und bis heute nicht vollständig erfaßt. Vom lateinischen Text sind bisher etwa 250 Handschriften und 40 Drucke bis zur Mitte des 16. Jahrhunderts registriert. Fast jeder Überlieferungszeuge repräsentiert auch eine eigene Redaktion. Die Handschriften enthalten bis zu 240 Erzählungen, Oesterleys Ausgabe stellt 283 von ihnen zusammen.

Die ältesten deutschen Übersetzungen sind noch im 14. Jahrhundert entstanden. Auch hier sind die zahlreichen Handschriften und Drucke noch nicht systematisch verzeichnet. Nach Anzahl der überlieferten Geschichten und nach der Art der Bearbeitung lassen sich zwölf verschiedene Redaktionsstränge unterscheiden.

Ausgaben: Lateinische Texte: H. Oesterley, Gesta Romanorum. 1872, Neudruck 1963. – Neuhochdeutsche Übersetzungen: Gesta Romanorum ... übertragen von J. G. Th. Gräße. 1842, 3. Aufl. 1905; neue Bearbeitung von H. E. Rübesamen, 1962 (Nachdruck einer Auswahl hrsg. v. H. Hesse, 1978). – Gesta Romanorum. In vollständiger Übersetzung hrsg. von W. Trillitzsch. 2. Aufl. 1979. – Ausgaben der mittelhochdeutschen Übersetzungen fehlen. Textproben finden sich bei: P. Hommers, Gesta Romanorum deutsch. 1968.

Schon durch den Untertitel geben sich die ›Gesta Romanorum‹ als Exempelsammlung mit belehrender Absicht zu erkennen: *historie ... ex gestis Romanorum ... cum moralisationibus eorundem.* Entsprechend diesem Programm ist jeder Erzählung eine moralisierende oder zuweilen auch allegorische Auslegung beigegeben, die sich der Gemeindeanrede *carissimi* bedient und so in die Tradition der Predigtliteratur stellt. Die Geschichte etwa einer Ehebrecherin, die, von einem Berg gestürzt, auf wunderbare Weise gerettet wird und durch kluge Verteidigung eine zweite Bestrafung vermeidet (Nr. 3), erhält folgende *moralisatio*: die Ehebrecherin ist Adam, der Gott die Treue brach und von dem hohen Berg, das ist das Himmelreich, gestürzt wird. Aber durch die Gnade Gottes, den Opfertod Christi, wird der sündige Mensch vor weiterer Bestrafung bewahrt. Viele Erzählungen weisen schon durch ihre Überschriften (›De perfectione vite‹, ›De cura anime‹) auf ihre belehrende Absicht hin. Dem Titel der Sammlung werden sie oft nur durch die Eingangsformeln gerecht, die die Erzählungen in die Zeit eines römischen Kaisers verweisen. Durch die Verbindung von Erzählung und *moralisatio* befriedigen die ›Gesta Romanorum‹ in idealer Weise das Bedürfnis nach Unterhaltung und Belehrung zugleich. Sie bieten einen unerschöpflichen Motiv- und Stoffundus für die Literatur der folgenden Jahrhunderte.

In der Tradition moralischer oder allegorischer Naturdeutung, wie sie seit dem Frühmittelalter durch Bestiarien und Lapidarien repräsentiert wird, stehen verschiedene, weitverbreitete Exempelsammlungen, die unter dem Sammelnamen ›Lumen animae‹ geführt werden. Die Ordnung der Exempel zu Komplexen unter geistlichen Kategorien wie Christus, Maria, *passio* weist aus, daß sie für den Gebrauch des Predigers bestimmt sind. Die Urfassung des Werks stammt von dem Dominikanergeneral und Erzbischof von Santiago de Compostela, Berengar de Landorra (gest. 1330). Seltsamerweise sind die Sammlung und ihre Nachahmungen in 190 Handschriften ausschließlich im deutschen Bereich überliefert. Die in 73 Kapiteln geordneten Exempla stammen aus oftmals fiktiven griechischen und arabischen naturwissenschaftlichen Quellen. Nach dem Muster Berengars kompilierte 1332 ein Vorauer Kanonikus Gottfried unter dem gleichen Titel eine beinahe doppelt so umfangreiche Exempelsammlung. Bald darauf entstand in Österreich eine weitere Fassung. Sie wurde 1426 vom Pfarrer auf Schloß Tirol, Ulrich Putsch (gest. 1437), ins Deutsche übersetzt. Ähnlich wie bei den ›Gesta Romanorum‹ sind viele Handschriften zugleich verändernde, bearbeitende oder erweiternde Redaktionen. Eine genauere Untersuchung dieser für die Einschätzung des naturwissenschaftlichen Denkens im Spätmittelalter und die Bewahrung bildhaft-allegorischen Denkens sicherlich hochbedeutsamen, noch 1518 gedruckten Exempelsammlungen steht aus.

AUSGABEN fehlen. – LITERATUR: M. A. u. R. H. Rouse, The Texts called ›Lumen anime‹. Archivum Fratrum Praedicatorum 41 (1971), S. 5–113.

Fürstenspiegel, Gesundheitslehre, Physiognomik und allgemeine moralische und lebenspraktische Regeln verbindet die unter der Bezeichnung ›Secreta secretorum‹ verbreitete Sammlung. Der Titel hebt die Bedeutung der vermittelten Lehren: angeblich handelt es sich um geheimes Herrschaftswissen, das Aristoteles dem jungen Alexander mitteilt. 1282 wurden Teile des Werks von der Zisterzienserin Hildegard von Hürnheim in deutsche Prosa übersetzt. Im 14. und 15. Jahrhundert entstanden mindestens zehn verschiedene vollständige oder teilweise Übersetzungen in Vers und Prosa.

AUSGABE und LITERATUR: Hildegart von Hürnheim, Mittelhochdeutsche Prosaübersetzung des ›Secretum secretorum‹. Hrsg. von R. Möller. 1963 (DTM 56). – Aristoteles' Heimlichkeit. Hrsg. von W. Troischer. In: Programm des K. K. Staats-Ober-Gymnasiums zu Wiener-Neustadt, 1882, S. 1–42 [Versübersetzung, 3074 Verse].– W. Troischer, Die altdeutschen Bearbeitungen des Pseudo-Aristotelischen Secreta-Secretorum. In: Programm des K. K. deutschen Neustädter Staats-Ober-Gymnasiums zu Prag, 1884, S. 3–34 [Texte zweier kurzer Versfassungen]. – F. Wurms, Studien zu den deutschen und zu den lateinischen Prosafassungen des pseudo-aristotelischen ›Secretum secretorum‹. Diss. Hamburg 1970.

Es kennzeichnet die bisher behandelten Lehrdichtungen, daß sie bei aller Stoffülle und trotz oft imposanten äußeren Umfangs kleinteilig sind. Das kommt den zeitgenössischen Literaturbedürfnissen in doppelter Weise entgegen: Die Werke sind veränderbar, dem jeweiligen Gebrauchszweck und -zusammenhang leicht anzupassen, und sie sind auch unter schlechten materiellen Bedingungen verbreitbar; man kann sie kürzen, ohne grundsätzlich ihre Struktur zu zerstören (von den ›Gesta Romanorum‹ existieren Fassungen mit 22 und sogar nur sechs Erzählungen).

Eine Ausnahme von dieser Regel macht die einzige von vornherein auf deutsch geschriebene große Lehrdichtung des 14. Jahrhunderts, der ›Renner‹ des Hugo von Trimberg. Der Autor ist um 1230 in Franken geboren. Etwa ab 1260 ist er in Bamberg als *magister* und *rector scolarum,* also als weltlicher Lehrer, an der Stiftsschule von St. Gangolf beschäftigt, wo er nach 1313 gestorben ist. Den ›Renner‹ hat Hugo von Trimberg nach eigener Angabe im Jahre 1300 vollendet, aber bis zu seinem Tode immer wieder Nachträge eingefügt. Das Werk ist mit rund 25 000 Versen die umfangreichste deutsche Lehrdichtung des Mittelalters. Gegliedert ist es in sechs Abschnitte, deren Programm jeweils von einer der sieben Todsünden bestimmt wird (*ira* und *invidia, zorn* und *nit* sind in einem Abschnitt zusammengefaßt). In die moralisch-ethischen Abhandlungen werden Informationen eingeflochten über die *septem artes*, über Astronomie, Naturwissenschaften, Medizin, Psychologie, Erziehungslehre, über zeitgenössische und frühere Dichter, die Bedeutung des Geldes, der Schrift, die Überflüssigkeit von Turnieren. Das Buch wird so zu einer Enzyklopädie zeitgenössischen Wissens, wobei sich nach alter geistlicher Auslegungstradition das Interesse nicht auf die Gegenstände selbst richtet, sondern diese als Medien zur Erkenntnis Gottes begreift. Eingestreute Exempelerzählungen und Anekdotisches machen die Darstellung lebendig.

Ob der ›Renner‹, wie einige lateinische Dichtungen Hugos, für Unterrichtszwecke bestimmt war, ist fraglich; seine Wirkung jedenfalls entfaltet er nicht als Schulbuch. Keine andere mittelhochdeutsche Lehrdichtung hat eine so breite Überlieferung: 72 Handschriften und ein Druck sind bisher registriert (schon Michael de Leone, der den ›Renner‹ in sein Hausbuch aufnahm, hat den Titel im Sinne der Breitenwirkung, des Erfolgs gedeutet). Noch Gottsched, Herder und Lessing haben das Werk gelesen und bewundert.

Fünf weitere Werke aus der Feder Hugos von Trimberg sind überliefert:

›Von der Jugend und dem Alter‹, ein lateinisch-deutsches Mischgedicht in 10 Strophen;

und vier lateinische Werke:

eine ›Laurea Sanctorum‹, ein für den Schulunterricht bestimmtes Merkgedicht über Heiligennamen;

das ›Registrum multorum Auctorum‹, ein literarhistorischer Abriß über 80 (lateinische) Autoren (*antiqui* und *moderni*), nach eigener Angabe ein *instructorium minorum*, ein Lehrbuch für Schulanfänger;

das ›Solsequium‹, eine Sammlung von 166 Predigtexempeln, die in keiner Handschrift vollständig überliefert ist;

eine ›Vita beate virginis Marie rhytmica‹.

Da Hugo im ›Renner‹ äußert, er habe nach dreißig Jahren lateinischen Dichtens das Schreiben auf deutsch fast verlernt (v. 24504 ff.), nimmt man an, daß die lateinischen Werke dem großen Lehrgedicht vorausgehen.

AUSGABEN, LITERATUR: Der Renner von Hugo von Trimberg. Hrsg. von G. Ehrismann. 4 Bde, 1908–1911 (StLV 247, 248, 252, 256); Neudruck mit einem Nachwort und Ergänzungen von G. Schweikle. 1970/71. – ›Von der Jugend und dem Alter‹: ebd. Bd. 4, S. 1–3. – H. Grotefend, Laurea sanctorum, ein lateinischer Cisiojanus des Hugo von Trimberg. Anzeiger f. Kunde d. deutschen Vorzeit 17 (1870), S. 279–284 und S. 301–311. – H. Langosch, Das ›Registrum multorum Auctorum‹ des Hugo von Trimberg. 1942, Neudruck 1969 (Germ. Studien 235). – Das ›Solsequium‹. Hrsg. von E. Seemann. 1914 (Münchner Texte 9) [Ausg. einer Handschrift mit nur 53 Texten]. – B. Bischoff, Das rhythmische Nachwort Hugos von Trimberg zum ›Solsequium‹. ZfdPh 70 (1948/49), S. 36–41 und S. 42–54. – ›Vita beate virginis Marie rhytmica‹: in Langoschs Ausg. des ›Registrum‹, S. 259–268. – E. J. Wölfel, Untersuchungen über Hugo von Trimberg und seinen Renner. ZfdA 28 (1884), S. 145–206. – L. Behrendt, The Ethical Teaching of Hugo von Trimberg. 1926. – F. Vomhof, Der Renner Hugos von Trimberg. Beiträge zum Verständnis der nachhöfischen deutschen Didaktik. Diss. Köln 1959. – H. Rupp, Zum Renner Hugos von Trimberg. In: Typologia litterarum. FS Max Wehrli. 1969, S. 233–259. – D. Schmidtke, Die künstlerische Selbstauffassung Hugos von Trimberg. Wirkendes Wort 24 (1974), S. 325–339.– L. Rosenplenter, Zitat und Autoritätenberufung im Renner Hugos von Trimberg, 1982.

Das Bedürfnis, Literatur einen lehrhaften Zweck zu geben, bemächtigt sich sogar der modernsten Erzählgattung, der Novelle. Der Nürnberger Kartäuser Erhart Groß arbeitet die Schlußnovelle aus Boccaccios ›Decamerone‹ zu einer breit angelegten Exempelerzählung, der ›Grisardis‹ um. Erhart Groß stammt aus einer Nürnberger Patrizierfamilie. 1446 bezeichnet er sich selbst als alten Mann. Zwischen 1432 und 1449 ist er als Mönch der Nürnberger Kartause Marienzelle nachzuweisen, in der er wohl den Großteil seines Lebens verbracht hat.

›Grisardis‹: Der Markgraf Gualteri wird von seinen Untertanen zur Heirat gedrängt. Nach einer langen, mit Exempeln angereicherten Erörterung über Nutzen und Schaden des Ehestandes heiratet er die tugendhafte und schöne Tochter eines Viehhirten, Grisardis (Griseldis bei Boccaccio). Gänzlich unmotiviert stellt Gualteri die gar nicht bezweifelte Treue seiner Frau grausam auf die Probe: ihre Kinder werden ihr weggenommen, vorgeblich, um sie töten zu lassen; nach dreizehnjähriger Ehe wird Grisardis verstoßen. Gualteri zwingt sie, die Scheinhochzeit mit einer neuen Frau auszurichten, und erst als sie auch diese Zumutung widerspruchslos und demütig über sich ergehen läßt, klärt er sie über die »Proben« auf, setzt sie in Ehren wieder als seine Gemahlin ein und gibt ihr die Kinder zurück.

Was bei Boccaccio eine psychologische Studie über männliches und weibliches Verhalten und menschliche Leidensfähigkeit ist, die überdies noch ständig distanzierend kommentiert wird, gerät in der Bearbeitung von Groß zu einem Exempel christlicher Demut und geduldig ertragenen Leidens. Grisardis wird zur weiblichen Figuration Hiobs, die eheliche Treueprobe zur Versuchung, in der sich die widerspruchslose Fügung in Gottes Willen zu bewähren hat.

Weitere Werke von Erhart Groß:

›Nonnenwerk‹, ein Traktat für die Nürnberger Dominikanerinnen; Übersetzung des ›Cordiale‹ des Gerard van Vliederhoven über Endzeit und Jüngstes Gericht; ›Geographischer Traktat‹ über Jerusalem und die heiligen Stätten; ›Super oratione dominica‹, eine Paternoster-Auslegung für die Nürnberger Dominikanerinnen; ›43 Gespräche‹, ein Lehrgespräch über die göttliche und menschliche Natur Christi; ›Laiendoctrinal‹, die Prosaübersetzung eines niederländischen Doctrinals; ›Witwenbuch‹, 78 Gespräche über den Witwenstand, oft durch Exempel illustriert. Das Werk ist für die Patrizierin Margareta Mendel verfaßt, die nach dem Tod ihres Mannes in das Nürnberger Katharinenkloster eingetreten war.

AUSGABEN: Ediert sind bisher nur ›Grisardis‹ und ›Witwenbuch‹: Ph. Strauch, Deutsche Prosanovellen des 15. Jahrhunderts II: Grisardis von Albrecht von Eyb. ZfdA 29(1885), S. 373–443 [irrtümliche Verfasserzuschreibung]. – Ders., Die Grisardis des Erhart Groß. 1931 (ATB 29; nach einer anderen Überlieferung). – Das Witwenbuch des Erhart Groß. Hrsg. von E. Dienes u. I. Lugossy. 2 Teile, 1936–1941. – LITERATUR: K. Laserstein, Der Griseldisstoff in der Weltliteratur. 1926. – U. Hess, Heinrich Steinhöwels ›Griseldis‹. 1975 (MTU 43) [mit der lateinischen Übersetzung Petrarcas]. – E. Nemedi, Das Witwenbuch des Erhart Groß. Német Filológiai Tanulmányok 3 (1968), S. 57–85.

4. Fabeln und Tierdichtung

Eine Sonderform der Exempelerzählung ist die Fabel. Zwar sind schon im 13. Jahrhundert Fabelthemen in *bispeln* oder in Sangsprüchen aufgegriffen worden. Zur ersten hochdeutschen Gesamtbearbeitung des Corpus der Äsopischen Fabeln kommt es jedoch erst in der ersten Hälfte des 14. Jahrhunderts durch den Berner Dominikaner Ulrich Boner, der seine Sammlung von hundert Fabeln nicht ohne Selbstbewußtsein ›Edelstein‹ betitelt, weil sie an Wirkung und Kräften den edlen Steinen vergleichbar sei, die ihre wunderbaren Eigenschaften freilich nur dann entfalten, wenn man unter die Oberfläche sieht. Das wird noch einmal mit der ersten Fabel von der Torheit des Hahns exemplifiziert, der auf dem Mist einen Edelstein findet und ihn fortwirft, weil er lieber ein Korn hätte. So gleicht er dem Toren, der nicht erkennen kann, was *in der bîschaft verborgen guoter sinnen* ist. Die Form der Fabel wählt Boner, weil er sich vom Exempel größere Wirkung verspricht als von der abstrakten Aussage, *mê denne wort ein bîschaft tuot*, damit die alte Feststellung Gregors des Großen variierend: *Exempla plus faciunt quam praecepta.*

Ulrich Boner ist ein Dominikaner, der zwischen 1324 und 1350 in Bern nachgewiesen ist. Sein Buch widmet er Johann von Ringgenberg (s. o.). Boner vereinigt in seinem Werk die beiden maßgebenden lateinischen Fabelsammlungen des Mittelalters und ergänzt sie durch einige Exempel aus anderen Quellen. Der ›Edelstein‹ bleibt für über ein Jahrhundert die wichtigste Fabelsammlung. Als einer der ersten deutschen Texte ist er 1461 in Bamberg in einer prächtig illustrierten Ausgabe gedruckt worden (2. Aufl. 1463/64). Das Wolfenbütteler Exemplar dieses Drucks war für Lessing, der Boner eine eingehende Abhandlung gewidmet hat, ein wesentlicher Anstoß für die Beschäftigung mit der Fabel.

Der Untertitel jeder Fabel gibt jeweils den abstrakten Begriff an, der behandelt wird: *von vrîheit und betwungnisse* (25), *von übermuote* (46) usf. Jede Fabel schließt mit einer Auslegung, die sich oft sprichwortartiger Formeln bedient: *selb tet, selb hab, der schade si din* (24) *ân vorcht ein kleine bezzer ist denn vil mit vorchte, wizze krist* (25). Wie schon in der ersten Fabel vom Hahn und vom Edelstein wird Dichtung selbst zum Gegenstand der Reflexion. Fabel 38 ›Von einem wolfe der vant ein bilde‹ enthält eine hochinteressante und nicht leicht zu deutende Theorie des künstlerischen Abbildens.

Möglicherweise früher verfaßt als Boners ›Edelstein‹ ist der ›Wolfenbüttler Aesop‹ des Geistlichen Gerhard von Minden mit 125 Fabeln. Eine Bearbeitung von 1402, der ›Magdeburger Aesop‹, gibt zwar an, das Werk sei 1370 entstanden, doch haben seine Herausgeber dafür plädiert, es müsse sich um eine Verschreibung für 1270 handeln. Ob diese Konjektur wirklich haltbar ist, bedürfte der erneuten Untersuchung.

Die maßgebliche Äsop-Übersetzung für das 16. Jahrhundert stammt von Heinrich Steinhöwel (s. u. S. 364).

Die mittelalterlichen Äsop-Bearbeitungen gehen auf das sogenannte Romulus-Corpus zurück, eine spätantike Sammlung Äsopischer Fabeln in Prosa. In einer anderen Tradition stehen die Fabeln, die der Bischof Cyrillus in seinem ›Speculum sapientiae‹ gesammelt hat. Das Fabelgeschehen emanzipiert sich hier weniger zu eigenständiger Handlung, es dient eher zur illustrativen Verbildlichung eines übergeordneten, abstrakten Gedankens. Eine pseudo-aristotelische Einleitung unterstreicht diese Anlage. Die Cyrillus-Fabeln sind um 1410 von Ulrich von Pottenstein (s. u. S. 191) ins Deutsche übersetzt und in ihrer Bearbeitung der Struktur der Äsopischen Fabeln angenähert worden. Das Werk ist die erste deutsche Fabelsammlung in Prosa.

Eine altindische Fabelsammlung, das ›Pantschatantra‹ wurde aus dem Lateinischen von Antonius von Pforr (gest. 1483) im Auftrage des Grafen Eberhard von Württemberg als ›Buch der weißhait der alten weisen‹ übersetzt. Das Werk war ursprünglich als Fürstenspiegel gedacht, der am Beispiel der Tiere ethisch und politisch korrektes Handeln vermitteln sollte. Schon in der lateinischen Übersetzung des konvertierten Juden Johannes von Capua (zwischen 1263 und 1278) wird es zu einem allgemeinen ›Directorium vitae humanae‹. Die Geschichten haben oft keine ausdrückliche *moralisatio,* vielmehr soll der Leser im Wissen, daß das Buch *zwo verstendnus* hat, selbst versuchen, in das *inner verborgen teil* einzudringen.

AUSGABEN, LITERATUR: H. R. Jauss, Untersuchungen zur mittelalterlichen Tierdichtung. 1959. – E. Leibfried, Fabel. 4. Aufl. 1982. – K. Grubmüller, Meister Esopus. Untersuchungen zu Geschichte und Funktion der Fabel im Mittelalter. 1977. – G. Dicke u. K. Grubmüller. Die Fabeln des Mittelalters und der frühen Neuzeit. Ein Katalog der deutschen Versionen und ihrer lateinischen Entsprechungen. 1987. – Corpus fabularum aesopicarum. Hrsg. von A. Hausrath. Bd. 1, 4. Aufl. 1970; Bd. 2, 2. Aufl. 1959. – Übersetzung: Aesopische Fabeln. Zusammengestellt und ins Deutsche übertragen von A. Hausrath. 1944. – Aviani Fabulae. Recensuit A. Guaglianone. 1958. – Avianus. Œuvres éditées et traduites par L. Herrmann, 1968 (Collection Latomus 96; lat.-frz.). – Der lateinische Aesop des Romulus und die Prosafassungen des Phaedrus. Kritischer Text mit Kommentar und einleitenden Untersuchungen von G. Thiele. 1910. – Cyrillische Fabeln: Die beiden ältesten lateinischen Fabelbücher des Mittelalters. Hrsg.

von J. G. Th. Grässe. 1880 (StLV 148). – Sammelausgaben: Kleinere mittelhochdeutsche Erzählungen, Fabeln und Lehrgedichte: s. o. S. 105. – Texte zur Geschichte der altdeutschen Tierfabel. In Auswahl hrsg. von A. Schirokauer. 1952 (Altdt. Übungstexte 13). – Übersetzungen: Deutsche Tierfabeln vom 12. bis zum 16. Jahrhundert. Ausgewählt, in heutige Sprachform übertragen, eingeleitet und erläutert von R. Schaeffer. 1960. – Der Fuchs und die Trauben. Deutsche Tierdichtung des Mittelalters. Hrsg. und übertragen von W. Spiewok. 1973.

Einzelne Autoren: Der Edelstein von Ulrich Boner. Hrsg. von F. Pfeiffer. 1844 (Dichtungen des Mittelalters 4). – Ulrich Boner, Der Edelstein. Faksimile der ersten Druckausgabe Bamberg 1461. 16. I Eth. 2° der Herzog-August-Bibliothek Wolfenbüttel. Hrsg. von D. Fouquet. 1972. – R. H. Blaser, Ulrich Boner, un fabuliste suisse du XIVe siècle. 1949. – Die Fabeln Gerhards von Minden in mittelniederdeutscher Sprache. Zum ersten Mal hrsg. von A. Leitzmann. 1898. – ›Magdeburger Aesop‹: W. Seelmann, Gerhard von Minden. 1878 (Niederdt. Denkmäler 2). – L. Wolff, Zum zeitlichen Ansatz der Äsopdichtung Gerhards von Minden. NdJb 97 (1974), S. 113–115. – Steinhöwels Äsop. Hrsg. von H. Österley. 1873 (StLV 117). – Esopus. Übersetzt von H. Steinhöwel. Gedruckt von Günther Zainer in Augsburg um 1477/78, 1921 (Faksimile). – Ulrich von Pottenstein: eine Gesamtausgabe der Fabeln fehlt. – Teiledition: G. Scharf, Proben eines kritischen Textes der deutschen Cyrillusfabeln des Ulrich von Pottenstein. ZfdPh 59 (1935), S. 147–188. – U. Bodemann, Die Cyrillusfabeln und ihre deutsche Übersetzung durch Ulrich von Pottenstein. Untersuchungen und Editionsprobe. 1988 (MTU 93). – Antonius von Pforr, Das Buch der Beispiele der alten Weisen. Hrsg. von F. Geissler. Teil 1: Text [nach der Straßburger Handschrift]. 1964; Teil 2: Lesarten. 1974 (Dt.Akad.d.Wiss. zu Berlin, Inst. f. Orientforschung, Veröff. 61).

Der durch die Vermittlung Goethes lebendig gebliebene niederdeutsche ›Reynke de Vos‹ (›Reineke Fuchs‹) weitet die Tierfabel zu einer 6845 Verse langen und mit ausführlichen Prosaglossen versehenen Erzählung aus. Die Tradition der Dichtung läßt sich bis zum lateinischen ›Ysengrimus‹ von ca. 1150 zurückverfolgen. ›Reynke de Vos‹ ist in Lübeck wahrscheinlich von einem Franziskaner verfaßt und dort 1498 in der »Mohnkopf«-Offizin gedruckt worden. (Die Druckwerkstatt, deren Betreiber nicht bekannt ist, ist nach dem von ihr verwendeten Wappen, drei Mohnköpfen, benannt.) Vorlage ist die niederländische Versbearbeitung ›De Historie van Reynaert de Vos‹ (wohl in einer Fassung von Hinrek van Alckmer, die nur fragmentarisch in einem Antwerpener Druck von ca.

1487 erhalten ist). Sie hat mit ihren *moralisatien ende corte wtlegghinghen* auch das Vorbild für die Glossen im ›Reynke de Vos‹ geliefert.

1. Buch: Löwe Nobel, der König der Tiere, hat zu einem Hoftag geladen. Reynke der Fuchs weigert sich zu erscheinen, aus Furcht, für seine Verbrechen bestraft zu werden. Die Tiere erheben Anklage gegen den Fuchs: der Wolf Ysengrym wegen Schändung von Frau und Kindern, der Hund Wackerlos wegen des Diebstahls einer Wurst, der friedliche Hase Lampe wegen eines Mordanschlags. Während der Verhandlung erscheint der Hahn Hennynck, der auf einer Bahre seine von Reynke heimtückisch getötete Henne Krassevoet mitführt. Sie wird in feierlichem Staatsbegräbnis bestattet. Der tölpelhafte und großsprecherische Bär Brun wird mit einer Vorladung zur Burg des Fuchses, Malepertus (»Höhle des Bösen«), entsandt, von diesem aber in eine Falle gelockt. Ebenso ergeht es dem Kater Hintze mit der zweiten Vorladung. Erst die Mission des Dachses Grymbart, eines Parteigängers des Fuchses, hat Erfolg. Reynke begleitet ihn zum Hof. Unterwegs legt er eine große Beichte ab und empfängt die Absolution des Dachses. Das Hofgericht verurteilt den Fuchs zum Tode durch den Strang, woraufhin Reynkes Sippschaft unter Protest den Hof verläßt. Erst jetzt erhält der Fuchs Gelegenheit zur Verteidigung. Er versteht so geschickt, die Gier des Königs nach einem Schatz zu wecken, der angeblich bei ihm verborgen ist, daß er seine Begnadigung erhält.

Das 2. Buch wiederholt die Vorgänge des ersten. Eine neue Hofversammlung erhebt neue Anklagen. Die zweite Beichte des Fuchses (vv. 3697–4094) gerät zu einer Generalabrechnung mit den Mächtigen der Welt, in der das Recht auf die angestammte Lebensweise, hier also das Recht auf Beute, gegen gesellschaftliche Konventionen und Satzungen verteidigt wird.

3. Buch: Vor der Hofversammlung gelingt es dem Fuchs, in seiner Verteidigungsrede durch seine überlegene Rhetorik die Verhältnisse in ihr Gegenteil zu verkehren. Die geschädigten Tiere werden desavouiert, das unschuldige Kaninchen zum gefährlichen Aggressor. Auf seinen Reinigungseid hin wird der Fuchs freigesprochen.

Das 4. Buch schildert den völligen Triumph des Fuchses. Den Gerichtskampf mit Ysengrym gewinnt er durch List. Er wird Kanzler des Königs, *sus is nu Reynke hoch gheeret.*

Die Unterschrift zum zweiten Holzschnitt formuliert das Programm der Dichtung: *O vulpis adulacio. nu in der werlde blycket. Sic hominum est racio. ghelik dem vosse gheschicket.* (O Kriecherei des Fuchses! Seht euch in der Welt um: der Geist des Menschen ist von gleicher Beschaffenheit wie der Fuchs). Das Epos reiht sich damit ein in die Dichtungen, deren Anspruch umfassende Welt- und Menschheitsbeschreibung ist (Wittenwilers ›Ring‹, ›Narrenschiff‹). Die Einteilung in vier Bücher deutet der zweite Teil der Vorrede als zeichenhaft für die vier Stände: die *arbeyders* wie *buren* und *amptlude* (Handwerker), die *borgerye* (Bürger) und *koplude* (Kaufleute) – einer der ersten deutschen Belege, daß Bürger als eigener Stand auftreten –, die *gheysteliken* und *de vorsten vnde heren der werlt.* Anders als in den älteren Fuchsdichtungen (vgl. Heinrich der Glichesaere, s. Bd. 2) ist hier nicht mehr nur eine gesellschaftliche Gruppe Ziel der Satire, sondern die Menschheit schlechthin. Wenn die Dichtung damit an unmittelbar aggressiver Schärfe verliert, ist sie doch, entgegen Goethes Meinung, keineswegs »heiter« geworden. Vielmehr ist sie bestimmt von tiefer Skepsis gegenüber der Verbindlichkeit menschlicher Ordnungen. Die ambivalente Bewertung des Fuchses macht es deutlich: als Verbrecher, der die gesellschaftliche Ordnung stört, ist er gleichwohl nicht der exemplarisch Böse. Er als einziger ist in der Lage, die Gesellschaft als ganze zu analysieren und zu durchschauen. Sein Aufstieg zum Kanzler ist gleichermaßen signifikant für die Beschaffenheit einer Welt, die Lüge und Betrug mit den höchsten Machtpositionen honoriert, wie für die Würde des Intellekts, den Adel des Geistes, der zur Herrschaft qualifiziert. Erst mit dieser Uneindeutigkeit hat der Autor der Tierdichtung eine neue Sinndimension gegeben: Die Tiergestalt ist keine bloße Verkleidung mehr, vielmehr spiegelt das anthropomorphe Handeln und Denken der Tiere die unauflösliche Ambivalenz zwischen Menschlichem und Unmenschlichem, heiler und verkehrter Welt, Ordnung und Unordnung, Gut und Böse, Ernst und Komik wider, in der allein der Zustand der Welt noch angemessen zu beschreiben ist.

AUSGABEN: Reynaerts Historie; Reynke de Vos. Gegenüberstellung einer Auswahl aus den niederländischen Fassungen und des niederdeutschen Textes von 1498. Hrsg. von J. Goossens. 1983. – Faksimile: Reynke de Vos. Lübeck 1498. Nachdruck des einzig vollständig erhaltenen Exemplars in der Herzog August Bibliothek Wolfenbüttel. Hrsg. von T. Sodmann. 1976. – Faksimile eines Drucks der hochdeutschen Fassung: ›Von Reinicken Fuchs‹, Frankfurt 1544. Hrsg. von H. Menke. 1981. – Übersetzung: Reineke Fuchs. Das niederdeutsche Epos ›Reynke de Vos‹ von 1498 mit 40 Holzschnitten des Originals. Übertragung und Nachwort von K. Langosch. 1975 (Reclam 8768–71). – LITERATUR: W. Lenk, ›Reinke de Vos‹. Die Demaskierung der Feudalität und die Chancen der Listigen: In: Grundpositionen der deutschen Literatur im 16. Jahrhundert. Hrsg. von I. Spriewald. 2. Aufl. 1976, S. 149–175. – W. Röcke, Fuchsjagd und höfischer Friede. Das Niederdeutsche Tierepos ›Reynke de Vos‹ von 1498. In: Adelsherrschaft und Literatur. Beitr. z. älteren deutschen Literaturgeschichte 6 (1980), S. 287–338. – Reynaert, Reynard, Reynke. Studien zu einem mittelalterlichen Tierepos. Hrsg. von J. Goossens und T. Sodmann. 1980 [enthält eine Bibliographie 1800–1977]. – H. Kokott, Reynke de Vos. 1981.

5. Wissenschafts- und Sachliteratur

Die Darstellung wissenschaftlicher Sachverhalte ist bis zum 14. Jahrhundert – abgesehen von Rechtstexten – fast ausschließlich in der Wissenschaftssprache, dem Lateinischen, erfolgt. Wenn von jetzt an solche Schriften ins Deutsche übersetzt oder von vornherein in dieser Sprache geschrieben werden, so ist dies eine Reaktion auf die zunehmende kulturelle Bedeutung laikaler Schichten. Konrad von Megenberg konzipiert seine deutschen Werke ausdrücklich als Information für Laien, denen sonst nur *mär von türssen und von reken,* Riesen- und Heldengeschichten, zur Verfügung stehen.

Gegenläufig zu solcher Vulgarisierung von Wissenschaft ist ihre Akademisierung, ihre endgültige Verlagerung weg von den geistlichen Institutionen an die Universitäten, deren Sprache nach wie vor das Lateinische ist. Die ins Deutsche übersetzten oder auf deutsch geschriebenen Wissenschaftstexte werden so zu einem verbreiteten Medium subakademischer Information, deren Sinn und Gebrauch in den meisten Fällen noch zu klären wäre. Generell sind sie sekundäre und daher oft verspätete, zum Teil antiquierte Reflexe akademisch-wissenschaftlicher Erkenntnis. Der Übergang zu den vielfältigen Formen der Sachliteratur ist fließend. Ist schon bei lateinischen Texten kaum eine genaue und sinnvolle Grenze etwa zwischen der wissenschaftlich-astronomischen Darstellung, der astrologischen Spekulation und der phantasievollen Prognostik zu ziehen (und erweist sich damit die heute übliche Zuordnung zu den »freien« und den »angewandten« *artes* als historisch fragwürdig), so ist dies bei den deutschen Texten vollends unmöglich.

Sammelausgabe: Deutsche Fachprosa des Mittelalters. Ausgewählte Texte. Hrsg., erläutert und mit einem Glossar versehen von Wolfram Schmitt. 1972. – Literatur: G. Eis, Mittelalterliche Fachliteratur.

2. Aufl. 1967. – P. Assion, Altdeutsche Fachliteratur. 1973. – A. Piltz, Die gelehrte Welt des Mittelalters. 1982. – L. Thorndike, A History of Magic and Experimental Science. 8 Bde 1923–1958. [Standardwerk für die Geschichte der angewandten Naturwissenschaften]. – F. Klemm, Der Beitrag des Mittelalters zur Entwicklung der abendländischen Technik. 1961. – J. Gimpel, Die industrielle Revolution des Mittelalters. 1980. – Über die Mengen unedierten naturwissenschaftlichen Schrifttums des Mittelalters informiert: L. Thorndike u. P. Kibre, A Catalogue of Incipits of Medieval Scientific Writings in Latin. 1963. – E. Grant, Das physikalische Weltbild des Mittelalters. 1980. – Ders., A Source Book in Medieval Science. 1974. – Science in the Middle Ages. Hrsg. von D. C. Lindberg. 1978. – J. B. J. Delambre, Histoire de l'astronomie au Moyen Age. 1819, Nachdruck 1966. – A. C. Crombie, Von Augustinus bis Galilei. 1977. – Natura loquax. Naturkunde und allegorische Naturdeutung vom Mittelalter bis zur frühen Neuzeit. Hrsg. von W. Harms u. H. Reinitzer. 1981.

Naturwissenschaftlich-mathematisches Schrifttum

Das Interesse an der Übersetzung lateinischer naturwissenschaftlicher Schriften reicht bis ins 12. Jahrhundert zurück. Etwa 1195 wurde im Auftrag Heinrichs des Löwen ein Buch aufgeschrieben, das sich selbst den Titel ›Lucidarius‹ (Erleuchter) gibt. Seine Hauptquelle ist das ›Elucidarium‹ des Honorius Augustodunensis (erstes Viertel des 12. Jahrhunderts). Das Werk ist als Darstellung von Schöpfung und Erlösung heilsgeschichtliche und kosmologische Beschreibung in einem. Der Bericht von der Erschaffung der Welt, des Himmelsgewölbes mit Sternen und Planeten, der vier Elemente, der Erdteile verbindet religiöse mit naturkundlicher Unterweisung, und ebendies hat dem Werk seine unvergleichliche Popularität in immer neuen Bearbeitungen bis weit in die Neuzeit hinein gesichert. Die Zahl der Handschriften (und Redaktionen) vom 13. bis 15. Jahrhundert ist nicht systematisch untersucht; zwischen 1479 und 1806 sind 82 Druckauflagen bzw. -fassungen gezählt worden. Noch 1867 fand es Simrock, der das Buch in seine ›Volksbücher‹-Ausgabe aufnahm, erforderlich, im Vorwort vor der Verbreitung zu warnen, damit das Volk nicht alle die darin versammelten horrenden Irrtümer glaube.

Ausgaben, Literatur: Der ›Lucidarius‹ des 12. Jahrhunderts: Lucidarius aus der Berliner Handschrift. Hrsg. von F. Heidlauf, 1915 (DTM 28). – Faksimile des Drucks von Johannes Bämler, Augsburg 1471: Apollonius von Tyrus. Griseldis. Lucidarius. Mit einem Nachwort von H. Melzer u. H. D. Kreuder. 1975 (Deutsche Volksbücher in

Faksimiledrucken A 2). – Y. Lefèvre, l'Elucidarium et les Lucidaires. 1954 [frz. Tradition]. – Ausg. der Bearbeitung von Jacob Cammerlander, 1535 in: Volksbücher von Weltweite und Abenteuerlust. Bearb. von F. Podleiszek. 1936, Neudruck 1964, S. 99–149 (DLE, Reihe Volks- und Schwankbücher Bd. 2).

Die großen naturwissenschaftlichen Enzyklopädien und Untersuchungen des 13. Jahrhunderts wurden im 14. ganz oder teilweise ins Deutsche übersetzt. Von Albertus Magnus' (vor 1200–1280) Zoologie ›De animalibus‹ interessierten vornehmlich die jagd- und tierheilkundlichen Bücher 23 und 27 bis 33. Sie wurden 1404 von dem Juristen Werner Ernesti im Auftrag Ludwigs III. von der Pfalz und 1440 von dem Arzt Heinrich Münsinger übertragen.

TEXT: K. Lindner, Von Falken, Hunden und Pferden. Deutsche Albertus-Magnus-Übersetzungen aus der 1. Hälfte des 15. Jahrhunderts. 2 Bde 1962 (Quellen und Studien zur Geschichte der Jagd 7 u. 8).

Der qualitativ und quantitativ bedeutendste deutsche Wissenschaftsautor des 14. Jahrhunderts ist Konrad von Megenberg. 1309 als Sohn eines unbegüterten Ministerialen in Mäbenberg bei Nürnberg geboren, kam er mit sieben Jahren als Schüler nach Erfurt, wo er sich seinen Lebensunterhalt durch Nachhilfestunden verdiente. Eine Lektorenstelle ermöglichte ihm ein Studium in Paris, wo er den Magistergrad erwarb und von 1334 bis 1342 lehrte. Wegen akademischer Zerwürfnisse verließ er Paris und übernahm das Rektoramt an der Stephansschule in Wien, aus der 1365 die Wiener Universität hervorging. Möglicherweise hat er seine deutschen Werke für Mitglieder des Wiener Hofs oder auch der Stephansschule verfaßt. 1348 ging er nach Regensburg, wo er 1359 Dompfarrer wurde. Bereits vier Jahre später gab er dieses Amt wieder auf und lebte bis zu seinem Tode am 14. 4. 1374 als Domherr in Regensburg. Im dortigen Niedermünster ist er begraben.

Konrad von Megenberg ist der Verfasser von 22 lateinischen Schriften hagiographischen, theologischen, moralphilosophischen und naturwissenschaftlichen Inhalts. Seine drei deutschen Schriften haben naturwissenschaftliche Themen.

›Causa terre motus‹ ist eine kurze Abhandlung über den Zusammenhang von Erdbeben und der Pestepidemie von 1349.

Mit seiner ›Deutschen Sphära‹ übersetzt Konrad von Megenberg das Standard-Lehrbuch der Astronomie im Mittelalter, die

›Sphaera mundi‹ des Johannes von Sacrobosco (ca. 1200–1256). 1516 wurde das Werk von Konrad Heinfogel neu bearbeitet und gedruckt.

Das ›Buch der Natur‹ (›Buch von den natürlichen Dingen‹), von 1348/50 ist das »erste systematisierte deutschsprachige Kompendium des Wissens über die geschaffene Natur«. Seine Hauptquelle ist das später Albertus Magnus zugeschriebene ›Liber de natura rerum‹ des Thomas von Cantimpré. Auch dieses Buch hat eine langanhaltende Wirkung, 1536 und 1540 wird es als ›Naturbuch‹ in Frankfurt gedruckt.

Ausgaben: ›Causa terre motus‹: Eine Ausgabe fehlt. – Auszug in: G. Leidinger, Andreas von Regensburg. Sämtliche Werke, 1903, S. LXV–LXVII. – F. B. Brévart, Konrad von Megenberg. Die Deutsche Sphaera. 1980 (ATB 90). – Ders., Konrad Heinfogel, Sphaera materialis. Text und Kommentar. 1981. – F. Pfeiffer, Das Buch der Natur von Konrad von Megenberg. Die erste Naturgeschichte in deutscher Sprache. 1861, Nachdr. 1962 [erste Fassung]. – Teilausgabe der überarbeiteten zweiten Fassung: G. Steer, Konrad von Megenberg, Von der sel. 1966 (Kleine Prosadenkmäler des Mittelalters 2). – Literatur: Eine Gesamtuntersuchung des ›Buchs der Natur‹ fehlt. – G. Steer, Zur Nachwirkung des ›Buchs der Natur‹ Konrads von Megenberg im 16. Jahrhundert. In: Volkskultur und Geschichte. FS J. Dünniger. 1970, S. 570–584. – T.-M. Nischik, Das volkssprachliche Naturbuch im späten Mittelalter. Sachkunde und Dinginterpretation bei Jacob von Maerlant und Konrad von Megenberg. 1986.

J. B. J. Delambre, Histoire de l'astronomie au Moyen Age. 1819, Nachdr. 1966. – L. Thorndike, The Sphere of Sacrobosco and its Commentators. 1949. – H. Unterreitmeier. Deutsche Astronomie/Astrologie im Spätmittelalter. Archiv für Kulturgeschichte 65 (1983), S. 21–41.

In seinem Denken steht Konrad von Megenberg zwischen der alten allegorischen Naturbetrachtung und modernen naturwissenschaftlichen Anschauungen. Noch bestimmen nicht die empirische Beobachtung und die daraus zu ziehende analytische Schlußfolgerung seine Argumentation. Ziel der Naturerkenntnis ist nach wie vor die Gotteserkenntnis, zumindest in der Theorie und nach Aussage der Einleitung; der jeweilige Tatbestand wird tropologisch ausgedeutet. Andererseits verfährt Konrad ausgesprochen kritisch: dort, wo ihm Mitteilungen seiner Quelle unwahrscheinlich oder unglaubwürdig vorkommen, korrigiert er sie durch eigene Beobachtungen oder andere Quellen, oder er meldet zumindest Zweifel an. Seine moralischen Ausdeutungen geraten häufig zum bloßen Vergleich. Die beschriebenen Sachverhalte gewinnen damit an Eigenbedeutung und sind nicht mehr nur Träger eines geistlichen Sinns.

Die Wirkungsgeschichte der deutschen naturwissenschaftlichen Schriften Konrads von Megenberg bedarf noch der Untersuchung. Sie ergäbe vermutlich ein erstaunliches Bild der Ungleichzeitigkeit von Laienbildung und Wissenschaft. Schon Konrad von Megenberg selbst vermittelt mit seinen Übersetzungen über hundert Jahre altes Wissen. Es bleibt für das allgemeine Bewußtsein der weniger Gebildeten bis ins 18. Jahrhundert in weit stärkerem Maße bestimmend als die astronomisch-naturwissenschaftlichen Entdeckungen des 16. und 17. Jahrhunderts. Diese Ungleichzeitigkeit beschränkt sich allerdings nicht auf deutschsprachige Werke: Die ›Sphaera mundi‹ des Johannes de Sacrobosco war bis ins 17. Jahrhundert hinein an vielen Universitäten Unterrichtsgegenstand – 70 Jahre nach Erscheinen von ›De revolutionibus orbium coelestium‹ des Nikolaus Kopernikus.

Einige weitere Übersetzungen

Der Zisterzienser Michael Baumann verfaßte 1478 für Johann III. von Wertheim ein ›Buch von der natur vnd eygenschafft der dingk‹. Die Hauptquellen der Enzyklopädie sind die ersten 18 Kapitel des ›Liber de natura rerum‹ des Thomas von Cantimpré und die Bücher 1 und 2 von ›De proprietatibus rerum‹ des Bartholomäus Anglicus.

Ebenfalls das ›Liber de natura rerum‹ (in der zweiten Redaktion) übersetzte 1472 der Waldseer Stadtschreiber und Schulrektor Peter Königschlacher.

Ganz auf die Bedürfnisse städtisch-kaufmännischen Lebens bezogen ist die deutsche Bearbeitung des ›Algorismus Ratisbonensis‹, eines Lehrbuchs der Arithmetik, durch den Regensburger Benediktiner Friedrich Gerhart (ca. 1450). Die ›Practica‹, den Textaufgabenteil, vermehrt er durch eine Fülle von Beispielen aus dem kaufmännisch-kalkulatorischen Rechnen, die eine kulturhistorische Auswertung verdienten.

Ausgaben: Thomas Cantimpratensis Liber de natura rerum. Teil I: Text. 1973. Für die Übersetzungen von Baumann und Königschlacher fehlen Ausgaben. Friedrich Gerhart: K. Vogel, Die Practica des Algorismus Ratisbonensis. 1954. – Literatur: S. Günther, Geschichte des mathematischen Unterrichts im deutschen Mittelalter bis zum Jahre 1525. 1887, Nachdr. 1969. – K. Menninger, Zahlwort und Ziffer. Eine Kulturgeschichte der Zahl. 2 Bde, 2. Aufl. 1958.

Musiktheorie

Als Zahlen-Wissenschaft und Bestandteil des Quadriviums gehört die Musiktheorie eng mit den mathematischen Wissenschaften zusammen. Angesichts ihrer Affinität zur künstlerischen Praxis ist es erstaunlich, daß es im ganzen Mittelalter keine nennenswerte musiktheoretische Abhandlung auf deutsch gibt. Die Musiktheorie hat jedoch traditionell streng auf ihre Trennung von der musikalischen Ausübung geachtet: *Musicorum et cantorum magna est distancia; / Isti dicunt, illi sciunt, quae componit Musica. / Nam qui facit, quod non sapit, diffinitur bestia* (Zwischen Musiktheoretikern und Musikern [Sängern] ist ein großer Abstand; diese tragen vor, jene aber wissen, was die Musik enthält. Denn wer etwas tut, was er nicht versteht, wird als Vieh bezeichnet. Guido von Arezzo, ca. 995 bis 1050, Regulae rhytmicae). Möglicherweise ist es deshalb gerade die Absicht solcher Darstellungen, die Musik vor Vulgarisierung zu bewahren, jedenfalls gibt dies Engelbert von Admont (ca. 1250–1331) als Grund für die Abfassung seiner Schrift ›De musica‹ an. Die Vermeidung des Deutschen wäre dann bewußte Strategie. Die erste größere musiktheoretische Darstellung auf deutsch ist die 1511 in Basel gedruckte ›Musica getutscht‹ von Sebastian Virdung (nachweisbar seit 1495). Sie ist keine eigentliche Musiktheorie als Kompositionslehre, sondern eher ein Handbuch der Instrumentenkunde, das als Teil einer umfassenden musikologischen Darstellung gedacht war.

Ausgaben: Die Abhandlung Engelberts von Admont ist zugänglich nur in der alten Ausgabe von M. Gerbert, Scriptores de musica, 3 Bde, 1784; hier: Bd. 2, S. 287–369, Nachdr. 1963. – Virdung: eine Ausgabe fehlt. – Literatur: The New Oxford History of Music. Bd. 2: Early Medieval Music up to 1300. 1954, 7. Aufl. 1978. Bd. 3: Ars Nova and the Renaissance 1300–1540. 1960, 5. Aufl. 1977. – H. J. Moser, Geschichte der deutschen Musik. Bd. 1–3, Neudr. 1968. – Répertoire International des Sources Musicales (RISM). The Theory of Music from the Carolingian Era up to 1400. 1961 ff. – R. Denk, ›Musica getutscht‹. Deutsche Fachprosa des Spätmittelalters im Bereich der Musik. 1981.

Alchemie

Als Wissenschaft von der Konjunktion der Elemente steht die Alchemie auf der Grenze zwischen Naturwissenschaft, Kosmologie und Schöpfungstheologie. Sie hält als Lehre für wenige Eingeweihte bis weit in die Neuzeit zäh am Latein fest; deutschsprachige Abhandlungen finden sich spät und selten.

Eine der ältesten, die ›Alchymey teuczsch‹ von 1426, die aus einem Alchemistenlabor in der Nähe von Passau hervorgegangen ist, bedient sich einer Geheimschrift, um auf diese Weise die Exklusivität zu sichern. Einer der wichtigsten Verfasser alchemistischer Schriften im 14. Jahrhundert, Johannes von Teschen (›Probleuma‹, ›Enigmata‹, ›Lumen secretorum‹) wird offenbar erst im 16. Jahrhundert auf deutsch rezipiert.

LITERATUR: W. Wattenbach, Alchimey teuczsch. Anzeiger für die Kunde der deutschen Vorzeit 16 (1869), S. 264f. – G. Eis, Von der Rede und dem Schweigen der Alchemisten. DVJS 25 (1951), S. 415–435. – Johannes von Teschen: Ausgaben seiner Schriften und ihrer deutschen Übersetzungen fehlen. – Thorndyke, s. o. S. 122. – Marcellin Berthelot, La chimie au moyen age. 3 Bde, 1893. – J. Fabricius, Alchemy. The Medieval Alchemists and their Royal Art. 1976.

Zeitrechnung, Kalender

Verständlicherweise fanden Informationsschriften zur kalendarischen Berechnung verbreitetes Interesse. Auf einer Fassung des ›Secretum secretorum‹ (s. d.) beruht die um 1300 entstandene ›Mainauer Naturlehre‹, eine Einführung in die Grundlagen der Zeitberechnung, die durch Illustrationen anschaulich gemacht wird.

Kalendergedichte, gereimte Anleitungen zur Datumsberechnung und Bestimmung der Heiligenfeste in der Form immerwährender Kalender heißen nach der wohl im 12. Jahrhundert entstandenen Urform ›Cisioianus‹. An der Zahl der Silben, beginnend mit *ci-* (aus *circumcisio*, dem 1. Januar) ist das jeweilige Datum abzulesen. Ein Silben-Cisioianus hat also 365 Silben. Deutschsprachige Kalendergedichte gibt es seit dem 14. Jahrhundert zu Hunderten. Ein mit 556 Versen besonders umfangreiches, das ›heilig nambuoch‹, verfaßte 1435 Konrad Dangkrotzheim (s. d.). Seit dem 15. Jahrhundert werden öfter politische Ereignisse integriert in den kalendarischen Ablauf dargestellt: das erste erhaltene, mit beweglichen Lettern gedruckte Buch ist ein ›Türkenkalender‹ von 1454 (s. u. S. 247). Der Verfasser der ›Burgundischen Historie‹, Hans Erhart Tüsch, hat 1466 ein Kalendergedicht gegen Ludwig XI. von Frankreich verfaßt und 1482 ein weiteres erotischen Inhalts.

AUSGABEN, LITERATUR: W. Wackernagel, Mainauer Naturlehre. 1851 (StLV 22). – Faksimile: Die sogenannte »Mainauer Naturlehre« der Basler Hs. B VIII 27. Hrsg. von H. R. Plant u. a. 1972 (Litterae 18). – Zu den zahlreichen Einzelausgaben von ›Cisioiani‹ siehe VL 1,

Sp. 1285–1289. – K. J. Pickel, Das Heilige Namenbuch von Konrad Dangkrotzheim. 1878. – M. Steinmann, Ein politisches Kalendergedicht auf das Jahr 1466 von Johannes Erhard Düsch. Basler Zeitschrift für Geschichte und Altertumskunde (1970), S. 119–130. – R. M. Kully, Das Clärlein, ein erotisches Kalendergedicht auf das Jahr 1482 von Johannes Erhard Düsch. ZfdA 107 (1978), S. 138–150. – P. Heitz u. K. Haebler, Hundert Kalenderinkunabeln. 1905.

H. Grotefend, Taschenbuch der Zeitrechnung des deutschen Mittelalters und der Neuzeit. 10. Aufl. 1960. – J. Leclercq, Zeiterfahrung und Zeitbegriff im Spätmittelalter. In: Antiqui und Moderni. Hrsg. von A. Zimmermann, 1974, S. 1–20. – R. Wendorff, Zeit und Kultur. Geschichte des Zeitbewußtseins in Europa, 1980. – A. Dresler, Die Kalender des 15. Jahrhunderts. In: Börsenblatt f. d. deutschen Buchhandel, Frankfurter Ausg. 17 (1961), S. 1199–1204; 18 (1962), S. 341–348, 2201–2206 und 2331–2339.

Prognostik, Mantik

Mit der Kunst, die Zeit zu berechnen, hängen eng zusammen die Versuche, auch den Verlauf der Ereignisse im voraus zu erkennen und zu bestimmen. In der Deutung der unterschiedlichsten Erscheinungen, Namen, Handlinien, Vertiefungen in Sand, Flammen als Zukunftsindikatoren tritt das Mittelalter auch auf diesem Gebiet das Erbe der griechisch-arabischen Wissenschaft an.

Nahezu alle gängigen Gebiete der Mantik hat der Münchner Hofarzt Johannes Hartlieb in mehreren deutschsprachigen Werken behandelt. Um 1430 ist Johannes Hartlieb erstmals in der Umgebung Herzog Ludwigs VII. von Bayern-Ingolstadt erwähnt. 1437 wird er als *plebanus* an St. Moritz in Ingolstadt wegen einjähriger Abwesenheit abgesetzt. Zwischen 1433 und 1440 hat er in Beziehungen zu Albrecht VI. von Österreich gestanden. Vermutlich hat er in Wien studiert. Seit 1440 wird er als *doctor der erczney* bezeichnet. Er ist als Leibarzt Albrechts III. von Bayern am Münchner Hof fest besoldet. In dessen Dienst ist er mehrfach diplomatisch und geschäftlich tätig. Am 18. 5. 1486 ist er in München gestorben.

Werke: Ein ›Mondwahrsagebuch‹ (ca. 1434), eine Prognostik der Lebensschicksale aufgrund der Mondstellungen *(mansiones)*;

eine ›Namenmantik‹ (Onomatomantie, ca. 1438). Durch Berechnungen mit Hilfe der Buchstaben eines Namens sollen die günstigen Zeitpunkte für Zweikämpfe und Turniere bestimmt werden;

eine ›Chiromantie‹ (1448), Einführung in die Kunst des Handlinienlesens mit 44 Abbildungen.

Eine Art Handbuch der mantischen Künste stellt das für den Markgrafen Johann von Brandenburg-Kulmbach verfaßte ›Buch aller verbotenen Kunst‹ (1455/56) dar. Unter der Schutzbehauptung, als Warnung vor Magie und Mantik zu dienen, schildert das Buch mit kompendiöser Vollständigkeit die einschlägigen Praktiken. Die Ausführlichkeit und Detailliertheit der Darstellung machen es trotz aller Ernsthaftigkeit der Versicherungen schwer, zu glauben, Hartlieb habe tatsächlich ein Abschreckungsbuch schreiben und sich damit von seinen früheren Überzeugungen abwenden wollen.

Neben mehreren medizinischen Abhandlungen stammen von Hartlieb vier (bearbeitende) Übersetzungen aus dem Lateinischen:

›Puech Ovidii von der lieb‹ (›De amore deutsch‹), eine Andreas-Capellanus-Übersetzung (1440);

›Alexander‹, eine als Fürstenspiegel konzipierte Übersetzung einer lateinischen Alexanderroman-Kompilation im Auftrag Albrechts III. (ca. 1450);

›Brandan‹, eine Übersetzung der lateinischen ›Navigatio Brandani‹ (ca. 1457);

›Dialogus miraculorum‹ (zwischen 1456 und 1467), eine Übersetzung des zweiten Teils der großen Exempelsammlung des Caesarius von Heisterbach (zwischen 1219 und 1233).

AUSGABEN: ›Mondwahrsagebuch‹: B. Weidemann, ›Kunst der Gedächtnüß‹ und ›De mansionibus‹. Zwei frühe Traktate des Johann Hartlieb. Diss. Berlin 1964. – ›Namenmantik‹: in: W. Schmitt, Hans Hartliebs mantische Schriften und seine Beeinflussung durch Nikolaus von Kues. Diss. Heidelberg 1962 [S. 291–317]. – ›Chiromantie‹: Faksimile: E. Weil, Die Kunstchiromantia des Dr. Hartlieb. Ein Blockbuch aus den Siebziger Jahren des 15. Jahrhunderts. 1923. – D. Ulm, Johannes Hartliebs Buch aller verbotenen Kunst. 1914 [unzulänglich]. – A. Karnein, De Amore deutsch. Der Tractatus des Andreas Capellanus in der Übersetzung Johannes Hartliebs. 1970 (MTU 28). – R. Lechner-Petri, Johannes Hartliebs Alexanderroman. Edition des cgm 581, 1980. – Faksimile des Drucks von Bämler, Augsburg 1473: Alexander. Mit einem Nachwort und einer Bibliographie von H. Friebertshäuser. 1975 (Deutsche Volksbücher in Faksimiledrucken, Reihe A, 1). – ›Brandan‹: Ausgabe fehlt. – K. Drescher, Johannes Hartliebs Übersetzung des Dialogus miraculorum von Caesarius von Heisterbach. 1929 (DTM 33). – LITERATUR: K. Drescher, Johannes Hartlieb. Über sein Leben und seine schriftstellerische Tätigkeit. Euphorion 25 (1924), S. 225–241, S. 354–370, S. 569–590 und 26 (1925), S. 341–367, S. 481–564. – K. Grubmüller, Der Hof als städtisches Literaturzentrum. In: Befund

und Deutung. FS Hans Fromm. 1979, S. 405–427. – Ders., Ein Arzt als Literat: Hans Hartlieb. In: Poesie und Gebrauchsliteratur im deutschen Mittelalter. Würzburger Colloquium 1978. Hrsg. von V. Honemann u.a. 1979, S. 14–36.

Der einflußreichste und populärste Prognostiker des ausgehenden 15. Jahrhunderts ist der Astrologe und Pfarrer Johannes Lichtenberger (ca. 1440 – ca. 1503). Nach mehreren Horoskopen für Fürsten veröffentlichte er 1488 sein Hauptwerk ›Pronosticatio in latino, rara et prius non audita‹; zugleich erschien eine deutsche Fassung, ›Pronosticatio zu theutsch‹. Das Werk sagt die Zeitläufte bis 1576 voraus. Es ist von der Tradition der Endzeiterwartung geprägt und verarbeitet viele prognostische Vorlagen. Bis ins 19. Jahrhundert wurde es immer wieder neu aufgelegt, aktualisiert und umgeschrieben. Für die deutsche Ausgabe von 1527 schrieb Luther ein Vorwort.

Eine Ausgabe der ›Pronosticatio‹ fehlt. Luthers Vorrede in: Luther, Weimarer Ausgabe, Bd. 23, S. 7–12. – Literatur: D. Kurze, Johannes Lichtenberger, Leben und Werk eines spätmittelalterlichen Astrologen. Archiv für Kulturgeschichte 38 (1956), S. 328–343. – Ders., Johannes Lichtenberger, Eine Studie zur Geschichte der Prophetie und Astrologie. 1960.

Medizin

Zahllos sind die human- und tiermedizinischen Schriften, von der Notiz über Roßkurmittel bis zur wissenschaftlich-elaborierten medizinischen Abhandlung. Die wichtigsten, über Salerno vermittelten Standardwerke der arabischen Heilkunde sind in Deutschland schon im 13. Jahrhundert verbreitet. Zwei kompendiöse Bearbeitungen und Übersetzungen ragen im 14. Jahrhundert aus der Masse der medizinischen Kleinliteratur heraus:

Eine Zusammenfassung der ihm bekannten lateinischen *arzetbücher* auf deutsch unternahm in der zweiten Hälfte des 13. Jahrhunderts der Würzburger Arzt Ortolf. Sein ›Arzneibuch‹ bleibt das ganze Spätmittelalter hindurch das maßgebliche Kompendium der Medizin.

Hauptwerk der Regimenliteratur, der Regeln für eine gesundheitsgerechte Lebensführung, ist das ›Regimen sanitatis‹ des erfolgreichen Eichstätter Arztes Konrad von Eichstätt (letztes Drittel des 13. Jahrhunderts – Mitte des 14. Jahrhunderts). Zahlreiche Übersetzungen und Bearbeitungen erschienen seit der Mitte des 14. Jahrhunderts.

Ausgaben, Literatur: Ortolf von Baierland, Das Arzneibuch. Hrsg. von J. Follan. 1963. – G. Keil, Das Arzneibuch Ortolfs von Baierland. Sudhoffs Archiv 43 (1959), S. 20–60, und 53 (1969), S. 119–152. – Konrad von Eichstätt: Ausgaben der lateinischen Fassungen und der deutschen Bearbeitungen fehlen. – Allgemein: H. Schipperges, Die Assimilation der arabischen Medizin durch das lateinische Mittelalter. 1964 (Sudhoffs Archiv, Beiheft 3). – G. Keil, Die deutsche medizinische Literatur im Mittelalter. In: Verhandlungen des XX. Internat. Kongresses für Geschichte der Medizin 1966. 1968, S. 647–654.

Juristische Texte

Rechtsvorschriften werden erst seit dem ersten Drittel des 13. Jahrhunderts auf deutsch formuliert. Hier besteht offenbar für lange Zeit eine Diskrepanz zwischen mündlicher Rechtspraxis und schriftlicher Kodifizierung des Gesetzestextes. Im kirchlichen Bereich bleibt der Rechtstext noch über einen längeren Zeitraum ans Latein gebunden wie etwa in dem einflußreichen und unheilvollen ›Malleus maleficarum‹, dem ›Hexenhammer‹ der beiden dominikanischen Generalinquisitoren Heinrich Institoris und Jacob Sprenger (1487, bis 1669 29 Auflagen). Rechtstexte sind Herrschaftsinstrumente, deshalb hält man sich bei ihrer Verbreitung zurück. Vom (deutschsprachigen) Nürnberger Stadtrecht etwa gab es in der zweiten Hälfte des 15. Jahrhunderts eine einzige Handschrift, die nur Mitgliedern des Rats zugänglich war. Gleichwohl setzt sich seit Rudolf von Habsburg das Deutsche als Rechtssprache immer mehr durch. In einer Augsburger Kanzlei wird um 1275 das kaiserliche Land- und Lehnsrecht kodifiziert, das seit dem 17. Jahrhundert ›Schwabenspiegel‹ heißt. Es bildet die Grundlage vieler Landrechtsbestimmungen der folgenden Jahrhunderte. 1356 wurde das Werk von dem Benediktiner Oswald von Anhausen ins Lateinische übersetzt. Das Zivilrecht wird unter humanistischem Einfluß (s. u. Kap. VI) immer mehr von den Prinzipien des römischen Rechts bestimmt.

Literatur: Allgemeines: H. Kaspers, Vom Sachsenspiegel zum Code Napoléon. Kleine Rechtsgeschichte im Spiegel alter Rechtsbücher. 2. Aufl. 1965. – E. Kaufmann, Deutsches Recht. Die Grundlagen. 1984. – O. Stobbe, Geschichte der deutschen Rechtsquellen. 1860 ff., Neudr. 1965. – G. Homeyer, Die deutschen Rechtsbücher des Mittelalters und ihre Handschriften. Neu bearbeitet von K. A. Eckhardt, C. Borchling und J. v. Gierke. 1931/34. – H. Coing, Römisches Recht in Deutschland. 1964. – Ausgaben: Der Schwabenspiegel oder schwäbisches Land- und Lehen-Rechtbuch. Nach einer Handschrift vom Jahr 1287 hrsg. von F. L. A. Freiherr von Lassberg. 1840, 3. Ausg. besorgt von K. A. Eckhardt. 1972. – Übersicht über Ausgaben anderer Fassungen: Werkverzeichnis K. A. Eckhardt. 1979, S. 17–20 und 54–73 (Bibliotheca rerum historicarum. Studia 12). – Institoris: Eine Ausgabe des ›Malleus maleficarum‹ fehlt. – Übersetzungen: Jacob Sprenger und Heinrich Institoris, Der Hexenhammer. Zum erstenmale ins Deutsche übertragen und eingeleitet von J. W. R. Schmidt. 1906, Nachdr. 1983. – Faksimile: Henricus Institoris, Der Kelheimer Hexenhammer. Facsimile-Ausg. der Original-Handschrift aus dem Kelheimer Stadtarchiv (1487). 1970.

Weitere deutschsprachige Rechtstexte

Zivil-, Straf-, Lehns- und Verfassungsrecht kodifiziert das ›Kleine Kaiserrecht‹ (›Frankenspiegel‹), das wahrscheinlich während der Regierungszeit Ludwigs des Bayern entstanden ist und versucht, den Kaiser als zentrale Rechtsinstanz zu restituieren.

Johannes von Buch (ca. 1290 – nach 1356), 1305 an der Universität Bologna nachweisbar, verfaßt 1325 im Dienst Herzog Ottos des Milden von Braunschweig einen Kommentar zum ›Sachsenspiegel‹: ›Glosse zum Sachsenspiegel Landrecht‹ (136 Handschriften und zahlreiche Drucke seit 1474). Ursprünglich als Teil dieses Kommentars war eine Darstellung der Prozeßordnung geplant: ›Richtsteig Landrechts‹ (100 Handschriften und zahlreiche Drucke seit 1474).

Teilweise auf den ›Sachsenspiegel‹ zurück geht auch das im 14. Jahrhundert verbreitetste Stadtrechtsbuch, das ›Meißner Rechtsbuch‹, entstanden zwischen 1357 und 1387.

AUSGABEN: D. Munzel, Die Innsbrucker Handschrift des ›Kleinen Kaiserrechts‹. 1974. – Johannes von Buch: E. Steffenhagen, Die Landrechtsglosse des Sachsenspiegels. 1. Teil: Einleitung und Glossenprolog. Österr. AW, Denkschriften 65,1, 1925 (mehr nicht erschienen) – C. G. Homeyer, Der Richtsteig Landrechts nebst Cautela und Premis. 1857. – ›Meißner Rechtsbuch‹: F. Ortloff, Das Rechtsbuch nach Distinktionen. 1836, Nachdr. 1967 (Sammlung dt. Rechtsquellen 1). – Bei H. Ulmschneider, in: VL, Bd. 6, Sp. 326–329, Verweis auf weitere Stadtrechtsbücher, die vom ›Meißner Rechtsbuch‹ abhängig sind.

Rhetorik

bleibt lange über das Mittelalter hinaus Bestandteil des akademischen Unterrichts und damit an das Lateinische gebunden. Ein Lehrbuch der Rhetorik im eigentlichen Sinne gibt es daher auf deutsch im Mittelalter nicht. Bei deutschen Anweisungen, die sich »Rhetorik« nennen, handelt es sich durchweg um Briefsteller, die über korrekte Anreden, Einleitungsformeln, Aufbau und Grußformeln unterrichten. Zu ihnen gehören u.a. als älteste die ›Deutsche Rhetorik‹ eines Friedrich von Nürnberg (wohl Mitte des 15. Jahrhunderts), die Übersetzung einer ›Rhetorica nova‹ desselben Autors;

das ›Formulare und deutsch Rhetorica‹, das erste gedruckte Kanzleihandbuch auf deutsch (1479);

die ›Nuw practiciert rethoric vnd brieff formulary‹ (gedruckt 1493) des Straßburger Juristen Heinrich Gessler (gest. 1519).

LITERATUR, AUSGABEN: P. Joachimsohn, Aus der Vorgeschichte des ›Formulare und deutsch Rhetorica‹. ZfdA 37 (1893), S. 24–121. – Friedrich von Nürnberg: Teilausg. bei Joachimsohn (s.o.), S. 55–68. – ›Formulare‹: Ausgabe fehlt. – Heinrich Gessler: Ausgabe fehlt.

6. Reiseliteratur

Besonders aufschlußreich für Statik und Veränderung im Bewußtsein des Einzelnen und im kollektiven Weltbild sind die Reisebeschreibungen, da sich in ihnen persönliche Erfahrungen und übersubjektive Denkfiguren abbilden und eigentümlich mischen.

Innerhalb des Genres haben die längste und kontinuierlichste Tradition die Pilgerbücher, Beschreibungen von Pilgerfahrten meist ins Heilige Land, gelegentlich auch nach Santiago di Compostela und nach Rom. Diese Beschreibungen verlassen nicht den seit Jahrhunderten bestehenden Erfahrungsraum, zeigen aber deutlich die historisch unterschiedliche Verarbeitung bei denjenigen, die solchen Erfahrungen ausgesetzt werden. Veränderungen sind besonders klar ablesbar dort, wo innerhalb der gleichen Familie über Generationen hinweg Pilgerreisen unternommen und beschrieben wurden, wie bei der Nürnberger Patrizierfamilie Rieter. Ihre Mitglieder haben zwischen 1384 und 1610 immer wieder Jerusalemfahrten unternommen und Berichte darüber verfaßt, die von Hans Rieter (1564–1626) zu einem großen Reisebuch zusammengestellt wurden. Von bloßen Notizen der Reisestationen wachsen diese Schilderungen zu breiten Beschreibungen der Denkwürdigkeiten und des eigenen Erlebens, das aber selten selbständig reflektiert, vielmehr eingepaßt wird in vorhandene Denkmuster, etwa in die Abenteuerstrukturen des Romans, und dergestalt integriert und verarbeitet werden kann.

Pilgerbücher

Eine Auswahl zeigt das breite soziale Spektrum der Verfasser, die Unterschiedlichkeit der Reiseanlässe (militärische Unternehmungen, Wallfahrten, Geschäftsreisen) und die Verschiedenheit der Darstellungsabsichten.

Ludolf von Sudheim, um 1350, Ende des 14. Jahrhunderts ins Deutsche übersetzt.

Ulrich von Friaul (gest. 1334), Reise in die Morgenländer.

Philipp von Katzenellenbogen, Pilgerreise, 1433–1434, Versfassung 1477.

Ludwig von Eyb (1417–1502), Beschreibung der Romreise von 1475, die er 1480 mit den Berichten seiner Söhne Anselm und Ludwig d.J. über deren Palästina-Reisen von 1468 und 1476 zusammenstellt. Seine eigne Beschreibung ist im Hauptteil eine Abschrift des Standard-Romführers, der ›Mirabilia Romae‹, der in deutscher Übersetzung 1472 gedruckt worden war.

Ulrich Leman, Kaufmann aus St. Gallen, Reise- und Geschäftsbericht über mehrere Mittelmeerfahrten, ca. 1480.

Felix Fabri (1438–1502), Dominikaner in Ulm, ›Evagatorium‹, Beschreibung zweier Pilgerreisen in 11 »Traktaten«, ca. 1485; gekürzte deutsche Fassung 1486.

Friedrichs des Weisen Jerusalemfahrt 1493 (in Begleitung Herzog Christophs von Bayern und in dessen Gefolge Lucas Cranach).

Bernhard von Breidenbach (ca. 1440–1497), Reisebegleiter des Grafen Johannes von Solms auf einer Jerusalemreise 1483. Sein Reisebericht, lateinisch und deutsch 1486 in Mainz gedruckt, war, wohl nicht zuletzt wegen der vielen detailgenauen Illustrationen, weit verbreitet und beliebt; bis 1522 wurde er zwölfmal gedruckt.

Hermann Künig von Vach, ›Sant Jacobs Straß‹ (1495), gereimter Bericht über eine Pilgerfahrt nach Santiago de Compostela mit genauen Wegbeschreibungen.

Stefan Baumgartner, der Nürnberger Patrizier (1462–1525), den Dürer auf dem Paumgartner-Altar als heiligen Georg porträtierte, unternahm 1498 mit Herzog Heinrich dem Frommen von Sachsen eine Jerusalem-Reise, über die er Tagebuch führte.

Die einzige erhaltene Handschrift ist mit bemerkenswerten Federzeichnungen versehen.

Arnold von Harff, ›Reise‹ (ca. 1500), ausführliche, als Reisehandbuch konzipierte Beschreibung einer Fahrt von Köln nach Rom, (über Ägypten) nach Jerusalem und (über Istanbul, den Balkan, Oberitalien, Südfrankreich) nach Santiago de Compostela.

Bibliographie: R. Röhricht, Bibliotheca geographica palaestinae – chronologisches Verzeichnis der auf die Geographie des Heiligen Landes bezüglichen Literatur von 333 bis 1878. 1890. Zweite verbesserte und vermehrte Neuausg. mit einem Vorwort von D. H. K. Amiran. 1963. – Sammelausgaben, Literatur: R. Röhricht und H. Meisner, Deutsche Pilgerreisen nach dem heiligen Lande. 1880. – R. Röhricht, Deutsche Pilgerreisen nach dem heiligen Lande. 1900, Neudr. 1967. – D. R. Howarde, Writers and Pilgrims. Medieval Pilgrimage Narratives and their Posterity. 1980. – D. Huschenbett, Die Literatur der deutschen Pilgerreisen nach Jerusalem im späten Mittelalter. DVjs 59 (1985), S. 29–46 – Ch. Hippler, Die Reise nach Jerusalem. Untersuchungen zu den Quellen, zum Inhalt und zur literarischen Struktur der Pilgerberichte des Spätmittelalters. 1987. – Ausgaben: Ludolf von Sudheim: F. Deycks, Ludolphi rectoris ecclesiae parochialis in Suchem de itinere terre sancte liber. 1851. (StLV 25). – Mittelniederdeutsche Übersetzung: I. v. Stapelmohr, Ludolfs von Sudheim Reise ins Heilige Land, nach der Hamburger Handschrift. 1937 (Lunder German. Forschungen 6). – Ulrich von Friaul: Ausgabe fehlt. – Die Pilgerreise des letzten Grafen von Katzenellenbogen (1433 bis 1434). Hrsg. von R. Röhricht u. H. Meisner. ZfdA 14 (1882), S. 348 bis 371 [Prosafassung]. – Erhart Wameszhaffts Hodoeporicon oder Beschreibung der Reise des Grafen Philipp von Katzenelnbogen nach dem heiligen Lande (1433/34). Hrsg. von A. Bach. Nassauische Annalen 44(1916/17), S. 107–152; wieder in: A. Bach, Germanistisch-historische Studien. 1964, S. 393–441. – Ludwig von Eyb d. Ä.: Ausgabe fehlt. – Die ›Mirabilia Romae‹ in: R. Valentin u. G. Zucchetti, Codice topografico della Città di Roma. Bd. 3, 1946, S. 3–110 (Fonti per la Storia d'Italia 90). – Eine Ausgabe des Pilgerberichts von Anselm von Eyb fehlt. Der Bericht Ludwigs d. J.: Ch. Geyer, Die Pilgerfahrt Ludwigs d. J. von Eyb nach dem heiligen Lande (1476). Archiv f. d. Geschichte und Altertumskunde von Oberfranken 21 (1901), S. 1–54. – Ulrich Lemann: Ausgabe fehlt. Auszüge bei Röhricht/Meisner (s. o.), S. 102–110. – Felix Fabri, Evagatorium. Hrsg. von C. D. Hassler. 3 Bde, 1843–1849 (StLV 2–4). Eine Ausg. der deutschen Fassung fehlt. – Lit.: H. Feilke, Felix Fabris Evagatorium. Eine Untersuchung über die Pilgerliteratur des ausgehenden Mittelalters. 1976. – Friedrich der Weise: Georg Spalatins historischer Nachlaß. Hrsg. von Ch. G. Neudecker u. L. Preller. Bd. 1, 1851, Beilage 1, S. 76–91. – Bernhard von Breidenbach: Ausgabe fehlt. – Übersetzung: Bernhard von Breydenbach, Reise ins Heilige Land. Übertragung und Nachwort von E. Geck. 1961 [mit Teilfaksimile]. – K. Haebler, Das Wallfahrtsbuch des Hermann Künig von Vach und die Pilgerreisen der Deutschen nach Santiago de Compostela. 1899 [mit Faksimile des Drucks von 1495/96] – Stefan Baumgartner, Reise zum Heiligen Grab 1498. Hrsg. von Th. Kraus. 1986. – Das Reisebuch der Familie Rieter. Hrsg. von R. Röhricht u. H. Meisner. 1884 (StLV 168). – Die Pilgerfahrt des Ritters Arnold von Harff. Hrsg. von E. v. Groote. 1860.

Reiseberichte

Sind die Pilgerbücher Dokumente eher der Möglichkeit subjektiver Verarbeitung des Fremdheitserlebnisses, so vermitteln die umfangreichen Berichte von Reisen in exotische Länder die Erweiterung der Raum- und Welterfahrung und werden so langfristig zu einem wichtigen Element im Prozeß der Veränderung des Weltbildes. Die Relativierung bisher gültiger Maßstäbe wird schon in dem frühesten der großen Reisebücher spürbar, dem Bericht Marco Polos von seiner Chinaexpedition 1271, den er 1298 in einem Genueser Gefängnis einem Mitgefangenen diktierte. Schon der Anfang des Textes verschiebt die bisher gültigen Gewichte: Die Christenheit ist nicht mehr Mittelpunkt und wesentlichster Bestandteil der Welt, sondern nur noch eine kleine Insel, umgeben von einer staunenswert großen, unüberschaubaren Heidenschaft. Der Grundstein zu einem Weltbild, das nicht mehr nur von der Alleinverbindlichkeit christlicher Vorstellungen geprägt ist, wird hier gelegt. Marco Polos Bericht ist ursprünglich auf Französisch niedergeschrieben worden. Der Text ist Anfang des 14. Jahrhunderts ins Italienische und etwas später ins Lateinische übersetzt worden. Die deutsche Übersetzung ist Mitte des 15. Jahrhunderts aus einer Redaktion des lateinischen Textes entstanden.

Marco Polos Bericht steht unter einer eigentümlichen Antinomie, die als symptomatisch für die zwiespältige Situation des 14. Jahrhunderts begriffen werden kann: mit der Befriedigung des Orientierungsinteresses durch Information über die geographische Beschaffenheit der Welt schafft er neue Unsicherheiten der Orientierung. Dieses Dilemma umgeht der erfolgreiche Reisebericht des Jean de Mandeville durch die Vermischung von Wahrnehmung und Fiktion.

Über den Autor gibt es zahlreiche widersprüchliche und schwer nachprüfbare Nachrichten. Nach den Angaben von

Prolog und Epilog ist Jean de Mandeville ein englischer Adliger aus St. Albans. 1322 habe er sich auf seine jahrelangen Reisen begeben und 1356 mit der Niederschrift seines Werkes begonnen. Spätere kontinentale Versionen nennen Lüttich als Entstehungsort und einen dort ansässigen Arzt, Jean de Bourgogne, als Veranlasser. Andere Lütticher Quellen identifizieren die beiden Personen. Ein zeitgenössischer Chronist gibt an, Jean de Mandeville habe England wegen Totschlags verlassen müssen; dies könnte Grund für einen Namenswechsel gewesen sein. Möglicherweise beruhen manche der widersprüchlichen Angaben auf Mystifikationen des Autors selbst, der seine Anonymität wahren wollte.

Der erste Teil des Berichts verfährt nach dem Muster der Pilgerreisen nach Jerusalem. Von dort gelangt Mandeville angeblich nach Kairo und schildert im zweiten Teil eine Reise über Afrika und Indien bis nach China, in deren Verlauf er auch literarisch-fiktionale Ziele aufsucht: das Reich des Priesters Johannes, das Teufelstal und viele wunderbare Inseln.

Mandevilles »Bericht« ist die erfolgreichste europäische Reisebeschreibung des Mittelalters. Allein von den zwei deutschen Übersetzungen existieren ca. 80 Handschriften, zwischen 1480 und 1488 sind sie siebenmal gedruckt worden.

Philologische Unerbittlichkeit hat festgestellt, daß der zweite Teil des Berichts ausschließlich auf einer Vielzahl literarischer Quellen beruht. Mandeville muß zu seiner Zusammenstellung eine große Bibliothek zur Verfügung gehabt haben. Empirische Erfahrung zu ersetzen durch den Rekurs auf literarische Quellen, ist ein übliches und sanktioniertes Verfahren des Früh- und Hochmittelalters. Daß Mandeville einen so zustandegekommenen Text als Reflex eigenen Erlebens ausgibt, das überdies vom deutschen Übersetzer Michel Velser mehrfach durch eigene Erfahrungen verifiziert wird, ist als angemessene und charakteristische Reaktion auf das zeitgenössische Bedürfnis nach Erfahrungsberichten, nach Informationen über die Wirklichkeit anzusehen. Wenn diese Pseudoinformationen zurückgeführt werden auf vertraute literarische Muster, so findet hier keine Relativierung, sondern lediglich eine Bereicherung des traditionellen Weltbildes um eine Dimension des Exotischen statt. Nicht zuletzt diese Tatsache hat dem Buch wohl seinen anhaltenden Erfolg gesichert.

Wir besitzen ein historisches Zeugnis dafür, wie sehr trotz seiner Anbindung an die Tradition ein solcher Bericht von der

Exotik ferner Länder geeignet war, zu beunruhigen, gewohnte Orientierungen in Frage zu stellen und das tradierte Weltbild zu erschüttern: Noch am Ende des 16. Jahrhunderts, hundert Jahre nach der Entdeckung Amerikas, sagte ein friaulischer Müller vor dem Inquisitionsgericht aus, er sei durch die Lektüre Mandevilles und seinen Bericht »über so viele Arten von Stämmen und verschiedene Gesetze ... ganz gepeinigt« worden.

Weitere Reiseberichte
Auf tatsächlichem Erleben beruht ein mit starken autobiographischen Momenten vermischter Reisebericht des Münchners Johannes Schiltperger. Als Sechzehnjähriger gerät er 1398 als Reiter im Gefolge König Sigmunds in türkische Gefangenschaft, zwei Jahre später in die Hände der Mongolen. Bis 1427 lebt er in der Mongolei, kehrt dann nach München zurück und erhält eine Anstellung als Kämmerer beim bayerischen Herzog.

Kommerzielle Interessen sind der Grund für die Teilnahme des Hauptmanns Balthasar Sprenger im Auftrag einiger Nürnberger Kaufmannsfamilien an einer von Portugal ausgehenden Expedition nach Indien. In seinem 1509 gedruckten Reisebericht interessieren ihn demgemäß in erster Linie Landesprodukte, Sicherheit von Häfen, Umgänglichkeit der Einwohner und nicht zuletzt die Beute, die man bei der Zerstörung von Eingeborenensiedlungen machen kann.

Als Reisebericht in exotische Länder wurde auch die seit dem 10. Jahrhundert in ganz Europa weitverbreitete Legende von Brandans Meerfahrt (›Navigatio Sancti Brendani‹) bearbeitet und gedruckt.

LITERATUR: Allgemeines: J. G. Leithäuser, Mappae mundi. Die geistige Eroberung der Welt. 1958. – J. G. Arentzen, Imago mundi cartographica. Studien zur Bildlichkeit mittelalterlicher Welt- und Ökumenekarten. 1984. – S. Füssel (Hrsg.), Reiseberichte der frühen Neuzeit. Pirckheimer-Jahrbuch 2 (1986). – N. Ohler, Reisen im Mittelalter. 1986. – Dokumente zur Geschichte der europäischen Expansion. Hrsg. von E. Schmitt. 1984 ff. Bd. 1: Die mittelalterlichen Ursprünge der europäischen Expansion; Bd. 2: Die großen Entdeckungen. – AUSGABEN: Der mitteldeutsche Marco Polo. Hrsg. von H. Tscharner. 1935 (DTM 40). – Jean de Mandeville: Kritische Ausgaben der nationalsprachlichen und lateinischen Versionen bzw. Konkordanzen fehlen. – Französische Fassung: M. Letts, Mandeville's Travels. 2 Bde. 1953, Nachdr. 1967 [Bd. 2, S. 225–413, mit Auszügen anderer Versionen]. – Teilfaksimile: Die Reisen des Ritters John Mandeville. Eingeleitet und erläutert von

J. Krasa. 28 kolorierte Silberstiftzeichnungen von einem Meister des Internationalen Stils um 1400 im Besitz der British Library London. 1983. – Deutsche Übersetzungen: E. Morrall, Sir John Mandevilles Reisebeschreibung. 1974 (DTM 66, Velser-Version). – S. Martinsson, Itinerarium orientale. Mandeville's Reisebeschreibung in mittelniederdeutscher Übersetzung. 1918 [Diemeringen-Version]. – Neuhochdeutsche Übersetzung des Drucks von Bartholomäus Kistler, Straßburg 1499: T. Stemmler, Die Reisen des Ritters John Mandeville durch das Gelobte Land, Indien und China. 1966. – Das Rezeptionszeugnis ist berichtet in: C. Ginzburg, Der Käse und die Würmer. Die Welt eines Müllers um 1600. 1983. – V. Langmantel, Hans Schiltpergers Reisebuch. 1885 (StLV 172). – Faksimile des Drucks von Anton Sorg, Augsburg 1476: Hans Schiltpergers Reisebuch. Hrsg. von E. Geck. 1969. – F. Schulze, Balthasar Sprengers Indienfahrt 1505/06. 1902 (Drucke und Holzschnitte des XV. und XVI. Jahrhunderts in getreuen Nachbildungen 8). – Sankt Brandan. 2 frühneuhochdeutsche Prosafassungen. Der 1. Augsburger Druck von Anton Sorg (um 1476) und Die Brandan-Legende aus Gabriel Rollenhagens Vier Büchern Indianischer Reisen. Hrsg. von R. D. Fay. 1985.

7. Geschichtsschreibung

Geschichtsschreibung im hohen Mittelalter ist nicht Beschreibung der Vergangenheit um ihrer selbst willen. Der Verlauf der historischen Ereignisse ist signifikant für Gottes Handeln mit und in der Welt. Mit ihrer Darstellung begreift man den göttlichen Heilsplan und bestimmt den eigenen Platz in den Stadien des Heilsgeschehens. Da dieses für die ganze Welt verbindlich ist, muß konsequent Geschichtsschreibung Weltgeschichtsschreibung sein. Diese Konzeption, deren erstes deutschsprachiges Dokument nach dem ›Annolied‹ die ›Kaiserchronik‹ ist (s. Bd. 2) und aus der im 13. Jahrhundert der gewaltige Entwurf der Weltchronik des Rudolf von Ems (s. Bd. 2) hervorgeht, bleibt das ganze Spätmittelalter hindurch erhalten. Rudolfs Chronik wird nicht nur zusammen mit der ›Christherrechronik‹ (s. Bd. 2) in vielerlei Redaktionen, Mischformen, Prosaauflösungen rezipiert und bearbeitet, beide bilden auch den Grundstock für die im 14. und 15. Jahrhundert neu entstehenden oder kompilierten Weltchroniken.

Die komplexeste Kompilation ist die in der ersten Hälfte des

14. Jahrhunderts entstandene gereimte Weltchronik eines Heinrich von München. Außer dieser Namensnennung im Text wissen wir nichts über den Autor. Der Textbestand der 18 Handschriften schwankt zwischen rund 56000 und 100000 Versen – ein äußeres Zeichen für die Zusammensetzung des Werkes aus einer Vielzahl von Versatzstücken. In den chronikalischen Basistext werden zahlreiche andere historische und pseudohistorische Darstellungen integriert; biblische Erzählungen, Legenden, Reimtexte werden oft unverändert zitiert, lateinische und deutsche Prosatexte versifiziert. Von besonderem Interesse ist die Übernahme von Texten aus fiktionaler Literatur, etwa aus dem ›Willehalm‹ von Wolfram von Eschenbach oder dem ›Eraclius‹ (s. Bd. 2). Der Erzählliteratur wird der gleiche Quellenwert zuerkannt wie der sanktionierten historischen Darstellung: die für das 14. Jahrhundert charakteristische Vermischung von *fictum* und *factum*, von *fabula* und Historie, die vice versa auch im zeitgenössischen Roman festzustellen ist.

Die weltchronikalische Konzeption wird seltsamerweise auch und gerade von humanistisch beeinflußten Autoren aufgegriffen, lange nachdem Petrarca dem linearen Verlaufsmodell christlicher Heils- und Weltgeschichte ein zyklisches Geschichtsmodell entgegengesetzt hatte (s. u. Kap. VI).

Der Ulmer Stadtarzt Heinrich Steinhöwel (s. u. S. 364) läßt 1473 eine ›Tütsche Cronica von anfang der welt vncz vff keiser fridrich‹ (Friedrich II.) drucken. Sie wurde 1531 von Jacob Köbel aktualisiert und bis zu diesem Zeitpunkt fortgesetzt.

1459 vollenden die beiden Nürnberger Ratsschreiber Johannes Plattenberger und Theodorich Truchsess eine deutsche Weltchronik, die sich schon durch ihren Titel als Kompilation zu erkennen gibt: ›Excerpta chronicarum‹. Sie wiederum ist eine der Quellen für die große Weltchronik des Nürnberger Arztes Hartmann Schedel (1440–1514). Traditionell nach den sechs Weltzeitaltern gegliedert und mit der Erschaffung der Welt beginnend, bezieht dessen ›Liber Chronicarum‹ eine Fülle geographischen und länderkundlichen Wissens mit ein. Die opulente Ausstattung mit Holzschnitten machte das Buch auch zu einem beliebten Bilderalbum. 1493 wurde es in Nürnberg gedruckt, eine leicht kürzende deutsche Übersetzung stammt von dem Nürnberger Schreiber Georg Alt.

Weitere Weltchroniken des 14. und 15. Jahrhunderts
Die ›Oberrheinische Chronik‹ von 1337 (Verfasser unbekannt), eine Papst- und Kaisergeschichte unter Verwendung von Legenden- und Sagenerzählungen.

Jacob Twinger von Königshofen (1346–1420). Seine ›Deutsche Chronik‹ von 1386 ist als Ergänzung und Erweiterung des Geschichtswerks von Fritsche Klosener (s. u. S. 143) gedacht. Wie dieses läßt sie Weltgeschichte in Lokalgeschichte einmünden.

Dietrich Engelhus (ca. 1362–1434), eine Weltchronik, die bis zum Jahre 1433 fortgeführt wird. 1424 verfaßte Engelhus eine deutsche Version.

Hermann Korner (ca. 1365–1438), ein Lübecker Dominikaner, schrieb seine ›Cronica novella‹ in vier Fassungen. Die letzte reicht von der Schöpfung bis 1435. Aus ihr verfertigte Korner eine niederdeutsche Übersetzung, die bis in sein Todesjahr fortgeführt ist.

LITERATUR: Allgemeines: H. Grundmann, Die Grundzüge der mittelalterlichen Geschichtsanschauungen. Archiv für Kulturgeschichte 24 (1934), S. 326–336; wieder in: Geschichtsdenken und Geschichtsbild im Mittelalter. Hrsg. von W. Lammers. 1965, S. 418–429 (WdF 21). – H. Wenzel, Höfische Geschichte. 1980. – AUSGABEN: Heinrich von München, Steinhöwel und Köbel, Plattenberger und Truchsess: Ausgaben fehlen. – Hartmann Schedel, Weltchronik. Faksimile der deutschen Bearbeitung 1975. – Oberrheinische Chronik. Hrsg. von F. K. Grieshaber 1850. Nachdruck in: Deutsche Chroniken. Hrsg. von H. Maschek. 1936, Nachdr. 1964, S. 41–66 (DLE, Realistik des Spätmittelalters 5). – Jacob Twinger von Königshofen. Hrsg. von C. Hegel. In: Chroniken der deutschen Städte, Bde 8 u. 9, 1870/71, Nachdr. 1961, S. 153–917. – Dietrich Engelhus: Ausgabe fehlt. – Die Chronica novella des Hermann Korner. Hrsg. von J. Schwalm. 1895 (unvollständig). Eine Ausgabe der deutschen Fassung fehlt.

Das Entstehen einer fast unübersehbaren Zahl von Regional- und Landeschroniken seit dem Ende des 13. Jahrhunderts deutet nicht unbedingt auf ein grundsätzlich verändertes Geschichtsbild hin. Vielmehr weisen sie aus, daß am geschichtlichen Verlauf jetzt auch noch anderes interessiert als nur die Aufdeckung göttlicher Ordnung in den Vorgängen der Geschichte: Historie wird fast stets zum Instrument der Legitimation von Herrschaft. Zugeschnitten auf die Person eines Fürsten, auf eine Dynastie, eine Führungsschicht oder eine Klosterherrschaft, spielt in ihr nicht mehr die weltgeschichtliche Konstruktion eine Rolle, sondern nur noch dasjenige historisch-politische Faktum aus Vergangenheit und Gegenwart, das den Anspruch auf Herrschaft unterstützt. Die Regional- und Landeschronik ist die folgerichtige Begleiterscheinung der Ausbildung landesfürstlicher Territorien. Eine Gesamtdarstellung der Fürsten-, Landes- und Regionalchroniken, die überdies oft schwer gegen Personalbiographien, Stadtchroniken, Panegyrik und Zeitgedichte abgrenzbar sind, steht noch aus. Aus ihrer Fülle können nur einige signifikante Beispiele herausgegriffen werden:

Die ›Österreichische Reimchronik‹ des Ottokar von Steiermark ist nach 1309 fertiggestellt worden. Ottokar stammt aus einem steirischen Ministerialengeschlecht. Er ist zwischen 1260 und 1265 geboren. Die Annahme, er habe sich in seiner Jugend als »fahrender Sänger« betätigt, ist bloße Vermutung aufgrund der Tatsache, daß er zwischen 1287 und 1304 nirgends in Urkunden auftaucht. 1313 ist er in diplomatischem Auftrag Friedrichs des Schönen nach Spanien gereist. An einem 27. September zwischen 1319 und 1321 ist er gestorben.

AUSGABE: Ottokars Österreichische Reimchronik. Nach den Abschriften Franz Lichtensteins hrsg. von J. Seemüller. 1890/93, Nachdr. 1974 (MGH Deutsche Chroniken 5, 1–2). – LITERATUR: M. Loehr, Der steirische Reimchronist: her Otacher uoz der Geul. MIÖG 51 (1937), S. 89–130. – E. Englisch, Ottokars Steirische Reimchronik. Versuch einer realienkundlichen Interpretation. In: Die Funktion der schriftlichen Quelle in der Sachkulturforschung. 1976, S. 7–54. – U. Liebertz-Grün, Das andere Mittelalter. Erzählte Geschichte und Geschichtserkenntnis um 1300. Studien zu Ottokar von Steiermark, Jans Enikel, Seifried Helbling. 1984.

Ottokar hat eine verlorene Kaisergeschichte und offenbar im Auftrag habsburgisch gesinnter steirischer Adliger seine ›Österreichische Reimchronik‹ verfaßt. Das Werk verflicht Reichsgeschichte und österreichische Landesgeschichte durch die Personen der Habsburger Könige Rudolf und Albrecht; es umfaßt einen Zeitraum zwischen 1246 und 1309. In fast 100000 Versen verarbeitet Ottokar eine Fülle von schriftlichen und wohl auch mündlichen Quellen, ergänzt durch eigene Beobachtungen und eigene Meinungen. Das historische Faktenmaterial lockert er auf durch die Erfindung von Dialogen, Handlungsepisoden, Situationsschilderungen, so daß partienweise aus der Geschichtsdarstellung fast ein historischer Roman wird. Die prohabsburgische Grundtendenz ist allenthalben bestimmend. Das zeitlich und räumlich begrenzte Interesse, das solche Darstellungen fanden, dokumentiert sich auch in der Tatsache, daß keine der acht erhaltenen Handschriften die ›Österreichische Reimchronik‹ vollständig überliefert. Häufig werden nur Partien von allgemeinerem Interesse (etwa die Schilderung der Belagerung von Akkon) herausgelöst.

Eines der ersten deutschen Geschichtswerke in Prosa sind die wohl 1335 abgeschlossenen ›Nüwen Casus Monasterii Sancti Galli‹ von Christian Kuchimeister. Über die Person des Autors ist außer seiner eigenen Namensnennung nichts bekannt. Er stammt aus einer Sankt Gallener Familie; ob er Klosterinsasse war, ist ungewiß. Seit der Herrschaft Abts Heinrich von Ramstein (1301–1318) schreibt er offenbar als Augenzeuge.

AUSGABE: E. Nyffenegger, Cristân der Kuchimaister, Nüwe Casus Monasterii Sancti Galli. Edition und sprachgeschichtliche Einordnung. 1974 (Quellen u. Forschungen zur Sprach- und Kulturgesch. d. germ. Völker, NF. 60).

Mit dem Titel knüpft Christian Kuchimeister bewußt an die alte und große Tradition der Sankt Gallener Klostererzählung, die ›Casus Sancti Galli‹ von Ratpert und Ekkehart IV. an (s. Bd. 1). Die Klostergeschichte allerdings gerät ihm zur Herrschaftsgeschichte von neun Äbten zwischen 1228 und 1329. Sie ist voll von kriegerischen Unternehmungen, Rechtshändeln und blutigen Auseinandersetzungen mit den Sankt Gallener Bürgern. Zu einer Zeit, da Macht und Ansehen des Klosters in Verfall sind, untermauert Abtsgeschichte als Herrschergeschichte territoriale und feudale Ansprüche.

Eine eigentümliche Zwischenstellung zwischen Welt- und Lokalgeschichtsschreibung nimmt die ›Straßburger Chronik‹ des Fritsche Klosener ein. Eine Patrizierfamilie Klosener ist in Straßburg im 14. Jahrhundert mehrfach bezeugt, die Zugehörigkeit des Autors zu dieser Familie jedoch nicht nachweisbar. Klosener, dessen Geburtsjahr unbekannt ist, war Kleriker. Ab 1349 ist er vielfach als Inhaber geistlicher und städtischer Ämter am Straßburger Münster bezeugt, unter anderm als Aufseher des »Frauenwerks«, also der Münsterfabriken. Nach einem verlorenen Münster-Nekrolog ist Fritsche Klosener an einem 26. Oktober gestorben, unklar ist jedoch das Jahr. Zur Debatte stehen 1372/73, 1384 oder später. Sicher war er 1396 nicht mehr am Leben.

AUSGABE: Fritsche Closener, Straßburger Chronik. Hrsg. von C. Hegel. In: Chroniken der deutschen Städte, Bd. 8, 1870, Nachdr. 1961,

S. 1–151. – LITERATUR: F. Hofinger, Studien zu den deutschen Chroniken des F. Closener von Straßburg und des Jakob Twinger von Königshofen. Diss. München 1974.

Die erste Hälfte der Chronik besteht aus Papst- und Kaisergeschichte; sie reicht von Christus bis zu Clemens V. (1309) bzw. von Caesar bis zur Krönung Karls IV. (1355). Die Bistumsgeschichte bietet den Anknüpfungspunkt für die Straßburger Lokalchronik, die Nachrichten sachlich ordnet: Preisentwicklungen, Ernten, Bauten, Katastrophen, politische und kriegerische Ereignisse, innerstädtische Konflikte. Von besonderem historischen Interesse sind die ausführlichen Schilderungen der Judenverfolgungen, der Pestepidemie von 1349 und in deren Gefolge des Auftretens der Geißlerzüge. Nach Ausweis des Vorworts ist die Chronik am 13. Juni 1362 abgeschlossen worden; einzelne Teile sind vermutlich sehr viel früher entstanden.

Fritsche Klosener ist außerdem Verfasser eines deutsch-lateinischen Wörterbuchs und eines ›Directorium chori‹, einer Gottesdienstordnung für das Straßburger Münster.

Mit der Beschränkung auf einen enger begrenzten lokalen Rahmen eröffnet sich den Geschichtsschreibern die Chance, Selbsterlebtes und -erfahrenes in ihre Darstellung einzubringen. Für den Verfasser der ›Limburger Chronik‹, Tilemann Elhen, ist gar das Prinzip der persönlichen Zeugenschaft *(selbe gehort und gesehen)* maßgebliches Kriterium für die Aufnahme von Ereignissen. Damit sind, zumindest theoretisch, geschichtsphilosophische Konstruktionen für die Struktur historiographischer Darstellungen verabschiedet und ist das beobachtende Subjekt, der Zeitberichterstatter, zur neuen Instanz erhoben. Tilemann Elhen stammt aus dem Dorf Wolfhagen bei Kassel. Nach eigener Angabe wurde er 1347 oder 1348 geboren. Seit 1370 ist er in Limburg als Notar nachweisbar, von seiner Hand stammen etwa 50 erhaltene Limburger Urkunden. Nach 1390 heiratete er ins Limburger Patriziat ein, 1394 wird er als Stadtschreiber genannt, die letzte von ihm beglaubigte Urkunde stammt von 1398. 1411 ist er noch als Lebender bezeugt.

AUSGABEN: Die ›Limburger Chronik‹ des Tilemann Elhen von Wolfhagen. Hrsg. von A. Wyss. 1883, Nachdr. 1973 (MGH Dt. Chroniken 4,1). – Sprachlich modernisiert: Die ›Limburger Chronik‹ des Tilemann Elhen von Wolfhagen. Hrsg. von K. Reuss. 1961.

Die ›Limburger Chronik‹ ist 1377/78 begonnen worden und berichtet in Prosa vornehmlich den Limburger Raum betreffende Ereignisse aus den Jahren 1335–1398. Eine Ankündigung in cap. 13, die Chronik bis zum Jahr 1402 fortsetzen zu wollen, bleibt unerfüllt und ist in ihrem Sinn schwer zu deuten. Gemäß dem Prinzip, das *notabile* aufzuzeichnen, werden für wichtig erachtete Ereignisse episodisch aneinandergereiht, ohne daß die Darstellung von einem Plan organisiert wäre. Literarhistorisch von Interesse ist, daß Tilemann Elhen für einzelne Jahre berichtet, welche Lieder gerade in Mode waren.

Ungeachtet der Verwendung vieler historiographischer Muster bestimmt das Prinzip der Augenzeugenschaft gleichfalls die Chronik des Konstanzer Konzils von Ulrich Richental. Der Autor entstammt einer wohlhabenden Konstanzer Familie, die jedoch nicht dem Patriziat angehörte. Sein Vater, Johannes Richental, war Stadtschreiber von Konstanz. Ulrich Richental war ein angesehener Bürger, der durch sein Erbe und kaufmännische Unternehmungen genügend Vermögen besaß, um als Privatier seinen Interessen nachgehen zu können. Zu ihnen gehört auch die Aufzeichnung der Konzilsereignisse. Richental wird erstmals 1404 als *burger ze Costenz* erwähnt, er besaß ein Haus am Ziegelgraben. 1410 heiratete er Anna Eglin. Seine Vermögensverhältnisse verschlechterten sich in den dreißiger Jahren. 1437 starb er ohne Nachkommen.

AUSGABE: M. R. Buck, Ulrich von Richental, Chronik des Konstanzer Konzils 1414–1418. 1882, Nachdruck 1971 (StLV 158). – Ulrich Richental, Das Konzil zu Konstanz. Hrsg. von O. Feger, 2 Bde, 1964. Bd. 1: Kommentar und Text; Bd. 2: Faksimile.

Aus eigenem Antrieb und offenbar ohne dazu beauftragt zu sein, führte Ulrich Richental Tagebuch über die Ereignisse des Konstanzer Konzils 1414–1418. Wo ihm Nachrichten nicht unmittelbar zugänglich waren, suchte er sie sich durch Bestechung oder Befragung kompetenter Personen zu beschaffen. Mit dem so zusammengetragenen Material arbeitete er in den Jahren 1420–1430 seine Konzilschronik aus. Ohne historisch immer verläßlich zu sein – was sich aus der Entstehungsweise leicht erklärt –, enthält der Bericht eine Fülle von Einzelheiten auch aus dem Alltagsleben während der Konzilszeit und entwirft ein detailreiches Gesamtbild dieses spektakulären Ereignisses. Ihren besonderen Wert erhält die Chronik durch eine große Anzahl von Illustrationen, die Richental selbst in Auftrag gegeben und bezahlt hat. Mit einzigartigem Detailrealismus werden die Ereignisse bildlich wiedergegeben, der überdimensionale Regenschirm des Papstes, Marktszenen, Tafelfreuden der Kardinäle mit Wachen und Vorkostern, und sogar Porträtähnlichkeit der dargestellten Personen hat man nachweisen können: ein Reiter im Gefolge des Pfalzgrafen Ludwig ist als Oswald von Wolkenstein (s.o.) zu identifizieren. Besonders der Illustrationen wegen ist der Verlust des Originals bedauerlich; sie sind nur als Nachzeichnungen in späteren Handschriften erhalten.

Eine Übergangsform zwischen Welt- und Lokalchronik stellt auch die ›Düringische Chronik‹ des Eisenacher Geistlichen Johannes Rothe dar. Anders jedoch als Fritsche Klosener entwikkelt er aus einer Eisenacher Ortschronik über die thüringische Landesgeschichte eine Weltgeschichte. Über seine Biographie gibt Johannes Rothe in der Vorrede seines Geschichtswerks selbst Auskünfte, die durch urkundliche Nachweise ergänzt werden können. Vor 1360 ist er geboren und ab 1387 als Priester in Eisenach nachweisbar. Etwa zwischen 1384 und 1397 ist er Ratsschreiber, zugleich Kaplan an der Liebfrauen- und an der Georgskirche. 1418 ist er als Chorherr an St. Marien bezeugt und kurz darauf Leiter der Stiftsschule geworden. Am 5. Mai 1434 ist er gestorben.

Die lokalgeschichtliche erste Fassung von Rothes Chronik ist dem Eisenacher Patrizier Reinhard Pinkernail gewidmet, die zweite landesgeschichtliche von ca. 1418 wurde vom Amtmann auf der Wartburg, Bruno von Teutleben, in Auftrag gegeben. Die dritte, Regionalgeschichte in Weltgeschichte überleitende Fassung in Prosa war 1421 abgeschlossen und ist der thüringischen Landgräfin Anna gewidmet.

Johannes Rothe ist Autor einer Reihe weiterer Schriften geistlichen, juristischen und lehrhaften Inhalts. Von einem gereimten Passionsbericht sind nur vier Auszüge erhalten. Ebenfalls in Reimpaaren abgefaßt ist ein ›Leben der heiligen Elisabeth‹.

In seinen Chronikvorreden gibt Rothe an, er habe während seiner Stadtschreibertätigkeit zehn Jahre lang Rechtsbücher zusammengestellt. Frucht dieser Beschäftigung mit juristischen Fragen ist Rothes ›Eisenacher Rechtsbuch‹, eine Sammlung von stadt-, familien- und polizeirechtlichen Bestimmungen, die z.T. aus älteren Quellen kompiliert ist.

Während seiner gesamten Schaffenszeit hat Rothe lehrhafte Dichtungen verfaßt: ein ›Lob der Keuschheit‹, ein ›Liber devotae animae‹ und einen ›Ritterspiegel‹ (ca. 1415/16), der offenbar zur Unterweisung junger Adliger (an der Stiftsschule ?) gedacht war.

AUSGABEN: Von Rothes Chroniken liegt nur die weltchronikalische Fassung in einer neueren Ausgabe vor: Düringische Chronik des Johannes Rothe. Hrsg. von R. v. Liliencron. 1859 (Thüringische Geschichtsquellen 3). – Von den übrigen Werken Rothes sind ediert: F. Ortloff, Das Rechtsbuch Johannes Purgoldts. 1860 [enthält S. 345 bis 377 zwei Rechtsbücher Rothes]. – A. Heinrich, Johannes Rothes Passion. 1906, Nachdr. 1977. – Johannes Rothe, Das Lob der Keuschheit. Hrsg. von H. Neumann. 1934 (DTM 38). – Johannes Rothe, Der Ritterspiegel. Hrsg. von H. Neumann, 1936 (ATB 38). – Johannes Rothe, Ratsgedichte. Nach den Handschriften hrsg. von H. Wolf. 1971 (Texte des späten MAs u. d. frühen Neuzeit 25).

Ganz der historischen Beschreibung von Landesherrschaft dient die ›Chronica de principibus terrae Bavarorum‹ des Andreas von Regensburg. Der Autor, der um 1393 in Straubing die Schule besuchte, trat 1401 in das Augustinerchorherrenstift St. Mang in Stadtamhof am Donauufer gegenüber Regensburg ein, wo er sein ganzes Leben verbracht hat. Nach 1438 ist er gestorben.

Aus dem reichen Fundus der Regensburger Bibliotheken sammelte Andreas ein gewaltiges historisches Quellenmaterial, das, ergänzt durch Abschriften von Urkunden und durch mündliche Berichte, die Grundlage für seine historiographischen Arbeiten abgab.

Die Chronik der bayerischen Herzöge hat Andreas im Auftrage Ludwigs VII. von Bayern 1425 begonnen. Eine (bereits überarbeitete) Fassung von 1428 setzte er bis 1436 fort. Das Werk ist die erste bayerische Landeschronik, die für viele Folgeunternehmen maßgebend war. Andreas hat sein Werk in der Fassung von 1428 selbst ins Deutsche übersetzt: ›Die Chronik von den Fürsten zu Bayern‹. Diese Übersetzung wurde im 15. Jahrhundert zweimal ins Lateinische rückübersetzt. Eine erneute Übersetzung ins Deutsche der ersten Fassung unternahm Leonhard Hefft 1471, der zweiten Fassung Georg Frölich 1558 – Zeugnisse für das anhaltende Interesse an diesem Geschichtswerk.

Andreas benutzt für seine Darstellung die landesgeschichtlichen Partien einer von ihm verfaßten weltgeschichtlichen Kompilation, der ›Chronica pontificum et imperatorum Romanorum‹, die bis 1422 reicht.

Weitere Geschichtswerke des Andreas von Regensburg
›Concilium Constantinense‹ und ›Concilium provinciale‹, Dokumentensammlungen zum Konstanzer Konzil (1414–1418) und zur Regensburger Diözesansynode (1419), beide wohl 1421/1423 zusammengestellt.

Die ›Chronica Husitarum‹, eine Sammlung von Dokumenten zu den Hussitenkriegen 1419–1428. Die Dokumentation beruht auf einer Sammlung von Nachrichten, die tagebuchartig in einem ›Diarium sexenale‹ zusammengetragen sind. Das ›Diarium‹ gewährt einen einzigartigen Einblick in die aktuellen Informationsmöglichkeiten eines Zeithistorikers im 15. Jahrhundert.

Eine historische Informationsschrift über Grundlagen und Ursachen der hussitischen Bewegung ist der ›Dyalogus de heresi bohemica‹, ca. 1430.

Die Landeschronik des Andreas bildet eine der zahlreichen Quellen für die ›Bayerische Chronik‹ des Münchener Maler-Dichters Ulrich Fuetrer (s. o. Kap. II), der jedoch im Gegensatz zum streng quellenkritischen Verfahren des Regensburger Autors keinen Unterschied zwischen historischen und literarischen Quellen wie etwa dem ›Jüngeren Titurel‹ (s. Bd. 2) macht. Fuetrer beschreibt Herkunft und Taten des bayerischen Herzogshauses von 60 v. Chr. bis zum Jahre 1479.

Ausgabe: G. Leidinger, Andreas von Regensburg, Sämtliche Werke. 1903, Nachdr. 1969 (Quellen u. Erörterungen z. bayer. u. dt. Geschichte NF. 1).

Weitere Regionalchroniken aus dem 14. und 15. Jahrhundert
Ernst von Kirchberg (zweite Hälfte des 14. Jahrhunderts), ›Mecklenburgische Reimchronik‹, ca. 28000 Verse, erhalten nur in einer von Herzog Albrecht II. von Mecklenburg in Auftrag gegebenen Prachthandschrift.

Thomas Lirer (Lebensdaten unbekannt), ›Schwäbische Chronik‹, zweite Hälfte des 15. Jahrhunderts, deutsche Prosa. Das Werk wurde 1485 und 1486 bei Konrad Dinckmuth in Ulm in drei Auflagen gedruckt. Die Drucke von 1486 werden zu den schönsten bebilderten Historienbüchern des 15. Jahrhunderts gerechnet.

Ludwig von Eyb d. Ä., ›Denkwürdigkeiten brandenburgischer Fürsten‹ (1500), eine Geschichte der Hohenzollern vom Erwerb der Nürnberger Burggrafenschaft (1191) bis 1500.

Leopold von Wien, ›Österreichische Chronik von den 95

Herrschaften‹, eine zwischen ca. 1388 und 1394 entstandene Geschichte des Herzogtums Österreich, aus zahlreichen Quellen kompiliert und mit nicht weniger als 81 erfundenen Herrschergestalten ausgestattet. Die Zuweisung an den Verfasser ist umstritten.

Heinrich von Mügeln, Ungarnchronik (s. o. S. 53).

Michel Beheim (s. o. Kap. II), ›Buch von den Wienern‹, Beschreibung der Auseinandersetzungen zwischen Friedrich III. und den Wiener Bürgern (Herbst 1462); ›Buch von der Stadt Triest‹, eine auf Augenzeugenberichten beruhende Darstellung der Belagerung von Triest durch die Venezianer (1463); ›Pfälzische Reimchronik‹ (nach 1471), Geschichte des pfalzgräflichen Hauses unter teilweiser Verwendung der bayerischen Chronik des Andreas von Regensburg.

Gert van der Schüren (geb. 1411 in Xanten, gest. ca. 1490), ›Klever Chronik‹, Prosachronik der Grafen von Kleve bis zum Jahre 1451.

Eberhard Windecke (ca. 1380–1440), ›Denkwürdigkeiten zur Geschichte des Zeitalters Kaiser Sigmunds‹, z. T. auf Augenzeugenschaft beruhender Bericht über die Ereignisse während der Regierungszeit Sigmunds (1410–1437).

Veit Arnpeck (ca. 1435–1496), ›Chronica Baioariorum‹, eine Geschichte Bayerns von den Anfängen bis 1490, ca. 1494 abgeschlossen. Parallel zur lateinischen Version für die Gebildeten entstand eine deutsche, popularisierende Bearbeitung für Laien, 1493 abgeschlossen. Gleichzeitig entstand ein ›Chronicon Austriacum‹.

Hans Ebran von Wildenberg (1426 – ca. 1502), ›Chronik von den Fürsten aus Bayern‹, eine Geschichte der bayerischen Herrscherhäuser. Der Hauptteil behandelt die Genealogie der Wittelsbacher seit 1180 in allen Verzweigungen.

Konrad Stolle (ca. 1430–1505) ›Hand- und Hausbuch‹, eine thüringische Regionalgeschichte mit vielen kulturhistorisch bedeutsamen Details.

Wigand Gerstenberg (1457–1522), ›Landeschronik von Thüringen und Hessen‹, abgeschlossen nach 1515.

AUSGABEN: Ernst von Kirchberg: Neuere Ausgabe fehlt. – Thomas Lirer, Schwäbische Chronik. Hrsg. von E. Thurnher. 1962 (Vorarlberger Schrifttum 8). – Lit.: K. Graf, Exemplarische Geschichten. Thomas Lirers ›Schwäbische Chronik‹ und die ›Gmünder Kaiserchronik‹. 1987. – C. Höfler, Ritter Ludwigs von Eyb Denkwürdigkeiten brandenburgischer (hohenzollerischer) Fürsten. 1849. – Leopold von Wien: J. Seemüller, Österreichische Chronik von den 95 Herrschaften. 1909, Nachdr. 1974 (MGH Dt. Chroniken 6). – Michel Beheim: s.o. S. 99. – R. Scholten, Clevische Chronik. Nach den Originalhandschriften des Gert van der Schuren. 1884. – Eberhard Windeckes Denkwürdigkeiten zur Geschichte des Zeitalters Kaiser Sigmunds. Hrsg. von W. Altmann. 1893. – G. Leidinger, Veit Arnpeck, Sämtliche Chroniken. 1915 (Quellen und Erörterungen z. bayer. und dt. Geschichte NF 3). – Des Ritters Hans Ebran von Wildenberg Chronik von den Fürsten aus Bayern. Hrsg. von F. Roth. 1905, Nachdr. 1969 (Quellen und Erörterungen z. bayer. und dt. Geschichte NF 2,1). – Konrad Stolle, Memoriale. Thüringisch-erfurtische Chronik. Hrsg. von R. Thiele. 1900 (Geschichtsquellen der Provinz Sachsen 39). – Konrad Stolles thüringische Chronik. Hrsg. von L. F. Hesse. 1854, Nachdr. 1968. – H. Diemar, Die Chroniken des Wigand Gerstenberg von Frankenberg. 1909.

Eine besondere Rolle in der historischen Herrschaftslegitimation spielt die Chronistik des Deutschen Ordens. Geschichtsdarstellung wird hier zur Begründung eines im 14. Jahrhundert noch immer aktuellen kämpferisch-missionarischen Auftrags. Wie die Bibeldichtungen des Deutschen Ordens (s. u. Kap. IV) dienten die historiographischen Texte wohl der Tischlesung vor den Ordensrittern. Ausgangspunkt der deutschsprachigen Ordenschronistik ist die ›Kronike von Pruzinlant‹ des Nikolaus von Jeroschin. Die biographischen Daten Nikolaus' sind nur zu erschließen. Man vermutet ein Geburtsdatum um 1290. In den Deutschen Orden aufgenommen wurde er unter dem Komtur Gottfried von Heimberg (1326–1329). Da er den Bau der Marienburger Schloßkirche erwähnt (geweiht 1344), setzt man seinen Tod nach 1345 an. Es ist jedoch auch möglich, die einschlägige Stelle gut zehn Jahre früher zu datieren und damit eine Entstehung der Chronik zwischen 1331 und 1341 anzunehmen.

Nikolaus' ›Kronike‹ ist eine bearbeitende Übersetzung des ›Chronicon terrae Prussiae‹ (1326) des Deutschordenspriesters Peter von Dusburg. Für diese Arbeit hatte sich Nikolaus zuvor durch eine Vita des heiligen Adalbert qualifiziert. In knapp 30000 Versen schildert die Chronik die Geschichte des Deutschen Ordens vor 1230, die Eroberung Preußens und die bis in das 14. Jahrhundert andauernden Kämpfe gegen die Litauer.

Die gesamte deutschsprachige Chronistik des Ordens ist von Nikolaus von Jeroschin abhängig, so die ›Ältere Hochmeisterchronik‹ (zwischen 1433 und 1440), die ›Jüngere Hochmeisterchronik‹ (ca. 1492), Johann von Posilges Chronik von Preußen (deutsche Fassung ca. 1422).

Nikolaus' Chronik wurde 1464, da die Kenntnis des Dusburgschen Textes bereits verloren war, von dem Thorner Kaplan Konrad Gesselen wieder ins Lateinische übersetzt.

AUSGABEN: Die Kronike von Pruzinlant des Nicolaus von Jeroschin. Hrsg. von E. Strehlke. 1861, Nachdr. 1965, S. 219–648 (SS rerum Prussicarum I). – Nicolaus von Jeroschin, Sent Adalbrechtes leben. Hrsg. von E. Strehlke. 1863, Nachdruck 1965, S. 423–428 (SS rerum Prussicarum II). – Die ›Ältere Hochmeisterchronik‹. Hrsg., eingeleitet und kommentiert von M. Töppen. 1866, Nachdruck 1965, S. 519–709 (SS rerum Prussicarum III). – ›Jüngere Hochmeisterchronik‹: Ausgabe fehlt. – Johann von Posilge, Preußische Chronik. Hrsg. von E. Strehlke. 1866, Nachdr. 1965, S. 79–388 (SS rerum Prussicarum III).

Eine Sonderstellung in der Regionalgeschichtsschreibung nimmt die Chronistik der Schweizer Eidgenossenschaft ein. Ihre vielfältigen Ausprägungen, Verästelungen und Kontaminationen eint die Tendenz, die heroische Geschichte der Loslösung der Eidgenossenschaft vom Reich zum Instrument der Identifikation, zum einheitsstiftenden Moment zu machen. Eine ausgeprägt tendenziöse, auf die Weckung von Emotionen zielende Art des Berichtens ist daher nicht selten. Charakteristisch dafür ist die Manier, eine Vielzahl historisch berichtender oder agitierender Lieder in den Text der Chroniken einzuschalten.

LITERATUR: W. Muschg u. A. Geßler, Die schweizer Bilderchroniken des 15. und 16. Jahrhunderts. 1942. – R. Feller, E. Bonjour, Geschichtsschreibung der Schweiz. Bd. 1 u. 2: Vom Spätmittelalter zur Neuzeit. 1962. – J. P. Bodmer, Chroniken und Chronisten im Spätmittelalter. 1976.

1420 beauftragte der Rat der Stadt Bern seinen ehemaligen Stadtschreiber Konrad Justinger mit der Abfassung einer amtlichen Chronik der Stadt. Konrad Justinger stammt aus Rottweil. Als Notar ging er um 1390 nach vorherigem Aufenthalt in Straßburg nach Bern, wo er 1400 als Stadtschreiber fungiert. Die ›Berner Chronik‹ verfaßte er in den zwanziger Jahren. Bald darauf scheint er nach Zürich gezogen zu sein; dort ist er 1438 gestorben.

Die Chronik berichtet gemäß dem Auftrag, *geschicht und harkommenheit* der Stadt darzustellen, die Berner Kantonsgeschichte von 1152 bis 1421 aufgrund älterer Quellen und vor allem durch Auswertung von Dokumenten aus dem Stadtarchiv. Prinzipien der Weltchronistik schlagen insofern durch, als die Berner Geschichte zum Bestandteil eines übergreifenden göttlichen Heilsplans gemacht wird und dadurch zugleich Sinngebung und Legitimation erhält.

AUSGABE: Die Berner Chronik des Conrad Justinger. Hrsg. von G. Studer. 1871. – LITERATUR: H. Strahm, Der Chronist Conrad Justinger und seine Berner Chronik von 1420. 1978.

1483 integrierte Diebold Schilling d. Ä. (ca. 1430–1486), ebenfalls Schreiber in Bern, Justingers Chronik als ersten Teil in seine ›Berner Chronik‹, in der er als Augenzeuge von den Burgunderkriegen berichtet. Auch dieses Geschichtswerk ist im amtlichen Auftrag des Berner Rats verfaßt und von ihm zensuriert worden. Diebold Schillings Chronik verdankt, ebenso wie die amtliche Luzerner Chronik (1513) seines gleichnamigen Neffen (Diebold Schilling d. J. 1460– ca. 1520), ihre Bedeutung nicht zuletzt der reichen Ausstattung mit Illustrationen, an denen beide Autoren möglicherweise mitgearbeitet haben. Die beiden Chroniken enthalten zusammen über 1000 Bilder, die eine Fülle kulturhistorisch interessanter Details festhalten.

AUSGABE: G. Tobler, Diebold Schillings Berner Chronik 1468–84. 2 Bde 1897–1901. – FAKSIMILES: Diebold Schilling, Berner Chronik. Bearbeitet von H. Bloesch u. P. Hilber. 4 Bde, 1943–1945. – Diebold Schilling d. J., Luzerner Chronik. Hrsg. von A. A. Schmid, 1977. – Diebold Schilling, Luzerner Bilderchronik 1513. Bearbeitet von R. Durrer u. P. Hilber, 1932.

Den Höhepunkt der eidgenössischen Geschichtsschreibung bildet im 16. Jahrhundert das monumentale ›Chronicon helveticum‹ des Glarner Patriziers Aegidius Tschudi (1505–1572), in dem mit den Mitteln wissenschaftlicher Historiographie die Legitimität des eidgenössischen Freiheitsanspruchs belegt werden soll. Dieser Grundgedanke organisiert die gesamte Darstellung, auch die zahlreichen Erfindungen und historischen Entstellungen des Autors. Der Tendenz zur Popularität in Verbindung mit dem humanistischen Anspruch an rhetorische Vervollkommnung verdankt das Werk seine erzählerische Lebendigkeit. Noch im 18. Jahrhundert galt es als die Darstellung schweizerischer Geschichte schlechthin. 1734 ist es gedruckt worden; diese Ausgabe nutzte Schiller für seinen ›Wilhelm Tell‹.

AUSGABE: Aegidius Tschudi, Chronicon helveticum. Hrsg. von P. Stalder u. B. Stettler. 1968ff. (Quellen zur Schweizer Geschichte NF 1. Die Ausgabe ist auf 13 Bde u. 2 Ergänzungsbde geplant). – LITERATUR: F. Gallati, Aegidius Tschudi als Chronist. Jahrbuch des hist. Vereins des Kantons Glarus 58 (1957/58), S. 100–110.

Weitere Chronisten der Schweizer Eidgenossenschaft

Hans Fründ (Anf. 15. Jahrhundert – 1469, Luzern), 1436–1453 Landschreiber in Schwyz, danach Gerichtsschreiber in Luzern; Chronik des alten Zürichkrieges aus schwyzer Perspektive.

Elogius Kiburger (1446 erstmals bezeugt als Leutpriester in Einingen, gestorben vor 1506 in Bern); ›Strätlinger Chronik‹ (abgeschlossen nach 1464), eine Geschichte des Geschlechts der Herren von Bubenberg unter reichlicher Verwendung von Sagen und Legenden.

Petermann Etterlin (1430/40 – ca. 1509), Teilnehmer am Burgunderkrieg, seit 1495 Gerichtsschreiber in Luzern. Seine 1505 bis 1507 geschriebene ›Kronika von der loblichen Eydtgnoschaft, jr harkommen und sust seltzam strittenn und geschichten‹ ist das erste gedruckte Geschichtswerk der Schweiz.

Thüring Fricker (ca. 1429–1519), seit 1470 Stadtschreiber in Bern, ›Chronik des Twingherrenstreits‹.

Benedict Tschachtlan (gest. 1493), Ratsherr in Bern. Zusammen mit Heinrich Dittlinger hat er eine ›Berner Chronik‹ verfaßt, die eine Art Verschnitt aus Fründ, Justinger und der ›Kleinen Berner Chronik‹, einem Jugendwerk Diebold Schillings, darstellt. Wie Schillings amtliche Berner Chronik enthält das Werk zahlreiche Illustrationen, möglicherweise von Tschachtlans Hand.

Gerold Edlibach (1456–1530), lange Zeit Mitglied des Kleinen Rats und Inhaber mehrerer städtischer Ämter in Zürich. Seine 1485 begonnene und von ihm selbst illustrierte ›Zürcher- und Schweizerchronik‹ führt er bis in sein Todesjahr fort.

Werner Schodeler d. Ä., bezeugt 1481 als Kanzleigehilfe in Bern, seit 1514 Stadtschreiber und Schultheiß in Bremgarten, gestorben 1540. Seine ›Eidgenössische Chronik‹ benutzt Schillings Geschichtswerk und führt es bis 1525 fort. Wie dieses ist Schodelers Chronik reich illustriert. Sein Sohn Werner d. J. folgt ihm im Amt; von 1566 bis 1577 führt er Tagebuch über die politischen Ereignisse.

Hans Lenz s. u. Kap. V, S. 320.

AUSGABEN: Ch. I. Kind, Die Chronik des Hans Fründ. Landschreiber zu Schwyz. 1875. – Elogius Kiburger: J. Baechtold, Die Stretlinger Chronik. Ein Beitrag zur Sagen- und Legendengeschichte aus dem 15. Jahrhundert. 1877 (Bibliothek älterer Schriftwerke der deutschen Schweiz und ihres Grenzgebietes 1). – Petermann Etterlin, Kronika von der loblichen Eydtgnoschaft. Hrsg. von E. Gruber. 1965 (Quellenwerke zur Entstehung der Schweizerischen Eidgenossenschaft Abt. III, Bd. 3). – Thüring Fricker, Der Twingherrenstreit 1470. Hrsg. von G. Studer. In: Quellen zur Schweizerischen Geschichte 1, 1877, S. 1 bis 187. – G. Studer, Die Berner Chronik des Benedikt Tschachtlan nebst den Zusätzen des Diebold Schilling. Ebd. – Faksimile: Benedict Tschachtlan, Berner Chronik 1470. Bearbeitet von H. Bloesch, L. Forrer u. P. Hilber. 1933. – Gerold Edlibach: J. M. Usteri, Mitteilungen d. antiquar. Ges. Zürich 4 (1847), S. 1–253. – Werner Schodeler d. Ä.: Ausgabe fehlt. – Werner Schodelers des Jüngeren Tagebuch. Hrsg. von Walther Merz. In: Taschenbuch der Hist. Gesellschaft Aargau 1904, S. 77–164.

8. Autobiographie und Familienchronik

Autobiographie im späten Mittelalter ist nicht in erster Linie subjektivistische Introspektion und Selbstdarstellung oder Selbstfeier des Individuums. Wie die Geschichtsschreibung dient sie der Standortbestimmung, der Orientierung, inwiefern der eigene Lebenslauf in übersubjektive Ordnungen einzubinden ist. Gerade nicht die Darstellung des Außerordentlichen in der eigenen Vita ist das Ziel, sondern der Erweis des Exemplarischen für sich und die Nachkommenschaft. Rechenschaft ablegen über das eigene Leben heißt, es als musterhaft zu erweisen im Sinne der Übereinstimmung mit vorgegebenen Verhaltens- und Lebensmustern. Ob die Herstellung solcher Identität gelingt, oder ob das Eindringen subjektiver Perspektiven Distanzen schafft, ist ein wichtiger Indikator für Veränderungen von Gesellschaft und Mentalitäten. Eine Gesamtdarstellung der spätmittelalterlichen Autobiographie unter dem Gesichtspunkt der Ausbildung subjektiver Sehweisen und Normen ist daher ein dringendes literarhistorisches Desiderat.

LITERATUR: Allgemeines: G. Misch, Geschichte der Autobiographie. 4 Bde, 3. Aufl. 1949ff. – H. Wenzel, Zu den Anfängen der volkssprachigen Autobiographie im späten Mittelalter. Daphnis 13 (1984), S. 59–75.– SAMMELAUSGABEN: Die Autobiographie des späten Mittelalters und der frühen Neuzeit. Hrsg. von H. Wenzel. 2 Bde, 1980. – M. Beyer-Fröhlich, Aus dem Zeitalter des Humanismus und der Reformation. 1931 (DLE, Reihe Deutsche Selbstzeugnisse, Bd. 4).

Das Bedürfnis nach Einbindung der Selbstdarstellung in übergreifende Zusammenhänge macht eine streng kategoriale Scheidung der Autobiographie von »Denkwürdigkeiten« (der annalistischen Aufzeichnung selbsterlebter Zeitgeschichte) und tagebuchartigen Dokumentationen von bedeutenden Episoden aus dem eigenen Leben weder möglich noch sinnvoll. Nicht zufällig sind die beiden frühesten deutschsprachigen Autobiographien Bestandteile von Lokalchroniken: die von Ulman Stromer (1329–1407) und von Burghard Zink (1396–1474/75).

Ulman Stromer entstammt einer reichen Nürnberger Patrizierfamilie, die schon vor Mitte des 14. Jahrhunderts eine Handelsgesellschaft gegründet hatte und im oberpfälzischen Bergbau engagiert war. In seiner Jugend hat Stromer vermutlich mehrere Jahre in Italien zwecks kaufmännischer Ausbildung verbracht. Zwischen 1386 und 1405 war er mehrfach Mitglied des Nürnberger Rates und zeitweilig Bürgermeister. 1392 nahm er, nach eigenem Bekunden, die erste Papiermühle im deutschsprachigen Raum in Betrieb. Ein Jahr später übernahm er die Leitung des Handelshauses. Am 3. April 1407 ist er an der Pest in Nürnberg gestorben.

AUSGABE: Ulman Stromers ›Puechel von meim geslecht und von abentewr‹ 1349–1407. Hrsg. v. K. Hegel. In: Chroniken der deutschen Städte Bd. 1, 1862, Nachdr. 1961, S. 1–312.

Ulman Stromer hat sein ›Puechel von meim geslecht und von abentewr‹ 1360 begonnen, sein Hauptteil stammt aus den Jahren 1385–1395, ein Nachtrag von 1400. Es ist integriert in einen Bericht stadt- und reichsgeschichtlicher Ereignisse zwischen 1349 und 1401. Im Mittelpunkt stehen nicht die eigene Person und das Bedürfnis nach Selbsterforschung, sondern Nachrichten über Herkommen, Familie und Verwandtschaft; Dokumente über einen Wappenstreit werden zitiert, wichtige Geschäftsdaten festgehalten, und den Abschluß bildet der Bericht über *mein mulwerk,* die Papiermühle, und *umb daz wasser daz auf die mul get.* Für die kaufmännisch-patrizische Existenz wesentliche Sachverhalte werden als Dokumentation und zur Orientierung für sich selbst und die Nachkommen festgehalten.

Burghard Zink ist 1396 als Sohn eines Kleinkaufmanns in Memmingen geboren. 1407 wandert er ins Herzogtum Krain und findet Aufnahme bei seinem Onkel, Dorfpfarrer in Rieg. Zink besucht die Lateinschule bis 1414 und soll auf die Universität Wien geschickt werden. Er scheut jedoch die geistliche Laufbahn. Von seinem enttäuschten Onkel enterbt und von seiner inzwischen zerfallenen Familie in Memmingen nicht mehr aufgenommen, findet sich Zink mittellos auf der Straße wieder und muß als bettelnder Schüler in Schwaben umherziehend sein Leben fristen. 1419 findet er eine Stellung als Faktor bei dem Augsburger Kaufmann Jos Kramer, wird aber ein Jahr darauf wieder entlassen, weil er ohne Einwilligung seines Dienstherrn dessen Magd Elisabeth geheiratet hat. Das Ehepaar bringt sich mit Lohnschreiberei und Spinnarbeiten durch. Kramer stellt ihn schließlich wieder ein, und es gelingt ihm, durch Handelsgeschäfte ein kleines Vermögen zu erwerben, mit dem er auf eigene Faust und durch Beteiligung an Handelsgesellschaften Geschäfte macht. 1440 kann er ein Haus in der Weiten Kirchgasse kaufen und 1444 ein weiteres in der Judengasse; er verkauft es mit Profit weiter und wird Besitzer mehrerer weiterer Häuser. In den folgenden Jahrzehnten versieht Zink mehrere öffentliche Ämter. 1468 schließt er die Arbeit an der Augsburger Chronik ab, sein Todesdatum dürfte in die Jahre 1474/75 fallen.

Ausgabe: Chronik des Burkard Zink 1368–1468. Hrsg. von C. Hegel. In: Die Chroniken der deutschen Städte Bd. 5, 1866, Nachdr. 1965.

Zinks Autobiographie ist als *besunder buech* hinter das zweite Kapitel der Augsburger Stadtchronik eingeschaltet. Den Hauptteil des *besunder buech, wie ich Burkhart Zingg von meinen kintlichen tagen gelept und wes ich mich genietet han und wie es mir gangen ist,* bildet die Erzählung seiner Jugendschicksale bis zu seiner bürgerlichen Etablierung in Augsburg 1440. Daran schließt sich eine lakonische Aufzählung der Lebensdaten seiner vier Frauen und zahlreichen Kinder, seines Verhältnisses zu einem *torenden freulin* und der wichtigsten Stationen seiner bürgerlichen Existenz.

Zinks Lebensbeschreibung ist trotz aller subjektiven Reflexion keine Persönlichkeitsdarstellung, sondern – schon durch ihre Einbindung in die Stadtchronik – der exemplarische Erweis der in der Geschichte des Aufsteigers sich manifestierenden Güte Gottes und einer vorbildhaften Existenz, der es trotz Irrtümern und Fehlern gelingt, sich aus einer scheinbar hoffnungslosen Situation zu geachteter und etablierter sozialer Stellung hochzuarbeiten.

Konservativeren Deutungs- und Identifikationsmustern sind die Lebensbeschreibungen des Adels verpflichtet. Sie orientieren sich an den traditionellen Leitbildern des Rittertums. In höfischer Erziehung als Knappen, in Waffentaten und Abenteuern erweisen sich vornehmlich Angehörige des niederen Adels als statuskonform. Die auf den Typus des literarischen Ritters hin stilisierte Darstellung eigenen Handelns gewinnt übersubjektive Verbindlichkeit als Sicherung einer durch Territorialherren und Städte gleichermaßen gefährdeten gesellschaftlichen Stellung und wird damit zugleich exemplarisch, *aller jungen ritterschaft zu ainer leer, exempel* (Wilwolt von Schaumburg – s. u. –, *Vorred*).

Die älteste erhaltene Adelsautobiographie stammt von dem schwäbischen Reichsritter Georg von Ehingen (1428–1508). Der Autor, geb. 1428, stammt aus einem in Kilchberg bei Tübingen ansässigen Adelsgeschlecht. Als Knappe kommt er an den Innsbrucker Hof Herzog Siegmunds von Tirol. Nach einem Aufenthalt am Rottenburger Hof führt ihn die Suche nach militärischen Abenteuern nach Rhodos, Frankreich, Spanien und Portugal (1454–1459). 1460 steht er im Dienst des Grafen Eberhard von Württemberg und ist seitdem ständig in wichtigen Funktionen an der landesherrlichen Regierung beteiligt. Am 21. September 1508 ist er in Kilchberg gestorben.

AUSGABE: G. Ehrmann, Georg von Ehingen, Reisen nach der Ritterschaft. 1979; Bd. 1: Text, Bd. 2: Erläuterungen und Untersuchungen.

In seiner Lebensbeschreibung beschränkt sich Georg von Ehingen auf die Darstellung seiner Knappenschaft und seiner militärischen Unternehmungen, die er nach dem Muster des fahrenden Ritters im höfischen Roman gestaltet. Der allenthalben herrschende Friedenszustand läßt ihn fürchten, sich zu *verligen* wie Erec (s. Bd. 2): *Esz war och guoter frid in allen rychen der kristenhait. Also ward ich gedenken, das mier nit nutz wer, mein zyt also zuo verlieren und still zu ligen.* Sein Leben wird bedeutend und vorbildhaft nicht etwa durch seine diplomatische und politische Tätigkeit, sondern durch jene Episoden, die eine Identifikation mit dem traditionellen literarischen Bild ritterlicher Existenz ermöglichen.

In anderer Weise exemplarisch verläuft das Leben des Johannes von Soest (1448–1506). Wie bei Burkhard Zink ist es die Geschichte eines Aufsteigers aus niedrigen sozialen Verhältnissen zu angesehener gesellschaftlicher Stellung, hier jedoch nicht mit Hilfe von Handel und Kapital, sondern auf dem Weg über Kunst und Wissenschaft. Johannes von Soest wurde 1448 in Unna als Sohn eines Steinmetzen geboren. Nach dem Tode seines Vaters 1451 verzog die Familie nach Soest, wo er wegen seiner schönen Stimme mit neun Jahren Kurrendaner am Patroklusstift wurde. Etwa 1460 wurde er von Herzog Johann I. von Kleve entdeckt und gegen den Widerstand seiner Mutter Mitglied von dessen Hofkapelle und als Sänger ausgebildet. Nach mehreren Zwischenstationen ging er 1472 als auf Lebenszeit bestallter Sängermeister, also Leiter der kurfürstlichen Kapelle, an den Heidelberger Hof. Vier Jahre darauf begann er in Heidelberg mit einem Medizinstudium, das er mit einem Stipendium seines Dienstherrn in Pavia fortsetzte. Auseinandersetzungen am Hof veranlaßten ihn, sein musikalisches Amt aufzugeben; 1495 wurde er Stadtarzt in Worms, 1499 in Oppenheim. Ein Jahr später ließ er sich als Arzt in Frankfurt nieder, wo er am 2. 5. 1506 starb und in der Bartholomäuskirche begraben wurde.

Johannes von Soest hat seine gereimte Lebensbeschreibung zu Beginn des Jahres 1505 vollendet. Seine Darstellung wird zum moralischen Exempel für den Wandel vom leichtsinnigen, den Lastern des Hoflebens verfallenen jungen Mann zur sittlich geläuterten, nur dem Willen Gottes ergebenen Persönlichkeit. Die Schrift ist zur Belehrung der Jugend und wohl vornehmlich der eigenen Kinder gedacht.

Noch weitere acht Werke stammen aus der Feder des Johannes von Soest:

›Die Kinder von Limburg‹, ein aus dem Mittelniederländischen frei übertragener Roman von 1480. Das Widmungsexemplar, heute in der Universitätsbibliothek Heidelberg, weist den Kurfürsten Philipp den Aufrichtigen als Empfänger aus.

›Die gemeyn bicht‹, 1483, ein Buch, *vss welchem man so ordenlich bichten lern,* wahrscheinlich ebenfalls für den Kurfürsten bestimmt.

Ein 1494 vollendetes ›Libellus salutis; pars prima: de regimine suipsius‹. Das Werk war wohl als Bestandteil einer umfassenden Abhandlung gedacht, deren dritten Teil eine deutsche »Stadtregimentsschrift« bildet:

›Wy man wol ein statt regyrn sol‹, 1495.

›Eyn Spruchgedicht zu lob und eer der Statt Franckfortt‹, 1501.

Verloren sind eine musiktheoretische Abhandlung ›De musica subalterna‹, ›Eyn satzung wy dy Mutter Gottz Maria on erbsond ontphangen ist‹ (1502) und ein Evangelienkommentar.

Ausgaben: Lebensbeschreibung in: Fichards Frankfurtisches Archiv f. ältere deutsche Litteratur und Geschichte 1 (1811), S. 84–139. – Johannes von Soest, Die Kinder von Limburg. Hrsg. von M. Klett. 1975 (Wiener Arbeiten z. germ. Altertumskunde u. Philologie 4). – ›Dy gemeyn bicht‹. Hrsg. von K. v. Bahder. Germ. 33 (1888), S. 129–158. – ›Libellus salutis‹: Ausgabe fehlt. – ›Wy man wol ein statt regyrn sol‹. Hrsg. von G. Ketterer. 1974 (masch.) – ›Spruchgedicht zu lob und eer der Statt Franckfortt‹. Fichards Archiv, s.o., S. 77–83.

Der einzige autobiographische Bericht einer Frau aus dem 15. Jahrhundert (die mystischen Schwesternviten ausgenommen, s. u.) stammt von der Kammerfrau der Königin Elisabeth, der Gemahlin Albrechts II., Helene Kottanner. Die Autorin stammt aus dem ungarischen Kleinadel. Nach dem Tod ihres ersten Mannes, eines Patriziers aus Ödenburg, heiratet sie 1432 einen Wiener Bürger. Seit 1436 ist sie Kammerfrau Elisabeths. Nach dem Tod der Königin, 1442, kehrt sie nach Wien zurück, wo sie bis 1470 bezeugt ist.

In ihren ›Denkwürdigkeiten‹ schildert sie ihre Beteiligung an einer spannenden Herrschaftsintrige: nach dem Tode Albrechts entführt sie aus der vom ungarischen Adel bewachten Plintenburg die ungarische Stephanskrone, mit der der eben geborene Ladislaus posthumus gekrönt wird. Eine Verheiratung der Königin mit dem König von Polen wird so verhindert und die Herrschaft für den Sohn Albrechts gerettet. Helene Kottanners Bericht ist unmittelbar nach den Ereignissen, 1440, diktiert.

Ausgabe: Die Denkwürdigkeiten der Helene Kottanerin (1439–1440). Hrsg. von K. Mollay. 1971, S. 9–64 (Wiener Neudrucke 2).

Zeitgeschichte, reflektiert in persönlichem Erleben und Engagement, stellen die ›Denkwürdigkeiten‹ der Charitas Pirckheimer (1647–1532), der Schwester des Nürnberger Humanisten Willibald Pirckheimer, dar. Charitas Pirckheimer war die hochgebildete Äbtissin des Nürnberger Klosters St. Clara. Ihre ›Denkwürdigkeiten‹ dokumentieren detailliert ihren Kampf für die Bewahrung des Klosters und des alten Glaubens vor der *lutterey*. Sie sind im Sinne eines großen Rechenschaftsberichts vor

Gott und den Menschen Darstellung persönlichen Verhaltens, nicht aber um der Person selbst, sondern um der Sache willen, für die sie sich einsetzt, der Treue zum Gelübde und zu in Frage gestellten Lebensformen.

AUSGABE: Die Denkwürdigkeiten der Charitas Pirckheimer. Hrsg. von J. Pfanner, 1962. – Die Denkwürdigkeiten der Äbtissin Caritas Pirckheimer. Hrsg. von F. Renner. 1982. – LITERATUR: M. Samuel, L'abbesse Caritas Pirckheimer, une figure féminine de l'humanisme allemand au XVIe siècle. Le texte et l'idée 1 (1986), S. 1–34.

Im Aufstieg aus ärmlichsten Verhältnissen zu geachteter akademischer Stellung ähnelt der Lebenslauf des Hirtenjungen Thomas Platter (1499–1582) dem des Johannes von Soest. Aber ein dreiviertel Jahrhundert später hat sich der Blick auf das eigene Leben in charakteristischer Weise verändert: im Lebenslauf interessiert nicht das Moralisch-Exemplarische, also das Über-Subjektive, sondern die selbstbewußte Darstellung der eigenen Leistung; eine Gelehrtenbiographie, die gleichzeitig persönliche Legitimation gegenüber den formal besser ausgewiesenen akademischen Kollegen bedeutet.

Thomas Platter ist am 10. 2. 1499 als Sohn eines Bergbauern in Grenchen, Kanton Wallis, geboren. Nach dem frühen Tod des Vaters müssen sich die Kinder bei Bauern verdingen. Thomas wird mit sechs Jahren Ziegenhirt. Mit neun Jahren lernt er mit Hilfe eines Verwandten Lesen und Schreiben. Kurz darauf zieht er als »fahrender Schüler« davon, offenbar auch, um den brutalen Mißhandlungen durch seinen Dienstherrn zu entgehen. Mehrere Jahre zieht er bettelnd und von *bacchanten* (älteren Studiensemestern) ausgebeutet durch ganz Deutschland. 1517 beginnt er ein Studium der Klassischen Philologie in Schlettstadt, das er in Solothurn und Zürich fortsetzt. Unter dem Einfluß Zwinglis gibt er seine Absicht, Priester zu werden, auf und beginnt eine Seilerlehre. Als Geselle in Basel führt er neben seiner Arbeit sein Studium fort und übernimmt einen Lehrauftrag für Hebräisch an der Universität. Über verschiedene Lehrämter und die zeitweise Betätigung als Drucker gelingt es ihm, sich akademisch zu etablieren. Obwohl er keinerlei formalen Studienabschluß vorweisen kann, wird er 1541 zum Rektor der städtischen Lateinschule in Basel ernannt, ein Amt, das er bis 1575 innehat.

Seine Autobiographie hat Platter im Februar 1572 in 16 Tagen auf Veranlassung seines Sohnes Felix, Medizinprofessors und

Stadtarztes von Basel, niedergeschrieben, als familiäres Erinnerungsbuch, *des glichen ouch* [für] *andre verriempte und glerte menner, die vor ettlich iaren in ir iugent mine discipuli gsin sind.*

AUSGABEN: Thomas Platter, Lebensbeschreibung. Mit einem Vorwort von W. Muschg. Hrsg. von A. Hartmann. 1944. – Thomas Platter, Hirtenknabe, Handwerker, Humanist. Die Selbstbiographie. Bearbeitet von H. Boss. 1988.

Zusammen mit den Autobiographien seines Sohnes Felix (1536–1614) und seines Sohnes aus zweiter Ehe Thomas (s. u.) stellt Thomas Platters Lebensbeschreibung eine sehr private Art der Familienchronik dar.

Genealogischer Repräsentation und Legitimation dient hingegen die gewaltige Familienchronik der Grafen von Zimmern, die die erfolgreiche Reorganisation einer zerfallenen Territorialherrschaft um die Mitte des 16. Jahrhunderts literarisch-historisch überbaut. Der Tradition des spätmittelalterlichen höfischen Romans folgend wird die Darstellung der Ereignisse auf literarische Muster hinstilisiert. Als alleiniger Verfasser der Chronik gilt heute Graf Froben Christoph von Zimmern (1519 bis 1566). Nach einem Jurastudium in Bourges, Paris, Angers und Löwen tritt er 1548/53 das Familienerbe an und widmet sich energisch und erfolgreich der Wiederherstellung der zerfallenen Zimmernschen Herrschaft.

AUSGABEN: Zimmerische Chronik. Hrsg. von K. A. Barack. 4 Bde, 2. Aufl. 1881/82. – Froben Christoph von Zimmern, Chronik der Grafen von Zimmern. Hrsg. von H. Decker-Hauff. Bd. 1, 1964, 4. Aufl. 1978; Bd. 2, 1967, 2. Aufl. 1973; Bd. 3, 1972. – LITERATUR: B. R. Jenny, Graf Froben Christoph von Zimmern. 1959.

Die Chronik, deren Abfassung sich sicher über einen längeren Zeitraum erstreckt hat, schildert Familiengeschichte, eingebunden in Territorialgeschichte, vom Ausgang des 15. Jahrhunderts bis 1558. Sie kann weder inhaltlich noch formal als abgeschlossen gelten, sondern spiegelt in ihrer Offenheit für Nachträge und Fortsetzungen die allmähliche Zusammenstellung aus Urkundenmaterial, Tagebuchaufzeichnungen und Nachrichten Dritter. Viele Episoden werden in literarisierter Form erzählt, als Schwänke oder Fazetien, von denen der Verfasser sich eine eigene Sammlung als eine Art Musterbuch angelegt hatte. Der Restauration von Herrschaft entspricht so ein restaurativer Zug der Darstellung, die bei aller detailreichen Privatheit Geschehen immer wieder zurückbindet in überpersönliche, traditionell sanktionierte Muster.

Weitere Autobiographien des 15. und 16. Jahrhunderts

Wilwolt von Schaumburg (1446–1510), Lebensbeschreibung eines schwäbischen Kleinadligen, abgeschlossen 1507, in Machart und Tendenz eng verwandt mit der Darstellung Georgs von Ehingen.

Ludwig von Diesbach (1452–1527), Angehöriger einer in den Geldadel des 15. Jahrhunderts aufgestiegenen Familie. Die Autobiographie bricht etwa 1520 ab; sie ist bestimmt von »apologetische(m) Interesse« und dem Bedürfnis, »ein sanktioniertes Selbstbild zu tradieren« (Wenzel).

Christoph von Thein (1453–1520/30), ein böhmischer Kleinadliger, der 1516 seine Autobiographie abschließt *mir nicht zum ruhm oder edelkeit, allein ob meine kinder vndt söhne ... nach mir anzeigung finden, das ich mich gueter ehrlicher dinst gebraucht vndt geflissen vndt weit gesucht hab, vndt nicht mit schiessen, rauben, blacken vndt pößlich mein vermögen, woll sie klein ist, vberkommen hab.*

Michel von Ehenheim (1463–1518), Angehöriger einer fränkischen Adelsfamilie; annalistische Reihung als bedeutend empfundener biographischer Ereignisse, verfaßt zwischen 1515 und 1518.

Albrecht Dürer (1471–1528), Tagebuch der Reise in die Niederlande von 1520/21.

Konrad Pellikan (1478–1556), ein zum Protestantismus übergetretener Franziskaner, Theologe und Hebraist in Zürich. Eine *chronicon* betitelte lateinische Gelehrtenbiographie, 1544 als Erinnerungsbuch für Sohn und Enkel verfaßt.

Götz von Berlichingen (1480–1562), ›Denkwürdigkeiten‹, gegen Ende seines Lebens verfaßt, vornehmlich zur Rechtfertigung seiner Rolle als Anführer der Odenwälder Bauern in den Bauernkriegen.

Lucas Rem (1481–1542), Angehöriger einer Augsburger Patrizierfamilie, eine Art Buchführung über das von Ökonomie und Handel bestimmte Leben.

Johannes Butzbach (1478–1526), geboren in Miltenberg. Als »Bacchant« zog er mit einem Studenten durch Süddeutschland. Ab etwa 1494 lernte er in Aschaffenburg das Schneiderhandwerk. Nach seinem Eintritt als Laienbruder bei den Benediktinern zog er auf die Hegius-Schule in Deventer (s. u. Kap. VI).

1500 trat er in das Kloster Maria Laach ein, wo er um 1503 zum Priester geweiht wurde. Sein ›Hodoeporicon‹ von 1506 schildert anschaulich seine Schüler- und Wanderjahre bis zum Eintritt ins Kloster.

Siegmund von Herberstein (1486–1566), adliger Diplomat im Dienste Maximilians I.; bis 1553 reichende Lebensbeschreibung mit Erinnerungen an diplomatische Reisen nach Rußland, Dänemark, die Niederlande und Spanien. Berühmt wurde sein historisch-geographisches Werk über Rußland ›Rerum moscovitarum commentarii‹, 1549, ins Deutsche übersetzt 1557.

Johannes Oldecop (1493–1574), Domdechant in Hildesheim. ›Chronik‹, Schilderung der Reformation und ihrer Folgen aus subjektivem Erleben mit entschieden gegenreformatorischer Tendenz.

Sebastian Schertlin von Burtenbach (1496–1577), Landsknechtsführer, Stadthauptmann von Augsburg, Kaufmann und Grundbesitzer; stark chronikalisch geprägte Aufzeichnung seiner zahllosen militärischen Unternehmungen, ca. 1560.

Johannes Kessler (1502/03–1574), akademischer Aufsteiger wie Platter, Studium in Basel und Wittenberg; Sattler, Lehrer und Prediger in Sankt Gallen. Schilderung der Reformationszeit in Sankt Gallen aus persönlicher Sicht und Betroffenheit, 1539.

Hermann Weinsberg (1518–1598), Kölner Patrizier und Ratsherr; ›Buch Weinsberg‹, eine Verbindung von Lokalgeschichte und Autobiographie.

Felix Platter (1536–1614), Sohn von Thomas Platter (s.o.), Arzt und Medizinprofessor, Bericht über seine Kindheit und seine Studienzeit in Montpellier. Dessen Stiefbruder

Thomas Platter (1574–1628), gleichermaßen Arzt und Medizinprofessor in Basel, Tagebuchnotizen über Studienreisen nach Frankreich, Spanien und England, zusammengestellt 1604/05.

Bartholomäus Sastrow (1520–1603), Jurist, 1555 Stadtschreiber, seit 1578 Bürgermeister von Stralsund; Familienchronik von 1595 aufgrund von Urkunden, Briefen und persönlichen Erinnerungen. Das Buch ist seinen *geliebte(n) generos, Töchter(n) vnd sämptliche(n) Kinder(n)* gewidmet.

Hans Ulrich Krafft (1550–1621), Kaufmann für das Augsburger Handelshaus Manlich, nach dem Bankrott der Firma und dreijähriger Schuldhaft in Tripolis städtischer Beamter in Geislingen. Seine ›Reisen und Gefangenschaft‹ schildern detailliert die Abenteuer des reisenden Handelsagenten in der Levante.

Hans von Schweinichen (1552–1616), schlesischer Landadliger und Hofbeamter der Herzöge von Liegnitz. ›Denkwürdigkeiten‹, Tagebuchaufzeichnungen aus den Jahren 1568–1602 unter der Perspektive der Selbstbeobachtung und Rechenschaftslegung.

AUSGABEN: Die Geschichten und Taten Wilwolts von Schaumburg. Hrsg. von A. Keller. 1859 (StLV 50). – Ludwigs von Diesbach, Herrn zu Landshut und Diesbach, Chronik und Selbstbiographie. In: Schweizerische Geschichtforscher, Bd. 8, 2, 1830, S. 161–215. – Die Selbstbiographie Christophs von Thein (1453–1516). Hrsg. von A. Wolf. Archiv f. Österr. Geschichte 53 (1875), S. 103–123. – Die Familienchronik des Ritters Michel von Ehenheim. Hrsg. von Ch. Meyer. Zs. f. deutsche Kulturgesch. NF 1 (1891), S. 69–96 und 121–146. – Albrecht Dürer, Tagebuch der Reise in die Niederlande. In: Schriftlicher Nachlaß. Hrsg. von H. Rupprich. Bd. 1, 1956, S. 146–202. – B. Riggenbach, Das Chronikon des Konrad Pellikan. 1877. – H. Ulmschneider, Götz von Berlichingen. Mein Fehd und Handlungen. 1981 (Forschungen aus Württembergisch Franken 17). – Faksimile des Drucks von Adam Jonathan Felßecker. Nürnberg 1731: Lebens-Beschreibung Herrn Gözens von Berlichingen. 1977. – Tagebuch des Lucas Rem aus den Jahren 1494–1541. Ein Beitrag zur Handelsgeschichte der Stadt Augsburg. Hrsg. von B. Greiff. 1861. – Johannes Butzbach: D. J. Becker. Chronica eines fahrenden Schülers. 1869, Neudr. 1922 [altertümelnde Übersetzung des lat. Textes]. – Johannes Butzbach, Wanderbüchlein. Hrsg., bearbeitet und mit einem Nachwort versehen von L. Hoffmann. 1985. – Th. G. v. Karajan, Selbst-Biographie Siegmunds Freiherrn von Herberstein 1486–1553. In: Fontes Rerum Austriacum I, 1, 1855, S. 67 bis 396. – H. Kauders, Moscovia von Herrn Sigmund Freiherr zu Herberstein. Aus dem Lateinischen übertragen von W. v. d. Steinen. 1926 (Der Weltkreis 1). – K. Euling, Chronik des Johannes Oldecop. 1891 (StLV 190). – Leben und Taten des weiland wohledlen Ritters Sebastian Schertlin von Burtenbach. Durch ihn selbst deutsch beschrieben. Hrsg. von E. Hegaur. (1910). – Felix Platter, Tagebuch (Lebensbeschreibung) 1536–1567. Hrsg. von Valentin Lötscher. 1976 (Basler Chroniken 10). – Thomas Platter d. J., Beschreibung der Reisen durch Frankreich, Spanien, England und die Niederlande, 1595–1600. Hrsg. von R. Keiser. 2 Bde, 1968 (Basler Chroniken 9). – Bartholomei Sastrowen Herkommen, Geburt und Lauff seines gantzen Lebens, aus der Handschrift hrsg. und erläutert von F. Mohnicke. 3 Bde 1823. – A. Cohn, Ein deutscher Kaufmann des 16. Jahrhunderts. Hans Ulrich Krafft's Denkwürdigkeiten. 1862 [Bearbeitung]. – E. Hegaur, Memorial. Buch der Fahrten und Taten des schlesischen Ritters Hans von Schweinichen. 1911.

IV. Geistliche Literatur im Spätmittelalter

1. Historische Grundlagen

Die das Hochmittelalter politisch bestimmenden Auseinandersetzungen zwischen Kurie und Imperium endeten in der Mitte des 13. Jahrhunderts mit der Niederlage des staufischen Kaisertums. Seither wurden die Tendenzen der römischen Kurie zum Ausbau einer päpstlichen Zentralgewalt immer stärker politisch und verwaltungstechnisch durchgesetzt. Unter dem Pontifikat Bonifaz' VIII. (1294–1303) erreichte der absolutistische Weltherrschaftsanspruch seinen Höhepunkt. 1302 erschienen drei Schriften, die juristisch-theologisch den päpstlichen Anspruch auf die *plenitudo potestatis,* die volle Gewalt über alle irdische Herrschaft und alles Eigentum, begründeten: eine Schrift des Kurienanwalts Henricus Casalorci, ›De regimine christiano‹ des Augustiners Jacopo Capocci und vor allem ›De ecclesiastica potestate‹ des Pariser Theologen Aegidius Romanus.

Diese Schriften sind die theoretische Grundlage nicht nur politischer Machtansprüche, sondern eines straffen Zentralismus der Kurie, der sich insbesondere fiskalisch auswirkte. Die *camera apostolica,* die päpstliche Finanzverwaltung, setzte ansehnliche Gebühren für Amtshandlungen fest und versuchte die »Annaten«, das ist die Hälfte der Einkünfte einer neubesetzten Pfründe im ersten Jahr, an sich zu ziehen.

Der absolute Machtanspruch des Papsttums rief jedoch außer- und innerkirchliche Widerstände hervor. Philipp der Schöne von Frankreich und Mitglieder des Kardinalskollegiums wehrten sich gegen die Herrschaft Bonifaz' VIII.; er wurde im Herbst 1303 gefangengesetzt und starb bald nach seiner Freilassung.

1305 wurde mit Clemens V. ein Franzose zum Papst gewählt. Er verlegte die Kurie nach Avignon, das bis 1378 ständiger Sitz des Kirchenoberhaupts wurde. In diesem Jahr führte eine Doppelwahl zur Spaltung der Kirche in ein italienisches und ein französisches Papsttum. Für die deutsche Kirche, die Romorientiert blieb, hatte die Kirchenspaltung zwar zunächst keine direkten politischen Folgen, das wachsende Unbehagen am Zustand der Kirche und die zunehmende Reformbedürftigkeit führten jedoch zu den beiden großen Reformkonzilien von Konstanz (1414–1418) und Basel (1431–1449). Ganz abgesehen von den unmittelbaren literarischen Reflexen – die lange währende internationale Versammlung von Gelehrten mit ihren Bibliotheken auf deutschem Boden ist von kaum zu überschätzender Bedeutung für den deutschen Frühhumanismus – und den institutionellen Veränderungen hatten die Konzilien ihre Folgen auch für das Bewußtsein der Laien. Mit den Konzilien geriet die Reformdiskussion wieder in die Hand und damit unter die Kontrolle der Kirche. Der Impetus der diffusen Reform- und Laienbewegungen des 14. Jahrhunderts erlahmte bzw. er konzentrierte sich in der hussitischen Bewegung und wurde in ihr gezielt bekämpfbar. Erst im letzten Jahrhundertdrittel erstarkte die inner- und außerkirchliche Kritik wieder und bereitete die Reformation vor. Literarisch sind diese Tendenzen ablesbar an einem Rückgang der geistlichen Laienliteratur im 15. Jahrhundert, die mit der des 14. quantitativ nicht vergleichbar ist.

Noch eine weitere indirekte Folge hatte die Kirchenspaltung: Innerhalb der Pariser Universität, die mehrheitlich dem avignonesischen Papsttum zuneigte, wurde die Theorie der römischen Partei führend von zwei deutschen Magistern vertreten: von Konrad von Gelnhausen mit seiner ›Epistola concordiae‹ (1380) und Heinrich von Langenstein mit der ›Epistola pacis‹ (1379). Die Niederlage der römischen Partei führte zu einem Exodus deutscher Gelehrter aus Paris; ohne ihn wäre die breite Welle von Universitätsgründungen um die Wende zum 15. Jahrhundert in Deutschland nicht möglich gewesen. Bis zu diesem Zeitpunkt gab es nur die beiden territorialfürstlichen Gründungen der Universitäten Prag (1348) und Wien (1365). Letztere wurde jedoch erst durch die Berufung Heinrichs von Langenstein 1384 reorganisiert und funktionstüchtig. Jetzt entstanden in schneller Folge die Universitäten Heidelberg (1386, unter entscheidender Mitwirkung Konrads von Gelnhausen, dessen Bibliothek den Grundstock der Heidelberger Universitätsbibliothek bildete), Köln (1388), Erfurt (1392), Würzburg (1402) und Leipzig (1405). Erstmals gab es akademisch-wissenschaftliche Institutionen auf deutschem Boden, mit unabsehbaren Folgen für die Aufnahme humanistischen Gedankenguts, deren Auswirkungen auf die Literatur allerdings erst langfristig spürbar wurden.

Die Vorgänge der europäischen Kirchenpolitik waren für den

einzelnen Bewohner einer spätmittelalterlichen Stadt oder gar eines Dorfes nur von mittelbarer Bedeutung. Sie trugen aber entscheidend zum Autoritätsverfall der Kirche bei. Kritik entzündete sich an punktuellen Ärgernissen, an Institutionen und Amtsträgern. Wenn die Konflikte in erster Linie in den Städten auftraten, hatte dies mehrfache Gründe. In den meisten Bischofsstädten war die Autonomie der städtischen Verwaltung und Gerichtsbarkeit im 13. Jahrhundert erst nach schweren und oft blutigen Auseinandersetzungen mit bischöflichen Machtansprüchen errungen worden. Dort, wo es zu einer Teilung der Kompetenzen gekommen war wie etwa in Köln – die Halsgerichtsbarkeit lag beim Bischof, für die minderen Delikte war der Rat zuständig –, waren ständige Kompetenzstreitigkeiten unvermeidbar. Der Klerus, der in einzelnen Städten bis zu zehn Prozent der Bevölkerung ausmachte, war eine Gruppe mit Sonderrechten: er genoß Steuerfreiheit und unterlag nicht der weltlichen Gerichtsbarkeit.

Ein besonderes Problem stellen die sozialen Unterschiede innerhalb des Klerus dar. Während die einträglichen Pfründen nach wie vor in der Regel Versorgungsstellen für nicht erbberechtigte Adlige waren, lebte der niedere Pfarrklerus in kaum vorstellbarer Dürftigkeit. Seine Haupteinnahmequelle, der Kirchenzehnte, wurde ihm häufig durch den Adel oder durch Klöster streitig gemacht, die ihrerseits oft kaum noch lebensfähig waren. Das einst so blühende Kloster Reichenau etwa bestand zu Beginn des 15. Jahrhunderts nurmehr aus einem Abt und zwei Konventualen. Der Bildungsstand der niederen Pfarrgeistlichen war beklagenswert, ihre Befähigung zur Ausübung des geistlichen Amtes gering. Ihrer Armut suchten sie trotz kirchlichen Verbots durch das Eintreiben von Stolgeldern – d.h. Gebühren für geistliche Verrichtungen – abzuhelfen; oft betätigten sie sich im Handel und Geldverleih. Zeitgenössische Visitationsberichte sind voll von Beschwerden über verkommene, trunksüchtige und sittenlose Kleriker. Mit solchen Zuständen war die Laienbevölkerung unmittelbar konfrontiert. Klagen in der volkssprachlichen Literatur betreffen daher selten Probleme der kirchlichen Organisation oder der kurialen Politik, sondern vielmehr stereotyp das Versagen und die Inkompetenz der Pfarr- und Klostergeistlichkeit und deren ausschließlich materielle Interessen: »Jeder Bauer will einen Geistlichen (in der Familie) haben, der sich mit Müßiggang ernährt, ohne Arbeit lebt und ein Herr ist. Nicht der Andacht oder des Seelenheils wegen, sondern um einen Herrn zu haben, der alle seine Geschwister ernähren könne. Deshalb läßt er ihn wenig lernen. Man sagt, es ginge leicht; er braucht keine größeren Kenntnisse zu haben als die, wie man eine Pfründe ergattert. Das geistliche Amt schätzt er so gering, als sei es etwas Leichtes. Darum findet man jetzt viele junge Geistliche, die sich die Seelsorge anmaßen, denen man doch kaum ein Vieh anvertrauen würde.« (Sebastian Brant, Narrenschiff)

Skepsis und Kritik gegenüber der Amtskirche und ihren Vertretern war in vielen Formen und in allen Schichten der Bevölkerung verbreitet. Dies war jedoch keinesfalls gleichbedeutend mit einer Minderung der religiösen Bedürfnisse. Das Gegenteil war der Fall: in dem Maße, wie die Kirche sich als unfähig erwies, auf die Veränderungen von Geschichte und Gesellschaft seelsorgerisch und orientierend zu reagieren, gewann eine religiöse Laienkultur an Bedeutung, die sich in unterschiedlichen Gemeinschaftsformen organisierte (s. Devotio moderna, »Gottesfreunde«, Bruderschaften) und deren Ausdruck ein weit verbreitetes laienreligiöses Schrifttum unterschiedlichster Spielarten war. Innerkirchliche Diskussionen, veränderte Formen der Frömmigkeit, religiöse Zusammenschlüsse und Bewegungen brachten geistliche Literatur in einer bisher nicht gekannten Breite und Vielfalt hervor. Kurt Ruh schätzt die Anzahl der spätmittelalterlichen Überlieferungszeugen geistlicher (Prosa-) Texte auf 70 bis 80 Prozent des Gesamtbestandes, wobei bedacht werden muß, daß viele dieser Werke »Auflagen«-Höhen erlebten, die von keiner weltlich-fiktionalen Dichtung erreicht wurden.

Der Unüberschaubarkeit des gesamten Komplexes entspricht der Stand der wissenschaftlichen Aufarbeitung: das Textmaterial ist noch nicht einmal registrierend gesichtet, zu schweigen von Analysen des Gebrauchs, der Funktion, des Publikums, kurz des »Sitzes im Leben«. Erbauungsbücher, Legenden, geistliche Lieder und Traktate erscheinen heute vielfach starr und stereotyp. Aber die Faszination, die offenbar für den zeitgenössischen Leser von ihnen ausgegangen ist, und für die ihre massenhafte Verbreitung Zeugnis ablegt, widerspricht einem solchen Eindruck. Wie diese Texte gerade bei den weniger gebildeten Lesern rezipiert wurden, wie in ihnen klerikale und laikale Bildung integriert sind oder sich abgrenzen läßt, wie mündliche und schriftliche Traditionen zusammenfließen, welche Bedeutung im religiösen Leben außerhalb der geistlichen

Institutionen die Texte hatten – das alles bedürfte der Erforschung.

LITERATUR: W. Andreas, Deutschland vor der Reformation. 7. Aufl. 1966. – C. J. v. Hefele, Über die Lage des Clerus, besonders der Pfarrgeistlichkeit im Mittelalter. Theol. Quartalsschrift (1868), S. 86–118. – M. Erbstößer, Sozialreligiöse Strömungen im späten Mittelalter. 1970. – Eine gründliche lokalhistorische Untersuchung für die Zeit um die Wende zum 16. Jahrhundert, deren Ergebnisse in vielen Punkten zu verallgemeinern sind: H. Cellarius, Die Reichsstadt Frankfurt und die Gravamina der deutschen Nation. 1938.

Über das Zusammenleben von Klerus und Stadtbürgertum: B. Moeller, Kleriker als Bürger. In: FS Hermann Heimpel, Bd. 2. 1972, S. 195–224. – J. Hashagen, Zur Sittengeschichte des westfälischen Klerus im späten Mittelalter. Westfälische Zeitschrift 23 (1904), S. 102–149. – H. Molitor, Die Visitation im Dienst der kirchlichen Reform. 2. Aufl. 1977 [mit einer Bibliographie gedruckter und einem archivalischen Verzeichnis ungedruckter Visitationsquellen]. – F. W. Oedinger, Über die Bildung der Geistlichen im späten Mittelalter. 1953. – Zur Konziliengeschichte: C. J. v. Hefele, Konziliengeschichte. 9 Bde, 2. Aufl. 1873–1890. – H. G. Beck u. a., Vom kirchlichen Hochmittelalter bis zum Vorabend der Reformation (Handbuch d. Kirchengesch. III/2) 1968. – Zur Klosterkultur: J. Bühler, Klosterleben im deutschen Mittelalter nach zeitgenössischen Aufzeichnungen. 1921; Taschenbuchausgabe 1989. – L. Moulin, La vie quotidienne des religieux au moyen age X^e^–XVe siècle. 1978. – Klösterliche Sachkultur des Spätmittelalters. WSB 367, 1980.

2. Reformschriften

Die theoretische Begründung des kurialen Machtanspruchs durch Aegidius Romanus provozierte eine innerkirchliche Diskussion, aus der programmatische Reformentwürfe hervorgingen. Der wichtigste und folgenreichste ist der ›Defensor pacis‹ (1324) des Pariser Magisters Marsilius von Padua (ca. 1280 bis 1343). Marsilius bestreitet den Primat des Papstes zugunsten eines aus Priestern und Laien zusammengesetzten Konzils. Die klerikale Hierarchie solle ebenso abgeschafft werden wie der Kirchenbesitz, und die Geistlichkeit solle sich allein seelsorgerischen Aufgaben widmen. Solch radikale Vorschläge führten zu ebenso radikalen Gegenmaßnahmen: Marsilius wurde von Johannes XXII. gebannt. Unmittelbare Wirksamkeit zeitigte die Schrift daher erst 200 Jahre später: Heinrich VIII. von England diente sie als Argument bei der Loslösung der anglikanischen Kirche von Rom. Schon vorher war ihr Einfluß jedoch nicht gänzlich zu unterbinden: ganz ähnliche Ideen vertritt der englische Franziskaner William von Occam (vor 1300–1349) in seinen Reformschriften, besonders im ›Dialogus inter magistrum et discipulum de imperatorum et pontificum potestate‹ (1343). Auch William wurde gebannt; beide Theologen fanden 1328 und 1330 Zuflucht am Münchner Hof Ludwigs des Bayern. Auf der Basis dieser Reformideen, jedoch mit Akzent auf den praktisch seelsorgerischen und sozialen Konsequenzen, entstehen die blutig unterdrückten Volksbewegungen unter der geistigen Führung von John Wicliff (ca. 1320–1384) in England und Jan Hus (geb. 1369; 1415 auf dem Konstanzer Konzil verbrannt) in Böhmen.

Der ›Defensor pacis‹ und die zahlreichen Reformschriften in seinem Gefolge bewegen sich auf den Höhen staats- und kirchenpolitischer oder dogmatischer Reflexion und der Folgerungen, die daraus für die europäische Politik und die Kirche zu ziehen sind. Als Bestandteil einer wissenschaftlich-politischen Diskussion reagieren sie nicht auf die unmittelbaren Lebensbedürfnisse der Laienbevölkerung. Zudem verfügen weder der Adel noch das städtische Bürgertum über Institutionen, an denen systematisch-analytisches Denken auf der nötigen Höhe der Abstraktion zu Hause wäre. Es verwundert daher bei aller Bereitschaft zur Kritik nicht, wenn vergleichbare Texte in der Volkssprache völlig fehlen. Für das ganze Spätmittelalter sind nur zwei größere deutsche Schriften zu nennen, die Gedanken der Reformprogramme aufgreifen: Die ›Reformatio Sigismundi‹ (etwa zwischen 1430 und 1440) und das ›Buch der hundert Kapitel‹ des »Oberrheinischen Revolutionärs« (zwischen 1498 und 1510). Beide Werke binden ihre Kirchenkritik in den breiten Zusammenhang allgemeiner politischer und sozialer Reformvorschläge. Pragmatisch argumentierend sehen sie im Finanzgebaren der Kirche das Grundübel. Die ›Reformatio Sigismundi‹ schlägt zur Besserung eine feste Besoldung aller Geistlichen vom Papst bis zum Gemeindepfarrer vor, eine Reduzierung oder Abschaffung der Orden und Klöster und eine Säkularisierung ihres Besitzes.

Die ›Reformatio Sigismundi‹ ist wahrscheinlich im Zusammenhang mit dem Basler Konzil (1431–1449) von einem unbekannten Verfasser geschrieben worden. Ihre eigentliche Wirkung entfaltete sie erst im letzten Jahrhundertdrittel. 1476 wurde sie zum erstenmal gedruckt und erlebte bis 1716 zwölf Auflagen.

Im Prinzip den gleichen Ideen verpflichtet, aber wesentlich unsystematischer und radikaler ist der »Oberrheinische Revolutionär«. Eine lange Liste klerikaler Verfehlungen gipfelt in der Aussage *vnd alzit ein anheben vnd ein vrsprung der zerstörung (ist) kumen von den priestern.* Abhilfe sei zu schaffen durch eine landeskirchliche Organisation, die Schließung aller Klöster und eine Verminderung der zu hohen Zahl von Geistlichen.

In ähnlicher Weise als Zukunftsprophetie konzipiert wie die beiden großen Reformschriften ist eine Art Sendschreiben des Eichstätter Eremiten Anton Zipfer an den Regensburger Reichstag von 1462. Stark antisemitisch geprägt, drängt die Schrift die Kirchenkritik zurück zugunsten allgemeiner sozialer und moralischer Forderungen.

Ungleich zahlreicher als die deutschen sind die lateinischen Reformschriften. Einige von ihnen nehmen reformatorisches Gedankengut vorweg; ihre Autoren wurden von Luther als Vorläufer betrachtet wie der aus der *Devotio moderna* (s.u.) kommende Laientheologe Johannes Wessel Gansfort (ca. 1419 bis 1489).

3. Geistliche Literatur der Laien

Das Zusammenwirken mehrerer Faktoren führt im 14. und 15. Jahrhundert zum Aufblühen einer laienreligiösen Literatur. Die vielfach unbefriedigende seelsorgerische Betreuung durch die Kirche erzeugt bei den Laien das Bedürfnis, sich selbst Tröstung, Orientierung und Heilsgewißheit zu schaffen. Die laienreligiöse Literatur ist daher grundsätzlich nicht von der dogmatisch-wissenschaftlichen Erörterung bestimmt, sondern von Erbauung, Frömmigkeitserlebnis und religiöser Lebens- und Morallehre. Die literarisch vermittelte Botschaft ist dabei häufig nur Begleiterscheinung von verschiedenen Formen der in Gemeinschaft gelebten Frömmigkeit. Daß Laien überhaupt den Anspruch erheben können, geistliche Botschaften zu verkünden und eigene Formen religiösen Lebens zu praktizieren, ist nur durch den Autoritätsverfall der Kirche möglich, der Freiräume eröffnet hat. Die franziskanische Predigt und Traktatliteratur schließlich hat die Möglichkeit, geistliche Tatbestände in der Volkssprache zu vermitteln, endgültig popularisiert und sanktioniert. Seit dem 14. Jahrhundert ist das Deutsche ein dem Lateinischen gleichberechtigtes Medium der Verkündigung, während das liturgische Ritual bis zur Reformation bzw. bis zum II. Vatikanischen Konzil an das Latein gebunden blieb.

Es ist kaum möglich und auch wenig sinnvoll, das religiöse Schrifttum der Laien von dem der Geistlichen scharf abzugrenzen. Was Ausdruck von »Volks«frömmigkeit ist und was bewußt eingesetztes Instrument in der Hand der Geistlichen zur Beeinflussung der Laien, ist zumindest in den vielen Fällen, wo wir die Verfasser der Texte nicht kennen, kaum genau zu entscheiden. Geistliche bedienen sich populärer Formen des Lieds oder der Erzählung, und Gattungen, die Reservat des Klerus sind, wie die Predigt, geraten in die Hand der Laien. Der Hirt und Dorfmusikant Hans Böheim, der »Pfeifer von Niklashausen«, etwa hat 1476 bei seinen Predigten in Niklashausen im Taubertal Massenzulauf ebenso wie der Weber Jörg Preining, der vor den Toren Augsburgs predigte.

Jörg Preining ist um 1450 in Augsburg als Sohn eines Webers geboren. Er erlernte das Handwerk seines Vaters; 1466 taucht er in den Augsburger Steuerlisten erstmals auf. Ostern 1484, so berichten mehrere Chroniken, zog Jörg Preining zur Radegundiskapelle vor den Toren Augsburgs, lebte dort als *einsidel* und predigte einer großen Volksmenge von einem Baum herab. Nach einigen Wochen kehrte er nach Augsburg zurück, wo er anscheinend sein bürgerliches Leben fortsetzte. 1504 gibt er jedoch sein Bürgerrecht auf und verläßt die Stadt. Ob Konflikte mit der weltlichen oder geistlichen Obrigkeit der Grund dafür sind, ist nicht belegbar. Der Ulhartsche Druck seiner Lieder von 1526 spricht in einer rechtfertigenden Vorrede davon, Preining sei *von ainem fall übereylt worden.*

Worin der *fall* bestand und ob er etwas mit seinem Weggang aus Augsburg zu tun hat, ist unklar. Vom weiteren Schicksal Preinings weiß man kaum etwas. Wenn er identisch ist mit einem Georg Preyning, den eine Augsburger Urkunde 1525 nennt, muß er um diese Zeit in Menchingen, dem heutigen Schwabmünchen, in Armut gelebt haben.

Im Anschluß an seine Augsburger Predigttätigkeit hat Preining religiöse Reimpaarsprüche verfaßt, die von dem Augsburger Drucker Johann Blaubirer als Einblattdrucke verbreitet wurden. 32 solcher Sprüche sind überliefert, die Gesamtzahl muß erheblich größer gewesen sein: die Überschriften weisen aus, daß es oft zu einem Thema eine Serie von Sprüchen gegeben hat, von denen jeweils nur einer erhalten ist; von den Sprüchen *von der vischgrub* etwa nur *der acht* (Nr. IXaa). Alle Sprüche haben 72 Verse, genau dem Satzspiegel eines zweispaltigen Einblattdrucks entsprechend. Sie waren also von vornherein für diese Publikationsform konzipiert.

Von Jörg Preining sind fünf religiöse Lieder, alle im gleichen Ton, überliefert. Eine Ulrichs- und eine Alexius-Legende bedienen sich des ›Langen Tons‹ von Regenbogen; ein Scherzgedicht über einen Bader und einen Juden steht in einem Ton Frauenlobs. Zwei Sendbriefe ›Von der Liebe Gottes‹ sind in Prosa verfaßt.

Ausgabe: Die Lieder und Sprüche bei CLD Bd. 3, S. 20–135. Zwei weitere Sprüche und die Sendbriefe bei L. Liefländer-Koistinen. – Literatur: L. Liefländer-Koistinen, Studien zu Jörg Preining. 1986.

Nicht nur durch ihre Vielfalt und Anzahl sind die Dichtungen Preinings hochbedeutsame Zeugnisse für die spätmittelalterliche Laienreligiosität. Sie dokumentieren, wie sich abseits von Theologie und Kirche persönliches Glaubenserlebnis, volkssprachlich vermittelte Reflexe mystischen Denkens und Bibel- und Legenden-Lektüre beim ungebildeten Laien in religiöse Spekulation umsetzen, die in ihrer Vereinfachung Radikalisierung bedeutet. Die spirituelle *unio mystica* gerät zu einer materiellen Identifizierung von Gott und Mensch durch die Gottesliebe: *Die liebhaber gottes berauben den himel mit gewalt und got darauss unnd auch also beraubt sy gott aller ir aygenschafft unnd setzt sich selber an die stat, damit ir hymelreich hie anfacht* (2. Sendbrief). Aus der göttlichen Paradoxie, daß Gott zugleich nichts und etwas ist (Lied III, Str. 6) und der daran offenbar werdenden Unzulänglichkeit menschlicher Vernunft folgert Preining das Recht des Laien auf eigene theologische Äußerung, ja die potentielle Gleichheit von Laien und Priestern: *darumb ein lei so wol darzu mag kumen, daz hie in im die gotes stim wol mag werden vernumen* (Lied III, Str. 8). Daher sei es nicht der Wille Christi, *daz man hie mit seie die leien schenden*, während ein Priester allenthalben *gewalt und eer* habe, *wann ein lei mag werden all tag ein kind gottes auf erden* (Lied IV, Str. 10). Aus dieser Vorstellung von Gotteskindschaft als Priesterschaft leitet Preining offenbar das Recht ab, sich in der Unterschrift zu seinen Reimpaarsprüchen »Bruder« zu nennen, denn es ist ein *guoter krist auch ein bruoder des herren.* Von hier zur offenen Kritik am Klerus ist der Schritt nur konsequent: nur durch den Beistand Gottes kann der Laie die *untreüw* derjenigen ertragen, die *aines gaystlichen scheyns sein / vnd die vnnser vorganger und seelsorger sein* und die *offenlich wider alle warhait leben* (1. Sendbrief).

Charakteristisch für die Bedürfnisse der Laien ist das Interesse am religiösen Gemeinschaftserlebnis, das die Kirche offenbar nicht oder nur unzureichend bietet und das durch die protestantische Idee der Gemeinde in der Reformation wieder kirchlich integriert wird. Bittgänge, Jahresfeiern, gemeinschaftliche Wallfahrten und Prozessionen, vor allem aber die städtischen Bruderschaften sind die organisatorische Manifestation solcher Bedürfnisse. Nicht alle Bruderschaften sind unmittelbar religiös ausgerichtet als Vereinigungen zur Beförderung von Werken der Frömmigkeit. Aber durch das Patronat eines speziellen Heiligen, durch ritualisierte Formen der Zusammenkunft, durch gemeinschaftliche Gebete in eigenen Kapellen oder gar Kirchen stellen sie gleichsam Laiengemeinden dar (denen durchaus auch Geistliche angehören konnten). In größeren Städten kann man bis zu hundert Bruderschaften zählen. Viele von ihnen sind vermutlich zumindest als Rezipienten geistlicher Literatur (Lieder, Legenden, Erbauungsschriften) bedeutsam – ein Zusammenhang, der bisher nicht untersucht ist. Vereinzelte Zeugnisse erweisen die Bruderschaften auch für die Hervorbringung von Literatur als wichtig.

Eine der größten, überregional verbreiteten Bruderschaften ist die in Köln, Straßburg und Krakau beheimatete von St. Ursula, deren Mitglieder das geistliche Schiff der Heiligen mit Gebeten, Messen und guten Werken beladen, um die Fahrt zum himmlischen Hafen anzutreten. 1496 verfaßte der Dominikaner Johannes von Lindau das Bruderschaftsbuch ›Von Sand Vrsulen schifflein vnd der xj Tausent junckfrauen pruderschafft‹. Kurz zuvor hatte der Ravensburger Pfarrer Johannes Gösseler ein Lied über die gleiche Gemeinschaft geschrieben, in dem bereits zwölftausend abgelieferte Paternoster, ebenso viele Aves und hundert Messen registriert werden. Zu Beginn des 16. Jahrhunderts weist das Register der Bruderschaft mehr als sechstausend Messen und Hunderttausende von Paternostern und Mariengrüßen aus.

Ein nicht identifizierter Sixt Buchsbaum besingt in einem 21strophigen Gedicht von 1492 die 15 »Geheimnisse« des Rosenkranzes. In der Anfangs- und Schlußstrophe bezieht sich der Autor (in den auf 1500 umdatierten späteren Fassungen) auf die 1475 vom Mitverfasser des ›Hexenhammers‹, Jacob Sprenger (s. o.), gegründete Kölner Rosenkranzbruderschaft.

AUSGABEN: Johannes von Lindau: Ausgabe fehlt. – Johannes Gösseler: CLD Bd. 1, S. 256–258. – Sixt Buchsbaum: CLD Bd. 1, S. 86–103. – LITERATUR: G. de Tervarent, La légende de Sainte Ursule dans la littérature et l'art du Moyen Age. 2 Bde, 1931. – A. Schnyder, Die Ursulabruderschaften des Spätmittelalters. Ein Beitrag zur Erforschung der deutschsprachigen religiösen Literatur des 15. Jahrhunderts. 1986.

Spezielle Formen religiöser Zusammenschlüsse außerhalb der kirchlichen Organisation stellen klosterähnliche Gemeinschaften von Laien dar, unter denen seit der Mitte des 13. Jahrhunderts die Beghinen und Begharden besondere Bedeutung erlangten. Die Beghinen-Dichtung des Spätmittelalters erreicht das Niveau Mechthilds von Magdeburg (s. Bd. 2) nicht mehr.

Aus dem Anfang des 15. Jahrhunderts stammt das wohl in einem niederländischen Beghinenhof entstandene ›Beginchen von Paris‹, eine Verherrlichung der mystischen Gottesliebe, die in mehreren Fassungen überliefert und noch 1660 gedruckt wurde.

Ebenfalls eine Beghine zur Verfasserin hat die Ende des 15. Jahrhunderts wohl in Konstanz entstandene klösterliche Lehrdichtung ›Christus und die minnende Seele‹.

AUSGABE: Beghinchen von Paris. Hrsg. von W. Niekerken. NdJb 82 (1959), S. 99–112. – LITERATUR: W. Stammler, Studien zur Geschichte der Mystik in Norddeutschland. In: Altdeutsche und altniederländische Mystik. Hrsg. von K. Ruh. 1964, S. 386–436 (WdF 23). – R. Banz, Christus und die minnende Seele. Untersuchungen und Texte. 1908.

Eine Art patrizisches Privatkloster leistete sich der Straßburger Kaufmann und Bankier Rulmann Merswin, Verfasser mehrerer geistlicher Schriften unter mystischem Einfluß.

Rulmann Merswin ist 1307 in Straßburg geboren. Neben seiner Tätigkeit als Kaufmann und »Wechsler« ist er zeitweise Geschworener der Straßburger Münze. In seinem vierzigsten Lebensjahr hat er ein mystisches Offenbarungserlebnis, unter dessen Eindruck er sich zu einer asketischen, weltabgewandten Lebensweise entschließt. 1367 kauft er das Benediktinerkloster auf dem Grünenwörth, stiftet es dem Johanniterorden, setzt sich selbst als Pfleger ein und übt mit der Einsetzung von Priestern quasi Abtsfunktionen aus. Seine letzten Lebensjahre hat er als Pensionär im Kloster verbracht und ist dort am 18. 6. 1382 gestorben.

In seinem Nachlaß fanden sich 22 deutlich von Seuse (s.u.) abhängige Traktate. Sechs von ihnen stammen von ihm selbst, darunter das stark autobiographisch orientierte, die eigene Seelengeschichte schildernde Buch ›Von den vier Jahren‹; der Rest hat angeblich einen geheimnisvollen »Gottesfreund im Oberland« zum Verfasser. Merswin habe die Texte erst vier Jahre vor seinem Tode auf Wachstafeln geschrieben und die *autographa* verbrannt. Von den Wachstafeln seien sie nach Merswins Tode in die Memorialbücher des Klosters abgeschrieben worden. Heute gilt als sicher, daß es sich bei dem »Gottesfreund« um eine Mystifikation handelt, die entweder von Merswin selbst oder von seinem Sekretär Nikolaus von Löwen stammt, um durch die Gestalt eines unmittelbar mit Gott kommunizierenden Autors der vermittelten Botschaft die Autorität der Offenbarung zu verleihen.

Ausgaben: Ph. Strauch, Sieben bisher unveröffentlichte Traktate und Lektionen [Rulman Merswins ›Sieben Werke der Barmherzigkeit‹, S. 85–92]. 1927 (Schriften aus der Gottesfreundliteratur 1) [enthält sechs weitere Schriften des »Gottesfreundes«]. – Ders., Merwins Vier anfangende Jahre. Des Gottesfreundes Fünfmannenbuch. 1927 (Schriften aus der Gottesfreundliteratur 2). – Ders., Merswins Neun-Felsen-Buch. 1929 (Schriften aus der Gottesfreundliteratur 3). – C. Schmidt, Nikolaus von Basel, Leben und ausgewählte Schriften. 1866 [enthält folgende Schriften des »Gottesfreundes«: ›Buch von den fünf Mannen‹, ›Buch von dem fünfzehnjährigen Knaben‹, ›Buch von dem gefangenen Ritter‹, ›Buoch von einre ofenbarunge‹, ›Die tovele‹, Briefe]. – A. Jundt, Les amis de Dieu au quatorzième siècle. 1879 [enthält: Merswin, ›Bannerbüchlein‹, ›Gottesfreund‹, ›Von den beiden Klausnerinnen Ursula und Adelheid‹]. – Ders., Rulman Merswin et l'Ami de Dieu de l'Oberland. Un problème de psychologie religieuse. 1890 [enthält: »Gottesfreund«: ›Buch von der geistlichen Stiege‹, ›Buch vom geistlichen Leiter‹, ›Materie von einem jungen weltlichen Manne‹]. – Ders., Histoire du panthéisme populaire au Moyen Age et au seizième siècle. 1875 [enthält: Merswin, ›Buoch von den drien durchbrüchen‹]. – J. G. V. Engelhardt, Richard von St. Viktor und Johannes Ruisbroek. 1838 [enthält: Merswin, ›Buoch von den fúrkomenen gnoden‹, Übersetzung]. – W. Lindner, Rulman Merswins ›Leben Jesu‹. Untersuchung und kritische Ausgabe des Textes auf Grund einer neugefundenen Handschrift. Diss. (masch.) Heidelberg 1960. Literatur: B. Gorceix, Amis de Dieu en Allemagne au siècle de Maître Eckhart. 1984.

Die Literatur religiöser Volks- und Massenbewegungen ist naturgemäß mündlich tradiert; sie ist nur in Ausnahmefällen – meist im Zusammenhang chronikalischer Berichte – aufgezeichnet worden. So kennen wir von einem aggressiv antiklerikalen Lied, das bei den Niklashauser Predigten des Hans Böheim (s. o.) gesungen wurde, nur drei Verse, die in einem chronikalischen Bericht Mitte des 16. Jahrhunderts zitiert werden.

4. Mystik

Eine genaue definitorische Eingrenzung der Mystik ist nicht möglich, da sie nicht, wie häufig in der älteren Forschung, als Gegensatz zur Scholastik beschrieben werden kann, sondern als Erweiterung und Weiterentwicklung bestehender theologischer Positionen um die Dimension des Erlebens und der persönlichen Erfahrung gesehen werden muß. Mystik ist daher eine Einheit von Theologie und religiöser Praxis. Sie ist nicht theoretisch, sondern nur gelebt in Versenkung, Gebet, Ekstase und Vision zu denken. Aus diesem Grund ist sie nicht an die objektivierende Begrifflichkeit theologischer Wissenschaft gebunden, sondern an die persönliche Sprache des Erlebenden. Mystisch ist jeder Text, der sich einer solchen Sprache zur Beschreibung der Gotteserfahrung bedient. Wenn sich mit ihr nicht der moderne Individualitätsbegriff verbindet, so deshalb, weil Ziel der persönlichsten Erfahrung in mystischer Paradoxie die Aufhebung der Person in übersubjektiver Gottesgemeinschaft ist. Nur dies macht die Erfahrung überpersönlich vermittelbar.

In der Unmittelbarkeit der Gotteserfahrung zeigen sich, obwohl dies nirgendwo explizit formuliert wird, gegenläufige Tendenzen zur Hierarchisierung und Zentralisierung der Kirche.

Textsammlungen: Mystiques Allemands du XIVe siècle. Eckhart, Suso, Tauler. Choix de textes, introduction et notes par J. A. Bizet. 1957. – K. Ruh (Hrsg.), Abendländische Mystik im Mittelalter. 1986. – Literatur: Eine neuere Darstellung der Mystik fehlt, die umfassendste, in vielen Teilen veraltete Darstellung ist noch immer: W. Preger, Geschichte der deutschen Mystik im Mittelalter. 3 Bde, 1874–1893. – Altdeutsche und altniederländische Mystik. Hrsg. von K. Ruh. 1964 (WdF

23). – La mystique rhénane. Colloque de Strasbourg 16–19 mai 1961. Hrsg. von J. Dagens. 1963. – J. Seyppel, Mystik als Grenzphänomen und Existenzial. Ein Beitrag zur Überwindung ihrer Definitionen. DVjs 35 (1961), S. 153–183. – Fr. W. Wentzlaff-Eggebert, Mystik zwischen Mittelalter und Neuzeit. 3. Aufl. 1969. – A. M. Haas, Die Struktur der mystischen Erfahrung nach Mechthild von Magdeburg. Freiburger Zs. f. Philosophie und Theologie 22 (1975), S. 3–34. – K. Ruh, Geistliche Prosa. In: Handbuch Bd. 8, S. 565–605. – Abendländische Mystik im Mittelalter. Symposion Kloster Engelberg. Hrsg. von K. Ruh. 1986. – K. Albert, Neue Mystik-Literatur. Philosophischer Literaturanzeiger 36 (1983), S. 62–74.

Bestimmende Gestalt der spätmittelalterlichen deutschen Mystik ist Meister Eckhart. Durch ihn wird der Dominikanerorden zur Heimat mystischen Denkens, nachdem das 13. Jahrhundert von der franziskanischen Mystik bestimmt war (s. Bd. 2). Bei Eckhart wird die deutsche Predigtsprache nicht zum vordergründigen Vermittlungsmedium, sondern wird zur »Metasprache der Mystik« (Kurt Ruh) nach dem häufig zitierten Satz: *Wan als lange der mensche niht gelich enist dirre warheit als lange ensol er dise rede niht verstan* (Solange der Mensch dieser Wahrheit [der Wahrheit der Verkündung] nicht gleich ist, solange wird er diese Predigt nicht verstehen.) Sprache vermittelt also nicht, sondern stellt Analogien her (oder fest): die der Wahrheit des Verkündigten mit dem Empfänger der Verkündigung, eine wesensmäßige Analogie von Schöpfer und Geschöpf, die sich dann einstellt, wenn letzteres *ledic,* frei ist, sich enteignet von allem, was nicht Gott ist. Analogon Gottes im einzelnen ist die *scintilla animae,* das *vünkelin;* es ist »Analogon des ungeschaffenen Intellekts im geschaffenen Intellekt, und es bezeichnet nicht ein erkennendes Organ, sondern einen ontologischen Bezug, der die schöpfungs- und heilsgeschichtlichen Ereignisse zwischen Gott und Mensch integriert.« (Kurt Ruh)

Meister Eckhart ist um 1260 in Hochheim in Thüringen geboren. Nach Studien und Lehrtätigkeit in Köln und Paris (1293) wurde Eckhart vom Dominikanerorden mit wichtigen Führungsaufgaben betraut. 1302 und 1311–1313 war er erneut als Universitätslehrer in Paris tätig, ab 1314 als Prediger und Seelsorger in Straßburg und ab 1323 an der Kölner Ordenshochschule. 1326 leitete Erzbischof Heinrich von Köln ein Inquisitionsverfahren gegen Eckhart ein; die Gründe für diesen Schritt liegen bis heute im dunkeln. Die Anklageschrift stützte sich auf 59 Sätze vornehmlich aus den deutschen Predigten und Traktaten. 1327 protestierte Eckhart gegen den sich hinziehenden Prozeß beim Papst. Die daraufhin eingesetzte päpstliche Kommission in Avignon reduzierte die Liste der häresieverdächtigen Sätze auf 26; Eckhart erhielt Gelegenheit zur persönlichen Verteidigung. Während seines Aufenthaltes in Avignon 1328 muß er gestorben sein. Posthum wurden durch eine päpstliche Bulle vom 27. 3. 1329 fünfzehn Sätze als häretisch und die übrigen als häresieverdächtig verurteilt.

Lateinische Werke: Während seiner ersten Pariser Zeit hat Eckhart einen Kommentar zu den Sentenzen des Petrus Lombardus verfaßt; ob eine in Brügge aufbewahrte Kommentarhandschrift mit diesem identisch ist, ist umstritten. Auf seine Pariser Zeit 1311–1313 geht der Entwurf seines ›Opus tripartitum‹ zurück, eines umfassenden theologischen Werks, von dem ein Thesenteil, verschiedene Vorworte, Kommentare zu mehreren biblischen Büchern und das ›Opus sermonum‹ (Predigtentwürfe) fertiggestellt bzw. überliefert sind.

Deutsche Werke: Schwieriger ist die philologische Situation bei den deutschsprachigen Traktaten und Predigten. Von letzteren existieren oft redigierende Sammlungen erst seit der Mitte des 14. Jahrhunderts, wenngleich es sich sicher nicht um unkontrollierte Gedächtnisprotokolle von Klosterfrauen handelt, wie man früher annahm. Den strengsten Echtheitskriterien genügen die Schriften, aus denen Sätze in die Anklageschrift aufgenommen sind und die Eckhart in seiner ›Rechtfertigungsschrift‹ aufgreift. Hierzu gehört der ›Sermon vom edlen Menschen‹, der als eins der wichtigsten Werke Eckharts gilt und dem die Inquisitoren allein 15 verdächtige Sätze entnommen haben. Von den rund 150 deutschen Predigten, die mit Eckharts Namen verbunden werden, dürften etwa zwei Drittel echt sein.

Eckharts deutsche Schriften sind teilweise bis weit ins 18. Jahrhundert hinein und dann meist anonym oder unter fremdem Namen verbreitet gewesen, doch hält die Zahl der Textzeugen keinem Vergleich mit anderen Werken geistlicher Prosa stand. Kompilationen, Redaktionen und Exzerpte stellen die Eckhart-Philologie vor bis heute nicht gelöste Probleme der Zuschreibung. Zahlreich sind die Zeugnisse für die persönliche Ausstrahlung Eckharts in Berichten von Dominikanerinnen und in der Vita seines Schülers Seuse (s. u.). Auch die fünf überlieferten ›Eckhart-Legenden‹, mystische Exempelerzählungen, bezogen auf die Gestalt des Meisters, sind Zeugnisse dieser Wirkung.

Ausgaben: Die kritische Gesamtausgabe ist noch nicht abgeschlossen: Meister Eckhart, die deutschen und lateinischen Werke. Hrsg. im Auftrag der Deutschen Forschungsgemeinschaft. Die deutschen Werke. Hrsg. von J. Quint. 1936ff. Erschienen sind die Bde I–III und V. – Die lateinischen Werke. Hrsg. von J. Koch u.a. 1936ff. Erschienen sind die Bde I, II, III teilweise; IV; V teilweise. Über die Problematik dieser Ausgabe und die Schwierigkeiten der Zuschreibung informiert: G. Steer, Echtheit und Authentizität der Predigten Meister Eckharts. Schwierigkeiten und Möglichkeiten einer kritischen Edition. In: Germanistik – Forschungsstand und Perspektiven. Hrsg. von G. Stötzel. Bd. 2, 1985, S. 41–50. – Übersetzungen: J. Quint, Meister Ekkehart. Deutsche Predigten und Traktate. 2. Aufl. 1963. – J. Clark, Meister Eckhart. An Introduction to the Study of his Works with an Anthology of his Sermons. 1957. – Meister Eckhart, L'œuvre latine. Traduction publiée sous le patronage du Centre d'études des Religions du livre. Hrsg. von A. de Libera u.a. Bd. 1, 1984. – Forschungsberichte: T. Schaller, Die Meister-Eckhart-Forschung von der Jahrhundertwende bis zur Gegenwart. Freiburger Zs. f. Philosophie u. Theologie 15 (1968), S. 262–314 und 403–426. – J. Quint, Meister Eckhart. Editionsbericht. Jahrbuch f. internat. Germanistik 1 (1969), S. 152–158. – Bibliographie in: T. Beckmann, Daten und Anmerkungen zur Biographie Meister Eckharts. 1978. – Literatur: K. Albert, Meister Eckharts These vom Sein. Untersuchungen zur Metaphysik des Opus tripartitum. 1976. – R. Imbach, Deus est intellegere. Das Verhältnis von Sein und Denken in seiner Bedeutung für das Gottesverständnis bei Thomas von Aquin und in den Pariser Questionen Meister Eckharts, 1976. – A. M. Haas. Das Verhältnis von Sprache und Erfahrung in der deutschen Mystik. In: Deutsche Literatur des späten Mittelalters. Hamburger Colloquium. 1975, S. 240–265. – K. Ruh, Meister Eckhart. Theologe, Prediger, Mystiker. 1985. – O. Langer, Mystische Erfahrung und spirituelle Theologie. Zu Meister Eckharts Auseinandersetzung mit der Frauenfrömmigkeit seiner Zeit. 1987.

Alles mystische Denken im 14. Jahrhundert steht unter Eckharts Einfluß, auch dann, wenn eine explizite Auseinandersetzung mit ihm fehlt wie bei Johannes Tauler. Bei ihm wird die mystische Spekulation vermenschlicht: Das seelsorgerisch schwer nachvollziehbare ontologische *ledic*-Sein Eckharts wird bei ihm ersetzt durch einen eher traditionell orientierten Begriff der Gottesebenbildlichkeit, die den Menschen zur Gottesgemeinschaft in den Stand setzt. Sie ist erreichbar in Schritten der Kontemplation und Erkenntnis, die durch die Sprache der Predigt vermittelt wird. Das mystische Erlebnis ist eine *überformunge* des menschlichen Geistes durch den Geist Gottes. Die seelsorgerische Praktizierbarkeit dieser Konzeption hat Tauler seine lang anhaltende Wirkung gerade auch im Protestantismus gesichert.

Johannes Tauler ist um 1300 als Sohn einer begüterten Straßburger Bürgerfamilie geboren. Im Straßburger Dominikanerkloster, in das er jung eintrat, absolvierte er seine ersten theologischen Studien, die er in Köln fortsetzte. Über die Dauer seines dortigen Aufenthalts ist nichts bekannt, und eine persönliche Begegnung mit Eckhart ist nicht nachweisbar; evident ist jedoch dessen nachhaltiger Einfluß. Gegen 1330 kehrt Tauler nach Straßburg zurück (aufgrund von Eckharts Tod?), wird dort Lektor im Dominikanerkloster und ein gesuchter Prediger besonders in den Frauenklöstern und Beghinenhäusern. 1338 veranlassen politische Auseinandersetzungen die Straßburger Dominikaner zur Emigration nach Basel, da sie sich dem Reichsbefehl Ludwigs des Bayern widersetzten, das von Johannes XXII. über das gesamte Reichsgebiet verhängte Interdikt zu mißachten. Basel wird für das kommende Jahrzehnt zu einer Art Exil für die dominikanische Mystik. Nach neun Jahren kehrte Tauler nach Straßburg zurück, wo er am 15. 6. 1361 gestorben ist. Sein Grabstein befindet sich heute in der protestantischen Neuen Kirche in Straßburg.

Lateinische Schriften Taulers sind nicht überliefert. Authentisch sind rund 80 in einer Handschrift des 14. Jahrhunderts gesammelte deutsche Predigten. Eine große Anzahl bis ins 17. Jahrhundert gedruckter weiterer Predigten ist unecht oder in der Zuschreibung ebenso zweifelhaft wie das noch heute in den Gesangbüchern beider Konfessionen unter Taulers Namen gedruckte Weihnachtslied ›Es kumpt ein schiff geladen‹.

Ausgaben: Die Predigten Taulers. Hrsg. von F. Vetter. 1910, Nachdr. 1968 (veraltet). – Johannes Tauler, Predigten. Basel 1522, unveränderter Nachdruck 1966. – Übersetzungen: Johannes Taulers Predigten. Hrsg. und ins Neuhochdeutsche übertragen von W. Lehmann. 1913. – Johannes Tauler, Predigten. Vollst. Ausgabe. Übertragen und hrsg. von G. Hofmann. 1961. – Literatur: Johannes Tauler. Ein deutscher Mystiker. Gedenkschrift zum 600. Todestag. Hrsg. von E. Filthaut. 1961. – J. Weilner, Johannes Taulers Bekehrungsweg. Die Erfahrungsgrundlagen seiner Mystik. 1961. – G. Wrede, Unio Mystica. Probleme der Erfahrung bei Johannes Tauler. 1974.

Der Versuch, die Eckhartsche Mystik rückzubinden in die Orthodoxie und damit das persönliche mystische Erleben als exemplarisch und verbindlich auszuweisen, kennzeichnet das

Denken des Eckhart-Schülers Heinrich Seuse (Suso). Hochmittelalterliches Bild- und Symboldenken wird bei ihm noch einmal fruchtbar gemacht für mystische Analogien bis hin zu modernem Verständnis fast parodistisch anmutenden Einzelheiten des Verhaltens. Drei Teile eines Apfels können im Namen der Trinität, der vierte im Andenken an den Apfel gegessen werden, den das Jesuskind von Maria bekam. Jede Einzelheit des eigenen Lebens, wie es Seuses ›Vita‹ schildert, mag sie nun autobiographischer Bericht oder fiktive Darstellung eines Rollen-Ich sein, wird so als mystisches Analogon bedeutsam. Schritte der Gotteserkenntnis definieren sich als Abfolge von Bildern mit wachsender und unterschiedlicher Signifikanz – so etwa ist Seuses berühmter Satz, man müsse *bild mit bilden ustriben* (›Vita‹, Kap. 53), zu verstehen – bis zur Aufhebung im *bildlosen ein*, in Gott, der nur noch sich selbst und nichts anderes bedeutet.

Heinrich Seuse wurde am 21. 3. wohl 1295 als Sohn der stadtadeligen Konstanzer Familie von Berg geboren. Offenbar wegen eines Zerwürfnisses mit seinem Vater nahm er später den mütterlichen Familiennamen an. Regelwidrig früh in den Dominikanerorden eingetreten, studierte er seit etwa 1324 in Köln, wo er unter den starken Einfluß Eckharts gerät. Mit ihm setzt er sich in seinem theologischen Frühwerk, dem ›Buchli der warheit‹ (ca. 1329/30) auseinander, das als das schwierigste Werk der spekulativen Mystik gilt. Seit etwa 1330 ist er Lektor im Konstanzer Dominikanerkloster. Wie die Straßburger verließen auch die papsttreuen Konstanzer Dominikaner während des Interdikts 1339–1346 die Stadt. 1348 übersiedelte Seuse in den Ulmer Konvent, wo er am 25. 1. 1366 starb.

Umstritten ist Seuses Anteil an seiner ›Vita‹, dem Buch *daz da haisset der Súse*. Einer mystifizierenden Vorrede zufolge handelt es sich um Aufzeichnungen einer *geistlichen tochter*, der Nonne Elsbet Stagel im Kloster Töß bei Winterthur, der Seuse eine Lebensbeichte abgelegt habe. Die Aufzeichnungen habe Seuse eingefordert, um sie zu verbrennen, habe aber auf göttlichen Befehl einen Teil bewahrt und später redigiert herausgegeben. Es handelt sich bei der ›Vita‹ um eine Bekenntnisbiographie in der Tradition des Augustinus, der in der Intensität der Selbsterforschung und der radikalen Offenheit der Sprache in der deutschen Literatur bis hin zu den pietistischen Autobiographien der Neuzeit kaum etwas verglichen werden kann.

›Das Büchlein der ewigen Weisheit‹ reiht Betrachtungen über die Passion und den Tod. Es gilt mit etwa 180 erhaltenen Handschriften als eins der erfolgreichsten Andachts- und Erbauungsbücher der deutschen Mystik.

Das ›Horologium Sapientiae‹ von 1334 erweitert die Betrachtungen des Andachtsbuches um Reflexionen über das Kloster- und Studienwesen. Einige dunkle Abschnitte sind tagespolitisch gedeutet worden. Das Werk wurde ein europäischer Bucherfolg: schon im 14. Jahrhundert wurde es ins Niederdeutsche, Dänische, Englische und Französische übersetzt.

Zwei Briefsammlungen und vier Predigten von teils zweifelhafter Echtheit sind unter Seuses Namen überliefert.

AUSGABE: Heinrich Seuse, Deutsche Schriften mit Einleitung. Hrsg. von K. Bihlmeyer. 1907, Nachdr. 1961. – Übersetzungen: Heinrich Seuse, Deutsche Schriften. Ins Neuhochdeutsche übertragen von W. Lehmann. 1911. – Heinrich Seuse, Deutsche Schriften. Ausgewählt und übertragen von A. Gabele. 1924, Nachdr. 1980. – LITERATUR: K. Gröber, Der Mystiker Heinrich Seuse. 1941, Nachdr. 1961. – Heinrich Seuse, Studien zum 600. Todestag. Hrsg. von E. Filthaut. 1966.

Die Mystik ist für die Etablierung des Deutschen als einer literatur- und wissenschaftsfähigen Sprache von größter Bedeutung. Wäre die Bewegung nicht in zeitliche Konkurrenz zum Humanismus und seinen Tendenzen zur Rekultivierung des Lateinischen geraten, hätte sich die Volkssprache als Wissenschaftssprache vermutlich früher durchgesetzt. Die bloße Tatsache, daß jetzt wesentliche theologische Aussagen deutsch und nicht lateinisch gemacht werden, bedeutet für den Zusammenhang von Glaubenserforschung und -verkündigung einen folgenreichen Traditionsbruch. Er hängt unmittelbar mit der Erlebnisdimension der mystischen Theologie zusammen: Seuse äußert in der Vorrede zum ›Büchlein der Weisheit‹, er schreibe auf deutsch, da er seine Offenbarungen deutsch empfangen habe. Wenigstens ebenso wichtig ist der Rezeptionszusammenhang: die Mystiker fanden durchweg das intensivste Interesse in dominikanischen Nonnenkonventen, in denen Lateinkenntnisse nur beschränkt vorhanden waren.

Frauenmystik

Aus diesen Nonnenkonventen stammt ein guter Teil der von mystischem Denken geprägten Kleinliteratur, kurzen Lebensbeschreibungen, Visionen und Erbauungsschriften. Allein aus acht oberdeutschen Klöstern hat man für das 14. Jahrhundert über 200 Nonnenviten gezählt, die teils zusammengefaßt und redigiert, teils chronikartige Gesamt- und teils Einzelbeschreibungen sind.

Die größte Bedeutung in diesem Zusammenhang gewinnt die Nürnberger Patriziertochter Christine Ebner, geboren 1277. Sie trat mit zwölf Jahren in das Dominikanerinnenkloster Engelthal ein, dessen Priorin sie später wurde und wo sie am 27. 12. 1356 starb. Seit 1291 wurden ihr häufige Visionen zuteil, die sie schriftlich festhielt. Aus ihrer Feder stammt auch das ›Büchlein von der genaden überlast‹, ein ›Schwesternbuch‹, in dem die Viten verstorbener Klosterangehöriger verzeichnet sind.

AUSGABE: Eine kritische Ausgabe der ›Offenbarungen‹ fehlt. – K. Schröder, Der Nonne von Engelthal Büchlein ›von der genaden uberlast‹. 1871 (StLV 108). – Übersetzung: W. Oehl, Das Büchlein von der Gnaden Überlast von Christine Ebner. 1924 (Dokumente der Religion 11). – LITERATUR: U. Peters, Frauenmystik im 14. Jahrhundert. Die ›Offenbarungen‹ der Christine Ebner. In: Weiblichkeit oder Feminismus. Hrsg. von C. Opitz. 1984. – U. Peters, Das ›Leben‹ der Christine Ebner. Textanalyse und kulturhistorischer Kommentar. In: Abendländische Mystik im Mittelalter. Hrsg. von K. Ruh. 1986, S. 402–422. – S. Ringeler, Viten und Offenbarungsliteratur in Frauenklöstern des Mittelalters. Quellen und Studien. 1980. – M. Schmidt u. D. R. Bauer (Hrsg.), ›Eine Höhe, über die nichts geht‹. Spezielle Glaubenserfahrung in der Frauenmystik? 1986. – O. Langer, Mystische Erfahrung (s. o. S. 180, besonders S. 47–151). – U. Peters, Religiöse Erfahrung als literarisches Faktum. Zur Vorgeschichte und Genese frauenmystischer Texte des 13. und 14. Jahrhunderts. 1988.

Weitere dominikanische Schwesternbücher

Anna von Munzingen, 1316–1327 als Priorin des Freiburger Dominikanerinnenkonvents belegt, 34 Viten, 1318 verfaßt.

Elisabeth von Kirchberg, Nonne im Dominikanerinnenkloster Kirchberg bei Haigerloch, ›Kirchberger Schwesternbuch‹ und ›Ulmer Schwesternbuch‹, erste Hälfte des 14. Jahrhunderts.

Katharina von Gebersweiler, Nonne im Dominikanerinnenkloster Colmar, (lateinisches) ›Unterlindener Schwesternbuch‹, 42 Viten, ca. 1340.

Elsbeth Stagel (s. o.), gest. ca. 1360, ›Tösser Schwesternbuch‹, mit Akzent auf den Viten einiger prominenter Schwestern.

AUSGABEN UND LITERATUR: W. Blank, Die Nonnenviten des 14. Jahrhunderts. 1962. – S. Ringeler, s. o. – Anna von Munzingen, Die ›Chronik‹. Hrsg. von J. König. Freiburger Diözesanarchiv 13 (1880), S. 129–236. – Elisabeth von Kirchberg, Die Nonnen von Kirchberg bei Haigerloch. Hrsg. von A. Birlinger. Alemannia 11 (1883), S. 1–20, und

F. W. E. Roth. Alemannia 21 (1893), S. 103–123. – Katharina von Gebersweiler: J. Ancelet-Hustache, Les ›Vitae Sororum‹ d'Unterlinden. Edition critique du ms. 508 de la Bibl. de Colmar. Archives d'histoire doctrinale et littéraire du moyen-âge 5 (1930), S. 317–519. – Elsbeth Stagel: Das Leben der Schwestern zu Töß, beschrieben von Elsbeth Stagel. Hrsg. von F. Vetter. 1906 (DTM 6). – Übersetzung: Das Leben der sel. Elsbeth Stagel, übersetzt von G. Hofmann, eingeleitet von W. Nigg. 1966. – K. Grubmüller, Die Viten der Schwestern von Töß und Elsbeth Stagel. Überlieferung und literarische Einheit. ZfdA 98 (1969), S. 171–204.

Weitere Autoren und Werke im Umkreis der Mystik

Nicolaus von Straßburg, gleichzeitig mit Eckhart Lesemeister der Dominikaner in Köln und mit Eckhart in dessen Inquisitions-Prozeß verwickelt. Erhalten sind Predigten, eine ›Summa philosophiae‹ und Traktate.

Der »Engelberger Prediger«, ein anonymer Mystiker des 14. Jahrhunderts, benannt nach der vermuteten Herkunft einer Predigtsammlung.

Heinrich von Nördlingen, bezeugt ab 1332, gestorben nach 1356. Erhalten ist ein umfangreicher Briefwechsel mit hervorragenden Repräsentantinnen der Frauenmystik.

»Der Frankfurter«, nicht eindeutig identifizierter Verfasser einer wohl noch im 14. Jahrhundert entstandenen Abhandlung über das Wesen der Vollkommenheit. Luther gab den Text 1518 unter dem Titel ›Eyn deutsch Theologia‹ heraus; der heute gebräuchliche Titel ›Theologia teütsch‹ stammt von einem Nachdruck aus dem gleichen Jahr. Bis ins 20. Jahrhundert sind 190 Druckausgaben in allen europäischen Sprachen zu zählen.

Ausgaben, Literatur: F. Pfeiffer, Herman von Fritzlar, Nikolaus von Straßburg, David von Augsburg. 1845, Nachdr. 1962 (F. Pfeiffer, Deutsche Mystiker des 14. Jahrhunderts Bd. 1). – Engelberger Prediger: eine kritische Ausgabe fehlt. Auszüge bei Ph. Strauch, Der Engelberger Prediger. ZfdPh 50 (1926), S. 1–45 und 210–241. – S. Beck, Untersuchungen zum Engelberger Prediger. Zeitschrift f. Schweiz. Kirchengeschichte, Beiheft 10, 1952. – Ph. Strauch, Margaretha Ebner und Heinrich von Nördlingen. Ein Beitrag zur Geschichte der deutschen Mystik. 1882, Nachdr. 1966 [mit Edition der Briefe]. – Ludwig Zoepf, Die Mystikerin Margaretha Ebner. 1914, Nachdr. 1974. – W. v. Hinten, ›Der Franckforter‹. Kritische Textausgabe. 1982 (MTU 78). – G. Baring, Bibliographie der Ausgaben der ›Theologia deutsch‹ 1516 bis 1961. 1963 (Bibliotheca Bibliographica Aureliana VIII).

5. *Devotio moderna*

Die engen Beziehungen Kölns zu den niederrheinischen und niederländischen Gebieten führten zu einer schnellen Verbreitung der Gedanken Eckharts und seiner Schüler in dieser Region. Aufgegriffen wurden sie von dem Brüsseler Kaplan Jan van Ruusbroec (1293–1381), dessen ›Gheestelike brutlocht‹ (Geistliche Hochzeit) 1350 im Kreise der Straßburger Gottesfreunde (s.o.) ins Oberdeutsche übersetzt wurde. Die Umsetzung in eine spirituelle Reformbewegung ist das Verdienst seines Schülers Geert Groote.

Groote ist 1340 als Sohn einer patrizischen Familie in Deventer geboren. Der früh Verwaiste studierte ab 1355 in Paris, wo er 1358 das Magisterexamen ablegte. Anschließend studierte er bis 1368 Jura, Philosophie, Medizin und Theologie, möglicherweise in Orléans, Köln und Prag. Auf seine Pfründe als Mitglied des Aachener Münsterkapitels verzichtete er 1374 und trat in das Kartäuser-Kloster Munnikhuizen bei Arnheim ein. Seit 1377 zog er als Bußprediger durch die Niederlande, bis 1380 ein Verbot des Bischofs von Utrecht seine Predigertätigkeit beendete. Am 20. August 1384 ist er gestorben.

Von Geert Groote sind elf lateinische Werke überliefert; von größerem Einfluß scheinen jedoch seine Predigten gewesen zu sein, in denen er ein Ideal der Spiritualität und Askese, der Armut und Zurückgezogenheit verkündete. Schon bald nach seinem Tode fanden sich Gemeinschaften zusammen, die unter dem Gedanken einer »neuen Frömmigkeit«, der *devotio moderna,* als Brüder und Schwestern »vom gemeinsamen Leben« eine Mittelstellung zwischen Welt und Orden einnahmen. Nach dem Gedanken der neuen Frömmigkeit reformierten sich auch Klöster, die sich in einer nach dem Kloster Windesheim bei Zwolle genannten Kongregation zusammenschlossen. Gegen Ende des 15. Jahrhunderts gehörten der Windesheimer Kongregation etwa 300 Klöster in den Niederlanden, in Norddeutschland und das ganze Rheintal hinunter an.

LITERATUR: A. Hyma, The Christian Renaissance. A History of the ›Devotio moderna‹. 2. Aufl. 1965. – R. R. Post, The Modern Devotion. 1965. – Zu Groote: Th. P. van Zijl, Gerard Groote. Ascetic and Reformer (1340–1384). 1967. – G. Epiney-Burgard, Gerard Groote (1340 bis 1384) et les débuts de la Dévotion moderne. 1970.

Die literarische Bedeutung der Bewegung liegt zum einen in dem Bildungsanspruch als einem Bestandteil vorbildlichen Klosterlebens, der Einrichtung vorzüglicher Schulen, die für Teile des Humanismus bedeutsam wurden, zum andern im Versuch der Vermittlung des Frömmigkeitsideals an die Laien durch Traktate und Erbauungsliteratur. Das erfolgreichste Andachtsbuch aller Zeiten ist aus dem Kreis der Windesheimer Kongregation hervorgegangen: die ›Imitatio Christi‹ des Thomas Hemerken von Kempen (Thomas a Kempis).

Der Autor, geboren 1379/80, stammt aus einer Handwerkerfamilie in Kempen am Niederrhein. 1392 ging er nach Deventer, wo sein älterer Bruder Johannes im Kreise der Brüder vom Gemeinsamen Leben die Schule besucht hatte und danach in das neugegründete Kloster Windesheim eingetreten war. Nachdem Johannes Prior des der Windesheimer Kongregation angehörigen Klosters St. Agnetenberg bei Zwolle geworden war, trat Thomas 1406 dort als Laienbruder ein und wurde 1412 zum Priester geweiht. Mit kurzen Unterbrechungen hat er sein ganzes Leben in diesem Kloster verbracht, wo er am 25. Juli 1471 gestorben ist.

Thomas Hemerken war als Schriftsteller und Kopist außerordentlich fruchtbar, ein Verzeichnis von ca. 1480 nennt 38 Werke. Nicht mehr bezweifelt wird heute seine Autorschaft an der Erfolgsschrift ›Imitatio Christi‹, nachdem seit dem 17. Jahrhundert immer wieder Zweifel an seiner Verfasserschaft angemeldet und nicht weniger als 35 verschiedene Autoren vorgeschlagen worden sind – ein Symptom auch für die Bedeutung, die man dem Werk zu allen Zeiten zumaß.

Die Schrift besteht aus vier lose zusammenhängenden Teilen, Ermahnungen zum geistlichen Leben, zum inneren Leben, vom inneren Trost und Ermunterung zur Kommunion. In einfacher, sentenzenartiger Sprache wird die *simplicitas animi* (die Einfalt der Seele), Buße, Verachtung der Welt, Nachfolge Christi und Vereinigung mit Gott durch häufige Kommunion propagiert. Die ›Imitatio Christi‹ ist nächst der Bibel die erfolgreichste christliche Schrift der Welt. Allein von der lateinischen Fassung existieren ca. 300 Handschriften und 2000 Druckauflagen. Ungezählt sind die Auflagen der volkssprachlichen Übersetzungen in 95 Sprachen. Die erste deutsche Übersetzung erschien 1434.

Ausgabe: M. J. Pohl, Thomae Hemerken a Kempis Opera omnia. 7 Bde, 1902–1922. – Literatur: L'imitation de Jesus-Christ et son auteur. 1973 [zur Verfasserfrage]. – T. Lupo, L'imitazione di Cristo e il suo autore. 2 Bde, 1964.

6. Glaubenslehre und Moraltheologie

Weitgehend unerforscht sind bisher Funktion und Gebrauch der dogmatischen und moraltheologischen Schriften in deutscher Sprache. Sicher ist ihre weite Verbreitung im 14. und 15. Jahrhundert Symptom für die zunehmenden Schwierigkeiten des Klerus mit dem Lateinischen. Fast alle diese Schriften rechnen darüber hinaus jedoch stets mehr oder minder explizit mit Laien als Lesern. Ob diese Zielgruppe wirklich erreicht wurde, ist bislang eine offene Frage. Möglicherweise spricht die Tatsache, daß der Mainzer Erzbischof Berthold 1486 durch ein Zensuredikt den unkontrollierten Verkauf von ins Deutsche übersetzten theologischen Schriften verbieten läßt, für ein verbreitetes Interesse bei den Laien. Die großen theologischen Standardwerke des 13. Jahrhunderts werden übersetzt und in der Volkssprache rezipiert. Das wohl verbreitetste Werk ist das ›Compendium theologicae veritatis‹ des Hugo Ripelin von Straßburg (ca. 1200–1268), ein Grundriß der Theologie für Geistliche und Theologiestudenten, der aber schon von seinem Verfasser für die *sapientes* und *boni* bestimmt, also offenbar nicht auf den geistlichen Stand beschränkt war. Dieses Werk erschien zwischen 1300 und dem letzten Drittel des 15. Jahrhunderts in nicht weniger als 15 deutschen Versionen, häufig Teilübersetzungen.

Bis zur Mitte des 15. Jahrhunderts liegen viele Schriften der wichtigsten älteren theologischen Autoritäten in deutscher Übersetzung vor. Weit verbreitet sind die pseudo-augustinischen Schriften ›Manuale‹ (Übersetzung von Ludwig Moser), ›Meditationes‹ und ›Soliloquia animae ad deum‹ (s. u. Johann von Neumarkt). Unübersehbar breit überliefert und einflußreich sind Übersetzungen der Predigten Bernhards von Clairvaux. Ziemlich vollständig übersetzt wurden die Schriften Hugos von St. Victor, während die theologisch-dogmatischen Werke Anselms von Canterbury keinen Eingang in die Volkssprache fanden, wohl aber einige – ihm größtenteils zu Unrecht zugeschriebene – Werke der Traktatliteratur, auf die sich die gnomischen Sammlungen (s.o. Kap. III) häufig berufen. Die in deutscher Übersetzung verbreitetsten theologischen Werke des 13. Jahrhunderts überhaupt sind wohl die mystisch-aszetischen Schriften Bonaventuras: ›De triplici via‹, ›Soliloquium‹, ›Lignum vitae‹, ›De quinque festivitatibus pueri Iesu‹, ›Vitis mystica‹. Albrecht III. von Österreich ließ 1384 eine in einer Prachthandschrift niedergeschriebene Übersetzung des ›Rationale divinorum officiorum‹ anfertigen, ein Werk, das in acht Büchern Kirchengebäude und christliches Ritual in allen Einzelheiten darstellt und kommentiert. Auf einen Versuch beschränkt blieb hingegen eine Teilübersetzung der ›Summa theologiae‹ des Thomas von Aquin aus dem Anfang des 14. Jahrhunderts.

LITERATUR, AUSGABEN: W. Stammler, Deutsche Scholastik. ZfdPh 72 (1953), S. 1–23. – K. Ruh, Bonaventura deutsch. Ein Beitrag zur deutschen Franziskanermystik und -scholastik. 1956. – E. Weidenhiller, Untersuchungen zur deutschsprachigen katechetischen Literatur des späten Mittelalters. 1965. – Bertholds Zensuredikt ist abgedruckt bei: C. Mirbt, Quellen zur Geschichte des Papsttums und des römischen Katholizismus. 3. Aufl. 1911, S. 184. – Hugo Ripelin von Straßburg: Ausgabe fehlt. – G. Steer, Hugo Ripelin von Straßburg. Zur Rezeptions- und Wirkungsgeschichte des ›Compendium theologicae veritatis‹ im deutschen Spätmittelalter. 1981. – Von der Übersetzung pseudo-augustinischer Schriften sind nur ediert die ›Soliloquia‹: J. Klapper, Schriften Johanns von Neumarkt. 1.: Buch der Liebkosung. 1930. – Zu Ludwig Moser s. V. Honemann, Deutsche Literatur in der Laienbibliothek der Basler Kartause 1480 bis 1520. Habil.schr. (masch.) Berlin 1983. – Bernhard von Clairvaux: Ausgabe der Predigtübersetzungen fehlt. – Hugo von St. Victor: Ausgabe der deutschen Übersetzungen fehlt. – Anselm von Canterbury: Ausgabe der deutschen Übersetzungen fehlt. – G. Steer, Scholastische Gnadenlehre in mhd. Sprache. 1966. – Bonaventura: Ausgabe der deutschen Übersetzungen fehlt. – K. Ruh, Bonaventura deutsch (s.o.). – Thomas von Aquin: Middle High German Translation of the Summa Theologica by Thomas Aquinas. Edited with a Latin-German and a German-Latin Glossary by B. Q. Morgan and F. W. Strothmann. 1950. – Das ›Buoch der Tugenden‹. Ein Compendium des 14. Jahrhunderts über Moral und Recht nach der »Summa theologiae« I–II des Thomas von Aquin und anderen Werken der Scholastik und Kanonistik. Hrsg. von K. Berg u. M. Kasper. 2 Bde, 1984; Bd. 1: Mhd. Text; Bd. 2: Lateinische Quellen. – K. Berg, Der tugenden buch. Untersuchungen zu mittelhochdeutschen Prosatexten und Werken des Thomas von Aquin. 1964. – H. Gindele, Lateinische Scholastik und deutsche Sprache. Wortgeschichtliche Untersuchungen zur mittelhochdeutschen Thomasübertragung. 2 Bde. 1976.

Einer der fruchtbarsten theologischen Schriftsteller des 14. Jahrhunderts ist der Franziskaner Marquard von Lindau. Marquard ist seit 1373 als Lesemeister und *custos* in oberdeutschen Franziskanerklöstern bezeugt. Seit 1377 scheint er sich in Konstanz aufgehalten zu haben. 1389 wurde er zum Provinzial der oberdeutschen Ordensprovinz ernannt. Am 13. 8. 1392 ist er in Konstanz gestorben.

Marquard ist der Verfasser von 27 deutschen und lateinischen Werken und zahlreicher Predigten. Bei etwa zehn weiteren Werken ist seine Verfasserschaft unsicher.

Als wirkungsträchtigstes deutsches Werk Marquards gilt seine ›Erklärung der zehn Gebote‹ in der scholastischen Form des Meister–Schüler-Gesprächs. Jedes Gebot wird mit einer dreiteiligen Lehre versehen, in der sich an eine allgemeine Auslegung die Erörterung anschließt, wie Maria und die Freunde Gottes das Gebot gehalten haben.

Weitere deutsche Werke behandeln das Buch Hiob, die Eucharistie und christologische Themen.

Fast alle Werke Marquards von Lindau sind zweisprachig überliefert, wobei sowohl die lateinische der deutschen wie umgekehrt die deutsche der lateinischen Fassung vorausgehen kann. Die meisten Übersetzungen dürften vom Autor selbst stammen. Ob und wieweit aus diesem Tatbestand auf unterschiedliche Zielgruppen geschlossen werden kann, ist bislang nicht untersucht.

Ausgaben: Das Werk Marquards von Lindau liegt nur zum geringeren Teil in Ausg. vor: E. Greifenstein, Der Hiob-Traktat des Marquard von Lindau. 1979 (MTU 68) [deutsch]. – N. F. Palmer, Der Hiob-Traktat Marquards von Lindau in lateinischer Überlieferung. PBB 104, 1982, S. 48–83. – R. Horwege, Marquard von Lindau, De Nabuchodnosor. Diss. Indiana University 1971 [deutsch, lateinische Fassung fehlt]. – ›De fide‹ in: K. Ruh. Franziskanisches Schrifttum II. 1985 (MTU 86), S. 290–322. – A. J. Hofmann, Der ›Eucharistie-Traktat‹ Marquards von Lindau. 1960. – Predigten: in K. Ruh, Franziskanisches Schrifttum II (s. o.), S. 47–64 [Nr. 1 u. 10]. – J. Hartinger, Der Traktat De paupertate. 1965, S. 169–179. – Ph. Strauch, Die deutschen Predigten des Marquart von Lindau. PBB 54 (1930), S. 161–201 [darin Ausgabe von Predigt Nr. 37]. – H. J. May, Marquard von Lindau OFM – De reparatione hominis. 1977 [lateinisch; Ausgabe der deutschen Fassung fehlt]. – ›Auslegung des Johannes-Evangeliums‹: Kap. 25 [deutsche Fassung] in: K. Ruh, Franziskanisches Schrifttum II (s. o.), S. 199–210. – Marquard von Lindau, Das Buch der zehn Gebote. Hrsg. von J. W. van Maren. 1984 (Quellen und Forschungen zur Erbauungsliteratur 7).

– Faksimile des Drucks Straßburg 1516, hrsg. von J. W. van Maren. 1980 (Quellen und Forschungen zur Erbauungsliteratur 14). – LITERATUR: N. F. Palmer, Latein, Volkssprache, Mischsprache. Zum Sprachproblem bei Marquard von Lindau, mit einem Handschriftenverzeichnis des ›Dekalogs‹ und des ›Auszugs‹. In: Spätmittelalterliche geistliche Literatur in der Nationalsprache I. 1983, S. 70–110 (Analecta Cartusiana 106/1).

Ein kompendiöses Auslegungswerk verfaßte um 1406 der Übersetzer der Cyrillus-Fabeln (s. o.), Ulrich von Pottenstein. Der Autor wird urkundlich zwischen 1396 und 1416 erwähnt. Nach einem Kanonikat an St. Stephan in Wien ist er von ca. 1390 bis 1404 Leutpriester in Pottenstein am Wienerwald, danach in Mödling und seit ca. 1408 Dekan in Enns. Vor 1421 ist er gestorben.

Das um 1406 entstandene Auslegungswerk behandelt in vier umfangreichen Büchern das Vaterunser, das Ave Maria, das Glaubensbekenntnis und das Magnificat sowie den Dekalog. In die allgemeinen moraltheologischen Zusammenhänge werden kirchenrechtliche Fragen, Probleme der Ketzerei und Ständekritik integriert.

AUSGABE fehlt. – LITERATUR: G. Baptist-Hlawatsch, Das katechetische Werk Ulrichs von Pottenstein. 1980 [mit Edition von Vorrede und Kap. 22].

Im Vorwort rechnet Ulrich ausdrücklich mit den *frumen layen* als Lesern, fragt sich aber gleichzeitig, wer von ihnen das Riesenwerk *seiner leng wegen* sich wohl leisten könne. Damit ist ein heute ebenfalls noch nicht zureichend erforschtes Problem angesprochen: wieweit einer Laienrezeption schlichte materielle Gründe entgegenstanden bzw. auf welche laikalen Schichten sich eine Rezeption notwendigerweise beschränkte.

Der mit 77 Handschriften am breitesten überlieferte Text ist die ›Erchantnuzz der sund‹ des Wiener Universitätstheologen Heinrich von Langenstein. Auch dieses Werk ist katechetisch konzipiert – es handelt sich um eine Auslegung der sieben Todsünden –, ist aber durch die Einbeziehung von Rat und Hilfe weit stärker an den Bedürfnissen praktischer Seelsorge orientiert.

Heinrich von Langenstein stammt aus Hessen. Erstmals bezeugt ist er durch sein Bakkalaureats-Examen am 20. 2. 1363 in Paris. Fast zwanzig Jahre lang lehrte er an der dortigen Universität, deren Vizekanzler er zeitweilig war. 1382 mußte er wie viele andere Gelehrte Paris verlassen, da er nach dem Schisma weiter an der römischen Obödienz festhielt. 1384 wurde er von Albrecht III. an die neugegründete Wiener Universität berufen, deren Entwicklung er entscheidend mitprägte. Am 11. 2. 1397 ist er in Wien gestorben.

Heinrich von Langenstein hat zahlreiche lateinische Schriften vorwiegend naturwissenschaftlichen und theologischen Inhalts verfaßt. Als sein theologisches Hauptwerk gilt sein Kommentar zu den ersten drei Kapiteln der Genesis in 24 Büchern, eine Art Enzyklopädie des zeitgenössischen Wissens. Die ›Erchantnuzz der sund‹ ist sein einziges überliefertes deutsches Werk; mehrere seiner lateinischen Schriften sind ins Deutsche übersetzt worden.

Ausgaben: H. Pruckner, Studien zu den astrologischen Schriften des Heinrich von Langenstein. 1933 [mit Textedition]. – R. Rudolf, Heinrich von Langenstein: Erchantnuzz der sund. 1969 (Texte des späten Mittelalters 22). – Heinrichs von Langenstein ›Unterscheidung der Geister‹. Lateinisch und Deutsch. Hrsg. von Th. Hohmann. 1977 (MTU 63). – Ausgaben der übrigen deutschen Übersetzung lateinischer Werke fehlen. – Literatur: Th. Hohmann, Deutsche Texte unter dem Namen »Heinrich von Langenstein«. In: Würzburger Prosastudien II. 1975, S. 219–236. – N. H. Steneck, Science and Creation in the Middle Ages: Henry of Langenstein on Genesis. 1976.

Ausdrücklich als Glaubensunterweisung für lateinunkundige Laien gedacht ist der ›Gewissensspiegel‹ des Martin von Amberg (ca. 1340 – ca. 1402). Die wichtigsten theologischen Grundfragen werden, ausgehend vom ›Compendium‹ Hugo Ripelins (s. o.) in kurzer, dem Laien leicht verständlicher Form dargestellt als Rüstzeug gegen häretische Anschauungen.

Weitere theologische Autoren und Werke

Johannes von Dambach (1288–1372), ›De consolatione theologiae‹, ein nach dem Muster von Boethius' ›Consolatio philosophiae‹ allegorisch konzipiertes Kompendium der Tröstungen in allerlei Notlagen und Bedrängnissen.

Das ›Speculum humanae salvationis‹ (ca. 1324), eine Darstellung der Heilsgeschichte unter dem Blickwinkel der Präfiguration ist von Konrad von Helmsdorf (14. Jh.?), Heinrich Laufenberg (s. u.), Andreas Kurzmann (gest. vor 1431) und drei Anonymi in deutsche Verse gebracht worden.

Der ›Josep‹, eine niederdeutsche Dichtung über die sieben Hauptsünden (zwischen 1430 und 1450).

Dietrich Kolde ist etwa 1435 in Münster geboren. In Osnabrück trat er in ein Augustinerkloster ein, studierte in Köln und war in den achtziger Jahren ein im Rheinland berühmter Prediger. Gestorben ist er in Löwen 1515. Sein ›Kerstenen Spiegel‹, der ausdrücklich als Anweisungsbuch für den Laien gedacht ist, enthält katechetische Kapitel und eine Anleitung zu Gebet und Meditation. Bis zur Mitte des 16. Jahrhunderts erlebte er etwa 45 Druckauflagen.

Marcus von Weida (1450–1516), Dominikaner-Prediger in Leipzig; ›Spigell des ehlichen ordens‹ (1487), eine moraltheologische Schrift, die Ordensleben und Ehe in allegorische Beziehung setzt.

Ausgaben: S. N. Werbow, Martin von Amberg, Der Gewissensspiegel. 1958 (Texte des späten Mittelalters 7). – Johannes von Dambach: Ausgabe fehlt. – Lateinische Version des ›Speculum humanae salvationis‹: J. Lutz, P. Pedrizet, Speculum humanae salvationis. 2 Bde, 1907 bis 1909 [Faksimile einer Münchener Handschrift und Ausgabe]. – A. Wilson, A Medieval Mirror. Speculum humanae salvationis 1324–1500. 1984 [mit viel Bildmaterial]. – E. Schütz, Joseps Sündenspiegel. 1973 (Niederdeutsche Studien 19). – C. Drees, Der Christenspiegel des Dietrich Kolde von Münster. 1954. – Marcus von Weida, ›Spigell des ehlichen ordens‹. Hrsg. von A. van der Lee. 1972 (Quellen und Forschungen zur Erbauungsliteratur 1). – Marcus von Weida, Der Spiegel Hochloblicher Bruderschaft des Rosenkranz Marie. Hrsg. von A. van der Lee. 1978 (Quellen und Forschungen zur Erbauungsliteratur 3). – Marcus von Weida, Auslegunge des Vater Vnsers. Hrsg. von A. van der Lee. 1973 (Quellen und Forschungen zur Erbauungsliteratur 2). – Literatur: A. van der Lee, Beobachtungen zum Sprachgebrauch des Leipziger Volkspredigers Marcus von Weida, 1980.

Daß im moraltheologischen Schrifttum die Grenze zur Laientheologie überschritten werden kann, daß Laien nicht nur als Rezipienten, sondern auch als Autoren fungieren, belegt der Bozener Patrizier Hans von Vintler mit seinem Werk ›Die pluemen der tugent‹. Teilweise den ›Gewissensspiegel‹ Martins von Amberg benutzend, breitet er auf der Grundlage der ›Fiori di virtù des Tomaso Leoni (ca. 1320) eine systematisierte Tugend- und Lasterlehre aus, die ihre Verwandtschaft mit den entsprechenden theologischen Schriften nicht verleugnet.

Hans von Vintler stammt aus dem reichen Bozener Patriziat. Literarhistorische Bedeutung hat die Familie vor allem durch Hansens Onkel Nikolaus von Vintler erlangt, der 1385 die Burg Runkelstein kaufte und sie nach ihrer Wiederherstellung mit den noch erhaltenen berühmten Fresken nach Stoffen der staufischen Literatur schmücken ließ. Hans von Vintler war Beamter im Dienste der Herzöge von Tirol; 1417 war er als herzoglicher Gesandter in Venedig. 1419 ist er gestorben.

›Die pluemen der tugent‹ (1411) sind Vintlers einziges Werk. Über den Anlaß zu seiner Abfassung schweigt er sich aus. Seine Bindung an die Tradition volkssprachlicher Lehrdichtung, die er sicher aus der umfangreichen Bibliothek der Familie kannte, erweist er durch die Benutzung der Versform.

AUSGABE: Die Pluemen der Tugent des Hans Vintler. Hrsg. von I. v. Zingerle. 1874.

Viele der vorgenannten Schriften überschreiten, besonders dann, wenn sie sich in deutscher Sprache an Laien wenden, die Grenzen von wissenschaftlich-theologischer Abhandlung zum Erbauungsschrifttum. Genaue Unterscheidungen sind hier nicht zu treffen, es sei denn, man machte den Appell an das Gefühl, die Weckung religiöser Emotionen und eine ausgeprägt kontemplative Grundhaltung zum Definitionskriterium. Die Verfasser solcher Erbauungsschriften bleiben nicht selten ungenannt zugunsten einer Autorität, etwa des hl. Hieronymus, die als angeblicher Autor auftritt.

Die 24 Ältesten der Johannesapokalypse fungieren als die Autoritäten in den ›24 Alten oder der güldene Thron der minnenden Seelen‹ des Basler Franziskaners Otto von Passau (urkundlich zwischen 1362 und 1385), einer Sentenzensammlung aus 104 namhaft gemachten Autoren. Die einzelnen Sentenzen werden nach Sachgebieten geordnet (z.B. Abendmahl, Reue, Beichte, Buße) und durch Zwischentexte zu fortlaufenden Traktaten verbunden. Mehr als 100 Handschriften des Werks sind erhalten.

AUSGABE fehlt. ›Über das Gebet‹, 17. Alter. In: K. Ruh, Franziskanisches Schrifttum, Bd. 2. 1985, S. 183–198. – LITERATUR: W. Schmidt, Die vierundzwanzig Alten Ottos von Passau. 1938, Nachdr. 1967.

Einer der bedeutendsten Verfasser bzw. Verdeutscher erbaulicher Schriften ist der auch für die Entwicklung des deutschen Frühhumanismus (s. u.) wichtige Prager Hofkanzler und Bischof von Olmütz Johann von Neumarkt, ca. 1315 in Neumarkt bei Breslau geboren. 1347 ist er nachweisbar in der Umgebung Karls IV. als Secretarius und Hofkaplan. Zwischen 1349 und 1351 erhält er Pfründen in Neumarkt, Glogau und Breslau.

Seit Ende 1353 ist er Kanzler am Prager Hof, ein Amt, das er 1374 – wohl wegen Differenzen mit Karl IV. – niederlegte. 1364 wurde er Bischof von Olmütz. Am 24. 12. 1380, dem Jahr seiner Wahl zum Bischof von Breslau, ist er gestorben.

Auf Veranlassung Karls IV. übersetzte Johann von Neumarkt zwischen 1357 und 1363 die pseudo-augustinische Schrift ›Soliloquia animae ad deum‹ (Buch der Liebkosungen).

Ebenfalls Karl IV. gewidmet ist Johanns Bearbeitung der ›Hieronymusbriefe‹. Die angeblich von Eusebius, Augustinus und Cyrillus verfaßten Briefe verknüpfen Elemente aus dem Leben des Heiligen mit Jenseitsvisionen und Berichten über Wundertaten, die in seinem Namen geschehen sind. Die Entstehungszeit ist umstritten, die Angaben schwanken zwischen dem 7. und dem 14. Jahrhundert. Johann von Neumarkt bearbeitete zunächst 1370 den lateinischen Text stilistisch und übersetzte ihn wenig später ins Deutsche. Weitere (Teil-)Übersetzungen entstanden unabhängig davon im 15. und 16. Jahrhundert.

Nicht ganz gesichert ist Johanns Verfasserschaft beim ›Stachel der Liebe‹, dem ›Stimulus amoris‹ des Jacobus von Mailand.

Ausgaben: Buch der Liebkosungen. Hrsg. von J. Klapper. 1930 (Vom Mittelalter zur Reformation VI, 1). – Hieronymusbriefe. Hrsg. von J. Klapper. 1932 (Vom Mittelalter zur Reformation VI, 2). – Stachel der Liebe. Hrsg. von J. Klapper. 1939 (Vom Mittelalter zur Reformation VI, 3). – Literatur: K. Burdach, Vom Mittelalter zur Reformation. 1893. – J. Klapper, Johann von Neumarkt. 1964.

Weitere Erbauungsschriften

Wahrscheinlich im Braunschweiger Raum in der ersten Hälfte des 14. Jahrhunderts sind ›St. Anselmi Fragen an Maria‹ entstanden, ein Passionsbericht aus dem Mund der Maria auf Befragen Anselms von Canterbury. Die lateinische Vorlage stammt wohl aus dem frühen 13. Jahrhundert.

Der kontemplativen Versenkung in den Erdenwandel Christi dienen die um 1300 entstandenen ›Meditationes vitae Christi‹. Das Werk ist mehrfach ins Italienische, Französische und Englische übersetzt worden. Die hoch- und niederdeutschen Fassungen geben jeweils nur Teile des Werks wieder, erst ein Druck von 1514 bietet eine vollständige deutsche Version.

Ähnlich konzipiert ist die ›Vita Christi‹ des um 1300 geborenen Ludolf von Sachsen. Der Autor ist Dominikaner; er trat 1340 in die Straßburger Kartause ein, wo er, nach Zwischenaufenthalten in Koblenz und Mainz, 1378 starb. Das Werk wurde ein europäischer Bucherfolg. Deutsche, englische, französische und spanische Übersetzungen wurden bis ins 17. Jahrhundert gedruckt.

Heinrich von Burgeis (Mitte des 13. bis Anfang des 14. Jahrhunderts), ›Der Seele Rat‹ (1301/1304), ein Buß- und Sündentraktat.

Literatur: R. Windel, Zur christlichen Erbauungsliteratur der vorreformatorischen Zeit. 1925. – Ausgaben: K. Ruh, Franziskanisches Schrifttum. 2 Bde, 1965/1985 (MTU 11 und 86). – A. Lübben, Zeno oder die Legende von den heiligen drei Königen. Anselmus vom Leiden Christi. 3. Aufl. 1855 [S. 103–146]. – Mitteldeutsche Reimfassung der ›Interrogatio Sancti Anselmi‹. Hrsg. von D. Cepková. 1982. – ›Meditationes vitae Christi‹: Ausgabe fehlt. – Ludolf von Sachsen, Vita Jesu Christi e quatuor Evangeliis et scriptoribus orthodoxis concinnata. Hrsg. von A.-C. Bolard u. L.-M. Rigollot. 2. Aufl. 1878. – Eine kritische Ausgabe fehlt. – Heinrich von Burgeis, Der Seele Rat. Hrsg. von H. F. Rosenfeld. 1932 (DTM 37).

7. Predigten

Das Spätmittelalter wird von der Predigt der dominikanischen Mystik beherrscht; Prediger anderer Orientierung und anderer Ordenszugehörigkeit erlangen, abgesehen von Geiler von Kaysersberg, nur untergeordnete Bedeutung. Schriftliche Predigtsammlungen dienen einem doppelten Zweck: der erbaulichen Lektüre und der Mustersammlung für andere Prediger, denen die Mühsal der eigenen Ausarbeitung abgenommen werden soll. Das umfangreiche Corpus der überlieferten Predigten ist bisher systematisch nicht aufgearbeitet. Die Bibliographie von Morvay/Grube verzeichnet für das 14. und 15. Jahrhundert neben der mystischen Predigt rund 100 bisher gedruckte Predigtsammlungen unterschiedlichen Umfangs und Einzelpredigten, die etwa zur Hälfte mit Autorennamen zu versehen sind. Die Zahl der unedierten Texte ist kaum zu schätzen.

Literatur: K. Morvay u. D. Grube, Bibliographie der deutschen Predigt des Mittelalters – veröffentlichte Predigten. 1974 (MTU 47). – Eine neuere Gesamtdarstellung fehlt. – R. R. Albert, Die Geschichte der Predigt in Deutschland bis Luther. 3 Bde, 1892–1896. – Viel Material zur spätmittelalterlichen Predigt enthält: G. Wolf, Quellenkunde der deutschen Reformationsgeschichte. 3 Bde, 1915–1923. – R. Herrmann, Die Predigt im ausgehenden Mittelalter. Beitr. zur thüringischen Kirchengeschichte 1 (1929/31), S. 20–68. – V. Mertens, Der implizierte Sünder. Prediger, Hörer und Leser in Predigten des 14. Jahrhunderts. In: Zur deutschen Literatur und Sprache des 14. Jahrhunderts. Hrsg. von W. Haug, T. R. Jackson u. J. Janota. 1983, S. 76–114.

An Qualität und Quantität seiner Predigten übertrifft der Straßburger Prediger Johann Geiler von Kaysersberg seine Zeitgenossen. Scholastisch orientiert, treibt er die Technik der geistlichen Auslegung irdischer Gegebenheiten auf die Spitze und kultiviert die Praxis des Predigtzyklus. Die Ausstellung eines Löwen in Straßburg etwa wird ihm 1507 Anlaß zu vier Predigten über das Löwengeschrei; mit der Salomonischen Spruchweisheit *gehe hin zur Ameise du Fauler; siehe ihre Weise an und lerne* eröffnet er in der Fastenzeit 1508 eine Reihe von 41 Predigten über die Ameise. Die einzelnen Kapitel des ›Narrenschiffs‹ von Sebastian Brant (s. u.) bilden die Grundlage eines weiteren Predigtzyklus. Diese Bindung ans Bild und an die sinnliche Erfahrung im Verein mit einer volkstümlichen Sprache, bewußter Komik, einem scharfen Blick für Mißstände und dem Mut, sie öffentlich anzugreifen, sicherten Geiler eine einzigartige Popularität. Seine scharfen Angriffe auf den Ordensklerus und die kirchliche Hierarchie führten zu einem Verbot seiner Schriften durch den ersten römischen Index von 1559.

Johann Geiler von Kaysersberg wurde am 16. 3. 1445 als Sohn eines Stadtschreibergehilfen in Schaffhausen geboren. Nach dem Tode seines Vaters, 1449, wuchs er bei seinem Großvater in Kaysersberg im Oberelsaß auf. Seit 1460 studierte er in Freiburg, erwarb dort 1463/64 den Magistergrad und wurde 1465 in die Artistenfakultät aufgenommen. In Basel setzte er 1471 seine Studien fort und promovierte 1475 zum Doktor der Theologie. Im Jahr darauf kehrte er auf einen theologischen Lehrstuhl nach Freiburg zurück. 1479 übernahm er ein Predigeramt in Straßburg – das soziale Ansehen des Predigers steht im 15. Jahrhundert über dem des Universitätslehrers. Am 10. 3. 1510 ist er in Straßburg gestorben.

Die Sammlungen von Geilers Predigten stammen größtenteils von fremder Hand (sechs Herausgeber sind namentlich bekannt); die philologischen Probleme, die sich aus Zuschreibung und redaktioneller Veränderung ergeben, sind entsprechend groß. Geiler hat seine Predigten lateinisch konzipiert oder nach dem Vortrag lateinisch niedergeschrieben. Die deutschsprachigen Sammlungen beruhen auf den Mit- oder Nachschriften von Zuhörern. Zu ihnen gehörte der Straßburger Franziskaner Johannes Pauli (ca. 1450 – ca. 1520; s. u.), dem wir u. a. die Nachschriften der Ameisen- und der ›Narrenschiff‹-Predigten verdanken, dem jedoch schon 1518 von Peter Wickgram, einem Neffen Geilers, redaktionelle Eingriffe und Verfälschungen vorgeworfen wurden.

Einige Predigten, sechs Übersetzungen von Schriften des französischen Theologen Johannes Gerson (1363–1429), eine ›Ars moriendi‹ (gedruckt 1497), eine Eingabeschrift an den Rat der Stadt Straßburg und zwei Brieftraktate stammen unmittelbar von Johann Geiler.

Ausgaben: Eine zulängliche Ausgabe von Geilers Schriften und Predigten fehlt. Man ist auf eine weitgehend unbrauchbare Ausgabe angewiesen: Ph. de Lorenzi, Geilers von Kaysersberg ausgewählte Schriften nebst einer Abhandlung über Geilers Leben und echte Schriften. 4 Bde, 1881–1883. – Einige ›Narrenschiff‹-Predigten bei F. Zarncke, Sebastian Brants Narrenschiff. 1854, Nachdr. 1961, S. 250–262 (lateinisch). – Eine deutsche Narrenschiffpredigt bei H. Heger, Spätmittelalter, Humanismus, Reformation. Bd. 1 (Die deutsche Literatur. Texte und Zeugnisse II, 1), 1975, S. 123–133. – Die ältesten Schriften Geilers von Kaysersberg. Hrsg. von L. Dacheux. 1882, Nachdr. 1965 [Briefe, Todtenbüchlein, Beichtspiegel, Sendbriefe, Der Bilger]. – Literatur: E. J. D. Douglass, Justification in Late Medieval Preaching. A Study of John Geiler von Kaysersberg. 1966 [darin ein chronologisches Werkverzeichnis]. – K. Manger, Literarisches Leben in Straßburg während der Prädikatur Johann Geilers von Kaysersberg. 1983.

Einige weitere Predigtsammlungen

Johann von Paltz (um 1445–1511), Augustiner, Theologe an der Universität Erfurt, seit 1507 Prior des Klosters Mühlheim (Ehrenbreitstein) bei Koblenz. ›Die himmlische Fundgrube‹, vier Ablaßpredigten für den sächsischen Hof, 1490, in denen die Passion Christi als himmlisches Bergwerk dargestellt wird; daneben zahlreiche lateinische Predigten, darunter der ›Sermo in principio novi studii‹, die Eröffnungspredigt für das Wintersemester 1482/83 an der noch nicht offiziell eingerichteten Universität Erfurt.

Ausgabe ist geplant in der Reihe Spätmittelalter und Reformation.

Johannes Bischof, Minorit in Wien, Hofprediger Wilhelms von Österreich (1395–1406); Predigtzyklus über die Evangelienlektionen des Kirchenjahrs (ca. 1405).

Ausgabe fehlt. – Eine Predigt in: K. Ruh, Franziskanisches Schrifttum, Bd. 2, 1985, S. 65–82.

Stephan Fridolin (ca. 1430–1498), Franziskaner in Bamberg, später in Nürnberg. Zwei Predigtzyklen über Psalmen; mehrere Erbauungsschriften.

Ausgabe: Gaben des katholischen Preßvereins in der Diözese Seckau (1887), S. 1–117.

Heinrich von St. Gallen (ca. 1350 – nach 1409), ein Predigtzyklus über die acht Seligpreisungen. Heinrich ist Verfasser mehrerer exegetischer Werke, darunter eines recht verbreiteten ›Marienlebens‹ in Prosa, dessen 19 Kapitel möglicherweise auf (fremde) Predigten zurückgehen.

Ausgabe: H. Hilg, Das ›Marienleben‹ des Heinrich von St. Gallen. 1981 (MTU 75). – Ausgabe der ›8 Seligpreisungen‹ fehlt.

8. Bibelübersetzungen und Bibeldichtung

Ein systematischer Versuch, die Gebrauchsfunktion deutschsprachiger Bibelübersetzungen und Bibeldichtungen im Spätmittelalter zu analysieren, ist bis heute nicht unternommen worden. Als sicher kann gelten, daß seit karolingischer Zeit (s. Bd. 1) solche Umsetzungen des Vulgata-Textes in erster Linie der Lektüre in der klösterlichen Gemeinschaft dienten, sei es zum Vorlesen, sei es zum Privatgebrauch. Der Rezipientenkreis beschränkt sich damit durchaus nicht auf die Lateinunkundigen. Lesefähigkeit und Lateinkenntnisse bedingen einander zwar weitgehend bis ins frühe 14. Jahrhundert; das schließt jedoch eine zunehmende Lektüre durch Laien nicht aus. Für das Spätmittelalter sind Angehörige des Hochadels und des wohlhabenden Bürgertums als Besitzer deutscher Bibelhandschriften und -drucke nachzuweisen. Für diese Leserschaft entstehen zunächst vornehmlich Übersetzungen derjenigen biblischen Bücher, die auch für die gottesdienstliche Praxis eine herausragende Rolle spielen: die vier Evangelien, häufig zu sogenannten Evangelienharmonien bearbeitend zusammengestellt. Besonders oft werden die Perikopen, d.h. die in den liturgischen Ablauf integrierten Evangelien- und Epistel-Texte übersetzt. Sogenannte Plenarien ordnen diese kalendarisch. Psalmen sind feste Bestandteile der (Kloster-)Messe. Auch sie werden deshalb schon früh übersetzt, während es sonst Auswahlübersetzungen aus dem Alten Testament häufiger erst seit dem 14. Jahrhundert gibt. Schon im vorigen Jahrhundert wurden vierzig verschiedene Übersetzungszweige für die neutestamentlichen Bücher angenommen (Walther), diese Zahl müßte heute sicher erheblich höher angesetzt werden.

Die häretischen Bewegungen im 13. Jahrhundert scheinen das Interesse an volkssprachigen Bibeltexten stark gefördert zu haben. Seither gibt es Tendenzen zum Verbot der Lektüre übersetzter biblischer Texte ebenso wie explizite Verteidigungen.

Ausgaben, Literatur: Bibliographie der vorlutherischen Übersetzungen und der Forschungsliteratur dazu in: Was Dolmetschen für Kunst und Erbeit sey. Beiträge zur Geschichte der Bibelübersetzung. Hrsg. von H. Reinitzer. Vestigia bibliae. Jahrbuch d. Dt. Bibelarchivs 4 (1982). – Textauszüge und Abbildungen in: H. Reinitzer, Biblia deutsch. Luthers Bibelübersetzung und ihre Tradition. 1983 (Ausstellungskataloge der Herzog August Bibliothek Wolfenbüttel Nr. 40). – W. Walther, Die deutsche Bibelübersetzung im Mittelalter. 1.–3. Theil. 1889–1892, Nachdr. 1966. – F. Falk, Die Bibel am Ausgange des Mittelalters, ihre Kenntnis und Verbreitung. 1905. – E. Zimmermann, Die deutsche Bibel im religiösen Leben des Spätmittelalters. In: Neue Beitr. zur Geschichte der dt. Bibel im Mittelalter. Hrsg. von H. Vollmer. 1938, S. 1–90. – H. Rost, Die Bibel im Mittelalter. Beiträge zur Geschichte und Bibliographie der Bibel. 1939. – D. Kartschoke, Bibelübersetzung. 1983. In: LexdMas, Bd.2, Sp. 96–99.

Seit wann es deutsche Vollbibeln gibt, ist ungesichert. Nach einer häufig zitierten Nachricht in der Österreichischen Chronik von Leopold Stainreuter (ca. 1340 – ca. 1400) habe die Königin Agnes von Ungarn (1281–1364) eine Bibel gehabt *diu was zu dewtsch gemacht.* Diese Tatsache ist offenbar ungewöhnlich genug, um eigens erwähnenswert zu sein. Der das Neue Testament überliefernde ›Codex Teplensis‹ (ca. 1400, s.u.) scheint auf eine Vollbibel zurückzugehen. Die Arbeit mehrerer Übersetzer ist eine fünfbändige Bibelhandschrift aus dem 15. Jahrhundert, die heute in Heidelberg aufbewahrt wird (cpg. 19–23); für die prophetischen Bücher des Alten Testaments zeichnet dort ein nicht identifizierbarer Konrad von Nürnberg als Übersetzer. Im ganzen sind aus dem späten Mittelalter rund 60 deutsche Bibelhandschriften erhalten.

1466 druckte Johann Mentel(in) in Straßburg erstmals eine vollständige deutsche Bibel. Sie beruht auf einer etwa hundert Jahre älteren, in Nürnberg entstandenen Verdeutschung. Auf diesen Druck gehen alle 13 Bibeldrucke zurück, die vor Luthers Übersetzung erschienen. 1475 unternahm der Augsburger Drucker Günther Zainer eine Revision der veralteten Übersetzung *lauterer, klarer, vnnd warer, nach rechter gemeinen teutsch,* nach dem Vulgata-Text korrigiert.

Die Zahl der Handschriften und Bibeldrucke ist auf den ersten Blick eindrucksvoll. Sie muß jedoch in Relation zu den gleichzeitig erscheinenden lateinischen Bibeln gesehen werden: seit Gutenbergs Bibeldruck von 1456 bis zum Ende des 15. Jahrhunderts sind im deutschen Sprachgebiet 94 gedruckte lateinische Bibelausgaben erschienen. Kirchliche Institutionen, die schon aus finanziellen Gründen allererst als Käufer von Bibeln in Frage kommen, beschaffen sich nach wie vor den Vulgata-Text und nur in Ausnahmefällen eine deutsche Übersetzung. Auch mit der Verbreitung anderer religiöser Schriften kann die deutsche Bibel nicht konkurrieren: Für die verbreitetste Sammlung deutscher Heiligenlegenden ›Der Heiligen Leben‹ (s. u.) zählt man für die Zeit zwischen 1471 bis 1521 ca. 75 Druckauflagen.

Deutsche Vollbibeln und Teilübersetzungen im
14. und 15. Jahrhundert
Wichtige Bibeldrucke
Johannes Mentelin, Straßburg, abgeschlossen vor dem 27. Juni 1466. Mentelin (ca. 1410–1478) ist seit 1447 als Schreiber und Notar in Straßburg ansässig. 1458 oder 1459 gründete er eine Druckerei. Sein erster deutscher Bibeldruck bedient sich einer kleinen Letter, wodurch der Umfang auf 406 zweispaltig und schmucklos bedruckte Blätter beschränkt werden konnte. Der Autor der oft fehlerhaften und sprachlich veralteten Übersetzung ist unbekannt. Von dem Druck gibt es acht Abschriften.

Günter Zainer (gest. 1478), Augsburg 1475/76. Zainer hat vermutlich zunächst in der Mentelinschen Offizin in Straßburg gearbeitet. Seit 1468 druckte er in Augsburg. Bei seiner Revision des Bibeltextes orientierte er sich an der überregionalen Norm der kaiserlichen Kanzleisprache. Der Druck ist, wie fast alle Zainerschen Drucke, reich bebildert und mit 534 Blättern erheblich umfangreicher als die Mentelin-Bibel.

Anton Koberger, Nürnberg, abgeschlossen am 17. Februar 1483. Koberger (ca. 1440–1513) ist der erfolgreichste deutsche Drucker des 15. Jahrhunderts. Angeblich hat er mit 100 Gesellen an 24 Pressen gearbeitet. 1504 schloß die Druckerei. Grundlage seines Drucks ist die Zainersche Bibel, deren Wortlaut weiter *gegen dem lateynischen text gerechtuertigt* ist. Die Ausgabe ist zweibändig und prächtig illustriert.

Teilübersetzungen des Alten Testaments sind seit dem 14. Jahrhundert zu registrieren.

Etwa um 1350 überträgt im Auftrag des Deutschen Ordens der Minoritenkustos Klaus Kranc die prophetischen Bücher des Alten Testaments. Kranc gilt als einer der bedeutendsten Übersetzer vor Luther.

Zu den am reichsten illustrierten Bibelhandschriften gehört die ›Wenzelbibel‹, die gegen Ende des 14. Jahrhunderts für König Wenzel I. von Böhmen übersetzt oder niedergeschrieben wurde. Als Übersetzer kommt der Prager Bürger und Münzmeister Martin Rotlew (gest. vor 1400) in Frage. Die Prachthandschrift enthält die Bücher des Alten Testaments mit Ausnahme des Buchs Daniel und der Kleinen Propheten. Sie ging in den Besitz der Habsburger über und befindet sich heute in Wien.

Eine vollständige Übersetzung des Neuen Testaments aus dem 14. Jahrhundert enthält der ›Codex Teplensis‹ aus dem Stift Tepl in Böhmen. Der Text ist, wohl zu Unrecht, mit waldensischen Strömungen in Zusammenhang gebracht worden.

1343 ließ der Klausner Matthias von Behaim eine Evangelien-Übertragung für sich niederschreiben. Die zugrundeliegende Übersetzung ist wohl schon im 13. Jahrhundert entstanden.

Eine deutsche Evangelienharmonie und eine kommentierte Übersetzung der Apokalypse wird dem schlesischen Pfarrer Georg Kreckwitz (gest. 1422) zugeschrieben.

Eine wohl zu Beginn des 15. Jahrhunderts entstandene Übersetzung der Evangelien-Perikopen für die kirchlichen Festtage überliefert eine in Bamberg geschriebene Handschrift mit der Bemerkung *als sie gut meister czu prag gemacht haben*.

Ausgaben, Literatur: Mentelin-Bibel: William Kurrelmeyer, Die erste deutsche Bibel. 10 Bde, 1904–1915 (StLV 234ff.). – K. Schorbach, Der Straßburger Frühdrucker Johann Mentelin (1458–1478). Studien zu seinem Leben und Werke. 1932. – Zainer: Diederich Müller, Das

Verhältnis der ersten und vierten vorlutherischen Bibel zueinander und zur Vulgata. Auf Grund der Evangelien-Übersetzung untersucht. Diss. Halle 1911. – W. Bodenheimer, Die Augsburger Frühdrucker Günther Zainer und Erh. Radolt. Börsenblatt f. d. deutschen Buchhandel, Frankf. Ausg. 35 (1979) Beilage. – Koberger: O. Hase, Die Koberger. Eine Darstellung des buchhändlerischen Geschäftsbetriebes in der Zeit des Überganges vom Mittelalter zur Neuzeit. 2. Aufl. 1885, Nachdr. 1967. – Kranc: W. Ziesemer, Die Propheten-Übersetzung des Claus Cranc. 1930 (Schriften der Königsberger Gelehrten Gesellschaft, Sonderreihe 1). – G. Jungbluth, Literarisches Leben im Deutschen Ritterorden. 1969, S. 27–51. – Wenzel-Bibel: Die Wenzelsbibel. Faksimile-Druck nach der Handschrift der Österreichischen Nationalbibliothek Wien. 1981 (Codices selecti LXX, 1). – J. Andort, Die Wenzelsbibel. In: Ost-West-Begegnung in Österreich. FS Eduard Winter. 1976, S. 15–26. – ›Codex Teplensis‹: Der Codex Teplensis, enthaltend ›Die Schrift des newen gezeuges‹. Hrsg. vom Litterarischen Institut von Dr. Max Huttler. 2 Bde, 1881/1884. – Matthias von Behaim: R. Bechstein, Des Mattias von Beheim Evangelienbuch in mitteldeutscher Sprache. 1867 (Mitt. der dt. Gesellsch. z. Erforschung vaterländischer Sprache und Alterthümer in Leipzig 3). – Georg Kreckwitz: Ausgabe fehlt. – Die Evangelien der guten Meister von Prag. Unter Mitarbeit von W.-O. Dreeßen hrsg. von Ch. Gerhardt. 1970 (Altdt. Texte in kritischen Ausgaben 3). – Siehe VL, Verweisartikel ›Bibelübersetzungen‹, Bd. 1, Sp. 842, ›Evangelienübertragungen‹, Bd. 2, Sp. 653–659 und ›Oberdeutsche Bibeldrucke‹, Bd. 6, Sp. 1276–1290.

Gleicher Wertschätzung wie die erst im 16. Jahrhundert kanonisierten neutestamentlichen Bücher erfreuen sich im Mittelalter die als apokryph geltenden Schriften, darunter besonders das ›Evangelium Nicodemi‹. Die wohl im 4. Jahrhundert entstandene Schrift schildert Prozeß, Passion und Auferstehung Jesu, mit der Tendenz, Pilatus von der Schuld an dessen Tod freizusprechen und sie allein den Juden anzulasten. Dieser durchgehend antijüdische Zug macht das ›Evangelium Nicodemi‹ unter anderm zur immer wieder genutzten Quelle für Passionsspiele (s. u.). Die Übersetzungen und zahlreichen freien Bearbeitungen setzen ebenfalls im 14. Jahrhundert ein.

Neben den grundsätzlich auf den Vulgata-Versionen beruhenden Bibelübersetzungen spielen erzählende Bearbeitungen, die den Bibeltext ausschmücken und legendarisch anreichern, für das religiöse Bewußtsein der Laien eine bedeutende Rolle. Über das Schicksal Adams und Evas nach der Vertreibung aus dem Paradies etwa oder über Ereignisse bei der Geburt Christi, die in den Berichten des Neuen Testaments nicht erwähnt werden, geben die ›Historienbibeln‹ wünschenswerte Auskunft.

Diese sind nach der Definition von Vollmer »deutsche Prosatexte ..., die in freier Bearbeitung den biblischen Erzählungsstoff möglichst vollständig, erweitert durch apokryphe und profangeschichtliche Zutaten« darbieten. Hauptquellen für solche Anreicherung sind die ›Historia Scholastica‹ des Petrus Comestor, die ›Weltchronik‹ Rudolfs von Ems und die von ihm abhängigen Weltchroniken (s.o.). Über hundert Handschriften und Drucke deutscher Historienbibeln sind bisher nachgewiesen, die in neun Redaktionsgruppen eingeteilt werden. Der gesamte Komplex bedarf der philologischen Aufarbeitung.

Mit der Besonderheit der religiösen Praxis des Deutschen Ordens hängen die Versübersetzungen vornehmlich alttestamentlicher Bücher zusammen. Die Texte dienen dem Vortrag; Episoden, die Kinder Israel im Kampf um das gelobte Land und in der Bewährung gegen ihre Feinde darstellend, ermöglichen eine Identifizierung mit dem kämpferisch-kolonisatorischen Auftrag des Ordens.

Eine der ältesten Bibeldichtungen des Deutschen Ordens ist die ostmitteldeutsche ›Judith‹, die nach Aussage der Handschrift bereits 1254, nach Meinung der Philologen aber eher erst im 14. Jahrhundert entstanden sein soll. Mehrere Bücherverzeichnisse des Ordens nennen den Text.

Eine besonders deutliche Identifizierung mit der Heidenkampfthematik ermöglicht das ›Buch der Makkabäer‹, das in knapp 15000 Versen die alttestamentlichen Bücher vom Widerstand der jüdischen Glaubenshelden gegen die Fremdherrschaft nacherzählt. Als Verfasser kommt möglicherweise der Ordenshochmeister Luder von Braunschweig (ca. 1275–1335) in Frage, der auch eine Paraphrase des Buchs Daniel angeregt hat.

Als vorbildliche, exemplarische Darstellung geduldig ertragenen Leidens versteht ein unbekannter Autor seine mehr als 15500 Verse lange Nachdichtung des Buches Hiob. Das Werk, ebenfalls im Umkreis des Deutschen Ordens entstanden, ist nach Angabe des Verfassers 1338 fertiggestellt worden.

Luder von Braunschweig gewidmet ist auch eine Nacherzählung des Lebens Christi von der Verkündigung über Passion, Auferstehung, Ausgießung des Heiligen Geistes bis zum Jüngsten Gericht in Form einer allegorischen Ausdeutung der sieben Siegel der Apokalypse auf die sieben Heilstatsachen, ›Von siben ingesigeln‹. Der Verfasser, Tilo von Kulm, ist wahrscheinlich identisch mit einem zwischen 1324 und 1352 im Deutschordensland bezeugten Kanonikus und Domherrn.

Häufig vertreten in den Deutschordensbibliotheken sind die Werke eines nicht näher identifizierbaren Heinrich von Hesler: eine gereimte ›Apokalypse‹, eine Versnacherzählung des ›Evangelium Nicodemi‹ und eine fragmentarisch überlieferte sogenannte ›Erlösung‹.

Die historischen Bücher des Alten Testaments erzählen in gereimter Form und ebenfalls unter Benutzung der ›Historia Scholastica‹ die ›Historien der alden E‹ nach. Auch diese Bibeldichtung ist im Umkreis des Deutschen Ordens in der ersten Hälfte des 14. Jahrhunderts entstanden.

Eine Sonderform der Bearbeitung biblischer Stoffe stellt die sogenannte ›Biblia pauperum‹ dar. Der Titel, der wohl auf eine irrtümliche Bezeichnung aus dem 18. Jahrhundert zurückgeht, weckt falsche Erwartungen: die ›Armenbibeln‹ sind aufwendig illustrierte Prachtwerke, die Ereignisse des Neuen Testaments typologisch solchen des Alten Testaments zuordnen und den Text hinter den Bildern zurücktreten lassen. Sie sind wichtige ikonographische Quellen für die bildende Kunst geworden. Seit dem zweiten Viertel des 14. Jahrhunderts sind deutsche Übersetzungen bezeugt.

Eine theologisch und sachlich kommentierende Versnacherzählung der Passionsgeschichte ist der ›Kreuziger‹ (= Kreuzträger) des Johanniters Johannes von Frankenstein. Die Nachschrift weist aus, daß das Werk nach 1300 entstanden sein muß.

Eine eigentümliche Mischung aus antiker Mythologie, chiliastischer Weissagung und Bibeldichtung stellt ›Sibyllen Weissagung‹ dar. Seit etwa 1320 gibt es mehrere teils strophische, teils paarweise gereimte Redaktionen. Nach einer dem Gang der Heilsgeschichte seit der Schöpfung nacherzählenden Partie leitet das Gedicht in der Konfrontation der Sibylle mit Salomo über zu Zeitkritik und Endzeitprophetie. Ein wohl erst ca. 1380 zugefügter Schlußteil erzählt die Erlösung durch den Kreuzestod Christi und die Kreuzholzlegende.

Ausgaben, Literatur: Allgemeines: A. Masser, Bibel, Apokryphen und Legenden. Geburt und Kindheit Jesu in der religiösen Epik des deutschen Mittelalters. 1969. – Ders., Bibel- und Legendenepik des deutschen Mittelalters. 1976.

›Evangelium Nicodemi‹: Ausgabe des griechischen und lateinischen Textes: C. v. Tischendorf, Evangelia apocrypha. 2. Aufl. 1876, Neudr. 1966. – Neuhochdt. Übersetzung: E. Hennecke, Neutestamentliche Apokryphen I. 3. Aufl. 1959, S. 330–358. – Mhd. Übersetzung: H. Vollmer, Bibel und deutsche Kultur. Veröff. des deutschen Bibelarchivs Hamburg 6 (1936), S. 200–239. – Zwei mittelniederdt. Fassungen: Dat Ewangelium Nicodemi van deme lidende vnses heren IHesu Christi. Hrsg. von A. Masser. 1978 (Texte d. späten Mittelalters u. d. frühen Neuzeit 29). – Das Evangelium Nicodemi in spätmittelalterlicher deutscher Prosa. Texte hrsg. von A. Masser u. M. Siller. 1987 (Germ. Bibliothek Reihe 4). – R. P. Wülcker, Das ›Evangelium Nicodemi‹ in der abendländischen Literatur. 1872.

Historienbibeln: J. F. L. Th. Merzdorf, Die deutschen Historienbibeln des Mittelalters. 2 Bde, 1870, Nachdr. 1963 (StLV 100 u. 101, revisionsbedürftig). – H. Vollmer, eine deutsche Schulbibel des 15. Jahrhunderts. Historia Scholastica des Petrus Comestor in deutschem Auszug mit lateinischem Paralleltext. 2 Bde, 1925/27 (Materialien zur Bibelgeschichte und religiösen Volkskunde II, 1 und 2). – Ders., Ein deutscher glossierter Auszug des 15. Jahrhunderts aus den alttestamentlichen Propheten. 1927 (Materialien zur Bibelgeschichte und religiösen Volkskunde III). – Ders., Die Neue Ee. Eine neutestamentliche Historienbibel. 1929 (Materialien zur Bibelgeschichte und religiösen Volkskunde IV). – P. A. McAllister, The Middle Low German »Historienbibel« Helmstedt 611.1. A Critical Edition of Genesis and Exodus. 1985.

›Judith‹: Judith. Aus der Stuttgarter Handschrift HB XIII 11. 2. Aufl., besorgt von H.-G. Richert nach der Ausgabe von R. Palgen. 1969. – ›Makkabäer‹: Das Buch der Makkabäer. Hrsg. von K. Helm. 1904 (StLV 233). – K. Helm, Genealogisches zu Luder von Braunschweig. ZfdPh 46 (1915), S. 445–450. – K. Helm u. W. Ziesemer, Die Literatur des Deutschen Ritterordens. 1951. – ›Hiob‹: Die mitteldeutsche poetische Paraphrase des Buches Hiob. Hrsg. von T. E. Karsten. 1910 (DTM 21). – Tilo von Kulm, Von siben Ingesigeln. Hrsg. von K. Kochendörffer. 1907 (DTM 9). – Heinrich von Hesler: Apokalypse. Hrsg. von K. Helm. 1907 (DTM 8). – Evangelium Nicodemi. Hrsg. von K. Helm. 1902, Nachdr. 1976 (StLV 224), Nachtrag: PBB 33 (1908), S. 400–402. – Die Fragmente der ›Erlösung‹. Hrsg. von O. v. Heinemann u. E. Steinmeyer. ZfdA 32 (1888), S. 111–117 u. 446–449. – ›Historien der alden E‹. Hrsg. von W. Gerhard. 1927 (StLV 271). – ›Biblia pauperum‹, Faksimile-Ausgaben: F. Unterkircher u. G. Schmidt, Die Wiener ›Biblia pauperum‹ Codex Vindobonensis 1198. 1962. – Die Salzburger Armenbibel. Codex a IX 12 aus der Erzabtei St. Peter zu Salzburg. 1969. – Biblia pauperum. Faksimileausgabe des 40blättrigen Armenbibel-Blockbuches in der Bibliothek der Erzdiözese Esztergom. 1967. – Ausgaben der mittelhochdeutschen ›Armenbibeln‹ fehlen. – H. Cornell, ›Biblia pauperum‹. 1925. – G. Schmidt u. A. Weckwerth, Biblia pauperum. In: Lexikon der christlichen Ikonographie, Bd. 1, 1968, Sp. 297–298. – ›Der Kreuziger‹ des Johannes von Frankenstein. Hrsg. von F. Khull. 1882 (StLV 160). – ›Sibyllen Weissagung‹: Die spätmittelalterliche deutsche Sibyllenweissagung. Untersuchung und Edition von I. Neske. 1985.

9. Legendendichtungen

Die stereotype Feststellung mangelhafter philologischer Aufarbeitung und fehlender literarhistorischer Erforschung trifft in besonderem Maße auf die Legende zu. Dies hat seinen Grund in schieren Quantitätsproblemen; mit Ausnahme der Lieddichtung ist im Spätmittelalter wohl keine andere Gattung in solcher Massenhaftigkeit hervorgebracht worden. Als meist verhältnismäßig kurze Einzeltexte sind Legenden leicht abzuschreiben, billig zu drucken oder mündlich weiterzugeben, zumal ihr Wortlaut nicht kanonisiert ist. Die Inhalte sind leicht den verschiedensten literarischen Formen anzupassen: dem Lied, der gereimten oder prosaischen Erzählung und der dramatischen Präsentation. Schließlich kommt die Legendenliteratur der verbreiteten Neigung zur »Summe«, zur umfassenden Sammlung entgegen.

Legendentexte und -sammlungen befanden sich in Klosterbibliotheken wie im Besitz von Weltgeistlichen und Laien. Eine Scheidung von klerikaler und laikaler Kultur ist hier weder für die Rezipienten- noch für die Produzentenseite möglich. Nur in seltenen Fällen kennen wir die Verfasser. Allein dort, wo die Texte den Charakter der unverblümten Handlungsanweisung annehmen, kann man vermuten, daß ein Geistlicher für Laien schreibt. Im übrigen aber wissen wir bisher über den Gebrauchswert der Legendendichtung im religiösen Leben nur wenig. Dienten die Texte der privaten Lektüre? Möglicherweise wurden sie zu bestimmten Anlässen, etwa zu den Festen der Heiligen vorgelesen; dafür spricht der Aufbau von Legendensammlungen (z.B. des ›Prosapassionals‹, s.u.) nach dem kalendarischen Jahresablauf.

Welcher Art war die Belehrung oder Erbauung, die der Lesende empfing? Die Muster der meist in exotischer Ferne spielenden wunderbaren Handlung sind selten unmittelbar auf die eigene Lebensführung zu übertragen. Auffallend in vielen Legenden ist – wie in der zeitgenössischen Kunst – die penible Ausmalung des Leidens, die blutrünstige Darstellung von Martyrien. Die Wirkung ist angesichts der geringen Sensibilität der Epoche gegenüber körperlichen Qualen schwer einzuschätzen. Sicher ist die Demonstration der heilsamen Folgen, die geduldig und widerstandslos ertragenes Leiden zeitigt, auch eine Antwort der Kirche auf die Unzufriedenheit mit bestehenden Verhältnissen: eine Einübung in Passion und Passivität.

LITERATUR: Eine Gesamtdarstellung der deutschen mittelalterlichen Legende fehlt. Überblick bei F. Wilhelm, Deutsche Legenden und Legendare. 1907, und H. Rosenfeld, Legende. 4. Aufl. 1982. – U. Wyss, Legenden. In: Epische Stoffe des Mittelalters. Hrsg. von V. Mertens u. U. Müller. 1984. S. 40–60. – Ansätze zu einer (lokalen) Funktionsgeschichte der Legende bei M. Beck, Untersuchungen zur geistlichen Literatur im Kölner Druck des frühen 16. Jahrhunderts. 1977. – L. Kretzenbacher, Legende und Sozialgeschehen zwischen Mittelalter und Barock. 1977. – U. Wyss, Theorie der mittelhochdeutschen Legendenepik. 1973. – Forschungsbericht: F. Karlinger, Legendenforschung. Aufgaben und Ergebnisse. 1986.

Legendensammlungen

Lateinische Legendare gibt es seit karolingischer Zeit in großer Anzahl. Auch hier setzt die Welle der Eindeutschungen mit dem 14. Jahrhundert ein. Eine für das Spätmittelalter grundlegende Legendensammlung ist die ›Legenda aurea‹ des italienischen Dominikaners und Erzbischofs von Genua Jacobus a Voragine (1228/29–14. 7. 1298). Das Werk bestand ursprünglich aus etwa 170 Legenden. Mehr als 1000 lateinische Handschriften sind erhalten, die den ursprünglichen Textbestand zum Teil erheblich erweitern.

Bei den deutschen Übersetzungen, die seit der Mitte des 14. Jahrhunderts überliefert sind, unterscheidet man elf verschiedene Zweige.

An Umfang und Beliebtheit übertroffen wurde die ›Legenda aurea‹ bei weitem durch das Sammelwerk ›Der Heiligen Leben‹ (in der germanistischen Literaturgeschichte auch unter dem Titel ›Prosa-Passional‹ geführt). Das Werk ist in der zweiten Hälfte des 14. Jahrhunderts mit hoher Wahrscheinlichkeit in Nürnberg entstanden. Die Heiligenlegenden sind kalendarisch angeordnet, »Sommerteil« und »Winterteil« sind häufig getrennt überliefert. Die Quellen der Sammlung sind noch nicht systematisch erforscht, auffällig ist jedoch eine große Zahl deutscher Vorlagen, unter anderm der ›Gregorius‹ Hartmanns von Aue (s. Bd. 2). Über 100 Handschriften sind bisher registriert, darunter bemerkenswert viele aus dem Besitz Nürnberger Patrizier. Noch im 18. Jahrhundert wurde das Werk abgeschrieben. Zwischen 1471 (Erstdruck von Günter Zainer, Augsburg) und 1521 erschienen etwa 75 Druckauflagen. 1502 brachte der Straßburger Drucker Johann Grüninger das Werk mit einer Vorrede von Sebastian Brant in der exzeptionell hohen Auflage von 1000 Stück auf den Markt. Sein Augsburger Konkurrent Johann

Schönsperger, der das Werk zwischen 1482 und 1501 bereits achtmal aufgelegt hatte, kaufte alsbald 800 Exemplare auf und erwarb die Verlagsrechte für sechs Jahre – sichere Indizien für die Erfolgserwartungen, die sich an den Druck dieser Sammlung knüpften.

Etwa ein Viertel des Stoffbestandes von ›Der Heiligen Leben‹ stammt aus einem um die Wende zum 14. Jahrhundert entstandenen Verslegendar, dem ›Buch der Märtyrer‹ (›Märterbuch‹). Im Auftrag einer nicht identifizierbaren Gräfin von Rosenberg hat ein unbekannter Verfasser 103 Marien-, Kreuz- und Heiligenlegenden aus dem Lateinischen in deutsche Verse gebracht. Auch diese Sammlung ist kalendarisch geordnet.

Noch in die letzten Jahre des 13. Jahrhunderts gehört möglicherweise das Vers-›Passional‹ von rund 110 000 Versen Umfang. Es ist in drei Bücher gegliedert, die Legenden zum Leben Christi und Mariens, zur Geschichte der Apostel und schließlich 75 Heiligenviten enthalten, letztere wieder nach dem Kirchenjahr geordnet, beginnend mit Nikolaus am 6. Dezember.

Legenden der frühchristlichen Heiligen und der Kirchenväter erzählt das ›Väterbuch‹ in rund 41 000 Versen, dessen Entstehung ebenfalls um die Wende zum 14. Jahrhundert angesetzt wird. Neun Inkunabel-Drucke einer Prosafassung sind überliefert.

Daß auch Laien als Kompilatoren und Bearbeiter solcher Sammlungen in Frage kommen, belegt der in Beziehungen zu den Erfurter Dominikanern stehende Fritzlarer Bürger Hermann von Fritzlar, der eine Sammlung von Heiligenlegenden mit mystisch beeinflußten Heiligenpredigten, ein ›Heiligenleben‹, zusammengestellt hat. Die Abfassungszeit liegt nach eigener Auskunft zwischen 1343 und 1349.

Ausgaben, Literatur: W. Williams-Krapp, Die deutschen und niederländischen Legendare des Mittelalters. Studien zu ihrer Überlieferungs-, Text- und Wirkungsgeschichte. 1986.

›Legenda aurea‹: Ausgabe des lateinischen Textes: Jacobi a Voragine Legenda Aurea vulgo Historia Lombardica dicta. Recensuit Th. Graesse. 3. Aufl. 1890, Nachdr. 1965. – Mhd. Übersetzung: Die Elsässische legenda aurea. Bd. 1: Das Normalcorpus. Hrsg. von U. Williams u. W. Williams-Krapp. 1980; Bd. 2: Das Sondergut. Hrsg. von K. Kunze. 1982 (Texte und Textgeschichte 3 u. 7). – W. Williams-Krapp, Die deutschen Übersetzungen der ›legenda aurea‹ des Jacobus de Voragine. PBB 101 (1979), S. 252–276. – F. Barth, Legenden als Lehrdichtung. Beobachtungen zu den Märtyrerlegenden in der ›Legenda aurea‹. In:

Europäische Lehrdichtung. Hrsg. von G. Rötzer u. H. Walz. 1981, S. 61–73. – ›Der Heiligen Leben‹: Eine wissenschaftliche Ausgabe fehlt. Auswahl aus dem Druck Augsburg 1513, sprachlich modernisierend: S. Rüttgers, Der Heiligen Leben und Leiden, anders genannt das Passional. 2 Bde, 1913. – W. Williams-Krapp, Studien zu ›Der Heiligen Leben‹. ZfdA 105 (1976), S. 274–303. – V. Mertens, Verslegende und Prosalegendar. Zur Prosafassung von Legendenromanen in ›Der Heiligen Leben‹. In: Poesie und Gebrauchsliteratur im deutschen Mittelalter. Würzburger Colloquium 1978. 1979, S. 265–289. – H. G. Richert, Wege und Formen der Passionalüberlieferung. 1978. – Das Märterbuch. Die Klosterneuburger Hs. 713. Hrsg. von E. Gierach 1928 (DTM 32). – K. Kunze. Die Hauptquelle des Märterbuches. ZfdPh 88 (1969), S. 45–57. – Ders., Das ›Märterbuch‹. Grundlinien einer Interpretation. ZfdPh 90 (1971), S. 429–499. – Vers-›Passional‹: K. A. Hahn, Das alte Passional. 1845 [Buch 1 und 2]. – F. Köpke, Das Passional. 1852 [Buch 3] (Bibl. der gesamten dt. Nationallit. 32). – Das Väterbuch. Hrsg. von K. Reissenberger. 1914 (DTM 22). – Hermann von Fritzlar: F. Pfeiffer, Deutsche Mystiker des 14. Jahrhunderts I. 1845, Nachdr. 1962, S. 3–258. – Siehe VL, Verweisartikel ›Legendare (deutsche)‹, Bd. 5, Sp. 644, und ›Legendare (lateinische im deutschen Bereich›), Bd. 5, Sp. 644–657.

Von unzähligen und erst teilweise erfaßten kleineren Sammlungen und Einzellegenden können nur einige Stoffkomplexe benannt werden. Wohl der besonders spannenden Handlung wegen werden die Legenden von Alexius und Crescentia häufig bearbeitet. Besondere lokale oder regionale Bedeutung erlangen die Legenden der Ortsheiligen wie etwa die Geschichten von St. Ulrich in Augsburg oder der Heiligen Drei Könige und von St. Ursula in Köln.

Der Karmeliter-Prior Johannes von Hildesheim (ca. 1315 bis 1375) etwa verfaßte in 46 Kapiteln eine ›Historia trium regum‹, die Ausweitung der Dreikönigslegende zu einem historisch-geographischen Werk, das mit einem Lobgedicht auf Köln schließt. Rund 65 Handschriften stammen aus dem 14. und 15. Jahrhundert, schon 1476 wurde eine deutsche Übersetzung gedruckt. Die Schrift erlangte europäische Wirkung.

Weit verbreitet sind die »Kreuzholz«-Legenden, nach denen der Balken des Kreuzes Christi aus einem Baum gehauen ist, den Seth auf das Grab seines Vaters Adam pflanzte. Die Geschichte dient häufig als Vorspann für die Legende von der Kreuzauffindung durch Helena. Auch in die Historienbibeln (s. d.) ist sie integriert.

Unüberschaubar ist der Komplex der Marienlegenden. Viele

von ihnen gehen zurück auf ein ›Marienleben‹, das der Kartäuser Bruder Philipp zu Beginn des 14. Jahrhunderts in über 10000 Versen erzählte. Man identifiziert den Autor mit einem 1345/46 im Kartäuserkloster Mauerbach bei Wien beerdigten *domnus Philippus monachus.* Das Werk ist den *bruodern von dem diutschen hus,* also den Deutschordensbrüdern gewidmet. Im 14. und 15. Jahrhundert entstanden fünf weitere ›Marienleben‹ neben rund 20 Sammlungen von ›Marienmirakeln‹ mit bis zu 90 Wundererzählungen.

Ein ähnlich umfangreiches Kompendium, das Marienerzählungen mit Exegese, Lobgesang, religiöser Betrachtung und Mariologie vereint, stellten die irreführend so genannten »Marienlieder« eines nicht identifizierbaren Bruder Hans (2. Hälfte des 14. Jahrhunderts) dar. Aus inhaltlichen Elementen – der Erwähnung der Londoner Münze, kaufmännischen Metaphern – schließt man, daß er ein Kaufmann war, der sich einem Marienorden oder einer Marienbruderschaft angeschlossen hatte. Das Werk besteht aus sechs Kapiteln zu je 100 Strophen mit einer 15strophigen Einleitung, überwiegend in der Form der ›Titurel‹-Strophe.

Schwer von den Legenden abzugrenzen sind die Erzählungen von wunderbaren Ereignissen, etwa den Erscheinungen, die der Duisburger Bauer Arnt Buschmann von November 1437 bis Mai 1438 hatte, oder der ›Jakobusbrüder‹-Erzählung von den Mirakeln im Zusammenhang mit einer Pilgerfahrt nach Santiago de Compostela, die dem zwischen 1355 und 1372 bezeugten Straßburger Weinhändler (?) Kunz Kistener zugeschrieben wird.

Ausgaben, Literatur: ›Alexius‹: H. F. Massmann, Sanct Alexius Leben in 8 gereimten mittelhochdeutschen Behandlungen, nebst geschichtlicher Einleitung sowie deutschen, griechischen und lateinischen Anhängen. 1843. – I. M. Hester, A hitherto Unpublished Version of the Alexius Legend. 1981. – ›Crescentia‹: K. Baasch, Die Crescentia-Legende in der deutschen Dichtung des Mittelalters. 1968 [mit Bibliographie]. – ›St. Ulrich‹: W. Wolf, Von der Ulrichs-Vita zur Ulrichs-Legende. Diss. München 1967. – ›Heilige Drei Könige‹: M. Behland, Die Dreikönigslegende des Johannes von Hildesheim. 1968 [Text der mhd. Übersetzung von Johannes von Hildesheim nach einer Trierer Handschrift]. Eine kritische Ausgabe des lateinischen Textes fehlt. Benutzt werden muß: E. Köpke, Johannes von Hildesheim. Programm Brandenburg 1878 [Text nach der Berliner Hs. cod. theol. fol. 565]. – Nhd. Übersetzung des lat. Textes: E. Christern, Die Legende von den heiligen drei Königen. 1963. – H. Kehrer, Die heiligen drei Könige in

Literatur und Kunst. 2 Bde, 1908/1909. – ›Ursula‹: O. Schade, Geistliche Gedichte des XIV. und XV. Jahrhunderts vom Niederrhein. 1854, Nachdr. 1968, S. 163–202 [Text nach drei Kölner Drucken des 16. Jahrhunderts].

Allgemein zur Mariendichtung: A. Mussafia, Studien zu den mittelalterlichen Marienlegenden. In: WSB 113 (1886), S. 917–994; 115 (1888) S. 5–92; 119,9 (1889), 123,8 (1891), 129,8 (1899) [lateinische Legenden]. – A. Poncelet, Index miraculorum Beatae Mariae Virginis, quae saec. VI–XV latine conscripta sunt. Anal. Boland. 21, 1902; ergänzt durch F. Holik, Index miraculorum marianorum indici A. Ponceleti ... superaddendus. 1920 [1783 lateinische Legendenfassungen]. – Eine systematische Erfassung der deutschsprachigen Marienlegenden fehlt. Vgl. P. Appelhans, Untersuchungen zur spätmittelalterlichen Mariendichtung. 1970. – P. Kern, Trinität, Maria, Inkarnation. 1971. – W. Williams-Krapp, Die deutschen und niederländischen Legendare des Mittelalters. 1986. – Textsammlungen: E. F. Dexter, Miracula sanctae virginis Mariae. 1927 (University of Wisconsin Studies 12, lateinische Texte). – T. F. Crane, Liber de miraculis sanctae dei genitricis Mariae. 1925 [lateinische Texte]. – F. Pfeiffer, Marienlegenden. 2. Aufl. 1863 [deutsche Texte aus dem Vers-Passional]. – Für viele kleinere Sammlungen s. H. Hilg, ›Marienmirakelsammlungen‹. In: VL, Bd. 6, Sp. 19–42.

Bruder Philipp: Bruder Philipps des Carthäusers Marienleben. Hrsg. von H. Rückert 1853, Nachdr. 1966. – Bruder Hans: Bruder Hansens Marienlieder. Hrsg. von M. Batts. 1963 – M. Batts, Studien zu Bruder Hansens Marienliedern. 1964. – Arnt Buschmann: W. Seelmann, Arnt Buschmanns Mirakel. NdJb 6 (1880), S. 32–40. – K. Heeroma, Der Ackermann aus Meiderich. In: NdJB 94 (1971), S. 99–114. – Kunz Kistener: K. Euling, Die Jakobsbrüder von Kunz Kistener. 1899, Nachdr. 1977 (Germanist. Abh. 16). – I. Reiffenstein. Zur Prosaauflösung von Kunz Kisteners ›Jakobsbrüdern‹. FS B. Horacek. 1974, S. 279–296.

In VL sind Einzellegenden unter den jeweiligen Heiligennamen behandelt.

10. Geistliches Lied

Wie in fast allen literarischen Gattungen sind auch in der Lieddichtung des späten Mittelalters geistliche Themen allgegenwärtig; kaum ein bedeutender Lieddichter, der nicht wenigstens einen Teil seiner Dichtung geistlich-religiösen Themen gewidmet hätte. Mariengebete, -hymnen, -grüße und -klagen, Bittgedichte, Sündenklagen, Weihnachts- und Osterlieder, geistliche Weckrufe (Tagelieder) finden sich auch bei Autoren, die man nicht in erster Linie den geistlichen Dichtern zuordnen würde, wie Oswald von Wolkenstein oder Hugo von Montfort, zu schweigen von den organisierten Meistersingern und ihren Vorläufern, die überwiegend religiöse Gegenstände besingen. Um die Grenzen nicht vollends verschwimmen zu lassen, ist es sinnvoll, unter geistlichen Liedern zunächst nur solche Texte zu berücksichtigen, die zum Bestandteil des religiösen Rituals, sei es des (Gemeinde-)Gottesdienstes, sei es in der außergottesdienstlichen Zusammenkunft werden.

Nach dem von Johannes Janota stammenden Vorschlag einer Typologie der geistlichen Lieder hinsichtlich ihrer Gebrauchsfunktion sind, grob gesehen, Gemeindelieder und Gemeinschaftslieder zu unterscheiden. Innerhalb beider Gruppen wäre jeweils zu differenzieren zwischen liturgiegebundenen Liedern, liturgienahen gottesdienstlichen Liedern und Liedern außergottesdienstlicher (privater) Frömmigkeit.

Unter Gemeindeliedern wären solche Dichtungen zu verstehen, die ohne soziale und institutionelle Abgrenzungen von jedem Teilnehmer an der gottesdienstlichen Handlung mitgesungen werden können. Das schließt nicht aus, daß solche Lieder aus bestimmten Gemeinschaften hervorgehen wie etwa den Konventikeln der *Devotio moderna* oder Ordensgemeinschaften (›Konventikellied‹). Entsprechend ihrer Verwendung sind solche Lieder ohne artifiziellen Anspruch. Eine große Zahl von Kontrafakturen nutzt die Melodien weltlicher Lieder zur Unterlegung geistlicher Texte.

Demgegenüber ist das Gemeinschaftslied beschränkt auf gesellschaftliche oder institutionelle Gruppen. Hier kann der Kunstcharakter geradezu zum gruppenbestimmenden Merkmal werden wie bei den Liedern des Meistersangs (s. d.), deren formale Kompliziertheit den Eingang in die Gemeinde von vornherein verschließt. Einzelne geistliche Lieder des Mönchs von Salzburg (s. d.) oder Oswalds von Wolkenstein (s. d.) oder auch die geistlichen Tagelieder Peters von Arberg (s. u.) mögen für die Hofgesellschaft bzw. zum Vortrag vor ihr gedacht gewesen sein.

Eine Beteiligung der Gemeinde an liturgischen Gesängen der Messe, also Antiphonen, Psalmen, Hymnen und Sequenzen gibt es bis zur Reformation nicht. Dementsprechend fehlen deutsche Nachdichtungen der lateinischen Texte weitgehend. Nicht liturgiegebunden hingegen sind die deutschsprachigen Gemeindegesänge, die vor oder nach der Predigt und besonders zu den hohen Festen des Kirchenjahrs, Ostern, Pfingsten und Weihnachten, gesungen werden. Eine große Zahl solcher heute noch gebräuchlicher Lieder ist im 14. und 15. Jahrhundert aus lateinischen Vorlagen eingedeutscht oder neu verfaßt worden: ›Der tag der ist so freidenreich‹, ›Christ ist erstanden‹, ›Nu biten wir den heiligen geist‹, ›Ein kind geboren ze bethlehem‹ (›Puer natus in Bethlehem‹), ›Gelobet seist du, Jesu Christ‹, ›Nu sis uns willekomen, herro Crist‹, ›Kum heiliger geist, herre got‹ (als Übersetzung der Pfingstsequenz ›Veni sancte spiritus‹).

In den meisten Fällen bleiben die Verfasser oder Übersetzer anonym; besonders häufig gesungene lateinische Sequenzen aber wurden immer wieder und auch von namentlich bekannten Autoren eingedeutscht. Von der als Adventslied gesungenen Verkündigungssequenz *mittit ad virginem* gibt es Übersetzungen des Mönchs von Salzburg, Heinrich Laufenbergs und Oswalds von Wolkenstein.

Weitgehend ungeklärt ist der Gebrauch der zahllosen Marienlieder. Nicht selten dürften sie den Charakter der persönlichen Fürbitte oder der privaten Devotionaliengabe gehabt haben. Der Münchner Autor Albrecht Lesch etwa (s. d.) scheint eine Verpflichtung oder ein Gelübde eingegangen zu sein, Maria *alle jar gen den weinachtn ein neues lied* zu singen.

Dichter von geistlichen Liedern (soweit sie nicht
in anderem Zusammenhang behandelt werden)

Konrad von Queinfurt, gest. 1382 als *pfarrher zur Steinkyrchen* in Löwenberg in Schlesien. Er ist der Autor mehrerer geistlicher Lieder, von denen nur ein Osterlied ›Du lenze gut, des jores turste quarte‹ erhalten ist. Das Lied wurde noch im 17. Jahrhundert in die Gesangbücher aufgenommen. Formale und inhaltliche Gründe sprechen jedoch dagegen, daß es ursprünglich als Gemeindelied gedacht war.

Peter von Arberg. Die Kolmarer Liederhandschrift überliefert unter diesem Namen drei geistliche Tagelieder. Eins davon – ›O starker got, all unser not‹ – verzeichnet die ›Limburger Chronik‹ (s. d.) 1356 als Neuerscheinung mit dem Zusatz *unde machte es ein ritter.* Die Identifizierung des Autors mit dem Schweizer Grafen Peter II. von Aarberg gilt heute als nicht mehr sicher.

Heinrich Laufenberg. Der fruchtbarste Autor geistlicher Lieder stammt vermutlich aus Freiburg. 1421 ist er dort als *cappellanus* bezeugt; sein ältestes datiertes Gedicht stammt von 1413. 1441 ist er in Freiburg als Dekan nachgewiesen. 1445 legte er sein Amt nieder und trat in Rulman Merswins (s. d.) Kloster auf dem Straßburger Grünenwörth ein. Am 31. März 1460 ist er dort gestorben.

Heinrich Laufenberg ist der Verfasser von etwa 120 (in einer 1870 verbrannten Straßburger Handschrift gesammelten) geistlichen Liedern, überwiegend Marienpreisen und Weihnachts- und Neujahrsliedern. Etwa zehn lateinische Hymnen und Sequenzen sind von ihm unter genauer Beibehaltung der Form übertragen worden. Heinrich Laufenberg ist außerdem Verfasser eines ›Regimen‹ (einer medizinisch-astrologischen Abhandlung), eines ›Buchs der Figuren‹ (einer Sammlung der Präfigurationen Mariens im Alten Testament in ca. 15000 Versen, 1441) und einer Übersetzung des ›Speculum humanae salvationis‹ (s. o.) von 1437.

Anthonius von Lambsheim (gest. 1458) stand in Korrespondenz mit den Dominikanerinnen des Maria-Magdalenen-Klosters in Basel. Neben sechs traktatartigen Briefen sind daraus eine Sequenz und vier Lieder überliefert, die in Wortwahl und Thematik von mystischer Literatur beeinflußt sind.

Ludwig Moser, geb. 1442 in Zürich, gest. am 16. Juli 1510 als Mitglied des Kartäuserklosters St. Margarethental in Basel. Im Basler Druck (1497) des ›Guldin Spiegels des Sunders‹, einer Übersetzung mehrerer lateinischer Traktate von Ordensbrüdern, finden sich als Anhang die Übersetzungen von lateinischen Hymnen, vermutlich von Moser stammend.

Das ›Hohenfurter Liederbuch‹ (Mitte 15. Jahrhundert) aus dem Zisterzienserstift Hohenfurt in Böhmen sammelt 81 deutsche und zwei lateinische geistliche Lieder. Zumindest die ersten 49 Lieder sind als Einheit konzipiert: sie erzählen fortlaufend das Leben Christi vom *engelischen grus* bis *wie er abfuer czv der hellen.* Alle Lieder bestehen aus Reimpaarversen (mit wechselnden Melodien), so daß sie in ihrer Gesamtheit eine litaneiartige Erzählung ergeben.

LITERATUR, AUSGABEN: W. Bäumker, Das katholische deutsche Kirchenlied in seinen Singweisen von den frühesten Zeiten bis gegen Ende des siebzehnten Jahrhunderts. 4 Bde, 1866–1911, Nachdr. 1962. – Ph. Wackernagel, Das deutsche Kirchenlied von der ältesten Zeit bis zum Anfang des XVII. Jahrhunderts. 5 Bde, 1864–1877, Nachdr. 1964.

– F. J. Mone, Lateinische Hymnen des Mittelalters, aus Handschriften herausgegeben und erklärt. 3 Bde, 1853–1855, Nachdr. 1964. – Analecta hymnica medii aevi. Hrsg. von C. Blume u. G. M. Dreves. 55 Bde, 1886–1922. – Ph. Wackernagel, Bibliographie zur Geschichte des deutschen Kirchenliedes im 16. Jahrhundert. 1855, Nachdr. 1961. – Répertoire international des sources musicales. Reihe B 8. Das deutsche Kirchenlied, Bd. 1, T. 1, 1975. – A. H. Hoffmann von Fallersleben, Geschichte des deutschen Kirchenliedes bis auf Luthers Zeit. 1861, Nachdr. 1965. – J. Janota, Studien zu Funktion und Typus des deutschen geistlichen Liedes im Mittelalter. 1968. – J. Julian, A Dictionary of Hymnology. Setting forth the Origin and History of Christian Hymns of all Ages and Nations. 2 Bde, 2. Aufl. 1907, Nachdr. 1957. – Handbuch der Liturgiewissenschaft. Hrsg. von Aimé-Georges Martimort. 2 Bde, 1963/1965. – Literaturbericht zur Hymnologie. Jahrbuch für Liturgik und Hymnologie 22 (1978), S. 231–276, und 23 (1979), S. 211–248.

Heinrich Laufenberg: Eine vollständige Ausgabe fehlt. Ein großer Teil der Lieder bei Wackernagel, Kirchenlied (s. o.). Bd. 2, Nr. 480, 701–705, 720–738, 741–779, 782–798. – B. Wachinger, Notizen zu den Liedern Heinrich Laufenbergs. In: Medium aevum deutsch. FS K. Ruh. 1979. S. 349–385 [mit ausführlichem Verzeichnis der älteren Literatur]. – Anthonius von Lambsheim: Ausgabe der Lieder in CLD Bd. 1, S. 39–46. – Ludwig Moser: Ausgabe der Hymnen in CLD Bd. 2, S. 312–329. – V. Honemann, Deutsche Literatur in der Laienbibliothek der Basler Kartause 1480–1520. Habil.schr. (masch.) Berlin 1983. – ›Hohenfurter Liederbuch‹: Ein deutsches geistliches Liederbuch mit Melodien aus dem XV. Jahrhundert nach einer Handschrift des Stiftes Hohenfurt. Hrsg. von W. Bäumker. 1895, Nachdr. 1970. – Faksimile: Die Hohenfurter Liederhandschrift von 1410. Hrsg. von H. Rothe. 1984.

Einen Sonderfall des geistlichen Liedes stellen die Lieder der Geißler dar, die während der Pestepidemie 1348/49 gesungen wurden. Ihr Aufbau mit refrainartigen Wiederholungen weist sie als litaneiartige Gesänge in der Tradition des Prozessionsliedes aus. Sie sind nicht in Liederbüchern, sondern in chronikalischen Berichten überliefert, unter anderem in der ›Straßburger Chronik‹ des Fritsche Klosener (s. d.) und im ›Chronicon auf das Jahr 1349‹ eines Hugo von Reutlingen. Dadurch sind wir nicht nur über ihren Wortlaut, sondern – ein einzigartiger Fall – genauestens über ihren Gebrauch, die Art ihres Vortrags und ihr Publikum unterrichtet.

Ausgaben, Literatur: Die Lieder und Melodien der Geißler des Jahres 1349, nach der Aufzeichnung Hugos von Reutlingen hrsg. von

P. Runge. 1900, Nachdr. 1969. – A. Hübner, Die deutschen Geißlerlieder. Studien zum geistlichen Volksliede des Mittelalters. 1931. – Texte und Schilderung des Gebrauchszusammenhanges: ›Straßburger Chronik‹ des Fritsche Klosener. In: Chroniken der deutschen Städte VIII, 1870, Nachdr. 1961, S. 105–111. – B. Koelliker, Das Geißlerlied ›nu tret her zu der boessen welle‹ und das Geißlerritual. In: Philologie und Geschichtswissenschaft. Hrsg. von H. Rupp. 1977, S. 92–105.

11. Visionenliteratur

Die literarischen Versuche, die geoffenbarten Glaubenstatsachen anschaulich zu machen, gehen im Christentum bis auf die Apokalypse des Johannes zurück. Sie verbinden sich mit der literarischen Tradition der antiken Unterweltfahrten (Aeneas). Keine der deutschen Jenseitsvisionen erreicht annähernd die Bedeutung von Dantes ›Divina Commedia‹. Nicht selten erschöpfen sich die Visionen in der platten Beglaubigung moralischer Anweisungen wie in der lateinischen Exempelerzählung von der Bauerntochter, die ihre böse Mutter in den Schwefelflammen der Hölle, ihren guten, aber einfältigen Vater in den Freuden des Paradieses erblickt und fortan als Klosterfrau nach dem Beispiel ihres Vaters lebt (Klapper Nr. 180). In einzelnen Fällen jedoch bieten die Visionen Freiräume für die Entfaltung der schöpferischen Phantasie der Autoren und können als Vorformen utopischer Weltentwürfe angesehen werden.

In ihrem Gang durch die tiefsten Abgründe der Hölle vorbei an den mäßig Gepeinigten und Belohnten bis zur Herrlichkeit der Engelchöre muten die Jenseitsvisionen des Ritters ›Tundalus‹ wie eine bescheidene Vorform der ›Divina Commedia‹ an. Der Text ist wahrscheinlich im 12. Jahrhundert von einem irischen Mönch verfaßt worden. Im 14. und 15. Jahrhundert entstanden mehrere deutsche Prosaübersetzungen; bis 1521 sind zehn Drucke von ihnen registriert.

Eine reine Höllenvision ist der ›Lazarus‹, in dem der von den Toten Auferweckte berichtet, was er in der Hölle sah und erlebte. Die düstere Reimpaardichtung ist wohl von einem bayerischen Geistlichen um 1400 verfaßt worden.

Literarisch anspruchsvoll sind die 1353 entstandenen ›Visiones quas in Purgatorio Sancti Patricii vidit Georgius miles de Ungaria‹. Der Verfasser des lateinischen Textes, wahrscheinlich ein provenzalischer Augustiner-Eremit, verknüpft geschickt Elemente der Abenteuerfahrt und der Pilgerreise mit Jenseitsvision und religiöser Unterweisung. Vier deutsche Übersetzungen gibt es aus dem 14. und 15. Jahrhundert.

Weite europäische Verbreitung fand eine als Traumvision sich ausgebende Allegorie des Franzosen Guillaume de Deguileville, ›Le Pelerinage de la Vie humaine‹ (ca. 1330), die als ›Pilgerfahrt des träumenden Mönchs‹ dreimal ins Deutsche übersetzt wurde: von Peter de Merode (1444) und zwei Anonymi. Das Werk ist eine Art geistlicher Kontrafaktur des Rosenromans; die Ereignisse auf einer Pilgerfahrt zum im Traum erblickten Himmlischen Jerusalem werden allegorisch gedeutet und so zu Stationen der menschlichen Lebensreise.

LITERATUR, AUSGABEN: P. Dinzelbacher, Vision und Visionsliteratur im Mittelalter. 1981. – F. S. Smith, Secular and Sacred Visionaries in the Late Middle Ages. 1986. – Geschichte von der Bauerntochter. In: Erzählungen des Mittelalters in deutscher Übersetzung und lateinischem Urtext. Hrsg. von J. Klapper. 1914, Nachdr. 1978. – ›Tundalus‹: A. Wagner, Visio Tnugdali, lateinisch und altdeutsch. 1881. – Tondolus der Ritter. Die von Johann und Conrad Hist gedruckte Fassung. Hrsg. von N. F. Palmer. 1980. – N. F. Palmer, Visio Tnugdali. The German and Dutch Translations and their Circulation in the Later Middle Ages. 1982 [enthält im Anhang Auszüge aus zahlreichen weiteren lat. und dt. Jenseitsvisionen]. – ›Lazarus‹: M. Voigt, Beiträge zur Geschichte der Visionenliteratur im Mittelalter 1. 2. 1924 [enthält eine ausführliche Inhaltsangabe des ›Georg aus Ungarn‹]. – Visiones Georgii. Hrsg. v. L. L. Hammerich. 1930 (Det Kgl. Danske Videnskabernes Selskab. Hist.-fil. Medd. 18//2). – A. Böhmer, Die Pilgerfahrt des träumenden Mönchs 1915 (DTM 25, anonyme Berleburger Fassung). – A. Meyboom, Die Pilgerfahrt des träumenden Mönchs. 1926 (Rhein. Beitr. und Hülfsbücher 10, Peter de Merode). – F. Goetze, Untersuchungen über die Pilgerfahrt des träumenden Mönchs. Diss. Marburg 1934.

Das geistliche Spiel des Mittelalters ist im Zusammenhang mit der Liturgie entstanden. Seit dem 10. Jahrhundert haben wir Belege dafür, daß der Laiengemeinde der Inhalt der unverständlichen lateinischen liturgischen Gesänge – zuerst des Ostertropus über die drei Frauen am Grabe Christi – durch eine begleitende pantomimische Darstellung vermittelt wird. Hieraus entwickeln sich eigenständige Spiele, die sich aus dem Raum der Kirche hinausverlagern. Im Spätmittelalter wachsen sie sich zu oft tagelang dauernden Großspektakeln aus. Vom 14. bis zum ausgehenden 16. Jahrhundert ist das geistliche Spiel neben der volkssprachigen Predigt ohne Zweifel das wirksamste Mittel religiöser Massenbeeinflussung. Es ist in bezug auf Aufführungsort, Organisatoren, beteiligtes Personal und Publikum fast ausschließlich an die Stadt gebunden. Daher könnte es als Paradigma stadtbürgerlicher Literatur gelten, wäre nicht die ungeklärte Verfasserfrage: nur in wenigen Ausnahmefällen kennen wir die Autoren oder Redaktoren der Spiele. Schon die meist lateinischen Regieanweisungen lassen vermuten, daß es sich in der Regel um Kleriker handelt, die das geistliche Spiel als wohlkalkuliertes Mittel der Verkündigung und Beeinflussung begriffen haben. Hierfür spricht auch die dramaturgische Anlage der Stücke und die durch sie bedingte Aufführungspraxis. Sie trägt alle Merkmale der massensuggestiven Veranstaltung: Hunderte von Akteuren, Tausende von Zuschauern, oft tagelange Aufführungsdauer. Spielpausen zum Schauplatz- oder Requisitenwechsel werden durch Gesänge oder gemeinsame Gebete gefüllt. Die Zuschauer werden ausdrücklich nicht als Theaterpublikum, sondern als Gemeinde begriffen. Die Spiele enden in der Regel mit einer Gemeinschaftsprozession, einem Gottesdienst oder einem Gebet. Den daran Beteiligten wird Ablaß gewährt.

Vom 13. bis zum Beginn des 17. Jahrhunderts kennen wir bisher rund 200 Texte von geistlichen Spielen neben Tausenden von Aufführungsbelegen. Die Verlustrate muß gerade bei dieser Gattung als außergewöhnlich hoch angesehen werden. Nur ein Bruchteil der überlieferten Texte liegt bisher in zureichenden Editionen vor.

Thematisch gruppiert sich ein Großteil der Spiele um die hohen kirchlichen Festtage. Zur Gruppe der Weihnachtsspiele gehören Spiele über das Kindelwiegen, die Heiligen Drei Könige, den bethlehemitischen Kindermord. Aus den meist sehr umfangreichen Passions- und Osterspielen können Einzelepisoden als eigenständige Stücke herausgelöst werden: Palmsonntags-, Abendmahls-, Karfreitags-, Grablegungs- und Auferstehungsspiele oder dramatisierte Marienklagen. Himmelfahrts- und Pfingstspiele begleiten die Feste des Kirchenjahres. Fronleichnamsspiele fanden häufig in Verbindung mit großen Prozessionen statt.

Neben solchen, an den festlichen Anlaß gebundenen neutestamentlichen Stoffen finden sich Dramatisierungen von Episoden aus dem Alten Testament: Abrahams-, Jakobs-, Salomospiele oder Stücke von David und Goliath.

Einen eigenen Komplex bilden Marienspiele mit Szenen aus dem Leben der Gottesmutter: Geburt, Verkündigung und Himmelfahrt.

Den verderblichen Einfluß des Teufels auf die Welt behandeln die Dramen von ›Theophilus‹ und das ›Frau Jutten-Spiel‹, wobei letzteres wegen seiner offen zu Tage liegenden Tendenz und weil sein Verfasser bekannt ist, eine Sonderstellung einnimmt (s. u. S. 227). Zahlreich sind die dramatisierten Märtyrer- und Heiligenviten wie Katharinen- oder Georgsspiele. Um eschatologische Themen gruppieren sich Weltgerichts- und Antichrist-Spiele.

Besonders für das 16. Jahrhundert sind »Moralitäten« häufiger bezeugt, Stücke über allgemein ethisch-moralische Themen, etwa über das Sterben, die Hoffart, die Verschwendung, die sich wie im Stück ›Vom reichen Mann und armen Lazarus‹ an biblische Exempel binden können.

Die Initiatoren einer Aufführung sind fast stets unter der Laienbevölkerung der Städte zu suchen. Zünfte, Bruderschaften und Einzelpersonen konnten eine Aufführung anregen und finanzieren. Sie bedurfte der Genehmigung durch den Rat und war damit potentiell auch Zensureingriffen ausgesetzt. Bis zu 500 Akteure (Luzerner Weltgerichtsspiel von 1549) aller sozialen Gruppen (Ehrbarkeit vorausgesetzt) konnten an der Aufführung beteiligt sein, wobei die tragenden Rollen jedoch fast immer den Angehörigen der Oberschicht vorbehalten waren, schon allein deswegen, weil die oft sehr teure Ausstattung vom Akteur selbst bezahlt werden mußte. Alle Rollen wurden von Männern gespielt, nur in Südtirol gab es eine Beteiligung von Frauen.

Erhaltene Bühnenpläne zeigen die Verteilung der Spielorte und ihrer Requisiten über den gesamten Markt oder Kirchplatz. Feste Tribünensitze gab es nur in Ausnahmefällen und nur für die Angehörigen der höheren Stände. Bei einer – zumal bei größeren Passions- oder Osterspielen – oft mehrtägigen Aufführungsdauer und einer pausenlosen Aufführungszeit von bis zu zwölf Stunden täglich nahmen die Veranstaltungen den Charakter des Volksfestes an, an dem nicht nur die gesamte städtische Bevölkerung, sondern auch eine hohe Zahl auswärtiger Besucher teilnahm. Die Wirkung solcher Veranstaltungen wird anekdotisch durch die im Erfurter ›Chronicon Sampetrinum‹ berichtete Tatsache belegt, daß der Thüringer Landgraf Friedrich der Freidige bei der Eisenacher Aufführung eines ›Zehnjungfrauen‹-Spiels am 4. Mai 1321 vor Erregung einen Schlaganfall erlitt, dem er nach zweijähriger Krankheit erlag. Auch auf die Phantasie der bildenden Künstler haben solche Aufführungen nachhaltigen Eindruck gemacht: der Brügger Passionsaltar von Hans Memling etwa bildet deutlich die Stationen eines spätmittelalterlichen Passionsdramas nach.

Ausgaben, Literatur: Die Editionslage bei den deutschen mittelalterlichen Spielen ist unbefriedigend. Die umfassendste Sammlung ist noch immer die veraltete Ausgabe von R. Froning, Das Drama des Mittelalters. 3 Bde, 1891–1892, Nachdr. 1964 (DNL 14, 1–3). – Die geistlichen Spiele des Sterzinger Spielarchivs. Nach den Handschriften hrsg. von W. Lipphardt u. H.-G. Roloff. Bd. 1 bearbeitet von W. Lipphardt. 1981. – Für das europäische Drama: K. Young, The Drama of the Medieval Church. 2 Bde 1933, Nachdr. 1967. – M. J. Rudwin, A Historical and Bibliographical Survey of the German Religious Drama. 1924. – R. Steinbach, Die deutschen Oster- und Passionsspiele des Mittelalters ... nebst einer Bibliographie zum deutschen geistlichen Spiel des Mittelalters. 1970. – R. Bergmann, Katalog der deutschsprachigen geistlichen Spiele und Marienklagen des Mittelalters. 1986.– W. F. Michael, Das Drama des Mittelalters: ein Forschungsbericht. DVjs 62 (1988), S. 148–195. – Rainer H. Schmid, Raum, Zeit und Publikum des geistlichen Spiels. 1975. – H. Linke. Das volkssprachige Drama und Theater im deutschen und niederländischen Sprachbereich. In: Handbuch 8, 1978, S. 733–763. – B. Neumann, Zeugnisse mittelalterlicher Aufführungen im deutschen Sprachraum. Eine Dokumentation zum volkssprachigen geistlichen Schauspiel. 1979. – H. Kindermann, Das Theaterpublikum des Mittelalters. 1980. – I. Ten Venne, Das geistliche Spiel in Deutschland von der Mitte des 13. bis zum 16. Jahrhundert. 2 Bde, 1983. – B. Neumann, Geistliches Schauspiel im Zeugnis der Zeit. Zur Aufführung mittelalterlicher religiöser Dramen im deutschen Sprachgebiet. 2 Bde, 1987.

Beispiele für einzelne Spielgruppen oder -themen

Weihnachtsspiele

Das älteste in Deutschland überlieferte Weihnachtsspiel, das lateinische ›Benediktbeurener Weihnachtsspiel‹, aufgezeichnet im frühen 13. Jahrhundert, ist zugleich das umfangreichste und dramaturgisch anspruchsvollste; es erweitert die eigentliche Weihnachtsgeschichte um ein vorangestelltes ›Prophetenspiel‹ und einen (möglicherweise nicht zugehörigen) ›Ludus de Rege Aegypti‹. Mit Ausnahme einer St. Gallener ›Kindheit Jesu‹ (ca. 1330) stammen sonst alle überlieferten deutschen Weihnachtsspiele aus dem 15. oder frühen 16. Jahrhundert. Als typisches Beispiel kann das ›Hessische Weihnachtsspiel‹ (ca. 1450) genannt werden (870 Verse, 27 Mitwirkende). Dargestellt wird das Weihnachtsgeschehen von der Verkündigung des Engels bis zur Flucht nach Ägypten, jedoch ohne die Dreikönigsgeschichte. Im Mittelpunkt steht die Kindelwiegen‹-Szene, in der fünf *cantores* an der Krippe zehn bekannte deutsche und lateinische Weihnachtslieder anstimmen, darunter ›Joseph, lieber Joseph mein‹, ›In dulci jubilo‹, ›Eyn kint geborn zu Betleem‹.

Weitere Weihnachtsspiele

›Sterzinger Weihnachtsspiel‹, aufgezeichnet 1511 durch Vigil Raber, (ca. 1485–1552), einem aus Sterzing stammenden und lange Zeit in Bozen ansässigen Maler, der zum wichtigsten Initiator von Aufführungen und zum fleißigsten Sammler und Bearbeiter von Spieltexten im Tiroler Raum in der ersten Hälfte des 16. Jahrhunderts wurde.

›Schwäbisches Weihnachtsspiel‹ (ca. 1420),

zwei ›Erlauer Weihnachtsspiele‹ (15. Jahrhundert), deren erstes nur 58 Verse umfaßt und sicher weitgehend als pantomimisches oder improvisiertes Spiel gedacht ist.

LITERATUR, AUSGABEN: W. Köppen, Beiträge zur Geschichte der deutschen Weihnachtsspiele. 1893. – M. Böhme, Das lateinische Weihnachtsspiel. 1917.

Benediktbeurener Weihnachtsspiel: In: K. Young, Drama (s. o.), Bd. 2, S. 172–190. – Faksimile: Carmina Burana und Fragmenta Burana, clm. 4660 und 4660a der Bayerischen Staatsbibliothek in München. Hrsg. von B. Bischoff. 1967 (fol. 99r–104r). – Übersetzung: Carmina burana, Die Lieder der Benediktbeurener Handschrift. Zweisprachige Ausgabe. Hrsg. von G. Bernt, C. Fischer u. H. Kuhn. 2. Aufl. 1983 [S. 654–685]. – Lit.: H. Linke, Der Schluß des mittellateinischen Weihnachtsspiels aus Benediktbeuren. ZfdPh 94 (1975), Sonderheft, S. 1–22.

– ›Ludus de rege Egipti‹ in: K. Young, Drama (s.o), Bd. 2, S. 463–468. – Faksimile, s.o., Fol. 105r–106v. – Übersetzung: Carmina burana (s.o.), S. 684–699. – 1. Erlauer Spiel: K. F. Kummer, Erlauer Spiele. 1882, Nachdr. 1977, S. 5–9. – 2. Erlauer Spiel (›Erlauer Dreikönigsspiel‹); ebd. S. 15–30.

Passionsspiele

Von besonderem literarhistorischen Interesse ist das ›Frankfurter Passionsspiel‹, da sich hier eine Vielzahl von Aufführungsbelegen mit dem überlieferten Text einer Handschrift von 1493 vergleichen läßt. Die Handschrift ist von dem Frankfurter Gerichtsschreiber Johannes Kremer geschrieben, der bei einer Passionsspiel-Aufführung 1492 als Mitregisseur beteiligt war. Rund 4400 Verse sind der Textbestand für eine zweitägige Aufführung. Sie umfaßt am ersten Tag Szenen aus dem Leben Christi von der Berufung der Apostel bis zur Gefangennahme auf dem Ölberg. Am zweiten Tag wird die eigentliche Passionsgeschichte bis zur Grablegung dargestellt. Demgegenüber sprechen die Aufführungsbelege von 1492 und die einer weiteren Aufführung von 1498 von einer viertägigen, jeweils achtstündigen Präsentation, die außerdem noch typologisch auf den Opfertod Christi beziehbare Szenen darstellte, etwa die Opferung Isaacs, und mit der Auferstehung endete. Während der überlieferte Text für den ersten Tag 83, für den zweiten über 70 Akteure vorsieht, ergeben sich aus den Aufführungsbelegen von 1498 rund 250 Mitwirkende. Der Anteil der Statisten, die in den überlieferten Spieltexten nicht eigens genannt werden, ist also hoch zu veranschlagen.

Ebenfalls aus Frankfurt stammt eine ›Dirigierrolle‹, ein Regiehandbuch, das eine zweitägige Aufführung eines Passionsspiels bereits für die erste Hälfte des 14. Jahrhunderts bezeugt (die Datierung ist umstritten). Die ›Frankfurter Dirigierrolle‹ erlaubt genaue Rückschlüsse auf die dramaturgische Realisierung, die Kostümierung, also die Bühnenwirklichkeit des Stücks.

Weitere Passionsspiele

›Alsfelder Passionsspiel‹, ca. 8000 Verse, dreitägige Aufführungsdauer, ca. 120 Mitwirkende ohne Statisterie; erster Aufführungsbeleg 1501, weitere Aufführungen 1511 und 1517;

›Brixener Passionsspiel‹, 16. Jahrhundert, dreitägige Aufführungsdauer (Beispiel für eine Vielzahl von Tiroler Passionsspielen wie die ›Bozener Passionsspiele‹ von 1495 und 1514 oder die ›Sterzinger Passionsspiele‹);

›Donaueschinger Passionsspiel‹, ca. 4200 Verse, zwei Aufführungstage, Ende des 15. Jahrhunderts, ca. 140 Mitwirkende. Die Skizze eines Bühnenplans ist erhalten.

›Maastrichter Passionsspiel‹, Handschrift aus dem 14. Jahrhundert, ca. 1500 Verse;

›Admonter Passionsspiel‹, wohl Mitte 16. Jahrhundert, Darstellung von Passion und Auferstehung. Der Text enthält eine mit Noten versehene Osterliturgie.

Literatur, Ausgaben: R. Steinbach, Die deutschen Oster- und Passionsspiele des Mittelalters. 1970 [mit Bibliographie]. – R. Bergmann, Studien zur Entstehung und Geschichte der deutschen Passionsspiele des 13. und 14. Jahrhunderts. 1972. – ›Frankfurter Passionsspiel‹, in: R. Froning, Drama (s. o.), S. 375–534. – ›Frankfurter Dirigierrolle‹ ebd., S. 340–374. – H. Lomnitzer, Ein Textfund zur Frankfurter Dirigierrolle. In: Deutsche Handschriften 1100–1400. Oxforder Kolloquium 1985. Hrsg. von V. Honemann u. N. E. Palmer. 1988, S. 590–608. – J. Petersen, Aufführung und Bühnenplan des älteren Frankfurter Passionsspieles. ZfdA 59 (1922), S. 83–126. – R. Bergmann, Die Prophetenszene der Frankfurter Dirigierrolle. ZfdPh 94 (1975), Sonderheft, S. 22–29. – ›Alsfelder Passionsspiel‹, in: R. Froning, Drama (s. o.), S. 547–864. – Ch. Treutwein, Das Alsfelder Passionsspiel. Untersuchungen zu Überlieferung und Sprache. Edition der Alsfelder Dirigierrolle. 1987. – ›Brixener Passionsspiel‹, in: J. E. Wackernell, Altdeutsche Passionsspiele aus Tirol. 1897, S. 351–431, Neudr. 1972. – Bozener Passion 1495. Die Spielhandschriften A und B. Hrsg. und bearbeitet von B. Klammer. 1986 (Mittlere dt. Lit. in Neu- und Nachdrucken 20). – ›Donaueschinger Passionsspiel‹, in: E. Hartl, Das Drama des Mittelalters. Passionsspiele II (DLE, Reihe: Drama des Mittelalters 4). 1942, Nachdr. 1966. – Das Donaueschinger Passionsspiel. Nach der Handschrift neu hrsg. von A. H. Touber. 1985 (RUB). – ›Maastrichter Passionsspiel‹: J. Zacher, Mittelniederländisches Osterspiel. ZfdA 2 (1842), S. 302–350.– ›Admonter Passionsspiel‹: K. K. Polheim, Das Admonter Passionsspiel. Bd. 1: Text und Faksimile. 1972; Bd. 2 und 3: Untersuchungen. 1980. – E. Vijfinkel, Das Donaueschinger Passionsspiel im Luzerner Osterspiel. Ein Vergleich zweier Passionsspiele. 1986.

Osterspiele

Die reichsten Materialien zur Inszenierung einschließlich eines detaillierten Bühnenplans sind für das ›Luzerner Osterspiel‹ erhalten. Fassungen des Spieltextes existieren für Aufführungen von 1545, 1571, 1583, 1597 und 1616, keine überliefert jedoch den vollständigen Text. Spielbelege gibt es seit 1453. Von der ursprünglichen Osterhandlung weitete sich das Stück gegen Ende des 16. Jahrhunderts zu einer umfassenden Darstellung der Heilsgeschichte aus und wurde mit 56 Akten, fast 400 Rollen für 340 Spieler, drei Chören und zahlreichen Musikern wohl zum aufwendigsten Stück in der Tradition mittelalterlicher Spiele überhaupt. Für die Aufführung von 1583 zeichnete der Bearbeiter Renwart Cysat zwei Bühnenpläne, die eine genaue Rekonstruktion der Spielfläche auf dem Luzerner Weinmarkt zwischen Gottes Thron auf der einen und dem Höllenrachen auf der anderen Seite erlauben.

Bescheidener und enger an die eigentliche Osterhandlung gebunden ist das ›Innsbrucker Osterspiel‹ (14. Jahrhundert, ca. 1200 Verse, ca. 40 Mitspieler). Es beginnt mit der Bewachung des Grabes, zeigt die Auferstehung und Höllenfahrt Christi und die *visitatio sepulchri* mit den traditionellen Hinzufügungen von Krämerszene und Apostelwettlauf. Eingeschaltet ist eine Art Ständesatire anhand der Frage, mit wem die Hölle nach der Erlösungstat Christi erneut bevölkert werden soll.

Weitere Osterspiele

Das älteste gänzlich deutschsprachige ist das ›Osterspiel von Muri‹, Handschrift Mitte 13. Jahrhundert, ca. 450 Verse;

›Wiener Osterspiel‹, 2. Hälfte des 14. Jahrhunderts, ca. 1180 Verse (lateinisch und mitteldeutsch);

›Redentiner Osterspiel‹, 1464, ca. 2000 Verse (niederdeutsch).

Literatur, Ausgaben: H. de Boor, Die Textgeschichte der lateinischen Osterfeiern. 1967. – W. Flemming, Die Gestaltung der liturgischen Osterfeier in Deutschland. 1971. – J. H. Kuné, Die Auferstehung Christi im deutschen religiösen Drama des Mittelalters. 1979. – ›Luzerner Osterspiel‹: H. Wyss, Das Luzerner Osterspiel. 3 Bde, 1967. – M. B. Evans, Das Osterspiel von Luzern. Eine historisch-kritische Einleitung. Schweizer Theater Jahrbuch 27 (1961). – ›Innsbrucker Osterspiel‹: eine zuverlässige Ausgabe fehlt. Benutzt werden muß: F. J. Mone, Altteutsche Schauspiele. 1841, S. 107–144. – Faksimile: E. Thurnher u. W. Neuhauser, Die Neustifter-Innsbrucker Spielhandschrift von 1391. 1975 (Litterae 40, darin Bibliographie). – ›Osterspiel von Muri‹. Hrsg. von N. Halder u. M. Wehrli. 1967 [Faksimile der Fragmente und Übersetzung]. – ›Redentiner Osterspiel‹: C. Schröder, Redentiner Osterspiel, nebst Einleitung und Anmerkungen. 1893. – R. Froning, Drama (s. o.), S. 107–198. – Das Redentiner Osterspiel. Hrsg. und übersetzt von H. Wittkowsky. 1975. – ›Wiener Osterspiel‹: E. Hartl, Das Drama des Mittelalters, Bd. 2, 1937, Nachdr. 1966, S. 59–119 (DLE Reihe Drama des Mittelalters Bd. 2). – Das Wiener Osterspiel.

Hrsg. von H. Blosen. 1979 (Texte des späten Mittelalters u. d. frühen Neuzeit 33). – Siehe VL, Verweisartikel ›Osterspiele‹, Bd. 7, Sp. 124.

Fronleichnamsspiele
sind zumindest partienweise themengleich mit den Oster- und Passionsspielen, beziehen jedoch dramaturgisch die Prozession zwischen verschiedenen *stacciones* in das Spielgeschehen mit ein. Hierdurch ist der kirchlich-kultische Charakter und die Rolle des Priesters als *rector processionis* besonders betont. Von 1515 bis 1615 reichen die Aufführungsbelege für ein zeitweise jedes Jahr gespieltes Fronleichnamsspiel in Freiburg, das unter Leitung der städtischen Geistlichen von Zünften und Bruderschaften getragen wurde.

Den gesamten Verlauf der Heilsgeschichte stellt das ›Künzelsauer Fronleichnamsspiel‹ dar; verschiedene Fassungen seit 1479; knapp 6000 Verse, ca. 170 Mitwirkende.

Ausgaben: Freiburger Fronleichnamsspiel. Hrsg. von E. Martin. Zeitschrift der Gesellschaft f. Beförderung der Geschichts-, Alterthums- und Volkskunde von Freiburg, dem Breisgau und den angrenzenden Landschaften 3 (1873/74), S. 1–206. – P. K. Liebenow, Das Künzelsauer Fronleichnamsspiel. 1969 (Ausgaben deutscher Lit. des 15. bis 18. Jahrhunderts. Reihe Drama II). – Tiroler Umgangsspiele. Ordnungen und Sprechtexte der Bozner Fronleichnamsspiele und verwandter Figuralprozessionen. Hrsg. von A. Dörrer. 1957.

Alttestamentliche Stoffe
Textfragmente oder Spielbelege bezeugen die dramatische Darstellung der Geschichten von Abraham, Jakob und Esau, David und Goliath, Salomon, Susanna, Samson und Ahasver. Vollständige Spieltexte sind nur in wenigen Fällen erhalten, so der eines Tiroler ›David und Goliath‹ (Handschrift von 1515, unediert).

Ausgaben: Regensburger Fragmente eines Spiels von Salomo und Ecclesia. Hrsg. von B. Bischoff, Mittelalterliche Studien, Bd. 2, 1967, S. 163. – Göttinger Fragmente eines Spiels von Jakob und Esau. Hrsg. von Karl Meyer. ZfdA 39 (1895), S. 423–426.

Marienspiele
gestalten Episoden aus dem Marienleben oder legendarische Stoffe mit Maria als zentraler Figur wie in der dramatisierten Legende vom Teufelsbündler ›Theophilus‹, der durch ein Marienwunder gerettet wird. Drei verschiedene Fassungen aus dem 15. Jahrhundert sind überliefert.

Eine gewisse Sonderstellung nimmt das thematisch verwandte ›Spiel von Frau Jutten‹ ein, da hier der Verfasser bekannt ist und die apologetisch-klerikale Tendenz besonders deutlich zutage tritt. Das Stück ist 1480 von dem zur Erzdiözese Mainz gehörenden Geistlichen Dietrich Schernberg verfaßt. Der als Mann verkleideten Jutta gelingt es auf Einflüsterung und mit Beistand des Teufels, in Paris den Doktorgrad zu erwerben und sich zum Papst wählen zu lassen. Durch die Geburt eines Kindes kommt die Schandtat ans Licht, aber durch die Fürbitte Mariens wird Jutta vor der Höllenstrafe bewahrt. Die Kirche als Institution bleibt selbst in solchen Extremfällen unangezweifelt. Nicht zuletzt durch das Eingreifen der Kardinäle werden Kirche und Einzelseele gerettet. Das Fehlverhalten einzelner geistlicher Amtsträger demonstriert die Machenschaften des Teufels und dagegen die letztlich siegreiche Gnade Gottes.

Ausgaben: R. Petsch. Theophilus. Mittelniederdeutsches Drama in drei Fassungen. 1908 (Germ. Bibl. II, 2). – Das niederdeutsche Spiel von Theophilus. Kritische Ausgabe von Chr. Sarauw. 1923 (Det Kgl. Danske Videnskabernes Selskab. Hist.-filol. Meddelelser VIII, 3). – Dietrich Schernberg, Ein schoen Spiel von Frau Jutten. Hrsg. von M. Lemmer. 1971 (Texte des späten Mittelalters und der frühen Neuzeit 24).

Dramatisierte Märtyrer- und Heiligenviten
haben häufig lokale Bedeutung wie das ›Spiel von der Heiligen Elisabeth‹ in Marburg (aufgeführt 1481, ein Spieltext konnte bisher nicht gefunden werden). Überregionale Verbreitung erlangten das Augsburger ›Georgsspiel‹ (ca. 1485, ca. 1500 Verse, 32 Mitwirkende ohne Statisterie); das Kremsmünsterer ›Dorotheenspiel‹ (14. Jahrhundert, Fragment, Aufführungsbelege von 1413 bis 1523) und das ›Katharinenspiel‹.

Literatur: E. Ukena, Die deutschen Mirakelspiele des Spätmittelalters. Bd. 1: Studien; Bd. 2: Texte. 1975. – H. Biermann, Die deutschsprachigen Legendenspiele des späten Mittelalters und der frühen Neuzeit. 1977. – Ausgaben: Augsburger ›Georgsspiel‹: E. Ukena (s. o.), Bd. 2, S. 359–451. – ›Kremsmünsterer Dorotheenspiel‹: Ebd., S. 313 bis 357. – ›Mühlhäuser Katharinenspiel‹: O. Beckers, Das Spiel von den zehn Jungfrauen und das Katharinenspiel. 1905 (Germ. Abhandlungen 24, S. 128–157). – ›Moselfränkisches Katharinenspiel‹: S. Jefferis. Ein spätmittelalterliches Katharinenspiel aus dem Cod. Ger. 4 der University of Pennsylvania. Texte und Studien zu seiner legendengeschichtlichen Einordnung. Diss. Univ. of Pennsylvania 1982.

Das neben den Passionsspielen um die Wende zum 16. Jahrhundert am weitesten verbreitete dramatische Genre bilden die Eschatologischen Dramen. Das in einer Handschrift von 1465 überlieferte ›Berner Weltgerichtsspiel‹ geht auf eine Fassung aus der Mitte des 14. Jahrhunderts zurück. Wie mehrere andere Weltgerichtsspiele auch knüpft es an Christi Rede vom Jüngsten Gericht (Matth. 25, 31 ff.) an. Gestalten aus dem Alten Testament und aus der Kirchengeschichte verkündigen das folgende göttliche Gericht. Der Schlußteil enthält Wehrufe der Verdammten, die Fürbitte Mariens und Lobpreisungen der zwölf Apostel.

Weitere Weltgerichtsspiele
›Berliner Weltgerichtsspiel‹, ca. 1500 Verse, aufgeschrieben 1482;
›Churer Weltgerichtsspiel‹, Dirigierrolle für eine Aufführung zu Ostern 1517;
›Donaueschinger Weltgerichtsspiel‹, 334 Verse, Handschrift aus der ersten Hälfte des 15. Jahrhunderts;
›Kopenhagener Weltgerichtsspiel‹, ca. 1000 Verse, Handschrift 15. Jahrhundert.

Ausgabe: Berner Weltgerichtsspiel. Hrsg. von W. Stammler. 1962 (Texte des späten Mittelalters 15). – Alle übrigen angeführten Weltgerichtsspiele sind unediert.

Christi Rede vom Jüngsten Gericht geht im Matthäusevangelium unmittelbar voraus das Gleichnis von den klugen und törichten Jungfrauen, das in den »Zehnjungfrauenspielen« dramatisiert und durch das ›Thüringer Zehnjungfrauenspiel‹ (1. Hälfte des 14. Jahrhunderts) als ältestem Vertreter repräsentiert wird. Das Schwergewicht der Darstellung liegt auf der Verwerfung und Verzweiflung der törichten Jungfrauen und dem Aufruf zu einem bußfertigen Leben. Als Verfasser vermutet man einen Eisenacher Dominikaner.

Ausgabe: Eisenacher Zehnjungfrauenspiel. Hrsg. von K. Schneider. 1964 (Texte des späten Mittelalters 17). – Literatur: K. Wenck, Friedrich des Freudigen Erkrankung und Tod (1321 und 1322). In: Festschrift zum 75jährigen Jubiläum des Königlichen Sächsischen Altertumsvereins. 1900, S. 69–82.

Die Tradition des lateinischen ›Ludus de Antichristo‹, entstanden etwa 1160 im Kloster Tegernsee, und seiner deutschen Versionen im 15. und 16. Jahrhundert mit der des Weltgerichtsspiels vereinigt das spektakuläre ›Luzerner Antichrist- und Weltgerichtsspiel‹. 1541–1549 redigierte der Luzerner Gerichtsschreiber Zacharias Bletz von der Rosen ein ›Spil deß jüngsten Gerichts‹, das 1549 an zwei Tagen aufgeführt wurde. Das Stück stellt einer Bearbeitung des ›Luzerner Weltgerichtsspiels‹ von 1468 Prophetien, das Erscheinen des Antichrist und seine Besiegung durch Raffael voran.

Literatur: K. Aichele, Das Antichristdrama des Mittelalters, der Reformation und der Gegenreformation. 1974. – Ausgaben: Ludus de Antichristo. Hrsg. von G. Vollmann-Profe. Bd. 1: Faksimile und Transkription; Bd. 2: Edition und Übersetzung. 1981. – ›Luzerner Antichrist- und Weltgerichtsspiel‹: der Antichristteil in der Fassung von 1549 in: K. Reuschel, Die deutschen Weltgerichtsspiele des Mittelalters und der Reformationszeit. 1906, S. 207–320; der Weltgerichtsteil ist unediert.

Moralitäten

Das Sterben des Menschen als Anlaß zur Reflexion über richtiges und falsches Verhalten bildet fast stets das Thema der Moralitätenspiele, so des ›Münchner Spiels vom sterbenden Menschen‹ (1. Drittel des 16. Jahrhunderts) oder des 1539 von Vigil Raber (s. o.) aufgezeichneten Spiels ›Vom reich mann vnd Lazarus‹ (936 Verse, 33 Rollen).

An Textumfang und Anspruch übertrifft die ›Erfurter Moralität‹ bei weitem alle vergleichbaren Spiele. Die 1448 geschriebene Handschrift überliefert ca. 18 000 Verse, in denen die Moralität mit Elementen der Weltgerichtsspiele verbunden wird. Ein unter anderm mit dem Auftreten der personifizierten Frau Welt stark allegorisch gefärbtes Tugendspiel leitet mit den drei neutestamentlichen Gleichnissen vom verlorenen Sohn, vom reichen Mann und armen Lazarus und den klugen und törichten Jungfrauen zu den dramatisierten Visionen der Johannes-Apokalypse und dem Weltgericht über. Das Stück rechnet mit etwa zwölf Bühnenstationen und 154 Rollen ohne Statisterie. Die Handschrift ist offenbar ein Lese- und kein Bühnenmanuskript; Aufführungsbelege fehlen.

Ausgaben, Literatur: ›Münchner Spiel vom sterbenden Menschen‹ (›Münchner Eigengerichtsspiel‹): J. Bolte, Drei Schauspiele vom sterbenden Menschen. 1927, S. 1–62 (StLV 269/270). – B. Könneker, Die Moralität ›The somonynge of Every-man‹ und das Münchner Spiel vom sterbenden Menschen. In: Virtus et fortuna. FS H.-G. Roloff, 1983, S. 91–105. – ›Tiroler Spiel vom reichen Mann und armen Lazarus‹. Hrsg. von H.-G. Roloff, Die geistlichen Spiele des Sterzinger Spielarchivs, Bd. 5, 1980 (Mittlere deutsche Literatur in Neu- und Nachdrucken 18). – ›Erfurter Moralität‹: Ausgabe fehlt. – J.-M. Valentin, Die Moralität im 16. Jahrhundert. Konfessionelle Wandlungen einer dramatischen Struktur. Daphnis 9 (1980), S. 769–788. – Siehe VL, Verweisartikel ›Moralitäten‹, Bd. 6, Sp. 686.

13. Totentänze

Eine Art Reihen- oder Prozessionsspiel, übertragen in eine unlösbare Verbindung von Bild und Text, stellen die Totentänze dar. Ob sie zuerst als Wandmalereien oder als bilderbogenartige Holzschnittfolgen (»Blockbücher«) existierten, ist umstritten. Angeblich gehen die Totentänze auf die Vision eines Dominikaners zurück, der während der Pestepidemie von 1348 die aus dem Leben Gerissenen nach der Pfeife des Todes tanzen sah. Gruppen im Bild des Tanzes zu repräsentieren, ist ein dem Spätmittelalter geläufiger Gedanke (z. B. »Prophetentänze«). So stellen die Vertreter der einzelnen Stände, aufgereiht im Tanz mit den Toten oder mit dem Tode, die gesamte Menschheit in allen ihren Rängen dar vom Papst, der den Reigen eröffnet, bis zum Bettler, der ihn häufig beschließt. Das Bild hat stets Vorrang vor dem erläuternden, sinnspruchartig gereimten Text. Den sozialkritischen Gehalt der einzelnen Begleitsprüche sollte man nicht überschätzen: die negativen Aussagen über die Ständevertreter meinen nicht die Beziehungen der Menschen untereinander, sondern jeweils die Nichtigkeit von Macht und Reichtum vor Gott. Wohl aber ist die ständig anwachsende Anzahl von Ständevertretern signifikant für die zunehmende Differenzierung der Gesellschaft, und aufschlußreich ist die Anordnung der Vertreter am Ende der gesellschaftlichen Hierarchie: in verschiedenen Totentänzen machen sich der Bettler, der Kaufmann, das Kind und die Frau den letzten Platz streitig. Im 16. Jahrhundert wird es als angewandter Bescheidenheitstopos Mode, daß sich der Maler selbst am Ende der Ständeprozession einreiht, so Niklas Manuel im ›Berner Totentanz‹.

Einzelne Totentänze

Unmittelbar unter dem Eindruck der Pestepidemie dürfte der ›Würzburger Totentanz‹ ca. 1350–1360 entstanden sein, der jedoch nur in Handschriften und Blockbüchern des 15. Jahrhunderts überliefert ist.

Ein erweitertes Bildprogramm unter Einbeziehung der städtischen Berufsvielfalt bietet der ›Basler Totentanz‹ von 1440, der – im 16. Jahrhundert restauriert – lange Zeit irrtümlich für ein Werk Holbeins gehalten wurde.

Wohl auf die gleiche Bildvorlage geht der ›Berner Totentanz‹ des Maler-Dichters Niklas Manuel von 1516/17 an der Friedhofsmauer des Berner Dominikanerklosters zurück. Die Gemälde wurden 1660 zerstört; Nachzeichnungen mit dem Text sind erhalten.

Eine Sonderstellung nimmt der ›Lübecker Totentanz‹ von 1489 ein. Er betitelt sich selbst als *speigel des dodes,* ›Todesspiegel‹, und weist damit aus, daß es sich um ein lehrhaftes Andachtsbuch handelt, das den Text eines Lübecker Totentanzes von 1463 auf rund 1800 Verse erweitert und damit das Gewicht der Aussage zugunsten des Textes verschiebt.

Ausgaben, Literatur: Der Tanzende Tod. Mittelalterliche Totentänze. Hrsg., übersetzt und kommentiert von G. Kaiser 1983. – W. Stammler, Der Totentanz. Entstehung und Deutung. 1948. – S. Cosacchi, Makabertanz. Der Totentanz in Kunst, Poesie und Brauchtum des Mittelalters. 1965. – J. Saugnieux, Les Danses macabres de France et d'Espagne et leurs prolongements littéraires. 1972. – H. Rosenfeld, Der mittelalterliche Totentanz. Entstehung, Entwicklung, Bedeutung. 3. Aufl. 1974. – Der Tod in Dichtung, Philosophie und Kunst. Hrsg. von H. H. Jansen. 1978. – R. Hammerstein, Tanz und Musik des Todes. Die mittelalterlichen Totentänze und ihr Nachleben. 1980. – Ph. Ariës, Geschichte des Todes. 1980. – ›Würzburger Totentanz‹. In: H. Rosenfeld (s. o.), S. 308–318. – ›Basler Totentanz‹: H. F. Maßmann, Die Baseler Totentänze in getreuen Abbildungen nebst geschichtlicher Untersuchung 1847. – Faksimile des Drucks von 1649 mit den Stichen von Merian bei Kaiser (s. o.), S. 198–274. – Der ›Berner Totentanz‹ des Niklaus Manuel. Hrsg. von Paul Zinsli. 2. Aufl. 1979. – ›Lübecker Totentanz‹: H. Baethcke, Des Dodes Dantz. Nach den Lübecker Drucken von 1489 und 1496. 1876, Nachdr. 1968 (StLV 127). – Faksimile, hrsg. von M. J. Friedländer. 1910.

1. Historische Grundlagen

Die Entwicklung der Städte setzt sich durch das 14. Jahrhundert kontinuierlich fort. Das meist um die Wende zum 14. Jahrhundert in oft blutigen Auseinandersetzungen errungene Stadtregiment hat sich gefestigt und ist zu einem differenzierten Verwaltungs- und Herrschaftsinstrument geworden. Der zunehmenden wirtschaftlichen, sozialen und kulturellen Bedeutung der städtischen Mittelschichten wird in manchen Städten eine Beteiligung der Zünfte am ursprünglich rein patrizischen Rat gerecht – ein Vorgang, der allerdings selten ohne Konflikte abgeht und mancherorts, wie in Nürnberg, zum völligen Verbot der Zünfte führt.

Im 15. Jahrhundert steigen viele Städte auf den Höhepunkt ihrer Prosperität, geraten aber wegen des Erstarkens der Territorialmächte immer häufiger in Konflikte mit den mächtiger werdenden Landesherren. Wie der reichsunmittelbare Adel zu Rittergesellschaften, so schließen sich die Reichsstädte zu Städtebünden zusammen. Der »Schwäbische Städtebund« zählt 1388 vierzig Mitglieder; dem »Rheinischen Städtebund« gehören 1380 alle elsässischen Städte, Straßburg, Frankfurt, Worms, Speyer, Mainz und viele andere an. Zum mächtigsten und lebenskräftigsten Städtebund wird die Hanse, deren Anfänge bis ins 13. Jahrhundert zurückreichen und die um die Mitte des 15. Jahrhunderts mit dem Zusammenschluß von über 160 deutschen Städten ihre Blüte erlebt.

Der wachsenden wirtschaftlichen entspricht allerdings keine zunehmende politische Bedeutung der Städte. Auch zur Zeit ihrer wirtschaftlichen Hochblüte können sie sich nie aus der grundsätzlichen Abhängigkeit von den Territorialherren lösen. Im 16. Jahrhundert werden sie als Machtfaktor immer einflußloser und verlieren in den konfessionell-territorialen Auseinandersetzungen des 17. Jahrhunderts vollends an politischem Gewicht.

Der Terminus »Stadt« ist ein rechtlich definierter Sammelbegriff für eine Vielzahl untereinander kaum vergleichbarer Siedlungsgebilde. Nur die allerwenigsten der rund 3000 Ansiedlungen, die auf deutschsprachigem Territorium das Recht haben, sich als Stadt zu bezeichnen, also über bestimmte Privilegien verfügen, etwa eine Mauer zu bauen oder Märkte abzuhalten, haben nach heutigem Verständnis nach Größe, Sozial- und Wirtschaftsstruktur städtischen Charakter. Die meisten von ihnen, die Ackerbürgerstädte, sind größere Dörfer mit fast ausschließlich agrarischer Bevölkerung. Ihnen fehlen alle Merkmale, die man als bezeichnend für städtische Strukturen aufzählen würde: Konzentration von Kapital und Handel, eine hochspezialisierte Handwerkerschaft, hohe Bevölkerungsdichte, differenzierte Sozialstrukturen und ein entwickeltes Verwaltungssystem zur Regulierung dieses komplexen sozialen Gefüges. Es gibt kein Zeugnis dafür, daß die Ackerbürgerstädte für die Entwicklung einer städtischen Literatur, ja für das literarische Leben überhaupt eine Rolle gespielt hätten.

Auch die vergleichsweise wenigen größeren städtischen Zentren sind nach heutigen Begriffen durchweg Kleinstädte. Die größte von ihnen, Köln, zählt am Ausgang des 15. Jahrhunderts rund 50000 Einwohner; wenige andere »Großstädte« wie Nürnberg, Augsburg, Basel, Wien bringen es auf Einwohnerzahlen von 20000 bis höchstens 40000. Die meisten, wie etwa Mainz mit 7000 Einwohnern, liegen darunter – Verhältnisse, an denen sich bis zu Beginn der Industrialisierung im 19. Jahrhundert nicht viel ändert; die Residenzstadt Weimar etwa hat zur Zeit Goethes etwa 6000 Einwohner.

Solche im Wortsinne überschaubaren Verhältnisse, die ständige nachbarschaftliche Beobachtung, der alle Einwohner unterschiedlichster sozialer Schichten ausgesetzt sind, bringt spezifische Bewußtseinshaltungen hervor, die nicht zuletzt auch die städtische Literatur prägen und von ihr artikuliert werden: die Regulierung des Zusammenlebens durch eine kontrollierende Öffentlichkeit und – im Gegenzug dazu – die Abschließung nach außen, das Recht auf Privatheit in den eigenen vier Wänden. Besonders deutlich manifestiert sich das Prinzip der Kontrolle durch Öffentlichkeit in den Exekutionsformen städtischer Justiz, für die Bloßstellung geradezu ein Grundprinzip ist: Stehen am Pranger, Sitzen im Block, Herumlaufen in der

Schandmaske und die öffentliche Exekution körperlicher Strafen.

Gibt es also in solchen Bewußtseinsstrukturen und in den durch die Besonderheiten kaufmännischer und handwerklicher Tätigkeit bedingten Verhaltensweisen und -normen als »städtisch« beschreibbare Gemeinsamkeiten, so sind andererseits selbst die größeren Stadtsiedlungen nicht als einheitlicher Typus darstellbar. Unterschiede in der historischen Entwicklung, der geographischen Lage, der wirtschaftlichen Orientierung und – damit zusammenhängend – der Bevölkerungsstruktur lassen fast jede größere spätmittelalterliche Stadt als Gebilde eigener Prägung erscheinen, das als Umfeld von Literatur der gesonderten Beschreibung bedarf.

Die Autonomie der städtischen Verwaltung (und damit der Rechtsprechung) entwickelte sich je nach Stadttypus in unterschiedlichen Formen und zu verschiedenen Zeiten. In den Bischofsstädten – das sind die meisten größeren städtischen Zentren – wurde das Stadtregiment in der Regel in den letzten Jahrzehnten des 13. Jahrhunderts in oft jahrelangen Auseinandersetzungen den kirchlichen Institutionen abgetrotzt. Die Bischofsbezirke blieben dabei immune und steuerfreie Bereiche eigenen Rechts. Dies und unterschiedliche Formen der Vereinbarung, wie das Verbleiben der Halsgerichtsbarkeit beim Bischof etwa in Köln, bot für die folgenden Jahrhunderte ständigen Konfliktstoff. Die innerstädtische Machtverteilung entwickelte sich so je nach Bedingungen ganz verschieden. Selbst Städte gleichen historischen Typs, wie die Bischofsstädte Köln oder Trier einerseits und Augsburg oder Basel andererseits, sind deshalb in Verfassung und geistigem Klima schwer miteinander zu vergleichen.

Während sich die Freien Reichsstädte meist eines ziemlich uneingeschränkten Maßes an städtischer Autonomie erfreuen, bleiben in den Residenzstädten wie München, Wien oder Heidelberg das Verhältnis und die Gewaltenteilung zwischen Stadt und ortsansässigem Hof oft recht problematisch. Besondere Verhältnisse ergeben sich noch in den Universitätsstädten, denn auch die Universitäten sind als Korporationen eigenen Rechts der städtischen Gerichtsbarkeit entzogen – was für das Selbstverständnis vieler Humanisten als elitäre Außenseiter eine große Rolle gespielt hat (s. u. Kap. VI).

Abgesehen von solchen politischen und rechtsgeschichtlichen Fragen entstehen erhebliche Differenzen durch die – je nach geographischer Lage – unterschiedlichen kulturellen Einflüsse: die norddeutschen Städte orientieren sich nach Flandern und England, die süddeutschen nach Italien und die südwestdeutschen und schweizerischen nach Burgund.

Solche Unterschiede lassen jede Stadt als soziales, politisches und kulturelles Gebilde eigenen Charakters erscheinen. Entsprechend verschieden sind die Bedingungen für das Entstehen von Literatur und die literarischen Interessen der Einwohner. Es scheint unmöglich, hier Gesetzmäßigkeiten aufzuspüren. In der Residenzstadt München kann es zeitweilig zu einer vergleichsweise intensiven Wechselbeziehung zwischen Stadt und Hof kommen, in einer anderen Residenzstadt, Heidelberg, bleibt das literarische Leben offenbar völlig auf den Hof (und die von ihm getragene Universität) beschränkt. In der Freien Reichsstadt Nürnberg führt die Gunst der politischen und wirtschaftlichen Voraussetzungen im 15. Jahrhundert zu einer Hochblüte der Literatur, während wir für vergleichbare Städte wie Aachen, Frankfurt oder Bremen nur spärliche Zeugnisse literarischer Produktion besitzen. Kein plausibler Grund konnte bisher gefunden werden, warum das literarische Phänomen des Meistersangs (s. u. S. 331) sich vom 15. bis zum 19. Jahrhundert völlig auf die süd- und südostdeutschen Städte beschränkt.

Solche Ungleichheiten haben der literarhistorischen Beschreibung spätmittelalterlicher Stadtliteratur von jeher methodische Schwierigkeiten bereitet. Um der Gefahr unzulässiger Vereinfachung und Vereinheitlichung zu entgehen, sieht sie sich auf regionalhistorische Beschreibungsmodelle verwiesen, die Schilderung einzelner literarischer Stadtlandschaften, die indes als Summe von Teilen noch kein Gesamtbild städtischer Literatur ergeben. Die Frage nach möglichen Gemeinsamkeiten konzentriert sich im Problem der »Bürgerlichkeit« spätmittelalterlicher Stadtliteratur. Neben den aufgeführten Divergenzen steht der Beantwortung dieser Frage die soziale, wirtschaftliche, berufliche und bildungssoziologische Inhomogenität der städtischen Bevölkerung entgegen.

LITERATUR: Die Fülle der stadtgeschichtlichen Forschungen aus den letzten beiden Jahrzehnten ist kaum noch überschaubar. Ich nenne einige Standard- und Sammelwerke: H. Planitz, Die deutsche Stadt im Mittelalter. Von der Römerzeit bis zu den Zunftkämpfen. 1954. 2. Aufl. 1965. – C. Haase (Hrsg.), Die Stadt des Mittelalters. 3 Bde, 1969–1973 (WdF 243–245). – W. Rausch (Hrsg.), Die Stadt am Ausgang des Mittelalters. 1974. – E. Ennen, Die europäische Stadt des

Mittelalters. 2. Aufl. 1975. – J. Fleckenstein u. K. Stackmann (Hrsg.), Über Bürger, Stadt und städtische Literatur im Spätmittelalter. Bericht über Kolloquien der Kommission zur Erforschung der Kultur des Spätmittelalters 1975–1977. 1980. – W. Rausch (Hrsg.), Die Stadt an der Schwelle zur Neuzeit. 1980. – H. Boockmann, Die Stadt im späten Mittelalter. 1986. – Stadt im Wandel. Kunst und Kultur des Bürgertums in Norddeutschland 1150–1650. Hrsg. von C. Meckseper. Ausstellungskatalog. 4 Bde, 1985.

Bibliographie: E. Keyser, Bibliographie zur Städtegeschichte Deutschlands. 1969.

Darstellungen einzelner Aspekte und regionale Untersuchungen: H. Amman, Vom Lebensraum der mittelalterlichen Stadt. Eine Untersuchung an schwäbischen Beispielen. In: V. H. Schröder (Hrsg.), Studien zur südwestdt. Landeskunde. FS F. Huttenlocher. 1963. – W. Andreas, Die Kulturbedeutung der deutschen Reichsstadt zu Ausgang des Mittelalters. DVjs 6 (1928), S. 62–113. – Augusta 955–1955. Forschungen und Studien zur Kultur- und Wirtschaftsgeschichte Augsburgs. Hrsg. von H. Rinn. 1955. – H. Bechtel, Wirtschaftsstil des deutschen Spätmittelalters. Der Ausdruck der Lebensform in Wirtschaft, Gesellschaftsaufbau und Kunst von 1350 bis um 1500. 1930. – H. Boos, Geschichte der rheinischen Städtekultur von ihren Anfängen bis zur Gegenwart mit besonderer Berücksichtigung der Stadt Worms. 4 Bde, 1897–1901. – Das Leben in der Stadt des Spätmittelalters. Intern. Kongress Krems a. d. Donau 20.–23. Sept. 1976. 1977 (WSB 325). – F. Petri (Hrsg.), Bischofs- und Kathedralstädte des Mittelalters und der frühen Neuzeit. 1976. – K. Fritze u. a. (Hrsg.), Bürgertum, Handelskapitel, Städtebünde. 1975. – Nürnberg 1300–1500. Kunst der Gotik und Renaissance. Ausstellungskatalog, 1986.

Städtische Bevölkerungsschichten

Die traditionelle Dreiteilung der Stadtbewohner in Patrizier (Großkaufleute und Stadtadlige), Mittelschicht (Kleinkaufleute, Handwerker) und Unterschichten, deren Angehörige kein Bürgerrecht haben (Gesellen, Taglöhner, unehrliche Gewerbe, Proletariat) täuscht eine Übersichtlichkeit vor, die so weder rechtlich noch sozial bestanden hat. Die Zusammensetzung der einzelnen Gruppen variiert von Stadt zu Stadt, und die Schichten können in sich inhomogen sein; in Lübeck etwa bestehen innerhalb des Patriziats Heiratsrestriktionen zwischen den Großkaufleuten und den weniger vermögenden Stadtadligen.

Vollends diffus durch die Vielfalt mittelalterlichen Erwerbslebens ist das Bild der für die städtische Literatur besonders bedeutsamen Mittelschicht. Für die Stadt Erfurt etwa hat man für den Beginn des 16. Jahrhunderts bei ca. 18000 Einwohnern 206 verschiedene Berufe gezählt. Viele von ihnen sind in einem Dreischichtenmodell schwer unterzubringen; dies betrifft besonders die gerade für das literarische Leben wichtigen akademischen und halbakademischen Berufe wie Juristen, Ärzte, Stadt- und Zollschreiber, Schulmeister, Schreiber, Buchdrukker. Aber auch die Zuordnung zu einer sachlich und rechtlich klar definierten Berufsgruppe wie der der Handwerker sagt noch wenig aus über die wirtschaftlichen Verhältnisse, über Bildungsvoraussetzungen, die Stellung im sozialen Gefüge der Stadt und damit über Interesse, Voraussetzungen und Möglichkeiten, mit Literatur umzugehen. Zwischen einem Goldschmied und einem Weber kann in materieller und sozialer Hinsicht eine unüberbrückbare Kluft bestehen.

Fast unmöglich ist es, sich ein genaues historisches Bild von den städtischen Unterschichten zu verschaffen, da sie in den unmittelbaren Quellen, den Bürger- und Häuserverzeichnissen, Steuer- und Rentbüchern, nicht auftauchen. Nur dort, wo sie Objekte der städtischen Verwaltung werden, wie in Ordnungsverfügungen oder Almosenakten, werden sie faßbar. Für eine literatursoziologische Beschreibung und für die Frage nach der »Bürgerlichkeit« von städtischer Literatur ist die berufsständische Zuordnung jedoch nur ein (und vielleicht nicht einmal der wichtigste) Gesichtspunkt. Das Bewußtsein von der Zugehörigkeit zur städtischen Gemeinschaft wird beim Einzelnen wenigstens ebensosehr geprägt durch den Anteil an Bürgerrechten und -pflichten (Alt- und Neubürger, Ratsfähigkeit, steuerliche Klassifizierung, Wehrfähigkeit), durch die Möglichkeiten der Teilhabe an der politischen Macht, durch die Ausübung von Ämtern, durch geburtsständische Privilegien, durch Bildung und Qualifikation.

Das Bild, das sich auf solche Weise von den Einwohnern spätmittelalterlicher Städte ergibt, ist so komplex, daß es unmöglich erscheint, einen Typus des Stadtbürgers zu beschreiben, der mehr verkörpert als einen bloßen Rechtsbegriff. Daraus ist mehrfach und namentlich von der Geschichtswissenschaft die Konsequenz gezogen worden, es sei unzulässig, Existenzformen, Verhaltensweisen und auch die Literatur der Einwohner spätmittelalterlicher Städte als »bürgerlich« zu charakterisieren.

Diese Skepsis hat ihre Berechtigung insofern, als man nicht

hoffen darf, ein annähernd homogenes bürgerliches Bewußtsein in der Literatur widergespiegelt zu finden. Aber gerade die starken sozialen und politischen Gegensätze innerhalb der Stadt, die scharfe Trennung zwischen arm und reich, die ungleiche Verteilung der Privilegien, die Auseinandersetzungen um die Teilhabe am Stadtregiment machen das Postulat einer städtischen, alle Gegensätze übergreifenden bürgerlichen Gemeinsamkeit lebensnotwendig in einer vom Territorialadel beherrschten Welt. Für die Erzeugung solchen Gemeinschaftsbewußtseins spielt die städtische Literatur eine überaus wichtige, bislang noch kaum hinlänglich eingeschätzte Rolle. »Bürgerlichkeit« spätmittelalterlicher Stadtliteratur besteht darin, daß sie zum Instrument wird, eine historisch noch nicht vorhandene bürgerliche Identität zu entwerfen oder Widersprüche auf dem Weg dorthin zu ihrem Thema zu machen. Als Medium bürgerlicher Identitätssuche gewinnt sie in der verwirrenden Vielfalt ihrer Erscheinungen ihre Einheitlichkeit.

LITERATUR: W. Ehrbrecht, Zu Ordnung und Selbstverständnis städtischer Gesellschaft im späten Mittelalter. Blätter f. deutsche Landesgeschichte 110 (1974), S. 83–103. – J. Ellermeyer, Sozialgruppen, Selbstverständnis, Vermögen und städtische Verordnungen. Ebd. 113 (1977), S. 203–275. – A. Haverkamp, Die »frühbürgerliche« Welt im hohen und späteren Mittelalter. HZ 221 (1975), S. 571–602. – Zum Begriff der »Bürgerlichkeit«: die jüngste, entschieden ablehnende Erörterung von historischer Seite: H. M. Klinkenberg, »Bürgerliche« Bildung im Mittelalter? In: Studien zur deutschen Literatur des Mittelalters. Hrsg. von R. Schützeichel. 1979, S. 334–370. – Aus der Perspektive der Literaturgeschichte setzen sich mit der Frage auseinander: (bejahend) K. Ruh, Versuch einer Begriffsbestimmung von »städtischer Literatur« im deutschen Spätmittelalter. In: Fleckenstein u. Stackmann, Bürger (s.o. S. 236), S. 311–328. – (ablehnend) R. Schnell, Zum Verhältnis von hoch- und spätmittelalterlicher Literatur. 1978. – (zumindest für das 13. und 14. Jahrhundert skeptisch): U. Peters, Literatur in der Stadt. 1983. – Für das 16. Jahrhundert: E. Kleinschmidt, Stadt und Literatur in der frühen Neuzeit. 1982.

Einzelaspekte: R. Engelsing, Zur Sozialgeschichte deutscher Mittel- und Unterschichten. 1973. – C.-H. Hauptmeyer, Probleme des Patriziats oberdeutscher Städte vom 14. bis zum 16. Jahrhundert. Zeitschrift f. bayerische Landesgeschichte 40 (1977), S. 39–58. – W. Herborn, Bürgerliches Selbstverständnis im spätmittelalterlichen Köln. In: Die Stadt in der europäischen Geschichte. FS Edith Ennen. 1972, S. 490–520. – E. Maschke u. J. Sydow (Hrsg.), Städtische Mittelschichten. Protokoll der VIII. Arbeitstagung d. Arbeitskreises f. Südwestdt. Stadtgeschichtsforschung. 1972. – E. Maschke, Die Familie in der deutschen

Stadt des späten Mittelalters. SB Heidelberger AW, Phil.-hist. Klasse. 1980, 4. Abh.

Die Rolle der Schriftlichkeit in der Stadt
Städtisches Leben als Anlaß zu schriftlicher Äußerung

Die zunehmende Bedeutung der Schriftlichkeit im 14. und 15. Jahrhundert ist nicht auf den städtischen Raum beschränkt. Größe und Betriebsamkeit der Hofkanzleien dokumentieren die Wichtigkeit schriftlichen Vertrags-, Verordnungs- und Korrespondenzwesens auch für die territoriale Verwaltung und Politik. Aber nirgendwo greift der schriftlich fixierte Text in solchem Maße ins Leben ein und ist so sehr Bestandteil alltäglicher Vorgänge wie in der Stadt. Die vorher nicht gekannte Komplexität dieses Sozialgebildes provoziert ständig die Gelegenheit und die Notwendigkeit zu schriftlicher Äußerung und das Bedürfnis, das Gemeinwesen mit Hilfe der schriftlichen Fixierung zu regulieren und zu ordnen, in einem Maße, daß man in bezug auf Nürnberg von »Aufzeichnungswut« gesprochen hat.

Ratsverlasse und Polizeiordnungen greifen tief ins tägliche Leben und die Individualsphäre ein. Bis in alle Einzelheiten etwa wird in der Nürnberger Hochzeitsordnung von 1485 der Aufwand bei Hochzeitsfeierlichkeiten geregelt: wie der Bräutigam der Braut Glück wünschen soll, wer dabei anwesend sein darf, wie teuer das Brautgeschenk sein darf (es soll in einem *heftlin*, einer Spange, von nicht mehr als 18 Gulden rheinisch Wert bestehen), wer am Polterabend tanzen darf, wie viele Pferde die Tanzlader gebrauchen dürfen. Die Zahl der Hochzeitsgäste ist festgelegt, die Art der Speisen (ein Kapaun pro Tisch) und des Weins. Am Tag nach der Hochzeit dürfen die Gäste nur mit Eierkuchen bewirtet werden usw. Dies alles wird begründet mit dem *gemeinen nutz*, der Notwendigkeit, übertriebenen Luxus einzuschränken, um die sozialen Gegensätze in der Stadt nicht zu deutlich sichtbar werden zu lassen, *daraus dann demselben gemeinen man ... manigfaltig scheden und unrat ... geflossen sein.*

Das gleiche Prinzip der Vermeidung *überflüssiger kostlichayt* verfolgen Kleiderordnungen, die die Rocklänge ebenso vorschreiben wie die Breite des Pelzbesatzes, die Form der Manschetten oder die Tiefe des Ausschnitts (einen Fingerbreit unter dem Schlüsselbein bei aufrechter Haltung).

Handwerksordnungen setzen genaue Qualitätsstandards und regulieren Import und Export. Vorschriften über Vorratshaltung, Verfügungen über öffentliche Ordnung, über Waffen- und Pferdebesitz, über Hygiene, Marktordnungen, Preisverfügungen – sie alle machen die Vor-Schrift zum allgegenwärtigen Bestandteil des täglichen Lebens.

Das geschriebene Wort wird so in einem Maße zum Regulativ der Existenz, wie es zuvor allenfalls – und nicht in solcher Differenziertheit – bei der Klosterregel der Fall war. Es ist bislang nicht untersucht worden, in welcher Weise und mit welcher Genauigkeit städtische Vorschriften dem einzelnen Stadtbewohner vermittelt worden sind, ob es neben dem Ausrufer auch Formen der schriftlichen Publikation gab. Im 16. und 17. Jahrhundert wurden in Nürnberg öffentliche Singen der Meistersinger durch Plakate, die »Schulzettel«, an vier Stellen der Stadt angekündigt. Hier erreichte man sein Publikum also in schriftlicher Form. Vergleichbares ist für Ratsverlasse offenbar nicht dokumentiert.

Es stellt sich hier die Frage nach der Lesefähigkeit der städtischen Bevölkerung. Die Antworten gehen weit auseinander, und tatsächlich dürften die Verhältnisse je nach Zeit und Ort sehr unterschiedlich gewesen sein. Für größere städtische Zentren wie Nürnberg, Augsburg oder Straßburg kann man um die Wende zum 16. Jahrhundert wohl bei 25 bis 30 Prozent der Bevölkerung mit Lesefähigkeit rechnen. In Augsburg war es seit dem Ende des 15. Jahrhunderts Zunftvorschrift, daß jeder Lehrling seinen Lehrlingsvertrag selbst unterschreiben können mußte – was immer das für die Lesefähigkeit der Betroffenen bedeuten mag. Andererseits begründet der Nürnberger Rat 1563 die Ernennung des Lebküchners und Meistersingers Linhart Ferber zu einem städtischen Amt ausdrücklich damit, daß er lesen und schreiben könne. Auch bei einem Handwerksmeister scheint dies also zu dieser Zeit keine Selbstverständlichkeit gewesen zu sein.

Die Gruppe der Lesefähigen ist keinesfalls gleichzusetzen mit dem literarischen Publikum in der Stadt. Nur ein Bruchteil von ihnen dürfte mit Büchern umgegangen sein. Größere Büchersammlungen fanden sich, abgesehen von den Bibliotheken der geistlichen Institutionen, fast ausschließlich bei den Patriziern und den akademisch Ausgebildeten. Hans Sachs besaß eine ansehnliche Büchersammlung, im übrigen war aber Buchbesitz bei Handwerkern sicher die Ausnahme. Immerhin zählt gegen

Ende des 15. Jahrhunderts Hans Folz (s. u.) in einem Gedicht über den notwendigen Hausrat auch ein Bücherregal auf. Besonders literaturinteressierte Handwerker haben sich gelegentlich ihre Bücher selbst abgeschrieben. Eine Reihe von Liedsammlungen ist auf diese Weise entstanden, so etwa die Handschrift des Augsburgers Simprecht Kröll von 1516 (Heidelberg cpg 109) oder die handschriftliche Sammlung des Webers Valentin Holl (Nürnberg, Germanisches Museum), ebenfalls in Augsburg, von 1524 bis 1526. Wie im letzteren Fall sind nicht selten Drucke abgeschrieben worden, ein Indiz dafür, daß der Schreiber sich selbst billige Einzeldrucke nicht leisten konnte oder wollte.

Das Motiv dafür, Lesen und Schreiben zu lernen, war jedenfalls nicht primär ein Interesse am Buch, sondern die Einsicht, daß der kompetente Umgang mit der Schrift in städtischer Umgebung zur Lebensnotwendigkeit geworden war. Ein Aushängeschild, das Hans Holbein 1516 für einen Basler Schulmeister gemalt hat, gibt darüber offen Auskunft. Im Reklametext erbietet sich der Auftraggeber, jedem, gleich welchen Standes oder Geschlechts, in kurzer Zeit Lesen und Schreiben beizubringen, damit er in der Lage sei, seine Schuldscheine selbst auszustellen und zu kontrollieren. Denn nicht nur kaufmännische Tätigkeit verlangt das Abfassen von Verträgen, Führung einer ausgedehnten Korrespondenz, das Anlegen von Miet- und Zinsregistern, Güterverzeichnissen und Rechnungsbüchern: selbst die Angehörigen der Unterschichten sind, etwa durch Einlage ihrer kärglichen Ersparnisse in Handelsgesellschaften, in Verhältnisse involviert, die von der Schrift bestimmt werden. Bruderschaften und Handelsgesellschaften, Zunft- und Gesellenorganisationen orientieren sich an Statuten, haben Mitglieder- und Stiftungsverzeichnisse und fertigen Protokolle aus. Der aufgezeichnete Text begleitet auf diese Weise das Dasein nicht nur, sondern er ordnet und konstituiert es in einem Maße, daß ein Bedingungszusammenhang zwischen Existenz und schriftlicher Formulierung entsteht.

Die Interdependenz von schriftlichem Text und Lebensordnung erzeugt das Bedürfnis, auch die Verrichtungen des täglichen Lebens schriftlich festzuhalten und dadurch ihre Ordnung zu dokumentieren. Dies geschieht in Diarien und Haushaltsbüchern. Der reiche Nürnberger Patrizier Anton Tucher beispielsweise notiert in seinem Haushaltsbuch von 1507 bis 1517 minuziös alle Pfennigbeträge, die er *außerhalb esseder ding*

(Nahrungsmittel) ausgibt, *nemlich fur claider, verpaw, fur haußrat, fur loßung, fur Linhart meinen sun, was ich verschenck propter deum, fur jarteg und annders.*

AUSGABE: Anton Tuchers Haushaltsbuch (1507–1517); hrsg. von W. Loose, 1877 (StLV 134).

Die wachsende Mobilität, die größere Weiträumigkeit der kommerziellen und menschlichen Beziehungen verursacht ausgedehnte Schriftwechsel. Dies betrifft nicht nur die unmittelbar kaufmännische Korrespondenz. Exportgeschäfte machen es notwendig, sich über die politischen Vorgänge in fernen Ländern auf dem laufenden zu halten. Größere Handelshäuser lassen sich deshalb regelmäßig Korrespondentenberichte liefern: politische und wirtschaftliche Nachrichten, aber auch Hofklatsch, Berichte über einflußreiche Persönlichkeiten und lokale Sensationen.

Seit Beginn des 15. Jahrhunderts sind zahlreiche Privatbriefe erhalten, die Auskunft über die Mobilität und das schriftliche Mitteilungsbedürfnis des städtischen Bürgertums geben. Eltern schreiben an ihre auswärts studierenden Söhne, Verwandte in verschiedenen Städten korrespondieren miteinander, Abgesandte auf Reichstagen oder Konzilien berichten ihren Familien oder dem städtischen Rat.

LITERATUR: Bibliographie der Buch- und Bibliotheksgeschichte (BBB). Bearbeitet von H. Meyer. 1980/81. – Noch immer grundlegende Gesamtdarstellung: W. Wattenbach, Das Schriftwesen im Mittelalter. 4. Aufl. 1958. – Zu Formen der schriftlichen Kommunikation: J. Benzinger, Zum Wesen und zu den Formen von Kommunikation und Publizistik im Mittelalter. Eine bibliographische und methodologische Studie. Publizistik 15 (1970), S. 295–318. – J. Lentner, Umfang und Formen des mittelalterlichen Briefverkehrs von und nach München. Archiv f. d. Postgeschichte in Bayern 14 (1971), S. 152–161. – M. Lindemann, Nachrichtenübermittlung durch Kaufmannsbriefe. 1978. – E. Pitz, Schrift und Aktenwesen der städtischen Verwaltung im Spätmittelalter. Köln, Nürnberg, Lübeck. Beiträge zur vergleichenden Städteforschung. Mitteilungen aus dem Stadtarchiv Köln 45 (1959), S. 3–483. – K. Schottenloher, Flugblatt und Zeitung. 1922. – L. Sporhan-Krempel, Nürnberg als Nachrichtenzentrum zwischen 1400 und 1700. 1968. – G. Steinhausen, Geschichte des deutschen Briefes. 1. Teil. 1889, Nachdr. 1968. – W. Stromer von Reichenbach, Das Schriftwesen der Nürnberger Wirtschaft vom 14. bis zum 16. Jahrhundert. Zur Geschichte oberdeutscher Handelsbücher. In: Beitr. zur Wirtschaftsgeschichte Nürnbergs, Bd. 2. 1967. S. 751–799. – L. C. Eisenbart, Kleiderordnungen der deutschen Städte zwischen 1350 und 1700. 1962 [mit

Quellenbibliographie]. – B. Thum, Öffentlich-Machen, Öffentlichkeit, Recht. Zu den Grundlagen und Verfahren der politischen Publizistik im Spätmittelalter, mit Überlegungen zur sogenannten »Rechtssprache«. Lili 10 (1980), S. 12–69. – Th. G. Werner, Das kaufmännische Nachrichtenwesen im späten Mittelalter und in der frühen Neuzeit und sein Einfluß auf die Entstehung der handschriftlichen Zeitung. Scripta Mercaturae 2 (1975), S. 3–52. – Zur Lesefähigkeit: H. Fichtenau, Mensch und Schrift im Mittelalter. 1946. – R. Juchhoff, Was lasen die Kölner um die Wende vom 15. zum 16. Jahrhundert zu ihrer Unterhaltung und Belehrung? In: R. J., Kleine Schriften zur Frühdruckforschung. 1973, S. 135–147. – W. Besch, Bemerkungen zur schreibsoziologischen Schichtung im Spätmittelalter. In: W. Besch u. a. (Hrsg.), Die Stadt in der europäischen Geschichte. FS Edith Ennen. 1972, S. 459–470. – H. Hajdu, Lesen und Schreiben im Spätmittelalter. 1931. – R. Engelsing, Analphabetentum und Lektüre. 1973. – Ders., Der Bürger als Leser. Lesergeschichte in Deutschland 1500–1800. 1974. – W. Schmidt, Vom Lesen und Schreiben im späten Mittelalter. Beiträge 95 (1973) Sonderheft (FS Ingeborg Schröbler), S. 309–327. – K. Schreiner, Bücher, Bibliotheken und »gemeiner Nutzen« im Spätmittelalter und in der Frühneuzeit. Bibliothek und Wissenschaft 9 (1975), S. 202 bis 249. – Ausgaben: J. Baader, Nürnberger Polizeiordnungen aus dem 13. bis 15. Jahrhundert. 1861, Nachdr. 1966. – G. Steinhausen, Deutsche Privatbriefe des Mittelalters. 2 Bde, 1899/1904. – F. Bastian, Das Peutingerbuch 1383–1407. 2 Bde, 1944. – Th. G. Werner, Regesten und Texte von Fuggerzeitungen der Österr. Nationalbibliothek Wien. Scripta Mercaturae 1 (1967), S. 57–70. – Fugger-Zeitungen. Ungedruckte Briefe an das Haus Fugger aus den Jahren 1568–1605. Hrsg. von V. Klarwill. 1923.

Städtisches Schulwesen

Die Voraussetzungen für solch intensiven Umgang mit dem geschriebenen Wort schafft das städtische Schulwesen, das sich von Beginn des 14. Jahrhunderts an immer mehr auf Bedürfnisse im alltäglichen Umgang mit der Schrift einstellt. Bis zum Ausgang des 13. Jahrhunderts werden im allgemeinen die Bildungsaufgaben in den Städten von geistlichen Institutionen, den Dom- und Stiftsschulen, wahrgenommen. Nach jahrhundertelanger Tradition erfolgt hier der elementare Lese- und Schreibunterricht an lateinischen Texten, ist also prinzipiell an den Bedürfnissen der geistlichen Nachwuchsausbildung orientiert. In geistlich dominierten Städten bleibt dieser Zustand bis ins

16. Jahrhundert erhalten. So gibt es etwa in Mainz neben der Domschule acht Stiftsschulen, aber keine höhere städtische Lehranstalt. Die Freien Reichs- und Hansestädte dagegen versuchen schon früh, das Ausbildungswesen an sich zu ziehen, was regelmäßig langwierige und heftige »Schulkämpfe«, Auseinandersetzungen mit der geistlichen Gewalt zur Folge hatte. Die Stadt Wien bekommt von Friedrich II. schon 1237 die Schulhoheit zugesichert; die frühesten städtischen Schulgründungen sind aus Lübeck (1262), Breslau (1267) und Hamburg (1289) dokumentiert. Inhaltlich unterschied sich der Unterricht an diesen Stadt- oder Ratsschulen kaum von dem der geistlichen Bildungsinstitutionen. Da die Lehrer nicht besoldet wurden, sondern von den Schülerhonoraren leben mußten, waren teilweise erhebliche Gebühren zu entrichten, und höhere Schulbildung blieb ein Privileg der Begüterten. Daß ein Handwerkerkind die Lateinschule besuchen konnte, wie etwa Hans Sachs, blieb die Ausnahme. Für Kinder der Unbegüterten gab es einige wenige Stipendienplätze; Luther wurde beispielsweise durch eine solche Schulstiftung der Schulbesuch in Magdeburg und Erfurt ermöglicht. Mädchen waren fast ausschließlich auf die Schulen der Frauenklöster verwiesen.

Dem Bedürfnis der Stadtbevölkerung nach der Fähigkeit, deutsch lesen und schreiben zu können, entsprechen seit Beginn des 14. Jahrhunderts die niederen städtischen Schulen (»Schreibschulen« oder »deutsche Schulen«). In ihnen werden Jungen und Mädchen gemeinsam unterrichtet; seit dem 15. Jahrhundert gibt es vereinzelt auch Mädchenschulen mit weiblichen Lehrkräften, den »Schulfrauen«. Die Lehrer sind häufig vagierende Studenten, die sich durch den Unterricht zeitweilig ihren Lebensunterhalt verdienen. Auch dieser wird von den Schülerhonoraren bestritten, die zwar geringer sind als an den Lateinschulen, aber dennoch den Kindern von Unterschichtsangehörigen die schulische Ausbildung praktisch verschließen. Lernziel sind bescheidene Kenntnisse im Schreiben, Lesen und Rechnen. Der Schüler, der durch Zusammensetzen von Buchstaben schreiben gelernt hatte, übte das Lesen an deutschen Übersetzungen einfacher religiöser Texte, dem Vaterunser, dem Glaubensbekenntnis oder den Zehn Geboten. Für den Fortgeschrittenen konnten didaktische Sammlungen wie der ›Cato‹ (s. o.) den Lesestoff bilden. »Schöne Literatur« kommt nicht vor. Dies gilt auch für die höheren Schulen. Erst die Nürnberger Schulreform von 1485 erlaubt, daß in der zweiten

Nachmittagsstunde der obersten Klasse ein Text gelesen werden kann, der *nicht allein nützlich sunder auch lustig vnd lieblich sei,* wie die Komödien von Terenz. Im fakultativen Unterricht für die Fortgeschrittenen kann auch, *so sich das leiden mag,* moderne (lateinische) Literatur *als Enee Sylvii* (s.u. Kap. VI) *dergleichen* gelesen werden, aber nur am frühen Morgen, vor Beginn des regulären Unterrichts oder nach dessen Abschluß nach der Vesper. Es gibt keinen einzigen Beleg für die Lektüre deutschsprachiger Literatur – außer lehrhaften und geistlichen Texten – im Schulunterricht.

LITERATUR: E. Hesselbach, Die deutsche Schule im Mittelalter. Zeitschrift für Geschichte der Erziehung und des Unterrichts 10 (1920), S. 1–56. – E. Ennen, Stadt und Schule in ihrem wechselseitigen Verhältnis vornehmlich im Mittelalter. Rheinische Vierteljahresblätter 22 (1958), S. 56–72. – H.J. Kaemmel, Geschichte des deutschen Schulwesens im Übergange vom Mittelalter zur Neuzeit. 1882. – J. Müller, Quellenschriften und Geschichte des deutschsprachlichen Unterrichts bis zur Mitte des 16. Jahrhunderts. 1882. – H. Pirenne, L'instruction des marchands au moyen âge. In: H. P., Histoire économique de l'occident médiéval. 1951, S. 551–570. – Studien zum städtischen Bildungswesen des späten Mittelalters und der frühen Neuzeit. Hrsg. von B. Möller u.a. 1983.

Die Vervielfältigung von Texten
Schreiber und Drucker

Seit dem 13. Jahrhundert tritt, zumindest für die Vervielfältigung weltlicher Texte, immer mehr der Berufsschreiber an die Stelle des Mönchs im Klosterskriptorium. Vom 14. Jahrhundert an verfügen selbst kleinere Städte meist über einen Stadtschreiber zur Bewältigung des bei der Verwaltung anfallenden Schriftwesens. Nicht selten haben diese Stadtschreiber ihre Bezüge durch das Abschreiben von Handschriften aufgebessert. Zur gleichen Zeit beginnen Schreibwerkstätten als Bestandteil städtischen Gewerbes den zunehmenden Bedarf an Büchern kommerziell zu nutzen. Die produktivste deutsche Schreibwerkstatt scheint die von 1427 bis 1467 bezeugte Werkstatt von Diebold Lauber in Hagenau im Elsaß gewesen zu sein. Aus dieser Werkstatt sind etwa 50 Handschriften erhalten, die jedoch nur einen Bruchteil der Gesamtproduktion darstellen dürften. An ihnen läßt sich die Tätigkeit von 16 Zeichnern und fünf Schreibern nachweisen. Einer von ihnen (Lauber selbst?)

hat an 18 Handschriften mitgearbeitct. Meist arbeiteten mehrere Zeichner und Schreiber zugleich an einem Codex. Trotz der Beteiligung so vieler Personen sind die Handschriften in Schrift und Bild in hohem Maße standardisiert und schon dem ersten Blick als Erzeugnisse dieser Werkstatt kenntlich. Ein erhaltener Bücherzettel Laubers nennt 40 verfügbare Titel aus allen Gebieten der Literatur, überwiegend deutschsprachige Texte.

Weitere bedeutende Schreibwerkstätten betrieben u.a. Ludwig Henfflin in Stuttgart, Konrad Bollstatter in Augsburg, Berthold Furtmeyer in Regensburg, Ulrich Schreyer in Salzburg.

Buchdruck

Die verschiedenen Weisen handschriftlicher Vervielfältigung waren effektiv und konnten durchaus den zeitgenössischen Bedarf an Büchern befriedigen. Hinter der Erfindung des Buchdrucks mit beweglichen Lettern steht daher zunächst auch nicht die Absicht, der handschriftlichen Buchproduktion durch Massenvervielfältigung Konkurrenz zu machen, sondern das Bedürfnis, den ästhetisch immer anspruchsloser werdenden Gebrauchshandschriften ein Vervielfältigungsverfahren gegenüberzustellen, das höchsten Ansprüchen an Schriftbild und Gestaltung genügt und auch die sorgfältigste Handschrift an Regelmäßigkeit und Gleichheit der einzelnen Buchstaben übertrifft.

Es ist heute nicht mehr bestritten, daß der Erfinder der »heiligen Kunst«, wie Nicolaus von Cues den Buchdruck nannte, der Mainzer Johann (Gensfleisch zum) Gutenberg ist. Viele Einzelheiten seiner Biographie wie der Vorgeschichte und Entwicklung seiner Erfindung bleiben im dunkeln. Um die Wende zum 15. Jahrhundert ist er in Straßburg oder Mainz geboren. Die ersten Jahrzehnte seines Lebens hat er in Straßburg verbracht, wo er das Goldschmiedehandwerk ausübte. Seit Mitte der dreißiger Jahre muß er sich mit Experimenten zur Herstellung beweglicher Lettern befaßt haben. Umstritten ist die Interpretation eines Satzes aus dem Bericht des Kölner Druckers Ulrich Zell (seit 1465 in Köln tätig) über die Erfindung des Buchdrucks durch Gutenberg, der in eine 1499 gedruckte Kölner Chronik aufgenommen wurde: *item wie wail die kunst is vonden tzo Mentz / ... so is doch die eyrste vurbyldung vonden in Hollant vyss den Donaten / die daeselffst vur der tzijt gedruckt syn.* (Wiewohl diese Kunst in Mainz erfunden worden ist ..., so ist doch die erste Vorform in Holland erfunden worden bei den

Donat-Drucken, die dort »vor der Zeit« gedruckt worden sind.) Heißt dies, Gutenberg habe auf das Prinzip einer holländischen Erfindung zurückgegriffen und sie entscheidend verbessert, so daß sie *vill meysterlicher ind subtilicher vonden dan die selve manier was*, oder hat er eine grundsätzlich neuartige Erfindung gemacht? Im März 1444 verläßt Gutenberg Straßburg; sein Aufenthalt während der folgenden vier Jahre ist unbekannt. Erst im Oktober 1448 wird er wieder in Mainz greifbar. Er gewinnt den Mainzer Juristen und Bankier Johann Fust als Geldgeber und Teilhaber zur Gründung einer Druckwerkstatt. Hier erscheint im Sommer 1456 deren Hauptwerk, die berühmte 42zeilige Bibel. Dieser Druck ist zweifellos nicht das erste Erzeugnis der Gutenbergschen Offizin. Als früheste Druckwerke gelten ein ›Türkenkalender‹ vom Dezember 1454 (das älteste vollständig erhaltene gedruckte Buch) und Ablaßbriefe von 1454/55.

Über das aufwendige Unternehmen des Bibeldrucks scheint sich Gutenberg mit Fust überworfen und wirtschaftlich ruiniert zu haben. Ein 1457 vollendeter Psalter nennt als Drucker Johann Fust und Gutenbergs Gesellen Peter Schöffer. Zur gleichen Zeit ist Gutenberg nicht imstande, eine geringfügige Schuld zu bezahlen und soll inhaftiert werden. Im Jahr darauf wird er vom Hofgericht in Rottweil verurteilt, weil er die Zinsen für ein altes Straßburger Darlehen nicht mehr zahlen kann. Ob und in welcher Weise er in den folgenden Jahren noch an Mainzer Druckunternehmungen beteiligt war, ist unsicher. Er lebt in elenden Verhältnissen; 1465 wird ihm vom Mainzer Kurfürsten eine kleine Naturalrente ausgesetzt. Im Februar 1468 ist er gestorben.

Das Geheimnis der Druckkunst ließ sich nicht lange in den Mauern von Mainz halten. Gutenberg-Schüler zerstreuten sich nach dessen Zerwürfnis mit Fust über das ganze deutsche Sprachgebiet. 1458/59 wurde mit Mainzer Lettern eine 36zeilige Bibel, ein Nachdruck der 42zeiligen, höchstwahrscheinlich in Bamberg gedruckt. Als Leiter der Offizin kommt der Mainzer Heinrich Keffer in Frage, der 1469/70 zusammen mit Johann Sensenschmidt eine Druckerei in Nürnberg gründete. Die Letter des Bibeldrucks wurde in Bamberg zum Druck deutschsprachiger Bücher benutzt, den ersten, die mit Holzschnitten ausgestattet waren. Als Drucker nennt sich Albrecht Pfister, ein 1448–1466 in Bamberg nachweisbarer Kleriker und Schreiber. Aus seiner Werkstatt stammt der Erstdruck von Ulrich Boners

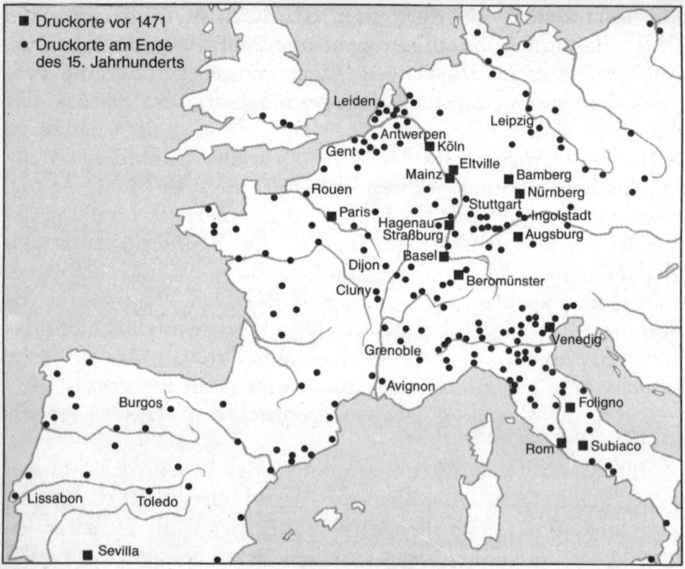

Die ersten Druckorte Europas im 15. Jahrhundert

›Edelstein‹ (Februar 1461) und des ›Ackermann aus Böhmen‹ (ca. 1460).

Wenig später, etwa 1465, erschien der erste Druck in der bedeutenden Straßburger Offizin von Johannes Mentelin. Mentelin ist um 1410 in Schlettstadt geboren und 1478 in Straßburg gestorben. 1447 erwarb er als Notar das Straßburger Bürgerrecht. Wo und wie er die Kunst des Druckens erlernt hat, ist ungewiß, jedenfalls ist nicht erweisbar, daß er mit Gutenberg in Verbindung gestanden hat. Mentelin, der seine Druckerei mit einer ausgedehnten buchhändlerischen Organisation verband, erwarb ein bedeutendes Vermögen. 40 Drucke aus seiner Presse sind nachweisbar: viele theologische Werke, Vergils Werke (ca. 1470), die Komödien des Terenz (vor 1470), der erste deutsche Bibeldruck (s.o. S. 201); und als einziger Drucker des 15. Jahrhunderts druckt er deutsche höfische Romane: den ›Parzival‹ und den ›Jüngeren Titurel‹ (1477, s.o. S. 90).

Seit 1464 druckte der Schöffer-Schüler Ulrich Zell in Köln in enger Verbindung mit der Universität ganz überwiegend lateinische Texte.

Noch in den sechziger Jahren etablieren sich Offizine in Eltville, Basel, Augsburg, Konstanz und Nürnberg. Bis zum Jahre 1500 zählt man 53 weitere Städte mit einer oder mehreren Druckereien auf deutschsprachigem Gebiet.

LITERATUR: W. Wattenbach, Schriftwesen, s.o. S. 242. – Schreiber, Schreibwerkstätten: A. Schulze, Deutsches Stadtschreiberamt. Diss. Jena 1921. – G. Burger, Die südwestdeutschen Stadtschreiber im Mittelalter. 1960. – W. Fechter, Der Kundenkreis des Diebold Lauber. Zentralblatt f. Bibliothekswesen 55 (1938), S. 121–146. – V. Honemann, Die Stadtschreiber und die deutsche Literatur im Spätmittelalter und der frühen Neuzeit. In: Zur deutschen Literatur und Sprache des 14. Jahrhunderts. Hrsg. von W. Haug u.a. 1983, S. 320–353. – T. Brandis, Handschriften- und Buchproduktion im 15. und frühen 16. Jahrhundert. In: Literatur und Laienbildung im Spätmittelalter und in der Reformationszeit. Hrsg. von L. Grenzmann u. K. Stackmann. 1984, S. 176–193. – Buchdruck: E. L. Eisenstein, The Printing Press as an Agent of Change. 2 Bde, 1979 [geistes- und kulturgeschichtliche Auswirkungen des Buchdrucks]. – L. Febvre u. H.-J. Martin (Hrsg.), L'apparition du livre. 1958. – F. Geldner, Bildungsstand und ursprünglicher Beruf der deutschen Buchdrucker des 15. Jahrhunderts. In: Homage to a Bookman. FS H. P. Kraus. 1967, S. 117–131. – M. Pollak, Production Costs in Fifteenth-Century Printing. The Library Quarterly 39 (1969), S. 318–330. – H. Widmann, Vom Nutzen und Nachteil der Erfindung des Buchdrucks aus der Sicht der Zeitgenossen des Erfinders. 1973. – H. Kunze, Geschichte der Buchillustration in Deutschland: Das 15. Jahrhundert. 1975. – Fast zu jeder Druckoffizin des 15. Jahrhunderts gibt es Einzelstudien. Über sie informiert man sich in den Handbüchern: F. Geldner, Die deutschen Inkunabeldrucker. 2 Bde, 1968. – J. Benzing, Die Buchdrucker des 16. und 17. Jahrhunderts im deutschen Sprachgebiet. 2. Aufl. 1982. – K. Haebler, Handbuch der Inkunabelkunde. 2. Aufl. 1966. – F. Geldner, Inkunabelkunde. 1978. – Über Bestand und Fundorte der Inkunabeln gibt Auskunft der noch nicht abgeschlossene Gesamtkatalog der deutschen Wiegendrucke. Bd. 1–8, 2. Aufl. 1968 (wird fortgesetzt).

Verbreitung, Buchhandel, Bücherpreise

Über die Produktion dieser Druckereien geben einige nackte Zahlen Auskunft. Nach Schätzungen, die bei den einzelnen Autoren erheblich schwanken, beläuft sich die Gesamtzahl der Inkunabeldrucke in Westeuropa auf 27000 bis 40000 (als Inkunabel wird ein Druck bezeichnet, der vor 1500 entstanden ist), wobei die Auflagenhöhe pro Druck anfangs 100 bis 150, später 300 bis 400 und in Ausnahmefällen 1000 Stück betrug. Mit rund 11800 Ausgaben entfiel ein knappes Drittel dieser Drucke auf deutsche Druckereien. Überwiegend wurden lateinische Texte gedruckt, der Anteil der deutschsprachigen Texte beläuft sich auf 10 bis 20 Prozent, das sind 1500 bis 2500 Druckausgaben, bei denen Einblattdrucke, Kalender und dergleichen mitgezählt werden. Geht man von durchschnittlich 400 Stück aus, bedeutet dies, daß bis zum Ende des 15. Jahrhunderts knapp eine Million Exemplare deutschsprachiger Texte gedruckt und verbreitet worden waren. Die eigentlichen Verkaufserfolge waren jedoch schon ihrer europäischen Verbreitung wegen geistliche lateinische Texte. Als auflagenstärkste Bücher neben der Bibel und der ›Imitatio Christi‹ des Thomas a Kempis stehen die Schriften von Augustin und Hieronymus mit je ca. 120 Drucken, die ›Legenda aurea‹ des Jacobus de Voragine mit 150 bis 200 Auflagen. Nur zwei weltliche Texte können mit solchen Zahlen konkurrieren: die Fabeln des Aesop, die 1480 erstmals in Mailand in einer zweisprachigen, griechisch-lateinischen Ausgabe gedruckt wurden und es bis 1500 auf über 100 Auflagen brachten, und eine lateinische Grammatik, das ›Doctrinale‹ des Alexander de Villa Dei mit über 200 Drucken.

Für die Verbreitung ihrer Bücher konnten die Drucker prinzipiell eine von den kommerziellen Schreibwerkstätten eingeführte Vertriebsstruktur übernehmen. Dazu gehört eine Verkaufsstelle am Ort, die häufig von der Druckerei getrennt ist. Der Augsburger Drucker Günther Zainer gibt 1471 auf einem Bücherzettel als Verkaufsstelle an: *in des schmidlins hus zu dem Gunthero genant Zainer von Reutlingen.* Der Fernhandel wurde von reisenden Buchhändlern, den »Buchführern«, besorgt, die ihre Verkaufsstände meist in Gasthöfen aufschlugen und ihre Anwesenheit durch gedruckte Bücherzettel bekanntmachten. Die Buchführer versorgten auch die festen auswärtigen Niederlagen der Drucker, die oft in erstaunlicher Anzahl über ein weites Gebiet verstreut sind. Für den Speyrer Drucker Peter Drach konnten im 15. Jahrhundert feste Bücherlager in 25 Städten nachgewiesen werden, die sich bis nach Böhmen erstrecken.

Über Bücherpreise im 15. Jahrhundert gibt es zwar zahlreiche, aber oft widersprüchliche und schwer zu deutende Angaben. Die Preise schwanken überdies je nach Ausstattung und Verkaufsort erheblich. Sicher ist, daß die Preise gegen Ende des Jahrhunderts fielen und daß ein Buch dennoch für den »gemeinen Mann« in der Regel unerschwinglich blieb. Der Preis der bebilderten deutschen Koberger-Bibel (s. o.) von 1483 wird mit 6 Gulden angegeben (da es sich um eine Schenkung handelt, ist nicht klar, ob das ein Schätzwert oder der echte Buchhandelspreis ist). Ein Missale kostet um 1490 etwa 5 Gulden. Für dieses Geld konnte ein anspruchsloser Handwerker seine Familie ein Jahr lang ernähren. Aber auch für einen Akademiker, den potentiellen Hauptinteressenten, ist ein Buch eine bedeutende Investition: um 1480 erhält der fest besoldete Münchner Stadtarzt 32 Gulden Jahresgehalt; ein Lateinschullehrer bekommt 1516, zu einer Zeit allerdings, als die Bücherpreise schon gesunken sind, 30 Gulden im Jahr. Niclas von Wyle (s. u. Kap. VI) erhielt als Stadtschreiber von Eßlingen 1465 ein Anfangsgehalt von 35 Gulden jährlich, das später auf 50 Gulden erhöht wurde. Dem Villinger Stadtschreiber hingegen werden 1502 nur 16 Gulden jährlich zugestanden.

LITERATUR: siehe die o.a. Handbücher. – M. Sauer, Die deutschen Inkunabeln, ihre historischen Merkmale und ihr Publikum. Diss. Köln 1956. – J. M. Lenhart, Pre-Reformation Printed Books. A Study in Statistical and Applied Bibliography. 1935. – R. Hirsch, Printing, Selling, and Reading 1450–1550. Second Printing with a Supplemental Annotated Bibliographical Introduction. 1974. – Der deutsche Buchhandel in Urkunden und Quellen. Hrsg. von H. Widmann. 2 Bde, 1965. – F. Geldner, Das Rechnungsbuch des Speyrer Druckherrn, Verlegers und Großbuchhändlers Peter Drach. Archiv f. Geschichte des Buchwesens 5 (1964), Sp. 1–196. – H. Grimm, Die Buchführer des deutschen Kulturbereiches und ihre Niederlassungsorte in der Zeitspanne 1490 bis um 1550. Ebd. 7 (1965–1967), Sp. 1153–1172. – H. Widmann, Geschichte des Buchhandels. Tl. 1, 2. Aufl. 1975. – G. Zedler, Über die Preise und Auflagenhöhe unserer ältesten Drucke. In: Beiträge zum Bibliotheks- und Buchwesen, FS Schwenke. 1913, S. 267–288. – W. Krieg, Materialien zu einer Entwicklungsgeschichte der Bücherpreise und des Autorenhonorars vom 15. bis zum 20. Jahrhundert. 1953. – Verlagskataloge des 15. Jahrhunderts im Faksimile: K. Burger (Hrsg.), Buchhändleranzeigen des 15. Jahrhunderts, in getreuer Nachbildung. 1907.

2. Städtische Chroniken

Die seit dem 14. Jahrhundert aufblühende städtische Chronistik registriert gewissenhaft die für das Gemeinwesen wichtigen Ereignisse. Die in der monumentalen Ausgabe der ›Chroniken der deutschen Städte‹ gesammelten Geschichtsdarstellungen sind quantitativ, qualitativ und strukturell von großer Vielfalt, doch läßt sich ein häufig wiederkehrendes Grundmuster feststellen: während die oft aus Ratsarchivalien schöpfenden Schilderungen aus der Frühzeit der jeweiligen Stadtgeschichte noch häufig territorial-, reichs- oder gar weltgeschichtliche Zusammenhänge herstellen, bekommt die Darstellung immer stärker den Charakter zeitgeschichtlich-annalistischer Ereignisberichterstattung oder gar der Tagebuchaufzeichnung, je näher sie an die zeitgenössische Gegenwart heranrückt. Welt- und reichspolitische Zusammenhänge spielen für diese gegenwartsnahen Teile kaum noch eine Rolle, wohl aber die für das städtische Leben bedeutsamen Tagesereignisse: prominente Gäste und Heiraten, innerstädtische Konflikte, Kriminalfälle, Epidemien, wichtige Ratsentscheidungen, Preisentwicklungen, Bauvorhaben.

In ihren gegenwartsnahen Teilen sind die städtischen Chroniken schwer abzugrenzen gegen persönliche Aufzeichnungen, wie sie etwa in den ›Memorial‹-Büchern der Nürnberger Patrizierfamilie Tucher von 1386 bis in die ersten Jahrzehnte des 16. Jahrhunderts über mehrere Generationen niedergelegt wurden. Wie in kaum einer anderen Gattung tritt in der städtischen Chronistik das Bedürfnis zutage, dem alltäglich Erlebten durch schriftliche Fixierung eine Ordnung und einen sinnvollen Zusammenhang zu geben. Die Aufzeichnung verleiht dem Einzelereignis die Würde des historisch Buchenswerten und stellt so den Zusammenhang zwischen Text und Leben auch für Bereiche her, die sich bislang schriftlich-literarischer Darstellung entzogen hatten. Die Deklaration zum geschichtlichen Ereignis erlöst das eigene Handeln aus der Zufälligkeit und verschafft ihm Anteil an der Wahrheit, die sich im Verlauf der Geschichte offenbart. Welche wichtige Rolle die Stadtchronistik auf diese Weise für die städtisch-bürgerliche Identitätsfindung spielt, zeigt unter anderm die Tatsache, daß der Auftrag zum Verfassen einer Chronik nicht selten vom städtischen Rat ausging.

Ausgaben, Literatur: Die Chroniken der deutschen Städte. Hrsg. durch die Historische Kommission bei der Bayerischen Akademie der Wissenschaften. 1862–1931, Nachdr. 1961–1968. – Eine zusammenfassende Darstellung und Untersuchung der städtischen Chronistik fehlt. – H. Schmidt, Die deutschen Städtechroniken als Spiegel des bürgerlichen Selbstverständnisses im Spätmittelalter. 1958. – J. B. Menke, Geschichtsschreibung und Politik in den deutschen Städten des Mittelalters. Jahrbuch des Kölnischen Geschichtsvereins 33 (1958), S. 1–84 u.

34/35 (1960), S. 85–194. – H. Wenzel, Höfische Geschichte (Kap. 5: Stadtchroniken). 1980, S. 191–253. – F. R. H. Du Boulay, The German Townchroniclers. In: The Writing of History in the Middle Ages. Hrsg. von R. H. C. Dubois u. a. 1981, S. 445–469. – Tuchers Memorialbuch. Hrsg. von Th. von Kern u. C. Hegel. In: Chroniken der dt. Städte 10 u. 11. 1872/74, Nachdr. 1961.

Als älteste deutsche Chronik, die städtisches Leben und städtische Interessen in den Mittelpunkt stellt, gilt die Kölner Reimchronik des Gottfried Hagen. Den Namen des Autors kennen wir aus den Schlußversen, wo nach der Angabe des Abfassungsjahrs 1270 die Signatur *Meister Godefrit Hagene maichde mich alleine* steht. Falls dieser Gottfried Hagen identisch ist mit dem zeitgenössischen Kölner Stadtschreiber Magister Godefridus, was umstritten ist, stammt er aus einer Kölner Patrizierfamilie. Er ist um 1230 in Xanten geboren, studierte Theologie und wurde 1268 mit den Verhandlungen betraut, die den päpstlichen Bann über die Stadt abwenden sollten. Anfang der siebziger Jahre wird er Stadtschreiber. 1299 ist er als Dechant des Kölner Georgstifts gestorben.

Die reichlich 6000 Verse lange Chronik Gottfried Hagens wird eröffnet durch einen kurzen Abriß der Geschichte Kölns bis zu Friedrich II. Den Hauptteil bildet eine Darstellung der innerstädtischen Konflikte zwischen Patrizierparteien, Patriziern und Zünften und zwischen Stadt und Erzbischof um das städtische Regiment.

AUSGABEN: Eine kritische Ausgabe fehlt. – E. v. Groote, Des Meisters Godefrit Hagen, der Zeit Stadtschreibers, Reimchronik der Stadt Cöln aus dem 13. Jahrhundert. 1834. – H. Cardauns u. C. Schröder. In: Chroniken der deutschen Städte 12, 1875, Nachdr. 1968, S. 1–223. – LITERATUR: H. Wenzel, Aristokratisches Selbstverständnis im städtischen Patriziat von Köln, dargestellt an der Kölner Chronik Gottfried Hagens. In: Beiträge zur älteren dt. Literaturgeschichte. Hrsg. von J. Bumke u. a., Bd. 1, 1977, S. 9–28.

Die Kölner Chronik Gottfried Hagens eröffnet die lange Reihe der Städtechroniken fast paradigmatisch, nicht nur, weil ihr Hauptgegenstand innerstädtische Ereignisse sind, sondern weil die Darstellung immer wieder in den beschwörenden Appell an bürgerliche Einheit und Harmonie als einer politischen Überlebensnotwendigkeit einmündet. Insofern repräsentiert sie als eins der frühesten literarischen Beispiele ein Programm, das spätmittelalterliche Stadtliteratur als »bürgerlich« charakterisiert: die Vision eines alle sozialen und ständischen Gegensätze übergreifenden städtischen Gemeinschaftsgefühls, als dessen Vermittlerin Literatur eine hervorragende Rolle spielt.

Die Identifikation persönlichen Erlebens mit dem historischen Ereignis, die Untrennbarkeit von Privatheit und Öffentlichkeit im städtischen Raum repräsentiert durch ihre Zusammenfügung von Autobiographie und Geschichtsdarstellung die Augsburger Chronik (nach 1468) des Burghart Zink (s. o. S. 156). Die in vier Bücher eingeteilte Chronik verzichtet auf eine Darstellung der älteren Geschichte der Stadt. Buch 1 umfaßt eine annalistische Schilderung von der Einführung der Zunftverfassung 1386 bis zu den innerstädtischen Unruhen 1397; Buch 2 enthält zusammenfassende, teils recht unsystematische Berichte aus dem Zeitraum 1401–1466; an Buch 3, die Autobiographie, schließen in Buch 4 noch einmal Erzählungen von Ereignissen aus den Jahren 1416–1468 an, die Zink selbst miterlebt hat.

AUSGABE: s. o. S. 156.

Keine Chronik übertrifft an Detailreichtum in der Schilderung städtischen Alltagslebens die Nürnberger Chronik von Heinrich Deichsler. Der Autor entstammt einer »ehrbaren« Nürnberger Familie; er ist 1430 geboren. Von Beruf war er Bierbrauer. 1486 wurde ihm das Amt des städtischen Armenpflegers übertragen. 1506 ist er gestorben.

Deichslers Chronik beginnt mit dem Jahr 730. Die bis 1469 reichende geschichtliche Darstellung ist zusammengestellt aus *vil alten puchern*, einer umfangreichen Quellensammlung, die Deichsler im Laufe der Zeit angelegt hatte. Der bis zum 17. November 1506 reichende zweite Teil der Chronik besteht in tagebuchartigen Aufzeichnungen von Episoden, die Deichsler meist als Augenzeuge erlebt hat.

AUSGABE: Th. von Kern u. K. Hegel. In: Chroniken der deutschen Städte 10, 1872, Nachdr. 1961, S. 77–386, u. 11, 1874, Nachdr. 1961, S. 533–706.

Während der erste Teil eine reine Quellenkompilation ist, die zu ordnen der Autor Mühe hat – viele Ereignisse werden mehrfach berichtet, wenn sie in mehreren Quellen vorkommen –, ist der zweite, zeitgeschichtliche Teil ein einzigartiges, noch kaum ausgewertetes kulturhistorisches Dokument, das Begebenheiten berichtet, die sonst selten Eingang in die Geschichtsschreibung finden. Alles, was irgend bemerkenswert oder sensationell erscheint, wird notiert, ohne daß sich der Autor Gedanken über die historische Erheblichkeit machte. Prügeleien zwischen den *poeten* (den Lateinschullehrern) und den *schulmaistern* der deutschen Schulen werden ebenso detailfreudig erzählt wie Raufereien zwischen Freudenmädchen, die Hochzeit des Schinders mit einer Ansammlung unehrlicher Leute oder der Betrugsprozeß und die Brandmarkung des Bildhauers Veit Stoß: *da prent man den Veit Stoß durch ped packen und man het nie keinen so lind geprent* – in Ansehung seiner künstlerischen Verdienste.

Einige weitere städtische Chroniken

›Lübecker Ratschronik‹. Sie umfaßt die Jahre 1401–1482 und setzt eine Chronik fort, die der Franziskaner Detmar von Lübeck Ende des 14. Jahrhunderts im Auftrag des Lübecker Rats verfaßt hatte. Drei städtische Beamte haben nacheinander an ihr gearbeitet: der Hauptteil (1401–1469) stammt von dem Pronotar und Ratsherrn Johann Hertze. Nach seinem Tode setzt sein Amtsnachfolger Johann Wunstorp das Werk fort (1469–1480); anschließend übernimmt der Stadtschreiber Dietrich Brandes die Arbeit.

›Magdeburger Schöppenchronik‹. Als Verfasser gilt der Magdeburger Gerichts- und Stadtschreiber Heinrich von Lammespringe (ca. 1325 bis nach 1396). Der erste Teil der Chronik beginnt mit der angeblichen Stadtgründung durch Caesar, der zweite mit der Errichtung des Magdeburger Erzbistums, der dritte, zeitgeschichtliche, mit der Pestepidemie von 1350. 1372 bricht die Chronik ab.

›Landshuter Ratschronik‹. Die Chronik umfaßt die Jahre 1439–1504. Verfasser sind die drei Landshuter Stadtschreiber Paul Mornauer (als Stadtschreiber beurkundet seit 1439, gestorben nach 1470), dessen Sohn und Nachfolger Alexander Mornauer (ca. 1438 bis ca. 1490) und Hans Vetter (ca. 1450–1516).

›Kölner Chronik von 1499‹ (›Koelhoffsche Chronik‹). Der Originaltitel des Koelhoffschen Drucks: ›Die Cronica van der hilliger Stat van Coellen‹ läßt den Anspruch erkennen, Köln durch die historische Darstellung als *Metropolis ... van gantzen duytschen lande* zu erweisen. Man vermutet, daß der Verfasser wegen seiner dezidiert kirchenkritischen Haltung bewußt anonym geblieben ist. Kurz nach Erscheinen des Drucks wurde seine Verbreitung durch ein Zensuredikt verboten.

Eine unmittelbare Quelle und ein Vorläufer der ›Koelhoffschen Chronik‹ in Darstellungsweise und -absicht ist die 1469 bis 1472 verfaßte ›Agrippina‹ des Kölners Heinrich von Beeck, die bis 1419 reicht. Über die Person des Autors ist Näheres nicht bekannt.

Ein historisches Einzelereignis, die Belagerung der Stadt Neuß durch Karl den Kühnen im Jahre 1474, schildert in der ›Neußer Chronik‹ (abgeschlossen am 21. Dezember 1475, gedruckt 1497) der Augenzeuge, kaiserliche Notar und spätere Neußer Stadtschreiber Christian Wierstrait in rund 3000 Versen.

Rund zwanzig Jahre vor Burghart Zink verfaßte der Augsburger Großkaufmann Erhard Wahrhaus (bezeugt zwischen 1409 und 1445) eine die Jahre 1126–1445 umfassende Augsburger Stadtchronik.

Die ›Chronik von alten Dingen der Stadt Mainz‹ ist von Nikolaus (Klesse) Reise (Anfang des 15. Jahrhunderts bis 1462?), einem Mainzer Patrizier, geschrieben. Der Hauptteil umfaßt die Jahre 1332–1452; das Schwergewicht liegt auf der Schilderung der Auseinandersetzungen zwischen Patriziat, Zünften und Geistlichkeit um das Stadtregiment.

Durch den tagebuchartigen Charakter vergleichbar mit Deichslers Chronik sind die ›Denkwürdigkeiten‹ des Hallischen Kaufmanns und Patriziers Markus Spittendorf (gest. vor 1513). Seine Berichte umfassen die Jahre 1473–1480. Sein Hauptinteresse gilt der innerstädtischen Politik.

Ausgaben: ›Lübecker Ratschronik‹. Hrsg. von K. Koppmann u. F. Bruns. In: Chroniken der dt. Städte 28, 1902, Nachdr. 1968, S. 357 bis 442 u. 30 und 31, 1910/11, Nachdr. 1968. – ›Magdeburger Schöppenchronik‹. Hrsg. von K. Janicke. In: Chroniken der dt. Städte 7, 1869, Nachdr. 1962, u. von M. Dittmar u. G. Hertel in: Chroniken der dt. Städte 27, 1899, Nachdr. 1967, S. 1–140 (Nachträge). – ›Landshuter Ratschronik‹. Hrsg. von K. Th. Heigel. In: Chroniken der dt. Städte 15, 1878, Nachdr. 1967, S. 283–350. – ›Kölner Chronik von 1499‹. Hrsg. von H. Cardauns. In: Chroniken der dt. Städte 13, 1876, Nachdr. 1968, S. 209–636, u. 14, 1877, Nachdr. 1968, S. 641–918 (Teiledition). – Faksimile-Ausgabe von S. Corsten, Die Kölnische Chronik von 1499. 1981 (mit Kommentarband). – Heinrich von Beek, Agrippina: Ausgabe fehlt. – Christian Wierstrait, Neußer Chronik. Hrsg. von A. Ulrich u. C. Nörrenberg. In: Chroniken der dt. Städte 20, 1887, Nachdr. 1969, S. 479–616. – Lit.: Ch. Petzsch, Die Belagerung von Neuß. Eine Reimchronik ungewöhnlicher Anlage. GRM 33 (1983), S. 325–334. – Erhard Wahrhaus, Augsburger Chronik. Hrsg. von F. Frensdorff. In: Chroniken der dt. Städte 4, 1865, Nachdr. 1965,

S. 199–264. – Nikolaus Reise, Chronik von den alten Dingen der Stadt Mainz. Hrsg. von K. Hegel. In: Chroniken der dt. Städte 17, 1881, Nachdr. 1968. – J. Opel, Denkwürdigkeiten des Hallischen Ratsmeisters Spittendorf. 1880 (Geschichtsquellen der Provinz Sachsen 11).

3. Städtebeschreibung, Städtelob und Stadtregimentsschriften

Texte, in denen städtische Existenzbedingungen beschrieben, gepriesen oder programmatisch niedergelegt werden, können als panegyrischer bzw. normativer Seitenzweig der Stadtchronistik verstanden werden; ihre Absicht ist die gleiche: die Ordnung städtischen Lebens zu formulieren.

Das Städtelob ist in der humanistischen Dichtung heimisch. Conrad Celtis, Eobanus Hessus, Johann Bocer und viele andere (s.u.) haben in Deutschland Gedichte dieser Art geschrieben. Das erste deutschsprachige Städtelobgedicht des Nürnberger Handwerkers Hans Rosenplüt (s.u. S. 286) von 1447 gilt daher als Nachahmung humanistischer Dichtung, obwohl es früher zu datieren ist als fast alle Humanistengedichte über deutsche Städte. Rosenplüts ›Spruch von Nürnberg‹ ist überdies der erste einschlägige Text, der das Bild der Stadt und ihrer Bürger aus der Konfrontation mit Fürsten und Adel gewinnt. Für Rosenplüt ist die Stadt der ideale Raum für die Entfaltung aller menschlichen Möglichkeiten. Voraussetzung dafür ist die Harmonievorstellung, die, allenthalben in der städtischen Literatur greifbar, hier programmatisch formuliert wird: Frieden, Gesetz und innere Ordnung, die durch das weise Regiment des Rats garantiert werden und die den Lebensraum Stadt unterscheiden von den ungeordneten Zuständen im adelsbeherrschten Territorium. Von Rosenplüt stammt auch ein weiteres Städtelobgedicht über Bamberg.

Friede, Gesetz und Ordnung sind Schlüsselwörter der Städtelobtexte. Im ›Lobspruch der statt Nürnberg‹, den Hans Sachs (s.u. S. 336) 1530 schrieb, wird die *ordenliche* architektonische Anlage der Stadt signifikant für die innere Ordnung überhaupt. *Eynigkeyt der gemein, ordnung der burgerlichen stend* und *ein weiß fürsichtig regiment* des Rats werden Bestand und Glück der Stadt auch für die Zukunft garantieren.

Die gleichen Vorstellungen werden expliziert in dem als Entwurf (nicht als Widerspiegelung) bürgerlicher Ideologie und Identität wohl wichtigsten deutschen Programmtext des 15. Jahrhunderts: der Stadtregimentsschrift ›Wy men wol ein stat regyrn sol‹ des Johannes von Soest (s.o. S. 158). Das Gedicht ist 1495 für den Rat von Worms verfaßt, wo Johannes von Soest um diese Zeit Stadtarzt war. Die Stadt ist eine *communitett,* bestimmt von Liebe, Freundschaft, Frieden, Tugend, Schutz und Schirm, die alles einbegreift, *das em menschen mag syn nott.* Das Wort »Stadt« definiert Johannes als *civium unitas,* zu deutsch *burgerlich vereynung.* Hier taucht, in dieser Deutlichkeit erstmals, das Postulat von Bürgerlichkeit als eines ideologischen Begriffes auf, in dem die innerstädtischen Gegensätze aufgehoben werden und der als Identitätsformel für alle Stadtbewohner ungeachtet aller sozialen Unterschiede angeboten wird. Die *civium unitas* macht die Stadt *folkomen,* in ihr gibt es keinen Gegensatz zwischen Lebensbedürfnissen und Ordnung: hier lebt man *naturlichen nach dem gesetz.* Ein Blick auf die historische Wirklichkeit zeigt schnell, daß es sich hier nicht um Beschreibung, sondern um ein ideologisches Konstrukt handelt.

Ausgaben: Hans Rosenplüt, Spruch von Nürnberg, Beschreibendes Gedicht. Der ursprüngliche Text mit Erläuterungen hrsg. von G. W. K. Lochner. 1854. – Hans Sachs, Ein lobspruch der statt Nürnberg. In: Werke (s.u. S. 337), Bd. 4, S. 189–199. – Johannes von Soest, Wy men wol ein stat regyrn sol. Hrsg. von G. Ketterer. Manuskript. – Literatur: H. Kugler, Die Vorstellung der Stadt in der Literatur des deutschen Mittelalters. 1986 (dort auf S. 235–268 umfassendes Quellenverzeichnis, nach Städten geordnet).

4. Städtische Dichtung als Didaxe

Angesichts des allgemeinverbindlichen Anspruchs von Lehrdichtung (s.o. Kap. III) können als spezifisch städtisch nur solche Texte ausgesondert werden, die sich inhaltlich explizit auf die Lebensbedingungen der städtischen Gesellschaft beziehen und damit ein ausschließlich städtisches Publikum im Auge haben. Trotz der Ungenauigkeit solcher Grenzziehung läßt sich gleichwohl ein besonderes Merkmal städtischer Lehrdichtung konstatieren: die Neigung, den zu vermittelnden Lehrinhalt in negativer Brechung darzustellen im Bild der verkehrten Welt, in satirischer und ironischer Umkehrung. Verkünder der Lehre ist nicht die Autoritätsfigur des Predigers oder Lehrers, sondern der Teufel, der Bauerntölpel und vor allem die Gestalt des Narren als des Repräsentanten von Negativität. Während die geistliche und auch die höfische Lehrdichtung in der Regel mit der Autorität der positiven Vorschrift auftritt, begnügt sich die städtische Lehrdichtung mit der Aufdeckung von Lastern, Unzulänglichkeiten und Fehlverhalten meist in komischer oder ironischer Form, ohne das positive Gegenbild zu zeichnen. Die Zurücknahme der lehrhaften Autorität in unterschiedliche Formen der Komik bezeichnet die Unsicherheit des normativen Anspruchs, der beim städtischen Autor weder durch ein dogmatisch-theologisches System noch durch jahrhundertelange Tradition abgesichert ist.

Lediglich die eingegrenzte Alltagserfahrung läßt sich ohne Bedenken in positive Vorschrift umsetzen. Das Resultat ist eine Fülle überwiegend anonym überlieferter, meist spruch- oder sprichwortartiger Lebensweisheiten mehr oder minder banalen Inhalts. Tadel von Völlerei oder Trunksucht findet sich ebenso wie Warnungen vor Kleiderluxus (z.B. Liederbuch der Clara Hätzlerin – s.u. – II,51), Glücksspiel (II,43), Jähzorn (II,24) oder diätetische Vorschriften. Auch solche Spruchweisheiten werden häufig ins Negative oder Komische gewendet wie in vielen Sprüchen des Nürnbergers Hans Rosenplüt (s.u. S. 286): *Wer ... vngern fast vnd geren leugt / vnd kirchen vnd meß vnd predig fleucht / vnd fru vnd spat ist gern vol / der taug zu keinem kartheuser wol.* Große Teile der meisterlichen Liedkunst (s.d.) sind lehrhaften Inhalts.

LITERATUR: siehe allgemeine Literatur zu Kap. III.

Die positive, ernsthafte Vorschriftenliteratur der Stadt bedient sich nahezu ausnahmslos der Kleinformen Lied und Spruch, Lehrdichtungen mit größerem Anspruch hingegen unterschiedlicher satirischer Einkleidungen, wobei Satire als Schreibart, nicht im Sinne der Antike als Gattungsbezeichnung zu verstehen ist. Allesamt haben sie, nach der Zahl der Handschriften zu schließen, nur geringe Verbreitung gefunden.

Des gleichen Strukturprinzips wie der ›Renner‹ Hugos von Trimberg, der Einteilung nach den sieben Todsünden, bedient sich das anonyme Gedicht vom ›Meister Reuauß‹ (wohl Ende des 14. Jahrhunderts). Die Sünden werden als *guti salb* vom *meinster kunstenreich* auf dem Markt angepriesen und jeder wird ein kleines komisches Genrebild zugeordnet. Anläßlich der Hoffart des Kleiderluxus wird der Effekt von Büstenhaltern geschildert; im Abschnitt *freßikeit* begleitet der Autor den torkelnden Trunkenbold durch die Gasse nach Hause zu seiner Ehefrau. Am Schluß gibt sich Meister Reuauß als der Teufel zu erkennen.

Spezifischer auf die städtisch-kaufmännische Umgebung bezieht sich das kulturhistorisch interessante Gedicht vom ›Feigenmuntorden‹, von der Gesellschaft der Feigenfresser, d.h. dem süßen Leben der Kaufleute in Venedig. Die Feigen werden zur Metapher von Verschwendung und Wohlleben. Das Gedicht ist aus der Sicht eines armen *ponesser* (Bohnenesser) geschrieben, der vorschlägt, man solle die reichen Kaufleute *mit hunnten ausz der stat heczen.* Die Handschrift ist auf 1422 datiert.

Andere kleinere Satiren

›Vom Hurübel‹, satirisch-parodistische Variation eines *Regimen,* einer medizinischen Abhandlung über die Syphilis, deren nicht geringstes Übel die ständige Furcht vor der Ansteckung ist, denn kaum hat ein junger Mann eine Frau erblickt, *dar noch er offt vor engsten switzt und vil stet melancolisirn.* Als Heilkräuter empfiehlt der Verfasser *miden* und *nahtes scheiden.* Das Gedicht ist in mehreren Handschriften und zahlreichen Drucken überliefert.

›Die acht Schalkheiten‹, ein Holzschnittbilderbogen (um 1460). Jedes Bild stellt, von einem Vierzeiler begleitet, Betrügereien vor.

AUSGABEN: Meister Reuaus. Hrsg. von A. E. Schönbach. Wagners Archiv f. d. Geschichte deutscher Sprache und Dichtung 1 (1874), S. 13–37 u. S. 95f.; wieder abgedruckt in: Satire. Hrsg. von Th. Cramer. 1981, S. 67–88. – Der Feigenmuntorden. Hrsg. von F. Wilhelm. Münchner Museum f. Philologie des Mittelalters und der Renaissance 1 (1911), S. 37–42 u. S. 368; wieder abgedruckt in Cramer, a.a.O., S. 141–146. – ›Vom Hurübel‹: Gesamtausgabe fehlt. – Einzelne Fassungen: J. Baechtold in: Germ. 21 (1876), S. 206–209. – A. v. Keller, Fastnachtspiele aus dem 15. Jahrhundert. 4 Bde, 1853 u. 1858, Nachdr. 1965/66 (StLV 28–30 u. 46); hier: Bd. 3, S. 1283–1288. – H. Anders in: Archivum Neophilol. 1 (1930), S. 154–182. – ›Die acht Schalkheiten‹, in: H. Rosenfeld, Brants Narrenschiff und die Tradition der Ständesatire. Narrenbilderbogen und Flugblätter des 15. Jahrhunderts. Gutenberg-Jahrbuch (1965), S. 242–248. – LITERATUR: J. Brummack, Zu Begriff und Theorie der Satire [Forschungsbericht]. DVjs 45 (1971), Sonderheft, S. 275–377. – K. Lazarowicz, Verkehrte Welt. Vorstudien zu einer Geschichte der deutschen Satire. 1963. – B. Becker-Cantarino (Hrsg.), Satire in der frühen Neuzeit. Daphnis 14 (1985).

Mit dem umfassenden Anspruch, die Schwächen und Fehler aller Stände und Berufsgruppen aufzudecken, tritt die Ständesatire ›Des Teufels Netz‹ an. Im Aufbau, einer hierarchisch geordneten Ständerevue, beginnend mit dem Papst, orientiert sich das Werk an traditionellen Mustern, ist aber in der Behandlung der städtischen Berufsgruppen, insbesondere der Handwerker, von unvergleichlicher Differenziertheit (beispielsweise werden fünf Schmiedeberufe aufgezählt).

Der Verfasser von ›Des Teufels Netz‹ ist unbekannt. Man vermutet seine Heimat im Bodenseeraum. Aus Anspielungen auf das Konstanzer Konzil ergibt sich eine Entstehungszeit von etwa 1420. Das Werk ist überliefert in vier Fassungen unterschiedlicher Länge, die sich aus der Berücksichtigung immer neuer Berufsgruppen ergibt.

AUSGABEN: Des Teufels Netz. Hrsg. von K. A. Barack. 1863, Nachdr. 1968 (StLV 70). – LITERATUR: H. Rosenfeld, Die Entwicklung der Ständesatire im Mittelalter. ZfdPh 71 (1951/52), S. 196–207. – W. Heinemann, Zur Ständedidaxe in der deutschen Literatur des 13.–15. Jahrhunderts. PBB (Halle) 88 (1966), S. 1–90; 89 (1967), S. 290–403; 92 (1970), S. 388–437. – H. Hoffmann, Die geistigen Bindungen an Diesseits und Jenseits in der spätmittelalterlichen Didaktik. Vergleichende Untersuchungen zu Gesellschaft, Sittlichkeit und Glauben im ›Schachzabelbuch‹, im ›Ring‹ und in ›Des Teufels Netz‹. 1969. – A. Ehlers, Des Teufels Netz. Untersuchung zum Gattungsproblem. 1973.

Der Titel des Werks bezieht sich auf die epische Einkleidung: In einem großen Fischernetz fängt der Teufel die Menschen mit Hilfe seiner Knechte, der sieben Todsünden, die so als Gegenbild der Apostel zu Menschenfischern (Matth. 4,19) werden. Jedem Gefangenen erteilt der Teufel eine (negative) Moralpredigt. Der Teufel in der Rolle des Predigers ist nicht, wie man gemeint hat, ein innerer Widerspruch der Konzeption, sondern die konsequente Verkörperung negativer Lehrhaftigkeit.

Die ›Ring‹-Dichtung des Konstanzer Juristen Heinrich Wittenwiler bedient sich der gleichen Strukturelemente wie andere zeitgenössische Lehrdichtungen auch: Vermittlung der Lehre im negativen Beispiel, – damit verbunden – Brechung durch die Komik und Einkleidung in ein Handlungsgerüst. Aber alle Lehrdichtungen übertrifft sie weit in der Fähigkeit, diese Elemente literarisch zu integrieren in einer Schilderung von hoher Lebendigkeit, Vielschichtigkeit, künstlerischem Anspruch und unerhörter Komik. Die platte Belehrung wird umgeformt zu einem Denkgebäude, das Weltmodell und dessen Vernichtung in Tragik und Komik zugleich ist – eine Bestandsaufnahme der spätmittelalterlichen Welt mit beunruhigender Fähigkeit zu differenzierter Analyse und einer gelegentlich fast nihilistisch anmutenden Skepsis.

Der Autor nennt sich am Schluß des Prologs: Haynreich Wittenweylär. Lange Zeit war die Identifikation dieses Namens mit zwei (?) möglichen beurkundeten Personen umstritten: eines zwischen 1387 und 1395 in Konstanzer Urkunden auftauchenden *magister Hainricus de Wittenwil, advocatus curie Constantinensis* und *notarius publicus* und eines 1426 in Lichtensteig bezeugten Bürgers und Stadtweibels *Hainrich von Wittenwile, genannt müller.* Heute herrscht weitgehend Einigkeit, daß es sich bei dem Konstanzer Juristen um den Autor handeln muß, nicht nur wegen der umfassenden Bildung, über die er verfügt, sondern wegen zahlreicher unmittelbarer Anspielungen auf Ereignisse der Konstanzer Lokalpolitik, die erst jüngst nachgewiesen worden sind. Außer den spärlichen urkundlichen Erwähnungen wissen wir über die Lebensumstände des Autors nichts.

Auch die Abfassungszeit des ›Ring‹ ist umstritten. Je nachdem, ob man akzeptiert, daß sich in dem Werk Reflexe des Konstanzer Konzils finden, ist die Datierung vor oder bald nach 1414 anzusetzen. Aber auch das Ende des 14. Jahrhunderts ist nicht ausgeschlossen. Ob der ›Ring‹ im Auftrag entstanden ist und ob er je ein größeres Publikum hatte, ist ebenfalls unbekannt. Verbreitet war er jedenfalls nicht. Er ist in einer einzigen Handschrift überliefert, die wohl aus der Umgebung des Autors stammt. Rezeptionsspuren in der Literatur des 15. Jahrhunderts hat der ›Ring‹ nicht hinterlassen.

Der ›Ring‹ erzählt die Liebes- und Hochzeitsgeschichte des Lappenhausener Bauernjungen Bertschi Triefnas und des Dorftrampels Metzli Rürenzumpf. Nach einem grotesken Turnier der Bauern mit dem Bauernfeind Neidhart stößt Bertschis Werbung auf allerlei Hindernisse. Metzli wird von ihrem Vater auf dem Dachboden eingesperrt, eine Parodie der Entrückung der Minnedame in unerreichbare Höhen. Der Minnebrief, den Bertschi ihr schreiben läßt und den Metzli ohnehin nicht lesen könnte, wird um einen Stein gewickelt und so gewandt nach oben geworfen, daß er Metzli ein großes Loch in den Kopf schlägt. Der Arzt Krippenkra, der sie verbindet, nutzt die Gelegenheit, sie zu verführen.

Der zweite Teil der Erzählung schildert die materiellen und geistigen Hochzeitsvorbereitungen. Bertschi erhält ausführliche Belehrungen von Lastersack, Übelgschmack und Seichinkrug über Ehe, Religion, Gesundheit, Ethik und Haushaltsführung. Nach der Trauung beginnt ein gewaltiges, orgiastisches Hochzeitsmahl.

Der dritte Teil erzählt das traurige Ende der Festesfreude. Aus der Prügelei der Hochzeitsgäste entwickelt sich eine Kriegserklärung der Nissinger an die Lappenhausener. In die folgende apokalyptische Schlacht greifen Hexen und Riesen und auch die Helden der höfischen Literatur ein, Gawan, Lanzelot und Tristan. Auch der Adel in allen seinen Rängen nimmt teil: Rüefel Lechdenspiss wird zum Kaiser ernannt, Walther Fleugenschaiss zum König usf. Nur die europäischen Städte, die Lappenhausen als Verbündete hatte gewinnen wollen, haben ihre Hilfe verweigert. Der furchtbare Kampf endet mit der Vernichtung aller Beteiligten und dem Untergang der dörflichen Welt. Einzig Bertschi Triefnas überlebt. *Damit gedacht er auch dar an, wie sich älleu dinch vergend* und zieht sich als Einsiedler in den Schwarzwald zurück.

Ausgabe: Heinrich Wittenwilers Ring, nach der Meininger Handschrift hrsg. von E. Wießner. 2 Bde, 1931, Nachdr. 1973 (DLE Realistik des Spätmittelalters 3). – Übersetzungen: Heinrich Wittenwiler, Der Ring oder Wie Bertschi Triefnas um sein Mätzli freite. Hrsg. und übertragen von R. Bräuer. 1983 (Versübertragung). – H. Birkhan, Heinrich Wittenwiler, der Ring. Nach der Ausgabe Edmund Wießners übertragen. 1983. – Literatur: W. Schlaffke, Heinrich Wittenwilers Ring. 1969. – H. Birkhan, Das Historische im ›Ring‹ des Heinrich Wittenwiler. SB Österr. AW. Phil.-hist. Klasse 287, 2, 1973. – A. S. Andreànszky, Topos und Funktion. Probleme der literarischen Transformation in Heinrich Wittenwilers ›Ring‹. 1977. – E. C. Lutz, Methodische Probleme einer Sozialgeschichte der Stadt und der städtischen

Literatur im Spätmittelalter. Heinrich Wittenwiler und sein ›Ring‹. In: Germanistik. Forschungsstand und Perspektiven. Hrsg. von G. Stötzel. Bd. 2, 1985, S. 223–240. – Ch. M. Puchta-Mähl, »Wan es ze ring umb uns beschait«. Studien zur Narrenterminologie, zum Gattungsproblem und zur Adressatenschicht in Heinrich Wittenwilers ›Ring‹. 1986. – Ch. Gruchot, Heinrich Wittenwilers ›Ring‹. Konzept und Konstruktion eines Lehrbuches. 1988.

Heinrich Wittenwiler gibt seinem Werk im Prolog selbst den Titel ›Der Ring‹. ›Ring‹ ist die Übersetzung des lateinischen *orbis* oder des griechischen *cyclos* und bekundet den Anspruch des Buches als Weltbeschreibung, *wan es ze ring umb uns beschait der welte lauff.* Aber diese Welt ist nicht mehr beschreibbar als ein nach göttlichem Heilsplan geordnetes Gebilde, sondern verendlicht und gebrochen im Modell des Dorfes und zerfallend in disparate Sinnebenen. Diesen Zerfall verdeutlicht Wittenwiler optisch durch die Markierung der Abschnittsinitialen mit den Farben Rot und Grün. Rot, so erklärt er im Prolog, sei die Farbe der ernsthaften Lehre, Grün die Farbe der komischen Partien des *gpauren gschrai.* Diese scheinbar simple Unterscheidung von *utilitas* und *delectatio* bekommt bei näherem Zusehen jedoch ihren beunruhigenden Hintersinn, denn mit der Zuordnung treibt Wittenwiler ein verwirrendes Spiel. Offensichtlich ist in einer Welt instabil gewordener Werte nicht mehr genau zu unterscheiden, was komisch und was ernsthaft ist. Die Farbmarkierung wechselt oft mitten in einer Beschreibung. Die Parodie eines Minnebriefs, dessen Segensformel Jesus und Venus reimt (v. 1909–1912), hat die rote Farbe, während Glaubensbekenntnis, Ave Maria, Credo und Beichtformel (v. 3817 ff.) als komisch, also grün gekennzeichnet sind, ebenso wie das Schlußgebet des Autors um das ewige Leben.

Im Gewande der Lehre wird die Aufhebung des Wertgefüges vermittelt. Kaum eine Erscheinung der zeitgenössischen Kultur und Geschichte, die nicht parodistisch relativiert würde: literarische Formen, Ständeordnung und Ethik, Politik und Kriegsstrategie. Wittenwilers Lappenhausen ist ein Kunstprodukt. Im Prolog weist der Autor ausdrücklich darauf hin, daß das Dorf und seine Bauern uneigentlich zu verstehen sind: jeder ist ein Bauer, der *unrecht lept.* Das *gpauren gschrai* also ist eine Eigenschaft aller Menschen. Die Welt ist mithin nur im Gelächter beschreibbar und gerade deshalb sehr traurig. Eine einzige positive Perspektive ist aus dem ›Ring‹ möglicherweise zu erschließen: in der großen Endschlacht geht die ganze Welt unter, die bäuerliche und die feudale in Gestalt ihrer Ränge und ihrer literarischen Helden, nur die Städte, die zuvor in langer Liste namentlich aufgezählt wurden, haben sich dem sinnlosen Kampf verweigert und bleiben übrig. Möglich, daß Wittenwiler so andeuten wollte, wem in seinen Augen die Zukunft gehört.

Heinrich Wittenwilers ›Ring‹ ist das konsequente und künstlerisch bedeutendste Beispiel für die Suche nach bürgerlicher Identität durch Negation. Bertschi Triefnas ist eine Spielart der Narren, die seit dem ausgehenden 15. Jahrhundert zu den verbreitetsten Helden bürgerlicher Identitätssuche werden.

6. Narrenliteratur

Dem Narren als dem Protagonisten negativer Didaxe hat der Basel-Straßburger Jurist Sebastian Brant zu europäischer Popularität verholfen. Sebastian Brant ist 1457 als Sohn eines Straßburger Gastwirts geboren. 1475 immatrikulierte er sich an der Universität Basel, wo er zunächst die Artes studierte und sich später auf Jura spezialisierte. 1483 wurde er in Basel Dozent, promovierte 1489 zum Doktor beider Rechte und erhielt 1496 eine besoldete Professur. Während seiner Basler Zeit betätigte sich Brant als Lektor der Basler Drucker. Man nimmt an, daß er einen erheblichen Teil der zwischen 1480 und 1500 in Basel gedruckten Bücher verlegerisch betreut hat. 1501 ging er als Ratskonsulent nach Straßburg, wo er 1503 das Stadtschreiberamt übernahm, das er bis zu seinem Tode am 10. 5. 1521 innehatte.

Sebastian Brants ›Narrenschiff‹ erschien 1494. In 112 Kapiteln führen die Narren menschliches Fehlverhalten vor. Zahlreiche gattungs- und motivgeschichtliche Vorläufer sind auszumachen. Die Reihentechnik der Ständesatire erhält ihre Einheit durch die schon aus der Antike tradierte durchgehende Schiffsallegorie, welche die Einzelbilder zu Aspekten einer Gesamtheit des Lebens und den Narren zum allgemeinen Menschheitssymbol macht. Dieser – offensichtlich unter humanistischem Einfluß stehenden – universalen Konzeption fügen sich alle Einzelheiten des Werkes. Die einzelnen Narren repräsentieren, anders als in der Ständesatire, nicht das Fehlverhalten gesellschaftlicher

Gruppen oder Einzelpersonen, sondern Defizienzen der menschlichen Weisheit schlechthin. Hinter dem scheinbar willkürlichen Auftreten der Narren offenbart sich eine geheime Ordnung nach dem universalen Gesetz der Heilsgeschichte: die Fahrt des Narrenschiffs eröffnet der Büchernarr (das Buch ist seit frühchristlicher Zeit Metapher der Schöpfung und damit des Beginns der Heilsgeschichte) und es endet nach dem Erscheinen des Antichrist (Kap. 103) im ewigen Reich der Weisheit (Kap. 112), das der zugehörige Holzschnitt in Abwandlung der Schiffsmetapher als das Schiff der Kirche darstellt, aus dem, in Analogie zur Szenerie des Jüngsten Gerichts, die nicht bekehrten Narren ausgetrieben werden. Schon der Rahmen gibt so der negativen Weisheitslehre den Anstrich universaler Gültigkeit. Dieser Anspruch allerdings verfängt sich in einem (bewußten oder unbewußten?) inneren Widerspruch: Weisheit kann nicht einfach aus der Umkehrung närrischer Verhaltensweisen resultieren, denn wer glaubt, so die positive Handlungsanweisung zu finden, übersieht, *das all wißheyt diser welt ist gegen got ein dorheyt gzelt* (Kap. 107), daß »dieser Welt Weisheit ist Torheit bei Gott« (1. Kor. 3,19). So definiert sich höchste Weisheit als Einsicht in die Narrheit ihrer selbst. Das führt in der Konsequenz zur dialektischen Selbstaufhebung der Narrensatire und zu einem transzendentalen Weisheitsbegriff, der trotz allen didaktischen Anspruchs mit den praktischen Bedürfnissen städtisch-bürgerlicher Existenz kaum noch zu vermitteln ist. Daher ist es auch mehr als bloßer Bescheidenheitstopos, wenn in der Vorrede zur 3. (autorisierten) Auflage von 1499 der Autor sich als *narr Sebastianus Brant* vorstellt: Die Autorität des Lehrers hebt sich selbst auf in der Belehrung. In dieser Hinsicht ist der Narr als negativer Held die literarische Verkörperung der Identitätsprobleme des städtischen Bürgertums: »Der integrativen Kraft des positiven Ritterideals hatte dieses in sich divergente Stadtbürgertum zunächst und noch lange kein entsprechendes Positivum, keine verbindliche poetische Vision, keine gültige Symbolfigur als Handlungsträger und handlungsanweisendes Identifikationsmuster entgegenzustellen.« (Kartschoke)

Brants ›Narrenschiff‹ ist als erstes deutsches Buch so konzipiert, daß die spezifischen medialen Bedingungen des Buchdrucks konsequent zur Aussage genutzt werden. Jedem Kapitel ist ein Holzschnitt vorangestellt, der durch einen drei- oder vierversigen Spruch kommentiert und damit zu einer Vorform der Emblematik des 16. Jahrhunderts wird. Die Bilder, für deren größten Teil die Urheberschaft Albrecht Dürers als gesichert gelten kann, sind keine bloß begleitenden Illustrationen zum Text, sondern kommentieren ihn seinerseits und erweitern ihn häufig um eine unausgesprochene Dimension. Das Bild des Forschers (Kap. 66) etwa bedient sich der Ikonographie des Weltenschöpfers mit dem Zirkel und den Kreisen des Kosmos (und assoziiert so vorwegnehmend die Faustfigur als Konkurrenten des Schöpfers); der den Pflug ziehenden Gestalt des barfüßigen Bauern (Kap. 84) wird eine Figur zugesellt, die einen Vogel auf der Faust trägt wie der Adlige den Falken. Das Bildmotto spricht davon, daß es keinen Sinn hat, zum Pfluge zu greifen, wenn man nicht zuvor den schmarotzenden Gauch aus dem Nest geworfen hat. Durch die Bildassoziation bekommt die Aussage eine sozialkritische Direktheit, die sich so im Text nicht findet.

Das ›Narrenschiff‹ wurde ein europäischer Bucherfolg. Noch im Jahr seines Erscheinens gab es vier Raubdrucke. Etwa 20 weitere Druckauflagen aus der Zeit bis 1566 sind registriert.

1498–1499 hielt der Straßburger Prediger Johann Geiler von Kaysersberg (s. o. S. 197) einen Predigtzyklus über das ›Narrenschiff‹. Diese Predigten erschienen auf Lateinisch als ›Navicula sive speculum fatuorum‹ 1510 und in deutscher Redaktion von Johannes Pauli als ›Des hochwirdigen doctors Keiserspergs narenschiff‹ 1520.

Zur Verbreitung des ›Narrenschiffs‹ bei den Gebildeten Europas trug erheblich die lateinische Übersetzung von Jacob Locher (s. u. S. 385), die ›Stultifera Navis‹ bei. Sie erschien mit den originalen Holzschnitten 1497 in Basel und wurde bis 1515 achtzehnmal gedruckt. Druckorte sind u. a. Paris, Burgos und London.

Aus der lateinischen Ausgabe Lochers übersetzte im Erscheinungsjahr Pierre Rivière das Buch ins Französische: ›La nef des folz du monde‹. Zwei verschiedene französische Prosafassungen folgten 1498 und 1499.

1500 erschien in Paris eine niederländische Übersetzung: ›Der zotten ende der narren scip‹, drei Antwerpener Ausgaben folgten im 16. Jahrhundert.

Zwei englische Übersetzungen, ›The Shyp of Folys of the Worlde‹ bzw. ›The Shyppe of fooles‹ wurden 1509 in London gedruckt.

Weitere Werke Sebastian Brants: Einen Namen gemacht hat

sich Brant auch als juristischer Fachautor. Während seiner Basler Zeit hat er Abhandlungen über das römische Recht und juristische Quellenwerke veröffentlicht. Als Tagesjournalist betätigte er sich durch Flugblätter, in denen meist bemerkenswerte Ereignisse didaktisch-religiös ausgedeutet und kommentiert werden. Etwa 20 dieser Flugblätter sind erhalten.

In seinem Straßburger Amt verfaßte er historisch-geographische Schriften, darunter eins der frühesten bekannten Itinerare zur Beförderung von Post und eine Fragment gebliebene Chronik Deutschlands, des Elsaß und der Stadt Straßburg.

Brant hat eine große Anzahl lateinischer Gedichte oft religiösen oder panegyrischen Inhalts verfaßt. Eine Sammlung erschien 1498 unter dem Titel ›Varia carmina‹.

AUSGABE: Eine Gesamtausgabe fehlt. – F. Zarncke, Sebastian Brant, Narrenschiff. 1854, Nachdr. 1964 (ohne die Holzschnitte, aber unentbehrlich wegen der zahlreichen Quellentexte und der Ausgabe weiterer Brantscher Werke). – Sebastian Brant, Das Narrenschiff. Nach der Erstausgabe (Basel 1494) mit den Zusätzen der Ausgaben von 1495 und 1499 sowie den Holzschnitten der deutschen Originalausgaben hrsg. von M. Lemmer. 3. Aufl. 1986 [mit Reproduktion der Illustrationen, aber ohne die typographisch wichtigen Bordüren]. – Flugblätter des Sebastian Brant. Hrsg. von P. Heitz. 1915 [Faksimile]. – Sebastian Brant, Tugent Spyl. Hrsg. von H.-G. Roloff. 1968. – Auswahl aus den Gedichten in: H. Schnur, Lateinische Gedichte deutscher Humanisten. 2. Aufl. 1978, S. 14–25. – Übersetzung: Sebastian Brant, das Narrenschiff. Übertragen von H. A. Junghans. Durchgesehen und mit Anmerkungen und Nachwort hrsg. von H.-J. Mähl 1966. – LITERATUR: J. Lefèbvre, Les fols et la folie. Etude sur les genres du comique et la création littéraire en Allemagne pendant la Renaissance. 1968. – D. Kartschoke, Narrendichtung. In: Einführung in die deutsche Literatur des 12. bis 16. Jahrhunderts. Hrsg. von W. Frey u. a. Bd. 3, 1981, S. 139–164. – Die materialreichste Darstellung der Biographie Brants bietet noch immer Charles Schmidt, Histoire littéraire de l'Alsace. 1879, Nachdr. 1966, Bd. 1, S. 189–333. – U. Gaier, Studien zu Sebastian Brants Narrenschiff. 1966. – B. Könneker, Wesen und Wandlung der Narrenidee im Zeitalter des Humanismus. Brant – Murner – Erasmus. 1966. – Dies., Sebastian Brant, Das Narrenschiff. Interpretation. 1966. – K. Manger, Das ›Narrenschiff‹. 1983. – B. Mischler, Gliederung und Produktion des ›Narrenschiffes‹ (1494) von Sebastian Brant. 1981. – K. Hoffmann, Wort und Bild im ›Narrenschiff‹. In: Literatur und Laienbildung im Spätmittelalter. Hrsg. von L. Grenzmann u. K. Stackmann. 1984, S. 392–422. – Ch. Bohnert, Sebastian Brants Narrenschiff. Satire und Wirklichkeit an der Schwelle der Neuzeit. Daphnis 14 (1985), S. 615–645. – Th. Cramer, ›Der bildniss ich hab bar gemacht‹ –

Noch einmal: zu Text und Bild im ›Narrenschiff‹. PBB 111 (1989), S. 314–335.

Der früheste und eifrigste Nachahmer Brants ist der elsässische Franziskaner Thomas Murner, 1475 in Oberehnheim geboren. Nach dem Besuch der Klosterschule der Minoriten in Straßburg trat er 1490 in den Franziskanerorden ein und wurde 1494 zum Priester geweiht. In Freiburg studierte er Theologie. Nach seinem Magisterexamen setzte er seine Studien in Köln, Paris und Rostock fort. 1500 ging er nach Krakau, wo er das Bakkalaureat der Theologie erwarb und ein Studium der Naturwissenschaften begann. Anschließend verbrachte er je ein Semester in Prag und Wien. In Straßburg findet er sein Unterkommen als Philosophielehrer und Prediger, wird aber bereits 1505 von seinem Orden nach Bern geschickt, vermutlich, weil er mit seinen Predigten Anstoß erregt hatte. Dort mischte er sich in den »Jetzer-Prozeß« ein, ein Verfahren gegen vier Dominikaner, das mit deren Verbrennung endete. 1510 ist er in Speyer, 1511–1513 als Lesemeister in Frankfurt. Ab 1513 ist er wieder in Straßburg; ab 1520 in seinem Geburtsort. Die beiden letzten Jahrzehnte seines Lebens sind bestimmt vom Kampf gegen Luther und die Reformation. Vier Streitschriften gegen Luther, die er 1520 verfaßte, erzwangen seine Flucht nach Luzern, da Oberehnheim mit der Reformation sympathisierte. Als 1530 in Luzern ebenfalls die Reformation siegte, ging er zurück nach Straßburg, anschließend wieder nach Oberehnheim, wo er 1536 starb.

AUSGABE: Thomas Murner, Deutsche Schriften. Mit den Holzschnitten der Erstdrucke. Hrsg. von F. Schulz u.a. 9 Bde, 1918–1931. – LITERATUR: J. Schutte, »Schympf red«. Frühformen bürgerlicher Agitation in Thomas Murners ›Großem Lutherischen Narren‹ (1522), 1973.

Aus der Feder Murners stammen drei größere Narrendichtungen. Durch die Reihungstechnik stehen die ›Narrenbeschwörung‹ (1509–1512) und die ›Schelmenzunft‹ (1512) dem ›Narrenschiff‹ strukturell am nächsten. Jeweils anhand eines Sprichworts oder einer Redensart läßt Murner die menschlichen Narrheiten Revue passieren. Dem Beispiel Geilers von Kaysersberg folgend hat Murner 1512 in Frankfurt beide Werke zur Grundlage eines Predigtzyklus gemacht.

Selbständiger und geschlossener in der Konzeption ist die ›Gäuchmatt‹ (1515, gedruckt 1519), eine parodistische Minnehofschilderung. Murner selbst ist Kanzler des Reichs der Gäuche. Diese ruft er zusammen, um ihnen im Auftrag von Frau

Venus 22 Artikel vorzulesen, die jeweils mit didaktischen Exempeln versehen werden. Im zweiten Teil werden diese Artikel durch den adligsten Gauch auf Erden im Wettstreit mit Murner überboten.

Murner schreibt aus der Attitüde des Predigers. Er verfügt souverän über die Techniken der Publikumsansprache, welche die franziskanische Predigt seit dem 13. Jahrhundert entwickelt hat. Er ist spontaner, drastischer, polemischer, komischer und weniger systematisch als Brant. In der Einbeziehung des Autors in den Reigen der Narren sind Murners Dichtungen mit dem ›Narrenschiff‹ vergleichbar. Aber diese Ähnlichkeit bleibt äußerlich; eine Relativierung des didaktischen Anspruchs findet nicht statt, weil gegenüber dem ›Narrenschiff‹ die Funktion der Narrenfigur eine andere ist. Murner gibt darüber im *Beschluß der geuchmatten* ausführlich Auskunft: *Narr* ist ihm gleichbedeutend mit *sünder.* Wenn er aber einen Menschen unmittelbar als *sunder* tituliert, *er wurd mit füsten nach mir rennen. Aber wenn ichs narren heiß ... so lachendt sy und horen zu.* Deshalb bringt er *den ernst mit schimpffen* (Scherzen) *har.* Narrheit ist also nicht wie bei Brant als negative Weisheit ein Erkenntnisprinzip, sondern eine didaktische Verkleidung, die ohne Substanzverlust auch fortgelassen werden könnte, eine Konzession an den Geschmack der Menschen, denn *nit anders sy sich straffen landt ... Solt ichs straffen noch mym syn, Ich schlüg, by gott, mit füsten drin.*

Weitere Werke Murners: 1515 verfaßte Murner eine bearbeitende Übersetzung von Vergils ›Aeneis‹.

Eng benachbart den Narrendichtungen ist die im Herbst 1515 verfaßte ›Mühle von Schwindelsheim‹, eine satirische geistliche Auslegung des Mühlenmotivs.

Eine allegorisch eingekleidete Erbauungsschrift ist ›Ein andechtig geistliche Badenfahrt‹ (1514). Die Vorgänge beim Baden, Schöpfen des Wassers, Wärmen, Entkleiden, Säuberung werden gedeutet als die geistliche Wandlung des Menschen und seine Reinigung durch die Gnade Gottes.

Ab 1520 ist Murners publizistische Tätigkeit vom Kampf gegen die Reformation bestimmt, dem auch das Narrenthema dienstbar gemacht wird: ›Von dem großen lutherischen Narren‹, 1522, eine Reihe von satirisch-unflätigen Dialogszenen.

Murner ist der Verfasser zahlreicher lateinischer Schriften theologischen, moralischen und juristischen Inhalts. In vielen Polemiken setzt er sich streitbar mit Zeitgenossen auseinander, etwa in der ›Germania nova‹ (1502) mit Jacob Wimpfeling (s. u. Kap. VI).

Eine Spielart des Narren ist der »Schalk« Eulenspiegel. Während jedoch die Narren in den Narrensatiren gemäß der Konzeption der ganzen Welt als eines Narrenhauses unter sich sind, gewinnt der ›Eulenspiegel‹ sein kritisches Potential aus der Konfrontation der scheinbar normalen Welt mit der Figur des Außenseiters, in der sich das durch Konvention Gesicherte als fragwürdig und nichtig entlarvt. Hier zeigt sich die literarische Überlegenheit Eulenspiegels über die Narrenfiguren Brants und Murners: der Erkenntnisprozeß ist Bestandteil des Erzählens selbst und nicht Ergebnis eines abstrakten, didaktischen Übersetzungsvorgangs.

Nach vielen Vermutungen über den Verfasser des anonym überlieferten Werks (u. a. ist Murner für den Autor gehalten worden) gilt derzeit die Ansicht, daß der ›Eulenspiegel‹ von dem Braunschweiger Zollschreiber Hermann Bote stammt. Diese Zuschreibung ergibt sich – neben anderen Indizien – aus dem Initialenakrostichon der letzten sechs Historien. Bote ist ca. 1463 in Braunschweig als Sohn eines Schmiedes geboren. Über seine Ausbildung wissen wir nichts. Er war Zollschreiber, ein Amt, das er beim Braunschweiger Zunftaufstand 1488 verlor. Anfang der neunziger Jahre bekleidete er weniger wichtige städtische Ämter und übernahm dann wieder sein altes Amt als Zollschreiber. 1513 verliert er es erneut beim Aufstand der städtischen Unterschichten, der ihn fast das Leben kostet. Über Bote entlädt sich, wie er selbst berichtet, in besonderem Maße der Haß von Gesellen, Taglöhnern und »unehrlichen Leuten«, was kaum aus seiner politischen Bedeutung oder sozialen Stellung erklärbar ist. Über seine letzten Lebensjahre wissen wir nichts. Man vermutet, daß er zwischen 1520 und 1525 gestorben ist.

AUSGABEN: Vom Druck 1510/11 ist bisher nur das 16seitige Fragment im Faksimile bei Honnegger a. a. O. im Anhang zugänglich. – Faksimile des Drucks 1515: Ein kurtzweilig lesen von Dyl Vlenspiegel geborē vß dem land zu Brunßwick. Wie er sein leben volbracht hatt. Hrsg. v. W. Wunderlich. 1982 (Litterae 96). – Ausgabe dieses Drucks in leicht modernisierender Schreibung: Ein kurzweilig lesen ... Hrsg. v. W. Lindow, 1966. – LITERATUR: Grundlegend für die moderne Eulenspiegelforschung: P. Honnegger, Ulenspiegel. Ein Beitrag zur Druckgeschichte und zur Verfasserfrage. 1973. – Wichtig für die Quellengeschichte: W. Virmond, Eulenspiegel und seine Interpreten. 1981. – Beiträge zur Rezeption: Th. Cramer (Hrsg.), Till Eulenspiegel in Geschichte und Gegenwart. 1978. – Beiträge zur Interpretationsgeschichte: W. Wunderlich (Hrsg.), Eulenspiegel-Interpretationen. Der Schalk im Spiegel der Forschung 1807–1977. 1979. – Zu Bote: Hermen Bote. Bilanz und Perspektiven der Forschung. Hrsg. von H. Blume u. W. Wunderlich. 1982. – Hermen Bote, Braunschweiger Autor zwischen Mittelalter und Neuzeit. Hrsg. von D. Schöttker u. W. Wunderlich. 1987.

In rund 100 »Historien« (die Anzahl schwankt in den einzelnen Ausgaben) schreitet Eulenspiegel, hierin den Figuren der Ständesatire vergleichbar, den Horizont der gesellschaftlichen Welt ab, vom Dorf zum Königshof und vom Handwerksbetrieb bis zur Universität. Eine strenge systematische Ordnung der Historien ist nicht erkennbar, obwohl sich gewisse Gruppierungen nach Themen und sozialen Umkreisen ergeben (ein Ablauf der Handlung nach dem biographischen Prinzip von Kindheit, Jugend, Mannesalter, Alter und Tod ließe sich nur durch erhebliche Umstellungen der Historien herstellen). Trotz aller Vielfalt der Begebenheiten aber behandeln die Historien in immer neuer Abwandlung das Generalthema stadtbürgerlicher Literatur: die fehlende Identität und die daraus resultierende Unsicherheit im Verhalten und in der Orientierung. Sie zeigt sich allererst sprachlich. Fast die Hälfte aller Streiche Eulenspiegels nutzt den Verlust der Identität zwischen Bezeichnung und Bezeichnetem. Ob Eulenspiegel das Mehl des Bäckers in den Hof schüttet, wo der Mond scheint, weil er die Anweisung bekommen hat, *in dem monschein* (20. Historie) zu sieben, oder ob er gegen den Pfarrer eine Wette gewinnt, der versprochen hat, *mitten in die kirchen* zu scheißen und dabei die genaue Mitte verfehlt hat (12. Historie), immer wieder wird demonstriert, daß Sprache ihre Eindeutigkeit verloren hat und daß es eine Vereinbarung zwischen den Menschen über das Gemeinte nicht gibt. Das Fehlen sprachlicher Identität wird signifikant für das Fehlen vorgegebener Ordnung. Es ist zugleich Ursache und Folge fehlender Bewußtseinsidentität. Wenn es Eulenspiegel gelingt, mit Hilfe eines *frumen priesters* einen Bauern zu überreden, ein grünes Tuch sei blau (68. Historie), kann er nur Erfolg haben, weil das Opfer in seinem Bewußtsein den Widerspruch zwischen eigener Wahrnehmung und der Aussage der Autorität nicht auflösen kann. *Fürwar her wan ir nit ein gewichter Priester weren so meint ich das ir lügen und alle drei schelck waren / aber so ir ein priester seint / so muß ich das glauben.*

Solche Widersprüche kann Eulenspiegel nur aufdecken, weil er selbst keine soziale Identität besitzt. Er gehört keinem Stand an, erlernt keinen Beruf und hat keine Heimat. Als nicht identisch mit der Gesellschaft kann er jede Rolle in ihr übernehmen und ihr Gefüge stören, indem sein Verhalten jede Ordnung als Borniertheit entlarvt. Er ist insofern der extremste und konsequenteste »Held« stadtbürgerlicher Literatur, als er in der Zerstörung von Identität selbst keine Identität gewinnt. Sogar im Tode, der sonst alle gleich macht, wird er nicht identisch mit der Gemeinschaft der Toten: er wird stehend begraben.

Der älteste vollständig erhaltene Druck des ›Eulenspiegel‹ stammt von 1515 aus der Offizin des Straßburger Druckers Johannes Grüninger. 1969 wurden einige Blätter eines Drucks von 1510/11 aus der gleichen Werkstatt gefunden, 1975 tauchte ein weiteres, zu etwa drei Vierteln erhaltenes Exemplar dieses Druckes auf. Ob es noch ältere Drucke gegeben hat und ob schon der Erstdruck hochdeutsch war bzw. ob man ein niederdeutsches Original voraussetzen muß, ist Gegenstand ausgedehnter Spekulationen.

Der Druck von 1515 enthält 87 Holzschnittbilder, die offenbar aus dem Duck von 1510/11 übernommen sind. Auf dem Titelbild findet sich ein Weinblatt, die Signatur Hans Baldung Griens; ihm werden weitere acht Holzschnitte zugeschrieben. Die meisten Illustrationen sind zusammengesetzt aus einem Hauptbild und einem Randstück, das aus zerschnittenen älteren Druckstöcken stammt.

Von der Beliebtheit der ›Eulenspiegel‹-Geschichten legen nicht nur die zahlreichen Drucke Zeugnis ab, sondern mehr noch die vielen Bearbeitungen bis in die jüngste Gegenwart. 1572 versuchte Johann Fischart im ›Eulenspiegel reimensweis‹ den Schalk zum Helden eines deutschen Nationalepos zu machen. 1736 erschien eine Ausgabe des *weltbekandten Tyll Eulenspiegels,* der durch Kommentierung der Historien zu einem Kompendium der Tugend-, Staats- und Sittenlehren wird.

Weitere Werke Hermann Botes. Bote nennt sich in seinen Werken stets nur durch verborgene Akrosticha. Sicher von ihm stammen:

›Dat boek van veleme rade‹, gedruckt Lübeck ca. 1493, eine gereimte Ständekritik. Der Titel ist doppeldeutig: die Gesellschaft wird als Mechanismus ineinandergreifender Räder dargestellt, zugleich handelt es sich um ein Buch der Ratschläge.

Zwei Weltchroniken (Braunschweiger Handschrift 1493 bis 1502; Hannoversche Handschrift 1502–1518);

›Dat schichtboek‹, ein Bericht über die Braunschweiger Aufstände (Handschrift ca. 1514);

›De Koker‹, eine Art Sprichwortsammlung, überliefert nur in einer gedruckten Fassung von 1711.

Ob Bote auch der Autor/Redaktor der Lübecker Ausgabe des ›Reinke de Vos‹ von 1498 sein könnte (s.o. S. 118), bleibt Spekulation.

Ausgaben, Literatur: Hermen Botes ›boek van veleme rade‹. Hrsg. von H. Brandes. NdJb 16 (1890), S. 8–41. – Hermen Bote, Radbuch. In Abbildungen des Druckes L ca. 1492/93, mit dem Text nach Hermann Brandes und mit einer Übersetzung von Heinz-Lothar Worm hrsg. von W. Wunderlich. 1985. – W. Wunderlich, Hermen Botes Radbuch. Eine allegorische Ständedidaxe um 1500. Colloquia Germanica 19 (1986), S. 119–137. – Weltchroniken: neuere Ausgaben fehlen. – Das ›Schichtbuch‹. Hrsg. von L. Hänselmann. In: Chroniken der dt. Städte 16, 1880/86, Nachdr. 1967, S. 269–493. – Hermann Bote, Der Köker. Hrsg. von G. Cordes. 1963 (ATB 60).

Weitere Narren und Außenseiter

Als Außenseiterfigur, die in der Konfrontation mit der etablierten Gesellschaft Ordnung als Borniertheit, Weisheit als Narrheit und Werte als Konventionen entlarvt, kurzum als Narr, der hinter dem Schein die Wahrheit aufdeckt, hat Eulenspiegel mehrere literarische Vorläufer und Nachfahren. Einige Historien gehen auf den ›Pfaffen Amis‹ des Stricker zurück (s. Bd. 2). Um 1470 sammelte Philipp Frankfurter Anekdoten, die über die historische Figur eines Pfarrers von Kahlenbergdorf bei Wien (Gundacker von Thernberg, um 1330) umliefen zu ›Des pfaffen geschicht und histori vom Kalenberg‹. Der Autor gehört einer Wiener Familie an, ist aber selbst nicht genau identifizierbar. Die Verserzählung wurde 1473 in Augsburg gedruckt.

Eine ausdrückliche Nachahmung dieses Werkes ist die ›History Peter Lew des andern Kalenbergers, was er für seltzame abenthewr fürgehabt und begangen‹, die in Frankfurt ca. 1557 gedruckt wurde. Verfasser ist Georg (Achilles Jason) Widmann aus Hall.

Das mephistophelische Prinzip, das alle diese Figuren bestimmt, tritt unverhüllt zutage im ›Bruder Rausch‹: Der Teufel schleicht sich als Koch in ein Kloster ein, um die Mönche zu korrumpieren. Der schon aus dem 13. Jahrhundert überlieferte

Stoff ist als niederdeutsche Verserzählung Ende des 15. Jahrhunderts gedruckt worden.

Die ursprünglich ernsthafte Disputationsdichtung ›Dialogus Salomonis et Marcolfi‹ wird im 15. Jahrhundert in zahlreichen Bearbeitungen zur komischen Konfrontation zwischen der Verkörperung der Weisheit, Salomo, und dem Vertreter des törichten Bauernstandes, Markolf, in der sich die Positionen umkehren und dialektisch aufheben; Salomos Weisheit wird in der Kommentierung durch Markolf relativiert oder gar als Narrheit entlarvt. Salomo: *Wer im selbst ist entwicht, der toug auch keinem andern nicht* (Wer sich selbst nicht achtet, nützt auch anderen nichts). Markolf: *Jedem gefellet sein weise wol, darumb das land ist narren vol.* Die Geschichte ist seit dem 14. Jahrhundert in mehreren deutschen Versionen überliefert. 1482 erschien bei Marcus Ayrer in Nürnberg der Druck einer gekürzten Fassung, sieben weitere Auflagen folgten bis 1520. Der Stoff ist mehrfach dramatisiert worden, u. a. von Hans Folz und Hans Sachs (s. u.).

Ausgaben, Literatur: Philipp Frankfurter, Des pfaffen geschicht und histori vom Kalenberg. Hrsg. von V. Dollmayr. 1906 (Neudrucke deutscher Literaturwerke des 16. u. 17. Jhs. 212/214). – H. Maschek, Die Geschichten des Pfarrers vom Kalenberg. ZfdA 73 (1936), S. 33–46. – Narrenbuch. Der Pfarrer vom Kalenberg, Peter Lew, Neithard Fuchs, Salomon und Markolf, Bruder Rausch. Hrsg. von F. Bobertag. 1884, Nachdr. 1964 (DNL 11). – I. Spriewald, Historien und Schwänke: Die deutsche Erzählprosa von ›Till Eulenspiegel‹ bis ›Doktor Faustus‹. In: R. Weimann (Hrsg.), Realismus in der Renaissance. Aneignung der Welt in der erzählenden Prosa. 1977, S. 359–436. – W. Röcke, Die Freude am Bösen. Studien zu einer Poetik des deutschen Schwankromans im Spätmittelalter. 1987.

Eine Art theoretischen Resümees der alle Narrendichtung konstituierenden Dialektik von Weisheit und Narrheit zieht Erasmus von Rotterdam (s. u. Kap. VI) 1509 in seinem berühmtesten, Thomas Morus gewidmeten Werk ›Moriae Encomion sive Laus stultitiae‹, dem ›Lob der Narrheit‹, einer satirischen Geißelung törichter Verhaltensweisen, die sich indessen selbst wieder aufhebt, weil sie der *stultitia* in den Mund gelegt wird. In dieser Hinsicht ähnelt das ›Lob der Narrheit‹ dem ›Narrenschiff‹; aber es denkt dessen Einsichten weiter in einer Art Dialektik der Aufklärung durch die Konnotation von Ignoranz und Glück bzw. Weisheit und Leiden, die schon mit dem Sündenfall eingetreten ist – Christus selbst ist dafür die höchste Autorität. *Neque alia ratione mederi voluit quam per stultitiam crucis, per Apostolos idiotas, ac pingues: quibus sedulo stultitiam praecipit, a sapientia deferrens, cum eos ad puerorum, liliorum, sinapis, et passerculorum exemplum provocat, rerum stupidarum ac sensu carentium, soloque naturae ductu, nulla arte, nulla solicitudine, vitam agentium.* (»Als Mittel wählte er die Torheit des Kreuzes und die beschränkten, denkfaulen Apostel: ohne Unterlaß predigte er ihnen Torheit, warnt sie vor der Weisheit, heißt er sie auf das Beispiel der Kinder schauen, der Lilien, des Senfkorns, der Spätzlein, auf Wesen, denen Verstand und Urteil abgeht, die bloß von der Natur geleitet dahinleben, unbeschwert von Wissen und Sorgen.«)

Als einziger wohl erkennt Erasmus in der Narrenfigur den Identitätsverlust, den Preis, den der Mensch zahlt für die »Entlassung in die Freiheit seiner bürgerlichen Zukunft« (Kartschoke).

AUSGABEN, LITERATUR: Lit. zu Erasmus s.u. Kap. VI, S. 426). – Zweisprachige Ausgabe des ›Lobs der Torheit‹ in: Erasmus von Rotterdam, Ausgewählte Schriften, lateinisch und deutsch. Hrsg. von W. Welzig, 8 Bde, 1975, hier Bd. 2, S. 8–211. – F. Saxl, Holbein's Illustrations to the Praise of Folly by Erasmus. The Burlington Magazine 83 (1944), S. 275–279. – J. Hardin, Erasmus: The Praise of Folly. In: The Renaissance and Reformation in Germany. Hrsg. von G. Hoffmeister. 1977, S. 99–110. – A. Gendre, Humanisme et folie chez Sébastien Brant, Erasme et Rabelais. 1978. – G. Baschnagel, ›Narrenschiff‹ und ›Lob der Torheit‹, Zusammenhänge und Beziehungen. 1979.

7. Maerendichtung

Mit Ausnahme der weltlichen Spiele ist keine literarische Gattung in der Stadt neu entstanden. Vielmehr wurden die literarischen Muster vom Hof übernommen und inhaltlich wie formal den spezifischen städtischen Literaturbedürfnissen angepaßt. Dies trifft in besonderem Maße zu für die Maerendichtung. ›Maere‹ ist der Sammelbegriff für erzählende Dichtungen, bis zum Ende des 15. Jahrhunderts ausnahmslos in Reimpaarversen, mit einem – ziemlich beliebig festgesetzten – Umfang von ca. 100 bis ca. 2000 Versen. Es finden sich anspruchslose, anekdotische Kurzerzählungen ebenso wie erzählerisch recht komplexe, novellenartige Texte. Inhaltlich reicht das Spektrum von der moralisierenden Beispielerzählung bis zur unverblümten Zote.

Die flexible Erzählform ist den städtischen Literaturerwartungen sehr angemessen. Zur Abfassung eines materiell so unaufwendigen Textes bedarf es nicht notwendigerweise eines Mäzens. Nach unserer Kenntnis sind spätmittelalterliche Maeren in der Regel nicht auf Veranlassung eines Auftraggebers entstanden. So gilt für diese Gattung schon wenigstens im Prinzip eine der für neuzeitliche Literatur konstitutiven Voraussetzungen: die allmähliche Auflösung der engen und persönlichen Bindung des Autors an Auftraggeber und Publikum. Das eröffnet Spielräume für einen freieren literarischen Umgang mit Themen und Stoffen, für selbständige Standpunkte, Tabuverletzungen und Kritik. Die Maerendichtung wird so, jedenfalls dort, wo sie ein gewisses gedankliches und literarisches Niveau erreicht, zu einer bislang noch nicht hinlänglich ausgeschöpften Quelle für die Erkenntnis der Probleme, die das städtische Bürgertum und besonders seine Mittelschicht im späten Mittelalter beschäftigen, auch dann, wenn es sich gewiß in keinem Fall um platte Widerspiegelung von Realität handelt.

Zur Lockerung der Autor-Publikums-Bindung tragen auch die relativ einfachen Verbreitungsmöglichkeiten bei. Die Abschrift und Weitergabe der kurzen Texte erfordert geringen Aufwand an Geld und Zeit. Der literarisch Interessierte kann sich ein Maere bei Gelegenheit leicht selbst abschreiben. Mehrere, offenbar allmählich kompilierte Sammelhandschriften legen von diesem Vorgang Zeugnis ab. In Einzelfällen lassen sich sogar die Anfänge einer Vermarktung im modernen Sinne nachweisen: von 18 Maeren existieren Einzelhefte, die, wahrscheinlich von der Hand zweier Nürnberger Schreiber stammend, zum Preise von drei Kreuzern feilgeboten wurden. Hans Folz hat als erster die Möglichkeiten des Drucks zur Verbreitung der eigenen Maeren-Dichtung genutzt. Auch wenn solche Fälle nicht die Regel sind, gehören die Maeren zu einem der ersten literarischen Genres, das, wenn schon nicht von den ökonomischen, so doch von den immateriellen Gesetzen des freien Buchmarktes betroffen ist.

SAMMELAUSGABEN: F. H. von der Hagen, Gesamtabenteuer. Hundert altdeutsche Erzählungen. 3 Bde, 1850, Neudr. 1961. – A. v. Keller, Erzählungen aus altdeutschen Handschriften. 1855 (StLV 35). – H. Niewöhner, Neues Gesamtabenteuer. Das ist Fr. H. von der Hagens Gesamtabenteuer in neuer Auswahl. Die Sammlung der mittelhochdeutschen Mären und Schwänke des 13. und 14. Jahrhunderts. Bd. 1 (mehr nicht erschienen). 1937, Nachdr. 1967. – H. Fischer, Die deutsche Märendichtung des 15. Jahrhunderts. 1966. – R. M. Kully u. H. Rupp, Der münch mit dem genßlin. 13 spätmittelalterliche Verserzählungen aus dem Codex Karlsruhe 408. 1972. – L. Röhrich, Erzählungen des späten Mittelalters und ihr Weiterleben in Literatur und Volksdichtung bis zur Gegenwart. 2 Bde, 1962–1967. – U. Schmid, Codex Karlsruhe 408. 1974 (Deutsche Sammelhandschriften des späten Mittelalters; Bibliotheca Germanica 16). – Maerendichtung. 2 Bde. Hrsg. von Th. Cramer. 1979. – P. Hefti, Codex Dresda 1168. 1980 (Deutsche Sammelhandschriften des späten Mittelalters. Bibliotheca Germanica 23). – U. Schmid, Codex Vindobonensis 2885. 1985 (Deutsche Sammelhandschriften des späten Mittelalters. Bibliotheca Germanica 26). – Übersetzungen: H. Fischer, Schwankerzählungen des deutschen Mittelalters. 2. Aufl. 1968 (Taschenbuchausgabe unter dem Titel ›Pfaffen, Bauern und Vaganten‹. 1973). – Altdeutsches Decamerone. Hrsg. und übertragen von W. Spiewok. 1982. – LITERATUR: Grundlegendes Handbuch: H. Fischer, Studien zur deutschen Märendichtung. 2. durchges. u. erw. Aufl. besorgt von J. Janota. 1983.

Bei aller Vielfalt der Themen und ihrer Verarbeitung zeichnet sich doch ein dominierendes Interesse ab, das die Handlung eines Großteils der Maeren bestimmt: das Verhältnis von Eheleuten zueinander. Durch Fehlverhalten eines der beiden Ehepartner, meist der Frau, wird das Funktionieren der Ehe als zwischenmenschlicher Beziehung oder als sozialer Institution in Frage gestellt. Verschwendungssucht, zänkisches und betrügerisches Wesen, unordentliche Haushaltsführung und Ehebruch führen zu Konflikten, die teils ernsthaft reflektiert und gelöst, teils in schwankhafter Komik aufgehoben werden.

Dieses intensive thematische Interesse kann nicht einfach mit der Umkehrung höfisch-literarischer Muster erklärt werden, als handfeste Gegenreaktion gegen sublimierte Formen höfischer Erotik. Das Ehethema ist vielmehr Reflex der veränderten Bedeutung, die Ehe im Sozialgefüge der Stadt gewonnen hat. Die intakte Familie gilt als Keimzelle bürgerlicher Ordnung, und die Ehefrau stellt einen unverzichtbaren Faktor in der arbeitsteiligen Gesellschaft der Stadt dar. Jeder Handwerksmeister muß verheiratet sein, denn zur Führung des Betriebes gehört auch die Versorgung der zum Haushalt gehörenden Lehrlinge und Gesellen. Wesentliche bürgerliche Wertvorstellungen wie Pflichterfüllung, Treue, Sparsamkeit und Ordnung realisieren sich allererst in der Familie. Ehe wird in der Stadt zur schützenswerten Institution. Ehescheidungen, beim Adel nicht selten, kommen in der Stadt so gut wie nie vor. Es werden also soziale Anforderungen an die Ehe gestellt, für deren Absicherung ein bloßes juristisches Vertragsverhältnis – wie beim Adel – nicht ausreicht. Die enge eheliche Bindung wird begründet und gesichert durch eine Dimension der Emotionalität, der Einheit von Gefühl und Institution, die dem zeitgenössischen Adel in diesem Maße unbekannt ist. Damit bekommt die Frage, unter welchen Bedingungen Ehe harmonisch funktioniert, was sie gefährdet und was sie sichert, eine zentrale Bedeutung.

Eine Reihe von Maeren versteht sich offensichtlich als Beispielerzählung für die Lösung von Problemen in der bürgerlichen Familie. Wie neuartig diese Konflikte sind, wie wenig man zu ihrer Bewältigung auf vorgegebene Denkfiguren zurückgreifen kann, zeigt in ihren inneren Widersprüchen die wohl in der ersten Hälfte des 14. Jahrhunderts entstandene Erzählung ›Die Treueprobe‹ (auch unter dem Titel ›Von zwei Kaufleuten‹) des sonst völlig unbekannten Autors Ruprecht von Würzburg.

Die Kinder zweier Verduner Kaufmannsfamilien, Irmengard und Bertram, werden miteinander verheiratet und führen eine überaus glückliche Ehe. Auf einer Geschäftsreise wettet Bertram um sein ganzes Vermögen mit dem Kaufmann Hogier, die Treue seiner Frau werde allen Versuchungen standhalten. Hogier begibt sich nach Verdun und bietet Irmengard 1000 Mark für eine Liebesnacht. Im Konflikt zwischen Geld und Moral vertraut sich Irmengard ihren Verwandten an, die ihr ohne Bedenken raten, sich eine so hohe Summe keinesfalls entgehen zu lassen. In ihrer Seelennot betet Irmengard zu Gott, der ihr eingibt, Hogier ihre Magd Amelin unterzuschieben und sie mit 100 Mark zu entschädigen. Der Betrug gelingt; nachdem Hogier Amelin als Beweisstück einen Finger abgeschnitten hat, kehrt er im Glauben, die Wette gewonnen zu haben, nach Provins zurück. Mit dem niedergeschlagenen Bertram kommt er nach Verdun, um den Ausgang der Wette öffentlich zu enthüllen, aber die unversehrten Hände Irmengards beweisen, daß er hintergangen worden ist. Sein Vermögen verfällt Bertram; zum Trost bekommt Hogier Amelin mitsamt ihren 100 Mark Aussteuer.

Ausgaben: v. d. Hagen (s. o.), Bd. 3, S. 357–382. – Niewöhner (s. o.), S. 255–268. – Ch. Gutknecht, Die mittelhochdeutsche Versnovelle Von zwein Koufmannen des Ruprecht von Würzburg. 2. Aufl. 1971 (Hamburger Philol. Studien 2, Edition und Untersuchungen). – Literatur:

W. Frey, Tradition und bürgerliches Selbstverständnis. Zu Ruprechts von Würzburg Märe ›Von zwei Kaufleuten‹. In: Mittelalterliche Texte im Unterricht 2. Hrsg. von H. Brackert u.a. 1976, S. 93–129.

Mit dem Konflikt von Geld und Moral, zugespitzt auf das Problem der ehelichen Treue, greift Ruprecht von Würzburg ohne Zweifel ein aktuelles städtisches Thema auf: Welche Mittel des Geldverdienens sind legitim und welche sind verwerflich. Aber die Lösung, die er anzubieten hat, ist bescheiden. Sie besteht nicht in der Setzung von Prioritäten, nicht in dem Versuch, ein ideologisches Konstrukt mit einer Hierarchie der Werte zu schaffen, sondern in einem mit der Hilfe Gottes erlangten glücklichen Einfall, der den Konflikt aus der Welt schafft. So verstrickt sich eine Geschichte, die ausdrücklich ein *bilde*, ein Exempel für die segensreichen Folgen von *kiuschlichen siten* liefern will, in dem Widerspruch, das moralische Dilemma gar nicht auszutragen und lediglich ein Beispiel dafür zu liefern, wie eine Ehefrau ihre Treue auch unter widrigen Umständen durch den Einsatz von List und mit göttlichem Beistand bewahren kann.

Als Exempel ehelicher Treue, die ausschließlich auf menschlicher Bindung und Verpflichtung ungeachtet aller materiellen Voraussetzungen beruht, nimmt sich Hermann Fressants Erzählung vom ›Hellerwert Witz‹ vergleichsweise fast wie ein Gegenbild aus. Hermann Fressant stammt nach eigener Aussage aus Augsburg, wo eine Familie Fressant im 14. Jahrhundert nachgewiesen ist. Möglicherweise ist er identisch mit einem Ulmer Stadtschreiber dieses Namens, der zwischen 1348 und 1353 bezeugt ist. Der ›Hellerwert Witz‹ ist sein erstes literarisches Werk. Weitere Werke sind nicht bekannt.

Ein junger Kaufmann hält sich, obwohl mit einer vorbildlich tugendhaften Frau verheiratet, zwei Mätressen. Beim Aufbruch zu einer Handelsreise fragt er die drei, was er ihnen aus der Fremde mitbringen soll. Die beiden Mätressen wünschen sich kostbare Kleidungsstücke, die Frau hingegen möchte, daß ihr Mann einen *hellerwert witz*, für einen Pfennig Verstand mit heimbringen möge. Die teuren Geschenke sind schnell gefunden, aber den Hellerwert Witz sucht der Kaufmann in Frankreich und Flandern vergeblich. Endlich rät ihm ein armer alter Mann, er solle bei seiner Heimkehr vorgeben, überfallen und völlig ausgeraubt worden zu sein. Diesen Rat befolgend, wird der Kaufmann von den Mätressen vor die Tür gesetzt, seine Frau aber nimmt ihn liebevoll auf und bietet an, in Zukunft durch Spinnen und Nähen den gemeinsamen Lebensunterhalt zu verdienen. So erkennt der Mann, wo die wahre Liebe zu suchen ist und schwört ewige Treue.

AUSGABEN: v.d. Hagen (s.o.), Bd. 2, S. 219–239. – U. Hefti (s.o.), S. 156–179. – N. R. Wolf, Sammlung kleinerer deutscher Gedichte. Vollständige Faksimile-Ausgabe des Codex FB 32001 des Tiroler Landesmuseums Ferdinandeum. 1972 (Codices selecti 29).

Die Geschichte demonstriert, daß Tugend und Glück keine Gegensätze sind, sie postuliert eine Identität von Verstand und Gefühl. Unordentliches Verhalten ist unverständig und damit gleichzeitig eine Verkennung des wahren Glücks. Ordnung ist abgesichert durch das Gefühl, das sich als stabilisierend gerade dann bewährt, wenn die institutionalisierte Ordnung probehalber außer Kraft gesetzt wird.

Ein didaktisches Exempel, das die Wiederherstellung der Ordnung vorführt, ist das ohne Verfassernamen überlieferte Maere vom ›Bürger im Harnisch‹.

Ein reicher Bürger hat eine Frau, *die zoch auff hoffart iren leib:* sie hält sich zwei Dienstmägde, obwohl kaum für eine genügend Arbeit vorhanden ist. Stets müssen sie ihre Herrin als Gefolge begleiten. Eines Sonntags weigern sie sich, dem Bürger Frühstück zu machen, weil sie ihre Herrin von der Kirche abholen müßten; sie fürchte sich, allein nach Hause zu gehen. Darauf gebietet der Bürger den Mägden, daheim zu bleiben. Er legt eine Rüstung an und eilt waffenrasselnd in die Kirche. Mit gewaltigem Schwertgefuchtel und *geschray* »rettet« er seine Frau, die so zum Gespött der ganzen Stadt wird. Beschämt entläßt sie die eine Magd *vnd ließ die andern zu essen machen.*

AUSGABEN: Keller, Erzählungen (s.o.), S. 197–200; wieder abgedruckt bei Cramer (s.o.), Bd. 1, S. 168–170. – Fischer, Märendichtung (s.o.), S. 368–371.

Das Maere enthält einen ganzen Katalog bürgerlicher Ordnungsvorstellungen. Alles, was bloßer Repräsentation dient und keinen Nutzen bringt – die zweite Magd – ist überflüssig und schädlich, auch dann, wenn man es sich eigentlich leisten könnte. Sich ein repräsentatives Gefolge zuzulegen, ist Attitüde des Adels. Wie lächerlich eine solche Form des Sozialverhaltens in den Mauern der Stadt ist, demonstriert der Bürger, indem er für einen Augenblick die Rolle des (literarischen) Ritters annimmt, der seine bedrängte Dame befreit. Er kalkuliert dabei mit Erfolg die normenkontrollierende Funktion der städtischen Öffentlichkeit ein: die öffentliche Bloßstellung hat ihren erzieherischen Effekt, die Frau findet in die ihr angemessene soziale Haltung zurück.

Die Mehrzahl der Ehestandsgeschichten allerdings hat keinen erfreulichen Ausgang: ihre zentrale Figur ist der betrogene Ehemann. Er kann nicht einfach als negative Exempelfigur interpretiert werden; offenbar bilden sich in diesen Geschichten nicht unmittelbar ausgesprochene, tieferliegende Irritationen der städtischen Bevölkerung ab. Fast stets läuft die Art und Weise, in der die Männer sexuell betrogen werden, auf einen Grad der Mystifikation hinaus, der einem völligen oder teilweisen Identitätsverlust gleichkommt. Männer glauben nicht, was sie sehen, glauben das Gegenteil von dem zu sehen, was Wirklichkeit ist, halten sich für etwas, was sie nicht sind. In solchen Verwirrungen projizieren sich die Identitätsängste der (männlichen) Stadtbevölkerung. Gerade für das Männlichkeitsbewußtsein bleibt das konkurrierende Wertesystem, das des feudalen Adels, für den Stadtbürger unersetzt und in den identitätsbestimmenden Normen auch dort verbindlich, wo diese gar nicht praktiziert werden können. Das Männlichkeitsideal ist nach wie vor durch feudale Vorstellungen bestimmt: nicht handwerkliches Geschick, nicht kaufmännischer Erfolg, nicht Bildung und Gelehrsamkeit definieren den Mann, sondern überlegene Kraft, Tapferkeit, Unerschrockenheit und »Ehre«. Dies sind feudale Ideale, die sich in kriegerischem Tun, kaum aber in friedlich handwerklich-kaufmännischer oder intellektueller Arbeit bewähren können. Ehebruch als literarisches Thema steht stellvertretend für die unbewußt empfundene Infragestellung feudal definierter männlicher Identität durch bürgerliche Arbeit und Familie. Der Konflikt bleibt unlösbar, er wird lediglich im Gelächter, der schwankhaften Komik dieser Geschichten aufgefangen. Nur selten bringt ein Autor die intellektuelle Selbständigkeit auf, vom Adel übernommene Wertvorstellungen wie »Ehre« grundsätzlich in Frage zu stellen (s.u. Heinrich Kaufringer).

Die moralische Beurteilung des Ehebruchs bleibt dabei durchaus ambivalent. Die unausbleiblichen Wehklagen über Bosheit und Hinterlist der Frauen werden aufgewogen durch das unverkennbare Vergnügen an der Schlauheit und dem Einfallsreichtum, mit denen die Betrügereien in Gang gesetzt werden, die Bewunderung für die Fähigkeit, Reaktionen im voraus zu kalkulieren und für die unglaublichsten Situationen auszunutzen. Solche zwiespältigen Bewertungen bilden präzise die Bewußtseinsstrukturen der Stadtbevölkerung ab: der kalkulierende Verstand wird als Grundbedingung städtischer Arbeits- und Lebensformen begriffen und entsprechend positiv eingeschätzt. Gleichwohl unterliegen die Erfolge, die durch seinen Einsatz erzielt werden, traditionell festliegenden Verdikten von kirchlicher und feudaler Seite, die eine Identifikation mit städtisch-bürgerlicher Existenz- und Erwerbsweise aufs äußerste erschweren oder gar unmöglich machen.

Grundmuster für die Darstellung von Identitätsverlust sind getäuschte Wahrnehmung und Verwechselung, so im Maere vom ›Kerbelkraut‹, wo der Ehemann listenreich überzeugt wird, seine Beobachtung des Ehebruchs seiner Frau sei eine Sinnestäuschung nach dem Genuß von Kerbelkraut, oder dem Maere vom ›Schreiber‹, in dem durch doppelte Täuschung der Ehemann dazu gebracht wird, dem Schreiber nicht nur Gelegenheit zur Liebesnacht mit seiner Frau zu geben, sondern anschließend noch an die besondere Treue des Schreibers zu glauben.

Obwohl thematisch von den Ehebruchsgeschichten abweichend, kann für das Motiv des männlichen Identitätsverlustes durch die Schlauheit der Frau das ebenfalls anonym überlieferte Maere von ›Aristoteles und Phyllis‹ als paradigmatisch gelten.

Aristoteles ist zum Lehrer von Alexander bestellt. Dessen schulische Leistungen lassen rapide nach, als er sich in die schöne Hofdame Phyllis verliebt. Aristoteles bewirkt die Trennung des Paars. Um Rache zu nehmen, putzt sich Phyllis aufs schönste heraus und promeniert, im Bewußtsein ihrer Unwiderstehlichkeit, mit bloßen Füßen in der Wiese vor dem Fenster des Philosophen. Den bringt die Liebe um seinen Verstand. Er willigt ein, sich als Preis für eine Liebesnacht von Phyllis als Reittier gebrauchen zu lassen. Zum Gaudium des ganzen Hofes reitet Phyllis den aufgezäumten Aristoteles. Dieser zieht sich verbittert auf eine Insel zurück, um ein Buch über die Bosheit der Frauen zu schreiben.

Ausgaben: v.d. Hagen (s.o.), Bd. 1, S. 21–35. – Niewöhner (s.o.), S. 234–243. – Cramer (s.o.), Bd. 2, S. 21–35. – Literatur: J. Storost, Zur Aristoteles-Sage im Mittelalter. Geistesgeschichtliche, folkloristische und literarische Grundlagen zu ihrer Erforschung. In: Monumentum Bambergense. FS Benedikt Kraft. 1955, S. 298–348. – W. Stammler, Wort und Bild. Studien zu den Wechselbeziehungen zwischen Schrifttum und Bildkunst im Mittelalter. 1962. – H. Frühmorgen-Voss, Text und Illustration im Mittelalter. Hrsg. u. eingeleitet von N. Ott. 1975.

Der Mann, der durch die Frau zum Tier wird – eine schon aus der Antike stammende Form literarischer Darstellung von Identitätsverlust, die in der städtischen Maeren-Dichtung in vielfältiger Abwandlung aufgegriffen wird. (Phyllis auf Aristoteles reitend ist ein häufiges Motiv der bildenden Kunst im 15. und 16. Jahrhundert.)

Eine Gruppe von Maeren integriert als zweite Mittelpunktfigur den Pfaffen in die Ehebruchshandlung. Der liebeslustige Geistliche ist ein oft gebrauchtes literarisches Stereotyp, das jedoch nicht selten in deutlich kritischer Funktion eingesetzt wird, wie etwa in der Geschichte vom ›Pfaffen mit der Schnur‹. Der Stoff ist schon im 13. Jahrhundert von Herrand von Wildonie (s. Bd. 2) bearbeitet worden, aber Personal und Szenerie wechseln im 14. Jahrhundert: aus der Adelsburg wird der Bauernhof, aus den Minnewerbenden der verliebte Pfarrer. Das Maere ist aus dem 14. Jahrhundert in drei Versionen überliefert.

Ein Bauer entdeckt die Verabredung seiner Frau mit dem Pfarrer zu einem nächtlichen Stelldichein. Er ertappt den Pfarrer in seinem Hof und gibt ihn seiner Frau zum Festhalten, während er Licht holt. Diese vertauscht schnell den Pfarrer mit einem Esel. Von ihrem wütenden Mann verprügelt und ausgesperrt, überredet die Frau eine Alte, ihre Stelle einzunehmen. So muß diese die zweite Tracht Prügel einstecken und sich die Zöpfe abschneiden lassen, während die Bauersfrau sich mit dem Pfaffen vergnügt. Am nächsten Morgen will der Bauer die Schande seiner Frau publik machen. Als er aber als Indiz die Zöpfe vorweist, sind sie grau, und die Frau trägt die ihren unversehrt. Daraufhin wird der Bauer für verrückt erklärt und vom Pfarrer derart intensiv exorziert, daß es ihn fast das Leben kostet. Aus Angst schweigt er zu allen künftigen Seitensprüngen seiner Frau.

Ausgaben: Fassung A: A. v. Keller (s. o.), S. 310–323. – Niewöhner (s. o.), S. 140–151. – Schmid (s. o.), S. 427–440. – Cramer (s. o.), Bd. 2, S. 116–143. – Fassung B: J. Baechtold, Einundzwanzig Fabeln, Schwänke und Erzählungen des XV. Jahrhunderts. Germania 33 (1888), S. 257– 283 (hier S. 267–269) wieder abgedruckt bei Cramer, Bd. 2, S. 144–146. – H. Fischer, Eine Schweizer Kleinepiksammlung des 15. Jahrhunderts. 1965 (ATB 6), hier S. 35–43. – Fassung C: A. v. Keller (s. o.), S. 324–330, wieder abgedruckt bei Cramer, Bd. 2, S. 147–152. – Fischer, Märendichtung (s. o.), S. 378–383. – Literatur: R. Moor, Der Pfaffe mit der Schnur. Fallstudie eines Märes. 1986.

Der Ehebruch wird hier begleitet von einem klaren Amtsmißbrauch des Pfarrers, was zwar nicht kritisch kommentiert, aber sicher nicht ohne Absicht geschildert wird. Erpressung oder Erschleichung der Liebesgunst durch geistliche Gewalt wird immer wieder zum Thema gemacht, so etwa in den Maeren:

›Der Guardian‹. Ein Klosterguardian verführt unter dem Vorwand, sie zu Bräuten Christi zu machen, zwei Töchter einer Witwe.

›Die drei Mönche zu Kolmar‹ (der Verfasser verbirgt sich hinter dem Pseudonym Niemand). Drei Mönche, ein Dominikaner, ein Franziskaner und ein Augustiner mißbrauchen die

Beichte, um eine Frau zu einem Stelldichein zu überreden. Sie vertraut sich ihrem Mann an, und gemeinsam gelingt es ihnen, die drei mit Hilfe eines Kübels kochenden Wassers ums Leben zu bringen und von einem betrunkenen Scholaren in den Rhein werfen zu lassen.

›Der vertauschte Müller‹. Ein Pfarrer wird von einem Müller im Bett seiner Frau ertappt. Zu seinem Schutz spielt der Pfarrer den sinnlos Betrunkenen, der verschiedene geistliche Verrichtungen vornimmt. Die Müllerin wird zum Beichtvater ernannt und nimmt den Pfarrer mit ins Freie, um ihm die Beichte abzunehmen. Dort sucht er erfolgreich ihre »Pönitenz«.

Ausgaben, Literatur: ›Der Guardian‹ in: Fischer, Märendichtung (s.o.), S. 258–267. ›Die drei Mönche zu Kolmar‹ in: v.d. Hagen (s.o.), Bd. 3, S. 163–173. – Niewöhner (s.o.), S. 202–207. – V. Schupp, Die Mönche von Kolmar. Ein Beitrag zur Phänomenologie und zum Begriff des schwarzen Humors. In: FS Friedrich Maurer. 1968. S. 199–222. – ›Der vertauschte Müller‹ in: A. v. Keller (s.o.), S. 260–269. – Fischer, Märendichtung (s.o.), S. 20–30. – Schmid (s.o.), S. 538–547.

Nur verhältnismäßig wenige Autoren gewinnen durch ein größeres Korpus von Maeren deutlichere literarische Kontur, aber in jedem Fall zeigt sich, daß den Verfassern das Maere in besonderem Maße ein Medium zu selbständiger Reflexion und literarischer Erörterung aktueller Probleme ist.

Der älteste von ihnen ist zugleich intellektuell der eigenständigste: Heinrich Kaufringer. Zwei beurkundete Bürger aus Landsberg stehen als Autoren zur Debatte, Heinrich Kaufringer, Kirchenpfleger an der Landsberger Pfarrkirche, nachweisbar seit 1369, gestorben 1404, und dessen gleichnamiger Sohn, der nach 1404 nicht mehr bezeugt ist. Man neigt dazu, den jüngeren Kaufringer für den Autor zu halten, ohne daß es dafür wirklich stichhaltige Indizien gäbe.

Neben einigen Exempeln und Reimreden sind von Kaufringer 13 Maeren als geschlossene Autorensammlung in einer einzigen Handschrift überliefert. Einen Anhaltspunkt zur Datierung gibt die Erwähnung der Erfurter Universität (gegründet 1392) in einem Maere (Nr. 4); die Handschrift stammt von 1464 und ist wohl in Augsburg oder Landsberg entstanden.

Ausgabe: Heinrich Kaufringer, Werke. Hrsg. von P. Sappler. 2 Bde, 1972 und 1974. – Literatur: H. Ragotzky, Das Märe in der Stadt. Neue Aspekte der Handlungsethik in Mären des Kaufringer. In: Germanistik. Forschungsstand und Perspektiven. Hrsg. von G. Stötzel. Bd. 2, 1985, S. 110–122.

Mit einer Ausnahme behandeln die Maeren Kaufringers erotische Themen, in der Regel im gängigen Ehebruchsschema. Aber fast nie ist dieses Thema Selbstzweck. Es dient als Aufhänger zur Erörterung und Darstellung vielschichtiger Probleme. Das Maere vom ›Schädlein‹ (= ›Der feige Ehemann‹, Nr. 6) reflektiert die Verbindlichkeit des Ehrbegriffs.

Ein Adliger sucht die Gunst einer Straßburger Bürgerin zu erringen. Die Belästigte beklagt sich bei ihrem Ehemann. Der schlägt vor, die Frau möge den Ritter zu einem Stelldichein einladen, er werde ihn sich dann so vornehmen, *das er fürbas ewiclich mit gutem frid muß lassen dich.* Der Ritter erscheint lediglich mit einem Dolch bewaffnet, führt aber solche Prahlreden, daß der hinter einem Faß verborgene Ehemann es nicht wagt, aus seinem Versteck hervorzukommen. Der Ritter kann die *erber* (ehrbare) *fraw* vergewaltigen und unbehelligt davonziehen. Auf die Vorwürfe der Frau antwortet der Mann, ein kleiner Schaden, ihre *pein,* sei immer noch besser als ein großer, sein möglicher Tod. Kaufringer bekräftigt ausdrücklich, daß der Mann recht habe. Allerdings hätte er sich von vornherein klüger verhalten und das Risiko gar nicht eingehen sollen.

Hier wird eine Grundkonstellation höfischen Erzählens in die bürgerliche Stube transportiert: die Rettung einer bedrängten Dame vor dem unerwünschten Liebhaber. Während aber der adlige Ehrbegriff in einer solchen Situation den bedingungslosen Einsatz des Lebens fordert, ja ehrenvolles Verhalten sich gerade durch die Nichtachtung der Gefahr definiert, geht es hier um eine bloße Gefahrenabwägung, ein Verhalten, das ausdrücklich als vernünftig apostrophiert wird. Der zentrale ideologische Begriff der Ehre, sonst vom Bürgertum unbesehen übernommen, wird hier vorurteilslos und nüchtern reflektiert. Ebenfalls durch die Konfrontation adliger mit bürgerlichen Figuren entwirft Kaufringer seine Problemkonstellation im Maere von ›Bürgermeister und Königssohn‹, in dem der Bürgermeister als ein *weiser man, der sein schand vertrucken kan,* auf die Wiederherstellung seiner Ehre durch Rache verzichtet, was sich als unerwartet profitabel erweist. Zum Vorwand für einen intellektuellen Wettkampf wird die Ehebruchsgeschichte im Maere von ›Chorherr und Schusterin‹ (Nr. 9).

Konventioneller in der Behandlung der Maeren-Motive ist der Nürnberger Hans Rosenplüt. Der Autor dürfte um die Wende zum 15. Jahrhundert geboren sein, seine Herkunft ist unbekannt. 1426 stellt er in Nürnberg den Antrag zur Bürgeraufnahme. Ein Jahr später ist er als *sarwürht*-Meister, d.h. Kettenhemdmacher, nachgewiesen. Einige Jahre darauf taucht er als Rotschmied, d.i. Messinggießer, auf; er hat also das Handwerk gewechselt, was nicht selten vorkam. In dieser Funktion wurde er 1444 zum städtischen Büchsenmeister bestellt, also zum Aufseher über das städtische Geschützwesen. In diesem Amt hat er eine nicht unbedeutende Rolle im Nürnberger Markgrafenkrieg 1449/50 gespielt. Seit 1428 führte er den (Bei) namen Hans Schnepperer, was etwa »Schwätzer« oder – positiv gewendet – »der Zungengewandte« bedeutet. Seine letzte datierbare Dichtung stammt von 1460. Da er im dritten Quartal dieses Jahres nicht mehr als Büchsenmeister besoldet wird, ist anzunehmen, daß er im Sommer 1460 gestorben ist.

Möglicherweise müssen die Probleme, Person und Biographie des Autors betreffend, völlig neu durchdacht werden aufgrund des erst neuerdings gemachten Fundes, daß die Nürnberger Neubürgerverzeichnisse für 1423 den Zuzug eines Drechslers *Hans Snepper* registrieren. Die Identität von Rosenplüt und Schnepperer ist damit vielleicht in Frage gestellt.

Rosenplüt werden neun signierte und zwei unsignierte Maeren zugeschrieben. Sie sind schwer abgrenzbar von anderen erzählenden oder durch Erzählelemente aufbereiteten didaktischen Werken: drei geistlich eingefärbte Erzählungen ›Der König im Bad‹, ›Der kluge Narr‹, ›Die Kaiserin zu Rom‹ und 13 ›Reimreden‹ mit erzählenden Partien wie ›Die drei Ehefrauen am Brunnen‹, ›Der Priester und die Frau‹, ›Die sechs Ärzte‹.

Zu den beiden Städtelobgedichten (s.o.) treten sechs politisch-historische Ereignisgedichte, mit denen Rosenplüt (möglicherweise im Auftrag des Rats) die städtische Politik unterstützt.

Zahlreiche sprichwortartige Strophen, Wein- und Biergrüße, Priameln und nach dem ersten Wort so genannte ›Klopfan‹-Sprüche, eine Nürnberger Lokalgattung, sind unter Rosenplüts Namen überliefert. Hier ist die Zuschreibung oft unsicher.

Rosenplüt werden außerdem 10 bis 20 Fastnachtspiele zugeschrieben (s.u.).

Ausgabe: Eine Gesamtausgabe der Werke Rosenplüts durch J. Reichel ist in Vorbereitung. Alle Mären sind herausgegeben bei Fischer, Märendichtung (s.o.). – Literatur: J. Reichel, Hans Rosenplüt genannt Schnepperer (ca. 1400–1460). In: Fränkische Lebensbilder 9(1980), S. 61–79. – Ders., Handwerkerleben und Handwerkerdichtung im spätmittelalterlichen Nürnberg: Hans Rosenplüt genannt Schnepperer. In: Literatur in der Stadt. Hrsg. von H. Brunner. 1982, S. 115–142. –

Ders., Der Spruchdichter Hans Rosenplüt. Literatur und Leben im spätmittelalterlichen Nürnberg. 1985. – H. Kiepe, Die Nürnberger Priameldichtung. Untersuchungen zu Hans Rosenplüt und zum Schreib- und Druckwesen im 15. Jahrhundert. 1984.

Mit zwei Ausnahmen (›Die Disputation‹, ›Der fünfmal getötete Pfarrer‹) sind alle Maeren Rosenplüts erotische Erzählungen. Auffallend häufig treten die *pfaffen*, Klostermönche, Pfarrer, ein Domprobst, in der Rolle des Ehebrechers auf, wobei der zur Strafe fast oder tatsächlich kastrierte Geistliche gleich dreimal der »Held« der sexuellen Abenteuer ist (›Der Bildschnitzer von Würzburg‹, ›Der Hasengeier‹, ›Die Wolfsgrube‹). Am deutlichsten tritt Kritik an den Vertretern der Kirche und die Tendenz, sie der Lächerlichkeit preiszugeben, im ›Bildschnitzer von Würzburg‹ zutage (die Zuschreibung ist nicht völlig sicher).

Ein Würzburger Domprobst will die Frau eines Bildschnitzers durch ein hohes Geldgeschenk gefügig machen. Die Frau gesteht dies ihrem Mann, und die beiden beschließen, den Probst um sein Geld zu bringen. Er wird eingeladen, als der Schnitzer angeblich über Land ist. Bei dessen unvermuteter Rückkehr überredet die Frau den Probst, sich zu verbergen, indem er sich nackt und angemalt reglos unter die geschnitzten Figuren stellt. Der Schnitzer betritt seine Werkstatt, gibt vor, für einen Kunden eine Figur zu suchen und verfällt auf den Probst. Lediglich die anstößigen Teile müssen vor der Ablieferung noch weggeschnitzt werden. Als der Schnitzer sein Beil hebt, flieht der geängstigte Probst nach Hause, wohin er vom Bildschnitzer verfolgt wird, dem er noch einmal hundert Pfund als Kaufpreis für die entflohene Figur zahlen muß.

Mit 20 überlieferten Maeren ist Hans Folz der produktivste deutsche Maeren-Dichter des 15. Jahrhunderts. Ähnlich wie Kaufringer nutzt er das Genre häufig zur literarischen Verarbeitung aktueller Probleme. Hans Folz ist wohl zwischen 1435 und 1440 in Worms geboren. Seine Lateinkenntnisse deuten darauf hin, daß er dort die städtische Schule besucht hat. Er erlernte das Handwerk eines Barbiers und Wundarztes. Seine Gesellenwanderungen führten ihn bis nach Spanien. Autodidaktisch hat er sich eine für seinen Stand ungewöhnliche Bildung angeeignet: er verfügte nicht nur über gute Kenntnisse der akademischen Medizin, er war auch recht belesen und interessierte sich für christliche und talmudische Theologie.

Am 1. November 1459 erwarb er in Nürnberg das Bürgerrecht, 1486 ist er dort urkundlich als Meister bezeugt. 1493 erwarb er mit seiner Frau Agnes das Erbrecht an einem Haus.

Zum Geschworenen Meister des Barbierhandwerks und der Wundarznei, d.h. zur obersten Aufsichtsinstanz dieses Handwerks, wurde er 1498 gewählt.

1479–1488 betrieb er eine eigene Druckerpresse offenbar ausschließlich zur Publikation seiner eigenen Werke. Mit Ausnahme der Meisterlieder, die dem Publikationsverbot unterlagen (s.u.), hat Folz fast alle seine Werke selbst im Druck veröffentlicht. Warum er seine Offizin wieder aufgegeben hat, ist unbekannt. Ökonomische Gründe dürften es kaum gewesen sein. Man nimmt im Gegenteil an, daß der Absatz seiner Werke recht einträglich war. Folz kalkulierte genau mit dem finanziellen Wert seiner literarischen Produktion, was u.a. sein ungewöhnlicher (vom Rat unterbundener) Versuch belegt, für seine Fastnachtspiele Eintrittsgeld zu nehmen.

Nach dem Tode seiner Frau, 1499, stellte er den Antrag auf einen Altersheimplatz im Augustinerstift, der jedoch 1506 vom Rat abgelehnt wurde. 1509 gelang es ihm, einen entsprechenden Platz im Klosterhof der Heilsbronner Zisterzienser zu bekommen. Im Januar 1513 ist er gestorben. Eine Zeichnung des Augsburger Medaillenschneiders Hans Schwarz (heute im Kupferstichkabinett Berlin) trägt die – nachträglich aufgeklebte – Unterschrift *Maister Hans Voltz Parbierer;* ganz gesichert ist die Authentizität dieses Porträts nicht.

Hans Folz gehört zu den vielseitigsten Autoren des deutschen Mittelalters. Aus seiner Feder stammen rund 100 Meisterlieder (s.u.), zwölf oder mehr z.T. anspruchsvolle Fastnachtspiele (s.u.) und 47 Texte in bis zu 900 Reimpaarversen, davon drei in jeweils zwei Fassungen, die in der Forschung mißverständlich als Reimpaar-»Sprüche« geführt werden.

Unter diesen Reimpaar-Sprüchen befinden sich etwa 20, wiederum nicht genau abgrenzbare Maeren. Der Rest verteilt sich auf Erzählungen geistlichen Inhalts (etwa die ›Adam und Eva‹-Legende, Nr. 21; ›Der Pfarrer im Ätna‹, eine ständekritische Höllenvision, Nr. 23), theologisch-geistliche Erörterungen (etwa die Disputation ›Christ und Jude‹, Nr. 27; der ›Beichtspiegel‹, Nr. 25), offenbar als Trias konzipierte didaktische Reden ›Der Buhler‹, ›Der Spieler‹, ›Der Trinker‹ (Nr. 28–30) neben allgemein unterweisenden Texten (›Hausratbüchlein‹, Nr. 40), in Morallehren umgemünzte Minnereden (etwa ›Der Traum‹, Nr. 3; ›Zweierlei Minne‹, Nr. 32) und kleinere komisch-parodistische Gedichte (etwa ›Spottrezepte eines griechischen Arztes‹, Nr. 33; eine Sammlung von ›Klopfan‹-Sprüchen, Nr. 36, und

Rätseln, Nr. 35; eine parodierte Prognostik ›Praktik‹, Nr. 34). Eine Sonderstellung nehmen die historisch-politischen Texte ein, in denen Folz durchweg ratskonforme Standpunkte vertritt (›Jüdischer Wucher‹, Nr. 37; ›König Maximilian in Nürnberg‹, Nr. 38, eine Art Hofberichterstattung über Maximilians Aufenthalt 1491, vielleicht als Auftragsarbeit; ›Das römische Reich‹, Nr. 39, eine historisch-staatstheoretische Erörterung in fast 900 Versen). In Versform verfaßt sind auch mehrere medizinische Fachschriften (ein ›Pestregimen‹, Nr. 44; ein ›Konfekt‹- und ein ›Branntweinbüchlein‹, Nr. 41 und 42, diätetische Vorschriften zum Gebrauch von Gewürzen und Branntwein; das ›Bäderbüchlein‹, Nr. 43, eine Anweisung zu Badekuren und ein Register der europäischen Thermalbäder mit Angaben zum jeweiligen therapeutischen Nutzen.

Zwei Prosatexte sind von Folz überliefert: ein ›Pestregimen‹, Nr. 45, und ein ›Parodistischer Almanach‹, Nr. 46.

Ausgabe: Die Maeren von Folz sind hrsg. von H. Fischer, Hans Folz. Die Reimpaarsprüche. 1961 (MTU 1). – Für die übrigen Texte siehe unter den jeweiligen Gattungen. – Literatur: J. Janota, Hans Folz in Nürnberg. Ein Autor etabliert sich in einer stadtbürgerlichen Gesellschaft. In: Philologie und Geschichtswissenschaft. Hrsg. von H. Rupp. 1977, S. 74–91. – F. Langensiepen, Tradition und Vermittlung. Literaturgeschichtliche und didaktische Untersuchungen zu Hans Folz, 1980.

Die Themen der Folzschen Maeren sind von ungewöhnlicher Vielfalt, ein breites Spektrum menschlicher Verhaltensweisen in allen sozialen Bereichen wird entworfen. Nur der kleinere Teil bedient sich des gängigen Ehebruchschemas. Besonders deutlich zeigt sich Folz' Fähigkeit, das Maere als flexibles Instrument zur Darstellung neuer Problemzusammenhänge zu nutzen, dort, wo er tradierte Stoffe neu bearbeitet.

›Die halbe Birne‹ (Nr. 4): Bei einem Turnier am Hof des Königs von Frankreich zeichnet sich ein Mann aus, *dem man riters namen gab neur um* (nur wegen) *ein fart zum heilgen grab*, der aber von höfischem Benehmen keine Ahnung hat und völlig auf *weis und ler* seines *knechts* angewiesen ist. Beim Festmahl macht er sich durch ungehörige Tischsitten unmöglich. Als er von der Prinzessin verspottet wird, klärt ihn der *knecht* über seinen Fauxpas auf. *Er sprach »des wart ich nie gelert«*. Der Knecht rät ihm, sich als stummer Narr wieder an den Hof zu begeben. Als er verkleidet am Kamin sitzt, erblickt die Prinzessin der *manheit worlichs instrument* und bittet die Zofe Irmeltraut, ihr den Narren ins Bett zu besorgen. Dort aber tut er, *sam er von nichten wust und lag nit anders sam ein ploch* (Holzklotz). Irmeltraut weiß Rat: *ein nadel sie zuwegen bracht, darmit sie stetz den narren stupft* und ihn so zu Bewegungen antreibt. Am Morgen verläßt der Narr den Hof und kehrt in alter Gestalt zurück. Dem erneuten Spott begegnet er, indem er auf die Bettgeschichte anspielt. Die peinlich berührte Prinzessin betreibt die baldige Heirat, um den Ritter zum Schweigen zu bringen.

Hans Folz greift hier einen Stoff auf, der um die Wende zum 14. Jahrhundert schon einmal in einem Maere behandelt worden war (Pseudo-Konrad von Würzburg). Was dort Freude an zotiger Komik war, wird bei Hans Folz zu einer Erörterung der Problematik des Aufsteigers, zur Darstellung der Identitätsschwierigkeiten eines Menschen, bei dem sozialer Status und Verhaltensnormen nicht mehr übereinstimmen, was noch einmal umgekehrt im Verhältnis des *weisen* Knechts zum hilflosen Herrn gespiegelt wird. Folz gewinnt so dem sexuellen Schwank ein Problem von hoher Aktualität ab.

›Die drei listigen Frauen‹ (Nr. 10): Drei Frauen veranstalten einen Wettstreit, welche ihren Mann am besten mystifizieren könne. Die erste redet dem ihren ein, er sei tot; die zweite schert ihrem Mann eine Tonsur und überzeugt ihn, er sei der *pfaffe,* der seinem soeben angeblich verstorbenen Nachbarn die Seelenmesse singen müsse; die dritte schickt ihren Mann nackt zu dieser Feier in die Kirche. Dort zusammentreffend erkennen die Männer, was die Frauen mit ihnen angestellt haben.

LITERATUR: J.-D. Müller, Noch einmal: Maere und Novelle. Zu den Versionen des Maere von den ›Drei listigen Frauen‹. In: Philologische Untersuchungen. FS Elfriede Stutz. 1984, S. 289–311.

Das Maere, das ebenfalls vor Folz schon in einer anonymen Fassung und in einer Bearbeitung von Kaufringer vorliegt, könnte geradezu als zeichenhafte Darstellung der Identitätsproblematik verstanden werden. Folz seinerseits gibt dem Maere eine allegorische Deutung, die zeigt, wie weit die Auslegungsspielräume sind und in welchem Maße für den Autor Maeren ein Medium zur Reflexion von Gegenwartsfragen werden können. Nach Folz bedeuten die Männer die drei Stände und ihre Befindlichkeit. Der Tote ist der Adel, *die fürsten,* die *lebendig sind dot.* Der Geschorene ist die Geistlichkeit, die *predigt, schreyt, rüfft, pant und mant,* aber so *verkert* ist, *das niemant schier weis, wie im ist.* Der Nackte ist der *drit stant, der gemein man,* den man so zaust *pis er stet als ein gans berupfft.* In einer zweiten Fassung hat Folz diese Auslegung gestrichen und durch eine banale Warnung vor Trunksucht ersetzt. Möglicherweise enthielt die Selbstinterpretation zu viel politisch-sozialen Sprengstoff.

Menschliche Torheit und Faulheit sind das Thema von ›Drei törichte Fragen‹ (Nr. 8, zwei Fassungen) und im satirischen Streitgespräch zwischen ›Knecht und Magd‹ (Nr. 18).

Auf Sprachspielen, die das Eulenspiegelthema von der Uneindeutigkeit der sprachlichen Bezeichnung vorwegnehmen, beruhen ›Die mißverständliche Beichte‹ (Nr. 17) und ›Der witzige Landstreicher‹ (Nr. 16).

In eigener beruflicher Sache spricht Folz in der satirischen Erzählung vom ›Quacksalber‹ (Nr. 14), ein Thema an, das auch in den ›Wahrsagebeeren‹ (Nr. 9, zwei Fassungen) aufgenommen wird, einem der antijüdischen Maeren.

Drei Juden fallen auf einen Betrüger herein, der ihnen seine Exkremente als Bisam aus Alexandrien verkauft. Die Kugeln haben angeblich die Eigenschaft, demjenigen, der sie als »Wahrsagebeeren« in den Mund steckt, die Gabe der Prophetie zu verleihen. Die Juden kaufen für tausend Gulden eine Wahrsagebeere und übergeben sie ihrem Rabbi, damit er ihnen die Ankunft des Messias voraussage. Unter lächerlichen Zeremonien und lautem Geschrei versucht der *höchst levit* in der Synagoge die Kraft der Beeren, deren wahre Natur er alsbald erkennt. Die Juden verklagen den Verkäufer, aber der kann sich darauf berufen, die Ware von vornherein als *dreck* bezeichnet zu haben. Das Epimythion der ersten Fassung, eine allgemeine Warnung vor Quacksalbern, ändert Folz in der zweiten zu einer üblen Beschimpfung der Juden: *Las wir die juden am pisem nagen, pis sie all arßlöcher lern aus mitsampt der spitaler scheißhaus.*

LITERATUR: E. Wenzel, Zur Judenproblematik bei Hans Folz. ZfdPh 101 (1982), S. 79–104.

Lächerlich gemacht werden die Juden auch im ›Falschen Messias‹ (Nr. 12), unter dem Deckmantel einer scheinbar objektiven theologischen Disputation angegriffen im Streitgespräch ›Christ und Jude‹ (Nr. 27) und offener, gehässiger Polemik ausgesetzt in ›Jüdischer Wucher‹ (Nr. 37); Folz stellt sich hier selbst in der Rolle des christlichen Disputanten dar. Mit der antijüdischen Thematik, die noch weit krasser in seinen Fastnachtspielen zutage tritt (s. u.), verhält sich Folz ratskonform. Seit 1473 betrieb der Rat die Ausweisung der Juden aus Nürnberg, ein Vorhaben, das immer wieder am Widerstand Maximilians I. scheiterte und erst 1498 durchgesetzt wurde.

Schweizer Anonymus ist der Forschungsname für einen Autor wohl der ersten Hälfte des 15. Jahrhunderts, von dem 21 Reimpaargedichte stammen; neben Fabeln und geistlichen Erzählungen fünf Maeren, darunter ›Der Pfaffe im Käskorb‹ und ›Der Pfaffe mit der Schnur B‹. Der Verfasser ist wohl ein Berufsschreiber, der sich nach eigener Aussage durch das Abschreiben von Boners Fabeln zu literarischer Produktion angeregt fühlte.

Der Hufferer, Lebenszeit und Ort unbekannt; ›Die halbe Decke‹, überliefert Augsburg 1447.

Der arme Konrad, Wende zum 15. Jahrhundert (?), vielleicht aus Würzburg; ›Frau Metze‹, überliefert ca. 1430.

Fröschel von Leidnitz, Wende zum 15. Jahrhundert (?), Ort unbekannt; ›Die Liebesprobe‹. Vom gleichen Autor stammen noch ein Minnedialog und eine schwankhafte Mirakelerzählung ›Der Prozeß im Himmel‹.

Hans Ehrenbloss, Dichterpseudonym, vielleicht Ende des 14. Jahrhunderts, auf Grund der Sprache im östlichen Schwaben zu lokalisieren; ›Der hohle Baum B‹, überliefert 1445.

In der zweiten Hälfte des 15. Jahrhunderts scheint Augsburg ein Zentrum der Maeren-Dichtung geworden zu sein:

Peter Schmieher. Das Augsburger Steuerregister verzeichnet zwischen 1424 und 1430 einen Schulmeister dieses Namens. Mit großer Wahrscheinlichkeit handelt es sich um den Autor. Neben zwei didaktischen »Reden« und einer Fabel stammen von ihm zwei Schwankmaeren: ›Die Nonne im Bade‹, ›Der Student von Prag‹.

Hans Raminger. Das Augsburger Steuerregister verzeichnet zwischen 1448 und 1452 einen Raminger (ohne Vornamen), bei dem es sich möglicherweise um den Autor handelt. Von Beruf ist er »Scherer« (Barbier ?). Von ihm stammen vier didaktische Reimpaargedichte und das Fragment eines Maere ›Die Unersättliche‹, das offenbar besonders obszön war, denn ein Purifikator hat in der Handschrift ganze 22 Verse davon stehenlassen.

Heinrich von Pforzen, erste Hälfte des 15. Jahrhunderts (?), wohl aus Pforzheim; ›Der Pfaffe in der Reuse‹.

Jörg Zobel. Zwei seiner Texte sind auf 1455 und 1456 datiert. Er stammt vielleicht aus dem Allgäu; die Handschrift, die seine Gedichte überliefert, ist in Augsburg geschrieben. In ihr stehen ein didaktisches Reimpaargedicht, drei geistliche »Reden«, ein Erbauungstext, drei Heiligenlegenden und zwei Maeren als Autorencorpus. ›Die faule Frau‹, ein didaktisches Maere von der gewaltsamen Domestizierung einer Ehefrau; ›Das untergeschobene Kalb‹, eine Verwechslungsgeschichte vom Typus des ›Pfaffen mit der Schnur‹.

Hans Schneeberger, wohl zweite Hälfte des 15. Jahrhunderts. ›Der Mönch als Liebesbote C‹ ist in einer Regensburger Handschrift überliefert.

Claus Spaun (Span). Der Autor stammt aus einer wohlhabenden Augsburger Kaufmannsfamilie. 1505 verarmt er nach Auskunft der Steuerlisten wahrscheinlich in Folge einer Pleite. Bis 1520, seinem Todesjahr, zahlt er nur noch die Mindeststeuer. Spaun war ein literarischer Sammler, auf ihn geht die wichtigste Sammelhandschrift von Fastnachtspielen zurück. Nur ein Maere ist von ihm überliefert: ›Fünfzig Gulden Minnelohn‹, eine Parodie kaufmännischer Redlichkeit, in der der betrogene Ehemann den Hurenlohn seiner Frau gewissenhaft abrechnet.

Johannes Werner von Zimmern, ca. 1450–1495, einer der wenigen adligen Maeren-Autoren des 15. Jahrhunderts. Der Autor hat in Freiburg, Wien und Bologna studiert, war literarisch gebildet und besaß eine umfangreiche Bibliothek. Sein Maere ›Der enttäuschte Liebhaber‹ nimmt in eine Rahmenerzählung eine Novelle aus Boccaccios ›Decamerone‹ auf.

Heinrich von Landshut, wohl zweite Hälfte des 15. Jahrhunderts; ›Der Traum am Feuer‹.

Hans Schneider (s. u. S. 323). Neben seinen vielen historisch-politischen Gedichten hat Schneider ein Maere geschrieben: ›Dieb und Henker‹.

Ausgaben: Schweizer Anonymus: J. Baechtold, Einundzwanzig Fabeln, Schwänke und Erzählungen des XV. Jahrhunderts. Germania 33 (1888), S. 257–283. – H. Fischer, Eine Schweizer Kleinepiksammlung aus dem 15. Jahrhundert. 1965 (ATB 65). – Der Hufferer: v. d. Hagen (s. o.), Bd. 3, S. 729–736. – Hefti (s. o.), S. 130–140. – Der arme Konrad: v. d. Hagen (s. o.), Bd. 1, S. 193–205. – Niewöhner (s. o.), S. 70–83. – Fröschel von Leidnitz: A. v. Keller (s. o.), S. 150–160. – Fischer, Märendichtung (s. o.), S. 113–123. – Hans Ehrenbloss: Cramer (s. o.), Bd. 2, S. 185–188. – Peter Schmieher: Fischer, Märendichtung (s. o.), S. 89–98. – J. E. Tailby, Der Reimpaardichter Peter Schmieher. Texte und Untersuchungen. 1978. – Hans Raminger: Fischer, Märendichtung (s. o.), S. 423. – Heinrich von Pforzen: Niewöhner (s. o.), S. 208–222. – Jörg Zobel: Fischer, Märendichtung (s. o.), S. 286–299. – Hans Schneeberger: A. v. Keller (s. o.), S. 242–250. – Fischer, Märendichtung (s. o.), S. 338–347. – Claus Spaun: A. v. Keller (s. o.), S. 334–344. – Fischer, Märendichtung (s. o.), S. 351–361. – Johannes Werner von Zimmern: Fischer, Märendichtung (s. o.), S. 300–329. – Heinrich von Landshut:

A. v. Keller (s. o.), S. 460–462, wieder abgedruckt bei Cramer, Bd. 1, S. 183 f. – Fischer, Märendichtung (s. o.), S. 348–350. – Hans Schneider: Fischer, Märendichtung (s. o.), S. 362–364.

8. Tradition der Maerendichtung im 16. Jahrhundert

Die Tradition und Weiterentwicklung des Maere im 16. Jahrhundert harrt noch genauerer Untersuchung und zusammenfassender Darstellung. Seit Beginn des Jahrhunderts gerät das Genre unter den Einfluß von Boccaccios ›Decamerone‹, das seit 1472 in der deutschen Übersetzung Arigos (s. u. Kap. VI) gedruckt vorliegt, und der humanistischen Facetie (s. u. Tünger, Bebel). Neben einer Straffung der Erzählstruktur ist die Verdrängung der Versform durch die Prosa die Folge, einhergehend mit der Neigung, die einzelnen Geschichten zu großen Erzählsammlungen zusammenzubinden, ohne daß jedoch eine Rahmenkonstruktion wie beim ›Decamerone‹ versucht wird.

LITERATUR: W. Deufert, Narr, Moral und Gesellschaft. Grundtendenzen im Prosaschwank des 16. Jahrhunderts. 1975. – I. Spriewald u. a., Grundpositionen der deutschen Literatur im 16. Jahrhundert. 2. Aufl. 1976.

Als einziger Autor von Bedeutung bedient sich Hans Sachs (s. u. S. 336) im 16. Jahrhundert noch der traditionellen Versform für seine Erzählungen.

Sachs ist Verfasser von mehr als 1500 erzählenden Reimpaardichtungen, die sich nicht ohne Willkür in Dialoge, Reimreden, Exempel, Fabeln, Allegorien, Schwänke und Historien einteilen lassen. Die beiden zuletzt genannten Genres sind der Tradition der Maeren-Dichtung am engsten verbunden. Hinzu kommen mehr als 1000 strophische Schwankerzählungen und Fabeln in Meistertönen (s. u.). In ihnen greift Sachs (wie auch sonst) alle Stoffe auf, deren er habhaft werden kann. Antikes Erzählgut wird ebenso verwendet (›Diogenes‹, 1555) wie volkstümliche Motive (›Schlaraffenlandt‹, 1530), ›Eulenspiegel‹ (›Gesprech aines piscoffs mit dem Ewlenspiegel von dem prillen machen‹, 1554; ›Ewlenspiegel mit seim hailtumb‹, 1563, u. a.), die Narrentradition (›Der Narrenfresser‹, 1530; ›Das narren pad‹, 1530, u.a.), das ›Decamerone‹ (›Der prueder Zwieffel‹, 1540; ›Das gaist peschweren‹, 1540, u.a.) und zeitgenössische Literatur wie Johannes Paulis ›Schimpf und Ernst‹ (›Die hausmaid im pflug‹, 1532, und mindestens 28 weitere Schwänke) oder Jörg Wickrams ›Rollwagenbüchlein‹ schon kurz nach dessen Erscheinen (›Der spieler mit dem dewfel‹, 1557, u.a.). Teilweise scheinen die Geschichten auch auf eigener Erfindung zu beruhen oder geben vor, Selbsterlebtes zu berichten wie ›Die pewrin mit der dicken millich‹ (1559), angeblich eine Reminiszenz aus der Zeit, *als ich meim hantwerk nach thet wandern von ainem lande zu dem andern.*

Durchgehend kennzeichnet Sachs' Erzählungen der Zug zur Lehrhaftigkeit. Wo es sich nicht ohnehin um erzählerisch verkleidete Disputationen oder Reflexionen handelt (z.B. ›Ein schwanck ains sophisten mit glawb, lieb vnd hoffnung‹, 1563), schließen die Schwänke fast stets mit einem ausführlichen moralisch-ethischen Epimythion, eingeleitet mit Formeln wie *pey dem schwanck mag man verston ...*, *man lert aus dem schwencklichen handel* ... o.ä.

AUSGABEN und LITERATUR zu Hans Sachs s.u. S. 337.

Die erste, für das 16. Jahrhundert musterbildende Sammlung von fast 700 Prosaerzählungen vollendete Johannes Pauli 1519. Sie wurde unter dem Titel ›Schimpf und Ernst‹ (d.i. Scherz und Ernst) 1522 in Straßburg gedruckt. Die Biographie Johannes Paulis ist nur sehr unvollkommen erforscht. Bis in die jüngste Zeit hinein sind die Darstellungen voller Irrtümer. Wahrscheinlich ist er zwischen 1450 und 1454 geboren. Über Herkunft und Ausbildung weiß man nichts. Seit 1490 ist er in Villingen als Franziskaner bezeugt. In den folgenden Jahrzehnten ist er als Lesemeister und Prediger in Basel (1498), Straßburg (1504 bis 1510), Schlettstadt (1515) und Thann (1519–1520) zu finden. Während seiner Straßburger Zeit stand er in enger Verbindung mit Johann Geiler von Kaysersberg (s.o. Kap. IV). Die Übersetzung von dessen Narrenschiffpredigten, 1520, ist zugleich das letzte Lebenszeichen von Pauli.

AUSGABEN: Schimpf und Ernst von Johannes Pauli. Hrsg. von H. Österley. 1866, Nachdr. 1967 (StLV 85). – Johannes Pauli, Schimpf und Ernst. Hrsg. von J. Bolte. Teil 1: Die älteste Ausgabe von 1522; Teil 2: Paulis Fortsetzer und Übersetzer. 1924, Nachdr. 1972 (Alte Erzähler, neu hrsg., Bd. 2, 1 u. 2). – J. Bolte, Predigtmärlein Johannes

Paulis. Alemannia 16 (1888), S. 34–53. – R. G. Warnock, Die Predigten Johannes Paulis. 1970 (MTU 26). – Übersetzung in Auswahl: Deutsche Schwänke. Ausgewählt, übertragen und eingeleitet von G. Albrecht. 5. Aufl. 1977. S. 39–94 (Bibliothek deutscher Klassiker). – LITERATUR: S. Schmitz, Weltentwurf und Realitätsbewältigung in Johannes Paulis ›Schimpf und Ernst‹. 1982.

Der Untertitel gibt Auskunft über die Absicht des Werks: *der welt handlung mit ernstlichen vnd kurtzweiligen exempeln, parabolen vnd hystorien, nutzlich vnd gut zu besserung der menschen.*

Es handelt sich also um belehrende Beispiele, die sich oft als Anstoß zum Nachdenken auf einen kurzen Dialog oder gar nur auf einen einzigen Satz reduzieren, wie in der Geschichte vom Narren, dem man erklärt, man richte im Krieg Verheerungen an und schlage einander tot, um hernach Frieden zu machen, und dessen Antwort: *Es wer besser, man macht vorhin Friden, damit semlicher Schaden vermitten blib. Darumb bin ich witziger, dan euwer Herren sein* (Nr. 39). Die einzelnen Geschichten sind thematisch oder nach Ständen bzw. Berufsgruppen geordnet (z. B. ›Von Pfaffen‹, ›Von den Narren‹, ›Von Urteil und Urteilsprechern‹, ›Von Notarien und Richtern‹, ›Von der Hoffart‹ etc.).

Mehr als 40 literarische Quellen sind für ›Schimpf und Ernst‹ nachgewiesen worden; vieles stammt sicher auch aus mündlicher Tradition.

Mehr auf Unterhaltsamkeit und damit auf Betonung des Erzählerischen aus ist Jörg Wickrams (s. u.) ›Rollwagenbüchlein‹, das sich im Untertitel als Lektüre *in schiffen vnd auff den rollwegen / desgleichen in scherheusern vnd badstuben / zu langweiligen zeiten* empfiehlt. Die erste Auflage mit 67 Erzählungen erschien 1555, die zweite von 1556 war um zwölf Geschichten vermehrt, die dritte, 1557, um weitere 22. Für die Sammlung sind kaum literarische Quellen nachzuweisen, mit Ausnahme des 1550 anonym erschienenen ›Scherz mit der Warheyt‹, einer protestantischen Bearbeitung von Paulis ›Schimpf und Ernst‹. Die mündliche Überlieferung, die bis in den Erzählstil durchschlägt, macht die Sammlung zu einem lebendigen Zeitbild mit einer Fülle kulturhistorischer Details, angefangen bei der genauen Beschreibung von Mahlzeiten (etwa Fisch mit Reismus, Nr. 11, oder *Treuschylaberle*, Nr. 12) bis zu den fachsprachlichen Ausdrücken in einer Druckerei (Nr. 21). Die moralisierende Tendenz ist fast völlig geschwunden. Nur ganz gelegentlich finden sich Spuren eines Epimythions in Form einer sprichwortartigen Sentenz wie *Man spricht / Wie der Pfaff also sind auch seine underthanen* (Nr. 13).

Weitere Erzählsammlungen im 16. Jahrhundert
Jacob Frey, ›Die Gartengesellschaft‹. Der Autor ist vor 1520 in Straßburg geboren. Sein Vater wurde 1529 wegen eines Pamphlets gegen den Klerus hingerichtet. Seit 1545 ist Frey Stadtschreiber in Maursmünster (Marmoutier). Er ist Übersetzer und Verfasser mehrerer Dramen (›Von dem armen Lasaro vnd dem Reichen man‹, ›Abraham‹) und einer Biographiensammlung antiker Helden und Dichter, 1562. Kurz nach diesem Datum dürfte er gestorben sein. Die ›Gartengesellschaft‹ ist nach dem Vorbild Wickrams verfaßt, mit dem er befreundet war. Die 1557 erschienene Sammlung enthält 129 Erzählungen, meist Bearbeitungen humanistischer Facetien.

Ebenfalls aus dem Elsaß stammt Martin Montanus. Er ist um 1530 in Straßburg geboren. Nach einer Wanderzeit als fahrender Scholar findet man ihn 1557 in Ulm und Dillingen. Hier schrieb er den ›Wegkuertzer‹, eine Sammlung von 42 Erzählungen. Gewidmet ist das Werk dem Augsburger Kürschner Jakob Herbrot, der als Anführer der protestantischen Zunftunruhen nach dem Eingreifen Karls V. die Stadt hatte verlassen müssen. Diese Widmung provozierte eine Schmähschrift, die ihn aus Dillingen vertrieb. Um 1560 ist er wieder in Straßburg, wo er 1566 als Fortsetzung der Freyschen Sammlung ›Das Ander Theyl der Gartengeselschaft‹ mit 115 Erzählungen in den Druck gab. Er benutzt eine große Zahl älterer und zeitgenössischer Quellen, u.a. Boccaccio, Bebel und Wickram; auch einige Meisterlieder von Hans Sachs sind in Prosa umgesetzt.

Michael Lindener ist um 1520 in Leipzig geboren. 1544 immatrikulierte er sich dort. Als Schriftsteller erwarb er sich einen zweifelhaften Ruhm, weil er fremde Werke plagiierte oder eigene unter fremdem Namen, u.a. Melanchthons und Eobanus Hessus' erscheinen ließ. Nach dem Abbruch seines Studiums führte er ein unstetes Wanderleben. 1558 erschien das ›Rastbüchlein‹ mit 28 Stücken, im gleichen Jahr der ›Katzipori‹ mit 122 teilweise angeblich selbsterlebten Geschichten. Von allen Erzählern ist dieser gesellschaftliche Außenseiter der kritischste und aggressivste. Überdies zeichnet er sich aus durch eine überbordende Sprachphantasie. Die erste Geschichte des ›Rastbüchleins‹ ist dafür bezeichnend, ihre Pointe besteht in der Aufzählung von zwanzig Synonyma für den Beischlaf. Den Titel ›Katzipori‹ erläutert er in der Widmung an *Hansen Greüther, burger und papyrer zu Landsperg: Dieweil ich aber gutte seltzame zotten zusammen in ein büchlein verordnet unnd gebracht habe und yetzundt durch anhalten und bitt viler guter frommer außerlesenen bundten und rundten schnudelbutzen, ... welche man auf welsch kazipori nennet und auff griechisch raudimaudi, leüßimm-peltz* ... Nach einer zeitgenössischen Notiz ist Michael Lindener am 7. März 1562 wegen Mordes enthauptet worden.

Valentin Schumann ist um 1520 als Sohn eines Leipziger Buchdruckers geboren. Ein Studium mußte er wegen wirtschaftlicher Schwierigkeiten abbrechen. Auch im erlernten Handwerk des Schriftgießers kam er nicht weiter, er ließ sich 1542 als Landsknecht gegen die Türken anwerben. In den folgenden Jahren durchwanderte er als Schriftgießer ganz Süddeutschland. Etwa 1550 ließ er sich in Nürnberg nieder und gründete eine Familie. 1558 mußte er sich seinen Gläubigern durch die Flucht entziehen. In Augsburg beginnt er im gleichen Jahr mit der Niederschrift des ›Nachtbüchleins‹, dessen beide Teile am 25. Januar und am 25. März 1559 abgeschlossen sind. Über das weitere Schicksal Schumanns ist nichts bekannt.

Die *Hystorien vnd Geschicht* sind nach Aussage des Untertitels zu *Nacht nach dem Essen, oder auff weg vnd strassen, zu lesen, auch zu recitiern, begriffen* und weisen damit auf ihr Vorbild, Wickrams ›Rollwagenbüchlein‹, hin. Schumann vertritt jedoch in der literarischen Ausgestaltung seiner Geschichten einen erheblichen Anspruch. Die *historia* etwa *von einem jungen grafen* (Christoph) *auß Mümpelgart und eines hertzogen tochter* (Feronica) *auß Engellandt* (Nr. 22) wächst sich zu einem kleinen Liebesroman von 15 Kapiteln aus, ebenso die Geschichte von Florius und Marcebilla (Nr. 49).

Hans Wilhelm Kirchhof ist um 1525 in Kassel geboren. Mit 17 Jahren verließ er die Schule und ließ sich als Landsknecht anwerben. Im Kriegsdienst zog er seit 1543 elf Jahre lang in Deutschland und Frankreich umher. 1554 begann er ein Studium in Marburg. Für den Landgrafen von Hessen war er in diplomatischen Missionen tätig und erhielt 1583 das Burggrafenamt in Spangenberg. 1603 ist er gestorben.

1563 faßte Kirchhof den Plan, Teile von Bebels Facetien zu übersetzen. Dieses Projekt wuchs sich im Laufe von 40 Jahren zu einer riesenhaften Erzählsammlung mit 2084 Stücken aus, ›Wendunmut‹, eine Art Erzählenzyklopädie, zwischen 1563 und 1603 in sieben Bänden erschienen. Historien, *die vielleicht bey andern auch funden werden,* hat er *etwas verenderet und von schimpffs wegen allenthalben gemehret.* Kirchhof berichtet auch eigne Erlebnisse, historische Anekdoten, Witze und Tagesereignisse. Jeder Historie ist *ein morale reihmens weiß … angehengt.*

Kirchhof berichtet, er habe außerdem *ein sehr groß Buch, ›Schatztruhen‹ intitulieret,* zur Verteidigung der ›Wendunmut‹ geschrieben, ferner 18 Komödien im Auftrag des Landgrafen von Hessen und mehrere kurze Abhandlungen. Von diesen Schriften ist nichts erhalten.

Ausgaben: Jakob Freys Gartengesellschaft (1556). Hrsg. von J. Bolte. 1896 (StLV 209). – Teilübersetzung: G. Albrecht (s. o.), S. 195–202. – Martin Montanus, Schwankbücher (1557–1566). Hrsg. von J. Bolte. 1899, Nachdr. 1972 (StLV 217). – Teilübersetzung: G. Albrecht (s. o.), S. 203–240. – Michael Lindeners Rastbüchlein und Katzipori. Hrsg. von F. Lichtenstein. 1883 (StLV 163). – Teilübersetzung: G. Albrecht, S. 241–274. – Valentin Schumanns Nachtbüchlein (1559). Hrsg. von J. Bolte. 1893, Nachdr. 1976 (StLV 197). – Teilübersetzung: G. Albrecht, S. 275–297. – Wendunmuth von Hans Wilhelm Kirchhof. Hrsg. von H. Österley. 5 Bde, 1869, Nachdr. 1980 (StLV 95–99). – Teilübersetzung: G. Albrecht, S. 307–344.

9. Roman in der Stadt

Die Kurzerzählungen (und die aus ihnen agglomerierten Historien-Romane wie ›Eulenspiegel‹ oder ›Lalebuch‹) sind aus den genannten Gründen den städtischen Literaturbedürfnissen offenbar in so hohem Maße adäquat, daß sie die erzählerischen Energien völlig absorbieren. Jedenfalls entsteht innerhalb städtischer Mauern im 15. Jahrhundert kein einziger neuer Roman und auch im 16. Jahrhundert bleiben Exemplare der Gattung eher vereinzelt. Zur eigentlich bürgerlichen Gattung wird der Roman erst am Ausgang des 18. Jahrhunderts.

Eine Ausnahme von diesem Befund macht lediglich zu Beginn des zu beschreibenden Zeitraumes der umfängliche ›Apollonius‹-Roman des Heinrich von Neustadt, der noch ganz in der Tradition des städtisch-patrizischen Romans im 13. Jahrhundert steht. Heinrich von Neustadt ist urkundlich 1312 nachgewiesen, als er vom Bischof von Freising mit einem Haus am Wiener Graben belehnt wird. Im übrigen sind seine Lebensdaten unbekannt. Am Schluß des ›Apollonius‹ nennt er sich *artzt von den püchen,* d.h. akademisch ausgebildeter Mediziner. Dazu stimmt auch die Selbsttitulierung mit *maister,* also Magister. Ob er diesen akademischen Grad in Frankreich oder Italien erworben hat, ist unsicher. Seine Bildung setzte ihn in den Stand, kompetent mit seiner lateinischen Quelle, der ›Historia Apollonii regis Tyri‹, umzugehen. Beschafft worden ist sie ihm durch den Pfarrer Niclas von Stadlau, der zwischen 1297 und 1318 urkundlich bezeugt ist.

Von Heinrich von Neustadt stammen zwei geistliche Dichtungen:

›Von Gottes Zukunft‹ (d.h. vom Erscheinen Gottes auf Erden, 8113 Verse), eine Darstellung der Heilsgeschichte von der Menschwerdung Christi bis zu seinem Erscheinen beim Jüngsten Gericht.

Möglicherweise Teil dieser Dichtung, jedenfalls mit ihr zusammen überliefert, ist die ›Visio Philiberti‹ (ca. 590 Verse), ein Streitgespräch der Seele mit dem Leichnam und ihre Höllenfahrt.

›Apollonius‹-Roman: Der König Antiochius lebt in inzestuösem Verhältnis mit seiner Tochter. Den zahlreichen Freiern gibt er die Frage nach eben diesem Verhältnis als Rätsel auf und läßt sie nach der schuldig gebliebenen Antwort enthaupten. Apollonius, dem Sohn des Königs von Tyrus, gelingt die Lösung des Rätsels. Vor der Wut des Antiochius muß er fliehen. Nach vielen Gefahren und Abenteuern gelangt er als Schiffbrüchiger nach Pentapolis, wo er sich in die Prinzessin Lucina verliebt und sie heiratet. Während einer Seereise gebiert sie eine Tochter. Für tot gehalten, wird Lucina in einem Sarg ins Meer versenkt und in Ephesus an Land gespült, wo sie fortan als Priesterin im Diana-Tempel dient. Apollonius begibt sich auf eine vierzehn Jahre dauernde Reise durch alle Länder des Orients, deren vielfältige Abenteuer in bunter Reihe den Hauptteil des Romans bilden. Seine Tochter vertraut er unterdessen einem Bürger von Tarsus an. Die Heranwachsende wird von Seeräubern geraubt, in ein Bordell verkauft, kann jedoch durch ihre rührenden Reden und den Zauber ihres Gesanges ihre Unschuld bewahren. Apollonius findet Frau und Tochter wieder, befreit Jerusalem, gründet die Tafelrunde des späteren Königs Artus, wird Kaiser von Rom und *ain rainer cristen.* Seine Frau gebiert ihm noch zehn Kinder, die *wurden alle fursten sint.*

Ausgaben: Heinrichs von Neustadt ›Apollonius von Tyrland‹, ›Gottes Zukunft‹ und ›Visio Philiberti‹. Hrsg. von S. Singer. 1906, Nachdr. 1967 (DTM 7). – Literatur: W. Röcke, Die Wahrheit der Wunder. Abenteuer der Erfahrung und des Erzählens im ›Brandan‹- und ›Apollonius‹-Roman. In: Wege in die Neuzeit. Hrsg. von Th. Cramer. 1988, S. 252–269.

Der Roman, der für den Handlungsrahmen die spätantike lateinische ›Historia Apollonii regis Tyri‹ (3. Jahrhundert n. Chr.) benutzt, ist schon allein deshalb literarhistorisch schwer einzuordnen, weil Heinrich von Neustadt nur ungenaue Auskunft über seinen Auftraggeber und damit sein Publikum gibt. Seine Aussage, er habe das Buch auf Bitten einer schönen Dame gedichtet (v. 20602) ist zu topisch, um als präzise Angabe gelten zu können. Wenn es zutrifft, daß der Roman zur Unterhaltung der städtischen Oberschicht gedacht ist, so ist er ein Versuch, den Raum des Mittelmeers und des Orients einem städtischen Publikum romanhaft zu erschließen und damit zugleich die Abenteuer in einen Horizont städtischen Verstehens zu integrieren. Bei aller Außergewöhnlichkeit entziehen sich die seltsamen Wesen, denen Apollonius begegnet, Sirenen und Kentauren, Dämonen und Teufel, doch nicht mehr völlig der Erklärbarkeit und damit der Beherrschung. Das Wunderbare des Abenteuers wandelt sich zur Exotik ferner Länder und wird damit Gegenstand menschlicher Erforschung und Erfahrung. Unter dieser Perspektive kann der ›Apollonius‹ als romanhaftes Gegenstück der gleichzeitig entstehenden Reiseberichte verstanden werden.

Mit dem ›Apollonius‹ bricht die Tradition des städtischen Romans für fast 200 Jahre ab.

1509 wird in Augsburg der ›Fortunatus‹ gedruckt als Werk eines unbekannten Verfassers, der erste Roman, auf den das Attribut »bürgerlich« sinnvoll angewendet werden kann.

Der 18jährige Fortunatus, Sohn eines Patriziers in Famagusta, der sein ganzes Vermögen durch die Imitation adliger Lebensweise verschwendet hat, beschließt, sein Glück in der Welt zu suchen. Er ist dafür denkbar schlecht gerüstet, denn er hat zwar adlige Beschäftigungen wie *federspil* und *waidwerk* gelernt, aber nichts Nützliches und kann gerade seinen Namen schreiben. Er gerät an den Hof des Grafen von Flandern, muß aber wegen einer Intrige fliehen. Auch im Dienste eines Londoner Kaufmanns kann er nicht bleiben, da er unschuldig in ein Verbrechen verwickelt wird. Das entscheidende Abenteuer begegnet ihm wie dem fahrenden Ritter im wilden Wald in Gestalt der Jungfrau des Glücks, die ihm eine aus sechs Gaben zur Wahl stellt: *weyßhait, Reichtumb, Stercke, Gesundthait, Schöne vnd langs leben.* Fortunatus entscheidet sich für Reichtum und erhält ein *seckel,* in dem sich, *so offt du darein greiffest,* zehn Goldstücke in der jeweiligen Landeswährung befinden. Zunächst bringt der töricht zur Schau gestellte Reichtum Fortunatus in viele weitere Gefahren, aber auf einer Reise durch ganz Europa lernt er allmählich den vernünftigen Umgang mit seinen Glücksgütern. Nach Zypern zurückgekehrt, erkauft er sich die Gunst des Königs und erhält die Grafentochter Cassandra zur Frau, mit der er zwei Söhne hat, Ampedo und Andolosia. Sein Leben in unerschöpflichem Reichtum erkauft er durch soziale Isolation, denn niemand darf die Quelle seines Einkommens kennen. Sein einziger Freund Lüpoldus stirbt nach einem halben Jahr. Nach zwölfjähriger Ehe *fieng in an züuerdriessen, also zu Famagusta zusein;* er beschließt eine Reise in *der haiden land* und nach Indien. Obwohl er nicht nötig hat, auszuziehen *vmb gut zugewinnen,* richtet er eine Kaufmannsexpedition aus, die ihn bis in das Land führt *da der pfeffer wechßt.* Auf dem Rückweg gelingt es ihm, dem Sultan von Alexandria ein *wünschhutlin* zu rauben, das die Eigenschaft hat, seinen Träger an jeden gewünschten Ort zu versetzen. Nach Famagusta zurückgekehrt, führt Fortunatus das Leben eines Adligen und läßt auch seine Söhne im *ritterspil, das ist mit stechen, turnieren vnnd mit scharpff rennen vnd anders,* ausbilden.

Nach Fortunatus' Tod teilen die Söhne das Erbe. Andolosia zieht mit dem Glückssäckel nach England, während Ampedo mit dem Wunschhut in Famagusta bleibt. Die schöne und falsche Königstochter Aggripina betrügt Andolosia um das Säckel. Mit Hilfe des von seinem Bruder geborgten Wunschhutes versucht er, das Kleinod zurückzubekommen, verliert aber auch den Hut noch. Zwar gelingt es ihm, sich beides wieder zu verschaffen, aber Glück ist ihm auf Dauer nicht beschieden: auf dem Heimweg nach Famagusta wird er von zwei Grafen gefangengenommen, des Säckels beraubt und im Gefängnis ermordet. Sein Bruder Ampedo zerhackt und verbrennt in seinem Leid den Wunschhut, fällt in eine tödliche Krankheit und stirbt. *Half yn weder der schon pallast noch daz bar gelt.*

Ausgaben: Fortunatus: Nach dem Augsburger Druck von 1509 hrsg. von H. Günther. 1914, Nachdr. 1967 (Neudrucke deutscher Lit.werke des 16. u. 17. Jahrhunderts 240/241) und in: Anfänge des bürgerlichen Prosaromans in Deutschland. Hrsg. von F. Podleiszek. 1933, Nachdr. 1974, S. 27–155 (DLE, Reihe Volks- und Schwankbücher, Bd. 7). – Übertragung: Deutsche Volksbücher in 3 Bänden. Ausgewählt und eingeleitet von P. Suchsland, Textrevision von E. Weber. Bd. 1, 3. Aufl. 1979, S. 3–164 (Bibliothek deutscher Klassiker). – Literatur: W. Raitz, Zur Soziogenese des bürgerlichen Romans. Eine literatursoziologische Analyse des ›Fortunatus‹. 1973. – D. Kartschoke, Weisheit oder Reichtum? Zum Volksbuch von Fortunatus und seinen Söhnen.

In: Literatur im Feudalismus. Hrsg. von D. Richter. 1975, S. 213–259. – H.-J. Bachorski, Geld und soziale Identität im ›Fortunatus‹. 1983.

Daß im ›Fortunatus‹ zentrale Probleme der kaufmännisch-bürgerlichen Existenz zum Thema gemacht werden, steht außer Frage: der Erwerb von Geld und der richtige Umgang mit ihm, die damit einhergehende Frage nach neuen Wertmaßstäben und Handlungsnormen, Seßhaftigkeit und Mobilität, Reichtum und Glück, Anonymität und Gefahren der Großstadt, neue Formen des Sozialverhaltens – das alles sind hochaktuelle Themen. Aber mit ihnen gerät der ›Fortunatus‹ zu einem Roman voller unbewältigter Widersprüche. Schon das scheinbare bürgerliche Ethos am Beginn erweist sich als trügerisch: erwartet man, daß nach dem Bankrott des Vaters durch adlig-repräsentative Lebensweise nun an Fortunatus demonstriert wird, wie man durch Arbeit und treue Pflichterfüllung zu Glück und Ansehen kommt, so wird man enttäuscht. Gerade das Gegenteil ist der Fall: trotz seiner treuen Dienste scheitert Fortunatus sowohl am Hof wie in der Stadt. Sein Glück findet er wie der abenteuernde Ritter auf wunderbare Weise. So ist denn auch die Art seines Einkommens der bürgerlichen Erwerbsweise gerade entgegengesetzt; es gleicht dem Renteneinkommen des Feudaladligen, bei dem der ständige Fluß der Geldmittel ohne den Einsatz von Kapital und Arbeit garantiert ist. Folgerichtig ist seine Lebensform auch keine städtische; er bewegt sich in Adelskreisen und läßt seinen Söhnen eben jene adlige Erziehung zuteil werden, die anfangs bei ihm selbst als ungenügend für die Anforderungen des Lebens getadelt worden war. Auch die im Epilog aufgewiesene Alternative, Fortunatus hätte statt Reichtum lieber Weisheit wählen sollen, erweist sich als scheinbar. Weisheit und Reichtum sind keine Gegensätze, vielmehr ist Weisheit die noch bessere Garantie für Reichtum, wie sich an Salomo zeigt, der *der reichest künig der erden worden ist.* Es gibt also in Wahrheit gar keine Wahl zwischen Weisheit oder Reichtum. Vielmehr ist erstere einfach Voraussetzung für den vernünftigen Umgang mit letzterem. Die mögliche Alternative, Wohlstand durch Arbeit, bleibt völlig außer Betracht.

Mag man solche Widersprüche als bewußt gestaltet oder als unbewußten Ausdruck der Befindlichkeit des frühen Bürgertums einschätzen, in jedem Fall weist der Sachverhalt wieder auf die Identitätsproblematik. Fortunatus gewinnt innerhalb der Handlung weder Identität in städtischer noch in höfischer

Umgebung. Er führt das Leben eines Scheinkaufmanns mit aristokratischen Allüren; die Quelle seines Reichtums muß vor jedermann verborgen bleiben. Die Folge ist gesellschaftliche Isolation. Er ist weder identisch mit der bestehenden Gesellschaft, noch hält er ein Identifikationsangebot für sie bereit.

Man hat in solchen Erscheinungen Frühformen eines neuzeitlichen Individualitätsbegriffs finden wollen. Individualität müßte dann allerdings als negativ erfahrene Vereinzelung definiert werden. Anders nämlich als beim Romanhelden seit dem ausgehenden 18. Jahrhundert wird die Erfahrung der Nicht-Identität mit der Gesellschaft nicht dialektisch im Wertbegriff der individuellen Persönlichkeit aufgefangen. Die Individualität der frühbürgerlichen literarischen Figuren ist Mangel: fehlende Übereinstimmung mit vorgefundenen Ordnungen, keinesfalls aber die Identität einer autonomen Persönlichkeit mit sich selbst. Dies ist der Grund, warum die »Helden« der bürgerlichen Literatur des Spätmittelalters ausnahmslos Außenseiter sind – Narren, Eulenspiegel, die Lalen, Hans Clawert, Fortunatus, Dr. Faustus – und warum deren Geschichten in der Regel traurig enden – im Gegensatz zum Happy-End des höfischen Romans.

Jörg Wickram ist der einzige Romanautor des 16. Jahrhunderts, der diesen Negativfiguren positive bürgerliche Helden entgegenzusetzen vermag durch die Idee von Aufstieg durch Arbeit und Sicherung des Glücks durch persönliche Tugend. Wickram wurde um 1505 in Kolmar als unehelicher Sohn des Stadtschultheißen Konrad Wickram geboren. Die Nachrichten über sein Leben sind spärlich. Eine gründliche Schulausbildung hat er offenbar nicht genossen. Sein Wissen hat er sich im Laufe seines Lebens autodidaktisch erworben. 1522 ist er als Bücheragent im Auftrag des Kolmarer Rates auf Reisen. 1546 wird er als Weibel, d.i. Ratsdiener, der Stadt Kolmar erwähnt. Auf seine Initiative geht die Gründung der Kolmarer Meistersingerschule 1549 zurück. Für sie kaufte er die ›Kolmarer Handschrift‹ (s.u.), unsere Hauptquelle für die frühe meisterliche Lieddichtung. Der Codex enthält Eintragungen von Wickrams Hand; eigene Meisterlieder von ihm sind nicht überliefert. Etwa 1554 wird er Stadtschreiber in Burkheim am Rand des Kaiserstuhls. Vor 1562 ist er gestorben.

Ausgaben: Georg Wickrams Werke. Hrsg. von J. Bolte. 8 Bde, 1901–1906, Nachdr. 1974 (StLV 222ff.). – Georg Wickram, Sämtliche Werke. Hrsg. von H.-G. Roloff. 12 Bde, 1967–1973 (Ausgaben dt. Lit. des 15.–18. Jhs.). – LITERATUR: C. Lugowski, Die Form der Individualität im Roman. 1932, Neudr. 1976. – I. Spriewald, Wirklichkeitsgestaltung im Neubeginn der Prosaerzählung. In: I. S. u. a., Grundpositionen der deutschen Literatur im 16. Jahrhundert. 1972, S. 250–329. – H. Christ, Literarischer Text und historische Realität. Versuch einer historisch-materialistischen Analyse von Jörg Wickrams ›Knabenspiegel‹ und ›Nachbarn‹-Roman. 1974. – J. Knopf, Frühzeit des Bürgers. Erfahrene und verleugnete Realität in den Romanen Wickrams, Grimmelshausens, Schnabels. 1978. – D. Kartschoke, Jörg Wickrams Dialog vom ungeratenen Sohn. Daphnis 7 (1978) S. 377–401. I. v. d. Lühe, Jörg Wickram: Von guten und bösen Nachbarn. In: Einführung in die deutsche Literatur des 12. bis 16. Jhs. Hrsg. von W. Frey u. a., Bd 3, S. 190–210. 1981.

Die ersten beiden Romane Wickrams sind, zumindest was Personal und Schauplätze betrifft, noch stark am höfischen Romanmuster orientiert, die ›History von dem edlen vnd theüren Ritter Galmien‹, 1539 ohne Autorennennung in Straßburg gedruckt, und der Roman von ›Reinhart und Gabriotto‹, 1551. Der ›Knabenspiegel‹ von 1554 wird zur Exempelerzählung für die Prävalenz der Tugend vor sozialem Stand. Schon der Titel verrät das Konstruktionsschema: ›Ein schoen kurtzwyligs Buechlein / Von zweyen Jungen Knaben / Einer eines Ritters / Der ander eines bawren Son / würt in disen beiden fürgebildt / was grossen nutz das studieren gehorsamkeit gegen Vatter und Muter / schul und lermeistern bringet / Hergegen auch was grosser geferligkait auß dem widerspyl erwachsen / die Jugent darin zu lernen / vnd zu einer warnung fürzuspiegeln‹.

Die Geschichte eines sozialen Aufstiegs durch Tugend und Verdienst ist der ›Goldfaden‹ (geschrieben 1554, gedruckt 1557). Dem armen Hirtensohn Leufried gelingt es, durch unermüdliche treue Dienste vom Küchenjungen bis zum Schwiegersohn eines Grafen und zu dessen Nachfolger aufzusteigen. Das Tugendkonzept allerdings durchbricht die Standesgrenzen nur scheinbar: bei seiner Vermählung stellt sich heraus, daß Leufried selbst adliger Herkunft ist. Hier liegen auch die Grenzen der Vorbildlichkeit eines Romans, der *allen Jungen Knaben ... fast dienstlich* sein soll, zu lernen, was man mit *fleißigen studieren* und *vnder dienstbarkeit* erreichen kann.

Probleme des Sozialverhaltens in der Stadt behandelt der Roman ›Von guten vnd bosen Nachbaurn‹, 1556.

Dem wohlhabenden Goldschmied und Edelsteinhändler Robertus wird in seiner Heimatstadt Antwerpen das Leben durch einen bösen Nachbarn verleidet. Er wandert aus nach Lissabon, wo ihm ein Geschäftsfreund bei der Gründung einer neuen Existenz hilft. Richard, ein junger Spanier und ebenfalls Goldschmied, heiratet die Tochter Robertus', Cassandra. Die Freundschaftsgeschichte wiederholt sich in der zweiten Generation: Richard, der sich als Schmuck- und Juwelenkaufmann betätigt, findet einen Freund in dem Goldschmied Lasarus, dessen Treue sich in vielen gefahrvollen Reisen bewährt. Die beiden gehen eine Geschäftsverbindung ein und beziehen benachbarte Häuser, die, untereinander verbunden, von der Außenwelt durch Mauern abgeschirmt sind. Der Sohn des Lasarus heiratet Richards Tochter Amelia. Der *obmann frid,* der über den Familien waltet, gewährleistet ein harmonisches Zusammenleben.

Sieht man von den London-Episoden im ›Fortunatus‹ ab, ist Wickrams ›Nachbarn‹-Roman das erste deutsche Literaturwerk, daß die Großstadt und ihre Probleme behandelt – um so erstaunlicher, als Wickram selbst nie die kleinstädtische Umgebung verlassen hat. Im Gegensatz zu den Städtelob-Schriften stellt sich im Erleben der Romanfiguren die Stadt als feindselige Umgebung heraus, eine Ansammlung fremder, boshafter, verbrecherischer und betrügerischer Menschen. Dem setzt Wickram das Bild einer auf Tugend und gemeinsamen Interessen basierenden Freundschaft entgegen; Zusammenleben in Harmonie und geschäftlicher Erfolg bedingen sich wechselseitig. Aber was sich als Idealbild oder gar Utopie bürgerlicher Existenz ausgibt, erweist in Wahrheit die engen Grenzen der Tugendkonzeption: ein Leben in Freundschaft, Ehrbarkeit und Arbeitsamkeit ist nur zu sichern in einer Nachbarschaftsidylle, die keinerlei Beziehung mehr zu ihrer städtischen Umgebung hat, ja hermetisch von ihr abgeschirmt ist. Soziale Beziehungen funktionieren nur in der kleinsten Einheit, der Familie. Der erste deutsche Stadtroman wird damit zugleich zur Absage an die Stadt. Die Nachbarsfamilien sind ebenso vereinzelt wie die bürgerlichen Erzähl-»Helden«. Die Identitätsschwierigkeiten zeigen sich auch und gerade dort, wo sich Literatur ausdrücklich als Anleitung zu vorbildlicher bürgerlicher Existenz versteht.

Weitere Werke Wickrams:

›Der Irr Reitend Bilger‹ (1555), eine Schrift gegen den Mißbrauch der Wallfahrten;

zwei Satiren: ›Das mechtig hauptlaster der trunckenheit‹

(1555) und ›Die Siben Hauptlaster, sampt jren schonen fruchten vnd eygenschafften (1556);

Mehrere Fastnachtspiele zwischen 1531 und 1550 (›Das Narrengiessen‹, ›Der trew Eckart‹);

biblische Dramen: ›Von dem verlurnen Sun‹ (1540), ›Tobias‹ (1551);

Modernisierung der Übersetzung von Ovids ›Metamorphosen‹ durch Albrecht von Halberstadt (um 1210, s. Bd. 2) für einen Mainzer Druck 1545.

10. Lieddichtung in der Stadt

Allgemeines, Verfasser, Publikum, Vortrag

Das Lied als unaufwendige, einfach zu handhabende und leicht mündlich und schriftlich tradierbare Gattung entspricht den städtischen Literaturbedürfnissen in idealer Weise. Eine bis heute nicht systematisch gesichtete Fülle von Liedern entsteht und wird aufgezeichnet. Es gehört zu den Gattungsmerkmalen städtischer Lieddichtung außerhalb des Meistersangs, daß die Autoren weder im Text selbst noch bei der Aufzeichnung genannt werden. Das macht eine Zuordnung des einzelnen Liedes zu Entstehungsort, Zeit und sozialem Umfeld schwierig, ganz abgesehen davon, daß potentiell jedes Lied einem Prozeß der Umdichtung, Veränderung und Weiterdichtung ausgesetzt sein kann – Fakten, die konstitutiv für den Begriff des Volksliedes geworden sind. Nur in seltenen Ausnahmefällen verweist einmal ein Akrostichon auf einen mutmaßlichen Verfasser (z. B. den Angehörigen der Nürnberger Patrizierfamilie Mertein Imhov, Liederbuch der Clara Hätzlerin I,74) oder finden sich zufällige Namenseinträge in den Handschriften, wobei häufig genug unsicher ist, ob es sich um Autoren- oder Schreibernamen handelt. Selbst in diesen Fällen ist die Identifizierung des Namens mit einer biographisch faßbaren Person kaum je möglich, wie z. B. bei Jöriger (Liederbuch der Clara Hätzlerin I, 122–124), Hans Krus (St. Georgener Hs.), Judocus von Windsheim (Lochamer Liederbuch), Herman Smid (Sterzinger Miszellaneen-Hs.).

In Einzelfällen läßt sich belegen, daß Lieder des »Volkslied«-Typus auch von Angehörigen des Adels geschrieben und gesammelt worden sind. Das ›Königsteiner Liederbuch‹ oder das Liederbuch der Amalia von Cleve etwa stammen aus Adelsbesitz (s. u.), und das »Volkslied« ›weiß mir ein blümli blaue‹ hat den Grafen Johann II. von Habsburg (gest. 1380) zum Verfasser, sofern eine Bemerkung in der Chronik des Petermann Etterlin (s. o. Kap. III), Johann habe in Züricher Gefangenschaft *das Lyedly: ich weiß ein blouwes blumlin* gedichtet, dieses Lied meint.

Dessen ungeachtet bezeugen die Überlieferung und die Texte selbst, daß der weit überwiegende Teil der Lieder in städtischer Umgebung entstanden und beheimatet ist. Über ihren »Sitz im Leben« wissen wir für das 14. und 15. Jahrhundert gleichwohl wenig. Immer wieder weisen Textanspielungen und auch Ordnungsverfügungen darauf hin, daß Lieder »auf der Gasse« gesungen worden sind, daß es also populär verbreitetes Liedgut gab. Ob es ganz oder teilweise identisch ist mit den aufgezeichneten Liedern, bleibt unsicher (erst im 16. Jahrhundert verwendet eine Liedsammlung den Terminus »Gassenhauer« im Titel). Daß Trink- und Festlieder zu den entsprechenden Anlässen gemeinschaftlich gesungen wurden, darf man annehmen. Auch Liebeslieder sind wohl Gegenstand geselligen Singens gewesen; die häufige Verwendung des Refrains deutet darauf hin. Ob es den öffentlichen Einzelvortrag mit Instrumentalbegleitung in Analogie zum höfischen Liedvortrag gegeben hat, ist schwer zu belegen. Seit dem 15. Jahrhundert beweist die Verbreitung von Stimmbüchern, d. h. von separaten Einzelstimmen, eine Praxis des geselligen Musizierens, das jedoch den mehrstimmigen Satz, also die Vertonung als Kunstlied, schon als den Normalfall voraussetzt.

Ausgaben: Textsammlungen (thematisch orientierte Sammlungen und Ausgaben von Liederbüchern werden an den entsprechenden Stellen angeführt): L. Uhland, Alte hoch- und niederdeutsche Volkslieder. 2 Bde, 1844, Nachdr. 1968. – R. Eitner, Das deutsche Lied des 15. und 16. Jahrhunderts. 2 Bde, 1876/1880 (Beilage 2 der Monatshefte f. Musikgeschichte, Jg. 8 u. 12). – F. Böhme, Altdeutsches Liederbuch. 1877. – L. Tobler, Schweizerische Volkslieder. 2 Bde, 1882–1884. – R. v. Liliencron, Deutsches Leben im Volkslied um 1530. 1884, Nachdr. 1966. – L. Erk und F. Böhme, Deutscher Liederhort. 3 Bde, 1893, Nachdr. 1972. – E. Bernoulli, Aus Liederbüchern der Humanistenzeit. 1910. – H. J. Moser, Minnesang und Volkslied. 30 altdeutsche Liedweisen des

11. bis 16. Jahrhunderts. 1926. – H. Maschek, Lyrik des späten Mittelalters. 1939, Nachdr. 1964 (DLE Realistik des späten Mittelalters Bd. 6). – H. Moser u. J. Müller-Blattau, Deutsche Lieder des Mittelalters von Walther von der Vogelweide bis zum Lochamer Liederbuch. 1968. – E. und H. Kiepe, Gedichte 1300–1500. 1972 (Epochen der deutschen Lyrik Bd. 2). – K. Düwel, Gedichte 1500–1600. 1978 (Epochen der deutschen Lyrik Bd. 3). – Th. Cramer, Die kleineren Liederdichter des 14. und 15. Jahrhunderts. 4 Bde, 1977–1985 (CLD). – All mein Gedanken, die ich hab. Deutsche Lieder des 15. und 16. Jahrhunderts. Hrsg. von I. Spriewald. 1982 (modernisierend). – LITERATUR: Eine monographische Darstellung der spätmittelalterlichen Lieddichtung insgesamt fehlt. Für das 16. Jahrhundert: H.-G. Kemper, Deutsche Lyrik der frühen Neuzeit. Bd. 1: Epochen und Gattungsprobleme; Reformationszeit. 1987; Bd. 2: Konfessionalismus. 1987. W. Suppan, Volkslied. 1966. – R. W. Brednich (Hrsg.), Handbuch des Volksliedes. 2 Bde, 1973–1975. – D. Sittig, Vyl wonders machet minne. Das deutsche Liebeslied in der 1. Hälfte des 15. Jahrhunderts. Versuch einer Typologie. 1987. – Ausgabe der erwähnten Autoren: Mertein Imhov in: CLD Bd. 2, S. 73. – Judocus von Windsheim in: CLD Bd. 2, S. 110f. – Herman Smid in: CLD Bd. 3, S. 283f. – Johann von Habsburg in: CLD Bd. 2, S. 88–93.

Liedtypen

Grobschlächtig lassen sich die überlieferten Lieder größeren inhaltlichen Komplexen zuordnen:

1. Liebeslieder in der Tradition des höfischen Minnesangs. Sie münzen die Distanz zwischen Sänger und höfischer Dame um in das Motiv hoffnungsloser, vergeblicher oder enttäuschter Liebe – eine literatursoziologische Anpassung, die seit der Romantik als Ausdruck volkstümlichen Empfindens mißverstanden worden ist. Kaum ein Muster höfischen Minnesangs, das nicht in Terminologie und Verständnishorizont städtischer Umgebung übersetzt würde: *Fraw, hör und merck, was ist mein klag / dy mich so sere bekrenken tut, / das macht, das ich nit alle tag / dich sehen sol nach meynem mut* ... (Lochamer Liederbuch, Nr. 19, Str. 1). Oft finden sich Reste des Natureingangs: *Wie schon freidt sich der meye, / der summer ferdt dahin, mir ist ein feinß bruns meidtlein / gefallen in meinen sin* ... (Heidelberg cpg. 343, Nr. 17); die höfische Szenerie wird, u. a. durch Übernahme von Tageliedmotiven, gelegentlich unmittelbar assoziiert: *Nechten da ich bey ir was* ...; *Das meidlen an der zinnen stundt, / fieng cleglich an zu weinen; / gedenkh daran du*

schennes lieb, laß mich nit lenger alleine / kum wider baldt ... (ebd., Nr. 20, Str. 2 u. 3). Die Berufung auf antike Mythologie zeigt besonders vom ausgehenden 15. Jahrhundert an den Einfluß der städtischen Bildungsschichten: *Cupido hat im jetzt erdacht / ein ellend man zu machen ...* (Öglins Liederbuch, Nr. 5), *Phoebe, dir geschach / auch also gach / do eiltest nach / Daphne ...* (ebd. Nr. 8).

Greifbar werden solche Einflüsse bei dem Dichter, Komponisten und Musiktheoretiker Adam von Fulda. Er ist um 1445 geboren. Seine musiktheoretische Schrift ›De musica‹, 1490, schrieb er nach eigner Angabe im Vorwort in einem Kloster bei Passau, was nicht bedeutet, daß er Geistlicher gewesen sein muß. 1492 wurde er zum Historiographen des kursächsischen Hofes bestellt; seine Sachsenchronik wurde nach seinem Tode von Johannes Trithemius vollendet. Zur gleichen Zeit war er als Hofkomponist tätig, 1498 wurde er Kapellmeister, 1502 Professor der Musik an der eben gegründeten Universität Wittenberg. Er stand in engem Kontakt zum Erfurter Humanistenkreis (s. u.). 1505 ist er in Wittenberg gestorben.

Durch Akrosticha geben zwei formal hochkomplizierte Liedtexte voller Anspielungen auf antike Mythologie die Autorschaft Adams von Fulda zu erkennen, die Zuschreibung eines dritten Liedes ist nicht gesichert (alle drei Lieder sind im ›Liederbuch des Arnt von Aich‹, s. u., überliefert).

Ausgaben der angeführten Lieder s. u. unter »Liederbücher«. – Adam von Fulda, Lieder, in: CLD Bd. 1, S. 17–31. – eine neuere Ausgabe von ›De musica‹ fehlt. – Literatur: H. J. Moser, Leben und Lieder des Adam von Fulda. Jahrbuch d. staatl. Akademie f. Kirchen- und Schulmusik Berlin 1 (1928), S. 7–16.

Parodie und obszöne Travestie des erotischen Themas haben ebenfalls schon Vorbilder in der Adelsdichtung: *Die frewelein von Sachsen / die haben schewren weit / ... der in den flachs will possen, / muß haben ein slegel grosse / dreschend zu aller zeit* (Lochamer Liederbuch, Nr. 42, Str. 5).

2. Trink- und Gesellschaftslieder, die oft schon durch ihre Textstruktur die Weise des Vortrags erkennen lassen: eine Art Responsorium zwischen einem Vorsänger und der Wiederholung einer stereotypen Textzeile durch die heitere Gesellschaft, wie in einer frühen Version des Frau-Wirtin-Liedes: *Es fuer ein man den Rhein aus // mit narren und eseln // er kam vor einer frauw wirtin haus // mit narren und eseln ...* (Heidelberg cpg.

343, Nr. 118). Freuden des Trinkens werden ausgiebig besungen: *Eß was gut bier. der zapp ist uß. ich förcht, ich muß mich scheiden ...* (Königsteiner Liederbuch, Nr. 122). In diesen Zusammenhang gehören auch Studentenlieder in der Tradition der Vagantenlyrik, die ihre Herkunft gelegentlich durch Zweisprachigkeit zu erkennen geben: *Wol uff, ir gesellen, in die tabern, / Aurora lucis rutilat! / Ach lieben gesellen, ich drunck so gern, / Sicut cervus desiderat.* (Fichards Liederhandschrift).

Ausgaben der angeführten Lieder s.u. unter »Liederbücher«.

3. Berichts- und Erzähllieder, die bemerkenswerte Ereignisse, Anekdoten, Schwänke und Scherzerzählungen in Liedform bringen: *Es ging ein schreyber spaciren auß / wol an dem marckt do stat ein hauß* (Refrain:) *Hainrice Kuonrade der schreyber im korb ...* (Einblattdruck Ulm ca. 1496, München Einbl. I, 3); *Dat scholde en monnick vnd eyne baghyne, to samen lesen ere tide, de monnick de was der frowde ghe meyn, he tastede der nünneken manck er beyn ...* (Ein Mönch und eine Beghine sollten zusammen ihr Stundengebet lesen. Der Mönch war Späßen nicht abgeneigt, er faßte dem Nönnchen zwischen ihre Beine; Rostocker Liederbuch, Nr. 27). Hierher gehören u.a. das Lied von der Widerspenstigen Zähmung eines Balthasar Wenck (Nürnberger Druck von 1521 im Weimarer Liederbuch), das Lied von den faulen Hausmägden eines Matthias Wurgenbock (mehrfach in Handschriften und Drucken des 16. Jahrhunderts überliefert) oder das geistlose Lied vom Furz und der Weberin eines Paulus Zing aus Isny (überliefert in Valentin Holls Handschrift). Wo von historischen Ereignissen die Rede ist, gerät das Berichtslied in die Nähe des politischen Liedes, z.B. *zu mitterfasten es beschach / daz Peter Onverdorben gefangen lag / ze Nuwenburg in dem turme* (Karlsruher Hs. St. Blasien 77).

Ausgaben der angeführten Lieder s.u. unter »Liederbücher«. – Balthasar Wenck in: CLD Bd. 3, S. 426–455. – Matthias Wurgenbock in: M. Curschmann, Texte und Melodien zur Wirkungsgeschichte eines spätmittelalterlichen Liedes, 1970 [Hans Heseloher] und in CLD Bd. 3, S. 488–493. – Paulus Zing in: CLD Bd. 3, S. 494–496.

4. Spiel- und Rätsellieder, erstere in Machart und wohl auch Verwendung den heute noch gebräuchlichen Ringelspielliedern und Abzählversen ähnelnd: *Ich ging durch ein zerrissen haus; / still was die maus / sie ruckt heraus. / Ein flügel het mein gans*

/ ging gang ging gang ging gang / also laut unser gsang (Öglins Liederbuch, Nr. 42).

5. Lieder von Berufsgruppen, insbesondere über das Leben der Gesellen: *Innspruck, ich muß dich lassen* (vielfach überliefert, von Heinrich Isaack vertont) und der Söldner und Landsknechte, etwa *Ich vorcht kein windter nie so hart / pei allen meinen tagen* des Salzburgers Andres Nadler, eines Teilnehmers am Ungarnfeldzug Maximilians von 1490, oder das Reiterlied *Fuchswild bin ich* eines Balthasar von Heilbronn. Eine Sondergruppe innerhalb dieses Komplexes bilden die Lieder der Bergleute, die ›Bergreihen‹.

AUSGABEN: Andres Nadler in: CLD Bd. 2, S. 397f. – Balthasar von Heilbronn in: CLD Bd. 1, S. 58f. – Bergreihen. Eine Liedersammlung des 16. Jahrhunderts mit drei Folgen. Hrsg. von G. Heilfurth, E. Seemann, H. Siuts u. H. Wolf. 1959 (Mitteldt. Forschungen 16).

Liederbücher

In vielen handschriftlichen und gedruckten Liederbüchern sind im 15. und 16. Jahrhundert Lieder gesammelt worden. Die Konzeptionen sind sehr verschieden: es gibt Mischhandschriften, die Lieder neben anderen Texten überliefern, mehr oder minder zufällig zusammengestellte und allmählich zustandegekommene Kompilationen und systematische Sammlungen.

Handschriftliche Liedersammlungen in Auswahl

›Lochamer Liederbuch‹, zwischen 1451 und 1453 geschrieben. Um 1500 gehörte die Handschrift dem Nürnberger Wolflin von Lochamer; 45 Lieder mit Melodien.

AUSGABEN: Das Lochamer Liederbuch. Einführung u. Bearbeitung der Melodien von W. Salmen. Einleitung und Bearbeitung der Texte von Ch. Petzsch. 1972. (Denkmäler der Tonkunst in Bayern, NF. Sonderband 2). – Faksimile: Locheimer Liederbuch u. Fundamentum organisandi des Conrad Paumann. Hrsg. von K. Ameln. 1925, Neudruck 1972 (Dokumenta Musicologica 2. Reihe, Bd. III). – LITERATUR: Ch. Petzsch, Das Lochamer Liederbuch. Studien. 1967.

›Liederbuch des Jakob Kebitz‹ (München cgm 811), geschrieben etwa zwischen 1430 und 1450 in Oberschwaben; enthält neben zahlreichen anderen Texten 33 Liedtexte.

Ausgabe: Gesamtausgabe fehlt. Z.T. fehlerhafter Abdruck in Auswahl bei F. Keinz, Ein Meistersinger des 15. Jahrhunderts und sein Liederbuch. 1892 (MSB 1891), S. 639–699. – Literatur: H. Fischer, Jakob Kebicz und sein verkanntes Liederbuch. Euph. 56, 1962, S. 191–199, und Nachtrag Euph. 59, 1965, S. 384f.

Karlsruher Handschrift (St. Blasien 77), geschrieben zwischen 1439 und 1442 von dem Mönch Heinrich Otter; enthält neben lateinischen Predigten und liturgischen Texten einige deutsche Lieder mit Melodien.

Ausgabe fehlt.

›Augsburger Liederbuch‹ (München cgm 379), durch einen anonymen Sammler abgeschlossen 1454; enthält neben anderen Texten 97 deutsche Lieder.

Ausgabe: J. Bolte, Ein Augsburger Liederbuch vom Jahre 1454. Alemannia 18 (1890), S. 97–127 u. 203–237. – Literatur: K. J. Seidel, Der cgm 379 der Bayerischen Staatsbibliothek und das ›Augsburger Liederbuch‹ von 1454. Diss. München 1972.

›Berliner Liederhandschrift‹ (Berlin mgf 922), geschrieben im 1. Viertel des 15. Jahrhunderts von mehreren Schreibern; enthält 86 Liebeslieder in deutsch-niederländischer Mischsprache.

Ausgabe: M. Lang, Zwischen Minnesang und Volkslied. 1941 (Studien zur Volksliedforschung 1).

Berliner Handschrift mgq 1107 von 1459, wahrscheinlich aus Ulm, enthält neben anderen Texten ein Kleincorpus von neun Liebesliedern.

Ausgabe, Literatur: H. Fischer, Eine vergessene schwäbische Liedersammlung des 15. Jahrhunderts. ZfdA 91 (1961/62), S. 236–254.

›Liederbuch der Clara Hätzlerin‹, geschrieben 1471 von der Augsburger Berufsschreiberin Clara Hätzler. Es enthält neben vielen Reimpaargedichten 134 Lieder z.T. namentlich genannter Autoren, ohne Melodien.

Ausgabe: C. Haltaus, Liederbuch der Clara Hätzlerin. 1840, Neudr. mit einem [korrigierenden] Nachwort von H. Fischer. 1966 – Literatur: H. D. Schlosser, Untersuchungen zum sogenannten lyrischen Teil des Liederbuchs der Klara Hätzlerin. 1965.

›Fichards Liederhandschrift‹ (1944 verbrannt), 3. Viertel des 15. Jahrhunderts; enthält 114 Lieder aller Arten, z.T. von namentlich genannten Autoren, ohne Melodien.

Ausgabe: J. C. v. Fichard, Altdeutsche Lieder und Gedichte aus der ersten Hälfte des 15. Jahrhunderts. Frankfurtisches Archiv f. ältere deutsche Litteratur und Geschichte 3 (1815), S. 196–323.

›Königsteiner Liederbuch‹, um 1470/72 aus dem Besitz der Grafen von Eppstein-Königstein; enthält 169 Lieder ohne Melodien.

Ausgabe: P. Sappler, Das Königsteiner Liederbuch, Ms. germ. qu. 719 Berlin. 1970 (MTU 29).

›Wienhäuser Liederbuch‹, 3. Viertel des 15. Jahrhunderts, 59 überwiegend geistliche Lieder, lateinisch und deutsch, ohne Melodien.

Ausgabe: P. Alpers, Das Wienhäuser Liederbuch. NdJb 69/70 (1943–1947), S. 1–40.

›Hartmann Schedels Liederbuch‹, Sammlung des Nürnberger Humanisten (s. u.) aus seiner Studentenzeit 1461–1467; enthält 96 deutsche Lieder, überwiegend mit Melodien.

Ausgabe: H. Rosenberg, Das Schedelsche Liederbuch. 1933 (Bärenreiter-Ausg. 628).

›Glogauer Liederbuch‹ (früher ›Berliner Liederbuch‹, seit 1945 verschollen), letztes Viertel des 15. Jahrhunderts, drei Stimmbücher mit 75 deutschen, 158 lateinischen weltlichen und geistlichen Liedern und 59 nicht textierten Musikstücken.

Ausgabe: Das Glogauer Liederbuch. Teile 1 u. 2 hrsg. von H. Ringmann. 1936/37 (Das Erbe dt. Musik 4.8). – Teile 3 u. 4 hrsg. von Ch. Väterlein (Das Erbe dt. Musik 85/86).

›Rostocker Liederbuch‹, letztes Viertel des 15. Jahrhunderts; enthält 52 überwiegend weltliche Lieder, teilweise mit Melodien.

Ausgabe: F. Ranke u. J. Müller-Blattau, Das Rostocker Liederbuch nach den Fragmenten der Handschrift. 1927 (Schriften d. Königsberger Gelehrten Ges. 4).

›Liederbuch des Johannes Heer von Glarus‹, um 1510; enthält 88 mehrstimmige Sätze überwiegend deutscher Lieder.

Ausgabe: A. Geering u. H. Trümpy, Das Liederbuch des Johannes Heer von Glarus. 1967 (Schweizerische Musikdenkmäler 5).

›Valentin Holls Handschrift‹, ein zwischen 1524 und 1526 geschriebener gewaltiger Folioband, enthält eine wahllose Sammlung aller Arten deutschsprachiger Texte, fast ausnahmslos Abschriften von Drucken.

LITERATUR: Genaue Inhaltsangabe von Sievers in: A. v. Keller, Verzeichnis altdeutscher Handschriften. 2. Aufl. hrsg. v. E. Sievers. Tübingen 1890, Nr. 62, S. 95 ff.

Berliner Handschrift mgq 612 von 1574, Sammlung von weltlichen Liedern, Abschriften von Oktavdrucken, ohne Noten.

TEILAUSGABE: A. Kopp, Die niederrheinische Liederhandschrift (1574). Euphorion 8 (1901), S. 499–528; 9 (1902), S. 21–42, 280–310 u. 621–637.

›Handschrift des Martin Ebenreutter‹ (Berlin mgq 488), geschrieben 1530 in Würzburg, enthält neben anderen Texten 160 weltliche Lieder.

AUSGABE fehlt.

Heidelberger Liederhandschrift cpg 343, eine Augsburger Sammlung aus der Mitte des 16. Jahrhunderts; enthält 204 deutsche Lieder ohne Melodien.

AUSGABE: A. Kopp, Volks- und Gesellschaftslieder des 15. und 16. Jahrhunderts. I: Die Lieder der Heidelberger Handschrift Pal. 343. 1905, Nachdr. 1970 (DTM 5).

›Liederbuch der Herzogin Amalia von Cleve‹, 16. Jahrhundert, enthält 33 weltliche und geistliche, niederdeutsche Lieder.

AUSGABE: Teilausgabe J. Bolte, Liederhandschriften des 16. und 17. Jahrhunderts. Das Liederbuch der Herzogin Amalia von Cleve. ZfdPh 22 (1890), S. 397–426.

Berliner Handschrift mgf 752, der Einband trägt die Jahreszahl 1568; enthält 126 Lieder ohne Melodien.

AUSGABE: Teiledition von A. Kopp, Die Liederhandschrift vom Jahre 1568. ZfdPh 35 (1903), S. 507–532.

›Osnabrückische Liederhandschrift‹ (Berlin mgf 753), entstanden nach 1575, enthält 150 Lieder in hochdeutsch-niederdeutscher Mischsprache ohne Melodien.

AUSGABE: Teiledition von A. Kopp, Die Osnabrückische Liederhandschrift vom Jahre 1575. Archiv 110 (1903), S. 1–28, S. 257–274 u. 111 (1904), S. 1–24.

Vom Beginn des 16. Jahrhunderts an wurde eine große Anzahl von Liedern in sogenannten »fliegenden Blättern«, billigen Oktavdrucken, verbreitet, die – je nach Umfang – ein bis fünf Lieder, meist mit einem einfachen Holzschnitt auf der Titelseite abdruckten. Schon seit dem 16. Jahrhundert, oft aber auch erst durch die Sammler des 19. Jahrhunderts, wurden diese Einzeldrucke zu »Liederbüchern« zusammengebunden. Solche Sammelbände befinden sich u. a. in Erlangen, Weimar und (aus Uhlands Besitz) in Tübingen.

Verzeichnis in Goedekes Grundriß, Bd. 2, S. 86f. – AUSGABE: Das Weimarer Liederbuch (o. Hrsg.). 1920. – Das Weimarer Liederbuch. Schätzbare Sammlung alter Volkslieder. Faksimileausgabe mit einem Nachwort von Konrad Kratzsch. 1976/77. – Alte hoch- und niederdeutsche Volkslieder. Hrsg. von Ludwig Uhland. 2 Bde, 1844, Nachdr. 1968.

Jörg Dürnhofers ›Liederbuch‹, ein Sammelband von 43 Kleinoktavdrucken, die der Eichstätter Bürger Jörg Dürnhofer (gest. 1539) angelegt hatte.

LITERATUR: F. Schanze, Meisterliche Liedkunst zwischen Heinrich von Mügeln und Hans Sachs. Bd. 1, 1983, S. 131–136.

Eine systematische Übersicht über die Einzeldrucke existiert nicht. Am deutschen Volksliederarchiv Freiburg ist jedoch seit Jahrzehnten eine Gesamtkatalogisierung im Gange.

Gedruckte weltliche Liederbücher in Auswahl

›Öglins Liederbuch‹, Augsburg 1512; enthält 42 deutsche weltliche und (im Schlußteil) sieben lateinische geistliche Lieder in vierstimmigem Satz.

AUSGABE: R. Eitner u. J. Maier, Erhart Öglins Liederbuch. 1880 (9. Publication älterer prakt. u. theoret. Musikwerke).

›Peter Schöffers Liederbuch‹, Mainz 1513; enthält 62 Lieder in vierstimmigem Satz. Eine veränderte Ausgabe druckte Schöffer zusammen mit Matthias Apiarius, Straßburg 1536 (65 Lieder in fünf Stimmbüchern).

AUSGABE: H. J. Moser, 65 deutsche Lieder nach dem Liederbuch von Peter Schöffer und Matthias Apiarius. 1967.

›Liederbuch des Arnt von Aich‹ (von Aachen), Köln 1519; enthält 75 Lieder in vier Stimmbüchern.

AUSGABE: H. J. Moser und E. Bernoulli, Das Liederbuch des Arnt von Aich. 1930.

›Liederbuch des Johann Ott‹, Nürnberg 1534, 121 Lieder in fünf Stimmbüchern. 1545 erschien bei Ott eine weitere Ausgabe mit 115 deutschen, französischen, italienischen und lateinischen Liedern in vier- bis sechsstimmigem Satz.

Ausgabe: R. Eitner, L. Erk u. O. Kade, Hundert und fünfzehn guter neuer Liedlein. 3 Bde. 1876 (Publikationen älterer prakt. u. theoret. Musikwerke 4, Ausgabe von 1545).

›Gassenhawerlin‹, Frankfurt 1535, gedruckt von Christian Egenolff; enthält 39 Lieder in vier Stimmbüchern.

›Reutterliedlin‹, im gleichen Jahr beim gleichen Drucker; enthält 41 Lieder. Beide Ausgaben wurden ca. 1536 vielleicht von Peter Schöffer in Straßburg zusammengefaßt und nachgedruckt als ›Gassenhawer vnd Reutterliedlin‹.

Ausgabe: H. J. Moser, Gassenhauerlin und Reutterliedlein. Frankfurt 1535, 1927.

Forsters Liederbücher, 5 Teile, Nürnberg 1539–1556, zusammen 380 Lieder in jeweils vier Stimmbüchern, die von dem Arzt Georg Forster gesammelt sind.

Ausgabe: M. E. Marriage, Georg Forsters Frische Teutsche Liedlein. 1903 (Neudrucke dt. Lit. Werke des 16. und 17. Jahrhunderts 203–206).

›Frankfurter Liederbuch‹ von 1578, enthält 262 Liedtexte ohne Melodien.

Ausgabe: J. Bergmann, Das Ambraser Liederbuch vom Jahre 1582, 1845, Nachdr. 1971 (StLV 12, nach der kaum abweichenden 2. Aufl. von 1582).

Historisch-politische Lieder

In den Wechselfällen der Politik wird das Lied zum Medium der Publizistik und Propaganda, das wie kein anderes literarisches Genre geeignet ist, noch überwiegend analphabetische Bevölkerungsschichten mit Informationen zu versorgen und zu beeinflussen. Es ist inhaltlich keineswegs auf städtische Probleme beschränkt, ist aber in Möglichkeiten und Art seiner Verbreitung vom 15. Jahrhundert an kaum ohne die städtische Bevölkerungskonzentration zu denken. Vom innerstädtischen Konflikt bis zur territorialpolitischen Auseinandersetzung gibt es kaum ein bedeutendes Ereignis, das nicht besungen worden wäre, sei es unter dem Anschein des sachlich informierenden Berichts, sei es in offen agitatorischer Parteinahme.

Wenngleich die Verfasser oft vorzogen, anonym zu bleiben, gehört es zu den Eigentümlichkeiten des Genres, daß Signaturstrophen häufig Autorennamen nennen. Nur in wenigen Fällen allerdings läßt sich mit diesen Namen eine historisch nachweisbare Person identifizieren; gelegentlich handelt es sich wohl auch um Namensfiktionen oder um offensichtliche Pseudonyme (»Frauenzucht«, »Pfaffenfeind«).

Die überwiegende Zahl historisch-politischer Lieder ist im Kontext chronikalischer Berichte überliefert; in Luzern wurde sogar der Versuch unternommen, eine ganze Chronik nur aus Liedtexten zusammenzustellen (Werner Steiners Liederbuch, 1532–1536). Nur dort, wo die Lieder über die Tagesbegebenheit hinaus als historische Legitimation Bedeutung erlangten, wurden sie noch Jahrzehnte oder gar Jahrhunderte nach den Ereignissen im Druck verbreitet: im Bereich der Schweizer Eidgenossenschaft.

SAMMELAUSGABEN: Trotz ihrer Verbesserungsbedürftigkeit in vielen Einzelheiten ist noch immer unersetzt die monumentale Ausg. von R. von Liliencron, Die historischen Volkslieder der Deutschen vom 13.–16. Jahrhundert. 4 Bde, 1865–1869, Nachdr. 1966. – F. L. von Soltau, 100 deutsche historische Volkslieder. 2. Aufl. 1845. – H. R. Hildebrand, Fr. L. v. Soltau's deutsche historische Volkslieder. 2. Hundert. 1850, Nachdr. beider Bände 1978. – LITERATUR: U. Müller, Untersuchungen zur politischen Lyrik des deutschen Mittelalters. 1974. – R. W. Brednich, Die Liedpublizistik im Flugblatt des 15.–17. Jahrhunderts. 2 Bde, 1974/75.

Naturgemäß haben diejenigen politischen Ereignisse die meisten Lieder hervorgebracht, die als die größten politischen Massenbewegungen des Spätmittelalters gelten können: die Kriege der Eidgenossenschaft und die Bauernkriege.

Die Liedüberlieferung zur Geschichte der Schweizer Eidgenossenschaft setzt ein mit Liedern über die Schlacht bei Sempach 1386. In einer kompilierenden Fassung von 67 Strophen nennt sich ein Hans Halbsuter aus Luzern als Verfasser und angeblicher Augenzeuge. Ein Luzerner Bürger dieses Namens ist zwischen 1435 und 1470 nachweisbar: Er hat wohl mehrere ältere Lieder redigiert und zu einer Einheit zusammengefügt. Das Lied überliefert als einzige Quelle die Legende vom Opfertod Winkelrieds. Es wurde bis 1694 mindestens zwölfmal in Einzeldrucken gedruckt. Halbsuters Lied weist bereits die charakteristischen Merkmale der schweizerischen Lieddichtung auf: einem politisch noch instabilen Gebilde wird ein Vorbild gemeinschaftlichen, solidarischen Handelns entworfen, das Voraussetzung für Gottes besondere Gnade ist. Eine namentliche Aufzählung der beteiligten Kantone und Ortschaften darf deshalb ebensowenig fehlen wie die zur Identifikation einladende Heldentat des Einzelnen, der Opfertod Winkelrieds, der den Seinen *ein gassen* macht, indem er *ein arm voll spieß* der Gegner zusammenrafft und auf seine Brust lenkt: *sin dapfer manlich sterben was den vierwaldstetten gut.* Solidarität wird überdies demonstriert, indem die Auseinandersetzung, alle Standesgrenzen überspielend, zum Krieg der *armen gemeinen buren* gegen den *adel* stilisiert wird.

Ereignisse des Zürichkrieges von 1443 besingen ein Hans von Anwil auf der Seite der Eidgenossen und der Verfasser eines Schmähliedes, Isenhofer, als Parteigänger der zürich-habsburgischen Seite.

Ein größerer Komplex von eidgenössischen Liedern betrifft den Burgunderkrieg und vor allem die entscheidende Schlacht bei Murten 1476. Hans Viol aus Luzern hat neben einem Murten-Lied ein Lied auf den Sieg der Urner über mailändische Truppen bei Giornico, 1478, und wahrscheinlich ein Preisgedicht auf die Eidgenossenschaft (zwischen 1501 und 1511) geschrieben. Weitere Murtenlieder stammen von einem nicht identifizierbaren Lurlebat, dem Berner Söldner Matthis Zoller (zwei weitere Lieder auf die Schlachten von Blomont, 1475, und von Nancy, 1477) und dem Berufsdichter Veit Weber aus Freiburg im Breisgau, der als eine Art Kriegsberichterstatter und Propagandist im Dienste mehrerer Städte gestanden zu haben scheint. Sechs Lieder von ihm sind überliefert.

Eine größere Zahl von Liedern über den Schwabenkrieg von 1499 verdanken wir der Sammlung des Lehrers Hans Lenz. Lenz ist seit 1494 als Schulmeister in Freiburg im Uechtland nachweisbar. Seit 1496 ist er in Saanen ansässig; 1500–1502 übt er das Stadtschreiberamt in Brugg aus, anschließend scheint er dort wieder Lehrer gewesen zu sein. Ein Brugger Bürger Hans Lenz ist 1541 gestorben.

1499 verfaßte er im Auftrag des Rats von Freiburg eine umfangreiche Reimchronik über den Schwabenkrieg. Zwei Lieder in der Chronik stammen von Hans Lenz selbst; eins davon besingt die Schlacht von Dorneck am 22. 7. 1499. Die Chronik enthält ferner Lieder des in Luzern ansässigen Peter Müller, eines Scherrer von Ilau und des Hans Wick aus Uri, von dem noch zwei weitere Lieder in Drucken überliefert sind. Als Lied der Gegenseite zitiert Lenz ein Schmählied von Matthis Schantz aus Eßlingen.

SAMMELAUSGABEN: L. Tobler, Schweizerische Volkslieder. 2 Bde, 1882–1884. – F. Waldmann, Alte historische Lieder zur Schweizer Geschichte des 13.–16. Jahrhunderts. 2. Aufl., besorgt von O. v. Greyerz. 1916. – O. v. Greyerz, Historische Volkslieder der deutschen Schweiz. 1922. – LITERATUR, AUSGABEN: Th. v. Liebenau, Nachweise über historische Volkslieder. Anzeiger f. schweiz. Geschichte (1873), S. 276–282, (1877), S. 303–311, (1880), S. 272–274. – V. Schlumpf, Die frumen edlen puren. Untersuchung zum Stilzusammenhang zwischen den historischen Volksliedern der Alten Eidgenossenschaft und der deutschen Heldenepik. 1969. – B. Rattay, Entstehung und Rezeption politischer Lyrik im 15. und 16. Jahrhundert. Die Lieder im Chronicon Helveticum von Aegidius Tschudi. 1986. – Ausgaben einzelner Autoren: Hans Halbsuter in: CLD Bd. 1, S. 272–315. – Hans von Anwil in: CLD Bd. 1, S. 316–319. – Isenhofer in: CLD Bd. 2, S. 74–82. – Hans Viol in: CLD Bd. 3, S. 360–379. – Lurlebat in: CLD Bd. 2, S. 268–274. – Matthis Zoller in: CLD Bd. 3, S. 497–511. – Veit Weber in: CLD Bd. 3, S. 382–421. – H. Tarlach, Veit Weber und seine Dichtungen. Diss. Greifswald 1933. – Hans Lenz in: CLD Bd. 2, S. 162–177. – Ausgabe der Chronik: H. v. Dießbach, der Schwabenkrieg, besungen von einem Zeitgenossen, Johann Lenz, Bürger von Freiburg. 1849. – Peter Müller in: CLD Bd. 2, S. 340–375. – Scherrer von Ilau in: CLD Bd. 3, S. 177–180. – Hans Wick in: CLD Bd. 3, S. 461–476. – Matthis Schantz in: CLD Bd. 3, S. 166–169.

In den Bauernkriegen von 1525 treten neben die Lieder traditionellen Musters als Folge veränderter Publikationsmöglichkeiten zunehmend in Reimpaarversen verfaßte Berichte, die von vornherein mit der Verbreitung durch den Druck rechnen. Gegenüber einer großen Anzahl gegen die Bauern gerichteter Texte haben sich nur zwei Lieder, beide aus Mühlhausen, erhalten (Liliencron III, 390 u. 391), die für die Bauern Partei ergreifen – auch dies zweifellos eine Folge der Verbreitungsbedingungen: die Lieder der Bauern hatten kaum eine Chance, aufgezeichnet oder gar gedruckt zu werden. So sind beide Lieder in Gerichtsakten überliefert. Das Lied *Nun wult ir hören neuwe geschicht, wie eß die von Molhusen han außgericht* (Liliencron III, 391) wurde auf einem Zettel in der Tasche eines in Erfurt eingelieferten Räubers gefunden. Welche Bedeutung man solchen Texten beimaß, zeigt sich daran, daß die Erfurter Gerichtsbarkeit auf höchsten Befehl des Kurfürsten vergeblich versuchte, den Namen des Verfassers durch die Folter zu erpressen.

Auch die Bauernkriegslieder auf seiten der Adelspartei bleiben fast durchweg anonym. In einem Fall (Liliencron III, 376) nennt sich ein Jörg Wetzel aus Schussenried als Verfasser, in einem andern Lied (Liliencron III, 379), das ein gewisses Verständnis für die Bauern zeigt, ein Wilhelm Nuen von Römilt. Der Tenor ist stets derselbe: *Baur halt du deinen eid, als du deinem hern hast zugeseit* (Liliencron III, 381). Oft werden literarische Muster aus der Neidhart-Tradition eingesetzt, um die Bauern zu diskriminieren und lächerlich zu machen. Das Lied *von der baurschaft im Frankenland, auch von irem losen schießen und von irem blinden stürmen* (Liliencron III, 380) parodiert Hans Heselohers Dorfgedicht (s. o. S. 65): *Von uppiglichen dingen so wil ichs heben an, von leidigen baurn singen ...*

Sammelausgaben: Lieder aus den Bauernkriegen sind (in Übersetzung) enthalten in den Anthologien: Deutsche Volkslieder demokratischen Charakters aus sechs Jahrhunderten. Hrsg. von W. Steinitz. 4. Aufl. 1980. – Kaiser, Gott und Bauer. Reformation und Deutscher Bauernkrieg im Spiegel der Literatur. Hrsg. und eingeleitet von G. Jäckel. 2. Aufl. 1983.

Weitere Autoren von historisch-politischen Liedern im 15. Jahrhundert

Die Kämpfe mit den Hussiten sind Gegenstand der Lieder von Konrad Attinger (Öttinger), 1421, des Magisters Hermann Grevenstein in Göttingen, wohl 1429, Ott Ostmann, 1433, und eines Autors, der sich »Radeler« nennt, 1438.

Zwei Lieder über Ereignisse aus der Regierungszeit König Siegmunds hat der Mainzer Frauenzucht, genannt Bernkopf, verfaßt (1431 und 1437).

Regionale Ereignisse besingen der thüringische Bergmann Heinz Gutjar (ein Lied über den Tod Wilhelms V. von Henneberg, 1480, ein weiteres über die Auseinandersetzungen von Erfurt mit Erzbischof Diether von Mainz), Gilgenschein (zwei Lieder über den Pfälzischen Krieg 1462), Hans von Westernach (drei Lieder, wohl im Dienste der rheinischen Pfalzgrafen verfaßt, zwischen 1462 und ca. 1487).

Ein Komplex von Liedern hat spezifisch städtische Politik zum Thema. Auseinandersetzungen der Bürgerschaft mit der geistlichen Gewalt besingen die Lieder von Hans von Hof (Bamberg 1435) und eines Autors, der sich den Namen Pfaffenfeind zulegt (Magdeburg ca. 1434). Einen Nürnberger Skandalfall, die Hinrichtung des Patriziers Niclas Muffel, 1469, wegen angeblicher Veruntreuung von Geldern aus der Stadtkasse, nutzt ein Autor, der sich hinter dem Pseudonym Heinz Übertwerch verbirgt, um die Intrigen des Nürnberger Patriziats bloßzustellen.

AUSGABE: alle erwähnten Autoren sind hrsg. in CLD.

Politische Dichtung als Beruf wie Veit Weber betreibt auch der aus Augsburg stammende Hans Schneider. Er hat nacheinander im Dienst des Herzogs Christoph von Bayern (seit 1492), Maximilians I. (seit ca. 1500) und der Stadt Nürnberg gestanden (seit 1502). Sein letzter datierbarer Spruch stammt von 1513. Er hat sich durchweg nicht der strophischen Lied-, sondern der paarweise gereimten Spruchform bedient, war also ein Sprecher. 15 Reimpaarsprüche von ihm sind erhalten.

Der Zwang, mit Liedvorträgen sein Brot zu verdienen, hat den erblindeten Landsknecht Jörg Graff (ca. 1475 bis nach 1542) zum Berufsdichter gemacht. Die grausamen Bedingungen seiner umgetriebenen Außenseiterexistenz spiegeln sich in seinen politischen Liedern auch sprachlich in umgangsdeutschen und rotwelschen Wendungen. Graff hat auch eine Anzahl geistlicher Lieder verfaßt. Sein hinterlassenes Gesamtwerk verdiente eine genauere Untersuchung.

Historische Einzelheiten städtischen Lebens nimmt der Nürnberger Tuchmachergeselle und spätere Ratskopist Kunz Has (gest. vor 1527) zum Anlaß von Lobgedichten. Neben einem allgemeinen Lobspruch auf Nürnberg (1490) hat er die Erbauung des Nürnberger Kornhauses panegyrisch besungen (1494) und die städtische Aussätzigenfürsorge gepriesen (1493). Von Kunz Has stammen mehrere weitere Sprüche und Lieder über bemerkenswerte zeitgeschichtliche Ereignisse, so das Auftauchen einer Uhr mit Viertelstundenschlag in Nürnberg, die Hinrichtung eines Massenmörders in Wien oder die Austreibung der Juden aus Rothenburg.

AUSGABEN, LITERATUR: Sprüche von Hans Schneider sind herausgegeben von K. Hofmann, Bayer. AW, SB phil.-hist. Klasse 1870, S. 500–511. – Liliencron II, Nr. 181, Nr. 235, Nr. 244, Nr. 250; Liliencron III, Nr. 255, Nr. 259, Nr. 270, Nr. 271, Nr. 279. – R. Röricht und H. Meisner, Deutsche Pilgerreisen nach dem heiligen Lande, 1880, S. 299–307. – Lieder Jörg Graffs sind herausgegeben von A. Götze, Jörg Graff, Landsknecht und Poet. ZfdU 27 (1913), S. 81–107. – Liliencron III Nr. 305 u. 306. – Th. Hampe, Der blinde Landsknechtsdichter Jörg Graff und sein Aufenthalt in Nürnberg. Euphorion 4 (1897), S. 457–472. – Lieder und Sprüche von Kunz Has sind herausgegeben von K. A. Barack, Ein Lobgedicht auf Nürnberg aus dem Jahre 1490 von dem Meister-Sänger Kuntz Haß. 1858. – E. Matthias, Der Nürnberger Meistersinger Kunz Has. Mitt. d. Vereins f. d. Geschichte d. Stadt Nürnberg 7 (1888), S. 169–263. – Ders., Noch ein Gedicht von Kunz

Has [Lobspruch auf die Erbauung des Kornhauses]. Ebd. 8 (1889). S. 239–243. – H. Boesch, Ein neues Gedicht von Kunz Has [von den sundersiechen]. Ebd. 16 (1904), S. 240–244. – Faksimile des Einblattdrucks: Einblattdrucke des 15. Jahrhunderts. Hrsg. von P. Heitz, Bd. 64, 1928, Tafel 10. – R. V. Liliencron, Deutsches Leben im Volkslied um 1530. 1885, Nr. 40.

1450 greift der Augsburger Ulrich Wiest in scharfer Form die Machtpolitik geistlicher und weltlicher Territorialherren im sogenannten Markgrafenkrieg an. Das Lied provoziert eine anonyme Replik, die kirchenfeindliche Literatur zum Bestandteil der Augsburger Ratspolitik deklariert: *Augspurg hatt ain weisen ratt, / das brüft man* (erkennt man) *an ir kecken tatt / mit singen, tichten vnd claffen. Sy hand gemacht ain singschul* (öffentlicher Liedvortrag) / *vnd setzen oben vff den stul* (geben den Vorsitz demjenigen), / *wer übel redt von pfaffen.*

Ausgabe: E. u. H. Kiepe, in: Epochen der deutschen Lyrik, Bd. 2, 1972, S. 242–250.

Vor- und Frühformen des Meistersangs

Zwischen der vornehmlich an den Hof gebundenen Sangspruchdichtung des 14. und 15. Jahrhunderts, wie sie von Frauenlob, Heinrich von Mügeln oder Michel Beheim vertreten wird, und dem organisierten Meistersang gibt es eine große und diffuse Gruppe von wohl überwiegend städtischen Autoren, für deren Texte die Literaturgeschichte bisher nur Verlegenheitsdefinitionen bereithält (z. B. »Meisterliche Liedkunst«). Ob sie überhaupt als einigermaßen homogene Gruppe beschreibbar und wie sie zuzuordnen sind, hängt nicht zuletzt von der Beantwortung der noch immer offenen Frage ab, seit wann es durch Satzungen und Regeln definierte Meistersingergesellschaften gibt (s. u.). Nur in der Minderzahl sind die Autoren für uns biographisch faßbar. Weitere Einordnungsschwierigkeiten ergeben sich daraus, daß wir über Funktion und Publikum ihrer Dichtungen so gut wie nichts wissen. Einige Autoren verwenden für ihre Strophen-/Melodieformen die Bezeichnung »Hofton«. Daraus kann jedoch nicht geschlossen werden, es handle sich um am Hofe vorgetragene Lieder fahrender Berufsdichter. Eher ist dieser Tonname aristokratische Dekoration oder ein Qualitätsausweis, mit dem man dokumentiert, daß man sich auch den als maßgebend empfundenen Ansprüchen des Hofes gewachsen fühlt. In Ermangelung historischer Kategorien bleiben für die Zuordnung dieser Autoren nur inhaltliche und einige formale Kriterien übrig: alle fühlen sich der Tradition einer Dichtung als Wissenschaft verpflichtet, wie sie von den Sangspruchdichtern des späten 13. Jahrhunderts und vor allem von Frauenlob ausgeht. Ihre Dichtung dient ethischer und religiöser Unterweisung, und wie bei Frauenlob wird die didaktische Autorität dokumentiert in einem hohen Anspruch an die kunsthandwerklichen Fähigkeiten: komplizierte Strophenformen weisen die Kompetenz des Autors aus und werden durch Ton-Namen als Eigentum gekennzeichnet.

Das damit verbundene poetologische Interesse, vielleicht auch die Notwendigkeit einer gewissen Qualitätskontrolle scheint spätestens seit dem Ende des 14. Jahrhunderts zu lockeren Zusammenschlüssen bzw. gemeinschaftlichen Vortragsveranstaltungen derjenigen geführt zu haben, die sich in Ansehung ihres quasi-wissenschaftlichen Anspruches *meister* nannten. Solche Veranstaltungen hießen »Singschule«, was als Übersetzung des lateinischen *schola cantorum* zunächst einmal lediglich »musikalische Aufführung« oder auch »Gemeinschaft von Vortragenden« heißt. Ein Gedicht (Nr. VII) des Zwingers (s. o. S. 55) allerdings spricht schon von einem Meister-Schüler-Verhältnis *in der senger schule,* eine Hierarchie, die durch den Sitz der Meister *uf der kunsten stule* sinnfällig gemacht wird. Auch institutionalisierte Ämter wie das der *merker,* d. h. der Kritikerjury, werden schon vor 1420 erwähnt (Hülzing Nr. II). Daß wir es hier mit Vorformen der späteren Meistersingergesellschaften zu tun haben, ist gewiß nicht zu bezweifeln. Ob dafür schon ein fester institutioneller Rahmen vorhanden war und ob die hier zu behandelnden Autoren ihm angehörten, ist in keinem Fall nachzuweisen.

LITERATUR: Grundlegendes Handbuch: F. Schanze, Meisterliche Liedkunst zwischen Heinrich von Mügeln und Hans Sachs. Bd. 1: Untersuchungen. 1983. Bd. 2: Verzeichnisse. 1984. – H. Brunner, Die alten Meister. Studien zu Überlieferung und Rezeption der mittelhochdeutschen Sangspruchdichter im Spätmittelalter und in der frühen Neuzeit. 1975. – A. Haase, Die Herausbildung des institutionalisierten Meistersangs bis zum 15. Jahrhundert unter besonderer Berücksichtigung traditioneller Bezüge zwischen der Sangspruchdichtung und dem Meistersang. Diss. Greifswald 1983.

Verhüllte nicht gänzliches historisches Dunkel seine Biographie, könnte ein *meister*, den die Handschriften, Zeitgenossen und Nachfahren Hülzing nennen, zu einer Schlüsselfigur für die literarhistorische Einschätzung der vormeistersingerischen Lieddichtung werden. Hülzing muß ein etwas älterer Zeitgenosse Michel Beheims gewesen sein, der ihn zusammen mit Harder, Lesch und Muskatblüt in einem Lied (Nr. 425) erwähnt. Die älteste Überlieferung seiner Gedichte stammt von 1420/30 (München cgm 351). Nur der Ton seiner Lieder wird von den Handschriften mit seinem Namen versehen; er benutzt jedoch als kryptische Verfassersignatur eine Art Markenzeichen, das stets an der gleichen Stelle, Vers 15 der 3. Strophe, steht: *mein silberreis*. Zwei der drei mit dieser Signatur überlieferten Lieder haben das Dichten der *meister* selbst zum Gegenstand. Lied III beschreibt, ein schon traditionelles Thema aufgreifend, eine Gleichsetzung von Kunst, Wissenschaft und Gotteserkenntnis. Lied II wäre literarhistorisch besonders ergiebig, könnte es entschlüsselt werden; es beschreibt satirisch durch den Mund eines Trunkenbolds Inkompetenz und Dilettantismus einer Singschule: *ein pecker hat ein schwein, das ist zu hoher kunst bereit in newfundigen sachen.*

Ausgabe: CLD Bd. 2, S. 68–72 u. Bd. 4, S. 51 f.

Als einziger meisterlicher Dichter wird uns durch den Umfang seines überlieferten Œuvres, die spezifischen Inhalte seiner Lieder und eine – wenn auch spärliche – urkundliche Bezeugung Jörg Schiller greifbar. Rund zwei Drittel der Handschriften, die seine Lieder überliefern, stammen aus Augsburg, und in den dortigen Steuerlisten ist, neben vielen anderen Schillers, ein Jörg Schiller zwischen 1453 und 1462 bezeugt. Alles spricht dafür, daß es sich um den Dichter handelt, der also zumindest während dieser Jahre in Augsburg ansässig gewesen sein dürfte. Eine Berufsangabe enthalten die Steuerlisten nicht. Da nur die Minimalsteuer von 20 Pfennigen ausgewiesen ist, muß er in recht dürftigen Verhältnissen gelebt haben.

Elf signierte Lieder sind von Schiller überliefert. Mindestens ein weiteres, vielleicht aber auch mehrere unsignierte dürften ebenfalls von ihm stammen. Seine Lieder behandeln so spezifisch stadtbürgerliche Themen, daß man zu Recht folgert, er habe für ein städtisches Publikum gedichtet. Fünf Frauen, die über ihre Männer klatschen (Lied I), entwerfen Schreck- und

Idealbilder bürgerlicher Ehe. Der Verfall der Sitten manifestiert sich, vornehmlich in der Gestalt des ungetreuen Kaufmanns, durch *geitigkeit, wucher, fürkauf, falsche wechsel* (Lied II) bei *roßtauscher, kremer, tuchleut* (Lied IV). Die patriarchalische Familienstruktur zerfällt (Lied IV). Solche negativen Erscheinungen sind bedingt und begleitet vom Niedergang geistlicher Autorität. Die *außgelossen münich* erzürnen Schiller ebensosehr wie die *gelerten nunnen* in den *beginenheusern* (Lied IV). Immer assoziieren die Lieder städtische Szenerie: Mönche in weltlicher Kleidung schleichen nachts auf der Gasse, Priester sitzen im Weinhaus, Mädchen laden *knaben* ein, ihnen nachts vor dem Haus ein Ständchen zu bringen (Lied IV), die Geißelung des Wuchers gerät zu einer breit geschilderten Marktszene (Lied X). Wiewohl Schiller die meisterliche Prätention der Gelehrsamkeit nicht für sich in Anspruch nimmt und (als Bescheidenheitstopos?) zugibt, daß er *der siben kunst nit kan* (Lied IV), leitet er aus dem Versagen der geistlichen Autorität das Recht zu ethischer und geistlicher Belehrung ab. Einsicht *(sin und ler)* in das Fehlverhalten der Welt *zwingt* ihn zum Dichten, zu dem auch geistliche Belehrung gehört: über die sieben Todsünden (Lied V), die zehn Gebote (Lied VI), das Geschlechtsregister der Menschheit von Adam bis zu den Königen (Lied VIII), Marienpreis (Lied IX), die Söhne Noahs als Ursprung der drei Stände (Lied XI).

Schillers Töne waren im letzten Viertel des 15. Jahrhunderts sehr beliebt. Viele Autoren haben den »Hofton« benutzt, auch die Dichter politischer Lieder (u.a. Veit Weber), die sich mit Vorliebe verbreiteter Melodien bedienen. Ebendiese Popularität hat Schillers Töne von der Verwendung bei den auf künstlerische Exklusivität bedachten Meistersingergesellschaften ausgeschlossen.

AUSGABE: CLD Bd. 3, S. 189–253 u. Bd. 4, S. 280–315. – LITERATUR: H. M. Junghans, Studien zum Meistersinger Jörg Schiller. Diss. Greifswald 1932.

Weitere Autoren im Umkreis meisterlicher Dichtung

Den Übergang von höfischer Didaxe zu städtischer Lehrdichtung (und damit die Schwierigkeit der Abgrenzung) markiert der Elsässer Konrad Dangkrotzheim, geboren etwa 1372. Die Familie entstammt dem Landadel. Sein Vater übernahm 1369 in Hagenau das städtische Amt des Schultheißen, das den einheimischen Bürgern ausdrücklich versagt war. Konrad Dangkrotzheim wurde 1402 zum Hagenauer Stadtschöffen gewählt, ein Amt, das er bis kurz vor seinem Tode am 4. März 1444 versehen hat.

Werke: Ein Reimpaargedicht vom ›Hausrat‹, 1431, in dem die Einrichtung des wohlhabenden patrizischen (stadtadeligen) Haushalts beschrieben wird.

Das ›Namenbuch‹, 1435, ein Kalendergedicht in Reimpaarversen.

Zwei Lieder sind überliefert, die Dangkrotzheim mit Signaturversen versehen hat. Die Lieder entsprechen formal und inhaltlich allen Erwartungen, die man an einen *meister* stellen kann. Beide Lieder bedienen sich fremder Töne, des »Neuen Tons« von Muskatblüt und des »Langen Tons« Heinrichs von Mügeln. Eingestreute (und gelegentlich fehlerhafte) lateinische Verse dokumentieren die gelehrte Kompetenz des Verfassers. Das erste Lied ist ein Bericht über Schöpfung und Heilsgeschichte als Ursprungsgeschichte der *septem artes;* das zweite eine Erklärung der Meßzeremonie. Letzteres nennt im ersten Vers ausdrücklich die Belehrung des Laienpublikums als Zweck: *Nim war, du ungelerte frau und auch du man, waz die messe betutet.*

Ausgabe: CLD Bd. 1, S. 122–151. – Literatur: H. Rosenfeld, Der Hagenauer Dichter Konrad Dangkrotzheim (1372–1444) in neuer Sicht. Ein adliger Schöffe als Volksdichter und Meistersänger. Recherches Germaniques 8 (1978), S. 129–142.

Die Münchner Handschrift cgm 351 (um 1420/30) überliefert Lieder der sämtlich nicht identifizierbaren Autoren Hug von Meiningen, Lilgenvein und Meister Steinhem.

Schillers Hofton benutzen im letzten Drittel des 15. Jahrhunderts der *bünder* (Buchbinder? Faßbinder?) Hermann Frank in einer nörgelnden Zeitklage, Michel Miller, von dem auch ein antijüdisches Marienmirakel überliefert ist, in einem Jungfrauenpreis und Jörg Schilknecht in einer Ständekritik.

Auf das Jahr 1448 datiert der vielleicht in Augsburg beheimatete Hans Möttinger seine in ein Traumgesicht eingekleidete Zeitklage.

Eine Dorotheenlegende dichtete Michel Schrade in 25 Strophen in Regenbogens ›Briefweise‹.

In 15 Strophen besingt ein Martin Schleich die beliebte Schauergeschichte von der männermordenden Königin von Frankreich, die von Albertus Magnus der Buße zugeführt wird.

Vielleicht schon in den Umkreis des organisierten (Nürnberger) Meistersangs gehören die Autoren Augustin Hayweger mit einem dreistrophigen Weihnachtslied und Hans Schwarz mit einem dreistrophigen Lied über den Wein als Symbol für Geist und Seele.

Alle erwähnten Autoren sind herausgegeben in CLD.

Nicht seiner poetischen Werke wegen, sondern als Sammler, Redaktor und Schreiber der größten Sammlung vormeistersingerischer Lieddichtung, der nach ihrem zeitweiligen Aufbewahrungsort so genannten »Kolmarer Handschrift« (München cgm 4997), ist Nestler von Speyer von herausragender literarhistorischer Bedeutung. Über Nestler wissen wir nur das, was die Handschrift selbst an Auskünften gibt. Demnach muß er um die Mitte des 15. Jahrhunderts in Speyer tätig gewesen sein. Wenn der Titel *magister,* den er sich selbst zulegt (s. u.), prägnant gemeint ist, müßte er eine akademische Ausbildung haben. Möglicherweise aber handelt es sich lediglich um eine lateinische Übersetzung der Bezeichnung *meister.* Nestler ist Autor eines Liedes über die 72 Namen Mariens im »unerkannten«, d. h. von ihm neu erfundenen Ton, dem einzigen Lied, das er nach eigener Aussage (in diesem Ton) geschrieben hat.

Ausgabe: CLD Bd. 2, S. 399–403. – Literatur: Ch. Petzsch, Der magister scilicet scriptor der Kolmarer Liederhandschrift. Die Musikforschung 26 (1973), S. 445–473.

Die »Kolmarer Handschrift« enthält auf 856 Blättern weit über 900 Lieder mit Melodien, überwiegend aus dem späten 14. und der ersten Hälfte des 15. Jahrhunderts. Sie bildet damit das städtische (und etwa doppelt so umfangreiche) Gegenstück zur »Großen Heidelberger Liederhandschrift« (s. o.). Charakteristisch verändert hat sich die Sammlungsstruktur. Bildete dort die soziale Hierarchie der Autoren das Prinzip für die Anordnung der Texte, so ist es hier das technisch-poetologische Interesse: die Lieder sind nach Tönen bzw. Tonautoren geordnet, nur in Ausnahmefällen wird der Name des Textautors angegeben bzw. darauf hingewiesen, daß auch der Text vom Tonautor verfaßt ist.

Eine Untersuchung der Wasserzeichen ergibt, daß die Handschrift höchstwahrscheinlich 1459/62 in Speyer entstanden ist. Nestler von Speyer nennt sich in der Handschrift nirgendwo mit Namen. In der außergewöhnlich ausführlichen Überschrift zu dem Lied über die 72 Namen Mariens wird angegeben, es sei *in dem unerkanten tone magistri scilicet scriptoris huius libri.* In der nur wenig jüngeren Nürnberger Tradition wird dieser Ton einhellig Nestler von Speyer zugeschrieben. Es kann also kaum einen Zweifel geben, daß es sich um den *scriptor huius libri* handelt. Von ihm stammen fast alle Melodieeinträge mit den unterlegten Texten. Neben ihm war noch ein zweiter Schreiber tätig. Die Handschrift nennt keinen Auftraggeber. Als private Sammlung Nestlers ist ein derartig aufwendiges Unternehmen kaum vorzustellen. Ob es aber eine lokale Gesellschaft gab, deren Mitglieder die Sammlung initiiert haben könnten, ist nicht nachzuweisen.

Im 16. Jahrhundert jedenfalls fungierte die Handschrift als eine Art Musterbuch des Meistersangs. Ein vielleicht gegen Ende des 15. Jahrhunderts getätigter Eintrag behauptet, die Handschrift habe seit über 600 Jahren in der Bibliothek des Mainzer Doms gelegen, und macht sie damit zum Kultbuch in der Ursprungslegende des Meistersangs (s. u.). 1546 kaufte Jörg Wickram die Handschrift für eine zu gründende Meistersingergesellschaft in Colmar (1549). Das Buch wurde im 16. und 17. Jahrhundert mehrfach von anderen Gesellschaften und Meistersingern zur Erweiterung ihres Töne-Repertoires ausgeliehen oder benutzt.

Einige weitere Sammelhandschriften »meisterlicher« Lieddichtung

München cgm 351: um 1425 wahrscheinlich in Nürnberg geschrieben; enthält im zweiten Teil ca. 75 Lieder u. a. (in Tönen) von Lesch, Harder, Hülzing, Kettner.

Basel, Universitätsbibliothek O IV 28: ca. 1430 geschrieben; enthält 62 Lieder u. a. (in Tönen) von Regenbogen, Frauenlob und Suchensinn.

Dresden, Sächsische Landesbibliothek M 13: ca. 1440; enthält 42 Lieder u. a. (in Tönen) von Regenbogen und Frauenlob.

München cgm 5198 (»Wiltener Handschrift«): ca. 1500 wahrscheinlich in Tirol geschrieben; enthält 166 Lieder, u. a. (in Tönen) von Lesch, Harder und Frauenlob.

Heidelberg cpg 392: um 1500 in Augsburg geschrieben, enthält 150 Lieder u. a. (in Tönen) von Regenbogen, Frauenlob, Harder, Hülzing und Schiller.

Ausgaben, Literatur: Faksimile: Die Kolmarer Liederhandschrift der Bayerischen Staatsbibliothek München (cgm 4997). In Abbildung hrsg. von U. Müller, F. V. Spechtler, H. Brunner. 2 Bde, 1976 (Litterae 35). – Teiledition: K. Bartsch, Meisterlieder der Kolmarer Handschrift. 1862, Nachdr. 1962. – Basler Hs. O IV 28: Ausgabe in K. Bartsch, Beiträge zur Quellenkunde der altdeutschen Literatur. 1886, S. 275 bis 301. – Teiledition von Dresden M 13: F. Frauchiger, Dresden M 13: A Fifteenth-Century Collection of Religious Meisterlieder. Diss. Univ. of Chicago 1938. – Teilabdruck von München cgm 5198 (›Wiltener Hs.‹): I. v. Zingerle, Bericht über die Wiltener Meistersänger-Handschrift. Österr. AW, SB, Phil.-hist. Klasse 37 (1861), S. 331–407. – Untersuchung und Beschreibung der einzelnen Handschriften bei F. Schanze, Meisterliche Lieddichtung (s. o.).

Meistersang

Meistersingergesellschaften sind satzungsmäßig organisierte Zusammenschlüsse zur Förderung der Einheit von Produktion, Rezeption und Kritik von Lieddichtung. Hierzu bedienen sich die Meistersinger eines festen und grundsätzlich in allen Gesellschaften gültigen Regelsystems, kodifiziert in Tabulaturen und »Schulordnungen«, das die formalen und inhaltlichen Anforderungen an den Text und seinen Vortrag festlegt. Nicht nur die Beherrschung eigener und fremder, oft hochkomplizierter Töne gehört dazu, sondern auch die Forderung nach korrektem Latein und (nach der Reformation) nach richtigem Zitieren der Lutherbibel. In solchen Anforderungen zeigt sich, daß Meistersang nicht etwa nur dilettantisches Vergnügen an poetisch-ästhetischen Gegenständen ist, sondern vielmehr der Versuch, nichtakademischen städtischen Mittelschichtsangehörigen Teilhabe an Wissen und Bildung zu verschaffen. Viele Selbstaussagen der Meistersinger bezeugen, daß der Meistersang ihnen den Zugang zu Kultur und Literatur eröffnet habe oder daß er gar Anreiz für sie war, autodidaktisch Lesen und Schreiben zu lernen, wie der Nürnberger Handwerker Georg Hager um 1600 berichtet.

Inhaltlich vermitteln daher die Meisterlieder im weitesten Sinne Bildungsgut, vornehmlich religiös-theologisches, aber auch historisches, astronomisches, naturkundliches Wissen, ethisch-moralische Informationen und das Regelwerk des Meistersangs selbst. Unter diesem Gesichtspunkt dürfen die Lieder der Meistersinger nicht mit den Kategorien einer selbstbedeutenden Literarästhetik beurteilt und verstanden werden. Sie sind Anlaß und Aufforderung zu intellektuellem Handeln unter einem festgelegten Standard von Bildungsvoraussetzungen, sprachlichen und musikalischen Fähigkeiten und technischem Können.

Letzteres erweist sich in der Erfüllung einer großen Zahl formaler Regeln, deren Terminologie und Beschreibungsweise zum Teil noch heute von der Verslehre benutzt werden, so etwa die Darstellung eines Reimschemas durch Buchstaben. Die technische Beherrschung des Regelwerks kann und soll sich nicht in der je individuellen Erfindung neuer Bauformen erweisen, sondern in der korrekten Verwendung vorgegebener Strophen-/Melodieformen, der »Töne«, die überwiegend von älteren »Meistern« bzw. Spruchdichtern seit dem 13. Jahrhundert stammen und nur seltener eigene Erfindung des Autors sind. Hans Sachs etwa, der in seinen mehr als 4000 Meisterliedern 275 Töne verwendet, hat nur 13 Töne selbst erfunden. Töne werden mit dem Namen des Urhebers und einem oft formal oder inhaltlich charakterisierenden Attribut versehen (z.B. Frauenlobs »Langer Ton«, Kettners »Osterweise«). In ihrem Reimschema sind, als Ausweis technischen Vermögens, gerade die späteren Meistertöne oft überaus kompliziert. Die Strophen sind durchweg nach dem Muster der hochmittelalterlichen Kanzonenstrophe dreiteilig gebaut mit zwei Stollen im Aufgesang und einem Abgesangsstollen (auch dies sind meistersingerische Termini). Ein nirgendwo ausdrücklich formuliertes Gesetz schreibt vor, daß sämtliche Meisterlieder eine ungerade Anzahl von Strophen haben. Die Einhaltung aller dieser und noch vieler weiterer Regeln und damit die Qualifikation des Meistersingers wurde in öffentlichen, oft wettbewerbsartigen Veranstaltungen, den »Singschulen«, überprüft durch die »Merker«, eine gewählte Jury besonders erfahrener Meistersinger. Öffentliche »Singschulen« werden durch Plakate, die »Schulzettel«, angekündigt; für die Sieger eines solchen Wettsingens sind Preise ausgesetzt.

Musikalisch hielten die Meistersinger bis ins 18. Jahrhundert hinein starrsinnig an der hochmittelalterlichen Einstimmigkeit fest. Instrumentalbegleitung oder gar selbständige Instrumentalmusik wurden ausdrücklich abgelehnt. Nicht zuletzt dieser Traditionalismus führte dazu, daß der Meistersang schon in der zweiten Hälfte des 16. Jahrhunderts vielerorts ins kulturelle Abseits geriet.

Die Überlieferung des Meistersangs unterliegt besonderen Bedingungen, da bei den Gesellschaften – wohl als Relikt einer ursprünglich bruderschaftlichen oder zünftlerischen Struktur – für die Meisterlieder ein Publikations-, und das heißt vor allem Druckverbot bestand. Die rund 16000 erhaltenen Meisterlieder sind daher fast alle in privaten Sammlungen überliefert, die sich Meistersinger oft als eine Art Töne-Repertorium angelegt haben.

Literatur: Eine umfassende, monographische Darstellung des Meistersangs fehlt. – Über Quellen, Überlieferung, Texte und Autoren informiert vollständig das seit 1986 erscheinende Repertorium der Sangsprüche und Meisterlieder des 12. bis 18. Jahrhunderts. Hrsg. von H. Brunner u. B. Wachinger. – B. Nagel, Meistersang. 2. Aufl. 1971. – H. Brunner, Die alten Meister. Studien zu Überlieferung und Rezeption der mittelhochdeutschen Sangspruchdichter im Spätmittelalter und in der frühen Neuzeit. 1975. – H. Brunner, Hans Sachs und Nürnbergs Meistersinger. In: Hans Sachs und die Meistersinger in ihrer Zeit. Katalog der Ausstellung des Germanischen Nationalmuseums. 1981, S. 9–24.

Einzelaspekte: B. Nagel (Hrsg.), Der deutsche Meistersang. 1967 (WdF 148). – W. Röll, Vom Hof zur Singschule. 1976. – H. Rosenfeld, Singschule und Meistersinger vor 1500. Zur Problematik der Meistersangforschung. In: R. Schützeichel (Hrsg.), Studien zur deutschen Literatur des Mittelalters. 1979, S. 687–712. – E. Schumann, Stilwandel und Gestaltveränderung im Meistersang. Vergleichende Untersuchungen zur Musik der Meistersinger. 1972. – A. Taylor, The Literary History of Meistergesang. 1937, Nachdr. 1966. – A. Taylor u. F. H. Ellis, A Bibliography of Meistergesang. 1936. – H. Brunner u. J. Rettelbach, Die Töne der Meistersinger. Die Handschriften Will III. 792 bis 796 der Stadtbibliothek Nürnberg. Abbildungen und Materialien. 1980 (Litterae 47).

Einige wichtige Sammlungen von Meisterliedern

Neben einer Sammlung der eigenen Meisterlieder in 16 Folianten hat Hans Sachs mehrere Handschriften mit fremden Werken angelegt, darunter als umfangreichste eine heute in Berlin (mgq 414) aufbewahrte, 1517/18 aufgezeichnete Sammlung, die Lieder von 24 namentlich genannten Autoren und viele Anonyma enthält.

1558 widmete der Magdeburger Steuereinnehmer Valentin Voigt Johann Friedrich von Sachsen eine Prachthandschrift mit Meisterliedern (heute in Jena).

Zwischen 1584 und 1588 legte nach dem Vorbild der »Kolmarer Handschrift« (s.o.) der Breslauer Meistersinger Adam

Puschmann (1532–1600) ein »Singebuch«, eine systematische Sammlung von Tönen, an, die durch die Überlieferung von Melodien musikhistorisch von besonderer Bedeutung ist (Handschrift im Breslauer Ratsarchiv, seit 1945 verschollen).

Der Nürnberger Benedict von Watt (1569–1616) schrieb zwischen 1603 und 1616 drei Sammlungen (Berlin mgf 24 und 25 und Nürnberg Will III 784).

Gleichfalls aus Nürnberg stammt die Sammlung von Georg Hager (1552–1634) von etwa 1600 (Dresden M 6), zu der Adam Puschmann die Noten beigesteuert hat.

Keine andere Erscheinung der deutschen Literatur ist so früh systematisch beschrieben und literarhistorisch dargestellt worden wie der Meistersang. 1571 wurde in Görlitz Adam Puschmanns ›Gründlicher Bericht des deutschen Meistergesanges‹ gedruckt (2. Aufl. Frankfurt a.d. Oder 1596). Schon diese Darstellung entsteht aus dem Gefühl, eine untergehende Kunst rechtfertigen und retten zu müssen: Puschmann *rewet und jammert der alten lieblichen Kunst des Meistergesanges, das sie so gar verachtet vnd vntergedruckt werden sol.* 1598 verfaßte der Straßburger Theologe Cyriacus Spangenberg (1528–1604) ›Von der Musica und den Meistersingern‹. Es handelt sich um einen kuriosen literarhistorischen Versuch, alle musikalischen und literarischen Erscheinungen seit Anbeginn der Welt als Vorläufer des Meistersangs darzustellen. Für das Bild des Meistersangs im 19. Jahrhundert (E. Th. A. Hoffmann, Richard Wagner) entscheidend wurde die Darstellung, die der Altdorfer Professor Johann Christoph Wagenseil (1633–1705) 1697 als Anhang zu einer Geschichte der Stadt Nürnberg veröffentlichte: ›Buch von der Meistersinger holdseligen Kunst‹.

Ausgaben bzw. Faksimilia: Das Singebuch des Adam Puschmann. Hrsg. von S. Münzer. 1906. – Adam Puschmann, Gründlicher Bericht des deutschen Meistergesangs. Hrsg. von B. Taylor. 1984 (Litterae 84). – A. Vizkelety (Hrsg.), Wolfhart Spangenberg, Sämtliche Werke. Bd. 1, 1971. – J. Ch. Wagenseil, Buch von der Meistersinger holdseligen Kunst (Altdorf 1697). Neuausgabe mit Anmerkungen und Nachwort von H. Brunner. 1975 (Litterae 38). – Literatur: R. Hahn, »Die löbliche Kunst«. Studien zu Dichtung und Poetik des späten Meistersangs am Beispiel Adam Puschmanns (1532–1600). 1984. – W. Blank, Straßburger Meistersang und Cyriacus Spangenbergs Traktat ›Von der Musica und den Meistersingern‹. Alemannisches Jahrbuch (1973/75), S. 355–372.

Über die Gründung der ersten Meistersingergesellschaften wissen wir nichts. Für die erste Hälfte des 15. Jahrhunderts ist nur für Nürnberg die Existenz einer solchen Organisation annähernd sicher, aber auch in Mainz, Worms, Straßburg und Augsburg können zu dieser Zeit schon Gesellschaften bestanden haben. Die Meistersinger selbst verlegten das Entstehen ihrer Kunst ins 13. und 14. Jahrhundert und nahmen als Ahnherrn zwölf »alte Meister«, u.a. Walther von der Vogelweide, den Marner, Konrad von Würzburg und Frauenlob in Anspruch, deren tatsächliche oder vermeintliche Töne sie benutzten.

Der älteste namentlich bekannte Nürnberger Meister, der indes noch nicht Mitglied einer Gesellschaft gewesen sein muß, ist der zwischen 1392 und 1430 urkundlich nachzuweisende Fritz Kettner. Von ihm sind vier Lieder geistlichen Inhalts überliefert, die Echtheit eines weiteren ist umstritten. Sein Zeitgenosse ist der Bäcker Michel Nachtigall, von dem ein Frühlingslied in einem außerordentlich komplizierten Ton überliefert ist.

Von dessen Sohn Konrad Nachtigall (ca. 1410–1484/85) stammt einer der ältesten »Meisterkataloge« in Liedform (Lied II), eine Aufzählung von 81 Namen der Vorgänger und Zeitgenossen in der Meisterkunst. Zur gleichen Generation gehört der Meister des Naglerhandwerks Fritz Zorn (urkundlich 1442), dessen Töne bei den Nürnberger Meistern im 16. Jahrhundert besonders beliebt waren.

Der bedeutendste Nürnberger Meistersinger des 15. Jahrhunderts ist Hans Folz (s.o. S. 288). Fast 100 Lieder von ihm sind überliefert, ein guter Teil davon in Autographen. Während die meisten Lieder mit eher konventionellen geistlichen und moralisch-didaktischen Themen bisher nicht genauer untersucht sind, hat eine Gruppe von Liedern, die sogenannten »Reformlieder« (Nr. 89–94), von jeher das Interesse der Literaturgeschichtsschreibung erregt. In ihnen wehrt sich Folz gegen Tendenzen, die offenbar von rheinischen Meistersingern ausgehen, für Singschulen nur Lieder in Tönen der »alten Meister« zuzulassen, d.h. die Erfindung neuer Töne zu verbieten.

Literatur, Ausgaben: Eine neuere, umfassende Monographie zum Nürnberger Meistersang fehlt. – K. Drescher, Nürnberger Meistersinger-Protokolle (1575–1689). 1897, Nachdr. 1963 (StLV 213). – A. H. Stiefel (Hrsg.), Hans-Sachs-Forschungen. 1894. – Th. Hampe, Die Kultur der Meistersinger in Nürnberg. 1927. – I. Stahl, Die Meistersinger von Nürnberg. Archivalische Studien. 1982. – Fritz Kettner in:

CLD Bd. 2, S. 112–131. – F. Schanze, Meisterliche Liedkunst, Bd. 1, S. 286–294. – Michel Nachtigall in: CLD Bd. 2, S. 396. – Konrad Nachtigall in: CLD Bd. 2, S. 376–395 u. Bd. 4, S. 182–231. – Fritz Zorn in: CLD Bd. 3, S. 512. – Hans Folz: A. L. Mayer, Die Meisterlieder des Hans Folz. 1908, Nachdr. 1970 (DTM 12). – Allgemeine Literatur zu Folz s.o. S. 290. – Ch. Petzsch, Zur sogenannten Hans Folz zugeschriebenen Meistersangreform. Beiträge 88 (1967), S. 110–142.

Das letzte datierbare Meisterlied von Folz stammt aus dem Jahre 1496. Zu Beginn des 16. Jahrhunderts scheinen die Energien der Nürnberger Meistersinger etwas erlahmt zu sein. Neuen Aufschwung nahm die Gesellschaft wieder um 1520 durch das Wirken von Hans Sachs.

Hans Sachs ist am 5. 11. 1494 als Sohn eines Schneidermeisters in Nürnberg geboren. Er besuchte die Nürnberger Lateinschule, was darauf hindeutet, daß die Vermögensverhältnisse seines Vaters nicht ganz dürftig gewesen sein können. Mit 15 Jahren begann er eine Schuhmacherlehre. Während dieser Zeit wurde er von dem Leinweber Lienhard Nunnenbeck mit der Kunst des Meistersangs vertraut gemacht. Seine fünfjährige Gesellenwanderschaft (1511–1516) führte ihn durch ganz Deutschland; er nutzte sie, um neue *bar und thön* (Gedichte und Töne) kennenzulernen. 1514 dichtete er in München sein erstes Meisterlied im »Langen Ton« des Marners. 1516 kehrte Sachs nach Nürnberg zurück, heiratete 1519 und wurde 1520 Meister des Schuhmacherhandwerks. Etwa seit Mitte der dreißiger Jahre scheint er sein Handwerk aufgegeben zu haben, um sich ganz dem Dichten zu widmen. 1561, ein Jahr nach dem Tod seiner ersten Frau, heiratete er eine siebenundzwanzigjährige Witwe, die sechs Kinder mit in die Ehe brachte. Sachs' sieben Kinder aus erster Ehe waren zu dieser Zeit bereits alle tot. Hans Sachs wurde 81 Jahre alt; am 19. Januar 1576 ist er in Nürnberg gestorben.

Hans Sachs zählt zu den fruchtbarsten Autoren der deutschen Literaturgeschichte. Sein Herausgeber Edmund Goetze zählt mehr als 6200 Werke. 1567 hat Hans Sachs eine *summa aller meiner gedicht* zusammengestellt. Danach hatte er bis zu diesem Zeitpunkt verfaßt: 4275 Meisterlieder (nur etwa ein Viertel von ihnen ist bisher ediert), etwa 75 Lieder, die nicht in Meistertönen verfaßt sind, etwa 1500 Reimpaardichtungen, 200 Dramen (Fastnachtspiele, *tragedien* und *comedien)* und sieben Prosadialoge. In seinen letzten Lebensjahren hat Sachs u. a. noch alle Psalmen in Reime gesetzt.

Alle seine Werke hat Sachs mit eigener Hand in 34 Foliobänden eingetragen. Die Reimpaardichtungen waren in vielen hundert Einzeldrucken verbreitet. 1558 bis 1561 gab Sachs eine dreibändige Druck-Ausgabe seiner Werke heraus, in der jedoch – des Druckverbots wegen – die Meisterlieder fehlen. Zwei weitere Bände erschienen posthum 1578/79.

Wegen seines Eintretens für die Reformation, aber auch wegen seines sozialkritischen und politischen Engagements geriet Sachs mehrfach in Konflikt mit der städtischen Zensur. Unmittelbar nach seinem Tod hielt es der Rat für erforderlich, ein mehr als zwanzig Jahre altes satirisches Gedicht gegen Markgraf Albrecht Alcibiades von Brandenburg aus dem Nachlaß zu beschlagnahmen: die vier Blätter, auf denen es stand, sind aus dem Folianten herausgeschnitten; es ist nur in zeitgenössischen Nürnberger Abschriften erhalten.

AUSGABEN: Lienhart Nunnenbeck: E. Klesatschke, Lienhard Nunnenbeck. Die Meisterlieder und der Spruch. Edition und Untersuchungen. 1984. – Hans Sachs: A. v. Keller u. E. Goetze, Hans Sachs, Sämtliche Werke. 26 Bde, 1870–1908, Nachdr. 1964 (StLV 102ff.). Alphabetischer Registerband zu dieser Ausgabe, hrsg. von R. A. Crockett. 1982 – Bibliographien: Hans-Sachs-Bibliographie. Schriftenverzeichnis zum 400jährigen Todestag, zusammengestellt in der Stadtbibliothek Nürnberg. 1976. Nachtrag in: Mitteilungen des Vereins f. d. Gesch. der Stadt Nürnberg 64 (1977), S. 333–343. – Repertorium der Sangsprüche und Meisterlieder. Bde. 9–11: Hans Sachs. Bearbeitet von H. Brunner. 1986–87. – Faksimile: Hans Sachs, Das handschriftliche Generalregister. Reprintausgabe nach dem Autograph von 1560. Hrsg. von R. Hahn. 1986. – LITERATUR: K. Drescher, Studien zu Hans Sachs. 2 Bde, 1890/91. – E. Geiger, Der Meistergesang des Hans Sachs. 1956. – B. Könneker, Hans Sachs. 1971. – Hans Sachs, Studien zur frühbürgerlichen Literatur im 16. Jahrhundert. Hrsg. von Th. Cramer u. E. Kartschoke. 1978. – H. Krause, Die Dramen des Hans Sachs. Lehre und Technik. Mitteilungen des Vereins f. d. Gesch. der Stadt Nürnberg 63 (1976), S. 99–130. – M. E. Müller, Der Poet der Moralität. Untersuchungen zu Hans Sachs. 1985.

Durch das Wirken von Hans Sachs wurde der Meistersang, nicht nur in Nürnberg, zu einem Sprachrohr der Reformation. Luthers Bibelübersetzung wird in Meisterliedform umgesetzt und exegetisch verarbeitet. Marienlieder, die einen Hauptanteil des frühen Meistersangs ausgemacht hatten, verschwinden ebenso wie die Heiligenlegenden. Dafür öffnet sich der Meistersang weltlichen Themen, literarische und historische Stoffe aus Antike und Mittelalter werden verarbeitet: Ovids ›Metamorphosen‹, die Trojasage, höfische Romane, Boccaccios ›Decamerone‹.

Auf Hans Sachs' Initiative geht die Beschäftigung der Meistersinger mit dem Theaterspielen zurück. Seit 1527, dem Datum der Aufführung eines ›Lucrezia‹-Dramas, wurde in der nicht mehr für den Gottesdienst benutzten Nürnberger Marthakirche auf einer kulissenlosen Bühne gegen Eintrittsgeld gespielt – die erste Einrichtung eines ortsfesten Stadttheaters auf deutschem Boden, von der wir wissen. Für diese Bühne hat Sachs rund 120 Stücke geschrieben (die vermutlich längst nicht alle aufgeführt worden sind), *comedien* mit gutem und *tragedien* mit schlechtem Ausgang. Alle Stoffe, deren er habhaft werden konnte, wurden dramatisiert: alttestamentliche (Kain und Abel, Saul, Judith und Holofernes), antike (Virginia, Klytämnestra, Ulysses) und mittelalterliche (Siegfried, Tristan, Melusine). Man hat diesen Stoffhunger als wahllos, die dramaturgische Verarbeitung als unbeholfen und die literarische Umsetzung als banalisierend getadelt. So wenig aber wie der Meistersang als »Lyrik« dürfen Sachs' Stücke im Kontext der Meistersingergesellschaft als autonome Theaterkunst beurteilt werden. Nicht anders als die Meisterlieder sind diese Stücke Präsentation von Bildungsgut, und ihre Aufführung ist aktive Teilhabe daran. Ihre Bedeutung haben sie also allererst in dieser Vermittlungsfunktion.

LITERATUR: Th. Hampe, Die Entwicklung des Theaterwesens in Nürnberg. Mitteilungen des Vereins f. Gesch. d. Stadt Nürnberg 12 (1896), S. 87–306. – C. Kooznetzoff, Das Theaterspielen der Meistersinger. In: B. Nagel (Hrsg.), Der deutsche Meistersang. 1967, S. 442–497 (WdF 148). – M. Herrmann, Die Bühne des Hans Sachs. 1923.

Weitere Autoren der Nürnberger Meistersingergesellschaft

Sachs' letztes Meisterlied ist auf 1567 datiert. In ihrer Blütezeit um die Mitte des 16. Jahrhunderts hatte die Nürnberger Gesellschaft rund 250 Mitglieder, die sich jedoch nicht alle aktiv als Meistersinger betätigten. Die bedeutendsten neben Sachs sind der Taschenmacher Hans Vogel (gest. 1549/54), der Pfarrer Michael Lorenz (gest. 1561) und der Färber Jörg Schechner (Nürnberger Bürger seit 1530). Zu Beginn des 17. Jahrhunderts erlebte die Nürnberger Gesellschaft noch einmal einen Höhepunkt u. a. durch den Schuhmacher Georg Hager (1552–1634), Verfasser von rund 1000 Liedern und Erfinder von 17 Tönen, den aus der Schweiz zugewanderten Goldreißer Benedict von

Watt (1569–1616) und den Magister Ambrosius Metzger (1573 bis 1632), der den 49 von ihm erfundenen Tönen besonders kuriose Namen gab (*himlische wagweis, spitzige pfeilweis, wohlriechende meyranweis* [Majoranweise] usf.). Die letzte öffentliche Singschule in Nürnberg fand 1774 statt.

LITERATUR: F. Keinz, Hans Sachsens Zeitgenossen und Nachfolger im Meistergesang. In: Hans-Sachs-Forschungen. Hrsg. von A. H. Stiefel. 1894, S. 326–351. – J. Bolte, Der Nürnberger Meistersinger Hans Vogel. Archiv f. d. Studium der neueren Sprachen 127 (1911), S. 273–301. – C. H. Bell, Georg Hager. A Meistersinger of Nürnberg 1552–1634. 4 Bde, 1947 (Untersuchung und Ausg.). – R. Steiger, Benedict von Watt. 1914. – AUSGABE: Ambrosius Metzger: Metamorphosis Ovidij in Meisterthöne gebracht. Hrsg. von H. Kugler. 1981. – Ausgabe der übrigen Gedichte fehlt. – H. Kugler, Handwerk und Meistergesang. 1977.

Weitere Meistersingergesellschaften

Die Augsburger Gesellschaft ist erst seit 1534 genauer beurkundet. Zu dieser Zeit, dem Jahr der Einführung der Reformation in Augsburg, richten die Meistersinger ein Gesuch an den Rat, die Singschulen mit geistlichen Liedern jeweils sonntags vor der Abendpredigt abhalten zu dürfen. In der zweiten Hälfte des 16. Jahrhunderts gehörten der Augsburger Gesellschaft u. a. an der Weber Onoferus Schwarzenbach (gest. 1574) und der Notar Johannes Spreng (1524–1601), ein Melanchthon-Schüler, der die ›Aeneis‹ und die ›Ilias‹ in Reimpaarversen übersetzt hat. Um 1600 zählte die Augsburger Gesellschaft rund 100 aktive Mitglieder. Seit dem 18. Jahrhundert widmeten sich die Augsburger Meistersinger fast ausschließlich dem Theaterspielen. Das Verbot einer Aufführung 1772 ist die letzte Nachricht, die wir von dieser Gesellschaft haben.

LITERATUR, AUSGABE: F. Keinz, Aus der Augsburger Meistersingerschule. In: Bayer. AW, SB 1893, S. 154–200. – A. Greiner, Die Augsburger Singschule in ihrem inneren und äußeren Aufbau. 1924. – F. Schnell, Geschichte der Meistersingerschule zu Augsburg. Diss. Erlangen 1956. – P. Pfeiffer, Die Meistersingerschule in Augsburg und der Homer-Übersetzer Johannes Spreng. 1919. – B.-F. Schulze, Der Augsburger Meistersinger Onoferus Schwarzenbach. Texte und Untersuchungen. 1982.

Ein Bestätigungsgesuch der Straßburger Meistersinger von 1597 spricht davon, daß in Straßburg 1492 *die uralte löbliche kunst des teutschen meistergesangs aufgerichtet* worden sei. Der Straßburger Gesellschaft konnten (wie auch der Freiburger und

Münchener) weibliche Mitglieder angehören wie u.a. die Meistersingerin Susanna Gramerin. 1780 beschloß die Gesellschaft, sich aufzulösen. Der diesen Entschluß begründende Bericht ist ein bemerkenswertes Dokument für das historische Traditionsbewußtsein der Meistersinger wie für den Verfall der öffentlichen Wirksamkeit und dessen Gründe. Es sei *seit Opitzens zeithen und dem glücklichen schwung den seither die deutsche sprache und poisie genommen, die meistersängerey ein verjährtes altstättisches institut das statt andacht gelächter und auch offt eifersucht unter den gliedern selbst erzeugte ... Die meisterschafft besteht heutiges tags aus sechs mitgliedern wovon fünf ihrer unthätigkeit verdrossen und müde, sich einem aufgeklärteren und oft etwas höhnischen publico zur schau dar zu stellen.*

LITERATUR: E. Martin, Die Meistersinger von Straßburg. Jahresbericht des Volksbildungsvereins f. Elsaß-Lothringen. 1882. – H. Müller, Zur Blütezeit des Straßburger Meistergesangs. Zs. f. d. Geschichte des Oberrheins 110 (1962), S. 151–169. – Der Auflösungsbericht ist abgedruckt bei E. Martin, Straßburger Studien I (1883), S. 87–92.

Die Breslauer Gesellschaft wurde 1571 vom Rat bestätigt. Ihre Gründung geht wohl auf den wahrscheinlich aus Augsburg stammenden Schuhmacher Wolf Herold und auf Adam Puschmann (s.o.) zurück. Gegen Ende des 17. Jahrhunderts ist sie eingegangen.

LITERATUR: H. Seidel, Die Meistersingerschule in Breslau. Mitteilungen d. Schlesischen Gesellsch. f. Volkskunde 26 (1925), S. 231–233.

Der erste Beleg für eine öffentliche Singschule im Ulmer Rathaus stammt von 1517. Gegen Ende des 18. Jahrhunderts veränderte die Gesellschaft ihren Charakter völlig: die Meister sangen gegen Bezahlung im Chor bei Hochzeits- und Festveranstaltungen. Die letzten vier Mitglieder lösten die Gesellschaft 1839 auf.

Das längste Leben war der Memminger Gesellschaft beschieden. Sie wurde um 1600 durch den Vorsteher der städtischen Knabenschule, Johann Suppius, gegründet. Die Vorschrift der Memminger Gesellschaft, daß jedes neuaufgenommene Mitglied sich in einem »Stammbuch« porträtieren lassen mußte, hat eine kunsthistorisch einzigartige Reihe naiver Porträts vom 17. bis ins 19. Jahrhundert hervorgebracht. Im 19. Jahrhundert betätigten sich die Memminger Meistersinger als Sänger bei Armenbegräbnissen. Ein Zeitungsbericht von 1852, der ein solches Ereignis als Kuriosum beschreibt, belegt gleichzeitig das ungebrochene Weiterleben der mittelalterlichen Monodie: bei den Gesängen, die der Schuhmacher Matthias Westermaier vorgetragen habe (›grün Veneris Lustgartenweis‹), habe es sich um eine »wunderlich verschnörkelte, zierliche, aber gänzlich unmelodische Weise« gehandelt.

LITERATUR: J. F. Lentner, Die Meistersinger in Memmingen. Morgenblatt f. gebildete Leser, Februar 1852, S. 135.

Die Memminger Gesellschaft schloß 1875, ihr letztes Mitglied, der Schneider Friedrich Hummel, starb 1922.

LITERATUR: F. Behrend, Die Meistersinger zu Memmingen. Zs. d. hist. Vereins f. Schwaben und Neuburg 38 (1912), S. 84–109. – C. H. Bell, The Meistersingerschule at Memmingen and its Kurtze Entwerffung. 1952.

Meistersingergesellschaften bestanden u.a. in Freiburg i.Br. (1513–1672), Kolmar (gegründet 1546 durch Jörg Wickram), München (Ende 15./Anfang 16. Jahrhundert?), Nördlingen (1506–1634), Steyr (ca. 1540–1616), Iglau (1571–1620). Eine plausible Begründung, warum der Meistersang sich nördlich der Mainlinie nicht ausgebreitet hat, konnte bisher nicht gefunden werden.

LITERATUR: H. Schreiber, Urkunden der Meistersinger zu Freiburg i.Br. Badisches Archiv 2 (1827), S. 195–209. – P. Ristelhuber, L'école lyrique de Colmar au XVI. siècle. 1863. – A. Dreyer, Hans Sachs in München und die gleichzeitigen Münchner Meistersinger. Analecta germanica. FS Hermann Paul. 1906, S. 325–391. – K. J. Schroer, Meistersinger in Österreich. In: Germanistische Studien II. Hrsg. von K. Bartsch. 1875, S. 197–239. – F. Streinz, Die Singschule in Iglau und ihre Beziehungen zum allgemeinen deutschen Meistergesang. 1958.

11. Theaterspielen in der Stadt

Die wichtigsten und spektakulärsten Theaterereignisse in der Stadt sind bis weit ins 16. Jahrhundert hinein die geistlichen Spiele (s.o. Kap. IV). Durch Aufführungsbelege wissen wir, daß es im 14. Jahrhundert zumindest im flandrisch-brabantischen Raum Schauspielertruppen gegeben hat, die *rederijkers*, die auch im angrenzenden deutschsprachigen Raum weltliche

Schauspiele aufführten (so z. B. ein Lanzelot-Stück in Aachen). Im übrigen aber entwickelt sich das weltliche Drama aus bescheidenen, improvisierenden Anfängen, eingebunden in die Vergnügungen der Vorfastenzeit.

Belege für die Aufführung von Fastnachtspielen gibt es in vielen Städten; Spieltexte in größerer Anzahl sind nur aus Nürnberg erhalten. Da die meisten Stücke anonym überliefert sind, ist man für die Frühgeschichte der Gattung im 14. und 15. Jahrhundert auf Vermutungen angewiesen. Die verschiedenen Spieltypen werden meist verstanden als Stadien einer Entwicklung, die ganz sicher nicht als Kriterium für die Chronologie der überlieferten Stücke angesehen werden dürfen. Danach stünde am Anfang eine lose Aneinanderreihung einzelner Rollen, in denen sich die Fastnachtsmasken in ihrer Verkleidung nacheinander vorstellen (»Reihenspiel«). Zusammengehalten wird diese Kette kurzer Monologe durch einen *ausschreier* (Praecursor), der eine Eingangs- und Schlußrede hält (»Reihenspiele« sind z. B. das Spiel ›von Frauenriemen‹, Keller Nr. 11; ›von der Puolschaft‹, Keller Nr. 13; ›ein spil von narren‹, Keller Nr. 32; ›gar ein vast spotisch paurnspil‹, Keller Nr. 43). Ein rudimentärer Handlungsrahmen, der zugleich eine Integration in das Fastnachtsvergnügen herstellt, kann durch die Einbindung der Figuren in einen Tanz bewirkt werden (z. B. ›Der kurz Hannentanz‹, Keller Nr. 89).

Der nächste Entwicklungsschritt bestünde in der Übernahme einer notwendigerweise dialogischen Situation, vornehmlich der Gerichtsverhandlung und oft auch der Sprechstunde des Arztes, die den dramaturgischen Rahmen für eine Interaktion der Figuren hergibt (»Gerichtsspiele«: z. B. ›Ein spil von dreien brudern, die rechtent vor eim konig umb ein mul, pock und umb ein paum‹, Keller Nr. 8; ›ein hubsch spil‹, Keller Nr. 27; »Arztspiele«: z. B. ›ein spil von einem arzt und einem kranken paur‹, Keller Nr. 6; ›vasnachtspil vom arzt mit den zwelf paurn‹, Keller Nr. 82).

Der höchste Entwicklungsstand würde schließlich repräsentiert durch dramaturgisch elaborierte Spiele mit echten Dialogen und szenischen Wechseln wie z. B. im Spiel ›Des Entkrist Vasnacht‹ (Keller Nr. 68) und vor allem in den Spielen von Hans Folz und Hans Sachs.

Der früheste namentlich bekannte Autor von Fastnachtspielen ist Hans Rosenplüt (s. o. S. 286). Nur für ein Stück ist seine Autorschaft gesichert: ›Des künig von Engellant hochzeit‹ (Keller Nr. 100), eine auf acht Sprecher verteilte große Hochzeitseinladung. Noch etwa 25 weitere Spiele sind Rosenplüt mit unterschiedlich plausiblen Gründen zugeschrieben worden.

Die Bestimmung von Aufführenden und Publikum und damit die Einschätzung der Fastnachspiele überhaupt hat lange Zeit unter einem Mißverständnis gelitten: die in Nürnberger Spielbelegen häufig auftauchenden *gesellen* meinen nach zeitgenössischem Sprachgebrauch nicht etwa Handwerksgesellen, sondern »junge Männer« überhaupt; wo sie mit dem Attribut *eerbar* versehen werden, gehören sie eindeutig der städtischen Oberschicht an. Auch Aufführungen durch Handwerksgesellen *(knechte)* sind belegt. Mithin kommen Angehörige aller städtischen Schichten als Aufführende in Frage; das läßt darauf schließen, daß auch das Publikum nicht ständisch eingegrenzt ist. Die literarhistorische Tradition, nach der als Hauptaufführungsort die Wirtsstube zu denken sei, kann sich ebenfalls nur auf ungenaue Belege stützen. Die häufige Anrede des Praecursors, *»herr wirt«*, meint nicht den Gastwirt, sondern den Hausherrn schlechthin. Die Attribuierung *wirt von hoher art* (z.B. Keller Nr. 10, Nr. 18) oder gar die Anrede *ir herren* (z.B. Nr. 6, Nr. 43) dürfte belegen, daß auch das Patrizierhaus als Aufführungsort in Frage kommt. Das Fastnachtspiel wird so zum einheitstiftenden Vergnügen; es verdiente eine eingehendere Untersuchung als Medium ständeübergreifender städtischer Identität. Die stereotypen Bauernfiguren etwa, die in einer großen Zahl von Fastnachtspielen in ihrer animalischen Primitivität dem Gelächter preisgegeben werden, sind offenbar geeignet, im Gefühl kollektiver Überlegenheit stadtbürgerliches Gemeinschaftsbewußtsein hervorzurufen. Das hindert nicht, daß auch Probleme spezifischer Gruppen, etwa der Handwerksgesellen, aufgegriffen und durch die Verletzung sexueller oder fäkalischer Tabus im Gelächter aufgefangen werden. Da das Fastnachtspiel wie keine andere Gattung der Kontrolle durch die städtische Zensur unterliegt, kann man in jedem Falle davon ausgehen, daß die in ihm artikulierten Meinungen zumindest nicht im Widerspruch zu den Anschauungen des Stadtregiments stehen, sofern es sich nicht – wie bei Folz – geradezu zu dessen Sprachrohr macht.

Literatur: M. Herrmann, Forschungen zur deutschen Theatergeschichte des Mittelalters und der Renaissance. 1914. – H. Kindermann, Theatergeschichte Europas. 10 Bde, 1957–1974. Bd 1: Antike und Mittelalter; Bd 2: Renaissance. – H. Brinkmann, Anfänge des modernen

Dramas in Deutschland. Versuch über die Beziehungen zwischen Drama und Bürgertum im 16. Jahrhundert. In: H. B., Studien zur Geschichte der deutschen Sprache und Literatur. Bd 2, 1966, S. 232–288. – R. Krohn, Der unanständige Bürger. Untersuchungen zum Obszönen in den Nürnberger Fastnachtsspielen des 15. Jahrhunderts. 1974. – L. Schmidt, Das deutsche Volksschauspiel in zeitgenössischen Zeugnissen vom Humanismus bis zur Gegenwart. 1954. – B. Neumann, Mittelalterliches Schauspiel am Niederrhein. ZfdPh 94 (1975), Sonderheft, S. 147–194. – Th. Hampe, Die Entwicklung des Theaterwesens in Nürnberg von der 2. Hälfte des 15. Jahrhunderts bis 1806. Mitteilungen des Vereins f. d. Gesch. Nürnbergs 13 (1900). – G. Simon, Fastnachtsspieltradition. Zur Überlieferung, Textkritik und Chronologie der Nürnberger Fastnachtsspiele des 15. Jahrunderts. 1970. – E. Catholy, Das Fastnachtspiel des Spätmittelalters. 1961. Ders., Fastnachtspiel. 1966. – W. Lenk, Das Nürnberger Fastnachtspiel des 15. Jahrhunderts. 1966. – D. Brett-Evans, Von Hrotsvit bis Folz und Gengenbach. 1975. – H. Bastian, Mummenschanz. Sinneslust und Gefühlsbeherrschung im Fastnachtspiel des 15. Jahrhunderts. 1983. – Forschungsbericht: W. F. Michael, Das Drama des Mittelalters. Ein Forschungsbericht. DVjs 62 (1988), S. 148–195. – SAMMELAUSGABEN: A. v. Keller, Fastnachtspiele aus dem 15. Jahrhundert. 4 Bde, 1853–1858, Nachdr. 1965/66 (StLV 28ff.). – D. Wuttke, Fastnachtspiele des 15. und 16. Jahrhunderts, 3. Aufl. 1984.

Wie die Maeren nutzt Hans Folz (s. o. S. 288) das Fastnachtspiel zur Darstellung und Erörterung aktueller Probleme. Der inhaltliche Anspruch geht einher mit dem Versuch literarischer Aufwertung. Drei Spiele dienen – konform der Nürnberger Ratspolitik – der zweifellos wirkungsvollen antijüdischen Polemik. Das Spiel ›Die alt und neu ee‹ (›Das alte und neue Testament‹, Keller Nr. 1), eine Diskussion zwischen Synagoge und Ecclesia, bemüht sich, obwohl natürlich der Sieger von vornherein feststeht, um eine gewisse Ausgewogenheit der Argumentation und die Erörterung konkreter Probleme: der Rabbi, am Schluß von der Richtigkeit christlicher Lehre überzeugt, kann dennoch nicht zum Christentum übertreten, denn er würde dann seine Einkünfte verlieren: *wie wurd ich armer dann ernert?* Auch als Getaufter würde er zu keinem Handwerk zugelassen, *so kan ich erst kein hantwerk lern* – ein Dilemma, das der städtischen Gemeinschaft zu Überlegung und Abhilfe vorgestellt wird: *ir wollet dann all beholfen* (behilflich) *sein mit hilf, rat, gunst und auch mit steur* (materieller Hilfe). Diese vergleichsweise abgewogene Haltung schlägt im Spiel vom ›Kaiser Constantinus‹ (Aufführungsbeleg für 1475, Keller

Nr. 106) in bloße Polemik um und steigert sich im Spiel vom ›Herzogen von Burgund‹ (1486/93, Keller Nr. 20) zu blanker gehässig-sadistischer Agitation.

Im Spiel von ›Salomo und Markolf‹ (Keller Nr. 60) liefert Folz ein erstes und bedeutendes Beispiel für die später von Hans Sachs praktizierte Dramatisierung einer Erzählvorlage. Die übrigen Fastnachtspiele von Folz sind kürzer, anspruchsloser und eher den gängigen Mustern angepaßt. Zwölf Spiele sind ihm durch Signatur oder andere Indizien sicher zuzuweisen (Keller Nr. 1, 7, 20, 38, 43, 44, 51, 60, 105, 112, 120), bei etwa zwölf weiteren wird die Zuschreibung diskutiert.

Literatur: H. Lomnitzer, Das Verhältnis des Fastnachtspiels vom ›Kaiser Constantinus‹ zum Reimpaarspruch ›Christ und Jude‹ von Hans Folz. ZfdA 92 (1963), S. 277–291. – E. Wenzel, Synagoga und Ecclesia. Zum Antijudaismus im deutschsprachigen Spiel des späten Mittelalters. IASL 12 (1987), S. 57–81.

Obwohl Folz in fast allen seinen Stücken ausdrücklich auf die Fastnacht Bezug nimmt, haben sich doch die zumindest anspruchsvolleren inhaltlich gänzlich von diesem Anlaß gelöst. Schon das völlige Fehlen der Komik in einem Stück wie der ›alten und neuen ee‹ macht die Vorfastenzeit zur bloßen äußeren Gelegenheit der Aufführung. Das wirft die bislang unbeantwortete Frage auf, ob alle weltlichen Spiele, die heute unter dem Begriff »Fastnachtspiel« gesammelt werden, wirklich Spiele zur Fastnacht gewesen sind oder ob es auch außerhalb dieser Zeit eigenständige weltliche Theateraufführungen durch Laien gegeben hat. Ein Stück wie das (nicht aus Nürnberg stammende) große ›Neidhartspiel‹, das den Veilchenschwank mit der Hauptperson Neidhart von Reuenthal dramatisiert, ist durch den bloßen Umfang (ca. 2500 Verse) und die Zahl der Mitwirkenden (mindestens 70 Akteure) kaum als beiläufige Fastnachtsvergnügung unter anderen vorzustellen, obwohl sämtliche Aufführungsbelege auf die Vorfastenzeit hindeuten.

Ausgaben: J. Margetts, Neidhartspiele. 1982 (Wiener Neudrucke 7). – Faksimile: J. Margetts, Die mittelalterlichen Neidhart-Spiele. 1986 (Litterae 73). – Literatur: E. Simon, The Origin of Neidhart-Plays. JEGPh 67 (1968), S. 458–474. – P. Herrmann, Karnevaleske Strukturen in der Neidhart-Tradition. 1984. – H. Linke, Das Tiroler (Mittlere) Neidhartspiel und seine Dirigierrolle. Archiv 222/137 (1985), S. 1–21. – M. Siller, Anmerkungen zu den Neidhartspielen. ZfdPh 104 (1985), S. 380–403.

Ausdrücklich als »Faßnachtspiele« kennzeichnet Hans Sachs 85 seiner rund 200 Theaterstücke. Von den *comedien* unterscheiden sie sich durch die Kürze, die Komik der Handlung, die einfachere dramaturgische Struktur und die geringe Zahl von höchstens sechs, meist aber nur drei oder vier Figuren (eine Ausnahme macht das ›Faßnacht spil, mit 17 Personen zu Agirn: Von der vnglückhafften, verschwatzten Bulschafft‹). Insofern berücksichtigen die Stücke die besonderen Aufführungsbedingungen des Fastnachtspiels, sonst aber lassen sie kaum noch eine Bindung an den Anlaß erkennen. Die Figur des Praecursors ist bis auf ganz wenige Ausnahmen weggefallen; die Stücke setzen unmittelbar mit der Spielhandlung ein, der Nachspruch wird einer der handelnden Personen als *moralisatio* in den Mund gelegt. Die Stücke gewinnen so Autonomie und lösen sich aus der Bindung an die fastnächtliche Festgesellschaft.

Fastnachtspiele außerhalb Nürnbergs

Eine Tradition weltlichen Theaterspielens, in die auch das große ›Neidhart-Spiel‹ gehört, läßt sich für Tirol nachweisen. Die Abhängigkeit dieser Spiele von der lokalen geistlichen Spielpraxis bedürfte noch genauerer Untersuchung. Durch Vigil Raber (s. o. S. 222) sind in Sterzing zwischen 1510 und 1535 auch weltliche Spiele inszeniert und aufgezeichnet worden, die thematisch und dramaturgisch deutlich von den Nürnberger Stükken abhängen und teilweise unmittelbare Übernahmen sind.

Ausgaben: O. Zingerle, Sterzinger Spiele nach Aufzeichnungen des Vigil Raber. 2 Bde, 1886 (Wiener Neudrucke 9/11). – Sterzinger Spiele. Die weltlichen Spiele des Sterzinger Spielarchivs. Hrsg. von W. M. Bauer. 1982.

Eine seit 1430 für etwa 100 Jahre währende Fastnachtspieltradition ist für Lübeck zu belegen. Außer einem als Lesetext bearbeiteten Stück (›Henselins boek‹) sind jedoch nur 73 Titel von Stücken überliefert, die erkennen lassen, daß es sich vorwiegend um Moralitäten und Historienstücke gehandelt hat. In Lübeck war die Organisation und Aufführung von Fastnachtspielen exklusives Privileg des Patriziats.

Ausgabe: Das Fastnachtspiel Henselin oder von der Rechtfertigkeit. Hrsg. von C. Walther. NdJb 3 (1877), S. 9–36. – Literatur: C. Wehrmann, Fastnachtspiele der Patrizier in Lübeck. NdJb 6 (1880), S. 1–5. – C. Walther, Über die Lübecker Fastnachtspiele. Ebd., S. 6–31. – E. Fischer, Lübecker Theater und Theaterleben in frühester Zeit bis zur

Mitte des 18. Jahrhunderts. 1932. – H. Linke, Mittelalterliche Fastnachtspiele Lübecker Patrizier. Lübeckische Blätter, N. R. 88 (1952) 3, S. 30–32.

Weitere Autoren von Fastnachtspielen im 16. Jahrhundert

Sieben Fastnachtspiele sind von dem Nürnberger Meistersinger Peter Probst überliefert. Erstmals ist er 1544 als Rechenmeister bezeugt, später als *kornschreiber* und *spitalschreiber.* 1576 ist er gestorben. Probst erhebt in seinen Stücken einen entschiedenen Kunstanspruch, bleibt aber weit mehr den Fastnachtspielkonventionen verpflichtet als Hans Sachs.

Zu erheblicher literarischer Bedeutung gelangen weiterentwickelte Formen des Fastnachtspiels in der Schweiz. Möglicherweise ist das Nürnberger Muster durch den Basler Buchdrucker Pamphilus Gengenbach (ca. 1480–ca. 1525) importiert worden, der seine Lehrzeit in Nürnberg absolviert hatte. 1515 wird sein Reihenspiel ›Die zehn Alter dieser Welt‹ in Basel aufgeführt. Kritische Schärfe und pessimistische Weltsicht kennzeichnen das prognostische Stück ›Nollhart‹ (1517) und die nach Brants und Murners Muster angelegte dramatische Narrenrevue ›Die gouchmat‹ (1516 oder 1521). In den Dienst der Reformation stellt Gengenbach die dramatische Form im Dialog ›Die Totenfresser‹, in dem die Kleriker als Nekrophagen dargestellt werden, die sich von Totenmessen fettfressen.

Der Berner Maler, Dichter und Ratsherr Niklas Manuel (ca. 1484–1530) knüpft an Gengenbach unmittelbar an: 1523 werden in Bern Manuels ›Totenfresser‹ aufgeführt, eine breit angelegte dramatische Erweiterung von Gengenbachs Dialog. Die Reihentechnik des Fastnachtspiels ist noch deutlich zu erkennen, sonst aber hat das Stück außer dem Zeitpunkt der Aufführung – der Vorfastenzeit – wenig mehr mit dem Fastnachtspiel zu tun. Wie stärker noch in den späteren Spielen ›Der Ablaßkrämer‹ (1525) und ›Elsli Tragdenknaben‹ (1530 aufgeführt, ohne Autorennamen gedruckt, daher in seiner »Echtheit« umstritten) wird die burleske Komik mehr und mehr zum Medium der reformatorischen Botschaft.

Von dem Luzerner Gerichtsschreiber Zacharias Bletz (1511 bis 1570), der auch bei einem großen Antichristspiel als Spielleiter fungierte, wurde 1546 ein großes Fastnachtspiel ›Markolfus‹ aufgeführt, 1565 ein Arztspiel, ›Der Wunderdoktor‹.

AUSGABEN, LITERATUR: E. Kreisler, Die dramatischen Werke des Peter Probst. 1907 (Neudrucke dt. Lit. Werke des 16. u. 17. Jhs. 219–221). – C. Grönland, Studien zu Peter Probst, dem Nürnberger Dramatiker und Meistersinger. Mit einer Neuausgabe des Textes der Lieder und Sprüche. 1945 (Lunder germanist. Forschungen 17). – K. Goedeke, Pamphilus Gengenbach. 1856, Nachdr. 1966. – K. Lendi, Der Dichter Pamphilus Gengenbach. 1926, Nachdr. 1970. – J. Baechtold, Niklas Manuel. 1878 (Bibl. älterer Schriftwerke der dt. Schweiz 2). – C. A. Beerli, Le peintre poète Niclas Manuel et l'évolution sociale de son temps. 1953. – E. Steiner, Die dramatischen Werke des Luzerners Zacharias Bletz. 1926 (Die Schweiz im dt. Geistesleben 41/42). – W. F. Michael, Das deutsche Drama der Reformationszeit. 1984.

VI. Der deutsche Frühhumanismus

1. Allgemeines und Voraussetzungen

Die Dichtung des deutschen Frühhumanismus ist eine Sondererscheinung zwischen etwa 1430 und 1510; sie hat als Literatur einiger akademisch Gebildeter niemals breitere Wirkung oder gar Popularität erlangt, im Gegenteil zunehmend ihre Exklusivität als Qualitätsmerkmal kultiviert und dennoch auf das literarische Bewußtsein der Neuzeit entscheidenden Einfluß ausgeübt.

Bei der Entstehung des Humanismus wirken mehrere Faktoren zusammen, vorab eine teilweise kulturelle Umorientierung von Frankreich nach Italien. Während für die Höfe nach wie vor Burgund und Frankreich die vorbildlichen Kultur- und Repräsentationsmuster liefern, orientieren sich die Intellektuellen nach Italien. Hierfür gibt es greifbare historische Gründe.

Abgesehen von direkten persönlichen Einflüssen (s. u. Cola di Rienzo, Enea Silvio Piccolomini) sind während der beiden Konzilien von Konstanz (1414–1418) und Basel (1431–1449) fast ein Vierteljahrhundert lang italienische Akademiker mit ihren Bibliotheken auf deutschsprachigem Gebiet anwesend. Die Bedeutung dieses Faktums bedürfte noch der systematischen Untersuchung.

Für das zunehmend differenzierte Verwaltungs- und Fiskalwesen liefern die italienischen Stadtstaaten die Modelle. War im 13. Jahrhundert Paris der Hauptanziehungsort für die (theologische) Ausbildung gewesen, so gehen im 15. Jahrhundert die künftigen Beamten der höfischen und städtischen Kanzleien in Bologna und Padua ihren juristischen Studien nach.

Der Humanismus ist auf dem Boden der italienischen Stadtkultur entstanden. Das hat spezifische Folgen für das Interesse an der Antike. Die von Cicero beschriebene und verherrlichte römische *res publica* wird als Vorbild nicht-feudaler staatlicher Organisation begriffen und als Bedingung einer menschlichen Existenz, die ihre Wertorientierungen nicht nur aus Waffenruhm und Religion, aus Heldentum und Heiligkeit bezieht. Die Frühphase des Humanismus läßt sich so zum guten Teil als

Cicero-Rezeption unter der Perspektive städtischer Interessen beschreiben. Es gehört zu den vielen inneren Widersprüchen des deutschen Humanismus, daß zunächst nicht die Städte, sondern die Hofkanzleien zu Zentren und Ausgangspunkten der humanistischen Bewegung werden, und daß der Humanismus in den meisten deutschen Städten nie recht heimisch geworden ist.

Die Universitätsgründungen, die als Konsequenz der Kirchenspaltung um die Wende zum 15. Jahrhundert in Deutschland erfolgen (s. o. S. 166), sind eine wesentliche Vorbedingung für das Fortleben des Humanismus nördlich der Alpen: seit der Mitte des 15. Jahrhunderts ist der Humanismus, von wenigen Ausnahmen abgesehen, Angelegenheit einer akademischen Elite. Obwohl die deutschen Universitäten weit davon entfernt sind, von humanistischem Geist geprägt zu sein, bieten sie doch diesen Akademikern ein gewisses Betätigungsfeld. Auch dann, wenn die meisten Professoren, zumindest ihrer akademischen Herkunft nach, Theologen sind, stellen die Universitäten nicht mehr im gleichen Sinne geistliche Institutionen dar wie die mittelalterlichen Kathedral- oder Klosterschulen. Schon die Einteilung in Fakultäten bewirkt Freiräume für die *studia humanitatis.* Das Studium der antiken Literatur erfolgt nicht allein mehr unter dem Aspekt geistlicher Verwertbarkeit, sondern um ihrer selbst willen. Die Bedeutung des Humanismus besteht in einer Umwertung, nicht – wie häufig zu lesen – in einer »Wiederentdeckung« der Antike. Nur sehr wenige antike Texte sind durch die Humanisten wirklich wiederentdeckt worden, so vor allem die ersten sechs Bücher der ›Germania‹ von Tacitus in der Hersfelder Bibliothek durch Poggio (s. u.) und zwölf Komödien von Plautus, wahrscheinlich aus Fulda durch Nicolaus von Cues.

Die grundsätzlich akademische Orientierung des deutschen Humanismus hat weitreichende und langfristige Folgen für die Literatur. Seit dem 15. Jahrhundert existieren zwei Literaturen ziemlich unvermittelt nebeneinander: die (volkssprachige) der Ungebildeten und die (überwiegend lateinische) einer kleinen Bildungselite, die doch den Literaturbegriff für die Neuzeit in Anspruch, Bedeutung und Bewertungsmaßstäben entscheidend prägt und an ihren intellektuell elitären Maßstäben ausrichtet.

Literatur: Eine neuere Gesamtdarstellung des deutschen Frühhumanismus fehlt. Noch immer ist man angewiesen auf die methodisch und sachlich veralteten Monographien von K. Burdach, Reformation, Renaissance, Humanismus. 2. Aufl. 1926. – W. Stammler, Die deutsche Dichtung von der Mystik zum Barock (1400–1600). 1926, 2. Aufl. 1950. – H. O. Burger, Renaissance, Humanismus, Reformation. 1969. – Die skizzenhafte Darstellung eines kleinen Ausschnittes bietet: E. Bernstein, Die Literatur des deutschen Frühhumanismus. 1978. – Europäischer Humanismus: J. C. Margolin, L'humanisme en Europe au temps de la Renaissance. 1981. – A. Buck, Humanismus, seine europäische Entwicklung in Dokumenten und Darstellungen. 1987. – Darstellungen von wichtigen Einzelaspekten: Antikenrezeption: A. Warburg, Die Erneuerung der heidnischen Antike. 2 Bde, 1932. – R. R. Bolgar, The Classical Heritage and its Beneficiaries. 2. Aufl. 1958. – F. J. Worstbrock, Deutsche Antikenrezeption 1450–1550. Tl. 1: Verzeichnis der deutschen Übersetzungen antiker Autoren. 1976. – H. Rüdiger, Wiederentdeckung der antiken Literatur im Zeitalter der Renaissance. In: Geschichte der Textüberlieferung der antiken und mittelalterlichen Literatur. Hrsg. von H. Hunger, O. Stegmüller u.a. Bd. 1, 1961, S. 511–580; Taschenbuchausgabe 1989. – Sammlungen und Einzeldarstellungen: Renaissance und Humanismus in Mittel- und Osteuropa. Hrsg. von J. Irmscher. 2 Bde, 1962 [Quellensammlung]. – K. A. Strand (Hrsg.), Essays on the Northern Renaissance. 1968. – G. Hoffmeister (Hrsg.), The Renaissance and Reformation in Germany. An Introduction. 1977. – J. Ijsewijn (Hrsg.), The Late Middle Ages and the Dawn of Humanism Outside Italy. 1971. – Italienische Einflüsse: A. Buck, L'Italia e gli albori dell'umanesimo tedesco. Riv. di lett. mod. e comparate 14 (1961), S. 20–33. – G. Zippel, Gli inizi dell'umanesimo tedesco e l'umanesimo italiano nel XV. secolo. Bulletino dell'Istituto storico italiano per il medio evo 75 (1963), S. 345–389. – R. Weiss, The Spread of Italian Humanism. 1964. – A. Sottili, L'università italiana e la diffusione dell'umanesimo nei paesi tedeschi. Humanistica Lovaniensia 20 (1971), S. 5–21. – Ders.: Studenti tedeschi e umanesimo italiano nell'università di Padova durante il Quattrocento. 1971. – Itinerarium Italicum. The Profile of the Italian Renaissance in the Mirror of its European Transformations. Hrsg. von H. A. Obermann u. T. A. Brady. 1975.

Aufsatzsammlungen: R. Newald, Probleme und Gestalten des deutschen Humanismus. 1963. – L. Bertalot, Studien zum italienischen und deutschen Humanismus. Hrsg. von P. O. Kristeller. 2 Bde, 1975. – Gute Information über den aktuellen Forschungsstand zu Einzelaspekten bieten: Mitteilungen der Kommission für Humanismusforschung bei der Deutschen Forschungsgemeinschaft (seit 1975, bisher 15 Bde). – Die Geschichte der lateinischen Lyrik in der 1. Hälfte des 16. Jahrhunderts behandelt: G. Ellinger, Geschichte der neulateinischen Literatur Deutschlands im 16. Jahrhundert. 3 Bde, 1929–1933 (bricht ab mit Bd. 3,1). – A. Chastel u. R. Klein, Die Welt des Humanismus. Europa 1480–1530. 1963. – J. H. Overfield, Humanism and Scholasticism in Late Medieval Germany. 1984.

Textsammlungen: DLE, Reihe Humanismus und Renaissance. 2 Bde, hrsg. von H. Rupprich. 1934f., Nachdr. 1964. – Die deutsche Literatur. Texte und Zeugnisse, Bd. 2,1–2,2: Spätmittelalter, Humanismus, Reformation. Hrsg. von H. Heger. 2 Bde, 1975–1978. – H. C. Schnur, Lateinische Gedichte deutscher Humanisten. 2. Aufl. 1978 (zweisprachig).

Die bibliographische Erfassung insbesondere der lateinischen Dichtung des Humanismus ist äußerst schlecht. Für die Jahre ab 1965 hilft weiter: Bibliographie internationale de l'Humanisme et de la Renaissance. 1965ff. – Nützliches Personenlexikon für den späteren Humanismus: Contemporaries of Erasmus. A Biographical Register of the Renaissance and Reformation. Hrsg. von P. G. Bietenholz u. Th. B. Deutscher. 3 Bde, 1985–1987. – Ein unentbehrliches quellenbibliographisches Hilfsmittel ist: VD 16. Verzeichnis der im deutschen Sprachbereich erschienenen Drucke des 16. Jahrhunderts. Hrsg. von der Bayerischen Staatsbibliothek München im Verband mit der Herzog August Bibliothek Wolfenbüttel. Abt. 1: Verfasser, Körperschaften, Anonyma. 1983ff. (bisher 10 Bde) – Noch immer aktuell sind Hinweise und Beschreibung der Lage von F. J. Worstbrock, Spätmittelalter und Humanismus. Zur Lage ihrer bibliographischen Erschließung. In: Beiträge zur bibliographischen Lage in der germanistischen Literaturwissenschaft. 1980, S. 93–109 (Deutsche Forschungsgemeinschaft, Kommission für Germanistische Forschung, Mitteilung III).

2. Vorgeschichte und erste Einflüsse

Petrarca, Cola di Rienzo und die Prager Kanzlei

Humanistische Vorstellungen entstehen seit dem Ende des 13. Jahrhunderts allmählich in den Kreisen oberitalienischer, vornehmlich florentinischer Verwaltungsbeamter, Juristen und Rhetoriklehrer. Dennoch galt schon den Zeitgenossen mit Recht eine einzelne Gestalt als der maßgebende Programmatiker des Humanismus: Petrarca.

Francesco Petrarca ist am 20. 7. 1304 in Arezzo als Sohn eines Notars geboren. (Sein Name ist die latinisierende Umbildung seines Vaternamens Petracco). Sein Vater hatte Florenz wie Dante wegen ghibellinischer Neigungen verlassen müssen und fand Zuflucht an der päpstlichen Kurie in Avignon. Petrarca studierte Jura in Montpellier, seit 1320 in Bologna. 1326 empfing er in Avignon die niederen Weihen. 1330–1347 ist er im Dienst des Kardinals Colonna. Seine Romreise von 1337 wurde ihm nach der Cicero-Lektüre in seiner Jugend zum zweiten entscheidenden Bildungserlebnis (s. u.). Im Dienste der Visconti kam er 1356 als Gesandter an den Prager Hof Karls IV. Seine letzten Lebensjahrzehnte verbrachte er vornehmlich auf seinem Landgut in der Vaucluse bei Avignon. Gestorben ist er am 19. 7. 1374 in Arqua bei Padua.

Anhaltenden literarischen Einfluß hat Petrarca durch seine italienischen Gedichte ausgeübt, die er selbst 1366 unter dem Titel ›Rerum vulgarium fragmenta‹ (heute meist zitiert als ›Canzoniere‹) zusammengestellt hat. Die letzte Fassung enthält 337 Sonette, 29 Kanzonen und 20 Sestinen, Madrigale und Balladen. In seinen lateinischen Werken bemüht er sich systematisch um die Wiederbelebung antiker Gattungen: das Epos (›Africa‹, nach dem Vorbild von Vergils ›Aeneis‹), den Brief (›Epistolae de rebus familiaribus‹), die Biographie (›De viris illustribus‹). Zwischen 1342 und 1366 entstand eine Anzahl (moral)philosophischer Schriften, darunter ›De remediis utriusque fortunae‹ und vor allem die Programmschrift ›De sui ipsius et aliorum ignorantia‹, die man die »magna charta des Humanismus« genannt hat.

AUSGABEN: Francesco Petrarca, Edizione Nationale. 20 Bde, 1926 ff. – Übersetzungen: Francesco Petrarca, Dichtung und Prosa. Hrsg. v. H. Heintze. 1968. – Francesco Petrarca, Das lyrische Werk, Hrsg. u. übers. von B. Geiger. 1958. – LITERATUR: E. H. Wilkins, Life of Petrarca. 1961. – Petrarca. Hrsg. von A. Buck. 1976 (WdF 353). – F. J. Worstbrock, Über das geschichtliche Selbstverständnis des deutschen Humanismus. In: Historizität in Sprach- und Literaturwissenschaft. Hrsg. von W. Müller-Seidel. 1974, S. 499–519. – Zur Petrarca-Rezeption in den deutschsprachigen Ländern: O. Besomi, Codici Petrarcheschi nelli bibliotheche svizzere. 1967. – A. Sottili, I codici del Petrarca nella Germania occidentale I–II. 1971/1978.

Petrarca berichtet, ihm sei als Neunjährigem die Lektüre Ciceros der *verborum dulcedo,* der Süßigkeit der Worte wegen, zu einem prägenden Eindruck geworden. Auch wenn sie biographische Selbststilisierung wäre, legte diese Äußerung Zeugnis davon ab, welche Bedeutung die Redekunst für Petrarca gewinnt. Die ciceronianische Bestimmung, Rhetorik sei unter anderem *ars movendi,* die Kunst, seelische Bewegungen hervorzurufen, wird von ihm existentiell-materiell umgedeutet. Rhetorik wird dergestalt zu einer zentralen Lebenslehre: durch sie können nicht nur die Seelen, sondern auch Dinge, ja die Welt bewegt werden. Petrarca formuliert die Anschauung von Wert, Würde und Macht der Sprache, die zu einem entscheidenden Merkmal des Humanismus wird.

Aus der Begegnung mit den antiken Trümmerstätten Roms, 1337, entwickelt Petrarca eine Geschichtstheorie, die für das Geschichtsverständnis der Neuzeit bestimmend geworden ist. Das Ende der Herrlichkeit Roms setzt Petrarca, hier ganz in mittelalterlich zahlensymbolischem Denken befangen, genau tausend Jahre vor seinem Rombesuch an: 337 hatte sich Konstantin taufen lassen und das Christentum als Staatsreligion eingeführt. Mit diesem Akt sei ein *millenium tenebrarum,* ein Jahrtausend der Finsternis angebrochen, das es gelte, mit einer Rückbewegung zum alten, reinen Glanz Roms, einer *remeatio ad Romae purum priscumque iubar,* zu beenden. Das so entstehende Bild einer *historia tripartita,* einer Geschichte, die in die drei Teile Altertum, Neubeginn (Neuzeit) und das dazwischen liegende *medium aevum,* das »finstere« Mittelalter, zerfällt, ist bis heute verbindlich geblieben. Wenn auch nicht im strengen Sinne zyklisch, steht ein solches Geschichtsbild, das mit Rückbewegungen rechnet, Geschichte in sich zurückschließt, der christlichen Vorstellung eines linearen, zielgerichteten Verlaufs der Welt- und Heilsgeschichte entschieden entgegen.

Der *remeatio*-Gedanke und die petrarkistische Konzeption der *ars movendi* schienen sich durch besondere historische Umstände für kurze Zeit zu politischer Wirksamkeit zu verbinden. 1347 war es dem römischen Notar Cola di Rienzo (1313–1354) gelungen, sich während eines Volksaufstands durch den bloßen Einsatz seiner Rednergabe zum Diktator von Rom ausrufen zu lassen. Bereits nach wenigen Wochen durch den Stadtadel wieder entmachtet, floh er an den Prager Hof Karls IV., um diesen zu einem Romzug mit dem Ziele der Wiederherstellung des Imperiums zu gewinnen – eine seltsame Verbindung des *remeatio*-Gedankens mit der mittelalterlichen Vorstellung von der *translatio imperii.* Petrarca, durch die Tradition seiner Familie ohnehin dem imperialen Gedanken verpflichtet, unterstützte Cola di Rienzo durch eine Flut drängender Briefe nach Prag. Waren diese Unternehmungen bei dem Realpolitiker Karl IV. auch politisch folgenlos, so sind sie als erster direkter humanistischer Einfluß nördlich der Alpen kulturhistorisch von größter Bedeutung. Bereits in diesen Anfängen zeichnet sich ein Charakteristikum ab: die Geschichte des Humanismus ist eine Geschichte persönlicher Begegnungen, Kontakte und Einflüsse.

Spätestens seit Mitte der fünfziger Jahre muß Petrarca klar gewesen sein, daß eine politische Realisierung der *remeatio*-Idee gescheitert war. 1367 formuliert er in seiner Programmschrift ›De ignorantia‹ den Gedanken einer politisch wirksamen Rhetorik um in ein Bildungsprogramm: *remeatio ad Romae iubar* wird jetzt erreicht durch eine *remeatio ad studium humanitatis*. In der Geschichte des Humanismus wird dieser Begriff unterschiedlich gefüllt. Immer aber beinhaltet er grundsätzlich: Studium der (antiken) Literatur mit dem Ziel, Aufschlüsse über die *conditio humana* zu erhalten, zu deren existenzbestimmenden Funktionen die Sprache gehört. Die *studia humanitatis* ersetzen so für Menschenbild und Handlungsethik bis zu einem gewissen Grade die normative Kraft christlicher Lehre, ohne jedoch die Humanisten grundsätzlich aus der christlichen Glaubensbindung zu lösen.

Petrarcas Idee von der Rhetorik als einer die Dinge bewegenden Macht, verkörpert und demonstriert durch Cola di Rienzo, traf in Prag auf vorbereiteten Boden. Unter Johann von Neumarkt (s. o. S. 194) war eine Reform des Prager Kanzleiwesens im Gange. Zu ihr gehörte auch die Entwicklung und Normierung einer überregional verständlichen Kanzleisprache und, unter dem direkten Einfluß von Cola di Rienzo und der Notwendigkeit, Petrarcas Briefe angemessen zu beantworten, die Einführung ästhetisch-rhetorischer Prinzipien, beispielsweise bestimmter Formen der Rhythmisierung von Satzschlüssen (*cursus velox* x́xx/x́x/x́x//) und deren Übertragung auf die deutsche Kanzleiprosa.

LITERATUR, AUSGABEN: K. Burdach, Aus Petrarcas ältestem deutschen Schülerkreis. 1929 (Vom Mittelalter zur Reformation 4). – Ders., Briefwechsel des Cola di Rienzo. 1912 (Vom Mittelalter zur Reformation 2). – M. E. Cosenza, Francesco Petrarca and the Revolution of Cola di Rienzo. 1913. – J. Klapper, Johann von Neumarkt, Bischof und Hofkanzler. Religiöse Frührenaissance in Böhmen zur Zeit Karls IV. 1964. – P. Piur, Petrarcas Briefwechsel mit deutschen Zeitgenossen. 1933 (Vom Mittelalter zur Reformation 7). – K. Voigt, Italienische Berichte aus dem spätmittelalterlichen Deutschland. Von Francesco Petrarca zu Andrea de' Franceschi (1333–1492). 1973. – P. Piur, Cola di Rienzo. Darstellung seines Lebens und seines Geistes. 1931.

Wie wenig dergleichen bloße Stilübung geblieben ist, wie sehr der ästhetisch bewußte Umgang mit Sprache den Grund legt für eine neue Sicht auf die Welt und den Menschen, bezeugt eine Dichtung, die, hervorgegangen aus dem Umkreis der Prager Kanzlei, ohne den humanistischen Begriff von Rhetorik nicht denkbar wäre: der ›Ackermann aus Böhmen‹. Der Autor Johann von Tepl (Johann von Saaz) dürfte um 1350 geboren sein. Ob die Ortsangabe seinen Geburtsort meint, ist nur zu vermuten, daß er Jura studiert hat, kann als sicher gelten, der Studienort ist jedoch unbekannt. Ebenso sicher dürfte seine Verbindung zur Prager Kanzlei sein, ohne daß man weiß, ob es sich um berufliche oder persönliche Kontakte gehandelt hat. Urkundlich bezeugt ist Johann von Tepl erst 1383 als Notar der Stadt Saaz und als Leiter der dortigen Lateinschule. 1411 wird er Stadtschreiber in der Prager Neustadt. Vor 1415 ist er gestorben. Abgesehen von einigen lateinischen Versen ist von Johann von Tepl der ›Ackermann aus Böhmen‹, 1401, als einziges literarisches Werk überliefert.

AUSGABEN: Seit 1917 erschienen neun unterschiedliche »kritische« Ausgaben des ›Ackermann‹, von denen keine kanonisch geworden ist. – G. Jungbluth, Johannes von Saaz, Der Ackermann aus Böhmen. 1969 [mit vollständiger Bibliographie bis 1968]. – M. O'C. Walshe, Johannes von Tepl, Der Ackermann aus Böhmen. 1982. – Die Ackermann-Handschriften E und H. Faksimile, Transkriptionen und bereinigte Texte. Hrsg. von W. Schröder. Textbd. u. Tafelbd. 1987. – Übersetzung: Der Ackermann aus Böhmen. Übers. u. hrsg. von F. Genzmer, 1981. – Faksimile: Johannes von Tepl, Ackermann aus Böhmen. In Abb. hrsg. von H. H. Menge. 1975 (Litterae 37). – LITERATUR: K. Burdach, Der Dichter des ›Ackermann aus Böhmen‹ und seine Zeit. 2 Bde, 1926 u. 1932. – G. Hahn, Die Einheit des ›Ackermanns aus Böhmen‹. 1963. – Der ›Ackermann aus Böhmen‹ des Johannes von Tepl und seine Zeit. Hrsg. von E. Schwarz. 1968 (WdF 143). – A. Hrubý, The Plowman from Bohemia. In: The Renaissance and Reformation in Germany. Hrsg. von G. Hoffmeister. 1977, S. 17–32. – R. Natt, Der ›ackerman aus Böhmen‹ des Johann von Tepl. 1978. – G. Hahn, Der Ackermann aus Böhmen des Johannes von Tepl. 1984. – Allgemeines zu Sprache und Rhetorik: K. Dockhorn, Macht und Wirkung der Rhetorik. Vier Aufsätze zur Ideengeschichte der Vormoderne. 1968. – K. O. Apel. Die Idee der Sprache in der Tradition des Humanismus von Dante bis Vico. 2. Aufl. 1975.

Der ›Ackermann‹ ist das forensische Streitgespräch zwischen dem Tod und dem *klager*, was doppelsinnig »Wehklagender« und »Ankläger« meint. Für das Verständnis des Werks ist die

Antwort auf die Streitfrage relativ unwichtig, ob der beklagte Tod der Ehefrau Margarethe einen biographischen Hintergrund hat, denn mit der Bezeichnung *ackerman,* dessen Pflug die Feder ist, stilisiert sich der Autor zum Vertreter der Menschheit schlechthin. Das Streitgespräch mit dem Tod wird so zu einer grundsätzlichen Erörterung der Bedingungen menschlicher Existenz. Die Berechtigung zur Klage leitet der Ackermann aus einer Art naturrechtlicher Position ab, einem Gesetz, das sich aus der Beschaffenheit des Menschen ergibt: *Wann nach grossem leide grosse klage sol folgen: unmenschlichen tet ich, wo ich soliche lobeliche gotes gab ... nicht beweinet* (cap. VII). Dem mittelalterlich-asketischen Standpunkt des Todes, der die Nichtigkeit und Vergänglichkeit alles Irdischen vertritt und *eitelkeit in aller werlte* (cap. XXX) findet, kann der *klager* aus diesem Grunde einen emphatischen Lobpreis menschlicher Natur entgegensetzen: *der mensch ist das allerachtberst, das allerbehendest und das allerfreiest gotes werkstuck ... Er ist allein der lieblich kloß ... darinn also behende werk, alle kunst und meisterschaft mit weisheit sint gewurket* (cap. XXV).

Das Streitgespräch wird in Wechselrede auf 32 Kapitel verteilt, die in kunstvoller Symmetrie angeordnet sind. Wehrt in der ersten Hälfte der Tod die emotionalen Argumente des *klagers* mit der kühlen Überlegenheit des Skeptikers ab, so verkehren sich nach der Mitte immer mehr die Rollen: der Tod gerät in die Verteidigungsposition und wird schließlich (im XXXI. Kapitel) vom *klager* in scharfsinnigem Syllogismus mit seinen eigenen Argumenten des Widerspruchs überführt. Im Kapitel mit der signifikanten Zahl 33 spricht Gott seinen Urteilsspruch, der beiden Parteien ihr Recht werden läßt: *Klager hab ere! Der Tot hab sig!* Sieg und Ehre, nach mittelalterlich-feudaler Wertetradition untrennbar voneinander abhängig, werden hier auseinandergenommen. *ere* bekommt damit einen neuen Sinn; das Wort qualifiziert die Beschaffenheit des Menschen und seine Fähigkeit und sein Recht, sich zu artikulieren. Es wird damit angemessen übersetzbar als »Menschenwürde«. Das Buch schließt im 34. Kapitel mit einem Schlußgebet, dessen Akrostichon den Autor Iohan nennt, und mit der Übernahme ganzer Passagen aus Johann von Neumarkts ›Buch der Liebkosung‹ eine Reverenz vor dieser Vermittlergestalt macht.

In einem erst 1933 aufgefundenen Widmungsbrief betont Johann von Tepl, er habe versucht, ein Maximum an rhetorischer Kunstfertigkeit in einen Text *ex teutonico linguagio*, aus deutschem Sprachmaterial, einzubringen. Es hieße jedoch die existentielle Bedeutung der Rhetorik für die Humanisten verkennen, wollte man danach den ›Ackermann‹ zum bloßen Probestück dafür qualifizieren, was *in hoc idiomate indocili,* in dieser ungelenken Sprache, an rhetorischer Kunst möglich sei. Vielmehr wird ihre Kraft daran erprobt, ob sie sich selbst in dieser extremen Konstellation *contra fatum mortis inevitabile,* gegen das unausweichliche Schicksal des Todes, noch als *ars movendi* bewährt. Erst die Sprache in der Kunstform der Rhetorik setzt den Menschen überhaupt in die Lage, gegen die Macht des Todes anzutreten, und konstituiert so seine *ere.*

Enea Silvio Piccolomini und die Wiener Kanzlei

Daß die von Prag ausgehenden Impulse für eine Eindeutschung des italienischen Humanismus im 15. Jahrhundert keine Tradition bilden, dürfte mit dem Wechsel des Macht- und Verwaltungszentrums zusammenhängen: 1437 stirbt Kaiser Sigmund, und mit ihm erlischt die luxemburgische Dynastie. Die Krone geht mit der Wahl Albrechts V. wieder an die Habsburger über. Das bedeutet eine Verlagerung des von Johann von Neumarkt geschaffenen Kanzleiwesens nach Wien (einschließlich der luxemburgischen Bibliothek). Nach nur zweijähriger Regierungszeit stirbt Albrecht V. 1439. Sein Nachfolger, Friedrich III., trifft 1443 auf dem Frankfurter Reichstag den italienischen Diplomaten Enea Silvio Piccolomini und beruft ihn an die Wiener Kanzlei mit der ausdrücklichen Zuständigkeit für den lateinischen Kanzleistil.

Enea Silvio Piccolomini ist am 18. 10. 1405 in Corsignano bei Siena geboren. Mit Unterbrechungen hält er sich von 1432 bis 1442 als Gesandter beim Basler Konzil auf. Nach seiner Berufung an die kaiserliche Kanzlei wird er 1447 Bischof von Trient, 1449 von Siena. Ab 1452 war er als Nuntius wieder in Wien, wird 1456 Kardinal und 1458 zum Papst (Pius II.) gewählt. Am 15. 8. 1464 ist er in Ancona gestorben.

Enea Silvio Piccolomini ist Autor zweier Dichtungen, der Novelle ›Historia de duobus amantibus‹ (›Euryalus und Lucretia‹) und der Terenz nachgeahmten Komödie ›Chrysis‹, beide 1444.

Er hat zwei Geschichtswerke verfaßt, eine ›Historia Bohemica‹ und eine ›Historia Friderici III. Imperatoris‹, ferner ›De situ, ritu, moribus et conditione Germaniae descriptio‹ (›Germania‹ 1457/58), die kulturgeographische Beschreibung und politische Denkschrift in einem ist.

Besonderen Einfluß hat er ausgeübt durch eine Fülle häufig in Briefform gehaltener Abhandlungen vornehmlich zu Fragen der Bildung, der Kultur, der Ethik und der Politik, u.a. ›De curialium miseriis‹ (Über das Elend der Hofleute; 30. November 1444 an Johann Lauterbach) und ›De litterarum studiis‹ (Über Lesen und Bildung; 5. 12. 1443) an Erzherzog Sigmund von Tirol.

AUSGABEN: Enea Silvio Piccolomini, Opera omnia. Nachdr. der Ausgabe Basel 1551. 1967. – Enea Silvio Piccolomini, Briefe und Lebenserinnerungen. Hrsg. von R. Wolkan. 4 Bde, 1909–1918 (Fontes Rerum Austriacarum 61/62 u. 67/68). – Aeneas Silvius Germania und Jakob Wimpfeling, Responsa et Replica ad Eneam Silvium. Hrsg. von A. Schmidt. 1962 (gleichzeitig mit Übersetzung erschienen). – Übersetzungen: Enea Silvio Piccolomini, Briefe, Dichtungen. Aus dem Lat. übertragen von M. Mell u. U. Abel und mit einem Nachwort versehen von G. Bürck. 1966. – LITERATUR: G. Voigt, Enea Silvio de Piccolomini als Papst Pius II. und sein Zeitalter. 3 Bde, 1856–1863, Nachdr. 1967. – K. Burdach, Enea Silvio und der deutsche Frühhumanismus. In: Vorspiel 1,2, 1925. – G. Bürck, Selbstdarstellung und Personenbildnis bei Enea Silvio Piccolomini. 1956. – M. Watanabe, Humanism in the Tyrol. Aeneas Sylvius, Duke Sigmund, Gregor Heimburg. The Journal of Medieval and Renaissance Studies 3 (1973), S. 177–202.

Es kennzeichnet Enea Silvio Piccolominis kulturmissionarische Tätigkeit und charakterisiert das Kulturverständnis des Humanismus überhaupt, daß sich seine Bemühungen nicht etwa auf eine Reform des Bildungswesens oder an Institutionen richten, sondern an einzelne (herausragende) Personen. Nicht die »Erziehung des Menschen«, sondern die Bildung Einzelner ist das Ziel, – ein wesentliches Unterscheidungsmerkmal des Frühhumanismus vom Humanismus des 18. Jahrhunderts. In seiner Schrift ›Über Lesen und Bildung‹, einer der wichtigen Programmschriften des Frühhumanismus, erweitert er den petrarkistischen Begriff der *studia humanitatis:* zu der traditionellen Bestimmung »Studium der Antike« treten hinzu »Beobachtung und Analyse der Wirklichkeit« und »Umgang der Gebildeten miteinander«. Letzteres dokumentiert und fixiert das Selbstverständnis der Humanisten als einer elitären Bildungsgemeinschaft. Mit der Forderung nach Beobachtung und Analyse der Wirklichkeit manifestiert sich ein modernes Verständnis, das

Wirklichkeit autonom, nicht mehr metaphorisch begreift. Die literarischen Auswirkungen dieser gewandelten Weltsicht zeigen sich in der Novelle von ›Euryalus und Lucretia‹.

Ein Adliger aus dem Gefolge König Sigmunds verliebt sich in die schöne Sieneser Patrizierin Lucretia. Ein ausgedehnter Briefwechsel gibt Anlaß zur Darstellung von Gefühlen, inneren Konflikten und dem Widerstreit zwischen persönlichem Verlangen und gesellschaftlicher Norm. Endlich gelingt es durch die Vermittlung von Pandalus, einem Verwandten der Lucretia, ein Treffen im Hause zu verabreden. Kaum aber hat Euryalus sich, als Lastträger verkleidet, eingeschlichen, kehrt unerwartet der Ehemann, Menelaus, zurück. In seinem Versteck hat Euryalus erneut Gelegenheit zu intensiver Selbstreflexion. Noch mehrmals gelingt es den Liebenden, sich zu sehen, aber Euryalus muß mit dem König nach Rom weiterziehen. Das Angebot Lucretias, mit ihm zu fliehen, lehnt er ab. Der Abschied bricht Lucretia das Herz. Die Nachricht von ihrem Tode stürzt Euryalus in untröstlichen Kummer, bis der Kaiser ihn vorteilhaft vermählt.

Der Stoff könnte einer Schwankerzählung entstammen. Tatsächlich geht er aber auf eine historische Begebenheit zurück. Euryalus ist Enea Silvio Piccolominis Freund und Gönner in der kaiserlichen Kanzlei, der Kanzler Kaspar Schlick (an den auch eines der beiden Widmungsschreiben gerichtet ist), und beschrieben wird eine Episode aus dem unfreiwilligen Aufenthalt Sigmunds 1432 in Siena während seines Krönungszuges nach Rom.

Das Werk kann so als literarische Einlösung der Forderung nach Beobachtung der Wirklichkeit gelten. Deren Analyse macht aus der bloßen Faktenerzählung eine psychologische Studie, die sich aller Mittel der modernen Erzähltechnik zur Schilderung seelischer Zustände bedient: Briefe, innere Monologe, Dialoge in direkter Rede und wechselnde Erzählperspektive. Der Entschluß des Pandalus etwa, als Zwischenträger zu fungieren, wird aus drei verschiedenen Blickwinkeln dargestellt: in direkter Rede des Pandalus, der sein Handeln als von der Vernunft diktiert zur Vermeidung größeren Unheils rechtfertigt, einem Kommentar des Autors, der die Motive des Pandalus entlarvt als Habsucht und Eigennutz, als *büberye vnd riffianatz* (in der Übersetzung des Niclas von Wyle, s.u.), und einer weiteren Kommentarebene, die den Einzelfall verallgemeinert zu einer kritischen Betrachtung über die Entstehung von Reichtum und Adel. Die dergestalt erzielte analytische Mehrschichtigkeit erlöst die Figuren aus den rollentypischen

Klischees des Ehebruchsschwanks und macht sie zu komplexen, konfliktbeladenen Subjekten.

Das Recht, sich außerhalb der sanktionierten Normen zu stellen, wird ähnlich wie im ›Ackermann‹ aus einem naturrechtlichen Argument abgeleitet: *Es ist ein wundersam ding, daz die natur so vil rechts vnd gewaltz geben hat der liebe in menschlichs gemüte. Es gebürt sich aber zehelffen sölicher kranckhait.* In solchen Begründungen zeigt sich eine Anerkennung menschlicher Eigengesetzlichkeit *(natur)*, eine Distanz zu den Fremdbestimmungen durch Religion und Gesellschaft, ohne daß allerdings daraus die völlige Autonomie des Menschen abgeleitet würde: für Euryalus erweisen sich am Ende die Bindungen an Konvention und Gesellschaft als stärker als das Gesetz seiner *natur.*

In einer wahrscheinlich 1445 vor der Wiener Universität gehaltenen Rede ergänzt Enea Silvio Piccolomini seine Definition der *studia humanitatis,* auch hier an Petrarca anknüpfend, um eine Begriffsbestimmung der Poesie. Sie sei das geeignete Mittel, die aus den *studia humanitatis* gewonnenen Erkenntnisse zu vermitteln. Sie wird so zu deren krönendem Überbau, einer Art ästhetisch-philosophisch-historischer Zentralwissenschaft. Entsprechend muß der *poeta* alle Eigenschaften verkörpern, die im 16. Jahrhundert dem *uomo universale* abgefordert werden: er muß geistreich und heiter, klug, diplomatisch, gepflegt und elegant sein, sinnlich und intellektuell gleichermaßen genußfähig. Dieser hochgeschraubte Anspruch, dem nur wenige Auserwählte gerecht werden können, begründet, warum Humanismus und seine Dichtung per definitionem niemals populär werden dürfen, warum die kastenhafte Abschließung im Selbstverständnis zum Qualitätsmerkmal wird: *poeta* sein bedeutet Zugehörigkeit zum Geistesadel; die Krönung mit dem Dichterlorbeer ist der sinnfällige Ausdruck dafür.

3. Die Übersetzer

Wenn die Versuche der Eindeutschung des Humanismus eine etwa 50jährige, für die deutschsprachige Dichtung ziemlich folgenlose Episode bleiben, liegt dies am Zusammentreffen des humanistisch-elitären Selbstbewußtseins mit der Ungunst der historischen Verhältnisse, der mangelnden Aufnahmebereitschaft des städtischen Bürgertums in Deutschland. So lassen sich bei den vier Übersetzern um die Jahrhundertmitte verschiedene Formen des Scheiterns und der Vergeblichkeit bei den Bemühungen beobachten, Humanismus in der Volkssprache zu artikulieren. Alle vier haben studiert; ihre Übersetzungen und Bearbeitungen sind der Versuch, die während des Studiums empfangenen Bildungseindrücke im Deutschen heimisch zu machen.

Niklas von Wyle ist um 1415 in Bremgarten geboren. Seit 1430 studierte er in Wien, wo er 1433 sein Baccalaureatsexamen ablegte. Nach Tätigkeiten als Lehrer in Zürich und als Stadtschreiber in Radolfzell ging er 1447 als Ratsschreiber nach Nürnberg, wo er in Kontakt mit Gregor Heimburg (s. u.) kam. Noch im gleichen Jahr übernahm er das Stadtschreiberamt in Eßlingen, das er neben der Leitung einer privaten Schule bis 1469 versieht. Während dieser Zeit steht er in engen Beziehungen zu den Höfen Mechthilds von Rottenburg und ihres Sohnes Eberhard von Württemberg. In ihrem Dienst wird er mit vielen diplomatischen Missionen, u. a. an den Wiener Kaiserhof und an oberitalienische Fürstenhöfe betraut. Nach einem Zerwürfnis mit dem Eßlinger Rat geht er als Kanzler an den Stuttgarter Hof, wo er das letzte Jahrzehnt seines Lebens verbringt. Gestorben ist er 1479.

AUSGABE: Translationen von Niclas von Wyle. Hrsg. von A. v. Keller. 1861, Nachdr. 1967 (StLV 57). – LITERATUR: P. Joachimsohn, Frühhumanismus in Schwaben. Württembergische Vierteljahreshefte f. Landesgeschichte, NF 5 (1896), S. 63–126 u. 257–288. – O. Mayer, Geistiges Leben in der Reichsstadt Eßlingen vor der Reformation der Stadt. Ebd. NF 9 (1900), S. 1–32 und 311–367. – R. Schwenk, Vorarbeiten zu einer Biographie des Niklas von Wyle und zu einer kritischen Ausgabe seiner ersten Translatze. 1978. – E. J. Morall, The Tale of Eurialus and Lucretia by Aeneas Sylvius Piccolomini and Niclas von Wyle. Neuphil. Mitt. 81 (1980). S. 428–438. – B. Strauss, Der Übersetzer Nicolaus von Wyle. 1912. – J. Knape, Die ältesten deutschen Übersetzungen von Petrarcas ›Glücksbuch‹. Texte und Untersuchungen. 1986.

Seit 1461 erschienen Niklas von Wyles Einzelübersetzungen, die im Druck von 1478 zum Gesamtwerk der ›Translatzen‹ zusammengestellt wurden. Im Vorwort zu dieser Ausgabe legt der Autor ausführlich seine Übersetzungstheorie dar, die angeblich von Gregor Heimburg angeregt sei. Sie beruht auf dem Grundsatz, daß *ain yetklich tütsch, daz usz gutem zierlichen vnd wol gesatzten latine gezogen vnd recht vnd wol getransferyeret wer, ouch gut zierlich tütsche ... haissen vnd sin müste.* Das sei am ehesten durch die genaueste Wiedergabe des Lateinischen einschließlich seiner syntaktischen Konstruktionen, durch eine Übersetzung *verbum de verbo* also, zu erreichen. Ob diese Anschauung einem naiven Glauben an die modellhafte Vorbildlichkeit des Lateinischen für alle Sprachen entspringt oder ob es sich um den reflektierten Versuch der Schaffung einer deutschen Kunstsprache handelt, ist schwer zu entscheiden. Niklas von Wyle ist sich jedenfalls bewußt, daß seine Übersetzung *dem schlechten gemainen ... man* vermutlich *vnverstentlich* ist. In der Tat sind manche Sätze nur im Rekurs auf die lateinische Vorlage zu begreifen, und darin zeigt sich der innere Widerspruch: als deutsche Texte für ein lateinunkundiges Publikum gedacht, setzen sie zum vollen Verständnis doch wieder den lateinisch Gebildeten voraus. Immerhin kommt den ›Translatzen‹ das Verdienst zu, erstmals ein Corpus aktueller humanistischer Literatur auf deutsch bereitzustellen: etwa drei Viertel der 18 Texte sind Übersetzungen älterer oder zeitgenössischer humanistischer Literatur, darunter Enea Silvio Piccolominis ›Euryalus und Lucretia‹, sein Lehrbrief über ›Lesen und Bildung‹, Petrarcas Gespräch ›De remediis utriusque fortunae‹ und mehrere Abhandlungen Poggios. Als einziger antiker Text ist Lukians ›Goldener Esel‹ (in einer Bearbeitung von Poggio) vertreten.

Heinrich Schlüsselfelder stammt aus einer Nürnberger Patrizierfamilie. Daß er in Italien studiert hat, kann wohl sicher vorausgesetzt werden. Von dort dürfte er auch die italienischen Vorlagen für seine Übersetzungswerke mitgebracht haben. Im übrigen sind seine Lebensdaten nur aus seinen Werken zu erschließen.

1472 oder 1473 erschien in Ulm eine Übersetzung von Boccaccios ›Decamerone‹, deren Autor sich das Pseudonym Arigo (= Heinrich) zulegt. Heute gilt als sicher, daß es sich dabei um Heinrich Schlüsselfelder handelt. Zu folgern, er habe sich hinter dem Pseudonym versteckt, weil er Geistlicher gewesen sei und nicht mit dem freien Geist des ›Decamerone‹ habe in Verbindung gebracht werden wollen, ist kaum plausibel. Schlüsselfelder gilt auch als Übersetzer (1468) der ›Fiori di virtù‹ von Tommaso Leoni, die schon einmal, 1411, von Hans von Vintler (s.o.) übersetzt worden waren.

Mit seiner ›Decamerone‹-Übersetzung macht Schlüsselfelder erstmals dieses Werk der Weltliteratur mehr als 100 Jahre nach seiner Entstehung einem deutschsprachigen Publikum zugänglich. Gleichwohl hat die Literaturgeschichtsschreibung an Schlüsselfelders Übersetzungsleistung allerlei zu tadeln. Er kann sich nicht zwischen einer sinngemäßen und einer Übersetzung *verbum de verbo* entscheiden. Bleibt er einerseits ängstlich dicht am Ausgangstext bis hin zu einer lautlichen Eindeutschung italienischer Wörter, geht er andererseits in der Wiedergabe von Redewendungen oder Sprichwörtern frei mit seiner Vorlage um. Häufig glaubt er, seinem deutschen Publikum umschreibende Erläuterungen schuldig zu sein und wirkt dadurch weitschweifig und umständlich. So scheint Schlüsselfelder mit der guten Absicht, eine möglichst breite Leserschicht anzusprechen, gerade das Gegenteil erreicht zu haben: er schrieb wohl an allen Leserschichten vorbei. Die Gebildeten hielten sich lieber an den Urtext oder eine der lateinischen Übersetzungen, den Unterhaltungsbedürfnissen der Ungebildeten entsprach die oft stoffgleiche Schwankdichtung besser. Jedenfalls erschien eine zweite Auflage der Übersetzung erst 1535. Diese allerdings ist eine wichtige Quelle für die Boccaccio-Kenntnis im 16. Jahrhundert, u.a. für Hans Sachs geworden.

Ausgabe: Decameron von Heinrich Steinhöwel`. Hrsg. von A. v. Keller. 1860, Nachdr. 1968 (StLV 51) [falsche Verfasserzuschreibung]. – Literatur: G. Baeseke, Arigo. ZfdA 47 (1904), S. 191. – M. Kleiß, Studien zum Stil Arigos in seiner Übersetzung von Boccaccios Decamerone. Diss. Frankfurt 1956. – R. Schwaderer, Boccaccios deutsche Verwandlungen. Übersetzungsliteratur und Publikum im deutschen Frühhumanismus. Arcadia 10 (1975), S. 113–128. – Ch. Bertelsmeier-Kierst, ›Griseldis‹ in Deutschland. Studien zu Steinhöwel und Arigo. 1988.

Heinrich Steinhöwel ist 1412 als Sohn einer Eßlinger Patrizierfamilie geboren. Er studierte Medizin an den Universitäten Wien, Padua und Heidelberg. 1443 ließ er sich für sieben Jahre als Arzt in Eßlingen nieder, wo ab 1447 auch Niklas von Wyle tätig war. Seit 1450 bis zu seinem Tode, 1478, war er Stadtarzt von Ulm.

1460 hat Steinhöwel eine lateinische Fassung des ›Apollonius‹-Romans und Petrarcas Version der ›Griseldis‹-Novelle übersetzt (beides gedruckt 1471). 1473 widmete er eine in Ulm bei Zainer gedruckte Übersetzung von Boccaccios ›De claris mulieribus‹ der Herzogin Eleonore von Österreich. 1476 erschien der ›Aesop‹, zugleich Übersetzung und philologische Arbeit, denn dem Corpus der »Romulus«-Fabeln (Prosafassungen) stellt er die Distichen-Fassungen des »Anonymus Neveleti« gegenüber und ergänzt es durch ›Extravagantes‹ (Rimicius, Avian etc.).

Ausgaben: Heinrich Steinhöwel, Griseldis, Apollonius von Tyrus. Hrsg. von C. Schröder. Mitteilungen der dt. Gesellschaft zur Erforschung vaterländischer Sprache und Altertümer in Leipzig 5 (1872). – Heinrich Steinhöwel, Von den synnrichen erluchten wyben. Hrsg. von K. Drescher. 1895 (StLV 205). – Heinrich Steinhöwel, Aesopus. Hrsg. von H. Oesterley. 1873 (StLV 117). – Faksimile: E. Vouilème, Steinhöwels Äsop und Griseldis. 1921/22. – Literatur: E. Klebs. Die Erzählung von Apollonius von Tyrus, eine geschichtliche Untersuchung über ihre lateinische Urform und ihre späteren Bearbeitungen. 1899. – U. Hess, Heinrich Steinhöwels Griseldis. Studien zu Text und Überlieferungsgeschichte einer frühhumanistischen Prosanovelle. 1975. – K. Grubmüller, Meister Esopus. Untersuchungen zur Geschichte und Funktion der Fabel im Mittelalter. 1977. – I. Hänsch, Heinrich Steinhöwels Übersetzungskommentare in ›De claris mulieribus‹ und ›Äsop‹. 1981.

In der Gegenüberstellung von Niklas von Wyles ›Translatzen‹ und Steinhöwels ›Aesop‹ wird einmal mehr deutlich, wie viel persönliche Begegnungen (und Gegnerschaften) für Ausbreitung und Entwicklung des Humanismus bedeuten: Die Übersetzungstheorie Steinhöwels im Vorwort zum ›Aesop‹ ist so explizit gegen Niklas von Wyle formuliert, daß man sie als ein Zeugnis persönlicher intellektueller Auseinandersetzung lesen muß. Er versichert, sein Text sei *schlecht* (einfach) *und verstentlich getütschet, nit wort uß wort, sunder sin uß sin.* Ziel ist also nicht eine Reproduktion der sprachlich-historischen Form, sondern eine möglichst sinngemäße Übersetzung. Die lateinischen Partizipialkonstruktionen und Appositionen werden aufgelöst, idiomatische Wendungen und Sprichwörter durch sinnentsprechende Wörter ersetzt. Die Kontrolle der Übersetzung wird gewährleistet durch die Zusammenstellung der lateinischen Fassungen mit der deutschen. Textvarianten werden innerhalb der Übersetzung referiert. Hier zeigt sich bereits das philologisch-textkritische Interesse, das für die Beschäftigung der Humanisten im 16. Jahrhundert mit antiken Texten bestimmend wird.

Albrecht von Eyb ist am 29. 8. 1420 als Sohn einer fränkischen Adelsfamilie geboren. 1436–1438 studierte er in Erfurt Jura. Nach einer durch den Tod seines Vaters bedingten Unterbrechung setzte er seine Studien 1444–1452 in Bologna, Padua und Pavia fort. 1452 kehrte er nach Deutschland zurück, um eine Pfründe als Domherr in Bamberg wahrzunehmen. Noch im gleichen Jahr zog er wieder nach Italien und promovierte dort 1459 zum Doktor beider Rechte. Seit 1459 hält er sich in Franken auf. Außer in Bamberg ist er in Eichstätt und Würzburg Pfründner. Rechtsstreitigkeiten führten ihn 1461 und 1462 nach Rom. Am 24. 7. 1475 ist er gestorben.

Ausgaben: M. Herrmann, Deutsche Schriften des Albrecht von Eyb. 2 Bde, 1890 (Bd. 1: Das Ehebuch; Bd. 2: Die Dramenübersetzungen. [ohne vollständige Ausg. des ›Spiegels der Sitten‹].) – Die Plautus-Übersetzungen des Albrecht von Eyb. Lateinisch-deutsche Textausgabe. Hrsg. von P. A. Litwan. 1984. – ›De speciositate Barbarae‹ und ›Apellacio mulierum‹. In: M. Herrmann, Albrecht von Eyb (s. u.), S. 100–102 u. S. 104–107. – ›Ad laudem et commendationem Bambergae civitatis‹. In: W. Hammer, Albrecht von Eyb, Eulogist of Bamberg. Germanic Revue 17 (1942), S. 1–19. – Eine Ausgabe der ›Margarita poetica‹ fehlt. – Faksimile: Ehebuch. Druck von Anton Koberger 1475. Hrsg. von E. Geck, 1966. – Literatur: M. Herrmann, Albrecht von Eyb und die Frühzeit des deutschen Humanismus. 1893. – K. O. Conrady, Zu den deutschen Plautusübertragungen. Euphorion 48 (1954), S. 373–396. – F. E. Baron, Plautus und die deutschen Frühhumanisten. In: Studia humanitatis, FS E. Grassi. 1973, S. 89–101.

Von den vier hier in Rede stehenden Autoren ist Albrecht von Eyb der vielseitigste. Seinen Deutschlandaufenthalt von 1452 machte er sich erträglich durch die Abfassung zweier rhetorischer Kabinettstückchen der erotischen Literatur: ›Tractatus de speciositate Barbarae puellulae‹ (Abhandlung über die Anmut des Mädchens Barbara) und die ›Appellacio mulierum Bambergensium‹. Dieses Werk ist eine Umarbeitung der 1407 entstandenen ›Oratio Heliogabali‹ des Florentiner Rhetoriklehrers und Kanzlers Leonardo Bruni, ein in einem Bordell erlassener Aufruf zu allgemeiner Unzucht. Durch geschickte Umordnung einzelner Teile wird daraus bei Albrecht von Eyb eine Satire auf die angebliche Sittenlosigkeit der Bamberger Frauen. Diese literarische Übung dokumentiert den Abstand zwischen humanistischer Freizügigkeit des Denkens und städtischer Bevölkerung.

Auch das nach dem Vorbild von Brunis ›Laudatio florentinae

urbis‹ (1403) verfaßte Städtelob ›Ad laudem et commendationem Bambergae civitatis oratio‹ ändert an diesem Befund wenig. Es handelt sich (im Gegensatz zu Rosenplüts Spruch von Nürnberg, 1445) nicht so sehr um die beschreibende Verherrlichung einer spezifischen Stadt als um den literarischen Versuch, die italienische Humanistengattung des Städtelobs in andere Regionen zu übertragen. Unter diesem Gesichtspunkt ist es auch nicht befremdlich, wenn wegen der umliegenden Weinberge Bacchus zum Patron Bambergs erklärt wird.

Für sein erfolgreichstes Werk hat Albrecht von Eyb das Material bei seinem zweiten Italienaufenthalt gesammelt, die ›Margarita poetica‹, rhetorische Anweisung und Anthologie von Mustertexten in einem. Auf einen Abriß des rhetorischen Regelwerks, *praecepta artis rhetoricae,* folgen Texte von Cicero, Caesar, Seneca, Terenz, Plautus, Petrarca u.a. Der Schlußteil sammelt 30 humanistische Reden. Wenig begüterten humanistisch Interessierten konnte das Werk eine Bibliothek ersetzen. Das Ganze wird erschlossen durch ein Sachregister, das es ermöglicht, die Sammlung als Zitatenschatz auszubeuten. Die praktische Verwendbarkeit sicherte dem Buch seinen Erfolg: es wurde 1472 gedruckt und erlebte bis 1500 13 weitere Auflagen.

Ebenfalls 1472 erschien Albrechts ›Ehebuch‹, ›Ob eynem manne sey zu nemen ein eelichs weyb oder nicht‹. Die Widmung an den Nürnberger Rat nennt seine Zweckbestimmung: die Schrift dient der Stadt zur *sterckung irer pollicey* (Verwaltung) *vnd regimentz.* Das ebenfalls aus Italien stammende Genre der ›Ehebücher‹ verweist so auf die grundsätzlich städtische Bindung des Humanismus: die intakte Familie ist Grundbedingung und Keimzelle städtischer sozialer Ordnung. Albrecht von Eyb illustriert seine Ausführungen mit Exempelerzählungen (u.a. der ›Grisardis‹ von Erhard Groß).

Zweites deutsches Werk ist der ›Spiegel der Sitten‹ (1474, gedruckt posthum 1511). Als Anhang enthält er, gerechtfertigt durch den Abschreckungstopos, drei Komödien: die ›Philogenia‹ des Humanisten Ugolino von Pisa und zwei Plautus-Dramen: ›Bacchides‹ und die rund 50 Jahre vorher erst wiederentdeckten ›Menaechmi‹. Diese Komödienverdeutschungen gehören zu den gelungensten Übersetzungen lateinischer Texte im Mittelalter. Nicht nur die Sprache, auch die Personen, ihre Namen und ihre Redeweise werden eingedeutscht: aus Menaechmus wird Lutz, aus Erotium Barb (Bärbel). Albrecht von Eyb übersetzt Plautus' Verse in Prosa. Es gilt daher seit Max Herrmann das Diktum, es handele sich um »Prosaerzählungen mit direkt angeführtem Dialog«. Schwer vereinbar mit dieser Meinung sind jedoch die vielen Veränderungen, die allein dramaturgische Gründe haben können: die Stilisierung der Rede des Praecursors auf einen Fastnachtspiel-Vorspruch hin, das kurze nochmalige Auftauchen bei Plautus bereits abgetretener Figuren, die Umsetzung von Dialogpartikeln in Bühnenanweisungen. Es scheint deshalb nicht ausgeschlossen, daß Albrecht von Eyb doch eine Aufführung der Stücke im Auge hatte. Wäre dies der Fall, so zeigte sich daran einmal mehr eine innere Widersprüchlichkeit: es ist schwer vorstellbar, durch wen und an welchem Ort in der deutschen spätmittelalterlichen Stadt solche Stücke hätten aufgeführt werden sollen (das späte Veröffentlichungsdatum offenbart ohnehin ein zeitgenössisches Desinteresse).

Die Versuche humanistischer Eindeutschungen müssen so im ganzen als ziemlich folgenlos charakterisiert werden. Untersuchungen über die (fehlgeschlagene) Rezeption des Humanismus in einzelnen deutschen Städten wie Nürnberg (s. u). haben gezeigt, wie wenig aufnahmebereit im 15. Jahrhundert die städtische Bevölkerung in Deutschland für humanistisches Gedankengut ist. Um das Denken wirklich merkbar zu beeinflussen, kommt der Humanismus in den deutschen Städten zu spät. Seit dem 15. Jahrhundert sind Sozial- und Bewußtseinsstrukturen so weit verfestigt, daß sie für Veränderungen kaum noch zugänglich sind. Die Folge ist ein immer stärkerer Rückzug des Humanismus auf sich selbst, die Abschließung in Zirkeln vorwiegend an universitären Zentren. Äußeres Zeichen dafür ist das fast völlige Schwinden des Deutschen aus der humanistischen Literatur.

LITERATUR: S. Füssel, »Barbarus sermo fugiat . . .«. Über das Verhältnis der Humanisten zur Volkssprache. Pirckheimer-Jahrbuch 1 (1985), 1986, S. 71–110.

4. Humanistische Zentren und Zirkel

Heidelberg

LITERATUR: G. Ritter, Aus dem Kreise der Hofpoeten Pfalzgraf Friedrichs I. Zeitschrift f. Gesch. d. Oberrheins 77 (1922), S. 109–123. – Ders., Die Heidelberger Universität. Bd. 1: Das Mittelalter (1386–1508). 1936.

Die Heidelberger Universität ist eine landesherrliche Gründung. 1450 beschließt Friedrich der Siegreiche von der Pfalz die Einführung der *studia humanitatis* und garantiert gleichzeitig der Universität (als erster in Europa) satzungsmäßig die Freiheit der Lehre. 1456 beauftragte der Kurfürst den ehemaligen Heidelberger Studenten Peter Luder mit der Wahrnehmung des humanistischen Lehrprogramms in Heidelberg.

Peter Luder ist, wie mehrere Humanisten seiner Generation, bäuerlicher Herkunft. Sein Geburtsdatum ist unbekannt. 1430 immatrikulierte sich Luder an der Universität Heidelberg. Vier Jahre später ist er in Rom, die folgenden zwei Jahrzehnte hält Luder sich in Italien auf. Prägend wird der Einfluß des Rhetoriklehrers Guarino Veronese in Ferrara. In Venedig erhält er 1444 ein Notariatsdiplom. 1456 wurde er nach Heidelberg berufen, mußte aber 1460 Stadt und Universität verlassen, angeblich wegen seines lockeren Lebenswandels. Der häufige Ortswechsel in den folgenden Jahren bezeugt allererst die Schwierigkeit, mit einem humanistischen Lehrangebot seine Existenz zu sichern. Er ist charakteristisch für das Leben vieler Humanisten und kann nicht unmittelbar als Zeugnis dafür angesehen werden, daß Luder ein verkommenes Genie gewesen wäre. 1460 ist er in Erfurt, 1462 in Leipzig, 1464 in Basel, 1470 in Wien. 1472 erwähnt sein Schüler Hartmann Schedel (s.u.) seinen Tod. Von Luders poetischen Werken haben sich nur einige Gedichte erhalten. Seine Vorlesungen sind zu Sammelwerken zusammengefaßt (›Ars oratoria‹, ›De arte metrificandi‹, ›Nomina deorum et dearum‹). Einige Briefe Luders sind überliefert.

AUSGABEN, LITERATUR: W. Wattenbach, Peter Luder, der erste humanistische Lehrer in Heidelberg. Zeitschrift f. Gesch. d. Oberrheins 22 (1869), S. 33–127 (gleichzeitig separat veröffentlicht; enthält Ausgaben von Reden und Briefen). – W. Wattenbach, Peter Luder's Lobrede auf Pfalzgraf Friedrich den Siegreichen. Ebd. 23, 1871, S. 25–38. – ›De arte metrificandi‹: E. Bockelmann, Die Metrik-Vorlesung des Frühhumanisten Peter Luder. 1984. – Vorlesungsankündigungen in: L. Bertalot, Humanistische Vorlesungsankündigungen in Deutschland im 15. Jahrhundert. Zeitschrift f. Gesch. d. Erziehung und des Unterrichts 5 (1915), S. 1–24. – F. Baron, The Beginnings of the German Humanism. The Life and Work of the Wandering Humanist Peter Luder. Diss. Univ. of California. 1966 (darin Ausgaben der ›Elegia ad Panphiliam‹ und ›Ad mavortium virum Fridericum principem‹). – R. Kettemann, Heidelberg im Spiegel seiner ältesten Beschreibung. 1986 (Text der Laudatio auf Heidelberg mit Übersetzung). – Übersetzung: H. Schnur, Lateinische Gedichte deutscher Humanisten. 1978, S. 280f.

In seiner Heidelberger Antrittsvorlesung, die sich eng an Reden seines Lehrers Guarino anlehnt, unterteilt Luder die *studia humanitatis* in drei *genera: historiale, oratorium* und *poeticum.* Inhaltlich zeigen sich Verwandtschaften aber auch bezeichnende Veränderungen gegenüber den Definitionen, die Enea Silvio Piccolomini gut zehn Jahre vorher gegeben hatte. *Genus historiale* bedeutet Nachahmung der Antike nicht nur ästhetisch, sondern auch ethisch. Das *genus oratorium* dient der Erwekkung der Gefühle – hier wird der alte Begriff der *ars movendi* wieder aufgenommen. Das Mittel dazu ist das *genus poeticum.* Was bei Enea Silvio noch Ergänzung und Überbau der *studia humanitatis* war, wird hier zu deren integralem Bestandteil – ein weiterer Schritt zur Gleichsetzung von *poeta* und Humanist. Die mit dem Begriff verbundene Vorstellung vom Geistesadel gewinnt um so größeres Gewicht, je mehr für Humanisten niederer sozialer Herkunft wie Luder, Agricola, Celtis, Bebel und viele andere das Bildungserlebnis zum sozialen Aufstiegserlebnis wird. In einem Gedicht über seine Herkunft bestreitet Luder ausdrücklich, *rusticus,* bäuerlicher Abkunft zu sein, denn allein die *virtus* verleiht *nobilitas,* durch sie wird man den *superis aequandus,* den Höchsten, bzw. den Göttern gleichgestellt. Die daraus abzuleitende Souveränität erstreckt sich nicht allein auf das Reich des Geistes, sondern auf die eigene Existenz. Luders Antwort auf das Verbot, in Wien Vorlesungen zu halten: *ego faciam ut licet me facere* (Ich tue, was mir gefällt), ist Ausdruck solcher herrscherlicher Attitüde.

Wie der Adlige über das Volk, so erhebt sich der *poeta* über die Menge. Der *poeta* ist also seinem Wesen nach unpopulär. Hier stellt sich ein Literaturbegriff ein, den es in dieser Ausprägung das ganze Mittelalter hindurch nicht gegeben hatte.

Der Verzicht auf die Volkssprache begründet sich unter anderm auch durch diese Vorstellung.

Die Gleichsetzung von *poeta*, Intellektuellem und Adligem hat historisch eher negative Folgen. Die postulierte Besonderheit des *poeta* wird in den Augen gerade der städtischen Gesellschaft zu Außenseitertum, die intellektuelle Souveränität zu einem ordnungsstörenden Faktor, die Freiheit des Geistes zu Bindungslosigkeit. Was zu Beginn (in Italien) in engem Bedingungszusammenhang gestanden hatte, städtische Gesellschaft und Humanismus, gerät in der zweiten Hälfte des 15. Jahrhunderts (in Deutschland) zunehmend in Gegensatz als eine Entfremdung des Geistes von der Gesellschaft – eine Entwicklung, die für die deutsche Geistesgeschichte prägend geworden ist.

In diesem Sinne ist Peter Luder zwar sicher nicht einer der bedeutendsten, aber ein exemplarischer Vertreter des deutschen Frühhumanismus.

Die weitere Geschichte des Humanismus in Heidelberg ist eng mit den akademischen Interessen der Hofbeamtenschaft verbunden. Der kurpfälzische Kanzler und Bischof von Worms, Johann von Dalberg (1455–1503) ist Förderer und Gönner vieler Humanisten, sein Heidelberger Haus wird im letzten Viertel des Jahrhunderts zu einem humanistischen Zentrum; seit 1484 bis zu seinem frühen Tod 1485 wohnt einer der bedeutendsten Anreger humanistischer Studien bei ihm: Rudolf Agricola.

Agricola ist am 17. 2. 1444(43?) als unehelicher Sohn des Theologen und späteren Abtes Henricus Huusmann und einer *puella* (wohl einer Bauernmagd, daher sein Name) in einem Dorf in der Nähe von Groningen geboren. 1456–58 studiert er in Erfurt, 1462 in Köln; in Löwen legt er das Magisterexamen ab. 1468 geht er nach Italien, wo er mit Unterbrechungen elf Jahre lebt. An der Universität Pavia hält er 1474 die Einführungsrede für den neugewählten Rektor, Johann von Dalberg, seinen späteren Gönner. Als Organist wird er 1476 Mitglied der Hofkapelle des Herzogs von Ferrara. 1479 kehrt er nach Deutschland zurück. Mehrere Angebote von Tätigkeiten als *secretarius* (u. a. bei Maximilian I.) und Erzieher schlägt er aus. Im Frühjahr 1484 besuchte er Alexander Hegius, der seit einem Jahr Rektor der Schule in Deventer war, einem unter dem Einfluß der *devotio moderna* zu hoher Bedeutung gelangten Gymnasium. Auf die Anregung Agricolas führt man es zurück, daß dort zuerst nördlich der Alpen Griechisch als Unterrichtsfach eingeführt wurde. Hier hat auch der zur Zeit der Begegnung mit Agricola 15jährige Schüler Geert Geertsz, der spätere Erasmus von Rotterdam, Griechisch und damit die Grundlagen für seine kritische Ausgabe des Neuen Testaments gelernt. 1484 geht Agricola auf Einladung Dalbergs nach Heidelberg und lebt in dessen Haus, wo er am 27. 10. 1485 gestorben ist.

Agricolas Hauptwerk ist ›De inventione dialectica‹, der erste eines auf zwei Teile geplanten Werkes. Es ist die Grundlegung einer neuen Dialektik, auf der eine Theorie des Urteilens aufbauen sollte. Das Werk wurde erst 1515 gedruckt. Zwischen 1477 und 1479 fertigte Agricola mehrere Übersetzungen aus dem Griechischen ins Lateinische an, u. a. zweier Schriften von Lukian. Agricolas Gedichte, alle in antiken Vers- und Strophenformen, sind teils Gelegenheitsgedichte, teils geistliche *carmina.* Drei längere Reden, darunter eine zum 100. Todestag Petrarcas, und 50 Briefe sind erhalten, darunter umfangreiche Abhandlungen wie die 1484 in Heidelberg verfaßte Schrift ›De formando studio‹, die als erste pädagogische Programmschrift des deutschen Humanismus gilt.

Ausgaben: Von wenigen Ausnahmen abgesehen werden die Schriften Agricolas von einer zweibändigen Ausgabe überliefert, die wahrscheinlich auf den autographen Nachlaß zurückgeht: Alardus Aemstelredamus (Hrsg.), Rodolphi Agricolae Phrisii, De inventione dialectica . . .; Lucubrationes. Köln 1539, Neudruck 1967. Eine moderne Ausgabe fehlt. – Übersetzungen von ausgewählten Texten: G. Ihm, Der Humanist Rudolf Agricola. 1893, S. 31–75. – J. R. McNally, Rudolph Agricola's ›De inventione dialectica libri tres‹. A Translation of selected Chapters. Speechs Monographes 34 (1967), S. 393–422. – Literatur: A. Faust, Die Dialektik Rudolf Agricolas. Archiv f. Gesch. der Philosophie 34 (1922), S. 118–135. – C. Vasoli, Dialettica e retorica in Rodolpho Agricola. Accademia Toscana di Scienze e Lettere 22 (1957), S. 305 bis 355. – J. R. McNally, ›Dux Illa Directrix Artium‹. Rudolph Agricola's Dialectical System. The Quarterly Journal of Speech 52 (1966), S. 337 bis 347. – Zu Dalberg: K. Morneveg, Johann von Dalberg. 1887.

Nicht Agricolas Schriften, vielmehr seine Person und ihr unmittelbarer Einfluß waren für die Geschichte des Humanismus bedeutend. Agricolas universale Bildung, seine musischen und intellektuellen Fähigkeiten und seine Erscheinung machten ihn zur Verkörperung des Idealbildes vom Poeten, wie es Enea Silvio Piccolomini entworfen hatte. Agricola ist der einzige Humanist nördlich der Alpen, der in Italien vorbehaltlos akzeptiert wurde.

Agricolas Programmschrift ›De formando studio‹ enthält eine Neubewertung der Rhetorik, die ausweist, wie weit sich der Humanismus vom petrarkistischen Begriff entfernt hat, der Rhetorik ästhetisch bestimmte, während sie für Agricola eine hermeneutische Dimension bekommt. Richtige Verwendung der Sprache ist Ausweis richtigen Denkens, das natürlicherweise am besten in der Muttersprache kontrollierbar ist. Die rhetorische Perfektion kann daher nicht in einer beliebigen ästhetischen Nachahmung lateinischer Muster bestehen, sondern im Aufsuchen desjenigen lateinischen Ausdruckes, der den muttersprachlichen Denkvorgang am genauesten wiedergibt. Die Herstellung solcher Analogien wird um so selbstverständlicher, je mehr man durch Übersetzen geübt ist.

Durch solche Ineinssetzung von Rhetorik und richtigem Denken, also Wahrheit, gewinnt der Text, an dem man den richtigen Ausdruck lernt, ethische Bedeutung: es muß sich um einen *richtigen,* nicht um einen korrumpierten Text handeln. Agricolas Forderung, man dürfe nur *emendatos auctores* lesen, begründet das zunehmend textkritisch-philologische Interesse der Humanisten seit dem Ende des 15. Jahrhunderts und die Vorstellung von der ethischen Qualität der richtigen Sprache, ohne die Luthers Worttheologie nicht denkbar wäre.

Weitere Heidelberger Humanisten

Dietrich von Pleningen (ca. 1450–1520), kurpfälzischer Hofbeamter. Wohl im Auftrage des Kurfürsten Philipp übersetzte er Sallust, Plinius, Seneca und Lukian, letzteren nach den lateinischen Übersetzungen Agricolas. Als Vorbereitung für eine Ausgabe hat Dietrich von Pleningen eine handschriftliche Sammlung von Texten Agricolas anlegen lassen (heute in Stuttgart).

Adam Wernher von Themar (ca. 1460–1537). Seit 1488 war er Prinzenerzieher am kurpfälzischen Hof, 1497 Rektor der Universität. 166 lateinische Gedichte sind von ihm überliefert. Er übersetzte Horaz, Vergil, Livius, Seneca und erstmals Caesars ›Gallischen Krieg‹, ebenso die von Conrad Celtis aufgefundene Komödie ›Abraham‹ von Roswith von Gandersheim (s. Bd. 1).

Johannes Trithemius (1462–1516), Abt des Benediktinerklosters Sponheim, war nicht in Heidelberg ansässig, gehörte aber der von Celtis in Dalbergs Haus mitbegründeten »Sodalitas Litteraria Rhenana«, der »Rheinischen Literarischen Gesellschaft« an. Neben mehreren Geschichtswerken verfaßte er das erste deutsche Schriftstellerlexikon, den ›Catalogus illustrium virorum‹ (unter Mitwirkung Wimpfelings). Die zweite Auflage von 1495 – ein Exemplar der ersten ist nicht erhalten – enthält in chronologischer Ordnung die Namen von 303 deutschen Schriftstellern mit ihren Werken und mit biographischen Angaben – ein singuläres Zeugnis für den zeitgenössischen literarischen Horizont, das eine kommentierende Auswertung wert wäre. Trithemius gilt als Wiederentdecker Otfrieds von Weissenburg (Bd. 1).

AUSGABEN, LITERATUR: Dietrich von Pleningen, Des Senece Trostung zu Marcia. Hrsg. von M. Siller. 1974. – Ausgaben der übrigen Übersetzungen fehlen. – F. Adelmann, Dr. Dietrich von Pleningen zu Schaubeck. Ludwigsburger Geschichtsblätter 28 (1976), S. 9–139. – Teilausgabe in: K. Hartfelder, Deutsche Übersetzungen klassischer Schriftsteller aus dem Heidelberger Humanistenkreis. In: Beilage zum Jahresbericht des Heidelberger Gymnasiums für das Schuljahr 1883–1884 (S. 13–18 5 Kapitel aus Senecas ad Marciam consolatione). – Adam Wernher von Themar: Ausgabe fehlt. – Teilausgabe in: K. Hartfelder (s. o) (S. 28–38 Übers. der 10. Ekloge Vergils und der Satire 1,9 von Horaz). – K. Hartfelder, Adam Werner von Themar. Ein Heidelberger Humanist [mit Edition von Gedichten]. Zeitschrift f. Geschichte des Oberrheins 33 (1880), S. 1–101. – W. Port, Zwei neue Gedichte Werners von Themar. Ebd. NF 41 (1928), S. 428–430. – G. Kattermann, Neue Gedichte und Briefe Adam Werners von Themar. Neue Heidelberger Jahrbücher 1936, S. 45–58. – W. Röll, Ein weiteres Gedicht Adam Werners von Themar. Zeitschrift f. d. Gesch. d. Oberrheins 121 (1973), S. 319–325. – Johannes Trithemius: Johannis Trithemii opera historica ex bibliotheca Marquardi Freheri. 2 Bde, Frankfurt 1601, Nachdr. 1966. – Neuere Ausgabe fehlt. – Teilausg. in: B. Thommen, Die Prunkreden des Abtes Johannes Trithemius. 2 Teile 1934/35 (Beilage z. Jahresbericht der Kantonslehranstalt Sarnen 1933/34 und 1934/35). – Johannes Trithemius, De laude scriptorum, Zum Lobe der Schreiber. Eingeleitet, hrsg. und übersetzt von K. Arnold. 1973. – P. Lehmann, Merkwürdigkeiten des Abtes Johannes Trithemius. Bayer. AW, SB phil.-hist. Klasse 1961, Heft 2. – K. Arnold, Johannes Trithemius. 1971. – N. L. Braun, The Abbot Trithemius. The Renaissance of Monastic Humanism. 1981.

Tübingen und der württembergische Hof

LITERATUR: H. Hermelink, Die Anfänge des Humanismus in Tübingen. Württembergische Vierteljahreshefte, NF 15, 1906, S. 319–336 – J. Haller, Die Anfänge der Universität Tübingen, 2 Bde, 1927/29 – G. Bebermeyer, Tübinger Dichterhumanisten, 1928.

Die Universität Tübingen wurde 1477 vom Grafen Eberhard von Württemberg in Konkurrenz zu Heidelberg gegründet. Daß der Graf moderner Literatur aufgeschlossen war, zeigt die Tatsache, daß vielleicht in seinem Auftrag 1486 der Prokurator des Konstanzer Bischofs, Augustin Tünger (geb. 1455, Todesdatum unbekannt), 54 »Facetien« in Nachahmung des 1470 gedruckten ›Liber Facetiarum‹ des Florentiners Poggio schrieb. Facetien sind anekdotische, witzige Erzählungen mit einer Schlußpointe, dem *facete dictum.* Eberhard von Württemberg ist, wie Tünger im Vorwort bemerkt, *latinischer zungen untailhafftig.* Dennoch begnügt sich der Autor nicht mit einer Übersetzung Poggios; vielmehr verfaßt er erst selbst lateinische Facetien, um sie dann für seinen Landesherrn ins Deutsche zu übersetzen. Auch wenn die neu entstehenden Texte im Vergleich mit Poggio eher bieder und von bescheidenem Witz sind, zeigt der Vorgang doch das gestiegene Selbstbewußtsein und die wachsende Eigenständigkeit des deutschen Humanismus, den Übergang von der Aneignung zur eigenen Hervorbringung. Verbreitet wurde das Werk allerdings nicht: das Widmungsexemplar, die einzige Handschrift, gelangte in die Stuttgarter Bibliothek, wo sie sich noch heute befindet. Ein Druck ist nicht nachzuweisen.

AUSGABE: A. v. Keller, Augustin Tünger, Facetiae Latinae et Germanicae. 1874 (StLV 118). – LITERATUR: K. Vollert, Zur Geschichte der Facetiensammlungen des 15. und 16. Jahrhunderts. 1912.

Gleichwohl scheint es ein lokales oder regionales Interesse an der Gattung gegeben zu haben, wofern es nicht reiner Zufall ist, daß die bedeutendste Facetien-Sammlung in Deutschland von dem Tübinger Rhetorik-Professor Heinrich Bebel verfaßt ist.

Heinrich Bebel ist um 1475 in Justingen in der Schwäbischen Alb als Bauernsohn geboren. Nach dem Besuch der Stadtschule in Schelklingen und einer Zeit als »fahrender Schüler« befindet er sich 1492 am Studium Jagellonicum in Krakau, wo er drei Jahre später sein Baccalaureatsexamen ablegt. Anschließend studiert er zwei Semester in Basel; am 2. April 1496 taucht er in der Tübinger Matrikel auf. Ein Jahr später erhält er die neugeschaffene Professur für Rhetorik und Dichtkunst in Tübingen. 1518 klagt er in einem Distichon über eine schwere Krankheit. Vermutlich ist er im gleichen Jahr gestorben.

Das Thema mehrerer Schriften Bebels ist die Verteidigung des klassischen Latein gegen die scholastischen Barbarismen, zusammengefaßt in dem Sammelwerk ›Commentaria epistolarum conficiendarum‹ (Anleitung zum Briefschreiben, 1499). Dem gleichen Zweck dient seine 1501 an der Universität aufgeführte Komödie ›De optimo studio iuvenum‹ (Vom besten Studium der Studenten).

Seine ›Oratio ad regem Maximilianum de laudibus atque amplitudine Germaniae‹ (Rede an den König Maximilian über Ruhm und Größe Deutschlands) wurde 1501 aus Anlaß seiner Krönung zum *poeta laureatus* in Innsbruck gehalten.

Eine Art humanistisch eingekleidete Ständesatire ist der ›Triumphus Veneris‹ (1502), der in Hexametern den Sieg der Venus über alle Stände vom Papst bis zum Landsknecht beschreibt.

1508 gab Bebel eine Sammlung deutscher Sprichwörter in lateinischer Übersetzung heraus: ›Proverbia Germanica collecta atque in Latinum traducta‹.

Im gleichen Jahr erschien in zwei Büchern das ›Liber facetiarum iucundissimi: atque fabulae admodum ridendae‹ (Buch mit höchst lustigen Facetien und spaßhaften Geschichten). Es enthält 149 Facetien, die in zwei weiteren Büchern bis 1514 um fast das Doppelte vermehrt werden.

Bebel hat zahlreiche Huldigungs- und Gelegenheitsgedichte verfaßt.

Ausgaben: Eine Gesamtausgabe fehlt. – Heinrich Bebel, Proverbia germanica. Hrsg. von W. H. D. Suringar. 1879. – Heinrich Bebel, Facetia. Hrsg. von G. Bebermeyer. 1931 (StLV 276). – Heinrich Bebel, Schwänke. Übertragen von A. Wesselski. 2 Bde, 1907. – ›Elegia Hecatosticha pro institutione vitae suae peste grassante Tubingae‹. In: DLE Reihe Humanismus und Reformation, Bd. 2, 1935, Nachdr. 1964, S. 193–198. – Literatur: P. Anthony, Studien zu Heinrich Bebels Facetiae und ihren Übersetzungen. In: Sprache und Sprachhandeln. Hrsg. von J. Möckelmann. 1974, S. 89–114.

Bebels ›Facetien‹ gehen teils auf literarische Vorlagen zurück (Boccaccio, Poggio), sind aber zum größeren Teil eigene Erfindung oder verarbeiten Realitätserfahrungen. Viele Geschichten von Bauernschläue und pfäffischer Borniertheit enthalten erhebliches sozial- und kirchenkritisches Potential, ohne jedoch unmittelbar aggressiv zu werden. Die Verwendung des geschliffenen Dialogs läßt an einen Einfluß der universitären Quodlibet-Disputationen denken. Bebels ›Facetien‹ sind in ihrer elaborierten Einfachheit viel zu genau kalkulierte Kunstprosa, als daß man den Terminus ›Realismus‹ unbedenklich auf sie anwenden könnte, ungeachtet einer Fülle wirklichkeitsnaher Details, die in den Erzählungen verarbeitet sind und mit denen eine Art Panorama des zeitgenössischen Alltags entfaltet wird.

Bebels ›Facetien‹ wurden ein großer Erfolg. Bis ins 18. Jahrhundert wurden sie immer wieder aufgelegt. Sie fanden Eingang in französische, niederländische und italienische Erzählsammlungen. Der systematisch noch zu untersuchende Einfluß auf die deutschen Schwanksammlungen des 16. Jahrhunderts (s.o. Kap. V) ist offensichtlich.

An Bebel zeigt sich deutlich, wie sehr sich das Verhältnis zur Volkssprache innerhalb von zwei Generationen gewandelt hat: nicht mehr die Übersetzung vom Lateinischen ins Deutsche steht zur Debatte, vielmehr werden umgekehrt deutsche Sprichwörter (und auch einige deutsche Lieder) ins Lateinische übertragen, um sie literaturfähig zu machen, und (scheinbar) volkstümliche Geschichten werden lateinisch erzählt. Das Deutsche als Literatursprache ist bei den Humanisten um die Wende zum 16. Jahrhundert nicht mehr ernsthaft im Gespräch. Das mag u.a. mit der sozialen Herkunft vieler Humanisten zusammenhängen und der durch die Dichterkrönung bestätigten Konnotation von humanistischer Bildung und sozialem Aufstieg: die Rückkehr zur Volkssprache wäre gleichsam die Preisgabe einer sozialen Errungenschaft, eine Einbuße an Würde in der Aristokratie des Geistes.

Mit Tübingen und dem Stuttgarter Hof verbunden ist auch einer der wenigen Humanisten, die ihren intellektuellen Anspruch öffentlich politisch vertreten und entsprechende Feindschaften auf sich gezogen haben: Johannes Reuchlin.

Johannes Reuchlin (gräzisiert »Kapnion« von gr. καπνός, der Rauch) ist 1455 in Pforzheim geboren. Er besuchte die Schule in Schlettstadt. 1473 betrieb er in Paris Latein- und Griechischstudien. Nach einer Tätigkeit als Latein- und Griechischlehrer in Basel studierte er seit 1478 Jura in Orléans. Als Lizentiat beider Rechte kehrte er 1481 nach Tübingen zurück. Schon im Jahre darauf trat er als Sekretär in die Dienste des Grafen Eberhard von Württemberg, den er auf einer Italienreise begleitete. Nach der Rückkehr blieb er als Mitglied des Hofgerichts in württembergischen Diensten. Nach dem Tode des Grafen, 1496, emigrierte er nach Heidelberg, wo er in Dalbergs Haus Aufnahme fand. Auf einer weiteren Italienreise im Auftrag des kurpfälzischen Hofes, 1498, erwarb er eine größere Zahl griechischer und hebräischer Werke. Von 1502 bis 1513 war er einer der drei Richter des schwäbischen Bundesgerichts. Vor einer Epidemie floh er 1520 nach Ingolstadt, wo er Griechisch und Hebräisch lehrte. 1521 siedelte er nach Tübingen über. Er war ein Gegner von Luthers Kirchenreform. Seit 1516 Konfrater des Augustinerordens, wurde er im letzten Jahre seines Lebens zum Priester geweiht. Am 30. 6. 1522 ist er, wahrscheinlich in Stuttgart, gestorben.

Reuchlin ist Verfasser zweier Komödien: ›Sergius sive capitis caput‹ (Sergius oder der Hohlkopf, 1496) und ›Scenica progymnasmata sive Henno‹ (1497). Dieses Stück wurde bis zum Beginn des 17. Jahrhunderts etwa dreißigmal gedruckt. Schon um 1500 erschien eine deutsche Übersetzung. 1531 hat es Hans Sachs als Komödie bearbeitet.

Der Schwerpunkt von Reuchlins Arbeiten liegt auf philologischem Gebiet. 1475 gab er ein lateinisches Wörterbuch heraus, den ›Vocabularius breviloquus‹, der bis 1504 25 Auflagen erlebte.

1478 erschien eine griechische Grammatik, ›Micropaedia‹.

Mit den Werken ›De rudimentis hebraicis‹ (1506, ein hebräisches Lexikon mit grammatischen Kommentaren), einer hebräischen Ausgabe der sieben Bußpsalmen mit lateinischen grammatischen Erklärungen (›Septem Psalmi poenitentiales‹, 1512), ›De arte cabbalistica‹ (1517) und ›De accentibus et orthographia lingvae hebraicae‹ (1518) wurde er zum Begründer einer deutschen Hebraistik außerhalb der Talmudschulen.

Eine größere Zahl gutachterlicher und polemischer Schriften über das Verhältnis zur jüdischen Literatur und Wissenschaft ging aus dem Streit mit Johannes Pfefferkorn (s. u.) hervor: Das ›Tütsch missiue, warumb die Juden so lang in ellend sind‹ (1505), ein ›Ratschlag ob man den Juden alle ire bücher nemmen, abthun vnd verbrennen soll‹ (1510), der ›Augenspiegel‹ (= die Brille, 1511), der eine »warhafftige entschuldigung gegen vnd wider ains getaufften iuden genant Pfefferkorn vormals getruckt vßgangen vnwarhaftigs schmachbüchlin« darstellt, und die ›Defensio Ioannis Reuchlin ... contra calumniatores svos Colonienses‹ (Verteidiung gegen die kölnischen Verleumder, 1513).

AUSGABEN: Eine Gesamtausgabe fehlt. – L. Geiger, Johannes Reuchlins Briefwechsel. 1875, Nachdr. 1962 (StLV 126). – Nachträge: A. Horawitz, Österr. AW SB Phil.hist. Klasse 85, 1877, S. 117ff. – H. Holstein, Reuchlins Gedichte. Zs. f. vergleichende Lit.gesch. 3 (1890), S. 128–136. – Ders., Johann Reuchlins Komödien. Ein Beitrag zur Geschichte des lateinischen Schuldramas. 1888 [Edition und Untersuchungen]. – K. Preisendanz, Henno, Bauernkomödie. Lateinisch von Johannes Reuchlin, deutsch von Hans Sachs. 1922. – J. Benzing, Johannes Reuchlin, Augenspiegel 1511. 1961 (Quellen zur Geschichte des Humanismus und der Renaissance in Faksimile-Ausgaben 5). – Johannes Reuchlin, De verbo mirifico und De arte cabbalistica 1517. Faksimile 1964. – Johannes Reuchlin, Gutachten über das jüdische Schrifttum. Hrsg. und übersetzt von A. Leinz-v. Dessauer. 1965. – Johannes Reuchlin, Henno. Komödie lat. und deutsch. Übers. und hrsg. von H. Schnur. 1970. – Johannes Reuchlin, De rudimentis Hebraicis libri 3. Nachdr. der Ausgabe Pforzheim 1506. 1974. – LITERATUR: L. Geiger, Johannes Reuchlin, sein Leben und seine Werke. 1871, Nachdr. 1964. – Johannes Reuchlin 1455–1522. Festgabe seiner Vaterstadt zur 500. Wiederkehr seines Geburtstages. 1955. – J. Benzing, Bibliographie der Schriften Johannes Reuchlins im 15. und 16. Jahrhundert. 1955. – L. W. Spitz, Reuchlins Philosophy. Pythagoras and Cabale for Christ. Archiv f. Reformationsgesch. 47 (1956), S. 1ff. – M. Brod, Johannes Reuchlin und sein Kampf. 1965. – D. Glodny-Wiercinski, Johannes Reuchlin – »novus poeta«? GRM 21 (1971), S. 145–152.

Reuchlins ›Henno‹ ist am 31. Januar 1497 im Hause Dalbergs aufgeführt worden. Das Postscriptum nennt die Darsteller (unter ihnen den Sohn von Jacob Wimpfeling), den Komponisten der Chöre und den Regisseur. Mit Recht galt das Stück schon den Zeitgenossen als der Beginn der humanistischen Schulkomödie.

Der Bauer Henno findet Geld, das seine Frau Elsa im Stall versteckt hat. Er nimmt das Geld an sich und schickt seinen Knecht Dromo in die Stadt, um Tuch dafür zu kaufen. Dromo jedoch behält das Geld für sich, kauft das Tuch auf Borg und verkauft auch dieses noch. Es kommt zum Prozeß. Auf Anraten des *patronus* Petrucius beantwortet Dromo alle Fragen des Richters Minos nur mit »ble«. Dem Richter bleibt nichts übrig, als Dromo freizusprechen. Der Schlußchor des 4. Aktes setzt ironisch Gericht und Hölle gleich: *in atrionam Tartari / sunt et Minos / et Aeacus / et ceteri consules et advocati* (im Tartarus herrschen Minos und Aeacus und die übrigen Richter und Advocaten). Am Ende erhält Dromo Hennos Tochter Abra zur Frau, weil dies für den Bauern die einzige Möglichkeit ist, Aufklärung über die ihm gänzlich undurchschaubare Angelegenheit zu erlangen.

Den Stoff hat Reuchlin vermutlich während eines seiner Frankreich-Aufenthalte kennengelernt: er ähnelt der französischen

Farce ›Maître Pathelin‹; er formt ihn jedoch konsequent nach dem antiken Dramenmuster durch Verwendung des jambischen Trimeters (des antiken Komödienverses), strenge Einteilung der Handlung in fünf Akte zu je zwei Szenen und die Einführung von Chorliedern zu jedem Aktschluß (die Hans Sachs in seiner Bearbeitung von 1531 bezeichnenderweise fortläßt).

Die Handlung ist dramaturgisch geschickt den Möglichkeiten einfachster Bühnenausstattung angepaßt, die Dialogführung straff und pointiert – Eigenschaften, dank derer die Komödie zum Musterstück für das 16. Jahrhundert werden konnte.

Größere Bedeutung indessen gewinnt Reuchlin durch seine Haltung im Pfefferkorn-Streit und durch dessen literarischen Reflex, die ›Dunkelmännerbriefe‹. 1507 hatte Johannes Pfefferkorn, ein der konservativen Kölner theologischen Fakultät angehörender getaufter Jude, ein Pamphlet verfaßt, den ›Judenspiegel‹, der im gleichen Jahr vom Professor der Artes in Köln, Ortwinus Gratius, ins Lateinische übersetzt wurde. In kurzen Abständen folgten Pfefferkorns ›Judenbeicht‹, der ›Osterspiegel‹ und der ›Judenfeind‹. In diesen Schriften wurde die Forderung nach der Zwangstaufe der Juden erhoben und ein kaiserliches Mandat zur Konfiszierung und Verbrennung aller jüdischen Schriften gefordert. Reuchlin als der führende Hebraist wurde zu einem Gutachten aufgefordert. Seine Stellungnahme ist wohl weniger ein Dokument frühaufklärerischer Toleranz, als das es gelegentlich dargestellt wird, als vielmehr ein Zeugnis philologisch-wissenschaftlicher Redlichkeit und Sachlichkeit. (Reuchlin war durchaus nicht bereit, in jedem Fall abweichende Standpunkte zu tolerieren; so polemisierte er heftig gegen die Predigten Hans Böheims, des »Pfeifers von Niklashausen«, und billigte ausdrücklich die Verbrennung Savonarolas). In jedem Fall aber ist Reuchlins Gutachten ein wichtiger Beleg dafür, was humanistisches Denken für das Postulat von der Freiheit der Wissenschaften bedeutet. Reuchlin argumentiert, der Geist sei nicht durch Verbote und Bücherverbrennungen zu besiegen, sondern nur durch Argumentation, also durch den Geist selbst. Bücher wie der ›Talmud‹ oder die ›Kabbalah‹ seien wichtige philosophische und naturwissenschaftliche Werke. Um sich mit ihnen auseinandersetzen zu können, dürften sie nicht verboten, sondern müßten im Gegenteil verbreitet werden. Dazu gehöre auch die Einrichtung von Professuren für hebräische Sprache und Literatur an allen Universitäten.

Die Reaktion Pfefferkorns war giftig. In seinem ›Handspiegel‹ (1511) unterstellt er Reuchlin Bestechung durch die Juden. Die Antwort des in seiner wissenschaftlichen Ehre gekränkten Reuchlin im ›Augenspiegel‹ (1511) fiel entsprechend grob aus. Ein jahrelanger Streit zwischen der reaktionär-klerikalen und der humanistischen Partei entstand aus der Kontroverse, in dessen Verlauf man mehr als 40 Streitschriften zählt. Die Auseinandersetzung wurde von den Humanisten in ihrer grundsätzlichen Bedeutung als Bedrohung ihrer modernen Denkhaltung begriffen. Reuchlin ist einer der wenigen Humanisten (wie Erasmus und Ulrich von Hutten), die aus ihrem intellektuellen Anspruch Konsequenzen für die öffentliche Wirksamkeit gezogen haben. Die daraus resultierenden Angriffe veranlassen zum einzigen Mal die Humanisten, aus ihrer esoterischen Vereinzelung herauszutreten und sich zur Partei zu verbinden.

Dies sind die wichtigsten Stationen der Auseinandersetzung: Der Verkauf von Reuchlins ›Augenspiegel‹ auf der Frankfurter Buchmesse wird durch den Erzbischof von Mainz verboten. 1512 folgt ein kaiserliches Verbot, das Buch zu drucken und zu verbreiten. Reuchlin wehrte sich mit seiner ›Defensio contra calumniatores‹, erreichte aber lediglich, daß der Kaiser beiden Parteien ein Schweigegebot auferlegte. Inzwischen hatte der Kölner Oberinquisitor, der Dominikaner Jacob van Hoogstraten, das Verfahren an sich gezogen und betrieb die Eröffnung eines Ketzerprozesses gegen Reuchlin. Im September 1513 erhielt dieser eine Vorladung vor das Inquisitionsgericht nach Mainz. Statt dort zu erscheinen, appellierte er an Papst Leo X. Hoogstraten wandte sich 1514 seinerseits an die Kurie. Beide Parteien wurden vor das Kardinalsrichterkollegium zitiert. Reuchlin ließ sich vertreten, Hoogstraten hingegen erschien mit einer großen Delegation und (nach Behauptung seiner Gegner) wohlausgestattet mit Bestechungsgeldern. Der Prozeß zog sich in die Länge und wurde 1516 vertagt. Hoogstraten kehrte 1517 nach Deutschland zurück. 1520 erfolgte eine förmliche Verurteilung Reuchlins, die jedoch ohne Konsequenzen blieb, weil inzwischen die Ereignisse der Reformation Interessen und Energien absorbierten.

Nach den Auseinandersetzungen um den ›Augenspiegel‹ hatte Reuchlin eine Fülle ermutigender und unterstützender Briefe von Humanisten erhalten, unter ihnen Eobanus Hessus, Ulrich von Hutten, Crotus Rubeanus, Hermann Buschius (alle dem Erfurter Humanistenkreis verbunden), Melanchthon, Spalatin, Willibald Pirckheimer, Konrad Peutinger, Sebastian Brant und aus England Thomas Morus. Im März 1514 veröffentlichte Reuchlin eine Auswahl dieser Briefe als Dokumentation unter dem Titel ›Clarorum virorum epistolae latinae, graecae et hebraicae variis temporibus missae ad Joannem Reuchlin Phorcensem‹.

1515 erschien eine fingierte Briefsammlung, die sich schon durch den Titel als Gegenstück zu erkennen gibt: ›Epistolae obscurorum virorum ad venerabilem virum Magistrum Ortvinum Gratium ... variis et locis et temporibus missae ...‹ Das Impressum gibt als Druckort Venedig an, tatsächlich ist das Buch wahrscheinlich bei Heinrich Gran in Hagenau gedruckt worden. Angeblicher Adressat ist Ortwinus Gratius als Autorität in allen Fragen der Wissenschaften und der Künste, angebliche Absender sind Kleriker und Magister in allen Teilen Deutschlands. Teils handelt es sich wie bei Hoogstraten oder Pfefferkorn um identifizierbare Personen, teils um erfundene mit sprechenden Namen wie Frater Conradus Dollenkopffius, Magister Tilmannus Lumplin oder Magister Bernhardus Plumilegus (Federleser). In ihren Briefen stellen sich die vorgeblichen Schreiber bloß durch Borniertheit, charakterliche Mängel, Intrigantentum, wissenschaftliche Unfähigkeit. Die Schreiber artikulieren sich in einem steinerweichenden Latein, das durch eine Art *wort-uz-wort*-Übersetzung aus dem Deutschen gewonnen wird. So entsteht nicht nur eine der witzigsten Satiren der deutsch-lateinischen Literatur, sondern in ihr eine grundsätzliche Auseinandersetzung des Humanismus mit der spätscholastischen Theologie und Wissenschaft mittelalterlicher Tradition.

In grotesken Syllogismen wird über das Studium der antiken Literatur reflektiert: *»multa mentiuntur poetae«, sed qui mentiuntur, peccant, et qui fundant studium suum super mendaciis, fundant illud super peccatis. Et quicquid fundatum est super peccatis, non est bonum, sed est contra Deum, quia Deus est inimicus peccatis* (Brief I,7: »Die Poeten lügen viel«, aber die lügen, sündigen, und die ihr Studium auf Lügen gründen, gründen es auf Sünden. Und was auf Sünden gegründet ist, ist nicht gut, sondern ist gegen Gott, weil Gott ein Feind der Sünden ist«). Ortwinus Gratius wird unterstellt, er halte die Akzente auf griechischen Wörtern für *stultitiae,* für Torheiten (I,6). In Seelenangst wendet sich Henricus Schaffsmulius an den Kölner Magister, um zu erfahren, ob er gegen das Fastengebot verstoßen habe, als er in Rom freitags versehentlich ein Küken in einem Ei verschluckt habe. Die scholastische Reflexion des Briefschreibers führt aus, daß die Analogie der Maden im Käse keine Entlastung bringe, denn naturwissenschaftlich seien die Maden zu den Fischen zu rechnen und folglich ohne Todsünde zu verzehren (Brief II,26). Conradus Dollenkopffius berichtet dem *venerabilis vir* in Köln, wie er bei seinem Studium in Heidelberg der antiken Literatur mit der mittelalterlichen allegorischen Auslegung mit dem (obendrein falsch verstandenen) vierfachen Schriftsinn zu Leibe rückt: die neun Musen etwa bedeuten die sieben Engelchöre; über Jupiter, der Calisto entjungfert hat und in den Olymp zurückgekehrt ist, schreibe der Evangelist Matthäus (XII): *revertar in domum meam unde exivi* (Ich werde heimkehren in mein Haus, von dem ich ausgegangen bin, Brief I,28).

Über die Verfasser der ›Dunkelmännerbriefe‹ ist lange Zeit gerätselt worden. Seit den Untersuchungen Brechts gilt als sicher: Verfasser des 1. Teils (41 Briefe), der in der Charakterisierung der Briefschreiber subtiler verfährt, ist Johannes Crotus Rubeanus. Sicher zwei, wahrscheinlich vier Briefe hat Hermann Buschius (s. u.) beigesteuert, der erste Brief stammt von Ulrich von Hutten ebenso wie die sieben Briefe des ›Appendix‹ der 3. Auflage von 1516. Der zweite Teil (62 Briefe) der ›Epistolae‹ von 1517 ist vollständig von ihm verfaßt. Er stellt den Reuchlin-Streit unmittelbar in den Mittelpunkt, ist direkter und aggressiver, aber darum nicht weniger komisch.

Johannes Crotus Rubeanus (Johannes Jäger aus Dornheim; s. auch Erfurt) ist etwa 1480 als Sohn eines Bauern in einem Dorf nahe Arnstadt in Thüringen geboren. 1498 immatrikulierte er sich an der Universität Erfurt. 1505 floh er vor einer Seuche nach Fulda. Dort traf er mit Ulrich von Hutten zusammen, mit dem er im Oktober 1505 nach Köln ging. Bereits zwei Monate darauf verließen sie die dortige Universität und kehrten nach Erfurt zurück, wo Crotus Rubeanus 1507 sein Magisterexamen ablegte. Ende 1509 wurde er Leiter der renommierten Benediktinerklosterschule in Fulda. 1516 ging er nach Italien, wo er zum Parteigänger Luthers wurde. 1520 nach Erfurt zurückgekehrt, wurde er zum Rektor der Universität gewählt. Ein Jahr später begleitete er Luther auf den Wormser Reichstag. Mitte der zwanziger Jahre wandte er sich jedoch von der Reformation ab, brach 1530 endgültig mit Luther und wurde vom Erzbischof von Mainz als Kanonikus in Halle eingesetzt. 1531 verfaßte er eine Rechtfertigungsschrift, die ›Apologia‹. Der anonymen

Antwort darauf (wahrscheinlich verfaßt von seinem Jugendfreund, dem Reformator Justus Menius) verdanken wir den einzigen sicheren Beleg für seine Verfasserschaft der ›Epistolae‹: der Autor wirft Crotus Rubeanus unter anderm vor, wie jemand, der einstmals die klerikerfeindlichen ›Epistolae‹ abgefaßt habe, jetzt wieder in den Schoß der alten Kirche zurückkehren könne. Etwa 1540 ist Crotus Rubeanus gestorben.

Ausgaben, Literatur: A. Bömer, Epistolae obscurorum virorum. 2 Bde, 1924. – Übersetzung: W. Binder, Briefe von Dunkelmännern. 4. Aufl. 1964. – W. Brecht, Die Verfasser der Epistolae obscurorum virorum. 1904. – R. P. Becker, A War of Fools. The Letters of Obscure Men. A Study of the Satire and the Satirized. 1981. – Zu Pfefferkorn: L. Geiger, Johannes Pfefferkorn. Jüdische Zs. f. Wissen und Leben 7 (1869), S. 293ff. – Zu Ortwinus Gratius: Auszug aus den ›Orationes quodlibeticae‹. In: DLE, Humanismus und Renaissance 2, 1935, Nachdr. 1964, S. 149–157. – D. Reichling, Ortwinus Gratius, sein Leben und Wirken. 1884, Nachdr. 1963. – G. M. Löhr, Die Kölner Dominikanerschule vom 14. bis 16. Jahrhundert. 1946. – Zu Johannes Crotus Rubeanus: E. Einert, Johann Jäger aus Dornheim, ein Jugendfreund Luthers. 1883.

Die ›Epistolae obscurorum virorum‹ waren sehr erfolgreich. Bereits ein Jahr nach Erscheinen wurden drei weitere Auflagen gedruckt, eine davon wahrscheinlich in Frankreich, und die Kölner Ausgabe um sieben Briefe vermehrt. 1517 ließ Ulrich von Hutten den zweiten Teil erscheinen und eröffnete damit eine lange Reihe von satirischen Nachahmungen, die bisher weder ediert noch genauer untersucht sind. Bis zum Beginn der Reformation sind etwa zwölf derartige Satiren erschienen.

Literatur: (Unvollständige) Aufzählung bei Goedeke I, S. 456f.

Weitere Tübinger Humanisten

Johannes Nauklerus (gest. 1510), ein Jurist. Er veröffentlichte 1504 eine Weltchronik, die erstmals ihr Material quellenkritisch verarbeitet.

Jacob Heinrichmann (ca. 1465–1560), verfaßte eine sehr erfolgreiche lateinische Grammatik und kleine Satiren.

Literatur: E. Joachim, Johannes Nauklerus und seine Chronik. 1874. – H. Haering, Johannes Vergenhans (Nauclerus). 1950. – P. Joachimsen, Geschichtsauffassung und Geschichtsschreibung in Deutschland unter dem Einfluß des Humanismus. 1910.

LITERATUR: G. Bauch, Die Anfänge des Humanismus in Ingolstadt. 1901. – J. Schlecht, Lob- und Spottgedichte der Ingolstädter Humanisten. Historisches Jahrbuch 41 (1921), S. 215ff. – C. Prantl, Geschichte der Ludwig-Maximilians-Universität in Ingolstadt. 2 Bde, 1872.

Die Universität Ingolstadt ist 1472 durch Herzog Ludwig von Bayern gegründet. Schon ab 1477 wurden die *studia humanitatis* durch den Mediziner Erhard Windsberger (gest. nach 1504) vertreten. Von 1492 bis 1497 lehrte Conrad Celtis (s.u. S. 409) Poetik und Rhetorik, offenbar ohne große Resonanz bei den Studenten, die ihm schließlich in einer öffentlichen Klageschrift Desinteresse und didaktische Unfähigkeit vorwarfen. Nach seinem Weggange nach Wien wurde Jacob Locher (Philomusus) sein Nachfolger.

Jacob Locher ist 1471 in Ehingen geboren. Nach seiner Schulzeit in Ulm studierte er in Basel, wo Sebastian Brant zu seinen Lehrern gehörte. 1489 immatrikulierte er sich in Ingolstadt. Nach einem Italienaufenthalt und der Krönung zum *poeta laureatus* durch Maximilian (1497) wurde er 1497/98 Nachfolger von Conrad Celtis als Professor der Dichtkunst in Ingolstadt. Auseinandersetzungen mit dem Vizekanzler der Universität, Georg Zingel (s.u.), veranlaßten ihn zum Weggang nach Freiburg. 1508 kehrt er jedoch in sein altes Amt nach Ingolstadt zurück, wo er am 4. 12. 1528 starb.

Annähernd 40 Werke sind von Jacob Locher überliefert. Den größten literarischen Einfluß gewann er durch die lateinische Übersetzung von Sebastian Brants ›Narrenschiff‹, die ›Stultifera navis‹ (1497), die zur Grundlage der Übersetzung in andere europäische Sprachen wurde (s.o. S. 267).

Locher hat mehrere antike Autoren herausgegeben, Cicero, Seneca, und vor allem stammt von ihm die erste Horaz-Ausgabe (1498) im deutschen Gebiet.

Zum Mitbegründer der lateinischen Schulkomödie wurde Locher durch mehrere Dramen, u.a. in Nachahmung der plautinischen Komödie (›Ludicrum drama: plautino more fictum: ... de sene amatore: filio corrupto: et dodata muliere‹, o.J., ›Kurzweiliges Schauspiel nach Art des Plautus: ... vom verliebten Alten, dem Sohn als Verführer und der belohnten Frau‹), vor allem aber durch seine ›Tragedia de Thurcis et Suldano‹ (Tragödie von den Türken und dem Sultan, 1497), ein politisches Zeitstück im Gewande der antiken Tragödie.

In den Zusammenhang seiner Auseinandersetzungen mit Zingel gehören die Verteidigungs- und Streitschriften ›Apologia Jacobi Locher Philomusi contra poetarum acerrimum hostem Georgium Zingel‹ (Verteidigung gegen den erbitterten Feind der Poeten, Georg Zingel, o. J.) und ›Vitiosa sterilis mule ad musam roscida lepiditate predictam comparatio‹ (Vergleich eines unfruchtbaren Maultiers mit der berühmten und mit Heiterkeit betauten Muse, 1505).

AUSGABEN: Eine Gesamtausgabe fehlt, einzelne Dramen und Gedichte sind verstreut ediert: K. v. Reinhartstöttner, Plautus. Spätere Bearbeitungen Plautinischer Lustspiele. 1886 [De sene amatorio]. – H. Holstein, Ungedruckte Gedichte oberrheinischer Humanisten. Zeitschrift f. vergleichende Literaturgesch. NF 4 (1891), S. 463–467. – Auszüge aus der ›Stultifera navis‹ in Zarnckes ‹Narrenschiff›-Ausgabe (s. o. S. 268), S. 210–217. – LITERATUR: G. Heidloff, Untersuchungen zu Leben und Werk des Humanisten Jakob Locher Philomusus. 1975.

Lochers Streit mit Zingel ist eine weitere Variante der Auseinandersetzungen des Humanismus mit der spätscholastischen Theologie. Einmal mehr geht es um die uralte Frage des Verhältnisses der Dichtkunst zur geistlichen Verkündigung. Gegen Zingels traditionellen Standpunkt, die Poesie sei *pedissequa*, dienende Magd der Theologie, vertritt Locher den humanistischen Autonomieanspruch der Dichtung bis zum Versuch des Nachweises, daß selbst die Bibel ein dichterisches Kunstwerk sei. Obwohl dieses Argument sich auf alte patristische Tradition berufen kann, erregte es den Widerspruch traditionsorientierter Humanisten: 1510 entgegnete Jacob Wimpfeling (s. u. S. 419) mit der Schrift ›Contra turpem libellum Philomusi defensio theologiae‹ (Verteidigung der Theologie gegen das schändliche Buch des Philomusus).

In der Vorrede zu seiner ›Tragedia de Thurcis‹ bemerkt Locher, er verwende eine bis dahin in Deutschland nicht gewohnte Schreibart. In der Tat erscheint das Drama im gleichen Jahr wie Reuchlins ›Henno‹ und verwendet wie er (und unabhängig von ihm) die dramaturgische Technik der antiken Tragödie: Einteilung in fünf Akte, Einführung des Chors und des Botenberichts bzw. -kommentars. Lochers Stück ist darüber hinaus eine Art Mustertext für die Verwendung verschiedener antiker Versmaße. Dramatisch freilich ist der Vorwurf unergiebig: ein Aufruf an Fürsten und Reich, der Türkengefahr zu wehren, wird mühsam in Handlungselemente eingekleidet.

Weitere Ingolstädter Humanisten

Samuel Karoch gehört zur Generation der Wanderhumanisten. Sein Geburtsjahr ist unbekannt. 1462 bis 1470 hat er sich in Leipzig aufgehalten. Nach einem Italienaufenthalt kommt er 1472 als Magister an die neugegründete Universität Ingolstadt. Zwischen 1473 und Anfang der neunziger Jahre ist er in Basel, Ferrara, Wien, Tübingen, Erfurt, Heidelberg, Köln und nochmals in Wien bezeugt, sein Todesdatum ist unbekannt.

Neben Schriften zur Grammatik und Rhetorik hat Karoch lateinische Erzählungen verfaßt, die teilweise als didaktische Exempel für Studenten verstanden werden können (›De beano et studente‹, 1466 in Leipzig vorgetragen).

Von Karoch sind mehrere didaktische, erzählende, erotische und satirische Gedichte überliefert, die sich nicht antikisierender Strophenformen bedienen, sondern in der Tradition mittelalterlicher Vagantenlyrik stehen oder zeitgenössische Formen der volkssprachlichen Kunstlyrik aufnehmen.

Johannes Turmair, genannt Aventinus (1477–1534) war seit 1508 bayerischer Prinzenerzieher. 1516 gründete er (nach dem Vorbild von Celtis) die »Sodalitas Litteraria Angilostadensis«, die Ingolstädter Literarische Gesellschaft. 1521 erschien sein großes Geschichtswerk ›Annales ducum Boiariae‹, das er 1533 in deutscher Bearbeitung als ›Bairische Chronik‹ herausgab. In dieser Form blieb das Werk bis weit ins 18. Jahrhundert hinein bekannt und wirksam.

Ausgaben: Samuel Karoch: Gesamtausgabe fehlt. – ›Arenga de commendatione studii humanitatis‹. Hrsg. von W. Wattenbach. Germania 19 (1874), S. 72–74. – A. Bömer, Ein unbekanntes Schülergesprächsbuch Samuel Karochs von Lichtenberg. Neue Jahrbücher f. Pädagogik 6 (1900), S. 465–476. – H. Entner, Frühhumanismus und Schultradition in Leben und Werk des Wanderpoeten Samuel Karoch von Lichtenberg. 1968 (darin Ausgabe von ›De beano et studente‹, ›Historia de comite quodam ex Sopheya‹, ›Epistola iucunda‹, ›Dialogus‹). – Gedichte Karochs sind herausgegeben in: W. Wattenbach, Samuel Karoch von Lichtenberg, ein Heidelberger Humanist. Zeitschrift f. Gesch. d. Oberrheins 28 (1876), S. 38–50. – F. J. Worstbrock, Neue Schriften und Gedichte Samuel Karochs von Lichtenberg (mit einer Werkbibliographie). ZfdA 112 (1983), S. 82–125. – Johannes Aventinus, Sämtliche Werke. Hrsg. von S. Riecher u. M. Lexer. 6 Bde, 1880 ff. – Johannes Aventinus, Bairische Chronik. Auswahl und Einleitung von G. Leidinger. 1926, 3. Aufl. 1977. – Literatur: G. Strauss, Historian in an Age of Crisis. The Life and Work of Johannes Aventinus. 1963. – E. Dünninger, Johannes Aventinus. 1977 (mit Übersetzungen von Texten).

LITERATUR: M. Herrmann, Die Rezeption des Humanismus in Nürnberg. 1898. – T. Hampe, Nürnberger Ratsverlässe über Kunst und Künstler im Zeitalter der Spätgotik und Renaissance. 2 Bde, 1904.

Wenn auch die Universitäten, wie allein schon die Reuchlin-Gutachten zeigen, durchaus nicht geprägt sind von humanistischem Geist, bieten sie doch den *studia humanitatis* und der Entfaltung humanistischer Interessen gewisse Freiräume. In einer Stadt ohne Universität wie Nürnberg zeigen sich die Schwierigkeiten für den Humanismus, im Bürgertum Fuß zu fassen, dagegen in aller Deutlichkeit. Aus der Abwehrhaltung gegen den Humanismus resultiert ein frühes Beispiel kodifizierter Intellektuellenfeindlichkeit: seit 1454 gilt in Nürnberg die Bestimmung, daß kein *doctor* dem städtischen Rat angehören kann. Damit sind nicht nur die Akademiker, die um diese Zeit fast alle noch in Italien studiert haben, von der Teilhabe an der städtischen Herrschaft ausgeschlossen, auch für die Neigung von Angehörigen ratsfähiger Familien, überhaupt ein Studium zu ergreifen, wirkt sich diese Bestimmung entschieden restriktiv aus.

Die Vermittlung humanistischer Gedanken nach Nürnberg erfolgt über die städtischen Juristen. Nürnberg verfügt, als Folge seiner herausragenden wirtschaftlichen und politischen Bedeutung, über ein ausgebautes und modernes Rechtswesen, das seit Mitte des 15. Jahrhunderts in der fachlichen Kompetenz von vier bis fünf Rechtskonsulenten liegt, akademisch ausgebildeten Juristen, die meist in Italien studiert haben. Als bedeutendster Anreger gehört dieser ersten Generation von Juristen für einige Jahre Gregor Heimburg an.

Gregor Heimburg ist Ende des 14. Jahrhunderts in Schweinfurt geboren. 1413 immatrikuliert er sich an der Universität Wien; sein juristisches Studium schließt er in Italien, wahrscheinlich in Padua, ab. Seit dem Nürnberger Reichstag von 1430 steht er in den Diensten vieler deutscher Territorialherren und seit 1434 Kaiser Sigmunds. Auf dem Basler Konzil vertritt er 1438–1446 die Interessen der deutschen Kurfürsten. Hier befreundet er sich mit Enea Silvio Piccolomini, der ihn 1460, als Papst Pius II., wegen seines Eintretens für Sigmund von Tirol gegen Nicolaus von Cues exkommuniziert. 1435–1461 ist er fest besoldeter Rechtskonsulent der Stadt Nürnberg, bleibt aber ständig weiter juristischer Vertreter von Territorialherren, wobei er sich nicht nur die Feindschaft des Papstes, sondern auch Friedrichs III. zuzieht. In den letzten Jahren seines Lebens ist er für den König von Böhmen, Georg von Podebrad, tätig, nach dessen Tode, 1471, er Zuflucht in Sachsen findet. Dort ist er im August 1472 gestorben. Sein Grab befand sich in der Sophienkirche in Dresden.

LITERATUR: C. Brockhaus, Gregor von Heimburg. Ein Beitrag zur deutschen Geschichte des 15. Jahrhunderts. 1861, Nachdr. 1969. – P. Joachimsohn, Gregor Heimburg. 1891 (darin Ausgaben von Reden und Briefen). – M. Watanabe, Gregor Heimburg and Early Humanism in Germany. In: Philosophy and Humanism. Renaissance Essays in Honor of P. O. Kristeller. 1976, S. 406–422.

Gregor Heimburg hat sich nicht als Literat oder Fachschriftsteller betätigt. Seine Rednergabe war jedoch berühmt, und viele seiner zahlreichen Reden, Appellationen und Stellungnahmen wurden als Mustertexte verbreitet. In Nürnberg gründete er etwa 1444 einen humanistischen Studienzirkel, dem auch der Pfarrer von St. Sebald und städtische Konsulent Heinrich Leubing und später der Jurist Martin Mayr (Anfang des 15. Jahrhunderts–1481) angehören. Hier erhielt Niklas von Wyle (s. o.) die Anregung zu seinen Translatzen. Für die städtische Kultur ist dieser Kreis jedoch ohne sichtbare Folgen geblieben. Er zerfällt schnell: 1447 geht Wyle nach Eßlingen, weil ihm in Nürnberg *der luft nicht bekommen noch zimen wölt,* was durchaus metaphorisch verstanden werden darf; Mayr verließ 1454 die Stadt, und auch Leubing scheidet 1463 nach schweren Konflikten mit dem Rat aus städtischen Diensten.

Mitte der sechziger Jahre studierte eine Gruppe von Nürnberger Patriziersöhnen in Padua: Georg Pfinzing, Johannes Pirckheimer, Hartmann Schedel, der Verfasser der Weltchronik (s. o. S. 140), Johannes Löffelholz. Aus diesem Studentenzirkel ist eine Komödie hervorgegangen, das ›Lustspiel deutscher Studenten in Padua‹ (1465), das die Konkurrenz bei der Wahl eines juristischen Lektors an der Universität satirisch-polemisch behandelt. Gemeinsamer Gegner ist der (nicht-patrizische) Nürnberger Conrad Schütz. Verfasser ist wahrscheinlich Johannes Pirckheimer.

AUSGABE: J. Bolte, Zwei Humanistenkomödien aus Italien. Zeitschrift f. vergleichende Literaturgesch. NF 1 (1887/88), S. 77–84.

Bezeichnend für das Nürnberger Klima ist, daß nicht einer dieser humanistisch interessierten und gebildeten Studenten auf Dauer in seine Vaterstadt zurückkehrte. Hartmann Schedel hielt sich zwei Jahre, 1466–1468, in Nürnberg auf. Da er dort kein Betätigungsfeld für seine literarischen Interessen fand, ging er zunächst als Begleiter einer nürnbergischen Gesandtschaft wieder nach Italien, später ließ er sich als Arzt in Nördlingen, danach in Amberg nieder. Georg Pfinzing ging als Jurist an den kurfürstlichen Hof nach Mainz. Johann Löffelholz trat nach seiner Rückkehr erst in Bamberger, dann in Mainzer und schließlich in herzoglich-bayerische Dienste. Johannes Pirckheimer übersiedelte drei Jahre nach seiner Rückkehr, 1469, nach Eichstätt. Sein Sohn Willibald Pirckheimer hat später in seiner Autobiographie ausdrücklich das Nürnberger Verbot der politischen Betätigung für Doktoren als Begründung genannt.

Als einziger der Paduaner Studentengruppe blieb der einstige Gegner, Conrad Schütz, in Nürnberg: er war als Nicht-Patrizier ohnehin nicht ratsfähig.

Zwischen 1470 und 1483 wächst die Zahl der Nürnberger Rechtskonsulenten auf 11. Wenn auch diese Juristen nicht alle gleichzeitig engagierte Humanisten waren, so stellten sie doch eine nicht unbedeutende Gruppe akademisch Gebildeter dar, die in modernen wissenschaftlichen Formen denken gelernt hatten und auf die Dauer eine gewisse Aufgeschlossenheit bewirkten. Äußeres Symptom (auf dem Gebiet der Rechtsprechung) ist die Einführung der Rechts-»Reformation« von 1478, die auch das innerstädtische Zivilrecht auf die Basis des römischen Rechts stellte. 1484 wurde die ›Reformation‹ gedruckt. Sie geht auf eine deutsche Übersetzung des ›Corpus iuris civilis‹ zurück, die im Auftrage des Eichstätter Bischofs Johann angefertigt worden ist. Möglicherweise ist sie durch Albrecht von Eyb und Johannes Pirckheimer nach Nürnberg vermittelt worden.

Die »Reformation« des Nürnberger Schulwesens von 1485 erlaubt, für fortgeschrittene Schüler in zusätzlichen, fakultativen Stunden einen *besonderen Actus in arte humanitatis* abzuhalten. Findet damit humanistische Literatur sogar Eingang in den Unterricht, so ist doch damit gleichzeitig die ihr zugewiesene Stelle das gerade Gegenteil dessen, was die Humanisten gemeint hatten: statt einer zentralen Lebenslehre wird sie Dekoration und schöngeistiger Überbau einer grundsätzlich technokratisch orientierten Zivilisation. Die Art und Weise der Verankerung im Bildungswesen zeigt die Kluft zur Selbsteinschätzung und zum Literaturbegriff der Humanisten.

Erst um die Wende zum 16. Jahrhundert konsolidiert sich der Nürnberger Humanismus um die zentrale Figur Willibald Pirckheimer.

Pirckheimer ist 1470 in Eichstätt geboren. 1488 bis 1495 lebt er in Italien, wo er in Padua und seit 1491 in Pavia Jura, Philosophie, Philologie und Naturwissenschaften studiert. 1494 beginnt die lebenslange Freundschaft mit Albrecht Dürer. Da Pirckheimer Italien ohne Studienabschluß verläßt, erhält er sich die Nürnberger Ratsfähigkeit: von 1496 bis 1523 gehörte er der Stadtregierung an. 1499 befehligte er das Nürnberger Truppenkontingent gegen die Schweizer Eidgenossen im Schwabenkrieg, offenbar mit mäßigem militärischen Erfolg. Pirckheimer besaß die bedeutendste Nürnberger Privatbibliothek seiner Zeit, deren Reste sich heute in der British Library, London, befinden. Mit seiner Nürnberger Umgebung geriet er wegen der Unabhängigkeit seines Denkens immer wieder in Konflikte. Zunächst Parteigänger Luthers, wendete er sich Ende der zwanziger Jahre wieder der alten Kirche zu. 1530 ist er in Nürnberg gestorben.

Die Hauptmasse von Pirckheimers Werken besteht aus philologischen Arbeiten und Übersetzungen vom Griechischen ins Lateinische bzw. aus beiden Sprachen ins Deutsche; u. a.: Ptolemäus' Erdbeschreibung ›Geographica enarrationis libri octo‹, 1525; zahlreiche Dialoge Lukians wie ›De ratione conscribendae historiae‹, 1515, oder ›Navis seu vota‹, 1522; Reden des Gregor von Nazianz ›D. Gregorii Nanzanzeni theologi orationes sex‹ und mehrere griechische Kirchenväter.

Wahrscheinlich ist Pirckheimer Mitverfasser des ›Eckius dedolatus‹, einer satirischen Komödie gegen Luthers Gegner Johann Eck.

Sein einziges größeres selbständiges Werk ist die ›Apologia seu Podagrae Laus‹ (Verteidigung oder Lob der Gicht), 1522, eine Selbstpersiflage Pirckheimers, der von diesem Leiden der Reichen geplagt war.

AUSGABEN: Willibald Pirckheimer, Opera. Hrsg. von M. Goldast. 1610; neu hrsg. von E. Reicke. 1907, Nachdr. der Ausg. 1610, 1969. – Willibald Pirckheimer, Vita. In: DLE Reihe Deutsche Selbstzeugnisse 4, 1931, Nachdr. 1964, S. 41–56. – ›Apologia seu Podagrae laus‹ und ›Elegia in mortem Dureri‹ in: DLE Reihe Humanismus und Renaissance, Bd. 2. 1935, Nachdr. 1964, S. 116–136. – Willibald Pirckheimer,

Briefwechsel. Hrsg. von E. Reicke. 2 Bde, 1940/1956 (Veröff. d. Komm. z. Erforschung der Reformation u. Gegenref., Humanistenbriefe, Bd. 4 u. 5). – Eckius dedolatus. Der entdeckte Eck. Lat./deutsch. Übers. und hrsg. von N. Holzberg. 1983. – LITERATUR: K. Hagen, Deutschlands literarische und religiöse Verhältnisse im Reformationszeitalter, mit besonderer Rücksicht auf Willibald Pirckheimer. 3 Bde, 1841, Nachdr. 1966. – E. Reicke, Willibald Pirckheimer. 1930. – H. Rupprich, Willibald Pirckheimers Elegie auf den Tod Dürers. 1956. – Ders., Willibald Pirckheimer. Beiträge zu seiner Wesenserfassung. Schweizer Beiträge zur Allgemeinen Geschichte 15 (1957), S. 64–110. – W. P. Eckert u. Ch. von Imhoff, Willibald Pirckheimer. Dürers Freund im Spiegel seines Lebens, seiner Werke und seiner Umwelt. 1971. – Willibald Pirckheimer 1470–1970. Dokumente, Studien, Perspektiven. Hrsg. vom W. P.-Kuratorium. 1970. – N. Holzberg, Willibald Pirckheimer. Griechischer Humanismus in Deutschland. 1981.

Die ›Elegia in mortem Dureri‹ (Elegie auf den Tod Dürers), 1528, ist nicht nur Pirckheimers bedeutendste dichterische Leistung, sie ist gleichzeitig ein Dokument für die Entwicklung der humanistischen Kunstanschauung zur Kunstmythologie. Kunst führt zum ewigen Leben gleich zweifach: durch die Unsterblichkeit des Nachruhms – *virtus ... atque inclita fama splendebunt donec sidera clara polo* (Verdienst und der ungeschmälerte Ruhm werden so lange dauern, wie die Sternbilder am Himmelsgewölbe glänzen) – und indem irdischer Kunst der himmlische Lohn nicht versagt werden wird, Kunst also an die Stelle der guten Werke tritt: *i, decus ... ductore et Christo caelica regna pete. illic non vano gaudebis semper honore pro meritis felix praemia digna ferens* (Gehe hin, Zierde, ... unter der Führung Christi und suche das ewige Reich. Dort wirst du dich der unvergänglichen Ehre erfreuen, indem du den glücklich verdienten Lohn für deine Taten erhältst).

Weitere Nürnberger Humanisten

Nürnberg wurde gegen Ende des 15. Jahrhunderts ein bedeutendes Zentrum mathematisch-geographisch-astronomischer Wissenschaften. Seit 1471 war hier Johannes Regiomontanus (= Johannes Müller aus Königsberg in Franken, 1436–1476) ansässig, einer der berühmtesten Mathematiker des ausgehenden Mittelalters, dessen ›Ephemerides‹, Sterntafeln, u. a. von Columbus benutzt wurden.

1507 veröffentlichte der Nürnberger Kartograph Martin Waldseemüller (1475–1520) (wahrscheinlich zusammen mit dem Straßburger Matthias Ringmann, s. u.) die ›Cosmographiae introductio‹, in der auf Grund der Messungen Amerigo Vespuccis nachgewiesen wird, daß es sich bei dem neuentdeckten Land nicht um Westindien, sondern um einen neuen Kontinent handelt, für den der Name »America« vorgeschlagen wird.

Ein geographisches Schulbuch verfaßte Johannes Cochlaeus (1479–1552), der dem Kreis um Pirckheimer zugehörte und seit 1511 Rektor der St. Lorenz-Schule in Nürnberg war: ›Brevis Germaniae descriptio tum a rebus gestis moribusque populorum tum a locorum situ‹ (Kurze Beschreibung Deutschlands, sowohl der Taten und Sitten seiner Bevölkerung als auch der Lage seiner Gegenden, 1512). Als Gegner Luthers verfaßte er mehrere antireformatorische Schriften (gesammelt erschienen als ›Commentaria de actis et scriptis Martini Lutheri‹, 1549). 1525 verließ er Nürnberg und war anschließend Kanonikus in Mainz, Meißen und Breslau.

LITERATUR, AUSGABEN: E. Rücker, Nürnberger Frühhumanisten und ihre Beschäftigung mit Geographie. In: Humanismus und Naturwissenschaften. Hrsg. von R. Schmitz u. F. Krafft. 1980, S. 181–192. – Ioannis Regiomontani Scripta. Nachdr. der Ausgabe Nürnberg 1544. 1976. – M. Curtze, Der Briefwechsel Regiomontanus' mit G. Bianchini, Jakob von Speyer und Christian Roder. In: Abhandlungen zur Gesch. der Mathematischen Wissenschaften I, 2. 1902, S. 185f. – E. Zinner, Leben und Wirken des Johannes Müller von Königsberg, genannt Regiomontanus. 2. Aufl. 1958. – Regiomontanusstudien. Hrsg. von G. Hamann. 1980. – Fr. R. v. Wieser, Die Cosmographiae introductio des Martin Waldseemüller. 1907 (Drucke und Holzschnitte des 15. und 16. Jahrhunderts in getreuer Nachbildung 12). – F. Laubenberger, Ringmann oder Waldseemüller? Erdkunde 13 (1959), S. 163–179. – Johann Cochläus, Corpus Catholi, Bockspiel Lutheri und Luthers Klagred. Hrsg. von L. Zöpf. Diss. Freiburg 1911. – Johann Cochläus, Kleine Schriften. Hrsg. von M. Schweitzer. 1920. – Johann Cochläus, Brevis Germaniae descriptio (1512). Mit der Deutschlandkarte des Erhard Etzlaub von 1512. Hrsg. von K. Langosch. 1960 (Ausgew. Quellen z. dt. Gesch. d. Neuzeit 1). – M. Spahn, Johann Cochläus. Ein Lebensbild aus der Zeit der Kirchenspaltung. 1898, Nachdr. 1964. – R. Bäumer, Johannes Cochlaeus (1479–1552). Leben und Werk im Dienst der Katholischen Reform. 1980.

Literatur: W. Zorn, Augsburg. Geschichte einer Stadt. 1955. – F. Zoepfl, Der Humanismus am Hofe der Fürstbischöfe von Augsburg. Hist. Jahrbuch 62/69 (1942–1949), S. 671–708. – R. Pfeiffer, Augsburger Humanisten und Philologen. Gymnasium 71 (1964), S. 190–204.

Wenn in Augsburg schon recht früh humanistische Interessen gesellschaftsfähig wurden, ist dies im wesentlichen das Verdienst eines Patriziers, Sigismund Gossembrots. Durch ihn wurde Humanismus in Augsburg (im Gegensatz zu Nürnberg) von vornherein eine Angelegenheit der Oberschicht; sichtbarer Ausdruck dafür ist der Stil der Grabkapelle der Fugger in der St. Anna-Kirche (vollendet 1512), die als erstes reines Baudenkmal der Renaissance in Deutschland gilt.

Gossembrot ist 1417 geboren. Sein Vater starb bereits ein Jahr nach seiner Geburt. Sein 1433 in Wien begonnenes Studium brach er nach dem Tode seiner Mutter, 1436, ab, um sich der Verwaltung und Mehrung des ererbten Vermögens zu widmen, offenbar mit schlechtem Erfolg. Zwischen 1441 und 1460 hatte er eine Vielzahl verantwortlicher städtischer Ämter inne, 1458 war er Bürgermeister von Augsburg. 1461 zog er sich in Rulman Merswins (s. o. S. 175) Kloster auf den Grünenwörth bei Straßburg zurück. Dort starb er 1493.

Von Gossembrot sind zahlreiche Briefe und ein Brieftraktat über das Verhältnis von Dichtung und Theologie erhalten.

Literatur: W. Wattenbach, Sigismund Gossembrot als Vorkämpfer der Humanisten und seine Gegner. Zeitschrift f. Gesch. d. Oberrheins 25 (1873), S. 36–69. – P. Joachimsohn, Aus der Bibliothek Sigismund Gossembrots. Zeitschrift f. Bücherfreunde 11 (1894), S. 249–268 u. 297–307. – Beide Abhandlungen enthalten Editionen von Briefen. Der Brieftraktat auch in: DLE Reihe Humanismus und Renaissance, Bd. 2, 1935, Nachdr. 1964, S. 93–100.

Seit etwa 1450 ist Gossembrot Mitglied einer Augsburger *congregatio*, eines humanistischen Studienzirkels. Ihm gehörten unter anderm an:

Hermann Schedel (1410–1485), der Onkel Hartmann Schedels, der 1455 als Stadtarzt nach Augsburg kam und dort eine bedeutende Bibliothek sammelte. 1475 kehrt er als Stadtarzt in seine Geburtsstadt Nürnberg zurück.

Sigismund Meisterlin (ca. 1435 – nach 1497), Benediktinermönch. Von Gossembrot wurde er mit der Abfassung einer

Geschichte Augsburgs beauftragt, die er am 20. 6. 1456 seinem Auftraggeber widmete (›Cronographia-Augustensium‹, lateinische und deutsche Fassung). Das Werk verfährt zumindest in Ansätzen quellenkritisch und gilt deshalb als ein erstes Beispiel deutscher humanistischer Geschichtsschreibung. In den achtziger Jahren regte Hartmann Schedel Meisterlin an, auch eine Nürnberger Chronik zu verfassen. Seit 1485 arbeitete er daran im offiziellen Ratsauftrag (›Nieronbergensis cronica‹, lateinische und deutsche Fassung, 1488). Von Meisterlin sind außerdem Legendendichtungen, mehrere Briefe und Gedichte überliefert.

Laurentius Blumenau (ca. 1415–1484), Jurist und später Kartäuser. Er lebte 1456 nur für kurze Zeit in Augsburg; sein Briefwechsel mit den Augsburger Humanisten ist eine wichtige Dokumentation für deren Denken und Interessen.

Valentin Eber (gest. 1496), seit 1454 Augsburger Stadtschreiber. Überliefert ist seine Korrespondenz mit mehreren Humanisten.

Ausgaben, Literatur: Sigismund Meisterlin: Augsburger Chronik: Ausgaben beider Fassungen fehlen. – ›Nieronbergensis Cronica‹. Lat. Fassung, hrsg. von D. Kerler in: Chroniken der dt. Städte 3, 1864, Nachdr. 1961, S. 181–256. – Deutsche Fassung, hrsg. von M. Lexer. Ebd., S. 1–178. – H. Boockmann, Laurentius Blumenau. Fürstlicher Rat – Jurist – Humanist (ca. 1415–1484). 1965. – Briefe Valentin Ebers enthalten: P. Joachimsohn, Hermann Schedels Briefwechsel. 1893 (StLV 196) und E. König, Konrad Peutingers Briefwechsel. 1923. – W. Wattenbach, Hartmann Schedel als Humanist. 1871.

Aus dem Augsburger Humanismus sind bedeutende literarische Werke nicht hervorgegangen. Aber wie in keiner anderen deutschen Stadt gelingt hier die Integration humanistischen Denkens nicht nur in die städtische Oberschicht, sondern vor allem auch in den gebildeten Klerus. Die sonst häufig zu beobachtende Gegnerschaft zwischen Humanismus und Kirche findet man hier nicht: der Augsburger Bischof Kardinal Peter von Schaumberg (gest. 1469) gehört selbst zu den wichtigen Anregern und Förderern; u. a. macht er den ehemaligen Leipziger Lehrer Hermann Schedels, Heinrich Lur (gest. nach 1476; 1436 Rektor der Universität Leipzig, 1438 Dekan der dortigen Artistenfakultät) zu seinem Sekretär.

Nachfolger Ebers im Stadtschreiberamt ist Konrad Peutinger, dessen patrizisches Haus Mittelpunkt der Augsburger Humanisten in der folgenden Generation wird. Peutinger ist 1465 in

Augsburg geboren. Ein fünfjähriger Aufenthalt in Padua, Bologna und Rom führt zur Begegnung mit Protagonisten des italienischen Humanismus, vor allem mit Marsilio Ficino (1433 bis 1499), dem wichtigsten Vertreter des Florentiner Neuplatonismus und einem der Begründer der modernen Kunsttheorie. 1497 tritt Peutinger als Stadtschreiber in augsburgische Dienste. Vor allem seine Kontakte zu Maximilian I. machen ihn zum führenden Politiker der Stadt. Durch seine Ehe mit Margarethe Welser, 1498, wird er zum Angehörigen einer der reichsten Familien Deutschlands. Die bei den zeitgenössischen Humanisten gängige Kritik an der römischen Kurie macht ihn zum Sympathisanten Luthers, doch läßt sein patrizischer Konservatismus einen Übertritt zum Protestantismus nicht zu. Das Scheitern seiner Vermittlungsposition veranlaßt ihn seit den dreißiger Jahren zum Rückzug aus der städtischen Politik, er blieb aber weiter kaiserlicher Rat. 1547 ist er in Augsburg gestorben.

Frucht von Peutingers vornehmlich historisch-philologischen Interessen sind mehrere Geschichtsdarstellungen: In der Form des Tischgespräches im Peutingerschen Haus verfaßt sind die ›Sermones convivales de mirandis Germaniae antiquitatibus‹ (Tischgespräche über die bemerkenswerten Altertümer Deutschlands, 1506). Die ›Romanae vetustatis fragmenta in Augusta Vindelicorum et eius diocesi‹ (Die altrömischen Überreste in Augsburg und Umgebung, 1505) ist eine archäologische Arbeit: eine Sammlung antiker Inschriften. Peutingers historisches Hauptwerk ist das unvollendete ›Kaiserbuch‹, eine Sammlung von Kaiserbiographien nach dem Vorbild Suetons, der erste Teil beginnend bei Caesar, der zweite bei Karl dem Großen.

Ausgabe: Eine Gesamtausgabe fehlt. – Tabula Peutingerana. Hrsg. von K. Miller. 1887. – E. König, Konrad Peutingers Briefwechsel. 1923 (Veröff. d. Komm. z. Erforschung der Reformation u. Gegenref., Humanistenbriefe Bd. 1). – Literatur: E. König, Peutinger-Studien. 1914. – R. Pfeiffer, Peutinger und die humanistische Welt. In: Augusta 955–1955. 1955, S. 179–186. – H. Lutz, Conrad Peutinger. Beiträge zu einer politischen Biographie. 1958.

Peutinger macht sein Haus am Augsburger Domplatz zum Sitz einer nach Celtis' Vorbild gegründeten »Sodalitas Augustana«. Seine Frau Margarethe teilt seine Interessen und steht ihm an klassisch-philologischer Bildung nicht nach. Auch unter Peutinger reißt die für Augsburg typische Verbindung von Humanismus und hohem Klerus nicht ab. Zu Peutingers »Sodalitas« gehörte der Augsburger Domherr Bernhard Adelmann von Adelmannsfelden (ca. 1457–1523), ein Schüler Reuchlins, der eine Integration von klassisch-humanistischen Studien und Theologie anstrebte und in dieser Hinsicht zusammen mit Erasmus einer der frühesten Vertreter des Gedankens der *pietas litterata* (s. u.) ist.

LITERATUR: F. X. Thurnhofer, Bernhard Adelmann von Adelmannsfelden. 1900.

Münster

LITERATUR: J. Nornhoff, Denkwürdigkeiten aus dem Münsterischen Humanismus. 1874.

Der Initiative Rudolfs von Langen (1438–1519) verdankt es die Münstersche Domschule, daß sie Hegius' Schule in Deventer (s. o. S. 371) als bedeutendste Schule im norddeutschen Raum ablöst. Rudolf von Langen hatte in Erfurt Peter Luder gehört und zwei Italienreisen unternommen. Zur Einführung der *studia humanitatis* an der Domschule (gegen den Widerstand des lokalen Klerus und der Kölner Universität) berief er zu seiner Unterstützung den Hegius-Schüler Murmellius.

Johannes Murmellius ist 1480 in Roermond geboren. Nach dem Besuch der Schule in Deventer studierte er seit 1496 in Köln. 1500–1508 war er Lehrer an der Domschule in Münster, bis 1513 Rektor der dortigen Ludgeri-Schule. In diesem Jahr übernahm er die Lateinschule in Alkmaar, die unter seiner Leitung zur größten Schule der Niederlande mit weit überregionaler Bedeutung wurde. Im Reuchlin-Streit stellte er sich gegen seinen ehemaligen Kölner Lehrer und Freund Ortwinus Gratius. 1517 floh er nach der Plünderung der Stadt durch Geldernsche Truppen nach Münster, wo er am 2. Oktober des gleichen Jahres starb.

Murmellius hat über vierzig Druckschriften veröffentlicht, großenteils Auswahlausgaben antiker Schriftsteller (Tibull, Properz, Ovid, Cicero, Iuvenal) für den Schulgebrauch, philosophische Schriften und, wie für einen humanistischen Lehrer zu dieser Zeit fast obligatorisch, zwei Verslehren.

Im Zusammenhang mit dem Reuchlin-Streit steht der ›Scoparius in barbariei propugnatores et osores humanitatis ex diuersis illustrium virorum scriptis‹ (Ausfeger gegen die Vorkämpfer der Barbarei und die Stänkerer gegen den Humanismus, aus den Schriften verschiedener berühmter Männer).

LITERATUR, AUSGABEN: A. Parmet, Rudolf von Langen. Leben und gesammelte Gedichte, 1869. – Johannes Murmellius, Ausgewählte Werke. Hrsg. von A. Bömer. 5 Teile, 1892–1895. – Ausgewählte Gedichte von Johannes Murmellius. Urtext und metrische Übersetzung von D. Reichling. 1881 (Beilage zum Progr. des Kgl. Gymnasiums zu Heiligenstadt). – Johannes Murmellius, Pädagogische Schriften. Deutsch von J. Freudgen. 1894. – H. Bucker, Das Lobgedicht des Johannes Murmellius auf die Stadt Münster und ihren Gelehrtenkreis. Westfälische Zeitschrift 111 (1961), S. 51–74 (mit Übersetzung). – D. Reichling, Johannes Murmellius, Sein Leben und seine Werke. Nebst einem ausführlichen bibliographischen Verzeichnis sämmtlicher Schriften und einer Auswahl von Gedichten. 1880, Nachdr. 1963.

Murmellius hat verstreut eine große Anzahl lateinischer Gedichte hinterlassen, fast durchweg Gelegenheitsdichtungen, durch die er zu einem der Begründer dieser humanistischen Gattung wird. In wenigen Fällen geht es um Polemiken, deren Anlaß meist nicht mehr durchschaubar ist, z. B. ›In sacerdotem quendam intolerabili fastu tumentem‹ (Gegen einen Priester von unerträglicher Aufgeblasenheit, Reichling Nr. 26). Meist handelt es sich, jeweils adressiert an Freunde, um dichterische Reflexionen über moralphilosophische Fragen, über Humanismus, über Wert und Würde der Antike, über die Literatur, formuliert in elegantem Latein und dekoriert mit einer erschlagenden Fülle klassischer Bildung. In einem Gedicht an Rudolf von Langen ›Quod poetarum fama sit immortalis‹ (Daß der Dichterruhm unsterblich ist, Nr. 12) demonstriert er den humanistischen Gedanken vom Adel des Poeten an einem langen Katalog antiker und lebender Dichter unter refrainartiger Wiederholung des Verses *emoritur vulgus, morte poeta caret* (der Pöbel stirbt, aber der Poet bleibt frei vom Tode).

Erfurt

LITERATUR: F. W. Kampschulte, Die Universität Erfurt in ihrem Verhältnis zu dem Humanismus und der Reformation. 2 Bde, 1858/60. – G. Bauch, Geschichte des Erfurter Frühhumanismus. 1903. – Ders., Die Universität Erfurt im Zeitalter des Frühhumanismus. 1904. – E. Kleineidam, Universitas studii Erffordensis. 4 Tle, 1964–1981.

Die Erfurter Universität bleibt bis ins 16. Jahrhundert scholastisch dominiert und in Lehrgegenständen und -methoden traditionsgebunden. Wenn sich gleichwohl an dieser Universität ein einflußreicher Kreis von Humanisten etablieren kann, ist dies allererst deren herausragender wissenschaftlicher Qualität zu danken. Der Griechischprofessor Nikolaus Marschalk (1460–1525) verfaßte eine griechisch-lateinische Grammatik, ›Grammatica exegetica‹ (1501), und eine große, prächtig illustrierte Anthologie griechischer und lateinischer Dichter in vier Bänden, ›Enchiridion poetarum clarissimorum‹ (1502), die erste größere Sammlung griechischer Autoren in Deutschland. Nach Marschalks Übersiedlung nach Wittenberg, 1502, übernahm der Theologe Maternus Pistorius (ca. 1470–1534) die Rolle des Förderers der *studia humanitatis* in privaten Vorlesungen über antike Literatur. Bei ihm hörte auch Crotus Rubeanus (s. o. S. 383). Der wesentliche Anreger jedoch, dem es zu verdanken ist, daß Erfurt eine Zeitlang zu einem Zentrum der neulateinischen Lyrik wurde, gehört nicht der Universität an und lebt im benachbarten Gotha: Konrad Mutianus Rufus (1471–1526). Auch er ist aus Hegius' Schule in Deventer hervorgegangen, anschließend verbrachte er sieben Jahre in Italien. Als Augustinerchorherr und Pfründner in Gotha widmete er sich ganz seinen Studien. Konsequent die humanistische Elitevorstellung kultivierend, lehnte er es ab, sein immenses Wissen durch Veröffentlichung zu vulgarisieren; nur einzelne Auserwählte sollten durch briefliche Mitteilung und im Gespräch daran teilhaben. So wurde sein Gothaer Haus zum eigentlichen Zentrum des Erfurter Humanismus.

Ausgabe, Literatur: Der Briefwechsel des Conradus Mutianus. Hrsg. v. K. Gillert. 2 Teile, 1890 (Geschichtsquellen der Provinz Sachsen 18.I). – F. W. Krapp, Der Erfurter Mutiankreis und seine Auswirkungen. Diss. Köln 1954. – Ch. Hülsen, Die Inschriftensammlung des Erfurter Humanisten Nikolaus Marschalk. Jahrb. d. Erfurter Akademie NF 38 (1912), S. 161 ff.

Zum Mutian-Kreis gehören drei bedeutende poetische Talente: Eobanus Hessus, Euricius Cordus und (zeitweilig) Ulrich von Hutten.

Helius Eobanus Hessus (Eoban Koch) ist 1488 als Bauernsohn geboren. Nach dem Besuch der Lateinschule immatrikulierte er sich 1504 in Erfurt. Dort wurde er 1507 Rektor der St. Severi-Schule. 1509 legte er das Magisterexamen ab. Nach kurzen Aufenthalten in Frankfurt und Leipzig kehrte er 1514 nach Erfurt zurück, wo er 1517 eine Professur für Poetik und Rhetorik erhielt. Die Krise der Universität im Gefolge der Reformation brachte ihn in materielle Nöte. 1526 ging er als Poetiklehrer an die von Melanchthon neugegründete Aegidienschule nach Nürnberg, wo er sich mit Dürer befreundete, von dem eine Porträt-Zeichnung des Autors stammt. 1533 wurde Hessus nach Erfurt zurückberufen. Drei Jahre später nahm er einen Ruf auf eine Professur für Geschichte in Marburg an, wo er 1540 starb.

Nach eigener Aussage hat sich Hessus seit seinem zehnten Lebensjahr als Dichter betätigt. Sein erstes größeres Werk ist das ›Bucolicon‹ (1509), ein Zyklus von elf Hirten-Eklogen nach dem Vorbild Vergils, womit er sich dieser in den folgenden beiden Jahrhunderten immer wieder aufgegriffenen Gattung als erster deutscher Humanist bedient.

Seinen eigentlichen Dichterruhm begründen die ›Heroidarum christianarum epistolae‹ (1514), eine christliche Umsetzung der Ovidischen ›Epistolae Heroidum‹, der ›Heldenbriefe‹. In 24 Briefen schreiben biblische oder historisch-legendarische Frauengestalten an himmlische oder irdische Briefpartner, Maria Magdalena an Christus, Helena an Konstantin, die heilige Dorothea an Theophilus. In der Verbindung von antikisierender Form mit christlicher Thematik wird der über Mutianus Rufus vermittelte Einfluß des Florentiner Neuplatonismus spürbar.

Eine Reise zu Erasmus in die Niederlande beschrieb Hessus im ›Hodoeporicon‹ (1519). Vier Elegien an Luther und Ulrich von Hutten vertreten energisch die Sache der Reformation. Vorbildlich wird Hessus auch durch eine Vielzahl von Gelegenheitsgedichten, die an Zeitgenossen gerichtet sind. 1535 hat er einen Teil in sechs Büchern unter dem Titel ›Silvae‹ herausgegeben; weitere sechs Bücher folgten 1539. 1532 gab er die ›Norimberga illustrata‹ heraus, ein großes Städtelob in fast 1400 Hexametern.

Ausgaben: Eine Ausgabe wenigstens der wichtigsten Werke fehlt. – Helius Eobanus Hessus, Norimberga illustrata und andere Städtegedichte. Hrsg. von J. Neff. 1896 (Lateinische Literaturdenkmäler des 15. und 16. Jahrhunderts 12; enthält ferner Philipp Engelbrecht Eugentinus Friburgica und Hermann Buschius Lipsica). – Auszüge aus den Heroiden und den Luther-Elegien in: DLE Reihe Humanismus und Renaissance, Bd. 2, 1935, Nachdr. 1964, S. 205–223. – H. Vredeveld, Der heroische Brief Maria Magdalena Jesu Christo aus den ›Heroidum libri tres‹ des Helius Eobanus Hessus. Daphnis 6 (1977), S. 65–90. – Die Elegien auf Luther in: G. Ellinger, Deutsche Lyriker des 16. Jahrhunderts. 1893, S. 91–97. – Das Gedicht ›Eobanus posteritati‹ in: H. C. Schnur, Lateinische Gedichte deutscher Humanisten, lateinisch und deutsch. 2. Aufl. 1978. – Das ›Epiodion in funere Alberti Dureri‹ in: Die deutsche Literatur. Texte und Zeugnisse, Bd. 2,2. Hrsg. von H. Heger. S. 464–467. – LITERATUR: C. Krause, Helius Eobanus Hessus. Sein Leben und seine Werke. Ein Beitrag zur Cultur- und Gelehrtengeschichte des 16. Jahrhunderts. 2 Bde, 1879, Nachdr. 1963. – Ders., Eine neu aufgefundene Schrift des Eobanus Hessus [De vera nobilitate libellus]. Zentralblatt f. Bibliothekswesen 11 (1894), S. 163 ff. – H. Dörrie, Der heroische Brief. 1968. – H. Vredeveld, Mittelalterliche Legende in ovidischer Form. In: Wege der Worte. FS Wolfgang Fleischhauer. 1978, S. 237–262. – W. Trillitzsch, Humanismus und Reformation. Der Erfurter Humanist und »Dichterkönig« Helius Eobanus Hessus. Wissenschaftl. Zeitschrift der Universität Jena 33 (1984), S. 343–357.

Der Ruhm, den ihm seine ›Heroiden‹ eingetragen hatten, veranlaßte Hessus im Alter von 26 Jahren, einen Nachruf auf sich selbst in rund 75 Distichen zu verfassen: ›Eobanus Posteritati‹. Dieses Gedicht gibt genaue Auskunft über die Selbsteinschätzung eines humanistischen Dichters im ersten Viertel des 16. Jahrhunderts. Der schon traditionelle Gedanke von sozialem Aufstieg durch Wissenschaft und Kunst, vom Adel des *poeta*, verbindet sich mit der neuen Tendenz zur Kunstmythologie zu ungenierter Selbstmythologisierung. Die Charakterisierung des Geburtsortes *parva quidem nostris sed Francoberga* (zwar ist unser Frankenberg klein) spielt auf den Propheten Micha an *et tu, Bethlehem Ephrata, parvulus es* (und du, Bethlehem, das du klein bist). Sein Geburtsjahr, 1488, wird kunstvoll auf die heilige Dreizahl zurückgerechnet: *iam ter quinque ierant a nato saecula Christo, annos deme tamen cum tribus inde novem* (dreimal fünf Jahrhunderte waren seit Christi Geburt vergangen, davon ziehe 3 ab und dann 9 [= 3 × 3]). *Sacra dies Iani Regibus illa fuit:* der Tag war den drei Königen heilig. Bei seiner Geburt strahlte wie über dem Stall von Bethlehem ein Sternzeichen am Himmel – es war die *lyra:* der göttliche Dichter ist geboren.

Solche Äußerungen dürfen nicht einfach als Symptome ungehemmter Selbstüberschätzung interpretiert werden, sie sind Konsequenz der Tatsache, daß die humanistischen Dichter über Jahrzehnte hinweg nur auf sich selbst verwiesen sind. So ist die panegyrische Dichtung an die eigene Person nur eine Spielart der vielen Adressaten-Gedichte, mit denen die Humanisten sich untereinander und sich selbst ihre Bedeutung bestätigen.

Als Begründer der Epigrammatik in Deutschland gilt ein weiteres Mitglied des Mutian-Kreises, Euricius Cordus.

Euricius Cordus (Heinrich Korte) ist um 1486 geboren. Er ist Landsmann von Eobanus Hessus und ebenfalls Bauernsohn. Nach dem Lateinschulbesuch in Marburg verbrachte er die Jahre 1505–1507 an der Universität Erfurt. In den folgenden Jahren nahm er Lehrtätigkeiten im Wechsel mit Universitätsaufenthalten wahr. 1516 legte er in Erfurt sein Magisterexamen ab. 1520 ging er nach Ferrara, um Medizin zu studieren. 1523 wurde er Stadtarzt in Braunschweig, 1527 Medizinprofessor in Marburg, 1534 Stadtarzt in Bremen und Lehrer am dortigen Gymnasium. 1535 ist er gestorben.

In Nachahmung von Eobanus Hessus veröffentlichte Cordus 1514 ein ›Bucolicon in 10 Eklogen‹. Literarhistorische Bedeutung hat Cordus durch seine Epigrammsammlungen gewonnen: ›Epigrammatum libri duo‹ (1517) und zwei weitere Sammlungen 1520 und 1529. Von Cordus stammen zahlreiche Gelegenheitsgedichte und eine Reihe medizinisch-fachwissenschaftlicher Schriften.

Ausgaben: Eine neuere Gesamtausgabe fehlt. – C. Krause, Euricius Cordus; Epigrammata 1520. 1892 (Lateinische Literaturdenkmäler des 15. und 16. Jahrhunderts 5). – Ders., Zwei neue Gedichte des Euricius Cordus. Zeitschrift f. hessische Geschichte und Litteratur (1891), S. 114ff. – Auszüge aus den Epigrammen in: DLE Reihe Renaissance und Humanismus Bd. 2, 1935, Nachdr. 1964, S. 224–225 und in H. Schnur, Lateinische Gedichte deutscher Humanisten. 2. Aufl. 1978, S. 58–85 (mit Ekloge 6). – Die Ekloge ›Silvius und Polyphemus‹ in: G. Ellinger, Deutsche Lyriker des 16. Jahrhunderts. 1893, S. 98–105. – Literatur: C. Krause, Euricius Cordus. Diss. Marburg 1863. – H. Vogel, Euricius Cordus in seinen Epigrammen. Diss. Greifswald 1932. – G. Möncke, Der hessische Humanist Euricius Cordus und die Erstausgabe seines ›Bucolicon‹ von 1514. Daphnis 14 (1985), S. 65–98.

Mit der Nachahmung des Martialschen Epigramms hat Cordus die für das humanistische Gelegenheitsgedicht geeignete Form gefunden. Seine pointierte Kürze ermöglicht es, auch das Alltagsereignis poetisch zu verarbeiten, ohne daß es, gemessen am Anspruch der lyrischen Großform, banal wirkte. So wird das Epigramm, seit Logau im 17. Jahrhundert eingedeutscht als ›Sinngedicht‹, zur beliebtesten dichterischen Form unmittelbar zeit- oder personenbezogener Aussage. Lessing hat mehrere

Epigramme von Cordus übersetzt und in seine ›Sinngedichte‹ aufgenommen.

Weitere Erfurter Humanisten

Ulrich von Hutten. Wenn er sich auch nur kurze Zeit in Erfurt aufgehalten hat, erhielt Hutten doch die ersten Anregungen zur Beschäftigung mit der Poesie im Hause des Mutianus Rufus. Seine Bekanntheit bei Mit- und Nachwelt, die ihn namentlich im 19. Jahrhundert vielfach zur literarischen Figur hat werden lassen, verdankt er weniger seiner dichterischen Bedeutung als der Verbindung von politischer und literarischer Betätigung.

Ulrich von Hutten ist 1488 als Sohn eines Kleinadeligen geboren. Für die geistliche Laufbahn bestimmt, wurde er auf die Schule der Benediktinerabtei Fulda geschickt, wo Crotus Rubeanus sein Lehrer wurde (s. o. S. 383). Mit ihm zusammen ging er 1505 nach Köln, bald darauf nach Erfurt, wo er sich mit Eobanus Hessus befreundete. 1506 ging er an die Universität Frankfurt a. d. Oder. Aus dieser Zeit stammen seine ersten größeren Gedichte, eine ›Elegie‹ und ›De virtute‹. 1507 legte er in Leipzig sein Bakkalaureats-Examen ab und zog zu weiterem Studium nach Greifswald, wo er von der Patrizierfamilie Loetz finanziell unterstützt wurde. Als er 1509 Greifswald verließ, konfiszierten Greifswalder Stadtknechte im Auftrag der Familie Loetz seine gesamte Habe. Dies wurde Anlaß für die ›Querelarum libri duo‹ (Zwei Bücher Streitschriften, 1510), eine Klage über die Situation der humanistischen Poeten. Während seines anschließenden Wien-Aufenthaltes erweiterte er seine Privatklage zu einer Anklage gegen die kulturellen und politischen Verhältnisse in Deutschland: ›Exhortatio et Carmina ad Maximilianum Caesarem‹ (Aufruf und Gedichte an den Kaiser Maximilian, 1512). Mit dieser Schrift hat Hutten den Schritt zur politischen Publizistik getan. Nach kurzem Aufenthalt in Italien trat Hutten 1513 in mainzische Dienste. 1515–1517 hielt er sich erneut in Italien, vorwiegend in Bologna auf. In dieser Zeit entstand der zweite Teil der ›Dunkelmännerbriefe‹ (s. o. S. 380). Anschließend trat er wieder in die Dienste des Mainzer Bischofshofs. Seit 1519 wurde er zu einem der entschiedensten Parteigänger Luthers; 1520 erschienen fünf lateinische Dialoge, in denen die Kurie angeprangert und eine Befreiung Deutschlands von Rom gefordert wird (›Febris prima‹, ›Fortunata‹, ›Febris secunda‹, ›Vadiscus‹, ›Inspicientes‹). 1521 erschienen sie in deutscher Übersetzung unter dem Titel ›Gespräch büchlin herr Vlrichs von Hutten. Feber das Erst. Feber das Ander. Wadiscus oder die Roemische dreyfaltigkeit. Die Anschawenden‹. Seither bediente sich Hutten in seinen Schriften der deutschen Sprache. Sein langes Gedicht ›Clag und vormanung gegen der übermaessigen vnchristlichen gewalt des Bapsts zu Rom ...‹ (1520) wiederholt sein Programm in volkstümlicher Form. Nach Verhängung der Reichsacht über Luther (1521) schloß sich Hutten der niederen Reichsritterschaft an, deren Aufstand unter Franz von Sickingen 1523 scheiterte. Am 29. August oder 1. September 1523 ist Hutten auf der Insel Ufenau im Züricher See gestorben.

AUSGABEN: E. Böcking, Ulrichi Hutteni equitis Germani Opera. 5 Bde, 1859–1861, 2 Supplementbde. 1864 und 1869, Neudr. 1966. – Ulrich von Hutten, Deutsche Schriften. Hrsg. von P. Ukena. 1970. – Ulrich von Hutten, Deutsche Schriften. Ausgewählt und hrsg. von H. Mettke. 2 Bde, 1972. – LITERATUR: D. F. Strauß, Ulrich von Hutten. 3 Teile 1858–1860; Teile 1 u. 2, neu hrsg. von O. Clemen 1938 (Teil 3 = Übersetzung der ›Gespräche‹). – L. Quattrocchi, Ulrich von Hutten e l'umanesimo tedesco. 1963. – H. Holborn, Ulrich von Hutten. 2. Aufl. 1968. – Th. W. Best, The Humanist Ulrich von Hutten. A Reappraisal of his Humor. 1969. – S. Wheelis, Ulrich von Hutten. Representative of Patriotic Humanism. In: The Renaissance and Reformation in Germany. Hrsg. von G. Hofmeister. 1977, S. 111–127. – B. Könnecker, Vom ›Poeta Laureatus‹ zum Propagandisten. Die Entwicklung Huttens als Schriftsteller in seinen Dialogen von 1518–1521. In: L'humanisme allemand (1480–1540). 1979, S. 303–320. – F. Rueb, Ulrich von Hutten. Ein radikaler Intellektueller im 16. Jahrhundert. 1982. – Ders., Der hinkende Schmiedgott Vulkan. Ulrich von Hutten 1488–1523. 1988.

Joachimus Camerarius (1500–1574) gehört schon der zweiten Generation Erfurter Literaten an, empfing aber auch erste Anregungen noch im Hause des Mutianus Rufus. Er hat eine Lebensbeschreibung von Eobanus Hessus verfaßt: mit ihm wird der Erfurter Humanismus bereits sich selbst historisch. In Nachahmung von Hessus schrieb er ›Eklogen‹ (1558). Er übersetzte die kunsttheoretischen Schriften Dürers ins Lateinische (Paris 1532 und 1535) und gab ein bis ins 17. Jahrhundert oft aufgelegtes Handbuch der Emblematik heraus. Bedeutend ist Camerarius als Philologe, u. a. ist er Herausgeber der für die folgenden Jahrhunderte maßgebenden Plautus-Ausgabe.

AUSGABE: Joachim Camerarius, Narratio de Eobano Hesso. Hrsg. von J. Th. Kreyssig. 1843. – Ein Gedicht in: G. Ellinger, Deutsche Lyriker des 16. Jahrhunderts. 1893, S. 58–60. – LITERATUR: G. Ellinger, Jacob

Micyllus und Joachim Camerarius. Neue Jahrbücher f. d. Klass. Altertum, Geschichte u. dt. Lit. und Pädagogik 24 (1909), S. 150–173. – F. Stählin, Humanismus und Reformation im bürgerlichen Raum. Eine Untersuchung der biographischen Schriften des Joachim Camerarius. 1936. – Joachim Camerarius. Beiträge zur Geschichte des Humanismus im Zeitalter der Reformation. Hrsg. von F. Baron. 1978.

Jakob Molsheim (Micyllus) (1503–1558) befreundete sich in seiner Erfurter Studienzeit 1518–1522 mit Camerarius und gehörte ebenfalls dem Mutian-Kreis an. Er ist Autor einer großen Zahl von Gelegenheitsgedichten, meist an die Adresse anderer Humanisten.

LITERATUR: s. unter Camerarius. – Ausgabe: 3 Gedichte von ihm in: G. Ellinger, Deutsche Lyriker des 16. Jahrhunderts. 1893, S. 35–44.

Köln

LITERATUR: R. Norrenberg, Kölnisches Literaturleben im 1. Viertel des 16. Jahrhunderts. 1873. – G. M. Löhr, Die Kölner Dominikanerschule vom 14. bis 16. Jahrhundert. 1946. – J. Hashagen, Hauptrichtungen des rheinischen Humanismus. Annalen des hist. Vereins f. d. Niederrhein 106 (1922), S. 1 ff. – H. Keussen, Die alte Universität Köln. 1934.

Von allen deutschen Universitäten ist Köln wohl die konservativste und bleibt am längsten eine Hochburg der Spätscholastik. Zu einer wirklichen humanistischen Zirkelbildung ist es hier deshalb nie gekommen, aber das lockere Gefüge spätmittelalterlicher Universitäten macht es möglich, daß auch hier humanistisch interessierte Studenten und Lehrer für kürzere oder längere Zeit tätig sind.

Als ihr bedeutendster Vertreter gilt einer der Begründer der neulateinischen Lyrik, Hermann Buschius (van dem Busche, ca. 1468–1534). Er ist aus der Münsteraner Schule Langens (s. o.) hervorgegangen und hat fünf Jahre in Italien studiert. Seit 1494 hielt er in Köln Vorlesungen über die *studia humanitatis,* und es gelang ihm gegen den heftigen Widerstand von Ortwinus Gratius, sie im Curriculum zu etablieren. Seit 1510 hielt der aus Jülich stammende Johannes Caesarius (ca. 1468–1550) private Vorlesungen über griechische Sprache und Literatur. Zu seinen Schülern gehörte der wohlhabende, ebenfalls 1510 aus Italien zurückgekehrte Graf Hermann von Neuenar (1492–1530), dessen Kölner Haus ein Sammelpunkt der humanistisch Interessierten wurde und ihnen Rückhalt außerhalb der Universität bot.

Bereits 1491 hatte Buschius seine erste Gedichtsammlung veröffentlicht: ›Carmina, partim in Italiae urbibus, partim in patria contextorum libri duo‹ (Lieder, teils über italienische Städte, teils über Gegenden im Vaterland). Diese Gedichte und die Epigrammsammlungen von 1498 und 1504 trugen ihm bei seinen humanistischen Zeitgenossen den Ruf ein, zu den bedeutendsten neueren Lyrikern zu gehören. Buschius, der sich für die Sammlung und Konservierung der römischen Altertümer in Köln eingesetzt hatte, trug 1508 vor der Universität öffentlich einen großen Lobgesang auf die Stadt Köln vor, ›Flora‹, nach ionischer Melodie, ein seltener und kurioser Versuch, mit der antiken Dichtung auch die antike Musik wiederzubeleben. Sein ›Vallum humanitatis‹ (1518) ist ein großangelegter Versuch der Systematisierung humanistischer Bestrebungen, der sich, als Grundlegungs- und Verteidigungsschrift zu spät gekommen, so kurz vor der Reformation nachträglich wie eine Art *Summa humanitatis* ausnimmt.

Ausgaben: H. J. Liessem, De Hermanni Buschii vita et scriptis commentatio historica. 1866. – Die ›Flora‹ in: DLE Reihe Humanismus und Renaissance Bd. 2, 1935, Nachdr. 1964, S. 140–149. – Literatur: H. J. Liessem, Hermann von dem Busche. Sein Leben und seine Schriften. Mit bibliographischem Verzeichnis (Programme des Kaiser-Wilhelm-Gymnasiums zu Köln 1884–1908). Nachdr. 1965. – A. Bömer, Hermann von dem Busche. In: Westfälische Lebensbilder 1. 1930.

Eine merkwürdig zwiespältige Stellung zum Humanismus nimmt der Querdenker Agrippa von Nettesheim ein. Die neumodische Novellenliteratur aus Italien, von Boccaccio, Enea Silvio Piccolomini und Petrarca, beschimpfte er als sittenverderbend, aber auch an Dante und dem deutschen Prosaroman des 15. Jahrhunderts konnte er nichts Gutes finden. Insofern aber das Ziel seiner Überlegungen Wert und Würde des Menschen sind, die bis zur Vorstellung seiner Gottähnlichkeit getrieben werden, ist er ohne die Denkansätze des Humanismus nicht vorstellbar, und er hat ihn auf unerwarteten Wegen am radikalsten durchdacht.

Die bewegte Biographie Agrippas von Nettesheim ist nur schwer zu verfolgen, weil es wenige authentische Nachrichten gibt und er selbst in seinen Aussagen zur Mystifikation neigt.

Er ist am 14. 9. 1486 in Köln geboren, hat dort studiert und das Magisterexamen abgelegt. Etwa 1506 ist er in Paris, von wo er aber bald vor den von ihm ausgebeuteten Mitgliedern eines okkultistischen Geheimbundes nach Spanien fliehen muß. Eine Zeitlang hält er sich als Goldmacher in Avignon auf. 1509 hält er in Dôle Vorlesungen über Reuchlins Abhandlungen zur Kabbala. 1510 ist er in England, um diese Zeit ist ›De occulta philosophia‹ entstanden (gedruckt 1531). Anschließend findet man ihn in Metz, Köln, Fribourg. 1524 wird er Leibarzt und Hofastrologe der Königin-Mutter von Frankreich, wird aber bald darauf wegen Intrigantentums wieder entlassen. Eine Tätigkeit als Arzt in Antwerpen wird von der Löwener medizinischen Fakultät unterbunden. Aus dem Brüsseler Schuldgefängnis gelingt ihm die Flucht. Er findet Zuflucht beim Erzbischof von Köln. 1535 unternimmt er eine Reise nach Lyon, wird dort inhaftiert und stirbt bald nach seiner Haftentlassung wohl an den Folgen einer Folterung.

Ausgaben: Heinrich Cornelius Agrippa von Nettesheim, Magische Werke. Hrsg. von F. Scheible. 5 Bde, 1855/56, Nachdr. 1921. – Heinrich Cornelius Agrippa von Nettesheim, Magische Werke. Hrsg. von H. Corn, 5 Bde, 5. Aufl. 1925 (deutsch). – Cornelius Agrippa von Nettesheim, Über die Eitelkeit und Unsicherheit der Wissenschaft. Die Verteidigungsschrift. Hrsg. von F. Mauthner. 2 Bde, 1912/13, Neudr. 1969. – Agrippa von Nettesheim, Opera. Nachdr. der Ausgabe Lyon ca. 1600, 2 Bde, 1970. – Literatur: A. Prost, Cornelius Agrippa, Sa vie et ses œuvres. 2 Bde, 1881/82. – J. Orsier, Heinrich Cornelius Agrippa. Sa vie et son œuvre d'après sa correspondance. 1911. – G. Daniels, Knowledge and Faith in the Thought of Agrippa. Bibliothèque de l'Humanisme et de la Renaissance 26 (1964), S. 326–340. – C. Nauert, Agrippa and the Crisis of Renaissance Thought. 1965.

Die vier Bücher ›De occulta philosophia‹ sind eine höchst unsystematische und nicht immer verständliche Mischung von Aristotelismus, mystischen und kabbalistischen Einflüssen, Elementenlehre und ganz originellen, eigenständigen Einfällen. Den vier die Welt konstituierenden Elementen fügt Agrippa von Nettesheim, auf Aristoteles zurückgreifend, als fünftes den *spiritus mundi* (die *quinta essentia*) hinzu als zusammenhaltende und verändernde Kraft. Durch ihn hat der Mensch teil an allem Seienden, seine Erkenntnisfähigkeit ist daher unbegrenzt. Damit entwickelt Agrippa implizit eine Genielehre, die weit über alle zeitgenössischen Denkansätze hinausgeht. Wenn sie für die Kunst- und Dichtungstheorie nicht unmittelbar einflußreich geworden ist, so deshalb, weil sie sich unter einer unentwirrbaren Fülle von Aussagen zu Magie und Mantik, zu Naturwissenschaften und Theologie, Kunst und Philosophie verbirgt. Gerade die fehlende Systematik hat das Buch zu einer anregenden Lektüre für die Naturwissenschaftler des 16. Jahrhunderts gemacht, u. a. für Paracelsus und Giordano Bruno.

Es gehört zur Radikalität seines Denkens, daß Agrippa von Nettesheim sein komplex aufgerichtetes Denkgebäude wieder einreißt in einem »Kompendium der Skepsis« (Rupprich), der ›Declamatio de incertitudine et vanitate scientiarum et artium‹ (Verkündigung der Unsicherheit und Eitelkeit von Wissenschaften und Künsten, Köln 1527; deutsche Übersetzung von Sebastian Franck, Ulm 1535). Mit tiefgreifender Wissenschafts- und Erkenntniskritik verbindet sich eine Kritik der sozialen und kirchlichen Verhältnisse, die an Schärfe kaum ihresgleichen hat.

Wien

Literatur: G. Bauch, Die Rezeption des Humanismus in Wien. 1903, Neudr. 1986. – K. Großmann, Die Frühzeit des Humanismus in Wien bis zu Celtis' Berufung 1497. Jahrb. d. Vereins f. Landeskunde v. Niederösterreich NF 22 (1929), S. 150ff. – H. Rupprich, Das Wiener Schrifttum des ausgehenden Mittelalters. Österr. AW, SB phil.-hist. Klasse 228, Abh. 5, 1954.

In der Verbindung von Universität und Hof sind die Wiener Verhältnisse mit denen Heidelbergs vergleichbar. Eine wichtige Vermittlerrolle zwischen beiden Institutionen spielte von Anfang an Enea Silvio Piccolomini. Es steht dahin, ob es auf seinen Einfluß zurückgeht, daß der hochrenommierte Astronom Georg von Peuerbach (1423–1461) seit 1454 an der Artistenfakultät Vorlesungen über antike Literatur hielt. Den zeitgenössischen Interessen konform beschäftigen sich seine beiden erhaltenen Universitätsdisputationen von 1457/58 mit Problemen der *ars oratoria*. Gleichzeitig las Johannes Mendel (gest. 1484), der 1458 als Kanzler an den Eichstätter Bischofshof ging, über Terenz und Cicero. Nach dem Tode Peuerbachs erlahmte der erste humanistische Impetus. Erst zwanzig Jahre später unternahm der Grammatiklehrer Bernhard Perger (gest. ca. 1502) einen erneuten Versuch, die *studia humanitatis* an der Universität zu verankern. Als einer der ersten hatte er eine analytische lateinische Grammatik verfaßt, die nicht wie die mittelalterliche Grammatik von der Erklärung von Fallbeispielen, sondern von einer grammatikalischen Systematik ausging: die ›Grammatica nova‹ (Padua 1482). Nach dieser Methode versuchte er, in Wien den Sprachunterricht zu reformieren. In dem allmählich anwachsenden Kreis humanistisch Interessierter, namentlich im Umkreis der Hofbeamtenschaft Maximilians I., taucht der Gedanke auf, den derzeit profiliertesten Humanisten, Conrad Celtis, an die Wiener Universität zu ziehen. Zwar leistet Perger Widerstand, wohl die Konkurrenz fürchtend, aber die kaiserlichen Räte Johannes Fuchsmagen und Johannes Krachenberger setzen bei Maximilian 1497 Celtis' Berufung auf eine Professur für Rhetorik und Poesie durch.

Conrad Celtis ist am 1. Februar 1459 als Sohn eines Weinbauern im Dorf Wipfeld bei Schweinfurt geboren. Sein Name ist die latinisierte Form seines Vaternamens Bickel (*caelum* = Meißel, Pickel). Von seinem Bruder, einem Geistlichen, erhielt er den elementaren Unterricht. Auf einem Holzfloß gelangte er 1477 nach Köln, wo er sich immatrikulierte und 1479 sein Bakkalaureats-Examen in den *artes* ablegte. In einem späteren Gedicht berichtet er von dem ganz traditionell ausgerichteten Kölner Studiengang: er habe Dialektik gelernt, Thomas von Aquin und Albertus Magnus studiert, aber von den Wissenschaften des Quadriviums ebensowenig gehört wie von moderner Rhetorik. Nach Abschluß seines Studiums in Köln führt ihn ein fünfjähriges unstetes Wanderleben durch ganz Deutschland. 1484 ist er in Heidelberg, wo er von Rudolf Agricola die entscheidenden Anregungen zur Beschäftigung mit den *studia humanitatis* erhält und Griechisch und Hebräisch lernt. 1485 legt er sein Magisterexamen ab. Bis 1487 wandert er nach Erfurt, Rostock und Leipzig. 1487 wird er von Friedrich III. in Nürnberg als erster Deutscher zum *poeta laureatus* gekrönt. Dieses Jahr galt fortan in privater Zeitrechnung für Celtis als das Jahr 1, Ausdruck nicht nur seiner ausgeprägten Eitelkeit, sondern einmal mehr der sozialen Bedeutung, die ein solcher Repräsentationsakt für den Akademiker niederer Herkunft hatte.

Anschließend hielt sich Celtis in Italien auf, wo er in Kontakt mit humanistischen Kreisen in Venedig, Padua, Ferrara, Florenz und Rom kam. 1489 zog er an das Studium Jagellonicum, die Universität Krakau, zu der Zeit ein Zentrum naturwissenschaftlicher Forschung. Neben seinem Studium bei dem Astronomen Albert Blar lehrte Celtis selbst aristotelische Philosophie, Poetik und Griechisch. 1491 ging er als Professor nach Ingolstadt, übernahm 1492 für ein Jahr die Leitung der Regensburger Domschule und kehrte 1494 auf eine Professur für *studia humanitatis* nach Ingolstadt zurück. Sein akademischer Pflichteifer scheint nicht ausgeprägt gewesen zu sein: 1495 verließ er Ingolstadt für fast ein Jahr; während dieser Zeit gründete er in Heidelberg die »Sodalitas litteraria rhenana«. Ein erhaltenes Pamphlet seiner Ingolstädter Studenten wirft ihm Desinteresse, Unverständlichkeit und Pflichtvergessenheit vor.

Weiteren Konflikten in Ingolstadt entging er durch seine Berufung nach Wien am 7. März 1497. Hier endlich wurde er seßhaft. Noch im Jahr seiner Übersiedlung gründete er die »Sodalitas litteraria Danubia«; 1501 nach dem Vorbild der italienischen Akademien das »Collegium poetarum et mathematicorum«, dem vom Kaiser das Recht der Poetenkrönung übertragen wurde. In Wien hielt er als erster im deutschen Sprachgebiet eine Vorlesung über den griechischen Urtext des Homer und über Tacitus' ›Germania‹. Am 4. Februar 1508 ist Conrad Celtis' in Wien gestorben. Sein von seinen Freunden gestifteter Grabstein im Stephansdom ist erhalten.

Celtis' erstes größeres Werk ist eine Verslehre, ›Ars versificandi et carminum‹ (1486), eins der ersten systematischen Lehrbücher der antiken Vers- und Strophenformen in Deutschland.

Seine Antrittsvorlesung zum Wintersemester 1492 in Ingolstadt ist eine der umfassendsten Programmschriften des Humanismus, ›Oratio in gymnasio Ingolstadio publice recitata ...‹, gedruckt Augsburg 1492 unter dem Titel ›Panegyris ad duces bavariae‹.

Celtis' dichterisches Hauptwerk sind die ›Quattuor libri Amorum secundum quattuor latera Germaniae‹ (Vier Bücher Liebesgedichte entsprechend den vier Hauptgegenden Deutschlands, 1502). Eng am Vorbild Horazischer Oden orientiert sind die ›Libri Odarum quattuor‹ (1503).

1495 übergab Celtis dem Rat der Stadt Nürnberg einen Städtelobtext: ›De origine, situ, moribus et institutis Norimbergae‹, der noch im gleichen Jahr von dem Ratsschreiber Georg Alt ins Deutsche übersetzt wurde: ›Von Ursprung, Gelegenheit, Sitten und Anschicklichkeiten der Stat Nüremberg‹.

Während seines Regensburger Aufenthaltes entdeckte Celtis im Kloster St. Emmeram eine Handschrift mit den Dramen der Hroswith von Gandersheim (s. Bd. 1), die er in ihrer Bedeutung als ein frühes Beispiel von Terenz-Rezeption erkannte und herausgab (1501).

Im Zusammenhang mit seiner Wiener Lehrtätigkeit gab er zahlreiche Texte antiker und neuerer Autoren heraus: u.a. eine Auswahl aus Nicolaus von Cues' ›Propositiones Nicolai Cusae‹ (1500) mit einem ›Carmen saeculare‹ im Anhang und Tacitus' ›De origine et situ Germanorum‹ mit dem Anhang ›Germania generalis‹ (1500).

Mit den beiden panegyrischen Stücken für Maximilian, ›Ludus Dianae‹ (1501) und ›Rhapsodia‹ (1505), begründet Celtis die Tradition des höfischen Festspiels. Durch die Einbeziehung von Musik, Chören und Tänzen kann man diese Spiele geradezu als Vorformen der höfischen Oper ansehen.

AUSGABEN: Conrad Celtis, Quattuor libri amorum secundum quattuor latera Germaniae. Germania generalis. Hrsg. von F. Pindter. 1934 (Bibl. Scriptorum medii recentisque aevorum saec. XV–XVI). – Conrad Celtis, Fünf Bücher Epigramme. Hrsg. von K. Hartfelder. 1881, Nachdr. 1963. Ergänzend dazu: D. Wuttke, Supplement zu Hartfelders Edition der Celtis-Epigramme. In: Renatae litterae. Studien zum Nachleben der Antike und zur europäischen Renaissance. FS August Buck. 1973, S. 105–130. – Conrad Celtis, Ludi Scaenici. Ludus Dianae. Rhapsodia. Hrsg. von F. Pindter, 1945 (Bibl. Scriptorum etc.). – Conrad Celtis, Libri odarum, liber epodon, carmen saeculare. Hrsg. von F. Pindter. 1937 (Bibl. Scriptorum etc.). – Der Briefwechsel des Konrad Celtis. Hrsg. und erläutert von H. Rupprich. 1934 (Veröff. d. Komm. z. Erforschung der Gesch. d. Reformation und Gegenref. I Humanistenbriefe Bd. 3). – Oratio in gymnasio in Ingolstadio publice recitata. In: DLE Reihe Humanismus und Renaissance Bd. 2, 1935, Nachdr. 1964, S. 226–238. – Auszüge aus der ›Germania generalis‹ und ›Ode an Apollo‹ ebd., S. 276–277 und 286–295. – Die ›Norimberga‹ in: A. Werminghoff, Conrad Celtis und sein Buch über Nürnberg. 1921 (Text S. 99–212). – LITERATUR: L. W. Spitz, Conrad Celtis, the German Archhumanist. 1957. – F. Pindter, Die Lyrik des Konrad Celtis. Wien, Diss. (masch.) 1930. – E. Nowotny, Die Weltanschauung des Konrad Celtis. Wien, Diss. (masch.) 1938. – A. Schütz, Die Dramen des Konrad Celtis. Wien, Diss. (masch.) 1948. – K. L. Preiß, Konrad Celtis und der italienische Humanismus. Wien, Diss. (masch.) 1951. – E. Schäfer, Conrad Celtis' Ode an Apoll. Ein Manifest neulateinischen Dichtens in Deutschland. In: V. Meid (Hrsg.), Gedichte und Interpretationen, Bd. 1: Renaissance und Barock. 1982, S. 83–93. – U. Hess, Erfundene Wahrheit. Autobiographie und literarische Rolle bei Conrad Celtis. In: A. Schöne (Hrsg.), Kontroversen, alte und neue. Akten des VII. Internationalen Germanistenkongresses Göttingen 1985, Bd. 7. 1986, S. 136–147. – R. Kemper, Die Redaktion der Epigramme des Celtis.

1975. – D. Wuttke, Conradus Celtis Protucius (1459–1508). Ein Lebensbild aus dem Zeitalter der deutschen Renaissance. In: Philologie als Kulturwissenschaft. FS Karl Stackmann. 1987, S. 270–286.

Conrad Celtis ist für die Humanistengeneration nach der Jahrhundertwende von größtem Einfluß durch dreierlei: die Betonung des nationalen Elements in der Kultur, die Wendung von der Rhetorik zur Poesie und den Versuch, aus dem Gemeinschaftsgedanken des Humanismus organisatorische Konsequenzen zu ziehen.

In seiner Ingolstädter Universitätsrede verbindet Celtis zwei schon traditionelle Gedanken zu einer umfassenden Konzeption des Humanismus: die Beschäftigung mit der Antike als zentraler Lebenslehre und die humanistische Umdeutung des *translatio-imperii*-Gedankens. Bei den Philosophen und Dichtern der Antike könne man alle Anweisungen finden, die für ein sittlich vollkommenes Leben erforderlich sind und die den Grund für die Erkenntnis der Natur legen. *Studia humanitatis* sind also das Fundament universaler Bildung. Wie mit dem Übergang der politischen Herrschaft von Griechenland auf Rom die Römer sich die griechische Philosophie und Kultur angeeignet hätten, müsse mit der *translatio imperii* auf Deutschland auch die antike Bildung übergehen. Es sei das entscheidende Versäumnis der Herrschenden in Deutschland, den Zusammenhang zwischen staatlicher Ordnung und Bildung nicht begriffen zu haben, während die Alten erkannt hätten, *linguae viribus sapientiaeque partibus hominum coetus, urbes, religiones, deorum cultum et sanctissimos mores, amplissimaque imperia conservari et gubernari posse* (daß durch die Kraft der Sprache und durch den Anteil an der Weisheit das Zusammenleben der Menschen, Städte, Religionen, die Verehrung der Götter und die heiligsten Sitten, die größten Reiche erhalten und gelenkt werden können).

Der universale Geltungsanspruch des Humanismus treibt den Gedanken der sozialen Gleichrangigkeit des *poeta* mit dem König weiter zur Forderung nach der Teilhabe an politischer Macht: *Quos tamen Graeci et Romani imperii auctores ita excoluerunt, ut eos imperialibus honoribus insignirent* (Die Griechen und Römer haben die Wissenschaftler und Dichter als Schöpfer ihrer Reiche so verehrt, daß sie ihnen kaiserliche Ehren zuerkannten).

Mit solchen Ansprüchen bindet sich der Humanismus

zwangsläufig ein in die politischen Vorgänge, die zur gleichen Zeit zur Herausbildung der Nationalstaaten führen. Celtis wird damit zum ersten entschiedenen Propagator eines Nationalhumanismus in Deutschland. Er bahnt eine Entwicklung an, die (aus etwas anderen Gründen) in anderen europäischen Ländern Parallelen hat und die zusammen mit der Reformation endgültig zum Auseinanderfallen der europäischen Gemeinschaftskultur des Mittelalters beiträgt. Einmal mehr werden hier innere Widersprüche des Humanismus sichtbar: Eine kulturelle Bewegung, die auf dem gemeinsamen antiken Erbe beruht und sich in der gemeinsamen Sprache der Gebildeten, dem Latein, artikuliert, ist zugleich die erste, die entschieden nationale Töne anschlägt.

Aus der Forderung, die Nation auch durch ihre Vergangenheit zu legitimieren, folgt der Ruf nach einer nationalen Geschichtsschreibung, nach einem Gelehrten, *qui res Germanica virtute gestas aeternitati commendet* (der die Taten, die mit deutscher Tugend vollbracht wurden, der Ewigkeit überliefert). Celtis sah in sich selbst denjenigen, der diese Forderung erfüllen könnte: seit seiner Ingolstädter Zeit stellte er Überlegungen zu einer ›Germania illustrata‹ an, deren Plan er im Anhang zu seiner Tacitus-Ausgabe veröffentlichte. Das Werk sollte eine großangelegte historische und geographische Enzyklopädie Deutschlands werden. Es sollte ein deutsches Gemeinschaftsbewußtsein wecken und der politischen Zersplitterung Deutschlands entgegenwirken. Celtis' ›Norimberga‹ war als Regionalbeschreibung bereits als Beitrag zum Gesamtwerk gedacht ebenso wie geographische Überblicksskizzen der ›Germania generalis‹ im Anhang zur ›Germania‹-Ausgabe 1502. Celtis' Plan blieb unausgeführt; im 16. Jahrhundert ist er jedoch mehrfach wieder aufgegriffen worden, vor allem in Sebastian Münsters ›Cosmographia‹ (1543).

Auch Celtis' Elegien-Zyklus ›Quattuor libri amorum‹ gibt schon durch seinen Untertitel *secundum quattuor latera Germaniae* zu erkennen, daß er sich als Teil einer Beschreibung Germaniens versteht. Die vier Bücher besingen in jeweils 15 Elegien vier verschiedene Geliebte: die Krakauerin Hasilina, die Regensburgerin Elsula, die Rheinländerin Ursula und die Lübeckerin Barbara. Gleichzeitig bedeuten und beschreiben die vier Bücher die vier Lebensabschnitte *pubertas, adulescentia, iuventus* und *senectus,* die Gegenden Germaniens nach den vier Himmelsrichtungen und die vier zugehörigen Gewässer Vistula

(Weichsel), Danubius (Donau), Rhenus (Rhein) und Codonus (die Ostsee). Jedes Buch enthält ein *Hodoeporicon,* einen Reisebericht mit einer genauen Wegbeschreibung von einem Schauplatz zum nächsten.

Trotz solcher Organisation liegt jedoch die eigentliche Bedeutung des Werks nicht in der topographischen Beschreibung: als erste größere Sammlung neulateinischer erotischer Lyrik hat es auf die Dichter des 16. Jahrhunderts größten Einfluß ausgeübt. Es ist allein schon deswegen ein folgenreicher Schritt, weil Celtis hier die Wendung von der Rhetorik zur Poesie vollzieht (wozu er mit seiner ›Ars versificatoria‹ das Handwerkszeug geliefert hatte). Die ersten Humanistengenerationen waren mit ihrer Fixierung auf die Ciceronianische Rhetorik an die Prosa gebunden. Den Begriff *poeta* konnten sie nur weit gefaßt für sich in Anspruch nehmen. Celtis führt den Begriff wieder auf seinen prägnanten Sinn zurück. Nachahmung der Antike bekommt über den bloßen rhetorischen Vollkommenheitsanspruch hinaus eine weitere ästhetische Dimension: sie wird zur Stilkategorie; mit andern Worten: Celtis leistet einen entscheidenden Beitrag zur Herausbildung des humanistischen Klassizismus. Er begnügt sich daher nicht mit der formalen und inhaltlichen Reproduktion antiker Gedichtmuster: bei aller Abhängigkeit von Horaz, Ovid und Catull sind Celtis' Gedichte wenigstens teilweise Erlebnislyrik im klassizistischen Gewande und damit Goethes ›Römischen Elegien‹ vergleichbar. Dies ist belegt durch einen empörten Brief seiner früheren polnischen Geliebten Hasilina, die in Krakau in Gesellschaft aus den eben erschienenen Elegien vorlesen hörte und sich zu ihrem Entsetzen im Gegenstand der Gedichte wiedererkannte.

Conrad Celtis ist einer der ganz wenigen Humanisten, die erkannt haben, daß der Humanismus zu seiner Konsolidierung und Ausbreitung eines organisatorischen Fundaments bedurfte, das in den Universitäten nicht zu finden war und nicht gelegt werden konnte. Das oft wiederholte Urteil, »wohin er kam, suchte er gelehrte Gesellschaften zu stiften (Sodalitas litteraria Vistulana, Hungerorum, Danubiana, Rhenana, Baltica), die ohne alle weitere Folge wieder einschliefen, seinem Namen aber zugute kamen« (Goedeke), ist daher zumindest einseitig. Die Sodalitäten haben an vielen Orten durchaus wenigstens eine Zeitlang eine integrierende und sammelnde Funktion für die humanistisch Interessierten gehabt. Sie wurden mehrfach nachgeahmt und als die ersten Zusammenschlüsse von Intellektuellen Vorläufer und Modelle der Gelehrten- und Dichtergesellschaften der kommenden Jahrhunderte. Auf Celtis geht auch der Gedanke zurück, dem Humanismus eine eigene wissenschaftliche Institution zu schaffen, nachdem sich erwiesen hatte, daß er an den Universitäten nicht heimisch werden konnte. Nach dem Vorbild der italienischen Akademien gründete er 1501 mit Unterstützung Maximilians ein »Collegium poetarum et mathematicorum«. Zwei Professuren waren für Rhetorik und Dichtkunst vorgesehen, zwei für die mathematisch-naturwissenschaftlichen Fächer. Das Rektorat gebührte gemäß dem humanistischen Anspruch dem Professor der Poetik. Celtis scheint geplant zu haben, diese Akademie auf alle Fächer der zeitgenössischen Wissenschaft auszudehnen, ein Vorhaben, das er jedoch nicht mehr verwirklichen konnte.

LITERATUR: Res publica litteraria. Die Institutionen der Gelehrsamkeit in der frühen Neuzeit. Hrsg. von S. Neumeister und C. Wiedemann. Tle 1 u. 2. 1987.

Das Amt des »Redners«, d.h. des Vorsitzenden der »Sodalitas litteraria Danubia« übernahm nach Celtis' Tod Johann Cuspinian (Johann Spießheimer, 1473–1529). Er setzte die historiographischen Interessen von Celtis fort, reduzierte sie als Hofhistoriograph Maximilians aber eher auf das Regionalhistorische. Sein Hauptwerk ist eine Geschichte Österreichs von den Babenbergischen Markgrafen bis zum Tode Maximilians, die ›Austria‹ (1528). Eine Kaisergeschichte, die nach Suetons Vorbild exemplarische Herrscherbiographien aneinanderreiht und in einer Apotheose Maximilians endet, ist die posthum erschienene Schrift ›De Caesaribus atque Imperatoribus Romanis‹ (1540, deutsche Übersetzung 1541).

Celtis' Nachfolger auf dem Wiener Lehrstuhl für Rhetorik und Poetik ist seit 1516 Vadianus (Joachim von Watt, 1484 bis 1551). Aus den Mitschriften eines seiner Hörer entstand der erste Versuch einer historischen Darstellung der deutschen bzw. europäischen Literatur ›De poetica et carminis ratione liber‹ (Buch über Poetik und Dichtungstheorie). Anders als in der lexikalisch konzipierten Sammlung von Trithemius (s.o. S. 374), werden hier literaturgeschichtliche Zusammenhänge entworfen, ausgehend von der antiken Dichtung seit Homer über die mittelalterliche Literatur Deutschlands (vornehmlich geistliche lateinische Literatur) bis hin zum Humanismus der Gegenwart. Der dichtungstheoretische Teil versucht eine systematische Begründung des Anspruchs, den der Humanismus mit dem Begriff *poeta* verbindet.

Vadian kehrte 1518 als Stadtarzt in seinen Geburtsort Sankt Gallen zurück, wo er Ratsherr und 1526 Bürgermeister wurde. Er schloß sich Zwingli an und führte die Reformation in Sankt Gallen durch.

Ausgaben, Literatur: Cuspinian: H. Ankwicz-Kleehoven, Johann Cuspinians Briefwechsel. 1933 (Veröff. d. Komm. z. Erforschung der Reformation u. Gegenref., Humanistenbriefe Bd. 2). – Nachruf auf Conrad Celtis (›Cuspinianus Celti Ultimum Vale‹) und Auszug aus der ›Austria‹ in: DLE Reihe Humanismus und Renaissance, 1935, Nachdr. 1964, Bd. 2, S. 295–299. – H. Ankwicz-Kleehoven, Der Wiener Humanist Johannes Cuspinian. Gelehrter und Diplomat zur Zeit Kaiser Maximilians I. 1959. – Vadian: E. Götzinger, Joachim von Watt (Vadian), Deutsche historische Schriften. 3 Bde, 1875–1879. – E. Arbenz u. H. Wartmann, Die Vadianische Briefsammlung der Stadtbibliothek St. Gallen. 7 Bde, 1890–1913. – B. Zimmel, Der ›gallus pugnans‹ des Joachim von Watt. Wien, Diss. (masch.) 1946. – H. Biebl, Die Faustusekloge und die Wappenelegie des Joachim von Watt. Wien, Diss. (masch.) 1948. – W. Wieser, Die geistlichen Reden des Joachim von Watt. Wien, Diss. (masch.) 1949. – M. Gabathuler, J. Vadian, Lateinische Reden. 1953 (Vadian-Studien 3) (lat. u. deutsch). – K. Müller u. C. Bonorand, Brevis indicatura symbolum. 1954 (Vadian-Studien 4) (lat. u. deutsch). – Joachim Vadian, De poetica et carminis ratione. Kritische Ausg. mit deutscher Übers. und Kommentar von P. Schäffer. 3 Bde, 1973/77 (Humanistische Bibl. Reihe II, Texte, Bd. 21, I–III). – W. Näf, Vadian und seine Stadt St. Gallen. 2 Bde, 1944/1957. – C. Bonorand, Vadians Weg vom Humanismus zur Reformation und seine Vorträge über die Apostelgeschichte (1523). 1962.

Basel

Literatur: E. Vischer, Die Baseler Universität seit ihrer Gründung. 1911. – R. Wackernagel, Humanismus und Reformation in Basel. 1924. – A. Rüegg, Die beiden Blütezeiten des Basler Humanismus. 1959. – Textsammlung: A. Hartmann, Basilea Latina. 1931 [Texte zur Kulturgeschichte Basels im 15. und 16. Jahrhundert].

Die Universität Basel erhielt die Bestätigung ihrer Statuten 1460 von Pius II., Enea Silvio Piccolomini. Der Kontakt zu Italien war stets eng. Seit 1474 war in Basel als erster deutscher Universität ein ständiger Lehrstuhl für *artes liberales* und Poetik eingerichtet (zuerst besetzt mit Johannes Matthias von Gengenbach, gest. 1486). Gerade die Selbstverständlichkeit, mit der von vornherein *studia humanitatis* Bestandteil des Lehrprogramms waren, führte, ähnlich wie in Straßburg, zu einem vergleichsweise konfliktfreien Miteinander von traditioneller Theologie und Humanismus und eben deswegen zu einer gewissen Vereinnahmung des letzteren, zur Entstehung eines »moralisierenden Humanismus« (Stammler).

Besonders durch die Tätigkeit der Basler Drucker Johannes Amerbach (1444–1513) und Johannes Frobenius (ca. 1460 bis 1527) wurde Basel zu einem Zentrum philologisch-textkritischer Aktivitäten. Frobenius hatte Amerbachs Offizin nach dessen Tode mit der eigenen fusioniert, diese wurde dadurch zum größten Druck- und Verlagshaus Mitteleuropas; ein großer Teil der humanistischen Werke zwischen 1515 und 1525 ist bei ihm gedruckt worden. 1479 erschien bei Amerbach eine Bibel *fontibus ex Graecis, Hebraeorum quoque libris emendata,* textkritisch durchgesehen nach den griechischen und hebräischen Quellen, also eine revidierte ›Vulgata‹. Die von Agricola ausgehende Idee von der Notwendigkeit emendierter Texte wird hier erstmals auf die Bibel angewendet – eine Vorstufe zu Erasmus' kritischer Ausgabe des griechischen Neuen Testaments und bezeichnend für die Basler Verbindung von Humanismus und Theologie. Textkritischer Bearbeiter ist der Theologe Johann Heynlin von Stein (ca. 1430–1496). Heynlin hatte am Aufbau der Universität mitgearbeitet, verließ aber 1474 seine Professur an der Artistenfakultät, um sich ganz seinem Predigeramt zu widmen. 1487 trat er in die Basler Kartause ein. Neben Schriften zur Grammatik und rhetorisch-philosophischen Abhandlungen, u.a. ›Tractatus de arte solvendi importunas sophistarum argumentationes‹ (Über die Kunst, mit den lästigen Fragen der Sophisten fertigzuwerden), verfaßt 1465, gedruckt bei Amerbach 1495, besteht sein Hauptnachlaß in fünf Codices mit über 1400 Predigten bzw. Predigtkonzepten, die zum geringen Teil gedruckt worden sind.

AUSGABEN: Die Amerbachkorrespondenz. Hrsg. von A. Hartmann. 6 Bde, 1942–1967. – Johannes Heynlin, Ablaßpredigten 1476. Hrsg. von H. v. Greyerz. Archiv d. Hist. Vereins d. Kanton Bern 32 (1934), S. 113–171. – ›Sermo habitus in Tubingen in missa Universitatis‹ 1478. Abgedruckt bei E. Stolz, Die Patrone der Universität Tübingen und ihrer Fakultäten. Theol. Quartalsschrift 108 (1927), S. 1–49. – ›Ad impressorem epistola‹ [an Johannes Amerbach]. In: DLE Reihe Humanismus und Renaissance Bd. 2, 1935, Nachdr. 1964, S. 55–61. – LITERATUR: M. Hossfeld, Johannes Heynlin aus Stein. Basler Zs. f. Geschichte und Altertumskunde 6 (1907), S. 309–356 u. 7 (1908), S. 79–219 u. 235–431. – M. Steinmann, Basler Büchersammler. 1: Johannes Heynlin de Lapide (1430–1496). Librarium 20 (1977), S. 22–27.

Wie andernorts, ist es für den Humanismus auch in Basel charakteristisch, daß er als eine Kultur der Persönlichkeit neben den Bildungsinstitutionen einer Stätte persönlicher Begegnung bedarf. Die ist das Haus des Druckers Frobenius. Neben Erasmus, der 1515 nach Basel kam, ist die bedeutendste Figur des Zirkels der Latein- und Griechisch-Professor, Musiktheoretiker und Lyriker Heinrich Loriti Glareanus (1488–1563). Er lehrte 1514–1517 und, nach einem Zwischenaufenthalt in Paris, 1522–1529 in Basel alte Sprachen. Seine 1516 erschienenen ›Duo elegiarium libri‹ sind seinem Freunde Zwingli gewidmet, der ebenfalls zum Frobenius-Kreis gehörte. Sein Festhalten am alten Glauben führte zum Bruch; wie Erasmus emigrierte er 1529 nach Freiburg.

Ausgaben: Glareani Dodecachordon. Hrsg. und übersetzt von P. Bohn. 1888 (Publikationen älterer prakt. u. theoret. Musikwerke 16). – Henricus Glareanus, Helvetiae descriptio. Hrsg. und übersetzt von W. Näf. 1948. – Zwei Elegien Glareans in: DLE Reihe Humanismus und Renaissance Bd. 2, 1935, Nachdr. 1964, S. 61–65. – Literatur: O. F. Fritsche, Glarean. Sein Leben und seine Schriften. 1890.

Die Reformation hat für den Basler Humanismus wegen seiner engen Bindung an die traditionelle Theologie besonders einschneidende Folgen, zumal sie zeitlich mit Frobenius' Tod koinzidiert: Ende der zwanziger Jahre ist der Basler Humanistenkreis zerfallen.

Die übrigen Angehörigen des Frobenius-Kreises verschreiben sich als Theologen sämtlich der Sache der Reformation: Kaspar Megander (1495–1545) und Leo Jud (1482–1542), beide sind Parteigänger und Mitarbeiter Zwinglis; Kaspar Hedio (1494 bis 1552) und Wolfgang Fabricius Capito (1478–1541), beide aus der Pforzheimer Schule hervorgegangen und später als Reformatoren im Elsaß tätig.

Straßburg

Literatur: Ch. Schmidt, Histoire littéraire de l'Alsace à la fin du XV. et au commencement du XVI. siècle. 2 Bde, 1879, Nachdr. 1966. – H. Gumbel, Humanitas alsatica. Jahrb. d. Elsaß-Lothringischen Wiss.

Ges. 17 (1938), S. 1ff. – W. Andreas, Straßburg an der Wende vom Mittelalter zur Neuzeit. 1940. – L'Alsace au siècle de la Réforme (1482 bis 1621). Textes et documents. Hrsg. von J. Lebeau und J.-M. Valentin. 1985.

In dem harmonischen Miteinander von humanistischen Einflüssen und traditioneller Theologie, also in der Ausbildung eines »scholastischen Humanismus«, ähneln sich die Verhältnisse in Straßburg und Basel, wenngleich die Entstehungsbedingungen etwas unterschiedlich sind. Da Straßburg keine Universität hat, ist hier der gebildete Klerus der Hauptadressat für humanistische Ideen. Sie werden so von vornherein in den Dienst der Theologie gestellt und verlieren ihren Anspruch auf Autonomie. Dies zeigt sich schon an der ersten Vermittlergestalt: Peter Schott (1460–1490). Er stammt aus einer Straßburger Patrizierfamilie. 1481 kehrt er von einem Jurastudium aus Italien zurück und importiert die Idee der Reorganisation und Neubelebung der klassischen Studien. Empfänglich dafür ist das Kapitel von St. Thomas, in das Schott gleich nach seiner Heimkehr eintritt und wo er zum Priester geweiht wird. Humanismus reduziert sich weitgehend auf einen sprachlich-formalen Anspruch im Umgang mit dem Lateinischen. Das dokumentiert sich auch in Schotts Briefen, Gedichten und kurzen Abhandlungen, die Jacob Wimpfeling posthum unter dem Titel ›Lucubratiunculae ornatissimae‹ (Kleine, zierliche Nachtarbeiten, 1498) herausgab.

AUSGABEN: The Works of Peter Schott. Hrsg. von M. A. u. M. L. Cowie, 2 Bde, 1963–1971. – Auszüge aus den ›Lucubratiunculae‹ in: DLE Reihe Humanismus und Renaissance Bd. 2, 1935, Nachdr. 1964, S. 76–78. – LITERATUR: W. Hammer, Peter Schott und sein Gedicht auf Straßburg. ZfdPh 77 (1958), S. 361–371.

Mit dieser Ausgabe löst Wimpfeling eine Dankesschuld ein: obwohl er nur den geringeren Teil seines Lebens in Straßburg verbracht hat, bleibt er stets der spezifischen Denkart einer humanistisch eingefärbten, konservativ geprägten Scholastik verpflichtet, wie sie Schott repräsentiert hatte.

Jacob Wimpfeling ist am 25. Juli 1450 in Schlettstadt geboren. Nach dem Besuch der Stadtschule studierte er in Freiburg, Erfurt und Heidelberg zunächst Jura, später Theologie. In Heidelberg hatte er Kontakt zu dem Humanisten-Kreis um Dalberg (s.o.) und der »Sodalitas Rhenana«. 1471 legte er in Heidelberg sein Magisterexamen ab, 1479 war er Dekan der Artistenfakultät und 1481 Rektor. 1483–1498 lebte Wimpfeling als Domprediger in Speyer. 1498 wurde er auf eine Professur für Rhetorik und Poetik nach Heidelberg berufen. 1501 übersiedelte er nach Straßburg, wo er als Lehrer und Schulreformer tätig war. 1503 bis 1505 arbeitete er, ohne festes Lehramt, an der Universität Freiburg. Hier mischte er sich ein in die Auseinandersetzung Jacob Lochers (s.o. S. 385) mit Georg Zingel um den Vorrang der Theologie vor den *studia humanitatis.* Wimpfeling ergreift die Partei Zingels, d.h. er stellt sich auf die Seite der Scholastik. Seit 1505 bis 1513 lebte er wechselnd in Straßburg, Freiburg und Heidelberg. Anschließend ließ er sich in seinem Geburtsort Schlettstadt nieder. Nach anfänglichen Sympathien brach er mit der Reformation, als sich die Abschaffung der alten Kultformen abzeichnete. Er starb vereinsamt am 15. November 1528.

Jacob Wimpfeling hat mehr als 60 gedruckte Werke aus nahezu allen Gebieten der Geisteswissenschaften und der Theologie neben einzelnen literarischen Versuchen veröffentlicht. Für eine Heidelberger Lizentiatenfeier dichtete Wimpfeling 1480 den ›Stylpho‹, eine lateinische Schulkomödie (gedruckt 1494). Während der Speyerer Zeit entstanden Mariendichtungen ›De conceptu et triplici candore Mariae virginis‹ (1493) und ›De nuntio angelico‹ (1494). Wimpfelings große pädagogische Programmschrift und Schulanthologie ist die ›Adolescentia‹ (Strassburg 1500).

Aus der Kontroverse mit Thomas Murner um die Reform des Straßburger Schulwesens geht die ›Germania‹ hervor (1501, gleichzeitige deutsche Fassung ›Teutschland zu Ere der Statt Strassburg und des Rinstroms‹).

AUSGABEN: Jacob Wimpfeling, Stylpho. Hrsg. von E. Martin. 1888 (Straßburger Studien 3). – Jacob Wimpfeling, Stylpho. Lat. und deutsche Übersetzung. Hrsg. von H. C. Schnur. 1971. – Enea Silvio, Germania, und Jakob Wimpfeling, Responsa et replicae ad Eneam Silvium. Hrsg. von A. Schmidt. 1962. – Übersetzung: Enea Silvio, ›Deutschland‹. Der Brieftraktat an Martin Mayer und Jakob Wimpfelings ›Antworten und Einwendungen gegen Enea Silvio‹. Übersetzt und erläutert von A. Schmidt. 1962. – Jacobi Wimpfelingi Opera selecta. Bd. 1: ›Adolescentia‹. Unter Mitarbeit von F. J. Worstbrock eingel., kommentiert und hrsg. von O. Herding. 1965. – Gedichte Wimpfelings in: H. Holstein, Ungedruckte Gedichte oberrheinischer Humanisten. Zeitschrift f. vgl. Literaturgesch. NF 4 (1891), S. 359–376. – C. Schüddekopf, Eine unbekannte Erzählung Wimpfelings. Ebd., S. 342–355 [von der Herzogin Eugenia von Burgund]. – LITERATUR: J. Knepper, Jakob Wimpfeling. Sein Leben und seine Werke nach den Quellen dargestellt. 1902, Nachdr. 1965. – E. v. Borries, Wimpheling und Murner im Kampf um die ältere Geschichte des Elsasses. 1926. – O. Herding, Der elsässische Humanist Jakob Wimpfeling und seine Erziehungsschrift ›Adolescentia‹. Zeitschrift f. württembergische Landesgeschichte 22 (1963), S. 1–18. – O. Herding, Pädagogik, Politik, Geschichte bei Jacob Wimpfeling. In: L'humanisme allemand (1480–1510). 1979, S. 113–130.

In Wimpfelings pädagogischer Programmschrift ›Adolescentia‹ artikuliert sich die seltsame Verbindung von Traditionalismus und Humanismus besonders klar. Wimpfeling erkennt die Notwendigkeit moderner Bildung für die praktischen Bedürfnisse städtischen Lebens. Er betreibt daher die Einrichtung eines Gymnasiums zur Vorbereitung auf den Beruf nicht nur des Geistlichen, sondern vor allem des Verwaltungsbeamten, Großkaufmanns, Politikers, Schreibers, Notars. Als Grundlage dienen die in der ›Adolescentia‹ zusammengestellten Texte aus antiken und vor allem modernen Schriftstellern. Besonders die Ausgabe von 1505, die u. a. um den Brief Enea Silvio Piccolominis ›De litterarum studiis‹, ein Carmen Jacob Lochers, Sentenzen von Petrarca und einen Nachruf auf Johann von Dalberg vermehrt ist, hat einen wichtigen Beitrag zur Rezeption des Humanismus im Schulunterricht geleistet. Die Art und Weise freilich, in der Wimpfeling mit den Texten umgeht, ist ganz und gar traditionell-mittelalterlich. Nicht der philologische Respekt vor dem unangetasteten, emendierten Text leitet ihn, sondern im Gegenteil das Auswahlinteresse nach dem Gesichtspunkt moralischer Nutzanwendung, nicht anders, als man im Hochmittelalter mit einem antiken Text verfahren wäre.

Wimpfelings Pläne zur Errichtung eines Gymnasiums in Straßburg (als Vorstufe zu einer Universität) stieß auf Widerstand der Franziskaner, die in der Stadt eine Ordensschule unterhielten. Wortführer der franziskanischen Partei war Thomas Murner. Dessen beiläufige Bemerkung, die Lilie im Straßburger Stadtwappen deute darauf hin, daß die Stadt ursprünglich französisch gewesen sei, nahm Wimpfeling zum Anlaß für eine Streitschrift, die ›Germania‹. Der erste Teil sucht das Deutschtum des Elsaß seit Caesars Zeiten nachzuweisen, der zweite entwirft ein städtisches Bildungsprogramm. Dieses merkwürdige Dokument des Nationalhumanismus ist also nicht so sehr aus dem Bedürfnis nach patriotischer Programmatik entstanden als aus der willkommenen Gelegenheit, einen bildungspolitischen Gegner zu treffen. Dennoch ist es, zusammen mit Celtis' gleichzeitigen Konzeptionen, bezeichnend für eine Denkrichtung, die der Humanismus im 16. Jahrhundert einschlägt, und aufschlußreich in seiner Argumentation im Vergleich mit nationalhumanistischen Programmschriften in Italien und Frankreich. Während dort Jean Lemaire de Belges (1473–1525) in der ›Concorde des deux langues‹ (Toskanisch und Französisch), Sperone Speroni (1500–1588) im ›Dialogo delle lingue‹ (Lateinisch und Italienisch) und Joachim du Bellay (1522–1560) in der ›Déffence et illustration de la langue françoyse‹ (weitgehend übernommen von Speroni) den eigenen Anspruch nationaler Kultur und Sprache ins Feld führen und damit entscheidend den Weg des Humanismus in die volkssprachige Literatur bahnen, argumentiert Wimpfeling – ähnlich wie Celtis – ausschließlich ethnologisch und territorialpolitisch. Die Möglichkeit, den Humanismus aus dem Getto der akademisch-lateinischen Bildung auf dem Weg über den Nationalhumanismus hinauszuführen, ist damit von vornherein verbaut.

Weitere Straßburger Humanisten

Thomas Wolf (1475–1509). Nach zehnjährigem Studium in Italien kehrte er als Kanonikus nach Straßburg zurück. Er war im Murner-Streit Parteigänger Wimpfelings. Sein Haus ist ein bescheidenes Zentrum humanistisch Interessierter. Er ist Verfasser von Psalmenkommentaren und Herausgeber geistlicher Schriften.

Beatus Rhenanus (1485–1547). Er besuchte wie Wimpfeling die Schlettstädter Schule. 1507 kehrte er von seinem Studium in Paris zurück. Den Rest seines Lebens verbringt er in Schlettstadt, Basel und Straßburg. Seit 1511 ist er mit Erasmus befreundet, dessen gesammelte Werke er herausgab. Wichtig sind seine kritischen Klassikerausgaben (Plinius, 1514; Seneca, 1515; Tacitus, 1533; Livius, 1535) bis heute, weil die Handschriften, die er benutzte, zum Teil verloren sind. In seinem historischen Hauptwerk ›Rerum germanicarum libri tres‹, 1531, löst Rhenanus in gewisser Weise Celtis' Programm einer ›Germania illustrata‹ ein. Dieses Geschichtswerk ist singulär durch seine konsequent durchgeführte quellenkritische Methode und die sprach- und kulturhistorischen Untersuchungen im letzten Teil (u. a. zitiert Rhenanus die Eingangspartie der althochdeutschen Evangelienharmonie Otfrieds nach der Freisinger Handschrift als Beweis für die deutsche Herkunft der Franken).

AUSGABEN: Eine Ausgabe der Werke fehlt. – Auszüge aus den ›Rerum Germanicarum libri tres‹ in: DLE Reihe Humanismus und Reformation Bd. 2, 1935, Nachdr. 1964, S. 84–92. – A. Horawitz u. K. Hartfelder, Briefwechsel des Beatus Rhenanus. 1886, Nachdr. 1966. – LITERATUR: A. Horawitz, Beatus Rhenanus. In: Österr. AW, SB, Phil. hist. Klasse 70, 1872, S. 189ff. 71, 1872, S. 643ff. 72, 1872, S. 323ff. – W. Allen. Beatus Rhenanus, editor of Tacitus and Livy. Speculum 12 (1937), S. 382–385. – B. Ristow-Stieghahn, Zur Geschichtsschreibung des Beatus Rhenanus. PBB 95 (1973), Sonderheft, S. 362–380. – J. F. d'Amico, Beatus Rhenanus, Tertullian and the Reformation. A Humanist's Critique of Scholasticism. Archiv für Reformationsgeschichte 71 (1980), S. 37–63.

Auch Johann Adelphus Muling ist Schüler der Schlettstädter Schule. Nach einem Medizinstudium in Heidelberg war er seit 1505 Arzt in Straßburg, seit 1516 Stadtarzt in Schaffhausen. Sein letztes Lebenszeichen ist ein Brief vom 5. 8. 1522 an Vadian. 1508 gab er eine ›Margerita facetiarum‹, eine Facetien-Anthologie heraus, 1512 ›Die Möhrin‹ von Hermann von Sachsenheim (s.d.). Er hat zahlreiche ältere und neuere Texte übersetzt, u.a. Vergils ›Bucolica‹ und Erasmus' ›Enchiridion oder handbüchlin eins Christlichen vnd Ritterlichen lebens‹ (1520). Nähere Untersuchung im Zusammenhang mit den Frühformen der Genielehre verdiente seine Übersetzung von ›De vita triplici‹ des Florentiner Neuplatonikers Marsilio Ficino (›Das buch des lebens‹, 1505) in seiner Zusammenstellung mit Hieronymus Brunschwigs ›Medicinarius. Das buch der gesuntheit‹, einer Gesundheitslehre für den Melancholiker, d.h. für den saturnischen, schöpferischen Menschen.

AUSGABEN: Johannes Adelphus, Ausgewählte Schriften. Hrsg. von B. Gotzkowsky. 3 Bde, 1974–1980. – Auszüge aus Marsilius Ficinus, ›Das Buch des Lebens‹ in: DLE Reihe Humanismus und Renaissance, Bd. 2, 1935, Nachdr. 1964, S. 79–83. – Auszug aus der ›Margerita facetiarum‹ ebd., S. 83. – LITERATUR: J. Knepper, Ein elsässischer Arzt der Humanistenzeit als deutscher Poet. Jahrb. f. Geschichte, Sprache und Literatur Elsaß-Lothringens 17 (1901), S. 17ff. – Ders., Beiträge zur Würdigung des elsässischen Humanisten Adelphus Muling mit besonderer Berücksichtigung seiner deutschen Übersetzungen und Gedichte. Alemannia 30 (1903), S. 143ff.

Thomas Vogler (Aucuparius) (gest. 1532); Almosenmeister in Straßburg, Parteigänger Wimpfelings gegen Murner. Er hat die Werke Poggios und Terenz' Komödien (beide 1511) herausgegeben. 1512 wurde er von Maximilian zum *poeta laureatus* gekrönt.

Matthias Ringmann (Philesius) (1482–1511). Nach einem Studium in Heidelberg und Paris trat er 1503 in die Offizin des Straßburger Druckers Prüß ein. Nach einer kurzen Tätigkeit als Schulmeister in Kolmar kehrte er als Privatlehrer 1504 nach Straßburg zurück. 1507 übernahm er eine Stelle als Korrektor in St. Dié. Von Ringmann stammt die erste deutsche Caesar-Übersetzung: ›Julius, der erst Römisch Keiser von seinen Kriegen‹ (1507). Er ist (Mit-)Verfasser der ›Cosmographiae introductio‹ (s. o. S. 392 Waldseemüller).

Ausgaben: Fr. R. v. Wieser, Die grammatica figurata des Matthias Ringmann (Philesius Vogesigena) in Faksimiledruck. 1905 (Drucke und Holzschnitte des XV. und XVI. Jhs. in getreuer Nachbildung). – ›Carmen de Vogeso‹. In: H. Schnur, Lateinische Gedichte deutscher Humanisten. 2. Aufl. 1978, S. 334–339. – Literatur: R. Newald, Elsässische Charakterköpfe. 1944, wieder abgedruckt in: Probleme und Gestalten des deutschen Humanismus. 1963, S. 443–457.

Hieronymus Gebwiler (ca. 1473–1545). Er hat gleichfalls die Schlettstädter Schule besucht und wurde nach einem Studium in Basel ihr Leiter. Hervorgetreten ist er als Lokalhistoriograph mit Chroniken von Straßburg und Hagenau und einer Geschichte der Habsburger (›Austrias‹, 1540).

Ausgabe: Die Straßburger Chronik des elsäßischen Humanisten Hieronymus Gebwiler. Untersucht und hrsg. von K. Stenzel. 1926.

5. *Pietas litterata*

Bedeutet die Reformation in mancher Hinsicht das Ende des Humanismus, so ist sie doch ohne seine Tradition kaum denkbar. Agricolas Anschauungen von der ethischen Qualität des emendierten Textes sind eine entscheidende Voraussetzung von Luthers Worttheologie. Beruhend auf dem Gedanken von der absoluten Verbindlichkeit des überlieferten Wortes, kann sie, als Synthese von mittelalterlicher Frömmigkeit und der humanistisch-philologischen Hochschätzung der Sprache bzw. des Textes, als *pietas litterata* beschrieben werden. Und noch in anderer Hinsicht löst der Protestantismus den Gegensatz zwischen Humanismus und mittelalterlicher Kirche: als Form des religiösen Individualismus, der Frömmigkeit als persönliche Beziehung des Einzelnen zu Gott definiert. Diese Beziehung wird nicht nur (wie in der Mystik) subjektiv erfahren, sondern erhält – im Begriff der Gemeinde – überpersönliche Verbindlichkeit. Die protestantische Gemeinde ist die theologische Übersetzung der humanistischen Vorstellungen von der Bedeutung der Einzelperson und der Gemeinschaft Gleichgesinnter. Sie ist gleichsam eine religiöse *sodalitas.*

LITERATUR: G. Ritter, Lutheranism, Catholicism, and the Humanistic View of Life. Archiv f. Reformationsgesch. 44 (1953), S. 145–159. – B. Moeller, Die deutschen Humanisten und die Anfänge der Reformation. Zs. f. Kirchengesch. 8 (1959), S. 46–61. – L. Spitz, The Religious Renaissance of the German Humanists. 1963. – R. Stupperich, Erasmus und Melanchthon in ihren gemeinsamen Bestrebungen. In: L'humanisme allemand. 1979, S. 405–426. – Sammelband: A. Buck (Hrsg.), Renaissance – Reformation. Gegensätze und Gemeinsamkeiten. 1984.

Obwohl er selbst die Konsequenz des Übertritts zum neuen Glauben gescheut hat, ist Erasmus von Rotterdam der größte Theoretiker dieser Synthese.

Desiderius Erasmus von Rotterdam (Gerard Gerards) ist 1466 als unehelicher Sohn eines Kanzleibeamten und späteren Priesters und der Tochter eines Arztes geboren. Er besuchte die Hegius-Schule in Deventer. 1488 legte er im Kloster der regulierten Augustiner-Kanoniker in Steyn die Gelübde ab, 1492 wurde er dort zum Priester geweiht. Ein Jahr darauf trat er als Sekretär in die Dienste des Bischofs von Cambrai. 1495 immatrikulierte er sich in Paris, wo er Theologie und Philosophie, Griechisch und Hebräisch studierte. Für seinen weiteren Lebenslauf wichtig wurde seine Bekanntschaft mit englischen Studenten, deren einer, Lord William Mountjoy, ihn 1499 nach England einlud. Dort lernte er Thomas Morus und durch ihn den Florentiner Neuplatonismus kennen. Finanziell durch Morus unterstützt, besuchte Erasmus in den folgenden Jahren mehrere Universitäten, 1501 Löwen, 1504 Paris. 1505 wurde er Erzieher der Söhne des italienischen Arztes Heinrichs VIII. Mit ihnen reiste er 1506 nach Italien, wo er sich drei Jahre aufhielt und alle bedeutenden Städte von Venedig bis Neapel kennenlernte. Seit 1509 hielt er sich in Cambridge und London auf. 1514 führte ihn eine Reise nach Basel, anschließend hielt er sich in den Niederlanden auf. 1517 bis 1521 hatte er eine Stelle als Sekretär des Erzherzogs der Niederlande, des späteren Karl V.; 1521–1529 lebte er in Basel. Seine Weigerung, sich der Reformation anzuschließen, entfremdete ihm viele seiner Freunde. Das eindrucksvollste Zeugnis für die Erwartungen, die in Erasmus gesetzt wurden, ist wohl der flehentliche Aufruf Dürers in seinem ›Tagebuch der niederländischen Reise‹, endlich Luthers Partei zu ergreifen. Als der neue Glaube 1529 in Basel eingeführt wurde, emigrierte er nach Freiburg, wo er recht vereinsamt und in dürftigen Verhältnissen lebte. Sein letztes Lebensjahr verbrachte er im Frobenschen Haus in Basel. Dort ist er am 12. 7. 1536 gestorben.

AUSGABEN: J. Clericus (J. Leclerq). D. Erasmi Roterodami Opera Omnia. 11 Bde, 1703–1706, Neudr. 1961/1962. – W. K. Ferguson, Erasmi Opuscula. A Supplement to the Opera Omnia, 1933. – Opera omnia Desiderii Erasmis Roterodami. Hrsg. v. d. Niederländischen Akad. d. Wiss. 1969ff. (›Amsterdamer Ausgabe‹). – H. H. Allen u. H. W. Garrod, Opus Epistolarum D. Erasmi Roterodami. 12 Bde, 1906–1958. – Erasmus von Rotterdam, Ausgewählte Schriften, lateinisch und deutsch. Hrsg. und übersetzt von W. Welzig. 8 Bde, 1968–1980. – Übersetzungen: Erasmus von Rotterdam, Briefe. Verdeutscht und hrsg. von W. Köhler. 3. Aufl. 1956. – Collected Works of Erasmus. 1974ff. (engl. Ausg., CWE). – Erasme de Rotterdam, La Correspondance. Traduction intégrale en 12 vols. 1984. – The Adages of Erasmus. A Study with Translations. Hrsg. von M. Phillips. 1964. – Enchiridion, Handbüchlein eines christlichen Streiters. Übertr. und hrsg. von W. Welzig. 1961. – Erasmus von Rotterdam, Vom freien Willen. Verdeutscht von O. Schumacher. 4. Aufl. 1979. – Erasmus von Rotterdam, Adagia. Lat.-dt. Auswahl. Übers. u. Anmerkungen von A. J. Gail. 1983. – LITERATUR: R. B. Drummond, Erasmus, his life and his character, as shown in his correspondence and his works. 2 Bde, 1873. – K. Meisinger, Erasmus von Rotterdam. 2. Aufl. 1948. – M. Phillips, Erasmus and the Northern Renaissance. 2. Aufl. 1981. – E. W. Kohls, Die Theologie des Erasmus. 2 Bde, 1966 (Theol. Zeitschrift, Sonderband 1). – G. Gebhard, Die Stellung des Erasmus von Rotterdam zur römischen Kirche. 1966. – H. Rupprich, Erasmus von Rotterdam. Versuch eines Wesensbildes im Rahmen einer Geschichte der deutschen Literatur. In: Gestalt und Wirklichkeit, FS F. Weinhandl. 1967, S. 359ff. – K. Oelrich, Der späte Erasmus und die Reformation. 1961. – W. P. Eckert, Erasmus von Rotterdam. Werk und Wirkung. 2 Bde, 1967. – S. Faludy, Erasmus von Rotterdam. 1973. – R. Stupperich, Erasmus von Rotterdam und seine Welt. 1977. – H. Holeczeck, Erasmus' Stellung zur Reformation. Studia humanitatis und Kirchenreform. In: A. Buck (Hrsg.), Renaissance – Reformation. 1984, S. 131 bis 153. – Erasmus von Rotterdam. Katalog der Ausstellung im Historischen Museum Basel. 1986.

Schon in seinen Frühschriften zeigt sich Erasmus' Streben nach einer Synthese von antiker Bildung und christlichem Glauben. Seine Argumentation stützt sich dabei auf zwei Komplexe: die Geschichte der Ethik und die Philologie. In seiner noch in Steyn entstandenen Programmschrift ›Antibarbari‹ (1489/90; gedruckt 1520) entwickelt er den später immer wieder aufgenommenen Gedanken von der Kontinuität der griechischen Philosophie über die Patristik zum christlichen Dogma, die Entstehung der christlichen Kultur aus der griechischen. Das humanistische Geschichtsbild scheint hier geradezu umgewendet: Antike und Christentum bilden nicht wie im Mittelalter und auch bei Petrarca Gegensätze, sondern sind als Stadien eines kontinuierlichen Prozesses gesehen. Gleichsam als Materialsammlung und Beleg für seine These von der Entwicklung der christlichen Ethik aus der antiken dienten seine ›Adagiorum collectanea‹ (gedruckt Paris 1500), eine Sammlung von Sentenzen und Sprichwörtern aus antiken Schriftstellern, versehen mit Kommentaren, die zusammen einen recht vollständigen Abriß der antiken Ethik ergeben. Die ›Adagia‹ waren ein europäischer Erfolg, zu Erasmus' Lebzeiten erschienen etwa 60 Auflagen. Sinn der Sammlung ist weniger, wie schon Zeitgenossen gemeint haben, die Darbietung antiker Stilmuster, als vielmehr der Beleg für die These, daß antike Ethik und Christentum einander sehr nahestehen, daß sich antike Philosophie und Kultur im Einklang mit den Forderungen des Christentums befinden. Daraus ergibt sich ein philologisches Argument: genauestes Studium der antiken Schriften ist der christlichen Ethik förderlich. Das setzt die Möglichkeit voraus, sich mit einem zuverlässigen Text auseinandersetzen zu können. Agricolas Forderung nach dem emendierten Text ist hier theologisch gewendet und unterbaut. Resultat solcher Überlegungen sind zahlreiche kritische Textausgaben, wobei Erasmus als Konsequenz seiner Vorstellung von der Einheit und Kontinuität der Geschichte der Ethik keinen Unterschied zwischen Texten von antiken Autoren und Kirchenvätern macht (Seneca, 1515; Hieronymus, 1516; Sueton, 1519; Cicero, ›De officiis‹, 1520; Cyprian, 1520; Arnobius, 1522; Hilarius, 1522; Plinius, ›Naturalis historia‹, 1525; Galenus, ›Exhortatio ad bonas artes‹, 1526; Irenaeus, 1526; ›Disticha Catonis‹, 1526; Ambrosius, 1527; Augustinus, 1528; Basilius, 1529; Epiphanius, 1529; Ptolemäus, 1530; Origenes, 1530; Chrysostomus, 1530; Livius, 1531; Aristoteles, 1531; Demosthenes, 1532; Terenz, 1532; Josephus Flavius, 1534).

Von größter Bedeutung für die Geschichte der Reformation ist Erasmus' kritische Ausgabe des griechischen Neuen Testaments (gedruckt Basel 1516), die Luther als Grundlage für seine Übersetzung diente.

Weitere Werke von Erasmus:

›Enchiridion militis christiani‹ (Handbuch des christlichen Streiters, Antwerpen 1502);

›Moriae Encomion‹ (Lob der Narrheit, Paris 1509) s.o. S. 275;

›De libero arbitrio diatribe‹ (Disput über den freien Willen, 1524) und ›Hyperaspistes‹ (Der Schutzschild, 1526 und 1527), eine Anwendung seiner Antikentheorie auf das Problem der christlichen Willensfreiheit in Auseinandersetzung mit Luther.

Viele Schriften von Erasmus haben didaktisch-pädagogische Ziele, u.a. ›De ratione studii‹ (1511), ›De pueris instituendis‹ (1529), ›De civilitate morum puerilium‹ (1530) und vor allem die ›Colloquia‹. Letztere gehen auf Schülergespräche zurück. 1518 waren Mitschriften von Beatus Rhenanus ohne Erasmus' Wissen herausgegeben worden. Daraufhin gab dieser 1519 in Löwen eine eigene Ausgabe heraus; erheblich erweitert erschien sie 1526 unter dem Titel ›Familiarium Colloquiorum Opus‹.

Auch diese Schriften verfolgen konsequent den Gedanken der Synthese von Antike und Christentum, zeigen aber zugleich, welche Konzessionen seine praktisch-pädagogische Anwendung erfordert. Die sachliche Unvereinbarkeit der antiken Mythologie mit der christlichen führt unversehens zur Wiedereinsetzung der scholastischen Allegorie; die Notwendigkeit, ethische Prinzipien hier und da übereinstimmen zu lassen, zu einem Eklektizismus, der sich vom mittelalterlichen häufig nur graduell unterscheidet.

Luther interessierte am Humanismus vornehmlich seine Anwendbarkeit für die Theologie. Die Bedeutung der Beschäftigung mit dem Griechischen hatte ihm spätestens Erasmus' Edition des Neuen Testaments eindrücklich vor Augen geführt. Als eine der ersten kulturpolitischen Maßnahmen nach seinem Thesenanschlag 1517 betrieb er bei seinem Landesherrn Friedrich von Sachsen die Einrichtung einer Professur für Griechisch und Hebräisch an der Universität Wittenberg. Reuchlin, als Autorität befragt, empfahl seinen Großneffen Philipp Melanchthon. Mit ihm gewann Luther den wichtigsten Theoretiker der protestantischen Wissenschaft.

Philipp Melanchthon (Schwartzert) ist 1497 in Bretten geboren. 1508–1510 besuchte er die Lateinschule in Pforzheim, wo er bei seinem Lehrer Simler im fakultativen Unterricht Griechisch lernte. 1509, mit zwölf Jahren, immatrikulierte er sich in Heidelberg, wo er Wimpfeling kennenlernte. 1514 legte er in Tübingen sein Magisterexamen ab und wurde drei Jahre darauf Bebels Nachfolger auf der Professur für Poesie und Rhetorik. In Tübingen lernte er Agricolas ›De inventione dialectica‹ (s.o.) kennen, deren Konzeption vom Zusammenhang von Sprache und Denken für ihn bestimmend wurde. 1518 folgte er dem Ruf auf eine Professur für Hebräisch und Griechisch an die Universität Wittenberg. Unter dem Einfluß Luthers begann er dort zugleich ein Theologiestudium, legte ein Jahr später das Examen ab und wurde kurz darauf zum Theologieprofessor ernannt. Als Angehöriger zweier Fakultäten ist er eine Art lebendiger Verkörperung der *pietas litterata,* der Synthese von Humanismus und Christentum. Trotz gelegentlicher Meinungsverschiedenheiten mit Luther blieb Melanchthon zeitlebens dessen Parteigänger. Sein Buch ›Loci communes rerum theologicarum‹ (Theologische Grundbegriffe, 1521, 18 Auflagen bis 1525) gilt als das dogmatische Grundlagenwerk der Reformation. Melanchthon starb am 19. April 1560 in Wittenberg.

AUSGABEN: K. G. Bretschneider u. H. E. Bindseil, Philippi Melanchthonis Opera quae supersunt omnia. 28 Bde, 1834–1860 (Corpus Reformatorum 1–28). Ergänzend: Supplementa Melanchthoniana. 6 Bde, 1910–1926. – R. Stupperich, Melanchthons Werke in Auswahl. 9 Bde, 1951–1965. – Philipp Melanchthons Briefwechsel. Regesten. Hrsg. von H. Scheible. 5 Bde, 1977–1987. Übersetzungen: Ch. Oberhey, Melanchthons Gedichte, ausgewählt und übersetzt. 1862. – Philipp Melanchthon, Loci communes. Übersetzt von F. Schad. 1931. – LITERATUR: K. Hartfelder, Philipp Melanchthon als Praeceptor Germaniae. 1889, Nachdr. 1964. – J. Rogge, Philipp Melanchthon. 1960. – R. Stupperich, Melanchthon. Der Mensch und sein Werk. 1960. – W. Beyschlag, Philipp Melanchthon und sein Anteil an der deutschen Reformation. 4. Aufl. 1917. – L. Stern, Martin Luther und Philipp Melanchthon – ihre ideologische Herkunft und geschichtliche Leistung. 1953. – A. Sperl, Melanchthon zwischen Humanismus und Reformation. 1959. – W. Maurer, Der junge Melanchthon. Bd. 1: Der Humanist, 1967; Bd. 2: Der Theologe. 1969. – B. Moeller, Philipp Melanchthon. In: J. Schulz (Hrsg.), Luther kontrovers. 1983, S. 198–211. – H. Scheible, Melanchthon zwischen Luther und Erasmus. In: A. Buck (Hrsg.), Renaissance – Reformation. 1984, S. 155–180.

In seiner Verbindung von Philologie, Ethik und Christentum steht Melanchthon Erasmus nahe, wie dieser nachhaltig von Agricola beeinflußt. Seine Bedeutung als Theologe bleibt indessen hier außer Betracht. Sie hat ein wenig aus dem literarhistorischen Bewußtsein verdrängt, daß Melanchthon als einziger, vornehmlich in seinen Kommentaren zur antiken Literatur und in seiner Wittenberger Antrittsvorlesung ›De corrigendis adolescentiae studiis‹ (Über die Verbesserung der Ausbildung der Jugend), eine Begründung für die zentrale Bedeutung gerade der Literatur und der Sprache für das humanistische Antikenbild geliefert hat. Bei aller Emphase hatte der Humanismus sein Literaturverständnis nie definiert, nie begründet, warum gerade der Begriff des *poeta* den humanistischen Anspruch beschreiben konnte und warum die Literatur einen besseren Zugang zur antiken Kultur öffnen sollte als etwa das Studium der römischen Wirtschafts- oder Verfassungsgeschichte. Agricolas Gedanken vom Konnex zwischen Sprache und Denken weiterentwickelnd, entdeckt Melanchthon als erster den literarischen Text als historisches Quellenmaterial für menschliches Verhalten. Besser als die Daten der Historiker gibt die Literatur Auskunft über Verhaltensweisen, Bewußtsein, Gefühle und Leben vergangener Gesellschaften. Anders als Erasmus' Theorie der Ethik, die notwendig ein auswählendes Verfahren zur Folge hat, rechtfertigt Melanchthons Konzeption die klassischen Studien *in toto* im Sinne einer Kulturwissenschaft, deren integraler Bestandteil die Literatur ist.

Der Anspruch des Humanismus auf eine umfassende Rezeption der Antike findet hier erstmals eine plausible theoretische Begründung. Aber sie kommt zu spät: die Notwendigkeit der Synthese mit der Reformation, die Konzeption der *pietas litterata* zwingt auch Melanchthon zu Kompromissen. Im Gegensatz zum vorwiegend formalen, sprachlich-rhetorischen Interesse des Frühhumanismus liegt in dieser Theorie der Akzent auf den historischen, d.h. heidnischen Inhalten der Literatur. Sie müssen mit dem Christentum vermittelt werden, was auch Melanchthon nur durch eine Beschränkung des Kanons gelingt. Hier liegt der innere Widerspruch, markiert die Praxis der *pietas litterata* die engen Grenzen, die einer weit konzipierten Theorie gesetzt sind.

In Deutschland absorbiert die Reformation die intellektuellen Energien und schneidet damit eine Integration des Humanismus in die volkssprachliche Literatur ab, wie sie sich in Italien und Frankreich vollzieht. Der Sonderweg der deutschen Literatur im europäischen Zusammenhang wird damit endgültig eingeschlagen. Während in Frankreich die Entwicklung des Humanismus kontinuierlich auf den Gipfelpunkt des Klassizismus gegen Ende des 17. Jahrhunderts zuläuft, entsteht in Deutschland ein Bruch, der noch durch die kriegerischen Auseinandersetzungen im 17. Jahrhundert vertieft wird. So muß hier im 18. Jahrhundert der Humanismus neu entstehen, wird die Antike als ethisch und ästhetisch normativ ein weiteres Mal neu entdeckt durch Winckelmann, der damit für das Deutschland des 18. Jahrhunderts noch einmal die Rolle Petrarcas übernimmt.

Abkürzungsverzeichnis

ATB	Altdeutsche Textbibliothek
AW	Akademie der Wissenschaften
CLD	Thomas Cramer (Hrsg.), Die kleineren Liederdichter des 14. und 15. Jahrhunderts. 4 Bde, München 1977–1985
DLE	Deutsche Literatur. Sammlung literarischer Kunst- und Kulturdenkmäler in Entwicklungsreihen
DNL	Joseph Kürschner (Hrsg.), Deutsche Nationalliteratur. Bd. 1–164, 1882–1899
DTM	Deutsche Texte des Mittelalters
DVjs	Deutsche Vierteljahresschrift für Literaturwissenschaft und Geistesgeschichte
Euph.	Euphorion. Zeitschrift für Literaturgeschichte
Handbuch	Neues Handbuch der Literaturwissenschaft
HMS	Friedrich Heinrich v. d. Hagen, Minnesinger. Deutsche Liederdichter des zwölften, dreizehnten und vierzehnten Jahrhunderts. Teil 1–4, Leipzig 1838, Neudr. 1963
HZ	Historische Zeitschrift
IASL	Internationales Archiv für Sozialgeschichte der Literatur
JEGPh	The Journal of English and Germanic Philology
LexdMAs	Lexikon des Mittelalters. München, Zürich 1977 ff.
LiLi	Zeitschrift für Literaturwissenschaft und Linguistik
MGH	Monumenta Germaniae Historica
MIÖG	Mitteilungen des Instituts für Österreichische Geschichtsforschung
MTU	Münchener Texte und Untersuchungen zur deutschen Literatur des Mittelalters
NdJb	Jahrbuch des Vereins für niederdeutsche Sprachforschung
PBB	Beiträge zur Geschichte der deutschen Sprache und Literatur
SB	Sitzungsberichte
SMS	Karl Bartsch (Hrsg.), Die Schweizer Minnesänger. Frauenfeld 1886, Nachdr. Darmstadt 1964
StLV	Bibliothek des Stuttgarter Litterarischen Vereins
VL	Die deutsche Literatur des Mittelalters. Verfasserlexikon. Begründet von Wolfgang Stammler, fortgeführt von Karl Langosch. 2., völlig neu bearbeitete Auflage. Hrsg. von Kurt Ruh. Berlin, New York 1978 ff.
WdF	Wege der Forschung
ZfdA	Zeitschrift für deutsches Altertum und deutsche Literatur
ZfdPh	Zeitschrift für deutsche Philologie
ZfdU	Zeitschrift für den deutschen Unterricht
ZGO	Zeitschrift für Geschichte des Oberrheins

Register

Personennamen und Titel anonym überlieferter Werke

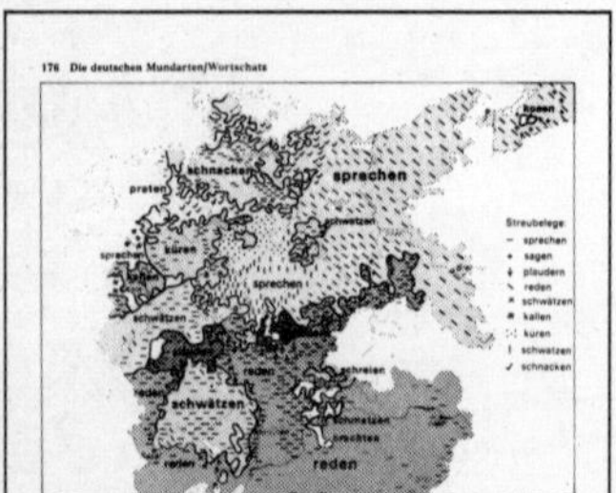

Sprachatlas

dtv-Atlas zur deutschen Sprache
von Werner König
Tafeln und Texte
Mit Mundart-Karten
Originalausgabe

Aus dem Inhalt:
Einführung: Sprache, Text, Satz, Wort, Laut, Bedeutung, Sprache und Weltbild, Schrift
Geschichte der deutschen Sprache: Indogermanisch. Alt-, Mittel- und Neuhochdeutsch. Sprachstatistik. Entwicklungstendenzen. Sprache und Politik. Namenkunde. Sprachsoziologie.
Mundarten: Sprachgeographie, Phonologie, Morphologie.
Wortschatzkarten: Junge, Mädchen, Schnupfen, klein, gestern, warten, Kohl, Mütze, Sahne, Tomate, Stecknadel u. v. a.

dtv 3025

dtv

Über die Literatur

Gisela Brinker-Gabler/
Karola Ludwig/
Angela Wöffen:
Lexikon deutsch-sprachiger Schrift-stellerinnen von
1800 bis 1945 · dtv 3282

Joachim Bumke:
Höfische Kultur
Literatur und
Gesellschaft im
hohen Mittelalter
2 Bände · dtv 4442

K. R. Eisler:
Goethe
Eine psychoanalytische
Studie · dtv 4457

Klaus Engelhardt/
Volker Roloff:
Daten der französischen
Literatur
(Band 1 vergriffen)
Band 2: Von 1800
bis zur Gegenwart
dtv 3193

Fabeln, Parabeln
und Gleichnisse
Beispiele didaktischer
Literatur
Herausgegeben von
Reinhardt Dithmar
dtv 4483

Herbert A. und
Elisabeth Frenzel:
Daten deutscher
Dichtung
2 Bände · dtv 3003/3004

Geschichte der
deutschen Literatur
im Mittelalter
3 Bände in Kassette
dtv 59005

Auch einzeln lieferbar:

Dieter Kartschoke:
Geschichte der
deutschen Literatur
im frühen Mittelalter
dtv 4551

Joachim Bumke:
Geschichte der
deutschen Literatur
im hohen Mittelalter
dtv 4552

Thomas Cramer:
Geschichte der
deutschen Literatur
im späten Mittelalter
dtv 4553

Grundzüge der
Literatur- und Sprach-wissenschaft
Hrsg. v. H. L. Arnold
und V. Sinemus
Band 1:
Literaturwissenschaft
dtv 4226

Käte Hamburger:
Die Logik der Dichtung
dtv/Klett-Cotta 4458

Hansers
Sozialgeschichte
der deutschen Literatur
Vom 16. Jahrhundert
bis zur Gegenwart
Hrsg. v. R. Grimminger

Deutsche Aufklärung
bis zur Französischen
Revolution (1680-1789)
Hrsg. v. R. Grimminger
2 Bände · dtv 4345

Gert Ueding:
Klassik und Romantik
Deutsche Literatur
im Zeitalter
der Französischen
Revolution 1789-1815
2 Bände · dtv 4346

Literatur in der
Bundesrepublik
Deutschland bis 1967
Hrsg. v. Ludwig Fischer
dtv 4352

Die Literatur der DDR
Herausgegeben von
Hans-J. Schmitt
dtv 4353

Wolfgang Karrer/
Eberhard Kreutzer:
Werke der englischen
und amerikanischen
Literatur von 1890
bis zur Gegenwart
dtv 3290

Volker Klotz:
Das europäische
Kunstmärchen
dtv 4467

Mario Praz:
Liebe, Tod und Teufel
Die schwarze Romantik
dtv 4375

Horst Dieter Schlosser:
dtv-Atlas zur
deutschen Literatur
dtv 3219

Die Textüberlieferung
der antiken Literatur
und der Bibel
Hrsg. v. H. Hunger,
O. Stegmüller,
H. Erbse, M. Imhof,
K. Büchner,
H.-G. Beck,
H. Rüdiger
dtv 4485

Harald Weinrich:
Literatur für Leser
Essays und Aufsätze zur
Literaturwissenschaft
dtv 4451
Wege der Sprachkultur
dtv 4486